Début d'une série de documents
en couleur

CORRESPONDANCE

DES

RÉFORMATEURS

DANS LES PAYS DE LANGUE FRANÇAISE

RECUEILLIE ET PUBLIÉE

AVEC

D'AUTRES LETTRES RELATIVES A LA RÉFORME

ET DES NOTES HISTORIQUES ET BIOGRAPHIQUES

PAR

A.-L. HERMINJARD

TOME PREMIER (1512 à 1526)

GENÈVE
H. GEORG, libraire éditeur
BALE, MÊME MAISON

PARIS
MICHEL LEVY frères, éditeurs
RUE VIVIENNE, 2bis

1866

CHEZ LE MÊME ÉDITEUR

Les Conférences de l'Alliance évangélique de Genève en Septembre 1861; rapports et discours, publiés au nom du comité par D. Tissot. 2 forts vol. gr. in-8°. Prix 8 frs., rel. en percal. 10 frs.

Genève religieuse au dix-neuvième siècle, ou tableau des faits qui, depuis 1815, ont accompagné dans cette ville le développement DE L'INDIVIDUALISME ECCLÉSIASTIQUE DU RÉVEIL, mis en regard de l'Ancien Système théocratique de l'Église de Calvin, par le baron H. de Goltz. Traduit de l'allemand sous les yeux de l'auteur par C. Malan-Sillem. Prix 7 frs. 50.

Grynæus (Sim.) Epistolæ, colleg. Guil. Th. Streuber. In-4°. 1847. Prix 2 frs.

<small>Correspondance avec Erasme, Mélanchton, Camerarius, Œcolampade, Zwingli, Calvin et Farel.</small>

Récit de la dernière maladie et de la mort de M. Jean Calvin, par un témoin oculaire (Th. de Bèze). Remis au jour dans un style intelligible à tous et publié pour le 27 mai 1864. Brochure de 40 pages. Prix 60 cent.

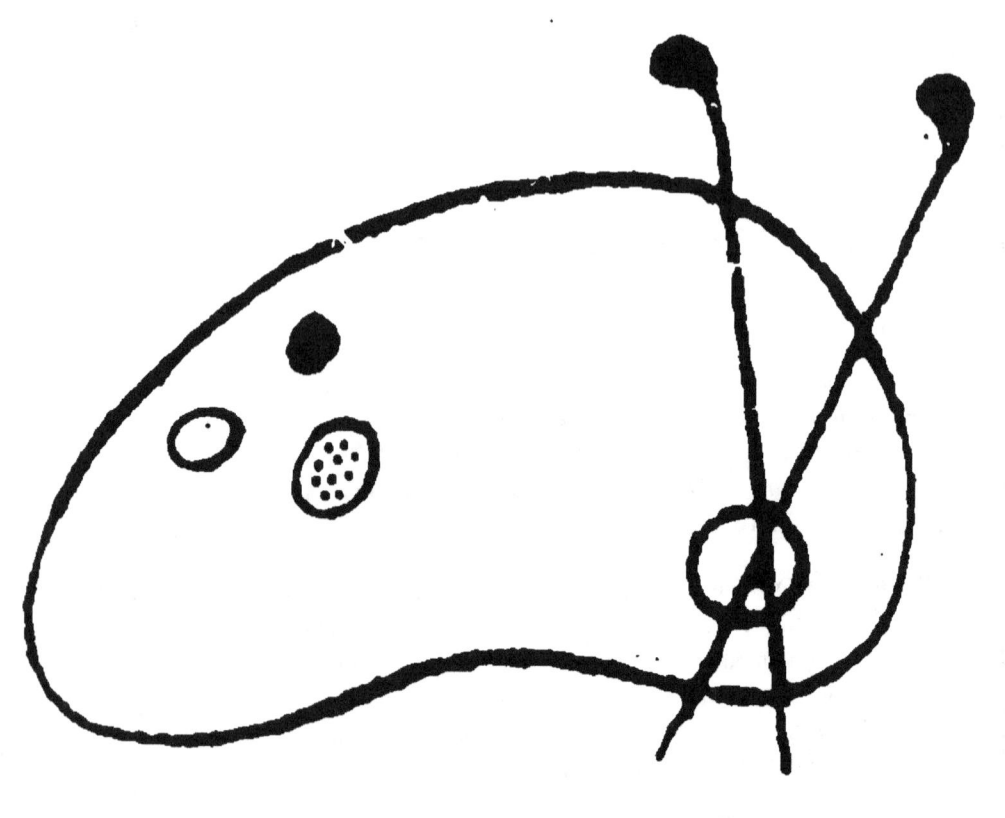

Fin d'une série de documents en couleur

CORRESPONDANCE

DES

RÉFORMATEURS

DANS LES PAYS DE LANGUE FRANÇAISE

CORRESPONDANCE

DES

RÉFORMATEURS

DANS LES PAYS DE LANGUE FRANÇAISE

RECUEILLIE ET PUBLIÉE

AVEC

D'AUTRES LETTRES RELATIVES A LA RÉFORME

ET DES NOTES HISTORIQUES ET BIOGRAPHIQUES

PAR

A.-L. HERMINJARD

TOME PREMIER

1512 - 1526

GENÈVE
H. GEORG, libraire éditeur
BALE, MÊME MAISON

PARIS
MICHEL LEVY frères, éditeurs
RUE VIVIENNE, 2 bis

1866

Tous droits réservés

A MESSIEURS

EDMOND BOISSIER, HENRI BORDIER
EDOUARD ET FRÉDÉRIC COUVREU
ADRIEN ET ÉMILE NAVILLE
ALBERT RILLIET, THÉODORE RIVIER
ALEXANDRE DE SAINT-GEORGE, HENRI TRONCHIN
AUGUSTE ET WILLIAM TURRETTINI

QUI

PAR LEUR GÉNÉREUSE INITIATIVE
ONT FAVORISÉ LA PUBLICATION DE CET OUVRAGE

A.-L. HERMINJARD

AVERTISSEMENT

Un Prospectus-Spécimen qui a paru à Genève, au mois de mai 1864, annonçait une publication ayant pour objet de « réunir dans un même ensemble les lettres sorties de la plume de tous ceux qui, dans les pays de langue française, ont travaillé de près ou de loin à l'établissement de la Réformation. » Le volume que nous offrons au public est le commencement de cette œuvre.

En nous occupant jadis d'un essai de biographie du réformateur Pierre Viret, nous avions rencontré, dans la plupart des ouvrages relatifs à l'histoire de la Réforme, un assez grand nombre d'assertions hasardées. Des invraisemblances choquantes, des faits d'une authenticité très-douteuse étaient invariablement reproduits sous le couvert d'historiens du dix-septième et du dix-huitième siècle qui ne citaient pas toujours leurs autorités. L'abondance des détails pittoresques, qui prêtaient à certains récits un intérêt saisissant, nous paraissait souvent outrepasser les données fournies par les documents originaux. Nous voulûmes connaître la vérité vraie sur le réformateur vaudois ; mais, pour y parvenir, il fallait remonter aux sources les plus anciennes, les contrôler les unes par les autres, séparer le certain de l'incertain, mettre provisoirement à part les faits douteux que des investigations ultérieures pouvaient rendre vraisemblables, et sacrifier sans regret tout ce qui était pure légende ou romantisme historique. La série des documents existants présentait de nombreuses lacunes ; pour les combler, nous eûmes recours aux lettres qui avaient été écrites à Viret. L'utilité de plus en plus manifeste de ce genre de secours nous conduisit à consulter la correspondance de Farel, de Calvin et d'autres contemporains. C'est ainsi que, parti du point qui formait le centre de nos recherches, nous avons parcouru toute la circonférence d'un vaste champ d'études et formé un recueil très-volumineux de lettres et de documents divers du seizième siècle, relatifs à la Réformation.

Quelques amis de la Réforme, ayant été instruits de l'existence de notre collection, ont pensé que la publication de ces documents authentiques serait l'un des plus sûrs moyens de présenter sous son vrai jour l'œuvre inaugurée au seizième siècle pour remettre l'Évangile en lumière. Ils nous ont offert leur concours pour l'achèvement des travaux que nécessitait l'exécution de cette entreprise. Nous avons accepté cette tâche avec reconnaissance, car elle nous permettait de rappeler le souvenir des bienfaits que Dieu a départis aux églises réformées. Nous avons été heureux de pouvoir aussi contribuer à faire revivre tant de personnages intéressants qui ont figuré dans la grande lutte religieuse qu'a provoquée la Réforme. Rien n'est si propre à les rapprocher de nous que la lecture des lettres où ils ont déposé leur pensée intime. Nulle part on ne peut étudier avec autant de fruit ces détails qui révèlent directement les traits les plus marquants de l'esprit ou du caractère de l'écrivain. La nature même des convictions qui se font jour dans ces correspondances complète le portrait d'un siècle où la religion était mêlée à tout. C'est un tableau où la vie générale se reflète avec sincérité et sous mille faces imprévues.

Aussi devons-nous avouer que notre ambition, notre désir constant, quelque peu réalisable qu'il fût, a été de reproduire dans une série de lettres, s'éclairant, se complétant les unes par les autres, toute l'histoire de l'établissement de la Réforme dans les pays de langue française. Nous n'avons rien négligé pour réunir un nombre aussi grand que possible de pièces rentrant naturellement dans notre cadre; mais les origines de cette révolution religieuse restent entourées, pour ce qui concerne la France, d'obscurités qu'on ne parviendra pas de sitôt à dissiper. Les documents que nous possédons aujourd'hui sur ce sujet ne forment qu'une bien faible partie des correspondances échangées à cette époque entre les partisans de l'Évangile. Leur petit nombre signale suffisamment l'étendue de nos pertes, mais leur contenu fournit des indications précieuses sur les lacunes qu'il importe le plus de combler. Si la présente publication avait pour résultat d'engager les possesseurs de lettres inédites à nous les communiquer, tous les amis de l'histoire leur en sauraient gré, et ces lettres trouveraient dans le corps de cet ouvrage une place qui contribuerait peut-être à rehausser leur valeur.

En attendant que l'on ait retrouvé les lettres que l'on sait avoir été écrites par Le Fèvre, Œcolampade, Roussel, Capiton, Toussain, Farel etc., mais dont le dépôt est encore inconnu, la route à suivre nous était clairement tracée. Nous devions rechercher dans les autres documents contemporains tout ce qui pouvait jeter sur les Réformateurs et leurs disciples le plus faible rayon de lumière ; il fallait encore saisir au passage les symptômes de l'opinion publique et recueillir tous les renseignements relatifs aux dispositions religieuses de la France. C'est dans ce but que nous avons souvent laissé parler ceux des théologiens allemands qui entretinrent le plus de rapports avec les Évangéliques français, et donné une place aux adversaires du mouvement religieux inauguré par Luther.

Plusieurs problèmes historiques ont été indiqués, chemin faisant, et recommandés à la perspicacité des explorateurs futurs ; nous avons été ainsi conduit à donner aux notes une certaine extension, et à citer beaucoup de témoignages contemporains. Nous n'avons pas cru devoir nous contenter de renvoyer simplement le lecteur aux ouvrages dans lesquels il aurait pu trouver ces citations. Plusieurs de ces ouvrages sont devenus fort rares et n'existent que dans quelques bibliothèques publiques ; il en est d'autres dont le texte mal traduit ou imparfaitement transcrit une première fois a donné naissance à des erreurs qui, incessamment répétées, passent pour des vérités. Nous avons ainsi posé, comme autant de jalons, une série de faits acquis, appuyés sur des témoignages dont chacun peut apprécier l'autorité.

Notre plan ainsi conçu réclamait avant tout, dans l'exécution, une reproduction des textes aussi exacte que possible. Nous avons donc constamment cherché à prendre toutes nos copies sur les manuscrits originaux. Cette précaution n'a pas été inutile, comme on pourra s'en convaincre en comparant ceux de nos textes qui ont été déjà publiés avec les ouvrages dans lesquels ils ont paru. Nous avons scrupuleusement conservé, sauf d'insignifiants détails, l'orthographe des originaux. Quant à la ponctuation, nous avons adopté les règles et les usages modernes. Les passages les plus remarquables de chaque lettre ont été signalés à l'attention du lecteur par le moyen des caractères italiques. Tout ce qui est placé entre crochets a également pour but de faciliter la lecture du texte, en complétant ou en rectifiant celui-ci.

C'est encore pour mettre le lecteur plus promptement au courant du contenu de la Correspondance, que nous avons placé un Sommaire en tête de chaque pièce. Ce sommaire devait être naturellement très-court pour les lettres françaises et pour celles des lettres latines qui ne rentrent pas dans la Correspondance des Réformateurs proprement dite. Pour les autres nous avons adopté des résumés qui donnent une idée aussi complète que possible des sujets traités dans chaque lettre.

Parmi les cent-quatre-vingt-douze Numéros que renferme ce volume, il en est cinquante-trois qui reproduisent des pièces inédites. Quelques lettres que nous ne faisons pas rentrer dans cette catégorie n'étaient cependant connues que par des citations partielles. Plusieurs autres sont pour la première fois traduites de l'allemand en français. Les Thèses de Farel n'avaient pas été réimprimées *in-extenso* d'après le texte primitif. Si l'on veut bien se rappeler que les origines de la Réformation ont été précédemment l'objet d'un grand nombre de publications, on trouvera peut-être que la proportion des pièces inédites contenues dans ce volume n'est pas trop inférieure à ce qu'on pouvait raisonnablement espérer.

Jamais d'ailleurs un ouvrage du genre de celui que nous offrons au public n'avait été entrepris. Sa composition a nécessité de longues et pénibles recherches, qui, sur bien des points, n'ont pas abouti. Aussi nous ne nous dissimulons point les imperfections et les lacunes de notre travail. Elles seraient bien plus nombreuses, si nous n'avions pas eu le privilége de pouvoir recourir très-fréquemment aux lumières et à l'érudition de M. le professeur Albert Rilliet. Après avoir été le promoteur le plus actif de cette publication, il a suivi le progrès de nos travaux avec la sollicitude la plus bienveillante. Ses excellents conseils nous ont mis en mesure de rectifier bien des erreurs et de présenter nos assertions avec plus de sécurité. C'est à son obligeance que nous devons en outre toutes les traductions de pièces latines ou allemandes qui ont pris place dans ce recueil. Notre ami M. le professeur Adert, M. le professeur Samuel Chappuis, notre honoré maître, et M. C. Du Mont de Lausanne, nous ont généreusement communiqué une foule de livres rares et précieux. Nos explorations ont été aussi facilitées par l'extrême bienveillance avec laquelle on nous a accueilli dans toutes les archives publiques et privées, et dans toutes les bibliothèques. Qu'il nous soit permis d'offrir ici nos remerciements particuliers aux personnes qui, placées à la tête des grands dépôts historiques et littéraires de la Suisse, ont bien voulu nous consacrer une partie de leur temps ou nous fournir des informations utiles pour la réunion des matériaux de notre ouvrage.

A l'étranger nous avons rencontré le plus obligeant accueil dans les établissements où nous avons travaillé. A Paris, notre ami M. Henri Bordier nous a procuré avec une inépuisable complaisance une foule de renseignements précieux, et nous n'avons eu qu'à nous louer de la parfaite courtoisie de MM. les conservateurs des manuscrits à la Bibliothèque Impériale et à la bibliothèque Ste.-Geneviève.

L'impression de ce volume était presque achevée, lorsque M. James de Meuron de Neuchâtel a bien voulu nous communiquer la biographie manuscrite de Farel par Choupard, dont il est propriétaire. L'examen de ce manuscrit nous a permis de constater qu'il ne renfermait aucune pièce que nous n'eussions déjà reproduite.

Si nous ne pouvons mentionner toutes les personnes auxquelles nous avons eu des obligations, nous ne saurions taire le nom de l'excellent ami qui nous a aidé longtemps dans nos recherches. Pendant près de deux ans, notre jeune frère Edmond-Henri Herminjard a travaillé pour nous en France, en Allemagne et en Suisse, avec une ardeur de dévouement que nous avons dû modérer plus d'une fois. Avec quelle sympathie il s'associait à nos efforts! Les obstacles n'existaient pas pour lui, quand il s'agissait de nous procurer quelque renseignement souhaité. Hélas! à l'heure même où nous nous mettions en route pour lui apporter la première feuille de cet ouvrage, qui lui appartenait de moitié, il venait de rendre le dernier soupir! Le lecteur nous pardonnera sans doute ce qu'il peut y avoir de trop personnel dans ce public hommage rendu à la mémoire d'un frère bien-aimé.

Genève, décembre 1865.

CORRESPONDANCE

DES

RÉFORMATEURS

PREMIÈRE PÉRIODE

Depuis la publication du commentaire de Le Fèvre d'Étaples sur les Épîtres de St. Paul jusqu'à celle de son commentaire sur les IV Évangiles.

1512—1522

1

JACQUES LE FÈVRE D'ÉTAPLES à Guillaume Briçonnet.
De Paris, le 15 décembre 1512.

Dédicace du Commentaire sur les Épitres de St. Paul.
Paris, 1512, in-folio.

(TRADUITE DU LATIN.)

SOMMAIRE. Dans l'ordre de la nature, comme dans celui de la grâce, tout vient de Dieu, et les instruments qu'Il emploie ne sont rien. C'est avec cette conviction qu'on doit lire le texte des épitres de St. Paul et le commentaire qui les accompagne.

A révérend Père et Seigneur en Christ, Monseigneur Guillaume Briçonnet[1], évêque de Lodève, Jacques Le Fèvre d'Étaples[2] souhaite le salut éternel en Christ Dieu !

Vous n'ignorez pas, très-sage père, vous qui prenez un singulier plaisir aux œuvres de la Providence, que, lorsqu'un laboureur

---

[1] *Guillaume Briçonnet*, comte de Montbrun, né en 1470, était issu d'une famille très-influente dans l'État et dans l'Église. Son père, surintendant des finances et premier ministre sous Charles VIII, était entré dans l'Église, après la mort de sa femme, et il avait été élu successivement évêque de St-Malo, archevêque de Reims et cardinal. Ce fut lui qui convoqua le concile de Pise (1511). *Guillaume Briçonnet* se fit remarquer de bonne heure par son amour pour l'étude et par sa bienveillance pour les gens de lettres. D'abord archidiacre de Reims et d'Avignon, puis évêque de Lodève dès 1504, il fut envoyé à Rome en 1507 pour une mission temporaire, et prit possession, la même année, de la riche abbaye de St-Germain-des-Prés à Paris, que son père, élu archevêque de Narbonne, venait de résigner en sa faveur. (Voyez Guy Bretonneau. Hist. généalogique de la maison des Briçonnets. Paris, 1620, in-4°.)

[2] *Jacques Fabri* ou *Le Fèvre d'Étaples* (en latin *Faber Stapulensis*) naquit vers l'an 1455 à Étaples, petite ville de Picardie, d'une famille obscure mais dans l'aisance, et il fit ses études à l'université de Paris. Il en sortit

cultive un champ, en y employant toutes ses forces, la moindre plante qui lève, le fruit qu'elle porte, sont un don de Dieu. Aussi bien n'est-il aucun fidèle qui puisse nier cela ou le mettre en doute. Si donc la terre, que les bestiaux foulent aux pieds, est fécondée par la faveur divine, à combien plus forte raison, le sol raisonnable des âmes humaines, qui est foulé par les pas divins et qui en conserve les traces!

Mais la terre qui n'est pas cultivée et qui ne reçoit pas la pluie du ciel, ne produit rien d'approprié à l'usage de l'homme : ce sont des épines, des ronces, des chardons, ou des herbes inutiles. C'est à peu près de la même manière, que les intelligences humaines qui n'ont pas reçu le rayon divin, ne peuvent rien produire qui ne soit plus nuisible que profitable, et sont incapables de fournir aux âmes une nourriture vivifiante. En effet, les œuvres des intelligences privées de la grâce d'en-haut, ne valent guère mieux que les ronces et les chardons. Et c'est de quoi sont presque entière-

---

avec le grade de maître ès arts et devint prêtre dans la suite. Un séjour en Italie compléta ses connaissances en l'initiant à la véritable philosophie d'Aristote, que des savants grecs, fugitifs de Byzance, et quelques Italiens, leurs disciples, expliquaient alors avec beaucoup de succès. A son retour en France, il se voua à l'enseignement des mathématiques et de la philosophie, tout en s'occupant très-activement de publier et de commenter les œuvres d'Aristote, qui jusqu'alors n'avaient été étudiées que dans un texte mutilé et corrompu. Il fit aussi imprimer, de 1498 à 1520, des écrits d'anciens mathématiciens, quelques ouvrages des Pères et des productions mystiques du moyen âge.

Tous ces travaux lui valurent une grande renommée et d'illustres protecteurs. Il fut célébré à l'envi par les humanistes comme le restaurateur de la philosophie, le promoteur de la renaissance des lettres et des sciences au sein de l'Université. N'eût-il été que cela, il aurait déjà bien mérité de la Réforme. Mais il eut le privilége de la préparer plus directement encore par ses travaux sur l'Écriture sainte. « Pendant longtemps, dit-il dans la préface de son commentaire sur les Psaumes *(Psalterium quincuplex),* je me suis attaché aux études humaines et j'ai à peine goûté du bord des lèvres les études divines.... Mais déjà dans le lointain une lumière si brillante a frappé mes regards, que les doctrines humaines m'ont semblé des ténèbres en comparaison des études divines, tandis que celles-ci m'ont paru exhaler un parfum dont rien sur la terre n'égale la douceur. » Il acheva cet ouvrage en 1509, dans l'abbaye de St-Germain-des-Prés où son ancien élève, Guillaume Briçonnet, lui avait offert un asile, et, bientôt après, il fit un voyage sur les bords du Rhin, dans le but de se procurer des secours pour la composition de son commentaire sur les Épîtres de St. Paul.

Si la préface du Psautier nous révèle une phase nouvelle dans la vie de Le Fèvre, son *Commentaire sur St. Paul* marque une date importante dans l'histoire de la Réformation. L'obligation de s'en tenir uniquement à l'Écri-

ment remplis les ouvrages de ceux qui ont traité tant des choses humaines que des choses divines. J'en excepte ceux qui ont entrepris d'écrire non d'eux-mêmes, mais sous l'influence d'un mouvement divin; car ce mouvement les entraine vers ce qu'il y a de lumineux et de sublime. D'elles-mêmes les intelligences humaines sont stériles, et, si elles s'imaginent pouvoir quelque chose, c'est de leur part présomption pure; ce qu'elles enfantent est infécond, lourd, obscur, et renferme plutôt un poison qu'un aliment salutaire et conforme aux besoins de l'âme.

Ainsi donc, puisque nous voyons dans les fruits de la terre matérielle, appropriés aux besoins du corps, la marque évidente d'un don céleste, à combien plus forte raison jugerons-nous ainsi, lorsque l'intelligence humaine produit des fruits utiles à la vie et au salut! Par conséquent, lorsque nous sommes témoins de tels effets, ce n'est pas à l'intelligence humaine, ce n'est pas à l'artiste humain (quel que soit celui que Dieu a choisi pour son instrument), que nous devons regarder, mais c'est au don céleste et au divin donateur.

C'est pourquoi, père très-clément, je vous prie instamment ainsi que tous ceux qui, comme vous, liront les Épîtres du divin orateur Paul contenues dans ce volume, de ne pas tant regarder à Paul lui-même, qu'à la grâce qui lui a été donnée et à Celui de qui il l'a reçue. Et, quand on lit des commentaires, on doit d'autant moins regarder aux hommes qui les ont composés, qu'on y trouve plus de signes de vie spirituelle et plus de vraie nourriture pour l'âme : c'est alors, au contraire, qu'on devrait reconnaître la vertu fertilisante descendue d'en-haut et Celui duquel elle procède véri-

ture sainte, source et règle du vrai christianisme, l'insuffisance des œuvres comme moyen de salut, y sont clairement annoncées.

Il ne serait pas légitime de prétendre qu'à l'origine Le Fèvre n'a point compris la portée de ces doctrines ni prévu l'imminence d'une révolution religieuse. C'est en effet vers l'année 1512 qu'il disait déjà à *Guillaume Farel*, son élève : « Mon fils, Dieu renouvellera le monde et tu en seras le témoin. » Parole prophétique, à laquelle le passage suivant, tiré de son ouvrage sur St. Paul, peut servir de commentaire : « L'Église suit malheureusement l'exemple de ceux qui la gouvernent, et elle est bien loin de ce qu'elle devrait être. Cependant *les signes du temps annoncent qu'un renouvellement est prochain*, et, pendant que Dieu ouvre de nouvelles voies à la prédication de l'Évangile par les découvertes et les conquêtes des Portugais et des Espagnols dans toutes les parties du monde, il faut espérer qu'il visitera aussi son Église et qu'il la relèvera de l'abaissement dans lequel elle est tombée. » (Voyez C.-H. Graf. Essai sur la vie et les écrits de J. Lefèvre d'Étaples. Strasbourg, 1842, in-8°.)

tablement, et s'efforcer soi-même, après l'avoir reconnu, de Le suivre avec toute la pureté de cœur et toute la piété dont on est capable, puisque *c'est l'unique moyen de s'approcher de Celui qui opère tout en tous*. Mais si l'on ne retire de cette lecture aucune nourriture vivifiante pour l'âme, le champ de l'intelligence humaine qui a porté ce fruit, n'a pas reçu la rosée de l'esprit saint, il n'a pas été humecté par la pluie de l'esprit saint, mais il a produit de lui-même une herbe inutile, selon la divine parole qui dit : « La terre sera maudite pour ton travail ; elle ne te donnera que des épines et des chardons. »

En conséquence, ce que nous faisons par suite de notre nouvelle naissance n'est point notre œuvre, mais celle de la bénédiction divine. Nous devons donc reconnaître la bénédiction divine comme en étant l'auteur, tandis que dans l'œuvre sortie directement de nous, nous devons voir quelque chose de maudit, qu'il nous faut fuir avec le même zèle que nous devons mettre à rechercher la bénédiction. Et, tout en recherchant celle-ci, ce n'est pourtant pas l'auteur humain (prenons-y garde), que nous devons considérer, car il faut bien se souvenir de cette parole : « Celui qui plante n'est rien, non plus que celui qui arrose, mais c'est Dieu qui donne l'accroissement. »

Il faudra moins estimer encore ceux qui s'exercent sur ce qui a déjà été planté, arrosé et qui a déjà reçu l'accroissement donné de Dieu, quoiqu'une grande grâce puisse cependant résider en eux et autour d'eux tous. Ceux qui regardent à cette grâce, se préparent à en profiter. Que veut-Il, en effet, Celui qui répand les grâces, sinon verser la grâce dans les âmes bien préparées, comme la clarté de la lumière dans les yeux formés pour la recevoir ?

Ceux qui comprendront que ces Épîtres sont un don de Dieu, feront de réels progrès ; mais ceux qui s'arrêteront à l'artiste humain, je dis à Paul lui-même, tout élevé qu'il est maintenant au-dessus du monde, comme si ces Épîtres étaient son œuvre et non celle d'une puissance supérieure agissant en lui, ceux-là, entreprenant cette lecture avec leur propre sens, en retireront peu de fruit ; mais étant pleins de sentiments charnels et jugeant de travers la plupart des choses, ils se perdront dans de pures rêveries et deviendront malades d'esprit. S'il est donné à quelqu'un de comprendre qu'il en est vraiment ainsi, ce n'est pas peu de chose. Que Christ, le dispensateur des dons divins, qui accorde à tous la grâce, qui la conserve quand il l'a donnée et l'accroît quand il la conserve, fasse que nul ne juge selon son propre sens et ne présume de lui-même dans ses jugements !

Car Paul n'est qu'un instrument. « Vous cherchez en moi, dit-il lui-même, la preuve que Christ parle en moi. » *C'est ici en effet que se trouve la doctrine de Christ* et non celle d'aucun autre. Il s'ensuit donc que *ceux qui l'étudieront, puiseront avec joie de l'eau à la source du Sauveur*, comme dit l'oracle divin (Év. St. Jean, VII). C'est là cette partie de la doctrine dont il est dit dans Osée : « J'ai mieux aimé la science de Dieu que les holocaustes. » Or, si Paul est simplement l'instrument de cette divine sagesse, que peuvent être tous ceux qui l'ont suivi, si toutefois ils sont quelque chose. sinon des instruments subalternes sans force ni vertu, ou pour mieux dire, moins encore qu'un instrument quelconque ? Toutefois c'est encore une grande chose, dans ces conditions-là, d'être un instrument subalterne, et moins qu'un instrument subalterne, puisque l'on surpasse encore de beaucoup les forces humaines.

Ceux donc qui entreprendront cette lecture dans des sentiments pieux, *ce n'est pas Paul, ni aucun autre, mais Christ et son très-excellent esprit qui leur feront faire des progrès dans la piété*. Mais ceux qui l'entreprendront avec des sentiments de présomption et d'orgueil, ce n'est pas Paul non plus, ni aucun autre qui les repoussera, mais Celui-là même qui « résiste aux orgueilleux et qui fait grâce aux humbles. » Douce est la manne qui se forme véritablement de la rosée du ciel, doux est le miel recueilli sur les fleurs qu'elle a humectées ; mais plus doux encore est *le don de Dieu* pour ceux auxquels Lui-même accorde de le goûter. Mais ce qui précède suffit pour mettre les lecteurs pieux sur la bonne voie.

(Suivent des détails relatifs à la disposition typographique du texte et du commentaire des Épitres de St. Paul.)

Qu'on approuve ou qu'on critique ce que nous avons fait, peu importe ; car un esclave, à plus forte raison un esclave subalterne, ou, pour mieux dire, celui qui est moins qu'un esclave subalterne, ne s'inquiète point des éloges ou du blâme d'autrui, pourvu que son travail soit agréable au seul maître de tous et à son souverain maître à lui. Que Christ notre maître, et plus encore que notre maître et souverain maître, daigne donc agréer notre œuvre !

Il est peut-être quelques personnes qui s'étonneront de ce que nous avons osé ajouter à la version de Jérôme le sens du texte grec ; elles regarderont cela comme une innovation excessive, et elles nous accuseront, elles nous condamneront même pour notre témérité et notre audace. Nous ne saurions leur en vouloir, car elles auraient raison, si la chose était telle qu'elles se la représentent et qu'on l'a déjà représentée à bon nombre de gens. Mais elles nous excuseront sans doute, quand elles reconnaîtront que nous n'avons rien osé changer à la version de St. Jérôme, mais bien à l'édition vulgaire qui existait longtemps avant Jérôme, ce bienheureux luminaire de l'Église, et que lui-même blâme, critique et reprend, en l'appelant l'ancienne et vulgaire édition.

Très-saint Évêque, en retour des innombrables bienfaits dont vous m'avez depuis longtemps comblé et dont vous me comblez encore tous les jours, en retour de l'assistance particulière que vous m'accordez pour mes études, je ne puis vous offrir autre chose, vous rendre aucun autre service, que de vous proclamer en tous lieux mon unique bienfaiteur. Daignez néanmoins agréer ces prémices de mon travail sur le bienheureux Paul, qui ont reçu la bénédiction divine, et que j'offre d'abord à Dieu, puis à vous, son ministre sacré, à vous son vicaire, non comme un don qui vienne de moi, mais comme une offrande faite à Dieu. Accordez à Paul l'hospitalité, accueillez le héraut de Christ, l'ambassadeur de Christ qui porte la vie à tous les peuples, l'orateur surhumain. Celui *dont vous déploriez naguère la trop longue absence*, recevez-le maintenant qu'il se présente à vous. Si vous lui donnez une place dans le trésor sacré de votre cœur, si vous l'y conservez, si vous le méditez, le digérez, il vous conduira certainement sur le sentier de la vraie félicité, dont vous pourrez enfin jouir avec une allégresse spirituelle sans limites. Puisse-t-elle vous être accordée par *la grâce de Christ,* le Seigneur du ciel et de la terre, *qui seule procure le vrai bonheur !* C'est ce que les pieuses études comprises dans ce volume pourront vous aider à mieux comprendre, si tant est que vous ayez besoin d'assistance à cet égard, et que vous ne soyez pas au contraire suffisamment et richement pourvu, par les grâces nombreuses que Dieu vous accorde, de tout ce qui vous est nécessaire. Souvenez-vous donc toujours d'être ce que vous êtes, je veux dire un astre sans pareil dans le ciel du clergé, vous que Dieu a revêtu de dons surnaturels aussi rares qu'infinis. Salut, l'honneur des Évêques !

(A la fin de l'ouvrage, au folio 262, on lit l'inscription suivante :)

Cet ouvrage illuminé par Christ, qui brille partout, quoiqu'on ne l'aperçoive pas, a été terminé dans le couvent de St-Germain près de Paris, l'an de Christ, vie de l'auteur, mil cinq cent douze, et, la même année, aux environs de l'anniversaire du jour où le

Seigneur est né de la très-Sainte Vierge, il est sorti des presses d'Henri Estienne.

xv Décembre 1512 [3].

2

JEAN REUCHLIN de Pforzheim à Le Fèvre d'Étaples.
De Stuttgart, 31 août 1513.

Bulæus. Hist. Universitatis Parisiensis. Paris, 1673. in-folio.
T. VI. p. 61.

SOMMAIRE. Assuré par vos livres de l'amitié dont vous m'honorez, je voudrais consacrer ma première lettre à des nouvelles agréables plutôt qu'au récit de mes chagrins, mais les circonstances en ont décidé autrement. Bien que je me sois toujours étudié à ne blesser personne, je suis aux prises, depuis deux ans, avec d'implacables ennemis, *les théologiens de Cologne*. Mon tour est venu d'être déchiré par eux. Serait-ce pour avoir, le premier, enseigné l'hébreu et le grec en Allemagne, comme vous avez été le premier à remettre en lumière la philosophie d'Aristote? Ma renommée offusquait l'orgueil de ces Barbares, qui craignent que la jeune génération ne méprise bientôt leur science vieillie. Aussi n'ont-ils pas reculé devant le chef-d'œuvre de calomnie que vous fera connaître ma *Défense*.

Vous vous étonnerez peut-être qu'un philosophe ait pu prendre des injures tellement au sérieux et les réfuter avec une pareille vivacité. On peut subir la mort, jamais le déshonneur. Ma Défense devait être virile, simple, modérée, mais irréprochable dans ses arguments. A l'exemple de mes adversaires, j'ai recouru à la publicité, non pour me venger, mais pour me défendre.

Je vous écris ces choses dans le but d'adoucir mes chagrins. Si mes adversaires

---

[3] Voici la description du titre de cette 1re édition : « CONTENTA. » Au-dessous, la colombe sacrée dominant le mot CHRISTVS enfermé dans un cercle. Plus bas, deux autres cercles plus grands. Dans celui de gauche on lit : « Vivo ego, jam non ego : vivit vero in me CHRISTVS. quod autem nunc vivo in carne : in fide vivo filii dei. » Dans celui de droite : « Domini nostri IHESV CHRISTI longanimitatem : salutem arbitramini. Sicut et dilectus frater noster Paulus : secundum datam sibi gratiam scripsit vobis. » Au-dessous, dans un encadrement en carré long : « Epistola ad Rhomanos. Epistola prima ad Corinthios.... etc. ad has 14 : adjecta intelligentia ex Græco. Epistola ad Laodicenses. Epistolæ ad Senecam sex. Commentariorum libri quatuordecim. Linus de passione Petri et Pauli. » A droite et à gauche de l'encadrement, St. Paul tenant un glaive, St. Pierre une clef, sont debout, les yeux levés vers la colombe, entourée de rayons qui descendent sur la tête des deux Apôtres. Le nom de Le Fèvre ne paraît qu'au verso du titre, en tête de la dédicace à Briçonnet.

s'adressent aux éminents théologiens de Paris, pour m'accuser d'arrogance, de légèreté ou d'erreur, veuillez leur présenter ma Défense. J'espère que, grâce à votre empressement, ils ne me refuseront pas une consolation fraternelle, à moi qui suis un ancien élève de l'Université de Paris.

Joannes Reuchlinus Phorcensis [1] LL. Doctor Jacobo Fabro Stapulensi apud Parisios S. P. D.

Cùm de libris tuis, Faberrime Fabri, in omni orbis terrarum spatio radiantibus supra modum, perspectus mihi sit verus ille amor erga me tuus haud vulgaris, neque popularis, ut qui ab animo constante ac nobili Philosophicoque proficiscatur [2], mallem certè jucundioribus

---

[1] *Jean Reuchlin* (auquel était aussi donné le nom de *Capnion* et plus rarement celui de *Fumulus*), philologue, jurisconsulte et diplomate, né en 1455 à Pforzheim dans le margraviat de Bade, avait mérité par ses excellents travaux scientifiques et par l'impulsion qu'il sut donner aux bonnes études, d'être appelé *l'œil de l'Allemagne*. Il était aussi fort considéré en France et en Italie. A la suite de plusieurs voyages et d'ambassades importantes que lui avait confiées le duc de Wurtemberg, il s'était fixé en 1502 à Stuttgart, comme membre du tribunal suprême de la Ligue de Souabe. L'empereur Maximilien Ier lui avait donné les marques d'estime les plus flatteuses. Tous les savants de l'Allemagne le regardaient comme leur père et leur protecteur. En revanche, les ennemis des lumières n'attendaient qu'une occasion pour se déchaîner contre lui. Elle se présenta en 1510, et donna lieu à une longue querelle théologique dont nous rappellerons dans une note suivante l'origine et les incidents principaux.

[2] Une lettre de *Beatus Rhenanus*, dont nous citerons quelques fragments, explique l'allusion que fait ici Reuchlin aux livres de Le Fèvre. Cette lettre est datée de Schelestadt, le 10 novembre 1509.

« Beatus Rhenanus Selistatinus Joanni Capnioni Phorcensi S. P. D.

« *Jacobus Faber Stapulensis*, vir ex omni ævo incomparabilis omniumque disciplinarum uberrimus fons, qui philosophiam nimio situ squalentem et suo viduatam splendore ita illustravit, ut *Hermolao Barbaro* et *Argyropoulo* Byzantio, *præceptoribus* (quod quodam loco adnotasti) *olim tuis* [*], longè plus nitoris attulerit, ...— is, inquam, celeberrimus vir, cum ego apud *Parisios* philosophiæ studiorum assecla degerem, mihi opidò familiaris fuit; quo factum est, ut et in *Germaniam* reverso mihi, de rebus suis nonnunquam scripserit.... Is de te ita honorificam mentionem facit, ut libeat ejus hîc verba recensere, quum de supersancto regis nostri et Servatoris nomine loquitur, inquientis : « Illud idem scripsit *Mirandula*, et de eodem librum « edidit elegantissimus et sine controversia inter *Suevos* doctissimus *Joan-*

---

[*] M. Graf ne s'est pas trompé en supposant (p. 6 de sa Biographie de Le Fèvre), qu'il y avait une erreur dans la citation que fait de ce passage Bulæus (César Égasse du Boulay). En effet celui-ci remplace par *suis* le *tuis* des éditions originales. Ce dernier texte ne prouve donc rien relativement à un voyage que *Le Fèvre* aurait fait en Italie, avant l'année 1486, pour y entendre les leçons d'*Argyropoulos*.

nunciis litterarum commercia tecum cœpisse, qui sine tuo colloquio vitam mihi sæpe putavi esse acerbiorem. Nunc quia hæc omnium rerum vicissitudo est, saltem te meis molestis alloquar, qui diebus tranquillioribus nequivi. Ego enim quamvis ἐξ ἀπαλῶν ὀνύχων et ab incunabulis mecum constituissem prodesse omnibus, lædere neminem, et ita me gesserim ad hos usque senectæ accessus erga omnes doctos et in omnem cœtum cujusque generis Philosophantium, ut merita laude nullum defraudaverim, neque loquendo, neque scribendo, vel versu vel oratione solutâ (nec enim invectivas unquam conscripsi, neque dentatos Iambos in alicujus nominis hominem lusi, sed magis omni ætati et omnibus Ordinibus, quod suum erat virtutis præmium detuli), tamen hoc jam biennio contra me nova pestis adest, cui nec virtute resisti, nec sermonum telis armisque potest. « Pulmonibus errat ignis edax imis, » ut ait Ovidius.

Ea contagio cœpit in *Agrippina Colonia*, ubi est quædam hominum species inhumanissimorum : Theologi vocantur³. Neminem

---

« nes *Capnion*, cujus paulo ante meminimus, quem quidem libellum ab illo
« divino, benedicto et mirando nomine, *de Verbo mirifico* nuncupavit »
Hactenus *Faber*. Quin aliis in locis Reuchlinianorum respondimentorum
(sic enim nominat) sæpe meminit.

« Vides igitur quanti te faciat *Faber*, quantaque honoris præfatione de te
loquatur. Memini ego ex ejus me ore non semel audire : « Doctus est reverà is qui se *Famulum* appellat. » (Illustrium virorum Epistolæ.... ad
Joannem Reuchlinum. (s. a.) Thomas Anselmi Badensis typographus.
In-4°.)

³ Un Juif baptisé, *Jean Pfefferkorn*, ami du grand inquisiteur *Hochstraten* et des théologiens de Cologne, mais persécuteur acharné de ses anciens
coreligionnaires, avait obtenu de l'Empereur, en 1509, un édit qui ordonnait
de brûler tous les livres hébreux contenant quelque chose de contraire à la
foi chrétienne. Invité par Maximilien à donner son opinion sur l'opportunité de cet édit, Reuchlin signala franchement le tort qu'on faisait aux Juifs
en les dépouillant de leurs livres scientifiques. « Lisons-les, au lieu de les
détruire, ajoutait-il ; nous aurons ainsi le moyen de les réfuter. » Cette consultation était datée du 6 octobre 1510. Pfefferkorn qui s'en était procuré
une copie, publia, en mars 1511, un livre intitulé *Handspiegel (Speculum
manuale)*, où il accusait Reuchlin de s'être vendu aux Juifs. Réplique de
Reuchlin dans son *Augenspiegel (Speculum oculare)*, et bientôt après, immixtion de la Faculté de Théologie de Cologne dans cette querelle privée.
Elle fit parvenir à Reuchlin (janvier 1512) une liste de quelques-unes de
ses thèses « qui sentaient l'hérésie, » avec injonction de les expliquer ou de
se rétracter au plus tôt. Le savant humaniste obéit, mais, au lieu d'une rétractation, ce fut une apologie qu'il envoya aux théologiens de Cologne. Ils
chargèrent alors un dominicain, *Arnold de Tongres*, de publier, avec une
réfutation, les « *Articles suspects de Judaïsme, extraits du livre de Reuch-*

doctum extra se putant, et Ecclesiæ sibi videntur columnæ esse. Ab his cum multi ante hæc tempora, tum proximis annis lumen quoddam Juris, *Petrus Ravennas*⁴, ignavissimè taxatus est: lacessiti sunt deinde ab ejus ordinis quibusdam Jurisconsulti quamplures, et tum omnes Poëtæ. Demum ad me ventum est, prorsus innocentem hominem, ut nomini meo et bonæ famæ sordes aspergerent. Forte inter alia, quòd me viderent hac ætate in Germaniam semina Hebraïcarum litterarum, quanquam gratuitò quidem sine præmio et absque spe lucri, jecisse, sicut tu, Philosophissime Faber. Aristotelia primus omnium cadentia restaurasti. Quodque non ignorarent me ante omnes, annis citra quadraginta, rursus *Alemanniæ* Scholam græca elementa docuisse, quæ ipse ego quondam in vestra *Gallia*, ex discipulis *Gregorii Tiphernatis*⁵, adulescens *Parisiis* acceperam, anno Domini 1473, quo in tempore illic et *Joannem*

lin. » Celui-ci y était signalé comme un ennemi de la foi chrétienne. Reuchlin lança à son tour sa « *Défense contre mes calomniateurs de Cologne,* » datée du 1ᵉʳ mai 1513. Mais il s'aperçut bientôt qu'en s'attaquant à un membre de l'ordre monastique le plus puissant, il avait amassé des charbons ardents sur sa propre tête. Il sollicita alors et obtint en peu de temps une foule d'auxiliaires dévoués. Toute l'Europe lettrée se partagea en deux camps : celui des *Reuchlinistes* et celui des *Obscurantins*.

Dans cette levée de boucliers, il ne s'agissait pas seulement de Reuchlin, mais des sciences et des lettres que ses ennemis voulaient discréditer dans sa personne. En voyant une foule d'ecclésiastiques ligués avec ces professeurs et ces orgueilleux moines qui avaient cru pouvoir imposer silence au premier savant de l'Allemagne par ce seul mot « rétractez-vous, » toute la génération éclairée dut se demander : Pourquoi le clergé redoute-t-il si fort la science unie à la religion? Serait-on dispensé de persuader et de convaincre ses contradicteurs, quand on est chargé du gouvernement des âmes? L'autorité de l'Église a-t-elle une source divine, ou n'est-elle qu'une prétention dépourvue de titres, une tyrannie fondée sur l'habitude? Ces questions et bien d'autres ne pouvaient plus être supprimées : le monde se sentait mûr pour les discuter. Tous les savants éprouvaient alors un sentiment qui n'avait jamais été aussi vif, celui de leur solidarité mutuelle. « *Si vinces, nos tecum vicimus* » disait Le Fèvre à Reuchlin (Lettre du 30 août 1514). De là une communication plus fréquente des idées, une communauté d'espérances qui prêtait de nouvelles forces au libre examen. Telle est, nous semble-t-il, la signification de cette lutte théologique des Reuchlinistes et des Obscurantins, véritable combat d'avant-garde, qui faisait déjà pressentir la Réformation. (Voyez Biographie Univ. art. Reuchlin. — Bulæus, op. cit. T. VI, p. 52 et sqq.)

⁴ « Quis ignorat, hos esse illos Magistros... qui *Petrum Ravennatem*, celeberrimum juris doctorem, urbe exegerunt? » (Agrippæ Opp. Pars II, p. 778.)

⁵ *Grégoire de Tipherne*, élève du savant grec Chrysoloras, était venu d'Italie à Paris en 1458.

Lapidanum[6] Theologiæ Doctorem in Grammaticis ad Sorbonam, et *Guillielmum Tardivum*[7] Aniciensem in vico S. Genovefæ, et *Robertum Gaguinum*[8] apud Mathurinos in Rethoricis præceptores audivi, cum essem è familia Marchionis *Friderici Principis Badensis*, nunc Episcopi Trajectensis, συμφοιτητής. Demum post aliquot annos è *Suevia* rediens ad *Parisios*, *Georgium Hermonymum*[9] Spartiatem Græcè docentem assecutus sum.

Cumque optimarum litterarum studiosi nostrates omnes confiteantur se Græca et Hebraïca, me autore primario, didicisse, non potuit adversariorum Barbarorum mera superbia æquo animo ferre tanta meæ famæ præconia, persæpe formidantium quòd ornatioribus doctrinis imbuta posteritas puerilia studia et aniles disciplinas, quæ jam diu in nostra consuetudine versantur, contemnat. Quare adversum me hoc calumniarum facinus ausi sunt nefandum et abominabile, cujus seriem ex mea Defensione[10] intelliges, quam tibi viro doctissimo, et quod pluris faciam, amicissimo, cum istis præsentibus nunc mitto, ut tecum reputes quid intentatum improbi Timones linquant.

Mirabere fortassis institutum meum, quod tam acriter et seriò injurias repulerim, perinde atque ab officio Philosophiæ alienum quam profitear. Sed si animo perpendas quando sit Philosopho appetenda, et quando fugienda defensio, non tam laudabis rectè *Socratis* negligentiam coram *Atheniensibus*, quàm coram illis Gymnosophistis *Apollonii* diligentiam. Ille defendi noluit, et ad accusa-

---

[6] *Jean Heynlin*, surnommé *zum Stein* (en latin *Jo. à Lapide*), originaire de Bâle, reçut le grade de maitre ès arts dans l'université de Paris, et y enseigna pendant quelques années la grammaire et la théologie. Plusieurs de ses élèves le suivirent à Bâle, où, dès l'année 1474, il exerça concuremment la charge de prédicateur et celle de professeur de philosophie. Écrivain assez fécond, estimé de ses contemporains comme un homme pieux, savant et zélé protecteur des études, Heynlin eut encore l'honneur d'organiser, en 1477, l'université récemment fondée de Tubingue.

[7] *Guillaume Tardif*, né vers 1440 au Puy en Vélai, professeur de rhétorique au collége de Navarre, à Paris.

[8] *Robert Gaguin*, né à Colline près d'Arras, général de l'Ordre de la Ste-Trinité, commença à professer la rhétorique à Paris en 1463. Employé sous trois souverains comme ambassadeur, il est plus connu par son *Compendium super Francorum gestis* que par ses Harangues et ses poésies latines. Il mourut en 1501.

[9] *George Hermonyme* est, dit-on, le premier Grec de naissance qui ait enseigné en France la langue grecque.

[10] *Jo. Reuchlini Defensio* contra calumniatores suos Colonienses. Tubingæ, 1513, in-4°.

tionem *Melitum* se inscribentem contempsit; *Anytum* advocatum despexit; *Lyconem* causidicum derisit; judices ipsos ipse condemnavit. Lictoribus corpus præbuit, quod erat multis corporibus inferius; animam autem non præbuit, quæ erat omnibus Atheniensibus superior. Scribit hæc, ut nosti, *Maximus Tyrius* Platonicus in Quæstione : « Num Socrates se non defendendo bene fecerit? » Hic verò contra falsos delatores suos *Euphratem* et *Thrasybulum*, coram *Thespesione* Gymnosophistarum Principe, tam pugnanter et tam mordaci oratione se defendit, ut nihil gravius, nihil acerbius : quam tu orationem, arbitror, legisti apud *Philostratum* lib. 6.

Horum exemplo summorum Philosophorum monemur, cum famæ periculum est, impatienter defendendum esse Philosopho : at cum de vita certatur, fortasse non adeò. Moriendum enim semel, infamiam patiendum nunquam. Ea propter haud muliebriter dicendum mihi erat, nec ornatius aut liberius quàm simplex oratio veritatis ferebat, quia expurgare me tantum volui, ut fortem decet, non disertè sed viriliter, servato moderamine cum inculpata tutela, qui armis non aliis quàm scriptura usus sum, pariter ut adversarii, et modo chalchographico, ut iidem ipsi, et confestim ac incontinenter mox atque fieri potuit, dum essent in flagranti crimine, librosque jam diffamatorios ubique venum circunducerent, et famam meam sine fine turbarent, iterumque percussuri gladium stringerent. Quo præsumitur justè ab universis ratione utentibus, me omnia fecisse defendendi animo et repellendæ solùm infamiæ, nullà ultionis causà, qui et *Apologiam* Judici meo Romanorum Imperatori, die post impressionem proximo, de manu in manum obtuli, petens ut innocentiam meam audiret et secundiore me famâ exornaret; quod et fecit per publicum Decretum, et non tantum id potuit, verùm etiam facere debuit.

Hæc ad te scribo, amice, quo levari molestias mihi sentio, cum habeam, cui quod me gravat, impertiar. Mitto etiam illam eandem Defensionem meam, ut si adversarii apud eminentissimos Theologiæ Professores Parisienses, viros eximios et mihi quoque scholastico Parisiensi quàm observandissimos, me accusaverint insolentiæ aut temeritatis, vel, ut ante solebant, infidelitatis, tu illis Defensionem meam porrigas, ut lectis nostris me cognoscant usquequaque innocentem, nec ullo Sirenarum modulo tam dulciter incantentur, ut diffamationes inimicorum meorum quovis actu adjuvent. Sanè plurimum de te mihi spei est, cum laudatissimo Theologorum Collegio tam diligenter meo nomine agas, ut aliquam

saltem consolationem fraternam mihi suo confratri et ejusdem Universitatis Parisiensis membro, celeriter mittant. . . . .
Ex Stutgardia Sueviæ, ad circiter pridie Kal. Septemb. an. 1513.

3

LE FÈVRE D'ÉTAPLES à Jean Reuchlin.
De Paris, 30 août (1514).

Friedlænder. Beiträge zur Reformationsgeschichte. Berlin, 1837, in-8; d'après le manuscrit autographe de la Bibl. royale de Berlin, mscr. lat. fol. 239.

SOMMAIRE. J'ai le chagrin de vous annoncer que, malgré les lettres du Duc et les vôtres, malgré les pièces à l'appui que vous avez envoyées et l'assistance courageuse que plusieurs docteurs éclairés vous ont prêtée, *la Sorbonne* vient de se prononcer contre vous. Un appel à l'Université n'a pas été possible. Ne vous découragez pas cependant: la sentence de la Faculté est purement scientifique, et ne vous fera guère de tort. Continuez à insister, pour que la cause se plaide devant vos juges naturels. *Si vous êtes victorieux, nous le serons avec vous*, et nos théologiens finiront par rougir de leur jugement passionné. Veillez toutefois à ce que *Rome* ne décide pas sur les pièces présentées par vos adversaires, ni sur un livre en langue allemande, comme celui que vous avez envoyé à *Paris*.

Non sine animi mœrore ad te scribo, eminentissime doctor. Ex scriptis *Coloniensium* Theologi nostri definitionem suam qualemcunque dederunt[1], et quamquam literæ Sereniss. Ducis et tuæ[2]

[1] Reuchlin, cité à Mayence devant le tribunal de l'Inquisition présidé par Hochstraten, en avait appelé au pape Léon X (septembre 1513) Celui-ci remit le jugement de l'affaire à l'évêque de Spire, qui, par sentence du 14 avril 1514, libéra Reuchlin de l'accusation d'hérésie, et condamna Hochstraten à payer les frais du procès, sous peine d'être excommunié. Le grand-inquisiteur en appela à Rome. Sans attendre le résultat de cet appel, les théologiens de Cologne brûlèrent publiquement le livre de Reuchlin, comme hérétique, et sollicitèrent l'approbation des Facultés de théologie d'Erfurt, de Mayence, de Louvain et de Paris. La présente lettre de Le Fèvre nous fait connaître les efforts qui furent tentés, mais inutilement, pour amener la Sorbonne à se prononcer en faveur de Reuchlin. Après un examen qui n'exigea pas moins de 47 séances, la Faculté de Paris adhéra, le 2 août 1514, à la censure des théologiens de Cologne. (Crevier. Université de Paris, V, 93.)

[2] Il veut parler des lettres du duc Ulrich de Wurtemberg et de Reuchlin, datées toutes deux de Stuttgart, le 20 juin 1514. Le duc exhortait la Sorbonne à ne pas intervenir dans une question qu'on devait considérer

et cætera adminicula, quæ misisti, Facultati theologicæ exhibita fuere, illa tamen omnia perparum profuerunt, licet etiam semper habueris in congregationibus doctorum eximios et gravissimos Patres, *Cancellarium Parisiensem*⁵, *Pœnitentiarium*⁴, *G. Castalium*⁵ *Archidiaconum Thuronensem*, *Martialem Masurium*⁶, et nonnullos alios doctores theologos, qui puriores erant et saniore judicio, tibi faventes et pro te certantes viriliter : turba tamen multitudine vicit. Itaque expedierunt *Coloniensibus* quæ petierant.

comme définitivement réglée, par suite de la délégation que le pape avait faite à l'évêque de Spire (Voyez note 1 et le N° 2, note 3). Reuchlin, de son côté, envoyait avec les pièces du procès un résumé historique de toute l'affaire, et suppliait l'Université, dont il était l'élève, de ne pas se joindre à ses ennemis (Bulæus, t. VI, p. 63 et 65).

³ Manière abrégée de désigner le chancelier de l'église et de l'université de Paris. La charge était alors remplie par *Godefroi Boussard*, ancien régent au collège de Navarre.

⁴ On appelait ordinairement *pénitencier de l'église de Paris*, ou *de l'évêque de Paris*, le prêtre chargé d'accompagner les condamnés au supplice. Le mot *pœnitentiarius* désignant aussi un confesseur, il est plus probable qu'il s'agit ici du confesseur du roi, c'est-à-dire de *Guillaume Petit* (ou *Parvi*). L'opinion généralement reçue que ce dernier était partisan des Obscurantins reposerait alors sur une méprise de Reuchlin. (Voyez note 6, à la fin.)

⁵ *Guillaume Chastel* (en latin *Castellus* ou *Castalius*), né à Tours, a publié des poésies latines sur des sujets bien différents : « De judicio extremo Carmen, » et « Carmen de stultis mulierum votis. » Son « *Dialogus in Jacobi Fabri Stapulensis laudem* » fournirait peut-être quelques détails précieux sur la vie si peu connue de Le Fèvre.

⁶ *Martial Mazurier*, natif de Limoges, est le seul des quatre personnages mentionnés ici par Le Fèvre qui ait figuré dans les premières luttes de la Réformation. On le retrouve plus tard à Meaux, chez l'évêque Briçonnet. — En dehors de la Sorbonne, Reuchlin trouva un auxiliaire inattendu dans *Guillaume Cop*, savant Bâlois fixé depuis assez longtemps à Paris et premier médecin du roi. Louis XII lui ayant demandé s'il connaissait ce Reuchlin si maltraité par les députés de Cologne présents à la cour, Cop répondit sans hésiter : « Il y a 40 ans que je ne l'ai vu ; mais je sais par mon pré-
« cepteur, J. Heberling de Gemund, ancien élève de Reuchlin à Bâle, qu'on
« tenait son maître pour un savant de premier ordre, et que depuis cette épo-
« que Reuchlin s'est consacré sans relâche aux bonnes lettres, comme le
« prouvent ses nombreux ouvrages pleins d'érudition. » Un évêque qui assistait à cet entretien (c'était peut-être l'évêque de Paris, *Étienne de Poncher*), ne trouva pas d'autre réplique que celle-ci : « Vous aussi, vous judaïsez comme Reuchlin. » (Lettre de Cop à Reuchlin, 25 août 1514. Bulæus, l. cit.) Le savant de Pforzheim remercia chaudement de cette marque d'amitié celui qu'il appelait « le petit-fils de ses leçons ; » mais il commit probablement une méprise en attribuant à Guill. Petit « pœnitentiarius regius » la fâcheuse influence exercée sur Louis XII par l'évêque.

Unum tamen amicos tuos solatur, quod speramus, hanc theologorum determinationem, cum solùm sit scholastica, perparum rei tuæ aut nihil obfuturam. Quod Deus ita fore velit, omnes precamur Quapropter te rogamus bono esse animo, et ut fortiter velis causam tuam coram propriis judicibus agi curare. *Si vinces, nos tecum vicimus.* Justum incuties theologis ruborem, qui fuerint ad judicandum tam præcipites, faciesque ut resipiscant et sint in futuro cautiores. Unum tamen vide, ne ex scriptis et interpretatione illa *Coloniensium*, ferant *Rhomæ* sententiam[7]. Nam si *Speculum oculare*[8] fideliter interpretatum, roboratum et authoratum sufficienter misisses, ut vulgare[9] misisti, forte theologi nostri mutassent sententiam.

Verùm et theologi nostri, maximè qui volebant *Coloniensibus* ex iis quæ exhibuerant[10] favere, summopere timebant breve pontificium. Ideo acceleraverunt suam sententiam, de qua non potuit ad universitatem provocari, quia nullus habuit procuratorium; res tamen tentata fuit, sed frustrata.

Matthæus[11], præsentium tabellarius, tunc aberat, et nullus fuit, per quem te ilicò facerem certiorem: neque hac de causa ad te nunc misissem *Matthæum*, cum non tempestivè rediisset, nisi ob alias causas repetere patriam statuisset. *De munusculis tuis*, quantascunque possum gratias habeo. Si intelligam res tuas bene agi, recte

---

[7] La position de la cour de Rome était assez embarrassante. Léon X protégeait les lettres et estimait Reuchlin. D'un autre côté, il craignait de mécontenter les Dominicains. Ceux-ci avaient d'abord triomphé en recevant la sentence de Paris ; mais, en apprenant que le pape venait de nommer une commission présidée par un cardinal ami des lettres, ils s'abandonnèrent aux transports de la plus risible fureur, menaçant publiquement la cour de Rome d'exciter un nouveau schisme et d'en appeler au futur concile, si la sentence de Spire était confirmée. (Voyez la lettre de Buschius à Reuchlin. Bulæus, VI, 68.) Léon X se tira d'embarras par un faux-fuyant : il laissa trainer l'affaire, puis en ajourna indéfiniment la décision (20 juillet 1516).

[8] Voyez le N° 2, note 3.

[9] Le livre de Reuchlin n'avait pas été publié en latin, mais en allemand, sous le titre de *Augenspiegel*. Une lettre écrite de Rome parle de deux traductions latines de cet ouvrage, que les juges réclamèrent des parties. Celle des Reuchlinistes fut choisie comme la plus fidèle (Bulæus, VI, p. 73).

[10] Dans sa lettre du 20 juin, Reuchlin accuse ses ennemis d'avoir présenté à la Sorbonne un exemplaire tronqué et mutilé de son *Speculum*.

[11] C'est peut-être le même personnage que le savant *Matthæus Adrianus, ami de Reuchlin*, qui enseigna l'hébreu à Louvain dès la fin de l'année 1517. (Voyez les lettres d'Érasme à Budé et à Lupset, 26 octobre 1517, et au comte de Neuenar, 30 novembre 1517. Erasmi Opp. Édition Le Clerc, t. III, p. 1637, 1638, et 1644.)

valebo et amici tui omnes. Vale feliciter et diu vive omnibus doctis et bonis. Parisiis. Tertio Cal. Septembris.

Quàm maxime potest tuus et semper tuus
JACOBUS FABER.

(Inscriptio :) Consultissimo legum doctori, viro venerandissimo ac doctissimo Jo. Reuchlin, D^{no} præceptori suo. Stutgardiæ.

4

LE FÈVRE D'ÉTAPLES à Érasme de Rotterdam.
De Paris, 23 octobre (1514).

Erasmi Opera, ed. Le Clerc. Lugd. Batavorum, 1703, in-folio.
T. III (Epistolæ), p. 1812.

SOMMAIRE. J'ai appris avec plaisir que vous vous fixez en *Allemagne*, près de vos imprimeurs. C'est votre amour pour les lettres qui vous porte irrésistiblement à répandre au loin les trésors de votre science; aussi *Érasme* est-il *admiré, aimé, honoré de tous les hommes de bien, de tous les lettrés.*

Erasmo Roterodamo Jacobus Faber S.

Heri circa crepusculum noctis, præsentium tabellarius me convenit, et nomine tuo dixit salutem : quæ non nisi gratissima esse potuit, sed eò uberiore lætitia animum meum opplevit, quò te intellexi, in *Germania*[1] inter typographos versari. Publica enim utilitas (ut continuò concepi) et literarum feliciter propagandarum amor, te *Britannos* deserere suasit[2], et nobis quidem oppidò quàm optabiliter ac utiliter! Quid enim aliud faceres, qui plenus es omnium bonarum literarum, nisi non tibi sed utilitati publicæ eas studiis ac studiosis propagares, imitator publici solis? Sic enim mundi sol candidæ lucis plenissimus non intra se illam occulit, sed omnibus mortalium oculis, non suo sed illorum usu, manifestat

[1] Érasme était depuis environ deux mois à Bâle, où il avait déjà séjourné en décembre 1513.

[2] Érasme avait fait plusieurs séjours en Angleterre pendant qu'il préparait son édition du Nouveau Testament.

ac ingerit. *Quis non suspiciat, amet, colat Erasmum*? Nemo non, qui bonus et literatus fuerit ³.

Ergo qui prorogat vitas, fila vitæ tuæ faciat quàm maximè longæva, ut merita meritis diutius cumulans, serus ad feliciora regna, de toto quàm optime meritus mundo, transeas : non solum gloriæ famam posteris relinquens, sed vitam jam cum superis vivens heroïcam ! Vale felix, et vive nobis et nostro seculo, et ama te coientem et amantem. Ex cœnobio divi Germani, juxta Lutetiam Parisiorum, X. Calend. Novemb. (1514) ⁴.

³ Ces paroles de Le Fèvre étaient non pas un compliment, mais l'expression vraie du sentiment général; tous les amis des bonnes études célébraient alors Érasme comme « le phénix de son siècle et le bienfaiteur de ses contemporains. » Après s'être nourri des modèles de l'antiquité, il s'était tourné vers les Pères de l'Église, et ceux-ci l'avaient conduit à l'étude de l'Écriture sainte. Le premier fruit de ce retour aux sources de la vérité avait été son *Manuel du soldat chrétien* (1509), où il enseigne que Jésus-Christ est le centre et le but de toute la vie chrétienne, « qu'il ne faut chercher dans la Bible qu'une seule chose, Jésus-Christ. »
Mais ce n'était pas seulement par son génie qu'Érasme s'était acquis une si grande renommée. L'homme ne paraissait pas en lui inférieur à l'écrivain. « Il possédait à un degré rare le don d'attirer les esprits les plus divers, de tirer parti de tous les éléments, d'aller chercher chacun sur son propre terrain et d'exercer son empire en quelque sorte sans qu'on s'en doutât... Il était fort aimable, et comme il aimait la louange, il la distribuait largement et excellait à relever ses amis à leurs propres yeux ; aussi était-il l'objet d'un dévouement qui allait presque jusqu'à l'adoration. » (J.-J. Herzog. Vie d'Œcolampade, trad. par A. de Mestral. Neuchâtel, 1848, p. 46). Érasme jouit quelques années encore de cette royauté intellectuelle que lui décernaient tous les esprits éclairés, mais elle perdit beaucoup de son prestige, quand on vit le célèbre Hollandais hésiter entre son intérêt et ses principes et refuser de marcher plus avant dans la voie qu'il avait ouverte.

⁴ Cette date nous paraît plus probable que celle de 1515 : Le Fèvre n'aurait pas tardé si longtemps à féliciter Érasme au sujet de son arrivée en Allemagne. (Voyez la note 1.) Peu de temps après avoir écrit cette lettre, Le Fèvre accompagna l'évêque Briçonnet dans le voyage que celui-ci fit chez son père, à Narbonne, et il assista à la mort du cardinal (14 décembre 1514). (Voyez le N° 1, note I, et Graf. Essai sur Lefèvre, p. 13 et 57.)

5

JOSSE CLICHTOW, théologien de Paris, à l'évêque Gozthon.
De Paris, l'an 1515.

Clichtovei Elucidatorium ecclesiasticum. Basileæ, 1517, in-folio.

(TRADUITE DU LATIN.)

SOMMAIRE. Donner aux ecclésiastiques l'intelligence des prières et des hymnes, que la plupart d'entre eux ne comprennent que très-imparfaitement, — rendre ainsi au culte son véritable caractère — tel est le but du livre que je vous dédie.

Au Révérend Père et Seigneur en Christ, Jean Gozthon de Zélesthe en Pannonie, Évêque très-digne de l'Église de Jawer et comte perpétuel du même lieu — Josse Clichtow[1] de Nieuport, Salut !

Le divin Psalmiste nous avertit, très-saint Prélat, de chanter avec sagesse les hymnes qui s'adressent à Dieu, en ne nous contentant pas de proférer des lèvres de simples mots, mais en réfléchissant, avec un esprit tourné vers le Seigneur, à leur vrai sens et à leur pieuse interprétation. Mais ce n'est pas seulement à la psalmodie

---

[1] *Josse Clichtow* ou *Clictou* (en latin *Jodocus Clichtoveus*), né à Nieuport en Flandre, environ l'an 1466, commença très-jeune encore à professer la philosophie à Paris, où il avait fait ses études. Le savant Bavarois *Jean d'Abensberg* (en latin *Aventinus*) qui suivait les cours de *Clichtow* et de *Le Fèvre d'Étaples*, en 1490, rapporte qu'il avait très-souvent entendu ces deux professeurs reprocher à Pierre Lombard, l'un des pères de la scolastique, d'avoir altéré la source de la philosophie divine en y faisant couler les ruisseaux bourbeux de ses *Questions*. Après avoir enseigné longtemps avec succès dans le collége du cardinal Le Moine et dans celui de Navarre, Clichtow se fit recevoir docteur en théologie (1506) et devint plus tard curé de l'église de St-Jaques à Tournay et chanoine de Chartres. Outre les nombreux ouvrages qu'il publia sur la théologie, la philosophie et certaines branches des mathématiques, il commenta la plupart des écrits philosophiques édités par Le Fèvre. Il jouissait, comme prédicateur, d'une certaine réputation. Ses sermons imprimés (1541) ne paraissent pas révéler clairement un *disciple de Le Fèvre d'Étaples*. Et cependant il dut exister entre les deux savants une communauté de sentiments religieux qui ne se bornait pas à leur aversion commune pour la scolastique; autrement les amis de Le Fèvre n'auraient pas dit plus tard : « *Clichtoveus olim noster!* » (Voyez Bulæus, t. VI, et les ouvrages de Clichtow.)

et au chant sacré des Psaumes. que j'appliquerais cette règle ; il me semble qu'elle convient également à toute espèce de louanges rendues à Dieu et à toutes les prières qui lui sont adressées. Toutes les paroles employées à cet effet, doivent non-seulement être exactement et complétement proférées par les ministres de l'Église, mais elles doivent encore être sainement comprises, afin d'élever plus fortement vers Dieu l'âme de celui qui prie et de rendre avec plus de vérité les sentiments qui l'animent... En effet, si l'on ne comprend pas le sens des paroles qui s'adressent à Dieu, l'esprit de celui qui prie demeure le plus souvent oisif et il ne fait aucun effort pour s'élever vers le Seigneur. C'est alors que se réalise tout particulièrement ce que l'Éternel a dit par Ésaïe le prophète : « Ce peuple m'honore des lèvres, mais son cœur est bien éloigné de moi. » Quand il est mérité par les hommes d'église, ce reproche devient plus grave encore et plus sérieux...

Aussi Votre Paternité, enflammée de l'amour de la maison de Dieu, a dès longtemps porté ses pensées sur ce sujet, et déploré *qu'une si profonde ignorance se fût introduite dans l'Église de Dieu*, et que ceux qui sont employés à servir l'autel et à chanter les louanges divines, soient tombés dans une telle ineptie, *qu'il ne s'en trouve qu'un bien petit nombre qui comprennent exactement et complétement ce qu'ils lisent et ce qu'ils chantent.* Il en résulte que la plupart d'entre eux ont le cœur desséché, une âme froide comme la glace. et apportent dans l'accomplissement du ministère sacré une telle tiédeur, que, tandis que leurs lèvres murmurent les saints cantiques, leur cœur, où ne brûle plus l'ardeur de l'esprit divin, reste sans aucune intelligence des paroles qui sortent de leur bouche.

C'est pour chercher à suspendre et à corriger les effets de *cette redoutable maladie qui déjà s'étend au loin et a presque envahi la chrétienté tout entière*[1]... que vous m'avez instamment sollicité de

---

[1] Un théologien allemand fort considéré, *W.-F. Capiton* (voyez ci-dessous le N° 10, note 1), crut devoir compléter le tableau de l'état moral du clergé dans une dédicace du livre de Clichtow, adressée à l'évêque de Bâle, et dont nous reproduisons les passages les plus intéressants :

« Au Révérend Père et Seigneur en Christ, *Christophe de Utenheim*, Évêque de Bâle, son respecté Seigneur, — *Wolfgang Fabricius Capiton*, salut !

« Depuis deux ans que je remplis les fonctions de prédicateur dans le magnifique temple de Bâle, dont vous êtes le chef, ô révérend Père, je me suis souvent demandé d'où provenait *ce cortège innombrable de tous les vices qui a envahi le clergé*... Il ne manque pourtant pas d'*évêques* (et vous

donner une explication simple et facile des hymnes qui se chantent dans l'église aux heures canoniques, et d'apporter en même temps, dans le texte, les corrections qui sont devenues nécessaires... Vaincu par les demandes répétées que vous m'avez faites, j'ai fini par me rendre à vos vœux... Je reconnais avec vous que c'est, en effet, le devoir le plus pressant du prêtre (dont je remplis, quoique indigne, le ministère), que d'éclairer ce qui regarde l'accomplissement des fonctions sacerdotales, et d'en délier, pour ainsi dire, les enveloppes et les nœuds. Et, puisque je me suis voué à l'enseignement public, je ne puis rien faire de plus utile que d'apprendre aux lévites de Dieu à comprendre ce qu'ils lisent... J'entre

êtes du nombre) qui se préoccupent sérieusement des intérêts de la piété et de la religion, *qui ressentent vivement toute injure faite à Christ*, qui sont remplis de douleur à la vue des crimes que commet une multitude insensée, et surtout de ceux que commettent les prêtres. Aussi chercherai-je ailleurs *la cause d'un si grand mal*. Je la trouve dans *l'ignorance grossière des choses saintes*, avec laquelle, nous autres lévites, appelés à desservir chaque jour le temple, nous portons le fardeau des mystères sacrés. Nous murmurons en courant, sans y attacher de sens et avec une incroyable froideur, les prières des heures canoniques. Nous n'avons pas la moindre idée, ni de la signification du sacrifice de la messe, ni de ce qui concerne le chant ecclésiastique. Rien ne nous est en quelque sorte plus étranger que ce qui nous est le plus familier.

« Il en résulte, qu'oubliant nos devoirs, nous tombons dans une corruption pire que celle des corrupteurs eux-mêmes. C'est pour chercher à remédier à ce mal que *Josse Clichtow*, célèbre théologien de *Paris*, a expliqué, avec autant de simplicité que d'à-propos, dans l'ouvrage que je vous présente, tout ce qui concerne l'office divin. Je ne doute pas, très-vigilant Prélat, que vous ne vous empressiez de mettre dans les mains de vos prêtres un ouvrage qui leur fera connaître le sens des mystères sacrés. De cette manière vous ouvrirez un nouvel accès à la piété, qui, après un long exil, rentrera au milieu du clergé, et, comme Antée, vous verrez la terre entière sous vos pieds. *Il n'est aucun homme que la lecture de ce livre n'amène à une possession plus complète de la religion de Christ*, pour ne rien dire de l'intelligence nouvelle qu'il acquerra par ce moyen. Chacun y trouvera un encouragement à faire son salut; chacun y puisera de bons motifs de mieux vivre. *Ce n'est pas que j'ose déjà concevoir pour notre siècle l'espérance d'un renouvellement entier*. Hélas! il n'y a encore que trop de gens décidés à mourir dans leur vieux train de vie, au milieu des excès de la débauche, des souillures de la simonie et d'un luxe effréné. Mais, du moins, ne serons-nous pas responsables de leur châtiment, si nous multiplions les instances et les reproches, en temps et hors de temps.... Je vous salue en Christ-Jésus, très-révérend Prélat, et je prie le Seigneur de vous conserver longtemps en ce monde, pour travailler à la restauration de la piété et à la régénération des mœurs. De Bâle, le 3 des Ides d'Août (11 août) de l'an M. D. XVII. »

donc dans vos vues, qui sont tournées vers la plus grande gloire de Dieu et vers le salut de nos âmes, en concourant à *rendre plus digne de sa destination sainte le culte de l'Église......* De Paris, l'an de l'incarnation du Verbe M. D. XV.

6

THOMAS GREY à Érasme de Rotterdam.
De Paris, 5 août 1516.

Erasmi Epp. édit. Le Clerc, p. 1564.

Sommaire [1]. Contraste entre la vie spirituelle de *Le Fèvre d'Étaples* et l'affaiblissement de ses facultés.

...Sane nullâ aliâ causâ tibi non rescribit [*Jac. Faber Stapulensis*] nisi quod nihil quicquam te dignum neque scribere, neque dictare possit ; te, inquam, summo amore prosequitur, te apud omnes prædicat, non solùm doctissimum, sed et diligentissimum, et quantum conjectura colligo, sincerè te colit : nam creberrimè te in caritate amplecti exoptat, et ut aliquoties à te sit reprehensus, haudquaquam id in malam accipit partem tanquam carnalis : sed eam ob causam immortalem tibi habet gratiam, ceu verè spiritualis, asserens se nonnulla eorum jampridem notasse, atque imprimenda in animo habuisse, ni tu provinciam occupasses. Denique meque tua causa humanissime excipit, multum familiariter mecum colloquens ; sed *certè multum debilitatus tam vulgari sermone, quàm doctrina,* usque adeò ut vix quippiam dubii enucleare possit. Multa eum rogavi, sed parum ad rem respondit, ac sæpius discipulum quendam *Franciscum*[2] interrogat sed nondum satis maturum : verùm *quò propius morti carnis accedit, hoc magis spiritui vivit*[3]. Attamen

---

[1] Nous n'avons pas jugé nécessaire d'accompagner de sommaires un peu développés les lettres latines qui ne rentrent pas dans la correspondance proprement dite des Réformateurs.

[2] *François Wastabled* (en latin *Vatablus*), natif de Gamaches en Picardie, célèbre plus tard comme hébraïsant. (Voyez ci-dessous la lettre du 9 avril 1519, note 19.)

[3] Guillaume Budé, qui avait rencontré *Le Fèvre,* pendant l'été, en se rendant à sa terre de Marly, écrivait à Érasme, le 27 octobre, que son vieil ami était très-affaibli par la maladie. (Voyez Erasmi Epp. éd. Le Clerc, p. 211.) Cet état de langueur, qui se prolongea pendant quelques

libenter audit quicquid ab eo peto, et, quum sciat non invitus expedit, sin minus, ingenuè fatetur memoriâ excidisse. Itaque te etiam atque etiam oro (si forte ad eum scripseris), ut ei mea causa gratias agas : siquidem ille mihi jussit, ut qua familiaritate me tuo nomine complectitur, te certiorem redderem.

7

ÉRASME DE ROTTERDAM à Henri Boville [1].
De Rochester, 31 août 1516 [2].

Erasmi Epistolæ, éd. Le Clerc, p. 126.

SOMMAIRE. Érasme se justifie d'avoir entrepris la *revision du texte du Nouveau Testament* et d'avoir critiqué les Pères. Il s'autorise de l'exemple de *Le Fèvre d'Étaples*.

.... O homines studio pravos, et sibi ipsis iniquos et iratos, suis ipsorum commoditatibus invidentes !... Jam non refellunt et corrigunt, quæ perperàm à nobis scripta censeant, sed hoc ipsum damnant scripsisse. Fas esse negant tentare quicquam hujusmodi, nisi ex auctoritate Concilii generalis. At istoc quid iniquius? Ipsi quoti-

mois, fournit à *Érasme* une nouvelle occasion de manifester sa sympathie et son respect pour Le Fèvre, « cet homme si pieux, si bon, si savant, qui a rendu de si grands services aux études et à tous les lettrés, qu'il mériterait de ne jamais vieillir. » (Érasme à Budé, 15 février 1517. Le Clerc, p. 181.) Avec la santé, *Le Fèvre d'Étaples* retrouva bientôt son ancienne vigueur d'esprit. On peut du moins l'inférer de quelques paroles de *Glareanus*, qui retracent avec vivacité le côté enjoué et aimable de son caractère : « Sanus sum, valeo, valui continuò, bonum iter fuit, bene acceptus a doctissimis viris *Lutetiæ*, inter quos est *Budæus, Copus, Faustus* [Andrelinus] atque adeò *Faber Stapulensis,* qui sæpe jam domi meæ fuit. Is supra modum me amat, totus integer et candidus mecum cantillat, ludit, disputat; ridet mecum stultum præcipue hunc mundum; vir humanissimus atque ita benignus, ut nonnunquam videatur (quamquam id reverà minime facit), videatur tamen suæ gravitatis oblitus. » (Glareanus à Zwingli. Paris, 29 août 1517, Zuinglii Opera, édit. Schuler et Schultess, t. VII, p. 26.)

[1] Prédicateur à Cambridge.
[2] La date 1513 de l'édition de Le Clerc est erronée. Plusieurs détails de la présente lettre montrent clairement qu'Érasme répond à celle de Boville du 13 août 1516. (Voyez l'édit. Le Clerc, pp. 1557 et 197, et ci-dessous la note 3.)

die depravant sacros codices, sola inscitia ac temeritate in consilium adhibita : nobis non licebit ex veterum sententia restituere quod corruptum est, nisi totius orbis Christiani convocato Concilio? Adeó pejorem volunt esse conditionem mendum submoventis, quàm invehentis..... Quin et illud dilemma, si possint, explicent : Utrum permittunt aliquid novari in sacris Libris, an omnino nihil? Si quicquam permittunt, cur non excutiunt potius, rectè mutatum sit, necne? Sin minus, quid facient illis locis, in quibus mendum inesse manifestius est, quàm ut negari, dissimularive possit? An hîc sacrificum illum malunt imitari, qui suum *mumpsimus*, quo fuerat viginti usus annos, mutare noluit, admonitus à quopiam *sumpsimus* esse legendum? Vociferantur καὶ σχετλιάζουσιν, *ô cœlum, ô terra, corrigit hic Evangelia*! At quanto justius exclamandum erat in corruptorem : ô sacrilegium! depravat hic Evangelia !

Neque enim nos novam prodimus editionem, sed veterem pro virili restituimus, at ita ut hanc novam non labefactemus. Qui pro hac nova tanquam pro aris ac focis dimicant, habent quod amplectantur : nihil illis perit, aliquid de lucro accessit. Hanc, quam adamant, emendatius legent posthac, et rectius intelligent. Quid si Libros divinos omnes paraphrasi explanassem, quò possent incolumi sententia et legi inoffensius, et percipi facilius, num isti dicam mihi scriberent?..... Canuntur in templis quotidie juxta veterem editionem Psalmi : et tamen exstat divi *Hieronymi recognitio* ; exstat ejusdem juxta veritatem Hebraïcam interpretatio. Illa leguntur in choris, hæc in scholis aut domi. Neutra alteris officiunt. Atque adeó nuper *Felix Pratensis* [3] Psalterii totius novam edidit interpretationem, ab omnibus superioribus admodum dissidentem. Quis huic unquam movit tragœdias ?

Jacobus Faber Stapulensis, amicus noster, dudum id fecit in *Paulum*, quod ego in totum Novum Instrumentum. Cur hic demum tanquam ad rem novam commoventur quidam? An aliis omnibus istud licere volunt, mihi uni non volunt? Atqui *Stapulensis* non paulo plus ausus est quàm ego. Ille *suam interpretationem veteri opposuit* [4], idque in Academiarum omnium regina, *Lutetia* :

---

[3] *Felix*, surnommé *Pratensis*, de *Prato*, lieu de sa naissance en Toscane, était fils d'un rabbin. Il se convertit au christianisme dans les premières années du XVIme siècle et entra dans l'ordre des ermites de Saint-Augustin. Sa traduction des Psaumes, dédiée à Léon X, est intitulée: « Psalterium ex hebræo ad verbum ferè tralatum, adjectis notationibus. » Venise, Bomberg, 1515, in-4°. (Voyez Biographie universelle, art. Félix.)

[4] Voyez ci-dessous la première pièce de l'an 1520.

ego recognitorem modò professus, locos aliquot aut corrigo, aut explico. Nec hoc dixerim, quò *Fabrum* in communem invidiam vocem, nam *vir ille jampridem gloria superavit invidiam*, sed ut palàm faciam, quàm iniquè faciunt quidam, qui quod jamdiu est à multis factitatum citra calumniam, in me veluti subitum ac novum calumniantur....

Ostendo locis aliquot lapsum esse *Hilarium*, lapsum *Augustinum*, lapsum *Thomam*, idque facio, sicut oportet, reverenter, citraque contumeliam..... Summi erant homines, sed tamen homines erant. *Demonstrent isti, eos rectè sensisse, meque refellant argumentis, non convitiis*, et apud me magnam inierint gratiam....

8

LUTHER à Spalatin.
De Wittemberg, 19 octobre 1516.

Luthers Briefe, édition de Wette, t. I. p. 39 et 51.

SOMMAIRE. Jugement de *Luther* sur *Érasme* et *Le Fèvre d'Étaples*.

.... Officium et amici et Christiani facias precor, et *Erasmum* de iis certum face, cujus autoritatem, sicut spero et cupio futuram celeberrimam, ita metuo, ne per eandem multi sibi accipiant patrocinium defendendæ illius literalis, id est, mortuæ intelligentiæ, qua plenus est Lyranus commentarius, et ferme omnes post Augustinum. Nam et *Stapulensi, viro* alioqui (bone Deus) *quàm spirituali et sincerissimo*, hæc intelligentia deest in interpretando divinas [1] literas, quæ tamen plenissime adest in propria vita agenda, et aliena exhortando.

Temerarium me diceres, quòd tantos viros sub Aristarchi virgam duxerim, nisi scires, quòd pro re theologica et salute fratrum hæc facio.

LE MÊME à Jean Lang.
De Wittemberg, le 1er mars 1517.

SOMMAIRE. Nouveau jugement de Luther sur Érasme et Le Fèvre d'Étaples.

.... *Erasmum nostrum* lego, et in dies decrescit mihi animus erga eum. Placet quidem quod tam religiosos quam sacerdotes, non

---

[1] Dans les diverses éditions des lettres de Luther, on trouve ici *alienas*, qui ne donne pas un sens satisfaisant.

minus constanter quàm erudite arguit et damnat inveteratæ hujus et veternosæ inscitiæ ; sed *timeo ne Christum et gratiam Dei non satis promoveat, in qua multo est quàm Stapulensis ignorantior :* humana prævalent in eo plus quam divina. Quanquam invitus eum judico, facio tamen ut te præmoneam ne omnia legas, imò accipias sine judicio. Tempora enim sunt periculosa hodie, et video quòd non ideo quispiam sit Christianus vere sapiens, quia Græcus sit et Hebræus, quando et beatus *Hieronymus* quinque linguis monoglosson *Augustinum* non adæquarit, licet *Erasmo* aliter sit longe visum. Sed aliud est judicium ejus qui arbitrio hominis non nihil tribuit, aliud ejus qui præter gratiam nihil novit.

9

GUILLAUME BUDÉ [1] à Érasme de Rotterdam.
De Paris, 5 février 1517 [2].

Erasmi Epp. édit. Le Clerc, p. 168.

SOMMAIRE. Budé remercie Érasme des services qu'il rend à la religion, et il lui communique le projet formé par le roi François Ier dont il fait le plus grand éloge, de fonder un Collége spécialement consacré à l'enseignement des langues anciennes. (On l'appela plus tard le *Collège de France.*)

...... *Rex* hic est non modò Francus, quod ipsum per se amplum est, sed etiam *Franciscus*, nomine hoc primùm ab ipso inter regia

---

[1] *Guillaume Budé*, seigneur de Marly et de Villeneuve, maître des requêtes et l'un des bibliothécaires du roi, naquit à Paris en 1467 d'une famille qui s'était illustrée dans la magistrature. Il n'avait eu dans sa première jeunesse que des professeurs incapables, sauf pourtant Le Fèvre d'Étaples, qui sut lui donner le goût des mathématiques. Il se mit tard à étudier et fut son propre maitre. Très-versé dans la littérature classique et surtout dans la connaissance des auteurs grecs, il était déjà célèbre en 1517 par ses traductions de quelques traités de Plutarque, ses commentaires de jurisprudence et son livre sur les poids, mesures et monnaies des anciens *(de Asse)*. Les lettres n'avaient pas en France de défenseur plus zélé. Que Budé ait salué avec joie les travaux destinés à répandre la connaissance de l'Écriture sainte, c'est ce qu'on peut inférer des termes dont il se sert ici pour qualifier le retour aux études bibliques. « Grâce à ces études, dit-il, *la vérité revient de l'exil.* » On retrouve le même sentiment dans une autre lettre de Budé reproduite sous le N° 11.

[2] On lit 1516 dans toutes les éditions des lettres d'Érasme. D'après la manière moderne de compter, la véritable date est 1517.

relato, et, ut augurari licet, ad magnas res ominoso. Idem literarum non nescius, quod solenne est nostris regibus, sed idiomate facundus, ingeniosus, decens, mollis atque obvii accessus, raris corporis animique dotibus largè à natura præditus, priscorum Principum admirator et prædicator, qui quidem unquam animi magnitudine ac rebus gestis inclaruerint. His accedit, quod habet omnino quod det, ut si quis unquam regum, et dat nemo largius, aut benignius. Et quantum conjicere licet, præclari cupit esse conditor instituti, ut in posterum artes liberales etiam pertinere ad compendium videantur, contra quàm solitum est jamdiu. Quo maximè modo illustrare memoriam principatus sui potest [3]..... Deinde antistes Parisiensis, *Stephanus Poncherius*..... librorum tuorum studiosus est, quantum temporis succidere necessariis rebus licet. Vidi tuam *Novi Testamenti* editionem [4] apertam in cubiculo ejus remotiore. Nam et ipse contra istos archaïsmi, id est inveteratæ ac deploratæ ignorantiæ, patronos et assertores, Saturnias lemas olentes (ut est in proverbio), *tui veritatisque postliminio redeuntis impugnatores*, propugnare tibi ac veritati summa auctoritate solet.... Existimo *Guilielmum Copum* [5] medicum regium, hominem utraque lingua doctum, et tibi amicum ac benevolum, de hoc ad te scripturum, et alios, fortasse Principis jussu, vel ipsum etiam Regem.

[3] On peut rapprocher de ce portrait de François I celui qui se trouve dans la vie de Calvin par Théodore de Bèze : « Erat ille Rex non quales eum sunt consecuti postea, sed acerrimus rerum æstimator, judicii ad dignoscendum non parvi, eruditorum fautor, neque per se à nobis alienus. » Ailleurs, en s'adressant au même personnage, Théodore de Bèze a dit : « Neque te, Rex potentissime, pudeat... in hujus sacrarii vestibulo, nec longius progressum, consistere, iis alioqui solis dicati quibus es tantopere vivus adversatus... Deberi sanè videtur aliqua hujus decoris pars ei qui tres linguas bonasque disciplinas, quasi atrienses hujus ædis futuras, expulsa barbarie, suo loco restituit. » (Icones, id est veræ imagines virorum doctrina simul et pietate illustrium, quorum præcipuè ministerio partim bonarum literarum studia sunt restituta, partim vera Religio... nostra patrumque memoria fuit instaurata. Genevæ, 1580, in-4°.)

[4] La première édition du Nouveau Testament parut à Bâle en mars 1516.

[5] Voyez le N° 3, note 6.

10

ÉRASME DE ROTTERDAM à Wolfgang Fabritius Capiton [1].
D'Anvers, 26 février 1517 [2].

Erasmi Epp. éd. Le Clerc, p. 187 et 189.

SOMMAIRE. Érasme insiste, en s'autorisant de l'exemple de *Le Fèvre d'Étaples*, sur la *nécessité de faire subir des réformes à l'enseignement théologique;* mais il exprime en même temps quelques inquiétudes sur les dangers que peuvent faire courir à la religion les études classiques.

..... *In re Theologica* plusculum erat negotii, quod hanc ferè professi sunt hactenus, qui à melioribus literis pertinacissimè solent abhorrere, quique suam inscitiam hoc felicius tuentur, quod id faciunt prætextu pietatis, ut indoctum vulgus, ab his persuasum, credat religionem violari, si quis illorum barbariem cœperit incessere.... Verùm hoc quoque successurum confido, si trium linguarum cognitio publicitùs in scholas, ita ut cœpit, recipi pergat. Nam et *hujus ordinis qui doctissimi sunt*, minimeque maligni, partim adjuvant, partim favent huic instituto : quo quidem in negotio præter alios, non instrenuam operam præstitit *Jacobus Faber Stapulensis*, quem tu' ut cognomento, ita plerisque dotibus refers.... Quid multis ? omnia mihi pollicentur, rem felicissime successuram. Unus adhuc scrupulus habet animum meum, ne sub obtentu priscæ literaturæ renascentis caput erigere conetur *Paganismus*: ut sunt

---

[1] En allemand *Wolf Köpflein*. Capiton né en 1478 dans la ville d'Haguenau, en Alsace, fit ses premières études à Bâle ; il les continua à Fribourg en Brisgau et obtint successivement le grade de docteur dans les trois Facultés de médecine, de théologie et de droit, distinction rare, même à cette époque. Après avoir exercé pendant trois ans la charge de prédicateur à Bruchsal, il fut appelé à Bâle, en 1515, par Christophe de Uttenheim. (Voyez le N° 5, note 2.) Capiton était arrivé de bonne heure à des vues claires sur quelques-uns des points fondamentaux de la doctrine évangélique, et, bien longtemps avant qu'on parlât de Luther, il avait pris avec Zwingli, à *Einsiedeln*, la résolution de travailler au renversement du papisme. (Voyez Athenæ Rauricæ. Basileæ, 1778, p. 10. — Ruchat. Hist. de la Réformation de la Suisse, édit. de Louis Vuliemin, 1835-38, t. I, p. 76. — Herzog. Vie d'Œcolampade, p. 35.)

[2] Dans l'édition de Le Clerc: 1516. Voyez le N° 9, note 2.

et inter Christianos, qui titulo pene duntaxat *Christum* agnoscunt, cæterùm intus Gentilitatem spirant, aut ne, renascentibus *Hebræorum* literis, Judaïsmus meditetur per occasionem reviviscere.... *Optarim* frigidas istas argutias, aut amputari prorsùs, aut certè solis inesse Theologis, et *Christum illum simplicem ac purum penitius inseri mentibus hominum* : id quod hac potissimum via fieri posse existimo, si linguarum adminiculis adjuti, *in ipsis fontibus philosophemur.*

11

GUILLAUME BUDÉ à Tonstall [1].
De Paris, 19 mai 1517.

Erasmi Epp. édit. Le Clerc, p. 243.

SOMMAIRE. Jugement de *Budé* sur les effets produits à *Paris* par la publication du *Nouveau Testament d'Érasme.*

... Quis est tam adversis Gratiis natus, cui jam non sordeat pinguis illa ac tenebricosa Minerva, ex quo *Literæ* quoque *Sacræ*, Erasmi industria tersæ, mundiciem priscam splendoremque receperunt? Quanquam *id longe majus est, quod* idem eadem opera *præstitit, ut veritas ipsa sacrosancta ex Cimmeriis illis tenebris emergeret,* etiamsi nondum plane Theologia è scholæ sophisticæ pædore enituit. Certe hactenus jam profectum est, ut eorum partim fastum illum supercilii ponere videantur, erroremque taciti agnoscere : partim quibus integrum est per ætatem et vitæ institutum, sortis suæ pœnitentes, nunc literas meliores capessere et amplecti [2].

---

[1] *Cuthbert Tonstall*, ambassadeur d'Henri VIII à la cour de Bruxelles, et plus tard évêque de Londres.

[2] *Érasme* écrivait le 5 juin 1517 à l'évêque de Rochester: « Timebatur hoc opus [scil. *Novum Testamentum*] antequam prodiret; cæterùm editum, mirum est quàm probetur omnibus etiam Theologis, vel eruditis, vel integris et candidis..... *Ludovicus Berus*, Theologus *Parisiensis*, vir in ea promotione (ut vocant) primus, exosculatur, adorat ac deplorat *tot annos in scholasticis illis conflictatiunculis consumptos.* » (Le Clerc, p. 255.)

12

GLAREANUS [1] à Érasme de Rotterdam.
De Paris, rue St-Jacques, 5 août 1517.

Erasmi Epp. édit. Le Clerc, p. 1621.

SOMMAIRE Une dispute théologique en *Sorbonne*, racontée par un témoin oculaire.

.... Benignè me excepit *Budœus*, humanissimè tractavit *Copus*, familiarissimè mihi cognitus *Faber Stapulensis*, quem eum inveni, quem tu semper unà cum *Beato* [2], amico nostro præcipuo, prædicabas, virum certè integerrimum humanissimumque. Episcopum [3] certa de causa nondum adii. Stipendium habeo privatum, nemini quicquam obligatus. Cæterum qui *Parisios* veni ut græcarer, spe mea lusus sum maximè. Nemo est qui insignem auctorem Græcum publicè legat, neque privatim, quod equidem memini. *Sophistarum mille circumstrepunt turmæ*. Fui adeò nuper in *disputatione Sorbonica*, ubi egregios plausus, tanquam theatrum esset Pompeii, au-

---

[1] *Henri Lorit* (en latin *Glareanus*), né en 1488 à Mollis, dans le canton de Glaris. Littérateur érudit et d'un goût délicat, il se fit connaître très-honorablement par ses ouvrages de géographie et ses nombreux commentaires sur les auteurs latins. Il écrivit aussi sur la musique, l'arithmétique et les antiquités. Érasme disait de lui qu'il était « moribus alacribus ac festivis ac prorsus omnium horarum homo. » Après avoir étudié à Berne, à Vienne, où il se lia d'amitié avec Zwingli, et à Cologne, où il reçut le grade de maître ès arts et fut couronné poëte par l'empereur Maximilien, Glareanus visita l'Italie et vint à Bâle en 1514. Il y fonda un pensionnat dans lequel il enseignait avec beaucoup de talent le grec et surtout le latin. Accompagné d'une vingtaine d'élèves, Suisses pour la plupart, il se rendit en juin 1517 à Paris, où le Bâtard de Savoie lui avait fait obtenir du roi un *stipendium* annuel de 150 fr. Son pensionnat, où l'on cultivait avec ardeur les bonnes lettres, présentait en raccourci l'image de la république romaine. Il y avait un sénat, des comices, un consul, un préteur, etc. « Hic est meus senatus (dit-il en terminant l'énumération de ses élèves), in quo consulem ago. Imperium mite et in quo consul plura subit officia, sed libenter, sed alacriter. » (Voyez Hottinger. Ulrich Zwingli et son époque. Trad. de l'allemand par Aimé Humbert. Lausanne, 1844, pp. 11 et 13. — Herzog. Vie d'Œcolampade, p. 47. — Athenæ Rauricæ, p. 247. — Ruchat, VII, 28. — Erasmi Epp. édit. cit. pp. 198 et 1605.)

[2] Beatus Rhenanus. Voyez le N° 2, note 1.

[3] Étienne de Poncher, évêque de Paris de 1502 à mars 1519.

divi. Non cohibui, immò cohibui risum, sed magna difficultate ; at illic ridebat nemo : erat enim tum pugna magna de lana caprina. Porro irascebantur non parum *Adæ*, primo parenti nostro, quod mala, non pyra, comedisset, convitiisque vix abstinebant superciliosi homines. Vicit tandem theologica gravitas stomachum, evasitque bonis avibus *Adam* absque vulnere. Abii ego, satur næniarum. Itaque domi me contineo apud meos cantillans, otioque deditus, cum meo *Horatio* delicior, cum *Democrito* stultum rideo mundum... Salutat te *Petrus* meus *Scudus*[4], omnesque discipuli mei, tui studiosissimi.

13

JEAN CÆSARIUS [1] à Érasme de Rotterdam.
De Cologne, 22 septembre 1517.

Erasmi Epp. édit. Le Clerc, p. 1634.

SOMMAIRE. *Le Fèvre d'Étaples* jugé par un de ses anciens disciples.

.... *Novi hominis* [sc. Fabri] *modestiam, et candidam in omnes et doctos et bonos affectionem*; quippe qui ejus fuerim aliquot annis discipulus, *atque idem ut Sophistas imprimis mordere atque acriter impugnare consueverat*[2], *ita doctissimum quemque commendare ac laudibus debitis ornare.* Itaque esse non potest, quod et tu quoque ita sentis, quin à pessimo aliquo dæmone instigatus sit, cui utinam obstitisset, et tuam potius erga se benevolentiam fovere curasset, ut per quam ejus fama cresceret magis quàm decresceret [3] !

[4] *Pierre Tschudi* (fils de ce Louis Tschudi de Glaris, qui s'était distingué dans la guerre de Souabe et à la bataille de Marignan) avait déjà étudié à Bâle, dans la maison de Glareanus, avec son frère cadet *Ægidius*, connu plus tard comme historien, et son cousin germain *Valentin Tschudi*. (Zuinglii Opp. VII, p. 16, note des éditeurs Schuler et Schultess.)

[1] *Jean Cæsarius*, philosophe et médecin, né à Juliers en 1460, était professeur à Cologne, où il compta parmi ses élèves, en 1520, le fameux réformateur zuricois Henri Bullinger. (Voyez Zuinglii Opp. VII, 101. — Leonard Meister. Berühmte Züricher. Basel, 1782, 2 vol. in-8°.)

[2] Voyez N° 6, note 3, la citation d'une lettre de Glareanus.

[3] Allusion à la querelle de Le Fèvre et d'Érasme. Voyez la première pièce de l'an 1522, note 6.

14

NICOLAS BÉRAULD à Érasme.
De Paris, 16 mars 1518.

Erasmi Epp. éd. Le Clerc, p. 307.

SOMMAIRE. En faisant revivre l'étude des Saintes Lettres, *Érasme* ramène les esprits à la *vraie Théologie*. La 2ᵐᵉ édition de son N. T. est attendue avec impatience.

Erasmo Rot. Nicolaus Beraldus [1] **S. D.**

.....Ineptum putabam... te literis obtundere, studiis præsertim gravioribus occupatum, nimirum *restituendæ rei theologicæ* annos jam aliquot deditum, Paulinisque Epistolis illustrandis toto, ut dicitur, pectore, vigiliisque ac sudoribus maximis incumbentem. Nam Novi, ut vocant, Instrumenti editionem alteram abs te paratam esse, nihil dubito, affirmante id præsertim *Neseno nostro* [2], qui se quoque luculentas enarrationes tuas in Pauli Epistolam ad Romanos vidisse, *Ludovico Deberquino* [3], viro doctissimo ac tui nominis studiosissimo, cum is *Lutetiæ* mecum nuper ageret, mihique non semel retulit. Atque utinam ea omnia propediem pulcherrimis typis excusa videre contingat, Frobenianis videlicet, quibus nihil fieri puto posse nitidius, elegantius, amœnius. Idipsum tantopere exspectant quotquot hic sunt viri non vulgariter docti, *Budæus*,

---

[1] *Nicolas Bérauld*, humaniste, mathématicien et jurisconsulte, né à Orléans en 1473, avait d'abord professé le droit dans l'université de sa ville natale, et, s'il eût poursuivi cette carrière, la France aurait peut-être possédé en lui un émule de Budé, de Pierre de l'Estoille et d'André Alciat. (Voyez le remarquable discours de Bérauld « De vetere ac novitia jurisprudentia. » Paris, 1533, in-8°.) Mais dégoûté par l'esprit formaliste et mesquinement utilitaire qui dominait alors dans l'étude du droit, il abandonna la jurisprudence pour se vouer à la littérature grecque et vint se fixer à Paris.

[2] *Guillaume Nesen*, né en 1493 à Nastede, dans la Hesse, étudia à Bâle, où il connut Erasme et Zwingli, puis à Paris où Budé, Le Fèvre et Bérauld l'honorèrent de leur amitié. Il se rendit à Louvain, vers le milieu de l'année 1519, et il y resta jusqu'au mois de juillet 1520.

[3] *Louis de Berquin*, gentilhomme de l'Artois, que son opposition à la Sorbonne et son martyre rendirent plus tard célèbre.

Ruellius[4], Ruzœus[5], Deloinus[6], et ipse quoque *Parisiensis episcopus*[7], eximius ac prope unicus ævi hujus Mecænas, ut nullum aliud opus cujuscunque auctoris fuisse unquam exspectatius putem.

Video equidem, Erasme optime, video equidem fore, *quod votis ardentibus antehac semper expetii*, uti videlicet Theologi isti nostri, spinosis ac sophisticis nugis atque inutilibus argutiis nimiùm jampridem dediti, desertis Scotistarum, Occanistarum, adde etiam Thomistarum factionibus, ad *antiquam illam ac veram* se Theologiam plerique convertant, si porrò perrexeris *suam arcanis ac cœlestibus Literis dignitatem asserere*. Id quod hactenus tanto abs te successu factum esse censeo, ut certe non videam, quem veterum Theologorum tibi jure anteponere quis debeat... Quare perge, Erasme, seculi hujus decus egregium, perge tecum ipso certare, teque ipsum deinceps vincere, in eo præsertim *studio Christianæ pietatis ac Evangelici cultus*, in quo tanta cum laude hactenus nobis certasti, ut nihil jam supersit aliud, nisi ut teipsum vincas. Vale. Lutetia. 17 Cal. April. anno 1518.

15

Requête de L'ÉGLISE DE PARIS au Parlement.
Paris, 20 mars 1518.

Bulæus, VI, 85.

SOMMAIRE. Protestation du clergé contre les usurpations de la cour de Rome[1].

Messieurs, nous avons entendu, publicà famà hoc referente, que la Cour est poursuivie de publier certains *Concordats* que on dit avoir esté faits inter modernum Pontificem Max. et Christianiss.

---

[4] *Jean Ruel*, célèbre humaniste, natif de Soissons. Par ses traductions des médecins anciens, il contribua beaucoup à relever les études de médecine.

[5] *Louis de Ruzé*, lieutenant civil de Paris.

[6] *François de Loyn* ou *de Loynes* (appelé aussi *de Luynes* par Bèze), président du Parlement de Paris.

[7] Etienne de Poncher, nommé archevêque de Sens le 14 mars 1519.

[1] Cette requête fut présentée oralement par le doyen du Chapitre, *Guill. Huë*.

Regem nostrum, à quibus videtur pendere *abrogatio sacrorum Conciliorum Constantiensis et Basileensis*, derogatio etiam libertatum et privilegiorum Ecclesiæ Gallicanæ² : Ce qui touche l'Estat et l'honneur de l'Eglise universelle, sed et *commune bonum quod Nobis hactenus semper inviderunt Romani Pontifices*, Messieurs, vos probè nostis quo fundamento, qua autoritate. Pro Ecclesià Gallicanà, illorum ergo, venimus obnixè et humiliter supplicaturi, ne quid, inconsulta Ecclesia, super iis attentetur; simul obsecramus procuretis erga Christianiss. Regem nostrum, velit prædictam Ecclesiam Gallicanam convocari³. Qua legitimè congregata, de his Concordatis, quæ interim, dum hæc fient, nobis communicari petimus, maturius et liberius agemus. Et si supra quàm liceret impulsi ulterius progrediamini, etiam nunc adsumus Nos opponentes pro causis per Nos propositis ac amplius, cum licebit, proponendis. Deum Opt. Max. judicem utique vivorum sicut et mortuorum obtestamur, judicia vestra ac quæcunque in hac re fient, nihil Ecclesiæ in posterum nocitura. Ainsi signé Raoulin, de Mandato Capituli.

² Un certain nombre de décrets du concile de Bâle avaient été proclamés comme lois du royaume par la *Pragmatique-Sanction*, publiée par Charles VII dans les États de Bourges (1438). Deux fois abolie et rétablie sous Louis XI, soumise dès lors dans son application aux vicissitudes des intérêts politiques, la Pragmatique était restée chère à l'Église gallicane, parce qu'elle consacrait ses libertés et lui assurait vis-à-vis du saint-siége une position indépendante. Cette Constitution ecclésiastique fut remplacée par le *Concordat* conclu entre François Ier et Léon X, le 15 août 1516. Dans ce traité, qui abolissait le mode d'élection fixé par la Pragmatique, le roi se réservait la nomination aux évêchés et aux bénéfices, et laissait au pape la confirmation de ses choix. Le nouvel ordre de choses excitait un mécontentement général. Aussi le parlement de Paris ne le consacra qu'après neuf mois de négociations. La présente requête donne une idée des dispositions qui animaient alors le clergé. L'Université n'était pas moins hostile à la nouvelle constitution, et elle fut peu rassurée par l'étrange réponse que le premier président fit le 20 mars aux représentations du recteur et de ses collègues. Il leur dit « que, nonobstant la publication des Concordats, la « Cour jugeroit les procez selon la Pragmatique; qu'ils le tinssent secret « et qu'ils en fissent le serment en eux et en parlassent sagement aux sup- « posts [sujets] de l'Université, en les appaisant le plus doucement qu'ils « pourroient. » (Bulæus, op. cit.) Ces bonnes paroles n'empêchèrent pas l'Université, huit jours plus tard, de faire rédiger un appel dont nous donnerons le résumé dans le N° suivant.

³ L'archevêque de Lyon, alors présent à Paris, avait déjà déclaré qu'il était prêt à convoquer le clergé de l'Église gallicane.

16

L'UNIVERSITÉ DE PARIS au Parlement.
Paris, 28 mars 1518.

Bulæus. t. VI. p. 88—92.

(RÉSUMÉ AVEC CITATIONS)

SOMMAIRE. Expose des motifs qui autorisent l'Université à protester contre l'exécution du Concordat et les usurpations de la cour de Rome.

Après avoir déclaré qu'elle entend ne rien dire contre la Ste Église Catholique et Apostolique, ni contre l'autorité du pape mieux informé, l'Université ajoute :

« Sed quoniam *is qui Dei vices gerit in terris*, quem Papam dicimus, quamvis a Deo potestatem immediatè habeat, per hanc potestatem non impeccabilis efficitur, nec potestatem non peccandi accipit, equidem si quid quod injustum est, faciendum esse præceperit, *patienter sustinere debet si non fiat quod ei ex prava fuerit insinuatione suggestum, eique non pareatur si quid contra divina præcepta astruendum esse decreverit;* nam *in hoc ei resisti jure potest.* »

L'Université rappelle ensuite les bienfaits dont on est redevable aux conciles généraux, et particulièrement à ceux de *Constance* et de *Bâle*, légitimement réunis et représentant l'Église universelle, lesquels se sont efforcés d'extirper les hérésies et de réformer l'Église, *tam in capite quàm in membris*. Pour remédier aux désordres qui s'y étaient introduits, le concile de Bâle décida, « ut tales Ecclesiæ præficerentur Pastores, qui, tanquam columnæ et bases, ipsam Ecclesiam doctrina et meritis firmiter sustentarent, » et qui auraient été élus canoniquement, *juxta juris communis dispositionem*. Il décréta en outre que les prélats et les collateurs des bénéfices seraient tenus de pourvoir, selon les règles, au sort des hommes studieux et possédant certaines qualités déterminées, qui leur seraient présentés par les universités.

Cette garantie est détruite par le Concordat. Si l'on adoptait cette nouvelle constitution, ce ne serait plus le savoir, ni le mérite, mais la richesse et la faveur des puissants qui feraient élire aux charges ecclésiastiques, et cela pour le plus grand malheur des églises, puisque la vie et les mœurs des titulaires ne seraient pas examinées. Le concile de Bâle avait bien jugé, au contraire, en prononçant que rien ne nuit plus à l'Église de Dieu, que le choix d'hommes indignes et l'absence d'un examen sérieux après les élections.

Par les statuts de ce même Concordat, dont le pape Léon a conseillé l'adoption au roi, alors que celui-ci était tout occupé de la campagne d'Italie[1], statuts que le roi a fait publier, pour tenir sa parole, mais sans nous avoir entendus, — les hommes studieux perdent tout espoir d'avancement dans l'Église[2].

---

[1] A Bologne, où les deux souverains avaient eu une entrevue, du 10 au 14 décembre 1515.

[2] L'Université ne se contenta pas de protester : elle défendit à tous ses imprimeurs, sous peine de perdre leurs priviléges, d'imprimer le Concordat. Le Parlement reçut, à cette occasion, deux lettres fort sévères (4 et 20 avril), dans lesquelles le roi se plaignait « de tels tumultes de fait et de paroles, » des « folles insolences et entreprises faites par aucuns de l'Université, et mesmement par les *prescheux*, pour commouvoir le peuple à sédition. » Les étudiants allèrent plus loin encore. Ils répandirent partout des vers satiriques, affichèrent dans les carrefours des écrits contre le pape, et insultèrent l'officier qui publiait le Concordat dans les rues de Paris (22 avril). Ce fut une véritable émeute. (Voyez le récit circonstancié qu'en donne G. Nesenus dans sa lettre à Zwingli, datée de Paris le 28 avril (1518). Zuinglii Opp. VII, p. 22.) Sur l'ordre du roi, on jeta en prison le professeur *Oronce Finé* et plusieurs personnages qui avaient appuyé l'Université. Défense fut faite à celle-ci (27 avril) de se mêler des affaires du gouvernement. Puis tout rentra dans le silence. Mais le mécontentement provoqué par l'abolition de la Pragmatique fut pour quelque chose dans l'intérêt très-vif qu'excitèrent en France les premiers écrits de Luther. — Le régime qu'inaugurait le Concordat a-t-il facilité indirectement les progrès de la Réforme française? Cette question, résolue en sens divers par les auteurs modernes, n'était point douteuse, au seizième siècle, pour le clergé catholique. Dans les États d'Orléans (décembre 1560), il fit représenter au roi « que, l'an 1517 (1518, nouv. style), la saincte et sacrée loy de l'élection avoit esté desplacée par exprès congnoissance de cause, au mesme temps que sourdit l'infernale doctrine de Luther; d'où il estoit à espérer *que les élections remises, toutes ces hérésies s'esvanouiroient.* » (Bèze. Hist. Eccl. I, p. 433 et 434.) Voyez aussi Hist. générale du progrez et décadence de l'hérésie moderne. Paris 1624, in-4°, t. II, p. 7. « De ces désordres premiers [nés du Concordat] procéda la source d'un autre mal... c'est *l'hérésie*, qui pénétra dans la France et infecta les meilleures et les plus illustres familles du royaume. »

17

VALENTIN TSCHUDI[1] à Ulrich Zwingli, à Einsiedeln.
De Paris, 22 juin 1518.

Zuinglii Opera, éd. Schuler et Schulthess, t. VII, p. 44.

SOMMAIRE. Tableau de *l'état des études* philosophiques et théologiques dans l'Université de *Paris*.

...... Opinionem tuam de nostro Magisterio[2] haud absque ingenti gaudio accepi : magnopere enim dissuadere te, ac nequaquam in hoc amicorum nostrorum probare consilium, nec quippiam inanibus his titellis viri auctoritati accedere. Quod, quoniam a tali viro profectum, non possum non magnopere probare, atque ob id magis, quòd in dies videam *quibus in umbris juventus Gallica delitent*, quibusve nugis, quàm frigidis quàmque scurrilibus juvenilem animum imbuant, imò inficiant. Non enim venenum æque nocivum atque præsentaneum, quàm hæc sophistica (loquaculam hanc ac cavillatoriam inquam) bestifera est; pestiferam dicere volui. Quin bestifera. Feras enim bestias, atque iis etiam immaniores, ejusdem Mystas cerneres. Judicium ipsis ademtum : sensus obstupati atque, quod aiunt, mucco obsiti. Ingenii acumen obtusum, nec quicquam in eis de homine perinde ut in Echo remansit, præter sonum inanem, quem ipsi tamen tam prodige, tamque effuse depromunt, ut nec decem mulierculæ, quæ natura ipsa impendiò loquaciores, uni Sophistæ adæquari queant[3].

Longe hic alii sunt, quàm tu aut *Viennæ*, aut *Basileæ* unquam videris, qui si huc venirent, cum pueris denuò discere cogerentur. Non vel tantillum elabitur temporis, quo paulisper remissi aliis negotiis intenti sint. Totum matutinum his nugis addictum. Cum pran-

[1] Voyez le N° 12, note 4.
[2] *Glareanus* écrivait à Zwingli, le 13 janvier 1519: « Amici et consanguinei hortantur [scil. *Valentinum Scudum*] ut fiat *Magister*, et neque ego dissuasi, quod *Parisiis* studioso Magisterium venditur, aut, si hoc nimiùm, pro pecunia donatur. Neque enim opus est, ut visitet quis *nugas eorum*, sed amicorum constat intercessione, quos ego aliquot in Universitate habeo. » (Zuinglii Opp. VII, p. 63.)
[3] Tschudi se rencontre ici avec Budé, qui appelait la Sorbonne « un marais. » Voyez Erasmi Epp. ed. cit., p. 247.

dendum, cum cœnandum, cum animi refocillandi gratia deambulandum, summum id Gymnasium est, summa cura. Quid multa? Integram dieculam in his consumunt. Credo etiam, cum orandum, eos cum Deo sophistice agere atque eum argumentis convincere conari. Quos, haud absque magna argutia, *Præceptorem nostrum* [4] olim *Gymnosophistas* appellitare memini, quòd prorsus omnem exuerint sapientiam, atque ab ea nudi agant.

Quàm quidem ingeniosi in veris vocabulorum etymis perquirendis! Est hìc in suburbanis *Divi Germani Templum*, in quo olim eos *Isidem* coluisse fama obtinuit [5]. Sunt quidem certa adhuc antiquitatis vestigia. Huc cum aliquando recreandi animi gratia pervenissemus, aderat forte ibi *Gallus* quidam. Hic, cum casu quodam de *Parrhisiis* mentio incidisset, ita ejus Etymon explicabat. *Parisius* (ut ipse nominabat) inde dictus, quòd est παρὰ καὶ ἴσις, hoc est, juxta Isidem. Interpretationem hanc in Collegio credo quodam ab anxiis illis Philosophastris annotaverat.

Utinam videres *Theologos*, columnas fidei scilicet, tam pueriliter suis quæstionibus delirantes! Democritus certe in his, quàm Momus esse malles. Magis enim ridendi quàm reprehendendi, cùm nullis rationibus persuaderi queant. Vah! quàm miseris modis bonum fortem [*Aristotelem*?] agunt! Hic eum cruci delegat: ille ad Minoem: alius ad Gemonias scalas. Nunc judex statuitur, nunc causidicus; paulo post dux exercitus, atque etiam rex. Porro eum ex rege deinde lictori, ut vapulet, tradunt. Ita varia ejus fortuna. Nec *Plato* vel tantillum ea prosperiore utitur, iisdem suppliciis addictus talibusque honoribus decoratus. At ipsi nunc dictis ita procacibus mutuò se impetunt, ut conflicturis interdum similes appareant. Elata nunc voce etiam ad ravim usque digladiantur, ut, quandoque in assistentium strepitu explodantur, voces suas media in arena amissuri videantur.

[4] Glareanus. Voyez le N° 12, note 1.

[5] Il est ici question de l'abbaye de St-Germain-des-Prés. « Par le conseil et advis de *Guillaume Briçonnet*, l'Idole de la déesse *Isis*, qui étoit demeurée jusqu'à son temps en l'Eglise de cette Abbaye, contre la muraille, du côté du Septentrion, à l'endroit où est le crucifix (laquelle on appelloit communément l'Idole de Sainct-Germain), feût abbatuë, et au lieu d'icelle feût mise une Croix rouge,.... semblant au dit Briçonnet mal-seant qu'une Memoire si mauldite feût meslée avec les Representations des Saincts, et au lieu, domicile et sacree Maison en laquelle sont traictez les divins Offices et ineffables Mysteres de nôtre Religion. » (Manuscrit cité par Guy Bretonneau. Hist. généalog. des Briçonnets. Paris, 1620, p. 206.)

Copiosius rideres, si quæstiones ipsas adeó subtiles, adeó denique magistrales cerneres. Diceres profectó (ut proverbio dicam) τι ταῦτα πρὸς ἕρμην, aut *quid hæc ad Christum?* At, quod stupidius, *Hieronymum, Augustinum, Ecclesiæque Doctores vigilantissimos ne hili quidem faciunt*, ac contemnunt. Verùm quàm apud eos acceptissimi magnique nominis sunt *Joh. Maioris, Altisiodorensis, Durandus* et quidam his etiam indoctiores, quos instar oraculi colunt, quorum quid aliud nomina, quàm barbariem, opus inconditum, indoctum ac argumentosum, prima, quod aiunt, fronte promitterent!

At nunc me recipio. Hæc *de studio Parrhisiano*[6]. Non tam, quod ea te nescire existimem, quàm quod adeó stupidissimos hos homines cum suis Gryphis atque insolubilibus captiunculis execror. Nec est quod adeó a Philosophia abhorream, quin eam ex animo discere cuperem, si occasio objiceretur. Atqui talibus institutoribus nunquam utar, qui alba denigrent, plana exasperent, explicata involvant, vera invertant, dissoluta denique modis miris complicent, atque ex Philosophia μωροσοφίαν quandam commutent....[7]

18

ÉRASME à Guillaume Huë, à Paris.
D'Anvers, 9 août 1518 (1519?).

Erasmi Epp. éd. Le Clerc, p. 335.

SOMMAIRE. Il le félicite de ce que *l'étude de l'Écriture sainte* est remise en honneur dans *l'Université de Paris.*

Erasmus Rot. Guilielmo Hueo[1], Parisiensis Ecclesiæ Decano S. D.

.... Audio non sine summa voluptate *Parisiorum Academiam* pris-

---

[6] On trouve quelques détails pittoresques sur le même sujet, dans une élégie du poëte écossais *Georges Buchanan*, intitulée : « Quàm misera sit conditio docentium literas humaniores *Lutetiæ*. »

[7] « Quod est tam tritum hominum sermone proverbium, quàm illud *Parrhisiis doceri juventutem nihil scire*, atque adeó insane et loquacissime delirare? Reliquis omnibus in studiis [scil. Academiis], etsi sunt vana et futilia nonnulla, esse tamen solida multa; in unis *Parrhisiis* vix esse nisi nugacissimas nugas.... » (Ludovicus Vives Joanni Forti [Lutetiam]. Lovanii, idibus Februariis 1519. Vivis Opp. Basileæ, 1555, in-folio. Liber in Pseudodialecticos, t. I, 272.)

[1] Voyez le N° 15, note 1.

tinis suis studiis, in quibus hactenus haud dubie primam laudem possidebant, ac etiamnum possident, propensis animis trium linguarum addere cognitionem, et *ad purissimos sacrorum voluminum fontes subinde recurrere*, neque sentire cum istis aliquot sibi parum amicis, qui putant has literas cum vera Theologia pugnare, quum nullæ magis omnibus honestis disciplinis famulentur. Id partim *Gallici ingenii tribuo candori*, partim eximii Præsulis *Stephani Poncherii* sapientiæ, viri instaurandis optimis literis ac veræ pietati divinitús facti, sed in primis optimo Regi *Francisco*[2]. Soli nos nondum hoc nomine possumus nobis gratulari. Sed tamen spes est non pessima. Faxit Christus Optimus Maximus, ut quemadmodum Principes passim favent, foventque recta studia, ita Philosophiam amplectantur, dignam iis qui Christi vices gerunt : hoc est, ut quàm longissime absint a barbarica tyrannide, neque per ambitionem labefactent orbis Christiani tranquillitatem simul ac libertatem !...

19

GLAREANUS à Zwingli, à Zurich.
De Paris, 13 janvier 1519.

Zuinglii Opp. éd. cit. t. VII, p. 64.

SOMMAIRE. *Le Fèvre d'Étaples* ayant commencé une *Légende des saints*, Glareanus a écrit à Zurich pour demander l'histoire des Martyrs zuricois.

.... Scripseram D. Præposito Tigurino aliisque Canonicis tribus D. Niesly, D. Henr. Uttinger, M. Felici Frigio, *Jacobum Fabrum* SS. Martyrum historias e non vulgatis autoribus et hominibus doctis collecturum[1]. Quare ut divorum Martyrum apud *Tigurinos* histo-

---

[2] Érasme écrivait à Louis de Ruzé, le 16 mars 1519 : « Gratulor *Galliæ*, gratulor optimis studiis, quibus apud vos non modo locus est, verùm etiam dignitas, nimirum eo favente ὅου κράτος ἐστὶ μέγιστον... » (Le Clerc, p. 420.) Voyez aussi la lettre de Budé à Érasme, du 6 mars 1519. « Rex mirè in literas bonas fovendas et excitandas propensus esse videtur. » (Le Clerc, p. 422.)

[1] Dans son « Épître à tous Seigneurs » (1530), Guillaume Farel mentionne ce travail de *Le Fèvre*, et il indique le motif qui le lui fit abandonner :

« *Ce bon Fabry* avait travaillé après les *légendes des Sainctz et Sainctes*, et

riam mitterent, oravi : ita enim futurum, ut Collegio inde honor maximus oriretur. Verùm nescio literasne receperint ac argumentum historiæ ejus miserint : hactenus enim nihil recepi.

20

LE FÈVRE D'ÉTAPLES à Beatus Rhenanus [1], à Bâle.
De Paris, 9 avril (1519).

Inédite. Manuscrit autographe. Bibliothèque de Schelestadt.

SOMMAIRE. Je n'ai pas sous la main les livres que vous m'avez fait demander par *Nesen*. J'ai fait hommage des manuscrits de *Philon* à *l'évêque de Meaux*, qui visite actuellement son diocèse. Mon Cyprien, imprimé à Venise mais plein de fautes, est à votre disposition, et nous pourrons le corriger d'après le manuscrit des *religieux de St-Victor*. Quant à mon Zénon de Vérone, j'ai eu le malheur de le confier au confesseur du roi, *l'évêque de Troyes*, qui ne rend jamais les livres qu'on lui prête. — Je n'écris plus guère à personne, n'aimant pas du tout voir figurer *mes lettres familières* dans un recueil imprimé. Saluez tous les savants de Bâle, le Dr *Michel Humelberg*, *Capiton*, *Sapidus*, et tous les autres que j'aime en Christ, sans oublier *Luther*, à l'occasion. Priez pour l'âme de notre bien-aimé *Jean de Cracovie*, dont la mort m'a causé tant d'affliction! Portez-vous bien en Jésus-Christ, et visitez-moi par vos lettres, car vous vivez dans mon cœur.

Noli, mi Beate dilectissime, *Nesenum* communem amicum nostrum accusare negligentiæ, quòd et semel et secundò me solli-

desja deux moys des Martyrs [ceux de Janvier et de Février] estoyent impriméz, car il avoit délibéré de mettre tout ce qu'il en pourroit trouver, et le jour et l'année de tous. Mais ayant entendu la grosse idolatrie qui estoit ès prières des Sainctz, et que ces légendes y servent comme le soulphre à allumer le feu, *il laissa tout* et se mit du tout après la Saincte-Escripture. »

[1] *Beatus Rhenanus*, né en 1485, à Schelestadt, en Alsace, a mérité une place honorable dans l'histoire littéraire du seizième siècle par ses travaux critiques sur Tacite, Tite-Live, Sénèque, Pline l'ancien, etc., et par son Histoire d'Allemagne *(Rerum germanicarum libri III)*. C'est à lui qu'on doit la première publication de l'histoire romaine de Velleius Paterculus et des œuvres de Tertullien. Ses relations avec Le Fèvre dataient de l'époque où il était venu à Paris pour entendre ses leçons de philosophie. (Voyez le N° 2, note 2.) Il y eut aussi pour professeurs Josse Clichtow, Hermonyme de Sparte, etc., et il y rencontra Érasme, avec lequel il se lia d'une amitié que rien n'altéra dans la suite. (Voyez Teissier. Éloges des Hommes Savants.) Après avoir séjourné quelque temps à Strasbourg, il s'établit à Bâle

tavit diligenter, super libris quos a me requirebas. Verùm nullus eorum nunc apud me est. Nam pridem libris *Philonis*[2] donavi R. D. meum *Episcopum Meldensem*[3], qui nunc foris agit in diœcesi sua. Unum in hac re formido, ne libris illis alicui Magnati aut oratori gratificatus sit, ac illos donaverit ; nam illi non admodum placebant, quia supra modum corrupti, et nunquam a *Georgio Tiphernate*[4] probe conversi, adeò ut opus esset illos etiam habitos, ad

comme correcteur dans l'imprimerie de Froben, et il déploya un grand zèle pour répandre en *Suisse* les *écrits de Luther*. Ce fut aussi alors qu'il entra en relation avec Zwingli. La première lettre qu'il écrivit au futur pasteur de Zurich présente un grand intérêt au point de vue historique, parce qu'elle renferme *une appréciation de l'œuvre des réformateurs à ses débuts*. Nous en citerons quelques fragments.

« ... Nihil est, quod magis mihi doleat, quàm quod video Christianum populum passim ceremoniis nihil ad rem pertinentibus onerari, imò meris næniis. Et causam non aliam reperio, quàm quòd sacerdotes, per summularios istos et sophisticos theologos decepti, Ethnicam aut Judaïcam doctrinam docent. *De vulgo sacerdotum loquor*. Neque enim me latet, *te tuique similes purissimam Christi philosophiam ex ipsis fontibus populo proponere*, non Scoticis aut Gabrielicis interpretationibus depravatam... Deblaterant illi nugas, in eo loco stantes, ubi quicquid dicitur populus verissimum esse putat, de Pontificia potestate, de condonationibus, de purgatorio, de fictis Divorum miraculis... At *vos* pro concione dicentes, *universam Christi doctrinam breviter* velut in tabella quadam depictam *ostenditis*... Nam ejus vita doctrina est omnem humanam excellens... Utinam tui similes multos haberet *Helvetia!* Sic tandem facile fieri posset, ut meliores mores nostrates induerent. Est certe populus utcunque corrigibilis, si modò talibus non destituatur, qui *Christum docere* et possint et velint. Bene vale. Basileæ, die Nicolaï (6 décembre) 1518. » (Zuinglii Opp. ed. cit. VII, p. 57.)

[2] *Philon d'Alexandrie*, dont quelques ouvrages parurent à Bâle en 1527.

[3] *Guillaume Briçonnet*. (Voyez le N° 1, note 1.) Il avait pris possession de l'évêché de Meaux, le 19 mars 1516, mais une mission dont François I*er* l'avait chargé auprès de Léon X, le retint à Rome environ deux ans. A son retour en France, il s'occupa avec zèle de la réformation des mœurs dans son diocèse, et convoqua dans ce but plusieurs synodes où l'on décréta d'excellents règlements. Les curés résidaient à peine dans leurs paroisses ; il les y contraignit par l'ordonnance du 13 octobre 1518, et, pour l'instruction du peuple, il distribua tout son diocèse en 32 stations, dans chacune desquelles il envoyait un prédicateur pendant l'Avent et le Carême. (Voyez Toussaints Du Plessis. Hist. de l'Église de Meaux. Paris, 1731, in-4°, t. I, p. 326.)

[4] D'après Conrad Gessner, ce serait *Lilius Ægidius Liberius Tiphernas* qui aurait traduit, vers la fin du quinzième siècle, les œuvres de Philon. Cette traduction manuscrite, conservée au Vatican, avait pu être consultée par Le Fèvre pendant son séjour à Rome, en 1492.

exemplaria Græca, quæ *Romæ* in bibliotheca *Sixti* habentur, recognoscere. Verùm ubi R. D. meus post exactos proximi Paschatis [5] dies redierit, tentabo, si eos habeat, illos obtinere. Quapropter dispone apud *Nesenum* [6], vel *Conrardum* [7], aut quem voles, scriptorem : et ne jactura in scribendo fiat, codex unus scriptus ad te mittetur. Qui si tibi placuerit, totum opus perscribetur.

Nesenus vidit *Cyprianum* [8] meum, sed satis mendosum, ne unum quidem verbum castigationis habentem, excusum *Venetiis* : si tibi placet, qualiscunque est, ad te mittam. Si aliquando alius apud me fuit castigatus, nescio quo errore, malus et negligens rerum mearum custos, perdiderim. Et si correctio illa ex *Divo Victore* [9] sumpta fuerit, obtinebo facilè exemplar a viris religiosis illius domus, ut *Nesenus* ipse vel alius quem ordinaveris, aliquid laboris recognitioni impertiatur.

De *Zenone Veronensi* [10] apud me actum est. Nam *confessor regius* [11], qui nunc est *Episcopus Trecensis*, mutuò a me accepit, et quidquid singulare habui ex iis quæ scripta *Romæ* fuerant. Dentem potius illi extraham quàm accommodatos codices [12]. Repetii *Zenonem*, sed illi prorsus in oblivionem venit : quare et te et me eo carere necesse est, nisi aliunde recuperemus.

Tam rarus nunc scribo epistolas, et tam dissuetus, ut in albo sim obscurorum virorum. Unum etiam est quod me continet ab scribendo, quia nolim ullo modo literas meas familiares, incultas et

---

[5] Le 24 avril en 1519. Dans les années 1518, 1520 et 1521, Pâques tomba sur une date antérieure au 9 avril.

[6] Voyez le N° 14, note 2. Le rôle réservé à *Nesen* dans cette affaire montre qu'il résidait encore à Paris. Sa lettre datée de Louvain, avril 1518 (Zuinglii Opp. VII, 36), fut écrite deux ans plus tard et antidatée à dessein. (V. op. cit. p. 14, note 1, et p. 172.)

[7] *Conrad Resch*, libraire bâlois, parent de Jean Froben l'imprimeur. Il avait à Paris une maison de librairie, à l'enseigne de l'écu de Bâle.

[8] Les œuvres de Cyprien parurent à Bâle en 1520, avec un texte revu par Erasme.

[9] L'abbaye de St-Victor, à Paris.

[10] *Zénon*, évêque de Vérone, au quatrième siècle.

[11] *Guillaume Petit*. (Voyez le N° 3, note 4.) Il fut évêque de Troyes de février 1519 à 1527. Guillaume Budé parle de ce prélat comme d'un bibliophile très-ardent et même dangereux pour les bibliothèques, « librorum reconditorum conquisitor atque investigator sagacissimus, ac bibliothecarum penè compilator. »

[12] Voyez note 11.

nullo apparatu, ut scribere soleo, excudi : quod animadverti aliquando factum, quod et mihi displicuit [13].

Saluta, obsecro, meo nomine, omnes doctos viros qui apud vos versantur, quos et audio esse plurimos, quorum doctrinæ et probitati congratulor, amiciss. meum D. Doctorem *Michaelem Humelbergium* [14], D. *Volfangum Fabrum* [15], *Sapidum* [16] et cœteros omnes, quos in Christi dilectione diligo, etiam *Lutherum* [17], si aliquando tibi occurret. Commendo orationibus tuis et tuorum amicorum et *Humelbergii*, animam *Joannis Cracoviæ* [18] dilectissimi nostri, quem Deus superioribus mensibus ex hoc mundo evocavit, cujus fatum per patruelis sui, qui a nobis ad eum profectus erat, literas, non sine acerbo luctu accepi.

Vale in Christo Jhesu. Et tu et *Michael*, etsi non corpore, saltem epistolis me visitate, quia vivitis in corde meo. Nona Aprilis. Parisiis [19] (1519) [20].

FABER totus corde et animo tuus.

(*Inscriptio :*) D. Beato Rhenano, amico suo quàm chariss°. Basileæ.

[13] *Le Fèvre* correspondait avec B. Rhenanus depuis environ dix ans. (Voyez le N° 2, note 2.) La présente lettre est cependant la seule de Le Fèvre que nous ayons trouvée parmi les papiers de Rhenanus légués à la ville de Schelestadt.

[14] Pasteur à Ravensbourg en Souabe.

[15] Capiton. Voyez le N° 10, note 1.

[16] *Jean Sapidus* (en allemand *Witz*), né à Schelestadt en 1490, avait fait ses études à Paris avec B. Rhenanus, et il dirigeait depuis l'an 1509 l'école de sa ville natale. Le Valaisan Thomas Platter fut l'un de ses élèves. (Voyez Wilhelm Rœhrich. Mittheilungen aus der Geschichte der Evangelischen Kirche des Elsasses. Strassburg und Paris, 1855, 3 vol. in-8°, I, 101-106.)

[17] Voyez plus loin dans la lettre de Glareanus à Zwingli du 4 juillet 1521, un passage relatif aux sentiments de Le Fèvre à l'égard de Luther.

[18] *Jean Solidus* de Cracovie, élève de Le Fèvre, l'avait plus d'une fois accompagné dans ses voyages scientifiques.

[19] Le Fèvre n'a pas daté « ex cœnobio divi Germani, juxta Lutetiam, » comme dans les lettres N°⁵ 1 et 4. On pourrait peut-être en conclure qu'à cette époque il ne résidait plus à Saint-Germain-des-Prés. *François Vatable*, qui logeait dans cette abbaye, écrivait à Guillaume Briçonnet, en août 1518 : « Doctissimus *ille Faber tuus*, Mecœnas et protector meus, is est cui me meaque debeo ; quem cum *domi* haberem, quoties dignus vindice nodus inciderat, consulebam... » (Dédicace de la Physique d'Aristote trad. en latin par Vatable, citée par M. Graf, p. 93 de son Essai.)

[20] L'année 1519 est la seule où certains détails de la présente lettre puissent trouver leur place. (Voyez la note 5.)

21

HENRI CORNELIUS AGRIPPA DE NETTESHEIM à J. Le Fèvre.
(De Metz, fin d'avril 1519.)

H. Corn. Agrippæ Opp. Lugduni (sine anno) per Beringos fratres. in-8°. Pars II, lib. II. ep^a 27^a. p. 744.

SOMMAIRE. Mon désir de vous écrire a été contrarié pendant plusieurs années par la difficulté des communications et par ma vie errante dans des pays éloignés. Plus rapproché de vous aujourd'hui, je vous écris par le P. Claude Dieudonné, uniquement pour vous assurer de mon amitié et de ma fidélité à vous défendre contre vos adversaires. Résister à ces ennemis des bonnes lettres, tout-puissants auprès du peuple par leur hypocrisie, est une entreprise difficile, dangereuse même, mais qui ne m'effraie point.

Henricus Cornelius Agrippa [1] integerrimæ vitæ ac doctrinæ viro. Jacobo Fabro Stapulensi S. D.

Ante plusculos annos sæpe et multa ad te scripturus eram, colendissime Faber, nec defuit digna ad te scribendi cùm occasio cùm materia; sed opinio, qua tenebar, perituras meas tuasque literas, quas mutuò unus alteri scriberemus, fecit me desistere usque adhuc. Nam me apud remotas provincias [2] dubia sede agente, cum cæteris difficultatibus sylvarum, montium et viarum, accede-

---

[1] — [1] *Henri Cornelius Agrippa de Nettesheim*, né à Cologne en 1486 d'une famille noble et ancienne, servit de bonne heure l'empereur Maximilien Ier, à la cour, puis à l'armée, où sa bravoure lui valut le titre de chevalier. La carrière qu'il parcourut ensuite, après être devenu docteur en droit et en médecine, fut mêlée pour lui d'un peu de gloire et de beaucoup de revers. Il y apportait avec ses vastes connaissances et son élocution facile dans plusieurs langues, un esprit curieux et excessivement hardi qui lui attira partout des querelles, et une humeur inconstante qui ne lui permit de se fixer nulle part. Il serait long d'énumérer toutes les stations de sa vie aventureuse, en Italie, en France et en Espagne. La persécution des moines le força de quitter l'université de Dôle (1509), où il expliquait, devant un nombreux auditoire, le fameux livre de Reuchlin « de Verbo mirifico. » (Voyez le N° 2, note 2.) On le retrouve ensuite en Angleterre (1510), à Cologne, au Concile de Pise (1511) et dans les chaires de théologie à Pavie et à Turin (1515). En 1518 il vint d'Italie à Metz, où il séjourna environ deux ans comme conseiller et avocat de cette ville. (Voyez Bayle. Dict. hist. art. Agrippa, et Agrippæ Opp. Pars II.)

bant omnium maxima armorum, quæ intercipiebant quicquid transibat literarum.

Nunc autem, quia effectus sum tibi vicinior, et occasionem habeo fidelis nuncii, videlicet devotum patrem *Claudium Deodatum* Cælestinianum præsentium latorem, scribo, non quòd ad præsens aliquid habeam te dignum quod scribam, sed idcirco tantùm, ut tester tibi animum meum, significemque integram amicitiam, sciasque nominis tui præconem, quanquam inconcinnum, sed et *fidum advocatum in te absente defendendo* contra omnes eos, qui honori tuo obesse velint[3]. Quorum quidem multi sunt, sed homines improbi animi et miseri ingenii, qui omnibus bonis literis sunt hostes. — tamen qui scioli sunt apud rudem populum, et fidem sibi vendicant hypocrisi — ut difficilè, imò non sine periculo, illis resistant. Neque tamen ob hoc deterreor ab officio.

Verùm de his quod superest ex præsentium latore accepturus es. Denium oro, ut per eundem patrem aliquid rescribas, ut sint apud me epistolæ tuæ monumentum benevolentiæ tuæ, et occasio sæpissime deinceps ultro citroque rescribendi. Si quid autem penes me est reliquum, quod tibi conducere queat, quodve pro te efficere valeam, præcipe confidenter, et sine mora factum intelliges. Vale.

22

PIERRE TSCHUDI[1] à Beatus Rhenanus.
De Paris, 17 mai 1519.

Inédite. Manuscrit autographe. Bibliothèque de Schelestadt.

(FRAGMENT)

SOMMAIRE. Tous *les savants de Paris*, même les moins éclairés, accueillent très-favorablement *les écrits de Luther*. Efforts de *François I* pour obtenir la couronne impériale. Ambassade de *Budé* et de *Bérauld* auprès du roi d'Espagne.

.... Reliqui, quod equidem literis dignum censeam, nil superest, quàm *M. Lutheri opera ab universa eruditorum cohorte obviis ulnis excipi, etiam iis qui minimùm sapiunt plausibilia*[2]. Galliarum præ-

[1] Voyez ci-dessous le N° 23, note 2 et le N° 24, note 4.
[1] Cousin de Valentin. Voyez le N° 12, note 4.
[2] Voici le témoignage de *Luther* lui-même sur la diffusion rapide de ses ouvrages en divers pays : « Scripserunt (sic) ad me *Frobenius* Basiliensis,

terea regem (si rumori credendum) omni conatu annixurum, atque universas sui regni vires, corpus denique ipsum. si res flagitet, pro vendicanda sibi *corona Cæsarea*³, periclitaturum : omnibus deinde, opinor, jugum impositurus, si res ex animi sententia cesserit ; sed hæc aliàs. *Budæus*⁴ et *Beraldus*⁵ legationis munere apud *regem Catholicum*⁶ funguntur. Cætera *Lilianus*⁷ ipse, qui coram literas exhibet, copiosius omnia explicabit.

23

LE FÈVRE D'ÉTAPLES à H.-C. Agrippa.
De Paris, 20 mai 1519.

Agrippæ Opera. Pars II. lib. II, epᵃ 28ᵃ. p. 745.

SOMMAIRE. J'ai lu avec plaisir votre lettre sincère et bienveillante. Ne soyez pas irrité de ce que mes écrits rencontrent beaucoup de contradicteurs. Un jour viendra où la

eximiè meam libertatem commendans ; sed et è *Parisiis* sibi ab amicis scriptum, placere illic multis legique a *Sorbonicis*, id est theologis, mea : dispersisse præterea in *Italiam, Hispaniam, Angliam, Galliam* et *Brabantiam* omnia exemplaria. » Lutherus Jo. Lang. 14 april. 1519, éd. de Wette, I, p. 253. Dans cette énumération la *Suisse* est omise. Le principal dépôt des livres de Luther était à *Bâle* (V. le N° 20, note 1). Un libraire de *Berne* y fut envoyé pour la foire de décembre 1518 et en acheta un grand nombre, la veille de Noël. (Zuinglii Opp. VII, p. 61.) Le 23 mai 1519, un ami d'Agrippa lui écrivait de Bâle : « Totam Basileam lustravi, nusquam prostant *opera Lutheri : dudum omnia divendita.* Dicunt Argentinæ denuo impressa » (Agrippæ Opp. Pars II, p. 748).

³ L'empereur Maximilien Iᵉʳ était mort le 12 janvier 1519. (Sleidan.)

⁴ *Guillaume Budé.* Voyez le N° 9, note 1.

⁵ *Nicolas Bérauld.* Voyez le N° 14, note 1. Vers la fin de mars il avait quitté Paris avec Étienne de Poncher, l'un des chefs de l'ambassade susmentionnée. (Voyez la lettre de Budé à Érasme du 19 mars 1519. Le Clerc, p. 421 et 422.)

⁶ *Charles Iᵉʳ*, roi d'Espagne, élu empereur le 28 juin 1519 et connu dès lors sous le nom de *Charles-Quint.* Les ambassadeurs des deux princes rivaux tinrent leurs conférences à Montpellier, en avril et en mai. (Voyez Gaillard. Hist. de François Iᵉʳ. Paris, 1819, 4 tomes in-8°, t. I, p. 307.)

⁷ *Joannes Jacobus à Liliis* ou *Lilianus* (en allemand *zur Gilgen*), Lucernois, ancien élève de Vadian. Il quittait la maison de Glareanus pour retourner dans sa patrie. (Voyez Zuinglii Opp. t. VII, p. 49, note des éditeurs, et p. 74, lettre de Glareanus du 15 mai.)

vérité sera mieux connue; l'erreur tombera d'elle-même. Voici quelques-uns des ouvrages relatifs à la dispute sur Ste. Anne. Ma seconde dissertation sur Madelaine vous parviendra prochainement.

Jacobus Faber Stapulensis Henrico Cornelio Agrippæ S. D.

Honorificentissime Domine Doctor, reddidit mihi venerabilis Pater *Claudius Deodatus* epistolas tuas [1], quas magna cum voluptate legi. Quis enim non delectabiliter legat, quod ex animi candore et benevolentia profectum esse cognoscit? Non, obsecro, ægrè feras, quod multi scriptis meis tum de *Magdalena* [2], tum de *Anna* [3] adversentur. Existimo aliquando futurum, ut harum rerum perspectior sit veritas, de quibus *discepto solum* et *nihil temerè deffinio*.

Quapropter oro te, nulli ob eam rem feceris tuam benevolentiam infensam. Falsitas in seipsa marcescet, et nullo impugnatore tandem per seipsam cadet [4]. Mitto ad dignitatem tuam defensionem disceptationis nostræ a quodam Doctore Theologo studii nostri non ignaviter elaboratam [5]. insuper et apologiam pro *Anna*, mihi ex *Germania* dono missam [6]. Aliam vidi à Vicegenerali fratrum Divi Francisci [7]; verum illam apud se recepit. Virum unicum *Annæ*

---

[1] Voyez le N° 21.

[2] « De Maria Magdalena et triduo Christi disceptatio ad clariss. virum Fr. Molinæum Christianiss. Regis Francisci I. Magistrum. (Parisiis) H. Stephanus, 1517 (1518), » in-4°. Le Fèvre prétendait, contrairement à la liturgie de l'Église, que Marie-Madelaine, Marie sœur de Lazare, et la femme pécheresse n'étaient pas une seule et même personne. Cet ouvrage suscita contre lui un soulèvement général.

[3] Le Fèvre avait publié, en décembre 1518, une deuxième édition de son livre et l'avait intitulée : « De Maria Magdalena, triduo Christi et una ex tribus Maria disceptatio, » in-4°. Dans la dernière partie de cet écrit, il prouvait la fausseté d'une autre opinion d'après laquelle Ste. Anne, mère de la Ste. Vierge, aurait eu successivement trois maris, et, de chacun d'eux, une fille nommée Marie. (Voyez Graf. Essai sur Lefèvre, pp. 82-91.)

[4] Pendant que Le Fèvre travaillait à son livre sur Marie, fille unique de Ste. Anne (v. note 3), un ami vint lui représenter tous les dangers auxquels il s'exposait. « Je ne crains rien, lui répondit le vieillard. Je ne crois pas qu'il puisse y avoir du danger là où l'on chasse l'erreur de l'esprit des Chrétiens, pour leur montrer la vérité.... Si quelques-uns me condamnent publiquement au feu avec mon livre, j'implorerai contre ce feu la rosée céleste pour l'éteindre. » (Graf, op. cit. p. 86.)

[5] Il fait allusion à l'écrit de son élève *Josse Clichtow*, intitulé « Disceptationis de Magdalena Defensio.» Parisiis, H. Stephanus, 1519, mense Aprili, in-4°.

[6]—[7] Ces deux ouvrages nous sont inconnus.

tribuebat, sed filias treis ; existimavi illam visam non conducere disceptationi nostræ, verùm si dignitas tua cupiditate eam videndi laboret, spero obtineri posse. Facito me primis literis tuis certiorem.

Secunda disceptatio parata est in *Magdalena* : quam primo nuncio ad vos itanti expecta. Vale. Parisiis, vicesimo Maii. anno 1519.

24

HENRI-CORNELIUS AGRIPPA à J. Le Fèvre.
De Metz, 22 mai 1519.

Agrippæ Opp. Pars II. Lib. II, ep° 30ª. p. 746.

SOMMAIRE. Vous avez sans doute reçu ma première lettre, avec les *Thèses* que j'ai publiées, d'après votre livre, sur l'unique mariage et l'unique enfant de *Ste. Anne*. J'ai voulu par là résister à ceux qui vous calomnient, particulièrement à ces trois moines résidant à Metz: le franciscain *Dominique Dauphin*, le cordelier *Nicolas Ory* et *Claude Salin*, docteur de Sorbonne. Je vous expédie un double de la sotte réfutation de mes Thèses et même de votre livre entreprise par ce dernier. Laissez-moi répondre à ces beaux prêcheurs, car ils ne sont pas dignes de vous.

Henricus Cornelius Agrippa Jacobo Fabro Stapulensi S. D.

Cum tanta semper disjungeret nos locorum distantia, clarissime Faber, ut nulla mihi tecum quantumcunque desideratissima haberi potuisset familiaritas, difficillimaque simul esset, etsi occasio aliquando non defuit, scribendi provincia,— continui calamum, quousque tibi fierem vicinior, ac tandem data occasione de liberalissimo ingenio tuo humanissimisque moribus tuis confisus, scripsi nuper [1] humanitati tuæ per devotum Patrem *Claudium Deodatum* Cælestinianum : quas meas literas te jamdudum accepisse arbitror.

Sed habuit idem bonus Pater ostendendas tibi propositiones quasdam de beatæ *Annæ* solinubio. ac unipuerperio [2], quas ego.

---

[1] Voyez le Nº 21.

[2] « H. C. Agrippæ de beatiss. Annæ monogamiâ ac unico puerperio, propositiones abbreviatæ ac articulatæ juxta disceptationem J. Fabri Stapulensis in libro de tribus et una. » Agrippæ Opp. Pars II, p. 588 — 593.

juxta scripta tua, in doctissimo simul et elegantissimo libello tuo *de tribus et una*, longo ornatissimoque sermone notata, decerptas, meo more brevissimas redegi. Non quòd ex tuis laboribus mihi laudem venarer, cujus gratia sunt fortassis qui id facerent, ut apud tui nominis ignaros docti videantur : quod ego ut fœdissimum sacrilegium semper abhorrui : quocirca statim post propositionum illarum principium, ac in omnium fine, tui nominis, ut autoris, libellique tui condigna mentio facta est.

Causa autem, quæ me ad has propositiones coëgit, ea certa est, ut occasionem haberem resistendi contra calumniatores tuos[3], homines certè tales, qui omnibus doctis viris sunt hostes. Ex quorum numero tres præcipuè hîc apud *Metenses* tibi infesti sunt : videlicet quidam frater *Dominicus Delphinus*, conventus fratrum Franciscanorum de observantia : alter frater *Nicolaus Orici* conventus fratrum minorum : tertius frater *Claudius Salini*, Prior conventus Prædicatorum, Doctor Theologiæ Parisiensis[4]. At iste famosus Doctor, ut audio, quanquam nomen suum occuluerit, tandem post multos dies, victo pudore, scripsit contra propositiones nostras, imò contra librum tuum, ineptissimam, sed dignam se autore tragœdiam, cujus conclusiones, ah ! confusiones dixerim, mihi ab hoc triduo citra, magno cum encomio, sed ante victoriam oblatæ sunt. Harum itaque duplum, simul etiam cum propositionibus nostris ad te transmitto, ut hinc quidem cognoscas, me honoris tui fidum zelatorem, inde vero, ut tam insulsas nugas rideas et contemnas, cognoscasque *quales hæc civitas habeat apostolos, Evangeliique præcones*, non ut respondeas. Neque enim cupio, quòd te illius scriptis

---

[3]--[4] Dans les premiers mois de l'année 1519, Agrippa écrivait au P. Claude Dieudonné : « Si scire vis.... qui vocentur illi scelestissimi famicidæ, qui publicis concionibus tot totiesque repetitis clamoribus integerrimum virum *Jacobum Fabrum Stapulensem* insanis contumeliis tam nequiter calumniati sunt, ejusque disceptationem de filiabus *Annæ* tam nefandissimis lacerarunt injuriis, ac tantum virum semel atque iterum contra evangelicam modestiam vocarunt hominem stultum, insanum fidei, Sacrarum Literarum indoctum et ignarum, et *qui, duntaxat humanarum artium Magister, præsumptuosè se ingerat iis quæ spectant ad Theologos**, — præterea scripta sua à *Parisiensibus* reprobata ac condemnata, librosque suos, ut quorum lectio periculosa est, doctrina erronea, contra fidem et Ecclesiam, igne consumendos, ac hujuscemodi plura amarulentiora in tam integrum virum ejusque hucusque invictos libellos mendaciter jactantes, ut certa relatione accepi, — sunt imprimis : quidam frater.... nomine *Dominicus Delphinus*.... » (Opp. P. II, 743.)

* *Le Fèvre* n'était donc pas *Docteur de Sorbonne*. (Voyez Graf, op. cit. p. 6, note 2.)

ullo studio opponas, ne quando dignus sibi videatur, quocum tu congrediaris.

Mihi itaque, cui mediocria duntaxat satis sunt, quamvis ego ista nec mediocritatis nomine digna censeo, hanc pugnam relinquas, qui in tui nominis famam, salutem, decus et gloriam, contra hujusmodi oblatrantes Cerberos constanter, indefessè fœlicissimeque pugnaturum me non reformido. Cæterùm, si adhuc adsit apud *Parisios* devotus ille Pater *Claudius*[3], quem supra nominavi, ipsi nomine meo infinitas salutes dicito, atque hæc scripta communicato. Scio enim quoniam te supra vires amat et veneratur. Vale fœlicissimè, eruditissimorum hominum decus et ornamentum. Ex civitate Mediomatricum, decimo primo Kalendas Iunias, anno 1519.

25

LE FÈVRE D'ÉTAPLES à H.-C. Agrippa.
De Paris, 20 juin (1519).

Agrippæ Opp. Pars II, ep^a 31ª, p. 747.

SOMMAIRE. J'ai reçu vos deux premières lettres, vos *Thèses sur Ste. Anne* et la sotte réplique d'un théologien anonyme. Si vous voulez descendre contre lui dans l'arène, faites-le, non par amour pour moi, mais uniquement dans l'intérêt de la vérité et par dévotion pour Marie, mère de Dieu, et pour sa bienheureuse mère, Ste. Anne. Il n'y a aucun honneur à gagner avec les adversaires que vous m'avez décrits. Mon avis est d'ailleurs que moins on disputera, mieux la vérité sera connue. Répondez en tout cas avec charité et dans un style élégant.

Jacobus Faber Stapulensis Henrico Cornelio Agrippæ S. D.

Honorificentissime Domine, accepi literas tuas[1] per venerabilem Patrem *Claudium Deodatum* Cælestinianum, cui et literas et libellos ad dignitatem tuam aut mittendos, aut præferendos commisi[2],

---

[3] Le P. *Claude Dieudonné* écrivait de Paris à C. Agrippa, le 21 mai, pour l'assurer qu'il avait fidèlement rempli sa commission auprès de Le Fèvre. Il lui envoyait en même temps plusieurs choses de sa part.

[1] Voyez le N° 21. Il en avait déjà accusé réception le 20 mai.

[2] Voyez le N° 23, notes 5 et 6 et le N° 24, note 5.

quod et se facturum fideliter pollicitus est. Is parvo admodum tempore *Parisiis* mansit, adeó ut non fuerit satis nobis libera cum viro, quantùm voluissemus, conferendi facultas : sic res religionis et ordinationis Patrem ipsum urgebant. Verùm ex primis literis tuis[3] abundè persensi qua in me feraris benevolentia, nihil unquam tale de te merentem ; at tibi firmissimè persuade, me in te consimili esse et jugiter fore animo. Ex secundis etiam literis tuis[4], per quendam *Metensem*[5] allatis, non minorem in me affectus tui candorem exprimis ; cum quibus et *Propositiones tuas*[6] *pro defensione beatissimæ Annæ*, et ineptias cujusdam[7] innominati in oppositum accepi.

Propositiones tuas Venerabilis Pater *Claudius* communicaverat mihi legendas. Maluissem negotium de *Anna* sine contentione inter doctos versari. Quod si non potest, propter malignitatem temporis et perversa hominum ingenia, et tibi insidet animo contendere, vide ne hoc ullo pacto honoris mei zelo feceris, sed solum veritatis tutandæ et devotionis in Deiparam *Mariam* et ejus matrem beatissimam *Annam*[8]. Attamen nullus accedere tibi potest honor cum illis barbaris et infamationi aliorum ultrò studentibus contendendo, neque nugas eorum et frigidas et insulsas eorum ineptias refelli dignas censeo. *Per se omnia ista cadent, et tandem agnoscetur veritas*[9], fœlicius, si non contendatur, quàm si contendatur. ut mea fert opinio.

[3] La lettre N° 21.

[4] La lettre du 22 mai, N° 24.

[5] C'était probablement le frère d'un Messin nommé *Philippe Le Clerc*. « Cum tua benignitas aliquid mihi voluerit significare, hoc facies per manus illius juvenis, fratris *Philippi* cognomento *Clerici*. » (Claudius Deodatus Agrippæ. Parisiis, 21 Maii 1519. Agrippæ Opp. P. II, p. 745.)

[6] Voyez le N° 24, note 2.

[7] V. le N° 24. « Frater *Claudius Salini*... ut audio, quanquam suum nomen occuluerit.... scripsit contra propositiones nostras. »

[8] Comparez ce passage avec le N° 19, note 1. On lit dans le commentaire de Le Fèvre sur les IV Évangiles (1522) : « Si en vous approchant de Jésus-Christ vous croyez que vous serez admis auprès de lui par la bonté d'un autre, vous vous approchez mal... Si celui qui prie a plus de confiance dans l'intercession de la bienheureuse Vierge ou de tous les Saints, quels qu'ils soient, que dans Jésus-Christ seul, il ne prie pas bien. S'il le fait seulement *par humilité*, en mettant toute sa confiance dans le Père des miséricordes et dans Jésus-Christ, son fils, il prie bien. » (Matth. xv, 21. Luc xxi, 5, passages cités par Graf. Essai, etc., p. 97.)

[9] Voyez le N° 23, note 4.

Tu tamen, pro prudentia tua, in hac re sic te geres, ut neque Deus, neque proximus, quoad fieri potest, offendatur : quanquam tuas partes existimo omnino justiores et veriores, et maximè si ante viros probos et doctos res agatur, quod ipsi nolunt, sed ante imperitum vulgus olim et ab ipsis quidem adversariis aliter persuasum. Quód si propositiones tuas pergis ulterius declarare, vide id bona gratia et eleganter facias : nam alia scripta hoc nostro tempore nulla probantur [10]. Vale in Christo Domino Rege æthereo. Parisiis, postridie festivitatis supersanctæ Trinitatis.

26

NICOLAS BÉRAULD à Érasme.
De Paris, 1er juillet 1519.

Erasmi Epp. éd. Le Clerc, p. 330.

SOMMAIRE. Les *théologiens de Paris* accueillent maintenant avec faveur le Nouveau Testament d'Érasme.

...... *Novum Testamentum* abs te versum et elegantissimis doctissimisque annotationibus explicatum, nunc hic habent in manibus docti quamplurimi, atque in his Theologi quoque magni nominis, qui te eo nomine tam nunc, pene dixerim, amant immodice quàm oderant prius inique. Multos certè *nova hæc editio* [1] tibi jam conciliavit ; quosdam verò, qui contumaces ac refractarii diu fuerant, atque adeo propemodum deplorati videbantur, jam pene fregerunt Apologiæ tuæ. Vale. Salutant te *Franciscus Deloinus* [2] et *Ludovicus Ruzæus* [3]. Lutetia, 1ª Julii, anno 1519 [4].

[10] Voyez les paroles d'Érasme citées dans le N° 30, note 5.
[1] La seconde édition du N. T. parut en mars 1519.
[2] — [3] Voyez le N° 14, notes 5 et 6.
[4] Dans Le Clerc, 1518. C'est une erreur, puisque dans la partie de la présente lettre que nous ne reproduisons pas, il est question de Poncher, archevêque de Sens. Or ce prélat ne fut élevé à cette dignité que le 14 mars 1519.

27

ÉRASME à Nicolas Bérauld[1], à Paris.
D'Anvers, 9 août 1519 [2].

Erasmi Epp. éd. Le Clerc, p. 335.

SOMMAIRE. Érasme ne vise pas à faire violemment exclure *la Scolastique* des Universités. Il lui suffit de ramener la Théologie à sa source naturelle, *l'Évangile*.

.... Mea studia non eò spectant, ut *Thomam* aut *Scotum*[3] è scholis publicis explodant, vetereque possessione depellant, quod nec mearum est virium : et si esset, haud scio an sit optandum, nisi jam paratum videamus doctrinæ genus aliquod hoc præstantius[4]. Quid alii moliantur, ipsi viderint : ego nunquam futurus sum hujus auctor tumultus. Mihi sat est, si *Theologia* magis sobriè tractetur quàm antehac est tractata, et subinde *petatur ex fontibus Evangelicis, quod antehac e lacunis non undiquaque puris solemus haurire plerique*. Neque nihil hîc profecimus, quibusdam huc adductis, quibusdam etiam compulsis, ut magis seriò Theologi sint.... Quod Theologi partim resipiscunt, partim mitescunt, non perinde meo ut ipsorum nomine gaudeo...

28

ÉRASME DE ROTTERDAM à Léon X.
De Louvain, 13 août 1519.

Erasmi Epistolæ, éd. Le Clerc, p. 490.

SOMMAIRE. La publication du Nouveau Testament d'Érasme a eu pour effet de susciter contre la *réforme théologique* qu'elle prépare, une hostilité non moins vive que celle dont la *renaissance des bonnes études* est l'objet.

Leoni X Papæ Erasmus Rot. S. D.

Beatissime Pater, exiit jamdudum in manus hominum Novum

---

[1] Voyez le N° 14, note 1.

[2] Dans Le Clerc, 1518. Notre correction se justifie par le fait qu'il est aussi question dans cette lettre de Poncher, archevêque de Sens. (V. le N° 26, note 4.)

[3] Thomas d'Aquin et Duns Scot, deux des principaux docteurs de la scolastique.

[4] Érasme fait ici allusion à la lettre de Bérauld du 16 mars 1518. (N° 14.)

Testamentum rursum à me non æstimandis sudoribus novatum. unà cum annotationibus accessione non mediocri locupletatis. Exiit autem felicibus, ut videtur, auspiciis, non modo Romani Pontificis titulo, verùm etiam *Leonis* vocabulo commendatum, quo non aliud nomen orbi Christiano gratius..... Quos prioris editionis novitas nonnihil offenderat, hi nunc resipiscunt et errorem agnoscunt suum. Qui hactenus è putribus lacunis perturbatam quandam ac frigidam *Theologiam* hauriebant, nunc *è purissimis fontibus Christi et Apostolorum haurire malunt.* Priorem editionem candidissimus quisque et eruditissimus amplectebatur..... Hanc mire consentientibus calculis approbant omnes, exceptis perpaucis. Quorum alii stupidiores sunt, quàm ut possint rectis rationibus coargui : alii superbiores, quàm ut velint meliora discere : alii pertinaciores, quàm ut non pudeat in malè cœptis parum esse constantes : nonnulli natu grandiores, quàm ut sperent se facturos operæ precium ; quidam ambitiosiores, quàm ut sustineant videri nescisse quicquam antehac, sed omnes ejusmodi, ut non referat talium ambisse suffragium.... Et inter hos vix quisquam est, qui nostra legerit.

Metuebant tyrannidi suæ, quidam etiam quæstui, si mundus resipisceret. Quid sibi persuaserint nescio, certè rudibus et indoctis persuadere conantur, linguarum cognitionem, bonasque, quas vocant, literas adversari Theologiæ studio, cum nullis disciplinis ea magis vel ornetur, vel adjuvetur. Hi (ut sunt omnibus Musis et Gratiis iratis nati) sine fine belligerantur adversus studia, sese nostris temporibus ad meliorem frugem erigentia. Summa verò victoriæ spes in meris sycophantiis illis est sita. Si libris agant, nihil aliud quàm suam traducunt stultitiam, simul atque inscitiam. Si rationibus conflictantur, nimirum superat manifesta veritas : tantùm apud imperitam plebeculam stultasque mulierculas vociferantur, quibus imponere facillimum est, præsertim religionis prætextu, cujus simulandæ miri sunt artifices. *Prætexunt horrenda nomina, hæreses, antichristos : jactitant periclitari, nutareque religionem Christianam,* quam ipsi scilicet suis humeris sustinent, atque his tam odiosis admiscent mentionem linguarum, ac politioris literaturæ. Hæc, inquiunt, horrenda dictu, nascuntur ex poetica, nam hoc vocabulo traducunt quicquid est elegantioris doctrinæ, hoc est, quicquid ipsi non didicerunt. Hujusmodi nænias non pudet etiam in sacris concionibus deblaterare, qui se præcones Evangelicæ doctrinæ haberi postulant.

..... Doleo.... quorundam amarulentis contentionibus labefactari tranquillitatem studiorum ac rei Christianæ. Neque res jam intra argumentorum conflictationem consistit; atrocibus utrinque conviciis pugna crudescit, dentatis libellis res geritur, ac reciprocantibus maledictis tumultus in rabiem exit.... *Hæc aliquoties parvis initiis orta, sæpenumerò vastissimum gignunt incendium,* fitque ut malum, quod initio ceu leve negligebatur, paulatim auctum tandem erumpat in grave discrimen tranquillitatis Christianæ.

Hac quidem in re multum laudis debetur optimis monarchis, qui auctoritate sua dissidium hoc oriri cœptum sedarunt, velut *Henricus,* ejus nominis octavus, apud Anglos, *Franciscus,* hujus nominis primus, apud Gallos....

Proinde mihi videtur Tua Sanctitas rem factura Christo longe gratissimam, si contentionibus hujusmodi silentium indixerit, atque id præstet in orbe toto Christiano, quod *Henricus* et *Franciscus* in suis uterque regnis præstitere. Tua pietas summos Reges redigit in concordiam; superest ut per eandem et studiis sua reddatur tranquillitas. Id fiet si, tuo jussu, homines qui loqui non possunt, desinant obgannire politioribus literis, et ad benedicendum elingues desinant in linguarum studiosos maledicere, sed suam quisque professionem gnaviter tueatur citra contumeliam alienæ. Ita fiet ut graviores illæ, quas vocant, facultates, Theologia, Jurisprudentia, Philosophia, Medicina, harum literarum accessione non mediocriter adjuventur......

29

HENRI-CORNELIUS AGRIPPA à Le Fèvre d'Étaples.

De Metz (au mois d'octobre) 1519.

Agrippæ Opp. Pars II, ep 35ᵃ, p. 750.

SOMMAIRE. Je n'ai pas répondu à votre lettre du 20 juin, parce que je me suis souvent absenté de *Metz*, pour les affaires de la ville. J'ai cependant terminé la *Défense* développée *de mes Thèses* et j'en ai remis une copie au théologastre anonyme, qui est réellement *Claude Salin.* Je vous en enverrais une pareille, sans mon prochain départ pour *l'Allemagne.* Quand vous la recevrez imprimée, elle ne vous déplaira pas, puisqu'elle déplaît si fort à ces *Sophistes,* dont le courage se réduit à nous attaquer par derrière et à nous accuser d'hérésie devant un peuple crédule. Envoyez-moi vos commentaires sur *Richard de St-Victor.*

Henricus Cornelius Agrippa Jacobo Fabro Stapulensi S. D.

Quas à 20 Junii ad me scripsisti literas, integerrime Faber, et humanissimas et gratissimas, accepi : post quod tempus alias ex te accepi nullas, nec ego tibi aliquid respondi. Hoc ideò tibi significo, ne quis nostrùm mutuis literis sese fraudatum existimet, atque si tu alias ad me dedisti, quas ego non acceperim, me aliquando negligentiæ vel ingratitudinis arguas. Causa verò, cur intra tantum temporis, ego tibi responsurus non scripserim ea est : tum quia opportunus defuit nuntius, tum quia pro Republica civitatis hujus sæpè absens fui [2].

Nihilominus tamen complevimus interim et perfecimus Defensionem propositionum nostrarum [3], etiam multò ampliori volumine quàm arbitrabamur, ejusque copiam jam tradidimus adversario illo theologastro innominato, ut quem suorum scriptorum puduit, sed non inaniter præsumpto, atque nunc apertè cognito, fratri *Claudio Salini*, doctorculo Parisiensi, ordinis Prædicatorum Metensis conventus Priori. Tibi verò, quod maximè debeo, duplum missurus eram, nisi deesset mihi notarius, urgeretque instans meus discessus in *Germaniam* [4]. Mittam autem aliàs vel manu scriptam, vel typis excusam, quæ, ut arbitror, tibi non admodum displicebit, eoque minus, quò istis sophistis placeat quàm minimè : qui cùm aperto Marte contra nos nihil valeant, per cuniculos furtivè adoriuntur, sagittantes in occulto, et apud imperitum credulumque vulgus nos erroris insimulant, deferentes nos tanquam de *hæresi* et insanis opinionibus [5]. Cæterùm, quod cupio, mittas ad me com-

---

[2] Agrippa était conseiller et avocat de la ville de Metz.

[3] Voyez Agrippæ Opp. P. II, p. 594-663. Ce travail plus développé, porte le titre suivant : « Defensio Propositionum prænarratarum contra quemdam Dominicastrum illarum impugnatorem.... » On y trouve (p. 661) ce passage intéressant relatif à *Érasme* et à *Le Fèvre :* « Non desunt invidi ac pestilentes detractores, qui tecum calumnientur *Erasmum Roterodamum* atque *Jacobum Fabrum Stapulensem*, quem *Parisienses* quidam theologistæ — eo quòd ineptam hanc Novi Testamenti traductionem quam tu et tui similes homunculi sophistæ, *Hieronymo* intitulatis, ipse *Faber*, adductis argumentis, illam *Hieronymi* esse negasset, — hæreseos damnare voluerunt, seipsos interim non sine totius *Sorbonæ* ignominia, imperitiæ ac malignitatis infamia perpetuò et ubique denigrantes. » (Voyez dans le Commentaire de Le Fèvre sur les épitres de saint Paul : « Apologia quòd vetus interpretatio Epistolarum beatissimi Pauli, quæ passim legitur, non sit tralatio *Hieronymi*.»)

[4] Il n'obtint son congé que le 25 janvier 1520, et se retira aussitôt à *Cologne*.

[5] Les moines de Metz ne se contentaient pas de déclamer contre l'hérésie. Le Dominicain *Nicolas Savini*, inquisiteur de la foi à Metz, voulait faire mettre à la question une pauvre paysanne d'un village voisin, sur le simple soupçon

mentaria mea [tua ?] in *Richardum de Sancto Victore*[a] meis expensis. Valdè enim et jamdudum desideravi. Vale fœlicissimè. Ex civitate Mediomatricum. Anno 1519.

30

LE FÈVRE D'ÉTAPLES à H.-C. Agrippa.
De Paris, 14 novembre 1519.

Agrippæ Opp. Pars II. ep[a] 36[a]. p. 750.

SOMMAIRE. Je loue le courage que vous montrez en rétablissant *l'histoire vraie de Ste. Anne*, mais je prévois que vous vous ferez beaucoup d'ennemis. Songez à tout ce qu'a souffert l'excellent *Reuchlin !* Les ordres monastiques seront-ils plus cléments pour *Agrippa ?* Si vous publiez votre livre, prenez toutes vos précautions. Les attaques de ces gens-là sont perfides ; sans s'inquiéter de leur conscience, ils résistent même à une vérité reconnue. Que votre style soit pur et élégant, car notre époque produit de merveilleux censeurs. Les critiques de vos amis d'Allemagne vous seront d'autant plus utiles, que ma dissertation sur Ste. Anne a suscité beaucoup de réfutations. Je vous aurais envoyé la plus récente in-extenso ; mais pendant les derniers mois j'ai été nomade, et d'ici à une année environ je ne reviendrai pas à Paris.

Jacobus Faber Stapulensis Henrico Cornelio Agrippæ S. D.

Patri Cælestino[1] et præsentium tabellario tantum ad te dedi literas, vir humanissime, et libellos ad te ferendos, quos haud dubito te recepisse. Generosum spiritum, quem ad defensionem *Annæ*, genitricis Deiparæ virginis, concepisti, laudo ; tristor tamen, quòd multorum conflabis tibi malevolentiam. *Reuchlin*[2], vir optimus

qu'elle pouvait bien être hérétique, puisque sa mère avait été brûlée comme sorcière. *Agrippa* protesta en vain contre cette barbarie ; mais ses généreux efforts eurent du moins un résultat : la procédure ayant été, grâce à lui, exactement suivie, l'accusée fut reconnue innocente et l'on imposa une amende à ses accusateurs. (Voyez l'histoire de ce procès dans l'ouvrage d'Agrippa « De incertitudine et vanitate scientiarum declamatio invectiva. » Cap. XCVI. De arte inquisitorum.) On n'est pas étonné, après cela, qu'Agrippa ait pu s'exprimer, au sujet de Metz, de la manière suivante : « Nunquam unquam alicubi locorum fui, unde abirem libentius, quàm ab hac omnium literarum virtutumque noverca.... *civitate Metensi*. » (Lettre du 2 juin 1519. Opp. Pars II, ep[a] 33[a].)

[a] *Richard*, chanoine *de St.-Victor*, auteur du douzième siècle.

[1] Le P. Claude Dieudonné, qui s'était déjà rendu à Paris, au printemps, pour les affaires de son Ordre. Voyez les N°s 21 et 23.

[2] Voyez les N°s 2 et 3. Le Fèvre aurait pu ajouter que les amis de Reuch-

pariter et doctissimus, multa passus est. Nescio, an minore pertinacia omnes fermè ordines tutari velint suam trinubam et triparam *Annam. Abusum popularem* nihil formidabunt dicere esse *Ecclesiæ usum et sanctionem.*

Si opus emittis [3], vide, ut omnia cautè, quia, ut scribis [4], per cuniculos clanculè adoriuntur, quærentes sagittare in occulto, et, *neglecta conscientia, vero etiam noto repugnant.* Vide etiam, ut omnia pura sint et tersa, si sis emissurus : quia tempora nostra miros ferunt censores, qui omnia fastidiunt, nisi cultum eloquentiæ præ se ferant [5]. Non dubito te habere amicos præcipuè *Germanos*, quibus committas tua recognoscenda, qui benevoli, eruditi et elegantes. Fuerunt, et multi jam sunt, qui contra disceptationem meam de *Anna* scripserunt, tum Franciscani, tum Carmelitæ : latet me tamen adhuc sua se scripta emisisse. Et nunc sesquiannus fluxit, à quo scripsit Carmelita codicem tribus conclusionibus, disceptationem nostram [6] evertere molitus : sed machina admodum barbara. Conclusiones illas ad te mitto : et si tempus adfuisset, misissem integrum codicem. Sed per hos [menses ?] divagatus 'sum [7], neque per annum fermè figam pedem *Parisiis* [8]. Requiris *Richardum* [9]. Hunc

lin se ressentaient encore de la haine des Dominicains. Voyez la lettre d'Érasme à l'évêque de Rochester, 17 octobre 1519. « Miseret me *Fabri*, viri nimirùm optimi, qui *Lutetiæ* non mediocri gravatur invidia, præsertim *Dominicanorum*, potissimum ob hoc quòd dictus sit favere *Capnioni*. » (Erasmi Epp. ed. cit. p. 511.)

[3] Voyez le N° 29, note 3.

[4] Dans le N° 29, vers la fin.

[5] Érasme retraçant les progrès des sciences depuis 80 ans, s'exprime comme suit, au sujet du style usité dans les œuvres théologiques : « Hactenus è doctorum centuriis excludebantur, qui paulò politius loquerentur..... atque illud protinus erat in promptu : « Grammaticus est, non philosophus ; rhetor est, non jurisconsultus ; orator est, non theologus. » Sed brevi, ni fallor, rebus in diversum commutatis.... non phas erit cuiquam sibi sapientiam vendicare nisi simul adfuerit pedissequa *eloquentia*, quam divus Augustinus non vult usquam ab hera sua digredi. » (Lettre à Boniface Amerbach, 31 août 1518. Le Clerc, p. 350).

[6] Voyez au N° 23, note 3, le titre de cette dissertation, qui fut réimprimée en 1519.

[7] Nous avons vu (N° 25) que Le Fèvre était encore à Paris le 20 juin. Il visita dès lors plusieurs monastères dans l'intérêt de ses études, comme il nous l'apprend dans la préface d'un livre qu'il publia au mois d'août, même année. C'étaient les « Contemplationes Idiotæ : de amore divino, de virgine Maria, de vera patientia, etc. » (V. Graf, op. cit., p. 94.)

[8] On ne sait pas où Le Fèvre passa l'année 1520.

[9] Voyez le N° 29, à la fin.

per harum tabellarium ad te mitto ; et scias, nil apud me esse, quod non sit tuum, cùm animum meum habeas. Vale, vir à me meritò omni benevolentia prosequende. Parisiis, decimo quarto Novembris. 1519.

31

N. N. aux Théologiens de bonne foi [1].
(De Wittemberg), en mars 1520.

Lutheri Opera (sine loco). 1520, in-4°.

SOMMAIRE. L'éditeur des œuvres de *Luther* souhaite que les théologiens enseignent enfin au monde la doctrine de Christ, et qu'ils ne se hâtent pas d'accuser d'hérésie les gens de bien qui préfèrent *l'Évangile* aux docteurs scolastiques. Il déplore les sentiments injustes de quelques *théologiens de Paris* envers *Le Fèvre d'Étaples*.

Ad Candidos Theologos.

Habetis hic Reverendi patris *Martini Lutherii* theologicas lucubrationes, quem plerique putant velut Danielem quendam à CHRISTO *tandem nos respiciente*, missum, ut abusus aliquot, Theologis Evangelicam ac Paulinam Theologiam cum veterum commentariis juxtà negligentibus, et circa meras ampliationum, restrictionum, appellationum, ac verè parvorum logicalium nugas occupatis, in ecclesia sua natos, hic coarguat. Atque utinam omneis Theologos à lethargo tandem expergefieri contingat, ut omissis fraternalibus somniis, *summis* dictum oportuit, Evangelicam philosophiam malint quàm Aristotelicam, Paulinam quàm Scoticam, — ut deinceps Hieronymum, Augustinum, Ambrosium, Cyprianum, Athanasium, Hilarium, Basilium, Jo. Chrysostomum, Theophylactum anteponant Lyrano, Thomæ, Scoto, et cæteris opiniosis Scholæ disputatoribus, — ut CHRISTUM non ad mundum trahant, quod tam passim facit *Aquinensis ille Thomas*, sed mundum ad Christi doctrinam erudiant, — ut non aliud dicant in scholis, dum agunt comœdias, aliud domi, apud populum aliud, aliud apud amicos familiareis, — ut non fa-

---

Cette pièce se trouve en tête de l'ouvrage intitulé : « Prima Pars Operum reverendi patris, ac sacræ Theologiæ doctoris Martini Lutherii, Augustiniani Wittenbergensis. » (s. l.). *A la fin :* Mense Martio. Anno M.D.XX. Deux parties en 1 vol. in-4° de 687 pp.

cili de causa, aut etiam non causa. bonos viros cum ipsis ineptire nolentes *hæreticos* pronunciare conentur, *quosdam Parisiensis Scholæ Theologos* imitati, qui *Jacobum Fabrum Stapulensem*, eruditionis et integritatis columen, quòd ineptam istam Novi Instrumenti versionem, adductis argumentis, esse Hieronymi negasset, hæreseos damnare voluerunt, seipsos interim non citra academiæ totius ignominiam, apud totum orbem, et omnem forsan posteritatem, imperitiæ et invidiæ atque malignitatis notantes [2]! Sed cogitent Scholasticas opiniones nequaquam fieri debere Christianorum onera. Cogitent *mundum, passim nunc emergentibus studiis, resipiscere*, Laïcos non tam crassos quàm fuerunt olim [3]. CHRISTUM et Paulum in primis ament, spirent, complectantur, et comperient quædam secus habentia quàm quæstionistæ hactenus docuerunt. Itaque, fratres, *tempus est nos à somno surgere*. Bene valetote, candidi Theologi.

32

GLAREANUS à Zwingli à Zurich.
De Paris, 1er novembre 1520.

Zuinglii Opp. VII. p. 151.

SOMMAIRE. Malgré l'attitude peu favorable de l'université de Paris, les livres de *Luther* sont toujours accueillis en *France* avec une grande faveur.

..... Nunc de *Luthero* audi nova. *Universitas Parisiensis*, quando-

---

[2] Ce dernier paragraphe est reproduit presque littéralement par H.-Cornelius Agrippa. (Voyez le N° 29, note 3.)

[3] Justus Jonas développe éloquemment la même pensée sur les progrès de la Réforme, dans sa « Defensio pro conjugio sacerdotali adversus Jo. Fabrum Constantiensem, » datée de Wittemberg, le 10 août 1523 : « Præter te unum, opinor, *omnes* qui utcunque communis sensus compotes sunt, *vident nunc in quem potissimùm usum Deus*, in hoc sæculorum fine, in his novissimis diebus *Typographiæ divinum artificium protulit*. Vides linguas, Græcam, Latinam, Hæbraïcam, breviter omne eruditionis genus, servire Evangelio. Hæc opera Dei vos non respicitis, *hunc tam celerem et mirabilem cursum Verbi in omnes gentes* non consideratis.... Eliminata est barbaries, profligati è Theologorum scholis Sophistæ; asseritur quotidie magis ac magis syncera Theologia et puritas Evangelii. Cessant rigidæ illæ cærimoniæ, reflorescunt unà cum doctrina spiritus, exercitia quoque pia et spiritualia. »

quidem ad eam ipsam disceptatio inter *Geckium* et *Lutherum* [1] delata fuit, tanquam ad judicem [2]. posteaquam audivit, damnatum *Lutherum* a Pontifice Maximo, ipsa, quæ quosdam articulos fortassis vellicatura erat, nunc judicio supersedit. Nulli libri avidius emuntur [3]. Audivi a bibliopola quodam, qui ait, sese *Francivadi* [4] nuperis nundinis [5] vendidisse Exempl. [aria] 1400, quot nunquam antea alicujus auctoris. Passim bene dicitur *Luthero* [6]. Verùm monachorum longa est catena. Salutat te S. P Q. R. [7] atque ego imprimis. Vale. Lutetiæ, ad Cal. Nov. 1520.

33

ÉRASME DE ROTTERDAM à Alexandre, secrétaire du comte de Nassau.

De Louvain, 13 mai 1521 [1].

Erasmi Epp. Le Clerc, p. 1695.

SOMMAIRE. On injurie *Luther* sans le réfuter. *Le Fèvre d'Étaples* a été dénoncé, devant le roi François I, comme étant l'un des précurseurs de l'antechrist. Les idées

[1] Il veut parler de la dispute soutenue par Luther à Leipsic contre le théologien Eckius, du 4 au 14 juillet 1519.

[2] Bulæus dit qu'on apporta à Paris beaucoup d'exemplaires de la « *Dispute de Leipsic*, » et il cite la note suivante de Jⁿ Nicolas, receveur de la nation française à l'université de Paris : « Die 20 Januar. (1520) comparavi 20 libros intitulatos : « *Disputatio inter egregios viros et doctores Joa. Eckium et M. Lutherum*, » ex ordinatione Nationis, ad conclusionem Universitatis, distribuendos *deputatis*, et illis qui vellent *eorum opinionem* referre in præfata Universitate. » (Opus cit. VI, p. 109.)

[3] Voyez le N° 22, note 2.

[4] Les éditeurs de Zwingli et Le Clerc adoptent *Francinadum*. Il faut lire *Francivadum*, qui est la traduction de *Frankfurt*.

[5] En septembre.

[6] Glareanus est bien plus explicite dans sa lettre à Myconius, datée de *Paris, le 7 avril 1521*. « ..... De *Luthero* quid scribam nihil habeo. *Unum hoc scio, doctissimos quosque de doctrina et viro sentire optimè*; cæterùm modum fortassis duriorem cepisse putant, verùm id irritatoribus ascribunt. » (Inédite. Collection Simler, à Zurich.)

[7] Senatus populusque romanus. Voyez le N° 12, note 1, à la fin.

[1] L'édition de Le Clerc date du 13 mars. Ce doit être une faute d'impres-

de Luther ont pénétré en beaucoup de pays. Il n'est pas de livre où l'on n'en retrouve la trace profonde.

..... Bulla² jubet, ut prædicent adversus *Lutherum*, hoc est, ut opiniones illius refellant testimonio Sacrarum Litterarum, ac diversa melioraque doceant. Nunc nullus est, qui sumat calamum ad refellendum illum, quum id efflagitant omnes: nullus redarguit, tantùm convitiantur, sæpe etiam mentientes... Apud *Regem Galliæ* Carmelita quidam dixit in concione, venturum Anti-Christum: jam quatuor esse Præcursores : Minoritam nescio quem in *Italia*, *Jacobum Fabrum Stapulensem* in *Gallia*, *Reuchlinum* in *Germania*, *Erasmum* in *Brabantia*³ .... Nemo credat, quàm late *Lutheras* irrepserit in animos multarum gentium, et quàm alte insederit libris omni lingua quaquaversùm sparsis....

34

ÉRASME DE ROTTERDAM à Nicolas Éverard.
De Malines, (au mois de mai) 1521¹.
Erasmi Epistolæ, éd. Le Clerc, p. 1697.

SOMMAIRE. Quels sont les principaux adversaires de *Luther* à *Paris*. On y a fait disparaître par le poison plusieurs de ses partisans déclarés. Réflexion ironique d'Érasme à ce sujet.

..... *Parisiis* duo potissimùm impugnant *Lutherum* : *Querquo*²·

sion. Érasme dit dans la même lettre : « Mussant hic nescio quid de terrifico Mandato Caroli, » et Le Clerc ajoute en note : « Edictum Imperiale intelligit, datum Wormatiæ 8 Maii, anno 1521. »

² La bulle pontificale du 15 juin 1520.

³ Érasme raconte le même fait dans sa lettre à Louis Guillard d'Espichellière, évêque de Tournay, datée du 17 juin 1521 (Le Clerc, p. 646), et il fait suivre son récit de cette réflexion : « Hæc qui audent, nonne summos Principes aut pro stupidis habent, qui nihil intelligant et credant omnia, aut pro pessimis.....? » Il n'est pas inutile de rappeler que la condamnation de la doctrine de Luther par la Sorbonne (15 avril 1521) était un grand triomphe pour les adversaires des idées nouvelles. (Voyez ci-dessous le N° 38, note 4.)

¹ La présente lettre, datée « Mechliniâ raptim ex diversorio, » doit vraisemblablement se placer entre celle qu'Érasme écrivait de Louvain le 14 mai, et celle qu'il datait d'Anvers, le 24. (V. Le Clerc, p. 644.)

² *Guillaume Duchêne* (en latin *à Quercu* ou *Quercinus*), docteur de Sorbonne.

Normannus, seniculus virulentus, et *Bedda* Standonchensis, truncus verius quàm homo. Res, ut audio, nunc agitur venenis : *Parisiis* sublati sunt aliquot, qui *Lutherum* manifeste defendebant³. Fortassis hoc in mandatis est, ut, quoniam aliter vinci non possunt *hostes Sedis Romanæ* (sic enim illi vocant, qui harpyis illis non per omnia obsequuntur), veneno tollantur cum benedictione Pontificis. Hac arte valet *Aleander*⁴. Is me *Coloniæ* impensissime rogabat ad prandium⁵ : ego, quo magis instabat, hoc pertinacius excusavi... Hæc liberius apud te effudi, vir optime. Cavebis ne hæc epistola aberret in manus multorum : nam *Germani* evulgant quidquid nacti fuerint....

35

MARGUERITE D'ANGOULÊME ¹ à Guillaume Briçonnet.
(De Bourgogne? avant le 19 juin 1521.)

F. Génin. Lettres de Marguerite d'Angoulême. Paris, 1841, in-8°, p. 155.
Copie contemporaine. Bibliothèque impériale. Supplément français, n° 337, folio 1.

SOMMAIRE. Marguerite réclame pour son mari et pour elle-même les prières de l'évêque de Meaux. Elle désire qu'il lui envoie Michel (*d'Arande*).

Monsieur de Meaux, congnoissant que ung seul est nécessaire, [je] m'adresse à vous pour vous prier envers Luy vouloir estre

---

³ Cette accusation si grave n'est reproduite, que nous sachions, par aucun contemporain. Érasme la renouvela en 1526, à propos de la mort d'Antoine Papillon et d'Antoine Du Blet. (Voyez sa lettre à François I du 16 juin 1526. Epp. ed. cit. p. 944.)

⁴ *Jérôme Aléandre*, né en Albanie (1480), avait professé avec distinction la littérature grecque et latine à Paris (1508-1513). Il devint ensuite chancelier de l'évêque de Liége, bibliothécaire du Vatican et nonce papal en Allemagne (1520). Érasme laisse percer mainte fois le ressentiment qu'il nourrissait contre Aléandre ; il l'accuse de l'avoir desservi auprès de l'empereur et de quelques évêques, d'être un ennemi caché, etc. (Voyez De Burigni. Vie d'Érasme. Paris, 1777, t. II, p. 191 et suivantes.)

⁵ Érasme se trouvait à Cologne en novembre 1520, lorsque Aléandre vint demander à Charles-Quint de faire brûler dans tout l'Empire les ouvrages de Luther, et de livrer Luther à la cour de Rome. (Voyez la lettre d'Érasme du 11 novembre 1520. Epp. p. 592.)

¹ *Marguerite d'Angoulême*, sœur unique de François I, naquit à Angou-

par oraison moyen qu'il Luy plaise conduire selon sa saincte volonté. *M. d'Alençon*¹, qui, par le commandement du Roy, s'en va son lieutenant général en son armée³, que, je doubte, ne se départira sans guerre. Et pour ce que la paix et la victoire est en Sa main, pensant que, oultre le bien publicq du royaume, avez bon désir de ce qui touche son salut et le mien, [je] vous employe en mes affaires, et vous demande le service spirituel; car il me fault mesler de beaucoup de choses qui me doibvent bien donner crainte. Et encores demain s'en va *ma tante de Nemours*⁴ en Savoye. Par quoy vous faisant les recommandacions d'elle et de moy, et vous priant que, si congnoissez que le temps feust propre, que maistre *Michel*⁵ peust faire ung voyage, ce me serait consolacion,

lème le 11 avril 1492. Privée de bonne heure de son père, elle dut à la sollicitude de Louis XII, son tuteur, une éducation solide et complète. Marguerite avait reçu en partage les plus beaux dons : une intelligence très-vive, l'amour des études sérieuses, la modestie et une inépuisable bonté. Aussi fut-elle l'objet de l'admiration universelle, lorsque en 1515 elle parut à la cour. François I appréciait infiniment les rares qualités de sa sœur, qui lui témoigna toujours l'affection la plus tendre et la plus dévouée; il l'appelait « sa mignonne. » Il ne prenait aucune décision importante sans la consulter, en sorte qu'on a pu dire avec raison qu'elle fut « son bon génie. » Théodore de Bèze lui rend ce bel hommage : « Francisco Regi fratri *Margaretam* sororem adjungere fas esto, dignam licet quæ vel in ipsius sacrarii penetrali collocetur : fœminam ut ingenii elegantia et acumine fratri parem, sic *pietatis cognitione et juvandæ Christi Ecclesiæ zelo*, quo fratris iras... temperavit, et cui conservatos plurimos optimos viros debemus, *laude dignam sempiterna* : quanvis ipsius gloriæ nonnullam in ultima tandem ipsius ætate credulitas labem adsperserit. » (Icones.) — Le témoignage que rend à cette princesse l'historien moderne de François I n'est pas moins favorable : « Les savants lui étoient chers, les malheureux lui étoient sacrés, tous les humains étoient ses frères, tous les Français étoient sa famille. Elle ne divisoit point la société en orthodoxes et en hérétiques, mais en oppresseurs et en opprimés, quelle que fût la foi des uns et des autres; elle tendoit la main aux derniers, elle réprimoit les premiers sans leur nuire et sans les haïr. Il y a bien loin de ces grâces, de ces douces vertus d'une princesse aimable, au zèle du syndic Béda qui guettoit les hérétiques, et du conseiller Verjus qui les brûloit. » (Gaillard, op. cit. III, 545.) — Voyez aussi la notice sur Marguerite par M. Génin et l'article Marguerite d'Orléans dans la *France Protestante* de MM. Haag.

² *Charles*, dernier duc *d'Alençon*, qu'elle avait épousé en 1509.

³ Il fut mis à la tête de l'armée de Champagne.

⁴ *Philiberte de Savoie*, sœur de la reine-mère. La mort de Julien de Médicis l'avait rendue veuve à l'âge de dix-huit ans (1516).

⁵ *Michel d'Arande*, natif des environs de Tournay. Il était l'un des amis intimes de Le Fèvre d'Étaples.

que je ne quiers que pour l'honneur de Dieu. le remettant à vostre bonne discrétion et à la sienne.

La toute vostre, MARGUERITE.

36

MARGUERITE D'ANGOULÊME à Guillaume Briçonnet.
(De Bourgogne? après le 19 juin 1521.)

Inédite. Bibl. impériale. Suppl. franç. n° 337, fol. 6 a.

SOMMAIRE. Marguerite prie Briçonnet de continuer à la diriger dans le chemin du salut, et elle l'assure qu'il pourra compter sur sa protection, quand il aura des affaires à la cour.

Je loue de toute ma puissance *Le seul bien neccessaire*[1], qui, par sa bonté, permect à celle qui se peult dire moings que rien tant de grâce, que d'avoir eu, par vostre lettre et celle de M⁰ *Michel*[2], occasion de desirer commancer d'entendre *le chemin de salut*. Et, puisqu'il Luy plaist avoir ouvert l'œil par nature aveuglé, et, par vostre bon moyen, l'avoir tourné du cousté de la lumière, je vous prye en l'honneur de Luy, que, par faulte de continuer voz tant salutaires lettres, ne le laissez en paresse se reclore. mais par coustume de fructueuse leçon rompez la trop grande ignorance de mon entendement.....

Je vous prie que ceste charité ne me soit desnyée, et je m'oblige que, ainsy que serez mes bons advocatz envers *Le tout*[3], il Luy plaira me faire estre la vostre en ceste court, en toutz les affaires que me vouldrez employer.... J'espère que sy *les pères*[4] viennent

---

[1] Briçonnet avait écrit à Marguerite le 19 juin 1521, en répondant à la lettre précédente : « Joieulx ay esté, Madame, veoir par les lettres qu'il vous a pleu m'escripre, que cognoissez *ung seul neccessaire*, ou, pour mieux parler, qu'il se face cognoistre en vous; car Il est sa cognoissance et ne se peult que en Luy-mesme estre congneu. »

[2] Voyez la lettre précédente.

[3] « Le tout, le seul nécessaire, la seule bonté » sont des expressions familières à Marguerite, quand elle parle de Dieu.

[4] Il est probablement question ici des Pères *Cordeliers de Meaux*, auxquels Briçonnet défendit, en 1521, de représenter dans leur église, ou quel-

icy, qui[qu'il] leur sera respondu selon vostre conseil. Dieu me doint grâce d'y faire selon son sainct vouloir, en sorte que, après nos petiz labeurs, puisse par sa miséricorde éternellement le louer avec vostre saincte compagnie⁵.

la toute vostre M.

Jhesus Maria.

37

UN MOINE¹ à H.-C. Agrippa.
D'Annecy, 26 juin 1521.

Agrippæ Opp. Pars II, lib. III, epᵃ 7ᵃ, p. 784.

SOMMAIRE. Je suis heureux d'apprendre que vous résidez à *Genève*. Écrivez-moi ce qu'il advient de *Luther*. Je désire vivement posséder sa traduction des Psaumes et la seconde édition du Nouveau Testament d'*Érasme*.

Doctissime Doctor, cognovi serò, te *Gebennis* jamdudum adesse². Quamobrem ineffabili gaudio gavisus sum, cum hic sperarem adhuc tuam mihi desideratam faciem videre, et tua ipsius erudi-

---

que part que ce fût, St. François stigmatisé. L'affaire fût portée au Parlement, qui sanctionna par des peines très-graves la décision de l'évêque de Meaux. (Voyez Toussaints Du Plessis, op. cit. I, 331.)

⁵ Elle veut parler des théologiens et des savants que Briçonnet avait attirés dans son diocèse. (V. ci-dessous le N° 38, note 10, à la fin.)

¹ C'était probablement le P. *Claude Dieudonné*, qui avait quitté Metz pour Annecy. Voyez le N° 21 et le N° 40, note 2.

² Agrippa pratiquait la médecine à Genève depuis quelques mois. Il était parti de Cologne vers la fin de mars, et il s'était d'abord rendu à Metz pour y visiter ses amis. La maladie de sa femme, qui mourut dans cette ville, l'y retint sans doute pendant quelques semaines. On peut donc placer approximativement au mois de mai 1521 son arrivée à Genève. (Voyez Agrippæ Opp. Pars II, p. 783 à 785. Lettres du 24 février, du 19 mars et du 19 juillet 1521.)

Agrippa avait déjà fait un séjour à Genève avant l'année 1517, et il paraît même qu'il eut un moment l'intention de s'y fixer, à son retour d'Italie. (Voyez dans les Archives de la Société d'Hist. du canton de Fribourg, t. II, 1858, le mémoire de M. Alexandre Daguet, intitulé « Cornélius Agrippa chez les Suisses. » La biographie complète de ce philosophe se trouve dans Meiners. Lebensbeschreibungen berühmter Männer aus den Zeiten der Wiederherstellung der Wissenschaften. Zürich, 1795, 1ᵗᵉʳ Bᵈ.)

tione perfrui, sapientique eloquio ; verùm enim verò nego et inficias eo, ullam mihi aliquando conversationem cum quocunque fuisse amœniorem, quàm tecum ³. doctissime mi Agrippa; atque utinam mihi perpetuam liceret tecum traducere vitam! Quod cùm fieri haud quaquam possit, saltem literis tuis quantulamcunque voluptatem captare desidero, ut sciam, quid valeas, quid rerum nunc agas, atque antea egisti, an etiam receperis literas quas paulò post discessum nostrum ad te scripsi. Cupio etiam per te certior fieri, an secunda recognitio *Erasmi* ⁴ super Novum Testamentum sit typis excusa. Hanc jam mihi postulavi mitti a Bibliothecis de *Lugduno*, daturus pretium quod postularent. Item quid de *Luthero* ⁵ agitur, et an interpretatio sua super Psalterium sit expressa : hanc profectò vehementer cupio. Bene vale, mi eruditissime Agrippa, meque cum servis tuis annumera. Ex Anessiaco. sexta Kalendas Julii, Anno 1521.

38

GLAREANUS à Zwingli, à Zurich.
De Paris, 4 juillet 1521.
Zuinglii Opp. VII, p. 176.

SOMMAIRE. Condamnation de *Luther* par les Triumvirs de *la Sorbonne*. Motif qui a engagé *Le Fèvre d'Étaples* à quitter Paris pour s'établir à *Meaux*.

.... Jam de *Luthero* ¹ ut multa scribam non est visum operæ pre-

[3] Les lettres suivantes nous apprennent que l'écrivain avait habité Metz, qu'il y avait formé des relations d'amitié avec Agrippa et reçu de lui quelques écrits de Luther.

[4] La seconde édition du N. T. d'Erasme avait paru en mars 1519.

[5] On ne savait ce qu'était devenu Luther après sa comparution à la diète de Worms (avril 1521). Un des amis d'Agrippa lui écrivait de Metz, le 19 juillet : « Audivimus *Lutherum* ad Bohemos tutius profugisse, cujus vices nunc gerunt *Huttenus* ac *Melanchthon*. » Six mois plus tard on ignorait encore à Paris le sort de Luther. « De *Luthero* prorsus nihil nunc audimus, adeo ista bella omnia turbant. A *Theologis Lutosis* [i. e. Sorbonicis] damnatus, qui Parlamentum ad idem facinus adduxere. » (Glareanus Zuinglio. Lutetiæ, 12 Cal. Januar. (21 Dec.) 1521. Zuinglii Opp. VII, p. 156, où cette lettre est placée par erreur à la fin de l'année 1520.)

[1] Voyez le N° 32.

tium, quum ex *Scudis* [2] omnia facillimè intelligere potes. Magnus ille est. *Matæologi nostri* [3] sese dignum egere, ne scilicet vel nostra ætas Pharisæis careret. Damnarunt [4] Triumviri: *Beda* [5] (non tamen Venerabilis) *Quercus* [6] et quidam *Christophorus* [7]. Nomina sunt horum monstrorum etiam vulgo nunc nota. *Belua, Stercus* et *Christotomus*. Mirum vero quàm Monachi omnibus practicis, ut vocant, nunc discursitent. Ego sane *Lutheri* penè nulla habeo opera [8], excepta unica *Captivitate Babylonica* [9], quæ mihi tam impense pla-

---

[2] Les deux frères *Tschudi*, élèves de Glareanus.

[3] Les docteurs de Sorbonne.

[4] L'électeur de Saxe ayant écrit à l'Université de Paris pour lui demander son opinion sur la doctrine de *Luther*, *Beda* fit un rapport sur cette question, le 2 mars 1521, et, le 15 avril, la Faculté de Théologie répondit par une condamnation pleine des colères les plus extravagantes. Luther y était assimilé à Mahomet, et l'extermination par le fer et le feu invoquée contre lui et ses adeptes, comme le seul argument à employer. (Voyez Bulæus, op. cit. t. VI, pp. 116-127. — D'Argentré. Collectio Judiciorum de novis erroribus, t. II, p. II. — Coquerel. Précis de l'Hist. de l'église réformée de Paris. Paris, 1862, p. 10.)

Bientôt après parut le livre de *Mélanchthon*, intitulé « Adversus furiosum Parisiensium Theologastrorum decretum Philippi Melanchthonis pro Luthero Apologia. Wittembergæ. » In-4°. La défense que le Parlement publia, le 13 juin 1521, d'imprimer et de vendre aucun livre qui n'aurait pas été examiné par l'Université, accrut probablement le succès de l'ouvrage de Mélanchthon. On peut l'inférer de ce que dit Bulæus : « Die 3 Octobris (1521) accepit Universitas à Curia Parisiensi admonitiones seu potius increpationes, quòd tam ignave pateretur edi et divendi *libros suspectos et hæresim sapientes*: impune enim proclamitari *libellum Philippi Melanchthonis pro Martino Luthero*, idque ferri ab Universitate, etc. »

[5] *Noël Bédier* (en latin *Natalis Beda*), originaire de la ville de Mont-St.-Michel, docteur en théologie. D'après l'Hist. ecclés. de Bèze (t. I, p. 2), ce furent surtout *Beda* et *Duchêne*, « ces barbares docteurs de Sorbonne, » qui, par leurs persécutions incessantes, contraignirent Le Fèvre à se retirer de l'Université.

[6] Voyez le N° 34, note 2.

[7] Son nom de famille nous est inconnu.

[8] Un mois plus tard, Glareanus se félicita peut-être de ne posséder qu'un seul livre de Luther. Le Parlement fit publier à Paris, le 3 août, « que tous libbrayres, imprimeurs et aultres gens qui avoient *aucuns livres de Luther*, ilz les eussent à porter vers la dicte Cour dedans huict jours, sur peyne de cent livres d'amende et de tenir prison. » (Mémoires d'un bourgeois de Paris sous le règne de François I, publiés par Ludovic Lalanne. Paris, 1854, p. 104.)

[9] « De captivitate Babylonica ecclesiæ præludium. » Cet ouvrage, qui

cuit. ut illam ab initio ad finem usque ter magna admiratione legerim. ubi, Deum testor. discernere nequeo. an eruditio illa summa animi istam libertatem. an ea παρρησία judicium vincat : ita ex æquo mihi certare videntur. Longior esse nolui. quòd omnia *Scudi* et elegantius et brevioribus enarrare possunt. *Faber Stapulensis* ab urbe longe abest ad XX lapidem [10]. neque ullam ob causam. quàm quòd convitia in *Lutherum* audire non potest. tametsi *Quercinus* [11] ille Theologus neque a *Fabro* [12] neque ab *Erasmo* etiam temperet. Tu interim vale. et ita perge ad astra tendere iter. Lutetiæ. 4. Non. Jul. 1521.

avait paru le 6 octobre 1520, fut réimprimé deux fois avant la fin de la même année.

[10] Les tracasseries des Dominicains ne furent peut-être pas étrangères à la résolution que Le Fèvre formait déjà en novembre 1519 de s'absenter de Paris pendant une année. (Voyez le N° 30, notes 2 et 8.) S'il y revint à l'expiration de ce terme, ce ne fut pas pour longtemps, et il nous parait assez probable qu'il était fixé à Meaux depuis plusieurs mois, quand Briçonnet lui confia, le 11 août 1521, l'administration de la Léproserie. (V. Guy Bretonneau, p. 178.) Un document dont nous allons citer quelques passages peut servir à résoudre la question. C'est la dédicace des *Hieroglyphica d'Orus Apollo*, publiés à Paris en 1521, petit in-8° de 71 feuillets. Cette dédicace, adressée par *Joannes Angelus* à l'évêque de Comminges. est datée du 5 mars, et l'impression en a été faite *avant* celle de l'ouvrage lui-même.

« Curavimus hunc Orum Apollinem, Parisiis non antea græce impressum, in commoditatem studiosorum (qui nobiscum græcissant) tuo nomine in lucem emitti .. Curavimus et ob hæc potissimum, tum quod non infrequenter mihi iusseris, cum per æstatem ruri aliquando rusticabaris, ne tam iucundi authoris amœnis illis secessibus tuis lectione carcres, tum quòd, ubi me ex veternoso aulicæ pigriciæ somno in exporrectiores *cardinalitiæ*, immò *fabrilis philosophiæ* vigilias remisisses, voluisti ex omnibus libris meis (quos mihi bona ex parte liberaliter contulisti) istum solum tibi relinqui... Igitur eo in præsentia fœliciter utere. aliis quoque pluribus postmodum usurus, si Angelum tuum, ut cœpisti, semper benigne foveas, æquaturus (utinam superaturus) illos Antistites. vel reliquorum totius Galliæ munificentissimos venerandum Archiepiscopum Ebrodunensem, qui Dionysium Corrhonium virum utriusque linguæ doctissimum, magnis exornet donetque stipendiis, *Dominum Meldensem*, qui ter maximum illum *Fabrum*, præter *Gerardum Ruffum, Franciscum Vatablum* et alios amplexetur, nutriat, *amplisque provehat honoribus*. Te clementissimus Iesus ex animi sententia semper sospitet! In collegio Cardinalis monachi. iij. nonas Martii. »

[11] Voyez le N° 34, note 2.

[12] Voyez ci-dessous le N° 43, note 10.

39

UN MOINE[1] à H.-C. Agrippa.
D'Annecy, 10 septembre 1521.

Agrippæ Opp. Pars II. lib. III. epª 9ª. p. 786.

SOMMAIRE. Je désire que vos affaires vous amènent près de moi, afin que nous puissions renouer nos anciennes relations d'amitié. Quelques dominicains de *Savoie*, persécuteurs de notre foi, ne craignent pas d'affirmer que *Érasme, Luther, Reuchlin* et *Le Fèvre* sont des antechrists.

Dici non potest, mi eruditissime doctissimeque Agrippa, quantoperè et tuæ faveam gloriæ congratulerque, et eruditionem admirer :

$$ῆς πλέον ἐν ποαπίδεσι μικρὸν δ' ἐπὶ χείλεσι χείσθω.$$

ut verbis illius Nazianzeni utar, id est, cujus plus mentibus, scil. meis, parum autem in labris jacet. Sed, heus, tu meis epistolis non es accersendus, ut ad nos aliquando te transferas, expectabo interim, si aliqua tua negotia poterunt te nonnunquam ad nos deducere. Scis quo fervore tibi occurrerem et quo affectu te amplecterer. Vide quàm familiariter tecum agam, ceu tuæ Magnificentiæ oblitus. Sed ita tua me jam olim[2] corrupit humanitas, quæ hanc docuit impudentiam....

Quidam Magistri nostri cucullati Dominicæ factionis, et, ut credo, *fidei nostræ persecutores* (volui dicere inquisitores), casu quodam cellam nostram paucis elapsis diebus intraverunt, qui inter loquendum inciderunt in memoriam eruditissimi illius nostri *Erasmi*, et, post multa de eodem atque *Luthero* sinistrè delata tandem suum venenum ibidem evomuerunt : quatuor *Antichristos* nunc esse in regno Christi Doctores, *Erasmum* scil. *Lutherum, Joannem Reuchlin* et *Stapulensem*, deblaterantes. Vide, quæso, sycophantas, bonarum literarum persecutores !

Cæterùm, præsentium lator, vir bonis literis præditus et singulari eruditione munitus, cupit valdè tuam ipsius dominationem al-

---

[1] Le P. Claude Dieudonné.
[2] En 1519, pendant le séjour d'Agrippa à Metz.

loqui : committas teipsum illi. Salutes, quæso, meo nomine reverendum illum virum doctissimum Dominum *Officialem* [3]. Bene tu, mi doctissime Agrippa, valeas cum *libero tuo* [4] *et tota familia.* Ex cella nostra Amnessiaca, decimo Septembris, Anno 1521.

40

UN MOINE à H.-C. Agrippa.
D'Annecy, 2 octobre 1521.

Ibidem, Pars II. lib. III. ep^a 10^a, p. 787.

SOMMAIRE. Conservez-moi la bienveillance que vous me témoigniez quand nous étions à *Metz*, et veuillez me communiquer l'ouvrage que vous venez de publier contre un docteur de Sorbonne. Êtes-vous toujours aussi favorable aux écrits de Luther que vous l'étiez alors ?

Miraberis forsitan, mi Agrippa, vir undecunque doctissime, quid me potissimum impulerit, hominem revera ἀνόητον καὶ ἄμουσον, modica tantum familiaritate tibi junctum, ut ad te, virum tam splendidissimum, ultrò jam ter [1] scribere presumpserim. Quod profectò desines admirari, si tuæ in me benevolentiæ, quam mihi gratis cùm METIS [2] essemus præstitisti, oblivio [te] non ceperit : qua quidem me

---

[3] *Eustache Chapuis*, official de l'évêque de Genève, Pierre de la Baume. Il était entré dans ces fonctions le 17 août 1517, sous l'épiscopat de Jean Louis II de Savoie.

[4] *Théodoric*, fils d'Agrippa. C'était le seul enfant qu'il eût eu de son premier mariage, contracté en 1509.

[1] Voyez les N°s 37 et 39.

[2] Voyez sur le séjour d'Agrippa à Metz le N° 21, note 1-2, et le N° 29, note 5. Si l'on examine attentivement quatre lettres non datées qu'Agrippa reçut du P. Célestin *Claude Dieudonné*, pendant l'hiver de 1518 à 1519, il ne sera pas difficile de reconnaître ce religieux dans le moine anonyme d'Annecy. Ces lettres nous apprennent en effet que des rapports intimes s'étaient établis entre le P. Dieudonné et Agrippa, à la suite d'une conférence théologique tenue par ce dernier chez les Célestins de la ville de Metz. Le moine écrivait à celui qu'il appelait son maître : « Utinam *tuæ saluberrimæ doctrinæ* coram præsentia tua semper adhærere possem, nec à vestigiis tuis avelli aliquando contingeret ! » Mais ces relations entre le P. Dieudonné et Agrippa ayant été, pour le premier, l'occasion de tracasseries suscitées par les autres religieux, Agrippa lui écrivit à ce sujet : « Vos frères murmurent

nimiùm in te audacem reddidisti. Jam verò non possum non deamare plurimum tuam ipsius mirabilem doctrinam, et præclarissimam eloquentiam, qua meipsum præ cæteris inflammasti, et nonnihil illustrasti. Audivi ego ex tua officina fœlicibus auspiciis profectam esse quandam eruditissimam Apologiam adversus *Metensem Priorem*[3]. Quæso ejusdem me aliquando participem efficias. Ego sanè existimo, ingentem accessionem fore meæ tenui bibliothecæ, posteaquam illi quicquam tuarum lucubrationum fuerit additum. Cæterùm, obsecro, mihi scribere dignetur tua præclara Dominatio, quid nunc sentiat de *Lutheranis lucubrationibus*. Non te præterit, arbitror, qualiter apud *Metenses* mihi nonnulla *Lutherana* communicare dignatus sis, eaque mira laude extulisse.

Spargitur quaquaversùm in tota hac *Sabaudia* fama tua. Sum ego valdè avarus visendi tui. Si fuerit nonnunquam mihi facultas et bona valetudo, visam te, Deo optimo juvante. Quòd si libuerit interea te huc aliquando recipere, quod maximè velim, nemini erit optatior accessus tuus, quàm mihi : quippe qui tuo ipsius auxilio et consilio haud modicum indigeo. Vale, mi doctissime Agrippa, cum *libero tuo et tota familia*. Reverendum Dominum Officialem, *Eustochium Schapusium*[4], saluta meis verbis, virum revera totius Sa-

---

peut-être de nos relations. Laissez faire ces séducteurs et ces calomniateurs, puisque vous avez appris de l'Apôtre, *que tous ceux qui veulent vivre selon Jésus-Christ souffriront la persécution*. Adieu. Venez me voir avant votre départ.» Le P. Dieudonné remercia le philosophe de ses témoignages d'amitié et lui adressa les paroles suivantes, qui nous paraissent achever d'établir la vraisemblance de notre conjecture : « Mitto ad charitatem tuam *opera Erasmi et Fabri Stapulensis*, quæ mihi tam charitativè *communicasti*. Hos equidem doctores tecum inter cæteros amplecti et sequi proposui : quippe quos in syncera Sacræ Scripturæ veritate ambulare conspicio.... *Tu constans esto pro veritate tuenda... ut veritas illucescat.* » (Voyez Agrippæ Opp. Pars II, lib. II, epp. xx-xxv, p. 740-743.) — Ces passages nous montrent qu'Agrippa ne négligeait aucune occasion de se renseigner sur les progrès de la Réforme. Esprit curieux, caractère sociable, il communiquait volontiers à ses amis les nouvelles et les livres qu'il recevait d'Allemagne. Son rôle de nouvelliste dut par conséquent toucher de bien près à celui d'initiateur. Nous en trouvons une autre preuve dans une lettre que lui écrivait, le 9 octobre (1522), un habitant de Chambéry, qui était en relation avec le chancelier ducal : « *Expectabam, ut mitteres inventarium codicum quos ex Germania attulisti*. Rogo ne frustratum me reddas opinione mea : et *si quid Erasmicum aut Lutheranum habes*, facias me pro tua urbanitate participem, cum cautione de ilico tibi restituendo. » (Opp. Pars II, 797.)

[3] Le docteur de Sorbonne, *Claude Salin*. Voyez les Nos 24 et 29.

[4] Voyez le Nº 39, note 3.

haudiæ sydus et decus, omnium virtutum eminentia permaximum. Amnesii, secundo Octobris. Anno 1521.

41

Le ministre G.[1] et MARGUERITE D'ANGOULÊME à Briçonnet.
(De Compiègne, avant le 17 novembre 1521 [2].)

Inédite. Copie. Bibl. impériale. Suppl. franç. n° 337, fol. 40 a.

SOMMAIRE. Marguerite prie Dieu de bénir les saints désirs que forme Briçonnet pour la famille royale. Elle désire que *Michel (d'Arande)*, qui retourne à Meaux, ne se lasse pas de lui écrire.

Le souldain département de M° *Michel* excusera le surplus, lequel vous dira quelque propos auquel vous plaira pourveoir.

Vostre très-humble et très-obéissant serviteur
G. indigne ministre.

Vous advertissant que *Madame* [3] se porte bien de la médecine qu'elle pris hier et commance à cheminer. *Dieu veuille* que ce soit en sorte *que nous avec elle puissions arriver au port que vous desirez!* Puisque j'ay un peu de loisir, je vous veulx bien reprier demander *au frère*, qu'il ne se vueille ennuier de continuer à m'escripre; car vous sçavez que qui plus a de neccessité plus a besoing d'aide, et puisqu'il plaist au grand Organiste voulloir la foiblesse des petits tuyaulx estre confortée par la force des grandz...., c'est bien raison que tous ensemble, Luy en rendons louenge ; et, plus humblement que nul aultre, le doibt faire celle que, nonobstant son rien, par la bonté du tout-bon, associez au Nombre que desire imiter, comme les imitateurs,

la foièble MARGUERITE.

[1] Nous supposons que ce ministre est *Gérard Roussel*.

[2] Un annotateur du seizième siècle a écrit à la marge : « Ceste lettre et la subséquante [notre N° 42] doibvent estre mises en ordre avant que mettre la lettre précédente [celle de Briçonnet] du 17 Novembre 1521, pource que c'est la response d'icelles. »

[3] *Louise de Savoie*, mère du Roi et de Marguerite.

42

MARGUERITE D'ANGOULÊME à Guillaume Briçonnet.
(De Compiègne, avant le 17 novembre 1521.)

Inédite. Copie. Bibl. impériale. Suppl. franç. n° 337, fol. 40 h.

SOMMAIRE. Louise de Savoie et sa fille voudraient ne plus être privées à l'avenir de la nourriture spirituelle que Briçonnet leur a distribuée pendant leur séjour à Meaux.

Si maistre *Michel* ne vous contoit de l'amandement et presque guérison de *Madame*, je vous en advertirois. Mais je remect le tout en luy. Entendez qu'elle ne sera contente, si en sa santé ne recouvre ce qu'elle a, pour [par] la cause de son mal, perdu[1]. Car elle s'attend bien que la viendrez veoir à son retour des champs, où elle est contraincte d'aller pour changer l'air et se retirer de la presse, afin de fortifier ses piedz encoires doloreulx,—de quoy [je] vous prie avec son voulloir[2]. car sans doubte il me semble que *la faulte ne seroit petite de dissimuler ce en quoy vous povez plus que ne penssez servir*. Car charité n'est particulière, et nous nous tenons, aussy bien en la court que à *Meaulx*[3]. diocèse sainct du grant Évesque et prebstre éternel duquel estes ministre, non pour tout en un lieu distribuer son pain, mais à tous ceulx qui en ont neccessité. Parquoy me semble que, en repaissant les ouailles périssantes de vostre part[4]. ne debvez nier les myettes à celles qui sur le grand chemin sont au danger des loups; car, loing ou près, estranges et domestiques sont au grand Pasteur, qui n'a pas aux Samaritains non plus que aux Juifs refuzé sa parolle et miracles. [ce] qui me faict requérir son serviteur d'estre évesque de tout le monde que vous cognoissez *desirer ou voulloir desirer parvenir au*

---

[1] C'est-à-dire la présence et les exhortations fréquentes de l'évêque de Meaux. Voyez la note 3.

[2] Sur sa demande expresse.

[3] On peut inférer d'une lettre de Marguerite à Guillaume de Montmorency, que Louise de Savoie et sa fille habitaient Meaux à l'époque où les troupes de Charles-Quint durent lever le siége de Mézières, c'est-à-dire en octobre 1521. (Voyez F. Génin, op. cit. 1841, p. 148.)

[4] Dans votre diocèse.

chemin, qui est Luy, conduisant tout par Luy et à Luy[5]. Vous demandant pardon si trop en dict l'indiscrète

                              MARGUERITE.

Jhesus Maria.

43

MARGUERITE D'ANGOULÊME à Guillaume Briçonnet.
(De Compiègne, avant le 22 novembre 1521.)

Inédite. Copie. Bibl. impér. Suppl. franç. n° 337, fol. 44 a et 45 a.

SOMMAIRE. Marguerite remercie Briçonnet de ce qu'il lui apprend à trouver *consolation et force dans la Parole de Dieu*. Le roi et la reine-mère sont bien décidés à mettre un frein à l'hostilité contre la vérité divine.

La forte demourée foièble et vaincuë doibt bien louer Dieu de la grâce qu'il luy a donnée par vostre lettre. qu'il [qui] me vint hier à point necessaire, qui m'a esté sy bonne médecine, que, s'il ne tient à la débilité et maulvaise complection de mon estomac, qu'elle [l. elle] me servira de restaurant; car je ne puis ygnorer que *la vie de l'homme n'est pas en pain seul, mais en la parolle procédente de la bouche de vérité*[1]. Je le dictz comme celle qui, par substraction[2], doibt bien avoir expérimenté la différence de l'absence et présence. Non que le père bon puisse nier le pain que le maulvais ne refuze à son enfant[3], mais je croy qu'il Luy plaist que nous aprenons à mandier, affin que en la cognoissance de nostre débilité et vray rien, Il soit fort en nous. Or faicte soit doncques sa saincte volenté!

Mais pensez que qui, par se cuyder fort[4], tumbe en foièblesse sans puissance d'aller quester ny demander, c'est où les aulmosnes sont bien emploiées. Ceulx qui congnoissent leur pauvretté deman-

---

   [5] St. Jean, chap. XIV, v. 6. « Je suis le chemin, et la vérité, et la vie; nul ne vient au Père que par moi. »
    [1] St. Matthieu, chap. IV, v. 4.
    [2] Pour en avoir été privée.
    [3] Allusion à St. Matthieu, chap. VII, v. 9 et 11.
    [4] Pour se croire fort.

dent importunément, mais les pauvres honteux ont grant souffreté, si quelcun n'entend la secrète pauvreté innorée⁵ [l. ignorée] du commun. Parquoy ne diray pour ma maladie comme celluy de l'Évangille⁶ : car puis que je cognois ne povoir gaigner ma vie, je n'auray point de honte de la demander. Parquoy à vous, qui en avez administracion, requiers les miettes de la table où tant de pain se départ ; car la crouste n'est pour les dentz des enffans et malades, et je ne sçaurois en quoy vous récompenser, sinon vous prier me mander ce que vous voulez que je face pour l'affère de Dieu envers Monsʳ. de Sainct Martin⁷. Car vous sçavez bien que, pour vous et pour *vostre frère*⁸, fera du tout son rien-aider⁹, du tout ce que possible luy sera.

la doublement malade MARGUERITE.

(P. S.) Je ne sçay si je me doibs plus resjouir d'estre estimée d'estre du nombre de ceulx à qui je desire ressembler, ou *me contrister de veoir nos frères faillir soubz couleur de bien faire*¹⁰. Mais, veu que la chose ne touche à moy seulle, mais va contre l'honneur de Celluy qui a souffert par charité la mort pourchassée par envie d'ipocrites, *soubz nom d'infracteur de la loy*, il me semble que le plustost clorre la bouche aux *ignorans* est le meilleur, vous asseurant que *le Roy et Madame ont bien desliberé de donner à congnoistre que la vérité de Dieu n'est point hérésie*.

---

⁵ Le manuscrit portait *inneurée*. *Innorée* est de la main de l'annotateur déjà cité.

⁶ Allusion à la parabole de l'économe infidèle. Luc, chap. XVI, v. 3.

⁷ Ce personnage nous est inconnu.

⁸ *Denis Briçonnet*, évêque de St.-Malo et de Lodève.

⁹ Son aide, si petite qu'elle soit.

¹⁰ C'est peut-être une allusion aux persécutions dirigées contre *Le Fèvre*. A l'instigation de Beda, la Sorbonne condamna, le 9 novembre 1521, l'opinion de Le Fèvre sur les trois Maries (V. le N° 23, note 2), et le poursuivit devant le Parlement, afin qu'il fût puni comme hérétique. Mais le roi ayant ouï le rapport de son confesseur, *Guillaume Petit*, ordonna au Parlement de ne plus inquiéter Le Fèvre à ce sujet. (Voyez d'Argentré. Collectio Judiciorum de novis erroribus, t. II, p. VII. — Berthier. Hist. de l'Église gallicane, t. XVII, p. 490, cité par M. Graf, p. 91.) Gaillard loue la tolérance éclairée de Guillaume Petit, et il assure que plus d'une fois les orages excités par le fougueux Beda furent calmés d'un mot par cet homme prudent. (Op. cit. III, 535.)

44

Le ministre G[ÉRARD ROUSSEL?][1] à Marguerite d'Angoulême.
(De Meaux), 22 novembre 1521.

Inédite. Bibl. impér. Copie. Suppl. franç. n° 337, fol. 41 a — 43 b.

SOMMAIRE. La maladie corporelle, en accélérant la mort, rapproche le chrétien de la vie de Christ. Mais l'état d'une âme qui se sent privée de la présence du Seigneur est la plus douloureuse des maladies. Il faut cependant la prendre en patience et continuer à servir Dieu. Après avoir joui des tendres consolations de Jésus, sachons nous soumettre aux épreuves qu'il nous envoie.— Les hypocrites docteurs ont grand besoin d'être éclairés de la lumière de Dieu.

Puisque toute la vie du Chrestien doibt tendre à mort, et plus en approche plus est Christiforme, [je] ne puis avoir pitié parce qu'elle est au chemin de la *doublement malade*. Plus croistera la maladie, plustost [la malade] ambrassera par mort le chief, auquel elle desire estre marguerite.... La mort des justes est précieuse devant Dieu, parce que de jour en jour s'acroissent en mort, se faisans hostie et oblation vive; et celle des pécheurs, très-mauvaise, lesquelz, en vivant, aussy meurent. Et, par ce, le progrez de chacune vie n'est que mort, moult touteffois différente tant durant le mariage du corps et de l'âme que après la dissolucion. Et, pour ce, Madame, que Dieu vous a donné lumière, ne passeray oultre.

---

[1] La signature, semblable à celle d'un billet précédent (N° 41), et certaines particularités de cette lettre nous font douter qu'elle soit de Guillaume Briçonnet. Il nous semble qu'elle pourrait être attribuée avec plus de raison à *Gérard Roussel*, qui se trouvait alors parmi les savants réfugiés à Meaux. *Gérard Roussel* (en latin *Ruffus*), né vers 1480 à Vaquerie, près d'Amiens, étudia sous Le Fèvre dont il devint l'ami intime. Dès l'année 1502 il publia avec lui des éditions d'ouvrages de mathématiques, de philosophie et de théologie mystique. Reçu docteur en théologie, il professa au collége du cardinal le Moine, et fut nommé à la cure de Busancy, au diocèse de Reims. Briçonnet l'appela à Meaux en 1521 (V. le N° 38, note 10) et lui donna la cure de St-Saintin. Nous le retrouverons plus tard aumônier de Marguerite. (Voyez Toussaints Du Plessis, op. cit. I, 327, et C. Schmidt, Vie de Gérard Roussel. Strasbourg, 1845, in-8.)

Mais il y a une aultre sorte de maladie dont touchez en passant et sommairement en voz lettres, qui est moult grande et importable à délicate nature de telle que tousjours a esté Marguerite; et touteffois la porte sans porter, et plus la porte et plus croist sa gesne et son mal sans alégement, quant elle cuide estre destituée par substraction de la présence du doulx Jésus, son vray espoux. Ceste maladie est moult différente de la première, en laquelle plus on l'est, le vouloir croist de plus l'estre. Mais la seconde est tourment non pareil et indicible. Hélas! Madame, je supplie le débonnaire Jésus de grâce qu'il lui plaise se déporter vous repaistre de telz metz, et sy tant vous veult visiter, qu'il le face court. Je n'entreray en ce propos pour mon ygnorance, car aveugle ne juge des coulleurs, et viande incognue ne provocque l'appétit et n'est desirée. Tant y a, Madame, que povez l'appeler l'extrémité de toutes maladies approchant des portes de désespoir, sy le bon Seigneur que l'on cuide substraict n'estoit près (combien que caché sans donner ne gecter ses beneficques rayons consolatifz) pour supporter le pacient, combien qu'il ne le cuide pas. Pauvreté est forte alarme à celuy qui tousjours a esté riche. De ceste maladie a esté extrèmement touché le prophète royal, comme assez le déclare en mille passaiges : « Usque quò, Domine, recessisti longe, etc. Usque quò, Domine, oblivisceris me in finem, etc. Usque quò, Domine, oblivisceris inopiæ et tribulationis nostræ, etc. » Et nostre Seigneur parlant en compassion pour ses membres : « Anima mea turbata est valde, sed tu, Domine, usque quò ? » Et incontinent s'ensuict : « Convertere, Domine, et eripe animam meam. » Il y a en hebrieu : « *Revertere*, Domine. Seigneur, retournez et délivrez mon âme. Saulvez-la par vostre miséricorde[2]. »

Le temps est trop brief, Madame, pour entrer en ceste grande mer de tribulation. C'est la touche et le feu qui esprouve par fiebvre continue : à laquelle mortifficacion nous tendons, et n'est nostre servir et aymer Dieu voluntaire et pour nostre plaisir et consolation, mais pour acomplir son voulloir, Luy obeyr et complaire. Ce n'est au vallet de servir à son plaisir, mais à celluy de son maistre. Les premiers traictz du doulx Jésus sont plaisirs délicatz et tendres, plains de laict, lharmes et consolations indicibles. Les verges viennent après, et, ce qui tout surmonte, Il se cache à

---

[2] Vulgate : Ps. x, v. 1. Ps. xii, v. 1. Ps. vi, v. 4 et 5.

la fin et soubstraict la médecine à l'âme qu'Il a entièrement navrée, et [elle] ne peult que de Luy avoir guérison.

Ayant receu à disner les secondes lettres de *la maulvaise Chrestienne*, et, combien que desirant luy satisfaire, n'aiant touteffois pour le présent opportunité, [elle] se contentera, s'il luy plaist, du mauvais payeur et prandera ce qu'elle en peult avoir, attendant [l. considérant] sa plus grande pauvretté. Touteffois il n'entendz point comme *la doublement malade* puisse estre *maulvaise* Chrestienne, ou elle n'est sy malade qu'elle dict, car double maladie aproche fort des portes de mort chrestienne desirée. En Crist lisons assez de maladies, pauvretez, humiliations et telles marchandises dont [Il] a esté chargé, que mainent à la vraye mort. Mais je ne cognois point qu'Il ayt eu manteau de malice, dol, ne *maulvaisetié*. Parquoy qui se dit Chrestienne doit abhominer non seullement l'effect, mais le nom, qu'il faut laisser aux *doubles et ypocrites*, et supplier nostre Seigneur, comme très-prudemment escripvez, *luire en leurs ténèbres et cécités*³. J'en cognois *de leur secte*⁴ qu'il Luy a pleu visiter de sorte qu'ilz Luy ont rendu grâces, en ma présence, *de ce qu'Il leur avoit osté les escailles qu'ilz avoient sur leurs yeulx*.

(P. S.) Madame, j'ay depuis receu quelque article que vous envoye cy-enclos. Je ne sçavois rien du propos et n'eusse pensé que *le personnaige*⁵ eust tiré sy avant comme il vous a pleu m'escripre. *Ce sera ouvraige de Dieu illuminer telles ténèbres*, ce que Luy supplye par sa saincte grâce faire.

Madame, je me recommande à voz bonnes prières très-humblement et supplie nostre Seigneur vous donner sa grâce, paix et amour! De vostre maison,⁶ le **22** de Novembre **1521**.

    Vostre très-humble et très-obéissant serviteur
     G. inutile et indigne ministre.

---

³ Voyez la lettre précédente, note 10.
⁴ Allusion aux docteurs de Sorbonne.
⁵ Veut-il parler de *Bedа*?
⁶ Ces mots sont une simple formule de politesse fréquemment usitée à cette époque.

45

HENRI-CORNELIUS AGRIPPA à un moine d'Annecy.
De Genève, 25 novembre 1521.

Agrippæ Opp. Pars II, lib. III, ep^a 11^a. p. 787.

SOMMAIRE. Je vous dirai bientôt de bouche ce que je pense [des écrits de *Luther*].

Copiosam ad te scribere Epistolam gestit animus, *Pater devotissime*, idemque mihi et amicissime et observandissime, ni mihi et ocium deesset, et præsentium latoris, qui mihi *uxorius avunculus*[1] est, celer et festinus admodum ab hinc discessus, prohiberet. Quòd autem prioribus diebus ad te non scripserim, quodque literis tuis[2] non responderim, non me nunc purgabo sed coram agam eam causam, qui propediem te visere decrevi : et, spero, me absolves. Vale felicissimè. Ex urbe Gebennarum, ipso die Catharinæ, Anno 1521.

46

HENRI-CORNELIUS AGRIPPA à un moine d'Annecy[1].
(De Genève), 1521.

Agrippæ Opp. Pars II, lib. III, ep^a 12^a. p. 788.

SOMMAIRE. J'ai fait des démarches auprès de l'Official, pour que l'objet de votre requête vous soit accordé. Quant au scrupule qui vous trouble, je vous en délivrerais peut-être, si je pouvais vous parler de bouche. Vous n'ignorez pas que le Chrétien est le plus libre des hommes et en même temps le serviteur le plus empressé pour son prochain.

Cui meas ad te literas commiseram, reverende *Pater*, amice observandissime, alio itinere ad nos reversus est. Nunc verò præsen-

---

[1] C'était peut-être l'oncle maternel de la seconde femme d'Agrippa, *Jane-Louise Tyssié*, de Genève.

[2] Voyez le N° 40.

[1] Il est probable que ce moine est le même que l'auteur de la lettre reproduite sous le N° 40.

tem nuncium nactus sum ex improviso, et admodum festinum ut quas ad te copiosissimas literas scribere gestiat animus, exequi non valeam. Sed, ut *literis tuis* paucissimis verbis respondeam, scito me *Officialem nostrum* tibi mihique amicum jam sæpiusculè convenisse, quò tuo honestissimo desiderio [2] valeamus satisfacere. Verùm res hæc non parum habet difficultatis, et impensæ plurimum. Sperat tamen in brevi habiturum determinatam veritatem : qua intellecta, tibi mox significabo. *De Theologica* illorum *sententia, quam rememoras* [3], ego optimè sentio. *De scrupulo* autem *per te moto* [4], quique non modicum afferre videatur anxietatis, ego non dubito, quin te facilè instruerem, quid et quomodo ille solvendus sit, si modò liceret tecum coràm colloqui, vel saltem longioribus literis liberè scribere. Arbitror te scire, hominem *Christianum omnium esse liberrimum, et pariter servum omnium officiosissimum* : quod ad hunc scrupulum satis est. Cæterùm, de his quod superest non capit præsens Epistola. Vale felicissimè, Anno 1521.

47

MARGUERITE D'ANGOULÊME à Guillaume Briçonnet.
(De Compiègne, en décembre 1521.)

Copie. Bibliothèque Impériale. Suppl. français n° 337, fol. 46 a [1].

SOMMAIRE. Marguerite rend grâces à Dieu pour l'édification qu'elle retire des lettres de Briçonnet. Succès de la prédication de *Michel (d'Arande)* à la cour. Le roi et la reine-mère désirent de bon cœur la *réformation de l'Église*.

Le seul Feu bon et neccessaire, qui tout brusle jusques à la consummation des plus petites racines, vous vueille par importable amour et ravissement de vous-mesmes unir à Luy (qu'estes en luy), ensorte que soiez par luy récompensé au grand double de tant de biens qu'il luy plaist par vous me distribuer, dont à jamais loué soit! Car Il peult ce que je ne sçay et ne puis, et me doint sa grâce entendre et sentir sa parolle escripte en vostre lettre : laquelle, combien qu'elle soit telle que j'en ay assez pour toute ma vie tenir

---

[2-3-4] Agrippa répond à une lettre qui n'a pas été conservée.

[1] Un fragment de cette lettre a été publié par M. Génin. Nouvelles lettres de la reine de Navarre. Paris, 1842, p. 274.

mon esperit à l'escolle, touteffois cognoissant la fontaine n'estre tarie dont elle procède, plus famelicque que jamais, [je] desire vous prier, comme à ministre du grant Moïse, me continuer le département de telle eaue et sy doulce manne, dont le profit ne restiendray comme gourmande, que n'en donne la part aux esprits que en cette compaignie verray enclins à le desirer. Et pour en solliciter, vous renvoye maistre *Michel*, lequel, je vous asseure, n'a perdu, pour le lieu, temps, car l'esprit de nostre Seigneur par sa bouche aura frappé des ames qui seront enclines à recepvoir son esprit, comme il vous dira, et plusieurs aultres choses dont luy ay prié, congnoissant que ne metterez en doubte sa parole. Vous priant que, entre tous *vos piteux* [l. pieux] *desirs de la reformacion de l'Eglise, où plus que jamais le Roy et Madame sont affectionnés*, et le salut de toutes pauvres ames, ayez en mémoire celle d'une imparfaite, mal ronde, mais toute contrefaite *parle* [l. perle], affin que, selon que luy desirerez, puisse trouver rondeur qui la convertisse en piramide, pour enfin estre tirée d'Icelluy lequel je supplie selon son bon plaisir, le saichant ou vgnorant, ne me laisser en mes ténèbres. Et vous prie le supplier qu'il luy plaise ayder ses créatures. Ne me laissez aux affaires que je vois venir, sans me mander chose qui fortiffie l'esperit, car plus que jamais en a besoing vostre pauvre fille

MARGUERITE.

48

GUILLAUME BRIÇONNET à Marguerite d'Angoulême [1].
De Meaux, 22 décembre 1521.

Copie. Bibl. Impériale. Suppl. français, n° 337, fol. 98 a—99 a.

(FRAGMENT)

SOMMAIRE. Exhortation à la fidélité et à la vigilance. Un dessein pieux du roi. L'exemple de la famille royale sera contagieux pour le reste du royaume et rallumera le zèle éteint du clergé.

. . . .

C'est à vous, Madame, à qui je parle. Le vray feu qui s'est logé

---

[a] L'évêque, faisant allusion au nom de Marguerite, lui avait écrit une longue lettre sur les *perles rondes et piramidalles*.

[1] Cette lettre n'a pas moins de 102 pages petit in-folio. Comme elle est

long temps en vostre cœur, en celuy du *Roy* et de *Madame*, par grâces si très-grandes et abondantes que je n'en congnois point de plus grandes, je ne say si ce feu a point esté couvert et assoupy, je ne dis pas estainct, car Dieu ne vous a par sa bonté encore abandonnés. Mais conférez chacun en vostre cœur (aultre que vous n'en peult estre juge ne le savoir) si vous l'avez laissé ardre selon les grâces données. J'ai paour [l. peur] que les ayez procrastinées et différées.

Je loue nostre Seigneur qu'il a inspiré au Roy vouloir d'exécuter quelque chose que j'ay entendu[2]. En ce faisant se monstrera vray lieutenant-général du grand Feu qui luy a données les grâces insignes et grandes pour les faire ardre en son administracion et royaume[3], dont Rois ne sont que visroys et lieutenants-généraulx

---

remplie du mysticisme le plus quintessencié et parfois le plus inintelligible, nous n'en reproduisons que ce qui a trait au sujet de notre ouvrage.

[2] Pierre Lermite, secrétaire de Briçonnet, rapporte que la traduction française des Évangiles et des Épîtres de St. Paul fut imprimée *par l'ordre du roi*. (Bretonneau, op. cit. p. 168.) — « Qui est celluy qui n'estimera chose deue et convenante à salut, d'avoir ce Nouveau Testament en langue vulgaire?... *Telle est l'intention du débonnaire roy tant de cueur que de nom très-chrestien ... que la parole de Dieu soit purement preschée par tout son royaulme*, à la gloire du père de miséricorde et de Jésuchrist son filz. » Ces paroles de Le Fèvre, qu'on lit en tête de la 2ᵐᵉ partie du N. T. français, permettent de croire que Briçonnet fait allusion à la publication d'une version française de l'Écriture sainte.

[3] Le fragment suivant d'une lettre de Marguerite à Briçonnet (1522) peut donner une idée des dispositions religieuses qui animaient à cette époque le roi François I et sa mère : « Le desir d'apprendre me faict demander, et le plaisir d'estre reprise et endoctrinée par la grâce que Dieu vous donne me oste la crainte de faillir. Que dira doncques l'ame absorbée et perdue en ceste incongneue vérité, puisque la chair avec tous ses empeschemens a tel sentement, que la parole ne lui faict que tort à le déclarer? Je ne doubte que n'en ayez l'expérience, laquelle je supplie Celluy qui le peult, vous continuer et augmenter, et Luy par vous à ceulx que congnoistrez, *mère et enfans*. Lesquels, me voiant lire vostre lettre, en vouleurent avoir la lecture, que, je vous asseure, a esté sy bon esperon, que, nonobstant que à moi adressissiez l'admonition de ne perdre *le bien que Dieu par leur bouche me donnoit*, sy leur a[-t-]il touché si fort, que, *recongnoissant la vérité reluire en leur nichilité* [l. néant], ont eu les larmes aux yeulx, et, louant le stille n'on n'a mis [l. n'en ont mis] les sens en oubly. Aidez, s'il vous plaist, par prières, que ceste grâce en nous ne soit parmy nous stérile, et *soufflez souvent ce divin feu*, pour nous enflammer, et *attisés le bois encoires vert*, à force d'occasions. » (Bibl. Impériale, manuscrit cité, fol. 241 b—242 a.)

du Roy des Rois. Je desire de tout mon cœur que soyez tous vrays salamandres de Dieu, et que l'effet soit selon la devise [1], et les œuvres très-chrestiennes, selon le mot : « à qui plus est donné, plus est demandé. »

Madame, vous cognoissez ma servitude, qui n'est mercenaire, et ne me sçaurois garder de aymer ce que Dieu m'a ordonné aymer en vous. Je luy supplie très-humblement, qu'il luy plaise par sa bonté allumer tel feu ès cœurs du *Roy*, de *Madame* et de vous, que [je] vous puisse veoir par son amour importable et ravissante tellement féruz et navréz que de vous trois puisse yssir [l. sortir], par exemplarité de vie, feu bruslant et allumant le surplus du royaulme et spécialement *l'estat par la froideur duquel tous les aultres sont gelléz*. Il n'est riens difficile au tout-puissant feu, lequel en et par ses ministres peut faire rompre et brusler les roches adamantines.

Madame, le créateur du monde, qui, pour icelluy régénérer, est voulu naistre du ventre virginal, vous doint sa grâce, paix et amour! A Meaulx, le 22me Décembre 1521.

Jhesus Maria.

[1] L'emblème adopté par François I portait une salamandre au milieu des flammes, avec cette légende : « *Nutrisco et extinguo* », et selon d'autres : « *Non extinguor, nutrior.* »

CORRESPONDANCE

DES

RÉFORMATEURS

SECONDE PÉRIODE

Depuis la publication du commentaire de Le Fèvre d'Étaples sur les IV Évangiles jusqu'à celle de l'Institution Chrétienne de Calvin.

1522—1536

49

LE FÈVRE D'ÉTAPLES aux Lecteurs Chrétiens.
De Meaux, 1522 (avant le 20 avril).

Commentarii Initiatorii in quatuor Evangelia. (Meldis, 1522.)
Très-grand in-8°.

(PRÉFACE TRADUITE DU LATIN.)

SOMMAIRE. Le vrai chrétien est celui qui aime d'un amour parfaitement pur *Jésus-Christ et sa Parole*, parole de paix, de liberté, de joie, de salut et de vie. Le devoir de chaque pontife, de chaque souverain, de chaque fidèle, est de ne s'inquiéter nullement de ce qui est en dehors de l'Évangile, et de relever *le vrai culte de Dieu* partout où il a été détruit. *Demandons le modèle de notre foi à l'Église primitive*, et puisse Celui qui est béni au-dessus de toutes choses nous accorder *un culte en esprit et en vérité!*

Préface de Jacques Le Fèvre d'Étaples aux Lecteurs chrétiens sur l'ouvrage qui va suivre.

O vous que Dieu a vraiment aimés, et qui m'êtes particulièrement chers en Christ, sachez que ceux-là seulement sont des Chrétiens, qui aiment notre Seigneur Jésus-Christ et sa parole avec une parfaite pureté. Leur nom est saint et vénérable, et, comme Ignace le dit aux Magnésiens, quiconque se nomme d'un autre nom n'appartient pas à Dieu.

Or la parole de Christ est la parole de Dieu, l'Évangile de la paix, de la liberté, de la joie, l'Évangile du salut, de la rédemption, et de la vie : l'Évangile de la paix, après une guerre continue, — de la liberté, après la plus dure servitude, — de la joie, après une constante tristesse, — du salut, après une perdition entière, — de la rédemption, après la plus funeste captivité, — de la vie enfin, au sortir d'une mort éternelle. Si cette parole s'appelle l'Évangile, la bonne nouvelle, c'est que, pour nous, c'est l'annonce de tous ces biens, et des biens infinis qui nous sont réservés dans les cieux. Comment seraient-ils chrétiens, ceux qui n'aiment pas avec une parfaite pureté Christ et la Parole? Leur part est la part toute contraire. Je voudrais que nul ne se trouvât dans leur nombre, et que tous fussent des premiers. Souhait légitime, puisque Dieu veut que tous les hommes soient sauvés, parviennent à la connaissance de la vérité, et arrivent ainsi à l'amour de la lumière évangélique.

Parmi ceux qui éprouvent cet amour, les pontifes doivent tenir la première et la plus haute place, et, plus qu'aucun autre, celui qui, parmi eux, est appelé dans l'accomplissement visible des fonctions sacrées, le premier, le plus grand, le Souverain Pontife. Nul en effet ne peut réclamer un semblable titre, qu'en vertu de cet immortel, incorruptible et spirituel amour pour Christ et l'Évangile. Viennent ensuite les rois, les princes, tous les seigneurs, et les peuples de toute race : eux aussi ne doivent penser, s'attacher, aspirer à rien autant qu'à Christ et à la parole vivifiante de Dieu, son saint Évangile! Leur unique étude, leur unique consolation, leur unique désir doit être de connaître l'Évangile, de le suivre, d'en favoriser en tout lieu l'avancement. *Que tous tiennent ferme ce qu'ont tenu nos ancêtres, et l'église primitive rougie du sang des martyrs : c'est que ne rien savoir en dehors de l'Évangile, c'est savoir tout.* L'étude de l'Évangile est le seul moyen par lequel peuvent être rendues heureuses la Hongrie, l'Italie, l'Allemagne, la France, l'Espagne, l'Angleterre, l'Europe, l'Asie et l'Afrique.

Et certes, chaque pontife doit ressembler à cet ange que Jean, dans l'Apocalypse, voit voler par le milieu du ciel, portant l'Évangile éternel au-dessus de toute nation, de tout peuple, de toute langue, et répétant à voix forte : « Craignez le Seigneur, et donnez-lui gloire. » Puisque c'est à un ange qu'il doit ressembler, le pontife n'annoncera que ce que Dieu commande; puisque c'est un ange qui vole, il dirigera toujours l'effort de son esprit vers les choses d'en-haut; puisque c'est un ange qui tient l'Évangile éternel, le pontife ne prendra nul souci de ce qui est en dehors des limites de l'Évangile; et comme celui-ci est éternel, que peut-il promettre d'autre que l'immortalité? Enfin, puisque l'ange s'adresse à toute nation, à toute langue et à tout peuple, en criant à voix haute, le pontife ne doit jamais cesser de proclamer et d'établir *le vrai culte de Dieu*. Car c'est vers UN SEUL ÊTRE, que l'ange dirige nos pensées. « Craignez. dit-il, LE SEIGNEUR, et donnez-lui gloire; » puis il ajoute: « Adorez CELUI qui a fait le ciel et la terre, et la mer et les sources des eaux. » Il exclut donc toute pluralité, qui ne s'unit ni ne se confond avec cette seule unité, la plus simple et la plus réelle. A l'Être Unique, en effet, appartient la puissance ; et toute pluralité est impuissante, si elle ne tient sa puissance de l'Être essentiellement Un. Il ne faut donc point élever la pluralité au rang de l'unité, l'impuissance au rang de la puissance, le néant au rang de l'être, le fini au rang de l'infini. Le seul culte pur est celui de l'Être unique ; le culte rendu aux autres ne saurait être pur. C'est ce culte pur, comme je l'ai déjà dit, que dépeignait l'ange de la sainte Apocalypse, lorsqu'il criait à voix haute : « Craignez le Seigneur, et rendez-lui hommage. » La crainte désigne ici un sublime respect, et l'hommage, cette pure et fidèle adoration qui est incommunicablement due, si je puis m'exprimer ainsi, au seul Dieu, Père, Fils et Saint-Esprit. *Ainsi donc, tous les efforts, la vigueur, l'énergie de tous les pontifes, de tous les rois, de tous les potentats doivent tendre à maintenir ce culte partout où il subsiste, et à le relever partout où il a croulé*[1], *car c'est en lui seul que nous est laissée l'espérance d'arriver à la vie éternelle.*

A l'œuvre donc, pontifes, rois, cœurs généreux! Où que vous soyez, réveillez-vous à la lumière de l'Évangile, à la vraie lumière de Dieu ; reprenez le souffle de la vie ; retranchez tout ce qui entrave, tout ce qui offusque ce culte pur. Soyez attentifs, non à ce que la chair peut faire ou dire, mais à ce que Dieu dit et commande. Rappelez-vous soigneusement cette sentence de Paul : « Ne touchez point, ne goûtez point, ne palpez point : ce sont là tout autant de prescriptions qui ne servent qu'à corrompre, quand on les pratique selon les commandements et les enseignements des hommes, bien qu'elles possèdent, il est vrai, une apparence de sagesse, par des dehors de dévotion et d'humilité. » (Col. II.) *La parole de Dieu suffit!* Cette seule parole est suffisante pour faire trouver la vie qui ne connaît pas de terme. C'est l'unique règle qui enseigne la vie éternelle. *Tout ce qui ne réfléchit pas l'éclat de la Parole, non-seulement n'est pas né-*

---

[1] Voyez le N° 1, note 2, citation finale. Ce sentiment de la décadence du culte spirituel est déjà exprimé dans les lettres de Clichtow et de Capiton. Voyez le N° 5.

cessaire, *mais est absolument superflu*[2] : en sorte que, si l'on veut pratiquer dans sa pureté le culte conforme à la piété et conserver l'intégrité de la foi, il ne faut rien mettre de semblable au rang de l'Évangile, comme on ne place point la créature au rang de Dieu.

Mais, dira quelqu'un : « Il faut que je comprenne l'Évangile, pour croire à l'Évangile, et m'appliquer au vrai culte de Dieu. » A cela je réponds : Christ, le chef et le dispensateur de la vie éternelle, ne propose point son Évangile pour qu'on le comprenne, mais pour qu'on le croie. L'Évangile, en effet, contient tant de choses qui dépassent, je ne dis pas la portée de notre intelligence, mais celle de toute intelligence créée qui n'est pas unie par essence à la Divinité ! « Croyez à l'Évangile, » dit le Seigneur (Marc, I, 15). Mais, auparavant, il a commandé de rentrer en soi-même, lorsqu'il a dit : « Repentez-vous. » Et c'est là un commandement bien naturel, puisque tous ont des sentiments charnels avant d'avoir ceux que donne l'Esprit, et saisissent les choses qui viennent des hommes avec plus d'empressement que les choses de Dieu. Ce qui n'est peut-être pas sans raison, puisque les premières sont proportionnées aux hommes, et que les autres les surpassent.

C'est pourquoi, afin de pouvoir croire à l'Évangile, il faut que nous soyons désabusés des pensées d'origine humaine : il faut que nous ayons renoncé à la chair et à tout ce qui vient des hommes. Que ce qui est divin remporte donc la victoire ; que ce qui est de l'homme et ne tire pas de l'Évangile son éclat, soit supprimé, sous quelque apparence de piété et de sagesse qu'il puisse d'ailleurs se présenter : car il s'agit ici de la parole de Dieu, de la foi, de la pureté du culte. Ici, *ce qui sauve, c'est la vérité seule, laquelle est la parole de Dieu. Tout ce qui n'est pas elle, ne peut que nous perdre.* L'unité rassemble, la pluralité disperse.

Et plût à Dieu que l'on demandât le modèle de la foi à cette église primitive, qui offrit à Christ tant de martyrs, qui ne connut d'autre règle que l'Évangile, d'autre but que Christ, et qui ne rendit son culte qu'à un Dieu unique en trois personnes ! Si nous réglions notre vie sur cet exemple, l'éternel Évangile de Christ fleurirait maintenant, comme il florissait alors. Les fidèles dépendaient en tout de Christ ; nous dépendrions aussi nous-mêmes entièrement de lui. Sur lui se concentraient toute leur foi, toute leur con-

---

[2] Voyez ci-dessous l'Épître exhortatoire de Le Fèvre du 8 juin 1523, huitième alinéa. « Sachons que les hommes et leurs doctrines ne sont riens, etc. »

fiance, tout leur amour ; c'est à lui que nous adresserions aussi les mêmes sentiments. Nul ne vivait par son propre esprit, mais par l'esprit de Christ; nous vivrions aussi de même ; nous quitterions enfin cette vie, pour aller à lui, comme l'ont quittée avant nous ceux pour lesquels Christ était toutes choses, et que nous aimons, que nous louons à cause de Christ , en offrant avec eux *à Dieu seul* tout culte et toute gloire [3].

Et comment ne souhaiterions-nous pas voir notre siècle ramené à l'image de cette église primitive, puisqu'alors Christ recevait un plus pur hommage, et que l'éclat de son nom était plus au loin répandu ? Bien des auteurs nous l'attestent et surtout un écrivain de l'époque, Tertullien, dans son livre contre les Juifs. Les Perses, les Mèdes, les Élamites, les habitants de la Mésopotamie, de l'Arménie, de la Phrygie, de la Cappadoce, du Pont, de la province d'Asie, de la Pamphylie, de l'Égypte, de l'Afrique, de Cyrène, de Rome, de Jérusalem, les Gétules, les Indiens, les Éthiopiens, les Maures, les Espagnols, les Gaulois, les Bretons, les Sarmates, les Daces, les Germains, les Scythes, les peuples d'îles encore mal connues, croyaient en Christ, servaient Christ, adoraient Christ. « Partout, dit Tertullien, est parvenu le nom et le royaume de Christ; partout l'on croit en lui; toutes les nations plus haut dénombrées veulent le servir; partout il règne, partout il est adoré; partout il se donne également à tous. Auprès de lui le roi ne trouve pas une faveur plus grande; le chef barbare ne goûte pas moins de joie; les dignités ou la naissance ne constituent pas des mérites particuliers. Christ est le même pour tous ; pour tous, roi; pour tous, juge ; pour tous, Dieu et Seigneur. » Voilà ce que dit Tertullien des progrès qu'à son époque la foi en Christ avait faits en tout lieu. Puisse cette extension de la foi, puisse cette pureté du culte, *aujourd'hui que reparaît la lumière de l'Evangile*, nous être aussi accordées par Celui qui est béni au-dessus de toutes choses! Aujourd'hui, je le répète, que reparaît la lumière de l'Évangile, qui se répand enfin de nouveau dans le monde, et y éclaire de ses divins rayons un grand nombre d'esprits; de telle sorte que, sans parler de bien d'autres avantages, *depuis le temps de Constantin, où l'Eglise primitive peu à peu dégénérée perdit tout à fait son caractère* [4], il n'y a eu dans aucune

[3] Voyez dans le N° 27, note 8, quelques paroles de Le Fèvre relatives au culte des Saints.

[4] Cette proposition est l'une de celles qui furent condamnées comme hérétiques par la Sorbonne en 1523. (Voyez Du Plessis d'Argentré. Col-

autre époque plus de connaissance des langues, plus de terres découvertes, plus de diffusion du nom de Christ en de lointaines contrées.

La connaissance des langues, du grec et du latin surtout, (car l'étude de l'hébreu ne fut ranimée que plus tard par *Jean Reuchlin*[5]) renaquit, au moment où *Constantinople* fut prise par les ennemis de Christ, et où un petit nombre de Grecs, *Bessarion, Théodore Gaza, Emmanuel Chrysoloras, George de Trébizonde*, trouvèrent un asile en Italie.

Bientôt après des contrées nouvelles furent découvertes, et le nom de Christ fut répandu à l'orient par les *Portugais*, au sud-ouest par les *Espagnols*, sous la conduite d'un *Génois*, au nord-ouest par des *Français*. Puisse dans toutes ces contrées, le nom de Christ avoir été et être désormais purement et fidèlement annoncé, afin que bientôt soit accomplie cette parole : « *O Dieu, que la terre entière t'adore!* » (Ps. 65.) *Oui, qu'elle te rende un culte évangélique et pur, un culte en esprit et en vérité! C'est là ce qu'il faut avant tout désirer.*

Mais voyons : Puisque Dieu, comme nous l'avons dit, commande, non de comprendre, mais de croire l'Évangile, faudra-t-il aspirer à le comprendre? Pourquoi non? La foi néanmoins doit avoir la première place, l'intelligence, la seconde, car celui qui ne croit que ce qu'il comprend, ne croit pas encore d'une croyance bonne et suffisante. Nous l'avons déjà dit : il y a dans l'Évangile bien des points qui doivent être crus par les hommes, mais qui ne peuvent être compris. Pour ceux-là, nul ne doit aspirer à les comprendre : il suffit qu'ils soient compris de Christ et de l'esprit de Christ qui est dans le croyant. L'immensité et la majesté de ce qu'il faut croire, accable l'intelligence humaine, comme le foyer de la lumière du soleil arrête l'activité de notre œil, de telle sorte que l'intelligence cesse de comprendre, comme l'œil cesse de pouvoir distinguer. L'œil cependant admet sans hésiter l'existence de la lumière dans un foyer, quoiqu'il ne puisse l'y voir; l'intelligence aussi doit croire, quoiqu'elle n'ait pu se rendre compte. La confiance dont l'œil est comme animé est plus importante que la vision même, puisque l'une a un champ immense, et l'autre, un champ limité. Pareillement, dans l'esprit la foi est plus relevée que l'intelligence, puisque l'une saisit l'infini, et l'autre, le fini.

lectio Judiciorum de novis erroribus. Lutetiæ Parisiorum, 1724, t. II, p. x, cité par M. Graf, p. 105 de son Essai.)

[5] Voyez le N° 2.

Néanmoins, pour nous acheminer à comprendre les Évangiles, beaucoup de nos prédécesseurs, et parmi eux des hommes distingués, ont, les uns par des homélies, les autres par des commentaires, instruit leurs contemporains et eu recours à diverses formes pour rédiger leurs éclaircissements. Je prise fort de tels travaux, et surtout ceux qu'ont accomplis des hommes que l'Esprit dirigeait ; mais, comme, pendant la nuit, la lumière du soleil ne peut être reproduite par les innombrables lueurs des étoiles, de même la lumière de l'Évangile ne peut l'être non plus par les travaux de tant d'écrivains, lors même qu'ils accomplissent leur tâche sous l'influence divine. Toutefois, de même qu'un nouvel astre, sans remplacer l'éclat du soleil, n'en augmente pas moins la clarté de la nuit, de même nous ne croyons nullement nuisibles de nouveaux commentaires sur l'Évangile, s'ils sont propres à éclairer notre entendement.

Nous ne prétendons point dire que tel soit le caractère de ceux que nous avons écrits, à la gloire de Dieu d'abord, puis dans le but de faire connaître la vérité évangélique, et pour l'utilité commune ; mais il faut les ranger parmi ceux qui dissipent les ténèbres de notre esprit, pour qu'il devienne en quelque façon accessible à la lumière. Avant que la clarté des étoiles rende la nuit moins sombre, il faut que les vapeurs soient dissipées, et l'atmosphère purifiée ; il faut pareillement chasser de l'intelligence les ténèbres et l'avoir ainsi purifiée, avant que l'ignorance puisse recevoir des commentaires une certaine lueur.

Nous nous sommes donc appliqué à préparer sur les Évangiles des commentaires propres à dissiper les ténèbres de l'intelligence et à la purifier, ayant pour seul guide la grâce que nous attendions du Seigneur, si ce n'est que, en maints endroits, étant laissé à nous seul, nous avons mêlé quelque chose du nôtre, ce que nous avouons être nôtre et de peu de prix, comptant ce qui est d'une différente sorte pour une faveur de Dieu. Nous ne nous sommes point appuyé sur les travaux d'autrui[6], aimant mieux, dans notre

---

[6] En préparant la 2ᵐᵉ édition de son commentaire sur les Épîtres de St. Paul (1517), Le Fèvre avait tiré parti des Annotations d'Érasme sur le Nouveau Testament (1516). Celui-ci fut très-offensé de ce que Le Fèvre ne l'avait cité qu'une seule fois, et encore pour le censurer. Il publia contre lui une *Apologie* (5 août 1517) et lui écrivit, à ce sujet, trois lettres qui restèrent sans réponse. Nous les avons omises dans la Correspondance des Ré-

pauvreté, dépendre du Seigneur. Je n'ignorais pas en effet que l'application apportée à l'étude et aux recherches dans les livres ne peut donner l'intelligence des enseignements sacrés, mais qu'il la faut attendre d'un don et d'une grâce accordés non point suivant les mérites de chacun, mais selon la pure libéralité de Celui qui les dispense.

Toutefois, nous ne voulons point que l'on compare ces commentaires à un astre brillant dans la nuit, mais plutôt à ce qui purifie l'atmosphère. Dans l'effort par lequel les choses inférieures tendent vers les choses supérieures, nos pères ont distingué trois degrés : la purification, l'illumination et la perfection. La perfection est le degré le plus élevé ; l'illumination, le degré intermédiaire ; la purification, le degré inférieur. C'est à ce dernier que nous plaçons nos commentaires, quels qu'ils soient, et, pour cela, nous les appelons commentaires de purification ou d'initiation. Que Dieu nous donne des auteurs capables d'écrire en outre des commentaires d'illumination, et, s'il lui plaît, de perfection, puisqu'à Lui seul appartient de répandre toute grâce divine et en particulier toute grâce pareille ! Paul parle de la purification en ce passage : « Après qu'il eut opéré la purification de nos péchés » (Hébr. ı), — de l'illumination en celui-ci : « Parce que la lumière du glorieux Évangile de Christ ne les illumine pas » (2 Cor. ıv), — et de la perfection en cet autre : « C'est pourquoi, laissant de côté les rudiments de la doctrine de Dieu, aspirons à la perfection » (Hébr. vı).

Au reste, si nous appelons ces commentaires sur les Évangiles *commentaires de purification*, que nul ne pense que les Évangiles aient besoin de purification. Ils n'ont besoin ni de purification, ni d'illumination, ni de perfection, puisqu'ils sont en eux-mêmes très-purs, très-lumineux, très-parfaits. La purification dont nous parlons a pour effet de dissiper les ténèbres des intelligences, en ceux-là surtout qui, encore ignorants, s'approchent du sanctuaire des Évangiles et des profonds mystères de la Parole de Dieu. Elle les rend capables de recevoir en eux la sainte et pure lumière, *l'auguste sacrement de la lumière éternelle*, lorsque la nuit de l'i-

---

formateurs, parce que cette affaire, qui eut d'ailleurs un grand retentissement, n'exerça aucune influence sur la Réformation. (Voyez les lettres d'Érasme à Tonstall, 17 juillet 1517, — à Le Fèvre, 11 septembre 1517, 30 novembre 1517 et 17 avril 1518 (par erreur 1517). **Erasmi Epp. Édition Le Clerc**, pp. 1616, 265, 1644 et 236. — Graf. Essai, p. 54-61.)

gnorance commence à passer, et qu'en leurs cœurs se lève la lumière des Évangiles. Si ces ténèbres ne sont dissipées, de tels esprits trouvent obscure la lettre même, ce que les commentaires doivent empêcher. Quelque achevés qu'ils soient, ils ne sauraient ajouter aux Évangiles de la lumière, ce qui est impossible, puisqu'on n'en peut non plus ajouter au soleil qui frappe nos sens : mais les Évangiles répandent la lumière dans les commentaires mêmes. Autrement les commentaires sont comme les couleurs au milieu des ténèbres et comme des nuages amoncelés dans l'esprit.

(Ici se trouvent quelques détails sur la distribution des matières dans l'ouvrage.)

Lecteurs chrétiens et pieux, prenez en bonne part ce travail, et demandez au dispensateur de la Parole, qui est le Seigneur Jésus-Christ, que sa parole ne tombe pas sans fruit, mais que, dans le monde entier, elle fructifie pour la vie éternelle! Maître de la moisson, que lui-même il envoie dans sa moisson nouvelle de nouveaux et actifs ouvriers!

Je vous salue, en ce même Christ Jésus, notre Seigneur, qui nous a été fait, de la part de Dieu, sagesse, justice, sanctification et rédemption. Que Christ Jésus, dans la gloire du Père et dans l'amour du St. Esprit, soit pour vous toutes choses, lui qui sera tout en tous pour ceux qui, au sein de la béatitude, jouiront des siècles éternels!

De Meaux [7]. L'an M. D. XXI. [8].

---

[7] Voyez le Nº 38, note 10.

[8] En France, l'année commençait alors à Pâques. Cette fête tomba sur le 20 avril, en 1522. Ainsi peut s'expliquer la différence de date qui existe entre la préface de Le Fèvre et l'indication chronologique donnée par l'imprimeur à la fin de l'ouvrage. Voyez au bas de la page suivante.

Le Commentaire sur les IV Évangiles est l'un des plus beaux volumes de l'époque. Il se compose de 377 feuillets très-grand in-8º, non compris le titre, la préface et la concordance qui forment 6 feuillets. Il a pour titre : « COMMENTARII INITIATORII IN QVATVOR EVANGELIA. In euangelium secundum Matthæum. In euangelium secundum Marcum..... » Point de nom d'auteur. — Ce titre est placé dans un encadrement qui présente les figures symboliques affectées aux quatre évangélistes, et les passages suivants du Nouveau Testament : « I. Vidi alterum angelum volantem per medium cælum habentem euangelium æternum. Apoca. 14. — II. Prædicabitur hoc euangelium regni, in vniuerso orbe : in testimonium omnibus gentibus. Matth. 24.

50

CAPITON à H.-C. Agrippa, à Genève.
D'Ottmarsheim, près de Bâle, 23 avril 1522.

Agrippæ Opp. Pars II. libr. III. ep[a] 15[a]. p. 789.

SOMMAIRE. Éloge d'Agrippa, d'après le récit d'un voyageur qui retourne à *Genève* et qui affirme que *Luther* a toutes les sympathies du savant médecin. Capiton a appris avec plaisir qu'Agrippa restait étranger aux entreprises des hommes imprudents, et qu'il faisait preuve, même dans ses entretiens familiers, d'une douceur modelée sur celle de Christ, ce qui mettra à l'abri de toute calomnie *son attachement à la cause évangélique.*

Bonus hic vir de te cœpit honorifice loqui in itinere : depinxit mihi virum quendam omnium eruditissimum, professione Medicum, scientia simul vere cyclicum et omniscium, maxime autem valentem disputatione, qui levi articulo Sophistarum impetus dimoveat. Percontabar de nomine. « *Agrippa*, inquit; est oriundus *Colonia*, educatione Italus, experientia Curialis, hoc est aulicus, urbanus, civilis. » Improviso quidem gaudio ferè perturbatus subjeci : « Quid, inquam, Medicus ille *de Germanica hæresi sentit? Num repugnat Luthero? Anne facit cum doctissimis Parisiensibus?* » Tum ille : « Nihil minus, inquit, nam præire *Luthero* potest, resistere non potest: *quæ modò Lutherus, ille olim ridit.* » Quibus sermonibus permotus, hæc inter potandum è taberna volui ad te [scribere], quò

— III. Euntes in mundum vniuersum : prædicate euangelium omni creaturæ. Marc. 16. — IIII. Euangelizo vobis gaudium magnum quod erit omni populo. Luc. 2. » — Au milieu de l'encadrement et au-dessous du titre, on lit ce dernier passage tiré de l'épître de St. Paul aux Romains : « V. Non enim erubesco euangelium CHRISTI. Virtus enim dei est in salutem omni credenti, Iudæo primum et Græco. Iustitia enim dei in eo reuelatur ex fide in fidem, sicut scriptum est, Iustus autem ex fide viuet. » — Au bas de la même page : « CVM PRIVILEGIO REGIS. »

A la fin du volume, au verso du fol. 377, on lit : « MELDIS. IMPENSIS SIMONIS COLINÆI. ANNO SALVTIS HVMANÆ M.D.XXII. MENSE IVNIO. »

intelligeres, quàm memor Capito susceptæ humanitatis, qua me convivam *Coloniæ* excepisti [1].

....Scientissime vir, *non te ab Evangelio dehortor*[2], sed ab importunis ausibus imprudentium te gaudeo alienum. Quin facias, quod facis, et mansuetudinem Christi præ te feras, in familiaribus etiam colloquiis, ne quis calumniari queat *pium istud institutum*. Deinde, si quæ candide interpretanda videntur, nolim superciliosius aut malignius damnes. Quid enim acerbum Christus sonuit, ubinam loci, quæso, animum reprehendendi præ se tulit? Nam ubique benignus occurrit, et nos tantùm non insanimus. O præposteram pietatem, tam morosè piam, ut vel imaginem pietatis queat obliterare, nedum non promoveat ad illam [3]! Vale, et aliquando rescribe: per

---

[1] Capiton avait quitté Bâle le 28 avril 1520, pour se rendre en Allemagne.

[2] Quelques auteurs ont soutenu qu'Agrippa resta toujours attaché à l'église romaine. La lecture de sa correspondance et de plusieurs de ses ouvrages conduit à une tout autre conclusion. C'est ainsi que, le 5 janvier 1524, il écrivait à son ami Cantiuncula : « Præsens hic lator tibi commendatus esto.... Recedit abhinc [c'est-à-dire de *Fribourg* en Suisse] *Evangelii causâ, quod datum est in ruinam et resurrectionem multorum*.... Id te oratum volo, ... ut *hunc latorem evangelicum, Thomam Gyrfalcum,* ... amicis tuis... apud *Basileam*... commendatum gratumque reddas. » (Opp. Pars II, p. 810.) Nous avons vu ailleurs qu'Agrippa faisait le plus grand cas de Le Fèvre. Capiton était à ses yeux : « eximius et verus Theologus. » Plus tard (mais il s'agissait alors de défendre sa propre vie qu'il croyait menacée) il a pu dire : « Ego me non Lutheranum, sed Catholicum confiteor. » Singulier *Catholique*, qui voyait dans la Sainte Écriture la seule autorité en matière de foi! Il dit en effet dans le même écrit : « Ego *Lutherum* hæreseos damnatum non nescio, sed victum non video.... Quod si vos nunc tam expediti sitis ad illum *irrefutabilibus argumentis* expugnandum, quàm olim prompti fuistis nudis sententiis condemnandum... per me non stabit, quominus vincatur; sed illud vos amicè admonitos esse volo, ut præstantioribus argumentis contra illum agatis, quàm hìc adversum me utimini, quem *auctoritate Scripturæ*, ut virtute verbi Dei, *victum esse oportebit*. » (Agrippæ Apologia adversus calumnias..... sibi per aliquos Lovanienses Theologistas intentatas. (1532). Opp. Pars II, p. 294 et 296.)

[3] Capiton, tout prudent qu'il était, savait au besoin recommander la franchise. Il écrivait à Érasme, le 5 juin 1522 :

« ...Oramus, quicunque tibi studemus, ocio atque quieti consulas, fugiendo hanc tragœdiam, *non magnatibus contra animi sententiam connivendo, neque etiam orientibus post te, imò ex tua messe subnatæ segeti, insultando*... Utram in partem deflexeris, alterius erit odium sustinendum. Sunt qui malunt *ad meliorem quàm ad feliciorem partem* declinares, quod hæc fluctuet, dubia-

ocium scripturus sum meditatiùs. Haec ex taberna incogitans. Vale iterum. Datum Ottmarhemi¹ prope Basileam, vicesimo tertio Aprilis. anno 1522.

31

N. N. à H.-C. Agrippa, à Genève.
D'Aix-les-Bains, 5 juin 1522.

Agrippæ Opp. Pars II. lib. III. epᵃ 16ᵃ. p. 790.

SOMMAIRE. Recommandation en faveur d'un *prédicateur de la vérité évangélique* qui passe à *Genève*.

Salve præstantissime vir. Bonus hic pater, qui hasce tibi reddit literas, Evangelicæ veritatis Prædicator¹ est, doctrinæ non vulgaris, dignus profectò quem tu videas dicentemque audias, cum sis tu proborum virorum hospitalissimus patronus. Jussi itaque, cum sibi per *Gebennas* eundum foret, ne te insalutato inde abiret: sciens quòd, *cum audieris hominem*, tibi admodùm gratum acceptumque fore, ut alia apud te commendatione non egeat. Cæterùm de me tibi polliceri potes, quantum præstari potest ab homine omnium tibi deditissimo tuique observantissimo. Vale fœlicissimè. Ex oppidulo Aquensi, quinta Junii 1522.

que sit animo, illa autem *suis nixa radicibus, fundata in petram Christum,* seipsam in dies viribus superet, tametsi liberum et immunem esse et extra teli jactum tutius est, siquidem nos potius quàm Reipublicæ salutem inspiciamus. — Hæc.... extorserunt gravissimæ bonorum de te censuræ, præterea *præsentissima seculi immutatio,* quantùm ad religionem attinet. *Aut erit orbis noster Christianus, aut totam Christi imaginem explodet.* Non est tertium. » (Voyez Fecht. Supplem. Hist. eccles. seculi XVIᵐⁱ. Durlaci, 1684, in-4°, p. 813.)

¹ On lit dans les Œuvres d'Agrippa « *Ottinorhemi.* » Ottmarsheim est un village d'Alsace, situé à 3 lieues N. d'Huningue.

¹ C'est très-probablement le même personnage que le Franciscain pieux recommandé par Agrippa à Capiton dans la lettre suivante, c'est-à-dire *François Lambert d'Avignon.*

52

H.-C. AGRIPPA à Capiton.
De Genève, 17 juin 1522.

Agrippæ Opp. Pars II, lib. III, epa 18ᵃ, p. 791.

SOMMAIRE. Agrippa répond à la lettre de Capiton du 23 avril (Voyez le N⁰ 50). Il lui recommande un homme de bien, *zélé ministre de la Parole de Dieu*, qui se rend en *Allemagne*.

Literas tuas, doctissime idemque colendissime Capito, quas à vicesima tertia Aprilis ex itinere ad me scripsisti, post plusculos dies, domi meæ in urbe *Gebennarum* incerto nuntio redditas, accepi (absens siquidem eram tunc apud *Sabaudiæ Ducem*)[1], quarum humanitati satagere haud valeo. Proinde bono huic viro, qui de me tibi tam amanter nugatus est, non possum non ignoscere : si nossem hominem, agerem illi pro suo officio multas gratias. Sed utinam ego talis aliquando futurus sim, qualem ille me tibi depinxit !

.... Bonum hunc patrem, præsentium latorem, tibi commendo : illi consilio sis et auxilio, ac tuis illum epistolis apud aliquos amicos tuos, quorsùm sibi eundum foret, bona fide commendatum reddas : probus siquidem vir est et *diligens Minister verbi Dei*[2].

---

[1] En venant à Genève (1521), Agrippa n'avait pas le dessein de s'y fixer pour longtemps. Il y passa néanmoins près de deux années, exerçant la médecine, et attendant toujours d'être appelé à des fonctions qui lui avaient été promises par le duc de Savoie et qu'il n'obtint jamais. (Voyez Agrippæ Opp. Pars II, lib. III, epᵃ 24ᵃ, p. 794.)

[2] Si l'on compare ce passage avec le N⁰ 53 et avec un billet d'Agrippa à Cantiuncula que nous reproduirons à la fin de cette note, on arrivera tout naturellement à conclure, que cet « homme de bien, zélé ministre de la Parole, » n'était autre que le Franciscain *François Lambert d'Avignon*. Ces détails ont une certaine importance. Ils peuvent servir à fixer d'une manière précise le moment de *la première prédication de la Réforme à Genève et à Lausanne*. Lambert aurait prêché à Genève entre la Pentecôte et la Trinité, du 8 au 15 juin 1522. Le mardi 17 ou le mercredi 18, il se serait rendu à

Cætera tu ipse in homine facilè agnosces. Quicquid humanitatis beneficiique in hominem contuleris, in meipsum collocatum habebo. Reliquum autem quod abs te permaximè cupio, hoc est, ut quoties fidus aliquis occurrat nuncius ad nos rescribas. Præterea me amicis tuis omnibus, ut communem illis amicum, et commendatum et charum reddas. Vale fœlicissimè. Ex urbe Gebennarum, decimo septimo Junii, anno 1522.

53

BERTHOLD HALLER [1] à Zwingli, à Zurich.
De Berne, 8 juillet 1522.

Zuinglii Opp. ed. cit. VII, 206.

SOMMAIRE. Il lui recommande *un Franciscain d'Avignon*, qui enseigne depuis environ 5 ans la vérité évangelique et qui vient de la prêcher à *Genève*, à *Lausanne* et à *Fribourg*. De *Zurich* il se rendra en *Allemagne*. Les sermons que ce religieux a prononcés devant les *prêtres de Berne* sur l'Église, le sacerdoce, etc., ont produit quelque bien. Ce n'étaient pas des choses absolument nouvelles pour eux ; mais dans la bouche d'un Franciscain et d'un Français elles paraissaient inouïes.

Singularis tua humanitas, cujus omnes implevisti erga me numeros, et *hujus boni fratris Franciscani sanctum concionandæ ve-*

Lausanne, d'où, après une semaine de séjour, il serait reparti pour Fribourg,, avec une lettre de recommandation de l'évêque *Sébastien de Montfaucon*. Il serait arrivé à Berne dans les premiers jours de juillet. Voyez ci-dessous la lettre de Fr. Lambert au Prince-Évêque de Lausanne (janvier 1525) et celle qu'il adressait à Agrippa le 31 décembre (1524). Ce dernier écrivait, vers la fin de juin 1522, à Claude Chansonnette, natif de Metz, professeur de droit romain à l'université de Bâle, le billet suivant :

« Brevissimum epistolium temporis penuria ad te scribere cogit, *Cantiuncula* humanissime ; sed ex te amplissimas expecto literas. *Scripsi et tibi et Capitoni nuper* [scil. 17 Junii 1522] *per quendam Franciscanum*, sed aliàs probum virum et Christianum. Nescio si acceperitis.... Præsentibus nil aliud ago, quàm ut scias me apud *Gebennas* moram ducere, multumque lætari te *Basilea* non discessurum... Vale. Anno 1522. » Agrippæ Opp. Pars II, lib. III, ep[a] 20[a], p. 792.

[1] *Berthold Haller*, né à Aldingen en Souabe (1492), fit ses premières études à Rothweil et à Pforzheim, où il se lia d'amitié avec Philippe Mélanchthon. Reçu bachelier en théologie à Cologne, il enseigna pendant

ritatis institutum, quasi suo jure aliquid literarum a me exigere videntur, quæ mei memoriam apud te foveant, nec tam plane refrigescere patiantur.... Pater ille Franciscanus, et nihil minus quàm Monachus, concionator tamen apostolicus et generalis Conventus *Avenionensis*², ad quinquennium jam ferme docendæ veritatis christianæ officio functus. *Gebennis*³, *Lausannæ* coram Episcopo⁴, *Friburgi*⁵, et jam *Bernæ*, latino tamen sermone, concionatus est nostris sacrificulis, nondum ex omni parte in re christiana sanis, de Ecclesia, Sacerdotio, Sacrificio et Missa: rursus de Romanorum Pontificum Episcoporum traditiunculis, de ordinum et religiosorum fatuis et plene hypocriticis superstitionibus ceterisque multis, quibus omnibus nonnihil profuit. Non quod hæc a nobis aliena sint⁶, verùm a tali homine *Franciscano Observante*, *Gallo* (quæ omnia mare superstitionum confluere faciunt), inaudita videbantur.

Is igitur totam peragrabit *Germaniam*, et itineri ad *Tigurum* ac-

---

quelque temps à Rothweil, puis à Berne (1513-1518), où il fut élu en 1521 prédicateur de l'église collégiale. Le caractère bienveillant de Haller, sa grande activité et son éloquence le rendirent bientôt cher aux membres de son troupeau qui goûtaient l'Évangile. Mais les partisans de l'ancienne Église suscitaient tant d'obstacles au jeune prédicateur, qu'il fut souvent sur le point d'abandonner ses fonctions et de se retirer à Bâle. Il écrivait à Zwingli, le 22 janvier 1522: « Tuâ epistolâ admodum suavi consolatus, vires omnes intrepidus resumsi, atque id mihi christianissima tua exhortatione certò persuasi, satius esse, pro temporis hujus calamitate, ut evangelizem, quàm in angulis quibusvis studiis inserviam; *donec*, Domino verbum suum multa virtute muniente, *Christum*, cucullatis nugis longe a nobis *exulem*, imò in exilium prope relegatum, pro virili *restituerim*. » (Voyez Zuinglii Opp. VII, 185 et 189. — Bernerisches Mausoleum. Bern, 1740, in-8°, t. I, p. 319 et suiv.)

² *François Lambert d'Avignon*, ainsi appelé du nom de la ville où il naquit en 1487, était d'une famille originaire d'Orgelet en Franche-Comté. Il a raconté lui-même son entrée dans le couvent des Frères Mineurs d'Avignon, les déceptions qui attristèrent sa jeunesse, ses études dans la Parole de Dieu, sa vie errante de prêcheur monastique et sa sortie du couvent. Voyez les N°⁵ 64 et 65.

³ Voyez les N°⁵ 51 et 52.

⁴—⁵ Voyez ci-dessous la lettre de Lambert à l'évêque de Lausanne (janvier 1525).

⁶ Un prêtre alsacien, *Sébastien Meyer*, prêchait à Berne depuis 1518 contre les abus de l'église romaine. Cette tâche était singulièrement facilitée par les affreux souvenirs que la conduite des Dominicains en 1508 et 1509 avait laissés aux Bernois.

cinctus petiit, ut tibi eum commendarem. Non dubito quin pro tua in me humanitate eum humanissime sis tractaturus. Ipse mox videbis, cujus ingenii, doctrinæ et eruditionis sit [7] .... *Res christiana* pedetentim vires assumit. Multi e Senatu et plebe, ad partem suis lectionibus, tum à me, bene instituti sunt.... Vale. Bernæ 8. Id. Jul. 1522.

54

[GUILLAUME BRIÇONNET] à Marguerite d'Angoulême.
(De Meaux, fin de septembre ou commencement d'octobre 1522.)

F. Génin. Nouvelles Lettres. p. 275.
Copie. Bibl. Impériale. Suppl. franç. n° 337. fol. 218 a.

SOMMAIRE. Il engage la princesse à ralentir momentanément ses efforts pour la conversion de * * * [François I ?].

Le porteur m'a tenu propos de grande pauvreté, auquel

---

[7] L'arrivée de Lambert est racontée comme suit par un témoin oculaire: « Un samedi, le 12 juillet 1522, on vit entrer dans Zurich un Cordelier, Observantin, nommé *Franciscus Lamberti*. C'était un homme de grande taille, monté sur une ânesse. Il venait d'Avignon, où il avait été pendant 15 ans lecteur d'Écriture Ste. Il ne savait pas un mot d'allemand, mais il parlait très-bien le latin. On lui permit de prêcher quatre fois dans le Fraumünster... devant les chanoines et les chapelains. Dans la quatrième prédication il traita de l'invocation de la Vierge Marie et des Saints, et excité par quelques chanoines et chapelains de la grande église, il demanda de discuter sur ce sujet avec maître *Ulrich Zwingli*, qui, dans la dernière prédication, lui avait dit en face: « Frère, tu te trompes. » Il eut donc, le mercredi 17 juillet [l. le 16], une conférence avec les chanoines, qui dura quatre heures. Maître Ulrich Zwingli y apporta l'A. et le N. T. en grec et en latin, et persuada si bien le moine, que celui-ci, levant les deux mains au ciel, remercia Dieu et dit qu'il ne voulait plus invoquer que Dieu seul dans toutes ses nécessités. Le lendemain il prit le chemin de Bâle, afin d'y visiter *Érasme de Rotterdam*, et de là il s'en alla à Wittemberg pour voir le Dr *Martin Luther*, et il posa l'habit monastique. » (J. C. Füsslin. Beyträge zur Erläuterung der Kirchen-Reformations-Geschichten des Schweizerlandes. Zürich, 1741-1753, in-8°, vierter Theil, S. 39-41.)

Monsieur Fabry[1] et moy avons dict nostre advis et conjuré le vous dire. *Il vous plaira couvrir le feu pour quelque temps.* Le bois que vous voulez faire brusler est si verd, qu'il estaindroit le feu, et ne conseillons pour plusieurs raisons (dont le surplus, qu'il obmectera, espère quelque jour vous dire), que passez oultre, sy ne voullez du tout estaindre *le tizon*[2], et le surplus qui desire se brusler et aultres enflamber.

55

MARGUERITE D'ANGOULÊME à Briçonnet.

(De St.-Germain en Laye, fin de septembre ou commencement d'octobre 1522.)

F. Génin. Nouvelles lettres, p. 276.

Copie. Bibl. Impériale. Suppl. franç. n° 337, fol. 218 a.

SOMMAIRE. *Michel [d'Arande]* sera occupé encore pendant quelque temps à lire la sainte Écriture à la *reine-mère*. Marguerite insiste pour que l'Évêque fasse une visite à la famille royale.

Le desir que maistre *Michel* a de vous aller veoir a esté retardé

---

[1] Le Fèvre d'Étaples. Comme il résidait habituellement dans la ville de Meaux, nous attribuons à Briçonnet plutôt qu'à Marguerite ce billet sans date et sans signature. Voyez la fin de la note 3, N° 48.

[2] On peut rapprocher de ce passage, qui semble avoir trait aux dispositions bien faibles encore de François I en faveur de l'Évangile, le fragment suivant d'une lettre du 20 octobre (1522), signée « Vostre.... G. indigne ministre, » et adressée à Marguerite : « ... J'ay entendu, Madame, que le doulx père supercéleste a ouvert sa trousse et d'icelle tiré ung traict délicat, pour navrer *Madame*, et en elle *le Roy et vous. Dont ay esté bien joieulx,* espérant que par son secret et incongneu artiffice, [Il] attireroit, en frappant le pié (*sic*), voz affections à myeulx le recongnoistre et mercier et aymer .. » (Suppl. franç. n° 337, fol. 219 b.) Quelques semaines plus tard, *Louise de Savoie* écrivait dans son Journal : « L'an 1522, en décembre, *mon fils et moi, par la grâce du Saint-Esprit,* commençasmes à cognoistre les hypocrites, blancs, noirs, gris, enfumés et de toutes couleurs, desquels Dieu par sa clémence et bonté infinie, nous veuille préserver et deffendre ; car *si Jésus-Christ n'est menteur,* il n'est point de plus dangereuse génération en toute nature humaine. » (Nouvelle collection de Mémoires pour servir à l'Hist. de France. Paris, 1838, t. V, p. 23.)

par le commandement de *Madame*, à qui il a commancé *lyrre quelque chose de la Saincte Escripture* qu'elle desire qu'il parface. Mais sytost qu'il sera faict, ou sy nous délogeons, incontinent il partira. Mais louez Dieu qu'il ne pert point le temps, car j'espère que ce voiage servira, et me semble, veu le peu de séjour que nous ferons par deça, que feriez bien d'y venir; car *vous sçavez la fiance que le Roy et elle ont à vous*, et sy, avec vostre voulloir et debvoir, ma prière pouvait advancer l'heure, et mon conseil fust creu, en verité et desir, regardant seulement l'honneur du *Seul* vous conseilleroit et prieroit de n'y voulloir faillir

la pis que malade M.

56

LUTHER à Spalatin, à Lochaw.
(De Wittemberg, environ le 15 décembre 1522.)

Luthers Briefe, éd. de Wette. II, p. 263.

SOMMAIRE. *Jean de Serres* peut résider à Eisenach ou ailleurs, et y donner des leçons, sans qu'il ait besoin d'un sauf-conduit.

Gratia et pax. *Johannes Serranus*[1] bonus esse videtur, sed non est opus meo consilio. Ipse forte Principis ingenium et mores nescit; ideò mihi videtur esse sinendus in *Isenaco*[2] aut ubi potest.

[1] Pseudonyme de *Fr. Lambert d'Avignon*.
[2] Eisenach en Thuringe. On ignore les particularités du voyage de Lambert, depuis son départ de Zurich (17 juillet 1522) jusqu'à son arrivée à Eisenach. On sait seulement qu'il fit à Bâle la connaissance de Pellicanus, de Limpurger et de Basile Amerbach (Voyez ci-dessous le N° 62), et qu'il vit à Cologne ou à Mayence, Capiton, à qui Agrippa l'avait recommandé (Voyez les N°s 52 et 67). Arrivé à Eisenach en novembre, Lambert avait écrit à Spalatin, pour obtenir, par son intermédiaire, une conférence avec Luther et la permission de résider en Saxe. Voyez le Journal de Spalatin cité par Schelhorn, Amœnitates litterariæ, t. IV, p. 327: « Venit sub Novembri Isenacum sive Gallus sive Italus qui se nominavit *Johannem Serranum*, vir eximia eruditione in Theologia sinceriore, etc. »

ut doceat quos habere poterit. Neque enim fide danda illi opus est, sicut nec vobis, quam publicam vocant. Deus defendat, sicut et nos, modò non fugetur aut repellatur....

57

LUTHER à Spalatin.
De Wittemberg, 26 décembre 1522.

Luthers Briefe, éd. de Wette. II, p. 272.

SOMMAIRE. *Luther* accorderait volontiers à *Jean de Serres* [Franççis Lambert] la conférence qu'il lui demande ; mais la prudence conseille de différer jusqu'à ce que l'ex-Franciscain soit mieux connu.

Gratia et pax. Habes hìc *Serrani* et aliorum ad me ex *Isenaco* literas [1]. Ego sane hominem, si venerit ad me, admittam, ut mihi loquatur coram : sed sicut omnia de omnibus optima præsumere jubet charitas (I Cor. XIII), ita omnia de omnibus pessima timere jubet fides (Johan. III. et Matth. X : *cavete ab hominibus*). Sunt, qui mihi hominem commendent ; sunt, quæ suspicionem, si non movent, certe non quietent. Optimum igitur fuerit, ut Princeps aliquid viatici in eum perdat, et illic sistere vel sinat vel jubeat, ut videamus quis sit futurus. Verisimile est, Satanam omnia simulare, omnia tentare, omnia versare ; ideo, donec certa res est, nulli fidendum. Si Christus ad nos aliquem mittere voluerit evangelistam, certe nos vel præcedentibus vel sequentibus signis certos faciet [2].

[1] Quelques jours auparavant Luther écrivait à Spalatin : « Nihil neque vidi neque audivi literarum *Serrani* ad me datarum : aliunde ergo quàm a me illas pete » (Luthers Briefe, ed. cit. II, p. 270).

[2] Malgré les clameurs de quelques moines, Fr. Lambert s'était déjà fait connaître à Eisenach par les leçons qu'il y avait données sur l'évangile selon St. Jean, et par les 139 Thèses qu'il s'était déclaré prêt à soutenir, le 21 décembre, contre tout opposant. Ces thèses, relatives au célibat des prêtres, à la confession, au baptême, etc. furent envoyées à Luther. Voyez la lettre de Luther à Spalatin, du 12 janvier 1523 : « remitto positiones *Serrani*, » de Wette II, p. 299, et Schelhorn, op. cit. IV, p. 328-330, où quelques-unes de ces thèses sont reproduites.

Hæc satis. Vale et ora pro me. M.D.XXIII³ (1522), die Sancti Stephani.

MARTINUS LUTHERUS.

(*Inscriptio:*) D. Magistro Georgio Spalatino, a concione Ducis Electoris Saxoniæ, suo fratri.

58

MARGUERITE D'ANGOULÊME à Guillaume Briçonnet.
(De Blois? 1523, avant le 16 janvier.)

F. Génin. Lettres de Marguerite, 1841, p. 163.
Copie. Bibl. Impériale. Suppl. franç. n° 337, fol. 220 b.

SOMMAIRE. Marguerite rappelle à Briçonnet la promesse qu'il lui a faite (de lui envoyer *une traduction du Nouveau Testament*). Elle le prie, en attendant, de lui expliquer *la parole de vie*, où elle rencontre tant d'obscurités.

Non pour vous ramentevoir ce que, je croy, ne vous sera par la charité infinie permis d'oublier, ne pour advancer *la promesse*[1] dont je ne doubte l'accomplissement au temps que *la Bonté seule* congnoistra la nécessité, — mais, afin que par ma faulte, négligeant ce que je dois (comme affamé, le pain) désirer, [je] ne retarde l'effect de la grâce procédant du libéral Distributeur, par vous à nous distribuée, j'ay bien voulu commencer par ceste mon mestier de mendiante[2].

Vous me priastes que, si de quelque endroit de *la très-saincte Escripture* doubtois ou désirois quelque chose, le vous escripre : à quoy vous feis promesse présumptueuse de le faire. Je vous prie excuser l'aveugle qui juge des couleurs : car *je confesse que la*

---

³ En Allemagne et en Suisse, l'année commençait à Noël.

[1] Il est vraisemblable que cette promesse de Briçonnet était relative à la publication d'une version française du Nouveau Testament. Voyez ci-dessous l'Épître exhortatoire de Le Fèvre du 6 novembre 1523, note 4.

[2] Voyez le N° 43, note 6.

moindre parole qui y soit est trop pour moy, et la plus clère m'est obscure. Hélas! quel choix puis-je faire où la différence m'est incongneue? Ny comme pourray-je demander viande doulce ou saulce, quant je n'ay nul goust? Parquoy je ne vous demande riens, car je ne sçay que je vous demande. Mais à vous, ministre de tels biens, qui sçavez les gousts des viandes restaurantes et fortifiantes, je vous prie que en vérité, sans fainte, du demeurant de celles qui vous sont par le Donneur données, en vueillez envoyer les miettes, en sorte que vostre vielle mère [3], enviellie en sa première peau, puisse par *ceste doulce et ravissante parolle de vie* renouveller sa vielle peau, et estre tellement repolie, arrondie et blanchie, qu'elle puisse estre *au Seul nécessaire*

MARGUERITE.

59

GUILLAUME BRIÇONNET à Marguerite d'Angoulême.
(De Meaux) 16 janvier (1523).

Inédite. Copie. Bibl. Impériale. Suppl. français n° 337.
fol. 222 a — 223 a.

(FRAGMENTS.)

SOMMAIRE. L'évêque de Meaux n'a pas la présomption de se croire en état d'expliquer les *passages obscurs de l'Écriture sainte*, ni de découvrir toujours *l'interprétation spirituelle du sens littéral*. Il aura donc recours à *Le Fèvre et à ses deux compagnons*, que leur science de l'hébreu et du grec rend capables de corriger les *mauvaises traductions de l'Écriture*. Briçonnet s'instruira avec eux et il transmettra leurs explications à Marguerite.

. . . .

Madame, sy ne congnoissois *les grandes grâces qu'il a pleu à Dieu donner à trois paurres mendians d'esperit qui sont icy en vostre hermitaige* [1], je dirois la présumption estre grande de cuider

---

[3] Elle avait à peine trente-un ans; l'évêque de Meaux en avait cinquante-trois. Mais, selon les idées du temps, la haute naissance de Marguerite autorisait le titre qu'elle prend ici, en s'adressant à Briçonnet. Voyez le N° suivant, note 10.

[1] Voyez la note 4.

satisfaire à vostre desir de mendicité insatiable ². vous offrant estre *le promoteur et scribe soubz eulx*, sur les difficultez que nostre Seigneur vous donneroit mendier. Mais desirant comme filz subvenir à ma pauvre mendiante et bonne mère ³. [il] ne m'est rien, soubz la protection du bon Seigneur qui a commandé honorer père et mère, difficile, qui me donnera à congnoistre vous pouvoir servir, et estre necessaire. Et saichant les grâces qu'il vous a données, et ayant *telle opportunité des dits trois personnaiges, qui ont l'intelligence hébraïcque et grecque* ⁴. dont en ⁵ peuvent esclarcir *plusieurs ténèbres qui sont par maulvaises translacions en l'Escripture Saincte* ⁶. me jugeray vous tenir propos duquel vous [vous] excusez. Merciez Dieu de ses grâces, et plus avant les mendiez. Il est bonté infinie, qui ne vous laissera mendiante vuide et desgarnie. En ce faisant frapperez d'une pierre deux coups; car *escripvant soubz eulx* et vous envoyant vostre queste ⁷. en retiendray ma part et portion, qui sera sans diminution de la vostre.

Croiez, Madame, que *l'Escripture Saincte est aultre marchandise que plusieurs ne cuydent*. Ce que l'on y voist et congnoist est le moings de ce qui y est, et jusques à présent n'en a esté trouvé, ne sera, le fonds de l'intelligence. Car toute l'Escripture Saincte est ou spirituelle seullement, sans intelligence littérale, ou littérale, sans la spirituelle, et bien peu ou littérale et spirituelle ensemble. Moings se trouvera de passaiges qui se puissent seullement entendre littéralement que des aultres deux. A ceste cause l'on dit que *l'intelligence littérale* est comme la chandelle qui ne couste que ung denier, dont on serche [l. cherche] la marguerite qui est cachée en la maison. *L'intelligence spirituelle* est la marguerite caschée, laquelle, par la lettre qui est la chandelle, se trouve, que l'on laisse, la marguerite trouvée, laquelle ne se communicque à chascun, et n'en congnoissent la valleur et excellence. Pour ceste cause défend nostre Seigneur ne debvoir estre semées entre les pourceaulx, c'est-à-dire l'intelligence spirituelle ne fleurer ou

---

² V. la lettre précédente.

³ Marguerite.

⁴ Briçonnet nomme plus bas *Le Fèvre*, comme étant l'un de ces personnages. Les deux autres sont *François Vatable* et *Gérard Roussel*.

⁵ C'est-à-dire: par le moyen de laquelle ils peuvent, etc.

⁶ On trouvera quelques détails sur ces anciennes traductions dans l'Épître de Le Fèvre du 6 novembre 1523, note 2.

⁷ Les éclaircissements que vous aurez demandés.

sentir bon à pluseurs qui sont charnelz et littéraulx. qui voient sans veoir et oyent sans oyr ....

Je sçay que este avaricieuse et aimez l'or mieulx que l'argent. Tel desire que soiez, affin que puisse m'enrichir de vostre trésor, car c'est aux pères et mères [à] thésauriser aux enfans, comme ayant interestz. Vous ay bien voullu advertir que, en vous présentant *l'Escripture Saincte*, descouvrez la pomme, laissez le retz pour les Juifz et charnelz, et mendiez la pomme qui soulle, repaist, assouvy, contente et satisfaict en famine, mendicité, pauvreté et indigence. Telle est la nature de l'avaricieux mondain et [encore] plus du spirituel. Et sy d'aventure ne povez par delà descouvrir la pomme, et que le retz fût trop fort, envoiez-la *au fabre qui se tient en vostre dit hermitaige* [8]. J'espère qu'*il et ses deux compaignons* satisferont à vostre desir, duquel seray, comme dict est, soliciteur et scribe, sy besoing est.

Madame, en me recommandant à voz bonnes prières très-humblement et de tout mon cœur, supplie le grand fabre [9]. sur le doz duquel noz péchéz ont esté dépouilléz et aboliz, qu'il fortiflie tellement vostre eclume [enclume?], que sur icelle tous les retz du monde soient anéantiz en la fournaise de charité, ouvrant voz yeulx spirituelz pour, soubz les retz d'argent, veoir la pomme d'or, de laquelle puissez enrichir voz enfans [10] et les entretenir en la grâce et soubz la protection du doulx Jésus, lequel je supplie de rechief se donner à vous, grâce, paix et amour ! De vostre hermitaige, le xvj° de janvier (1523).

[8] Allusion à Le Fèvre (*Faber Stapulensis*).

[9] C'est-à-dire le grand ouvrier, Jésus-Christ.

[10] Marguerite n'eut point d'enfants de son premier mariage. Briçonnet veut parler de ses enfants *adoptifs*: il se glorifiait d'être de ce nombre. Dans l'une de ses lettres à Marguerite (septembre ou octobre 1522), il disait : « [Je] vous envoie à la grant maison ouverte... [où] nul est esconduit ; et tant est le Seigneur doulx et débonnaire, qu'il ne pourvoit seullement aux présens, mais ayant compassion des *bonnes mères qui desirent et n'y peuvent conduire leurs enfans* . . . Parquoy, Madame, je vous supplie y aller à satisfaire vous et *voz subtilles enfans*, vous merciant très-humblement et de tout mon cœur de la grâce qu'il vous a pleu faire *d'en adopter ung*, — la servitude duquel en promptitude d'amour filiale feroit oublier *celuy qui a procuré l'adoption*, si oubliance tumboit en amour maternelle. *Tous deux* vous seront, s'il vous plaist, à jamais visceralement recommandéz. » (Bibl. Impériale. Suppl. français, n° 337, fol. 217 b.)

60

FRANÇOIS LAMBERT D'AVIGNON à l'Électeur de Saxe.
(De Wittemberg), 20 janvier 1523.

Manuscrit autographe. Bibl. du Muséum à Bâle.
Autographa n° 25. p. 19.
Schelhorn. Amœnitates litterariæ. Francofurti. 1725. t. III. p. 335.

SOMMAIRE. Il a plu à Dieu de m'amener auprès des fidèles serviteurs de Christ que j'avais tant désiré de voir. Mais j'ai aussi trouvé à *Wittemberg* des gens qui m'ont connu en *France*. Cela m'oblige à vous révéler que je ne suis point *Jean de Serres*, mais *Fr. Lambert*, et que j'ai vécu vingt ans, comme prédicateur général, au milieu des Frères Mineurs, dont j'ai eu beaucoup à souffrir à cause de mon attachement à l'Évangile. Je suis venu à *Wittemberg* pour y annoncer la Parole Sainte au milieu des savants; mais je suis pauvre, faites-moi donner ce qui est nécessaire à la vie. Dieu m'a conduit auprès du frère *Martin*, pour que j'édifie avec lui une solide forteresse. Le temps de la persécution va finir. *Les âmes sont remuées dans presque toute la France; la vérité s'y est acquis, sans maître, de sincères amis, et depuis mon départ, l'œuvre de l'Évangile y a fait d'admirables progrès*. J'ai même l'espoir qu'ils iront en augmentant chez mes anciens auditeurs, quand ils auront lu les livres que je médite de publier.

Principi illustrissimo et Domino Do. Friderico. Sacri Imperii Archimares(callo), Saxoniæ Duci, Lantgravio Duringiæ, Marchioni Misniæ, Franciscus Lambertus Avenionensis, inutilis Domini nostri Jesu Cristi servus. Gratia et Pax Cristi Jesu! Amen.

Placuit misericordiæ Salvatoris, ut pauper is qui has ad Illustrissimam D. T. literas dedit, post innumeros labores atque pericula, in terram quam sinceri Cristi fideles inhabitant, perveniret. Vidi quos tandiu concupivi, te visurus quum id concesserit Dominus. Inveni apud *Wittembergam*, qui me apud *Gallias* agnoverunt, et jam amplius latere non possum. Fateor ingenuè, me apud *Minoritas* viginti annis fuisse, et in Dei Verbo complura ab eisdem perpessum. Professione fui inter eos numeratus quos *Apostolicos* sive *generales prædicatores* vocant. Apostolici dicuntur non a Papa, sed quòd, Apostolorum exemplo, eos per varias orbis regiones prædicare Evangelium necesse sit, et id quidem *quottidie*. oblata oportunitate. Igitur verbi ministerio suscepto, dum scolasticis minimè concors essem, tantum afflictus fui ab hypocritis et falsis fratribus, ut me ab Evangelii ministerio sancto niterentur penitus reddere alienum. Sed ereptus fui à Deo misericorditer, qui eduxit me ab Hur *Chaldeorum istorum*. Tractatum post aliquot dies (Cristo juvante) emissurus sum, in quo *historiam meam et causam mei adventus* plenè reserabo [1]. Tunc qui volet, scrutabitur consilium Domini, quo larvas et feces mundi, ut vitentur, cunctis manifestat. Horum nihil his litteris recensebo, ne illustrissimam D. Tuam frustra impediam.

Veni igitur *Wittembergam* [2], ut Verbum sanctum liberè administrem, saltem scriptis, saltem inter doctos. Aliquid nostri *Martini* [3] consilio exordiar, vel Oseam prophetam [4], vel Psalmos, vel Lucam [5], vel aliquid tale. Sed per Cristum obsecro, ut jubeas mihi aliquod auxilium dari. Pauper sum, non habens quo alar. Credo me a Domino evocatum ad *Martinum*, ut, frater fratri auxilio existens, firmam pariter arcem edificent. Non te conturbet insania Ecclesiæ malignantis, quæ in malum proficit, ut deficiat et penitus evertatur. Justos sustinere nonnihil necesse est, sed cessabit quassatio.

Gallia pene omnis commota est, et absque magistro sinceros habet veritatis dilectores. Cum post modicum alia pleraque intellexeris, exultabit spiritus tuus in Deo salutari nostro. Namque *negocium Evangelii, etiam post discessum meum* [6], *mirè apud illos profecit* [7].

[1] Voyez le N° suivant, note 4.
[2] Voyez les N°ˢ 56 et 57.
[3] Luther.
[4] Lambert publia à Strasbourg, en mars 1525, ses leçons sur Osée, et il les dédia à l'Électeur Frédéric.
[5] Le commentaire de Lambert sur St. Luc parut à Strasbourg, en mai 1524. La dédicace à Spalatin est datée : « Wittembergæ, mense Novembri M.D.XXIII. »
[6] Il avait quitté Avignon au mois de mai 1522. Voyez le N° 51.
[7] Nous manquons de renseignements sur les faits qui motivaient la joie de François Lambert. Le diocèse de Meaux possédait, il est vrai, depuis 1521, des prédicateurs évangéliques. Nous avons vu aussi que le zèle de Marguerite d'Angoulême pour la cause de l'Évangile n'avait pas été sans influence sur les dispositions du roi François I et de sa mère. Mais ces dispositions favorables de la cour n'expliquent pas, à elles seules, les assertions de Lambert. Le mouvement général des esprits auquel il fait allusion ne pouvait être qu'un travail qui se poursuivait dans l'ombre, et dont il s'attendait

et confido quòd, dum scripta viderint illius quem quandoque audierunt prædicantem, magis magisque proficiet.

Occultavi hactenus nomen meum, quòd cognitum sit quasi per totum Minorum ordinem, à fratribus multis, a quibus timui sustinere impedimenta. Sed non omnino absque ratione nomen hoc mihi confinxeram, ut *Johanes Serranus* vocarer, qui in veritate *Franciscus Lambertus* sum, natione *Avenionensis*. Juva nunc pauperem Cristi in opere sancto. ò Princeps Illustrissime et Cristianissime, ut Cristi nomen in terra tibi subjecta magis magisque glorificetur, cujus gratia et pax tibi semper! Amen. Wittembergæ, ad 13^m Kal. Febr. anno 23mo supra mille^m et quingent^m.

Ejusdem Illustr. Do(minationis) Tuæ humilis orator, FRANCISCUS.

(*Inscriptio:*) Illustri^{mo} et eidem Cristianissimo Principi et Domino D^{no} Friderico, Sacri Imperii Archimares. Electori, Saxoniæ Ducis (*sic*) etc. sibi in Cristo observandissimo.

(Au-dessous, la note autographe de Spalatin:) « Fr. Lambertus Avenionen. Die Fabiani M.D.XXIII. »

61

FRANÇOIS LAMBERT à George Spalatin [1].
De Wittemberg, 20 janvier 1523.

Manuscrit autographe. Bâle. Ibid. Autographa n° 31, p. 69.

SOMMAIRE. Si je trouve un imprimeur, je publierai en latin, en français et en italien *l'Histoire de ma sortie du couvent*, ainsi que d'autres ouvrages qui seront à la gloire de l'Évangile et à la confusion des hypocrites.

☩ Jesus Amen.

Gratia et Pax Jesu Cristi tecum! Cujus nomen sit benedictum

à voir bientôt les effets se produire au grand jour. Pensait-il surtout aux contrées méridionales de la France, qu'il avait tant de fois parcourues? Ou bien avait-il reçu, soit de la duchesse d'Alençon, soit de la petite société de Meaux, un avis mystérieux qui lui faisait pressentir de grandes choses?

[1] Chapelain et bibliothécaire de l'Électeur.

in eternum, quod me deduxit in locum tamdiu concupitum. Et quamvis Princeps ill. id celarit à me, itidem et Scultetus, ut nesciam cujus expensis advenerim ab *Isenaco*[2], tamen arbitror nihil absque optimi Principis beneplacito factum. Incepturus sum aut Oseam Prophetam, aut Psalmos, aut Lucam, aut aliquid simile, sed nihil absque nostri *Martini* consilio. Pauper sum ; rogo igitur ut suggeras Principi Illustrissimo, ut nonnihil auxilii capiam, tantùm ut cum mihi administrante vivam[3]. Non sum *Jo.[annes] Ser.[ranus]*, quod nomen confinxeram, non absque necessaria ratione. *Franciscus Lambertus* vocor, natione *Avenionensis*, qui apud *Minoritanos* fui annis XX, semper persecutiones et impedimenta sustinens ab eisdem, quamdiu Cristi Evangelium sincere volui nunciare. Postmodicum (Cristi auxilio) tractatum emissurus sum, quo hystoriam meam, a principio, et *causas mei exitus*, certe vehementes, itemque fidem meam circa dissidia Ecclesiæ Cristi et Ecclesiæ malignantium, cunctis faciam manifesta[4] ; et si inveniatur qui imprimat, non tantùm *latine* sed *gallice* et *italice*, hec atque alia tradam. Erit, crede mihi, erit ad Cristi Evangelii gloriam, et ut denudentur consilia larvatæ gentis, Phariseorum nostri temporis.

Magnam habent rationem consolationis Principes Illustrissimi, ut suis temporibus, et in dominiis suis, revixerit Evangelium dudum à Scolasticis sepultum. Init Concilium Ecclesia Sathanæ adversùm Dominum, et adversùm Evangelium suum, ac illius dilectores sinceros, sed dissipabitur. Abbreviabuntur dies antichristorum, nisi resipiscant, quod faxit Dominus ! Amen. Nolunt intelligere, ut bene agant, credentes in Cristum. Ceci sunt, ut cecorum duces, nescientes Prophetas, legem neque (*sic*) Evangelia.

Illumina, Deus, oculos nostros, ne dormiamus in incredulitate, ne quando dicant adversarii isti justitiæ Christianæ (quæ Christus est) : « prevaluimus adversùm eos, » — utque fiat regnum hujus mundi Dei et Domini nostri Jesu Cristi, cujus gratia et pax tibi semper ! Vale Cristianæ sapientiæ doctor, et pauperis hujus memi-

---

[2] Voyez le N° 56, note 2.

[3] Le gouvernement électoral fut bien lent à accorder à Lambert ce qu'il demandait. On verra par sa lettre à Spalatin du 28 mai, qu'à cette époque il vivait encore aux frais de Luther.

[4] Ce traité parut sous le titre suivant: « Fr. Lamberti Avenionensis, Theologi, rationes propter quas Minoritarum conversationem habitumque rejecit. » Voyez le N° 64.

neris. Wittembergæ. 13° Kal. Febr. anno 23. juxta millesimum et quingentesimum.

    Tuus FRANCISCUS LAMBERTUS Avenionensis.
    Domini nostri Jesu Christi inutilis servus.

     † Jesus.

(*Inscriptio*:) Georgio Spalatino Theologo vere sincero, a Sacris Illustrissimi Principis et Domini D. Friderici Saxonie Ducis. Electoris. etc. patrono suo colendissimo.

62

LUTHER à George Spalatin.
De Wittemberg, 25 janvier 1523.

Luthers Briefe, éd. de Wette. II, p. 302.

SOMMAIRE. Il lui recommande *Fr. Lambert d'Avignon*, qui est arrivé à *Wittemberg* avec de bons témoignages reçus à *Bâle*. L'Université n'a pas besoin de nouveaux professeurs, mais l'Électeur serait charitable en donnant quelques secours à cet honnête exilé, que rien d'ailleurs ne distingue particulièrement.

Gratia et pax. Adest *Johannes* ille *Serranus*, vero nomine *Franciscus Lampertus*, imaginibus quoque nobilis, inter Minoritas 20 annos versatus, et generali[s] Verbi officio functus, ob persecutionem exul et pauper factus. De integritate viri nulla est dubitatio : testes sunt apud nos, qui illum et in *Francia*[1] et in *Basilea*[2] audierunt, tum *Basiliensis* suffraganeus ille Tripolitanus[3] cum

---

[1] Voyez le N° 60.

[2] On pourrait en conclure qu'il avait prêché lors de son passage à Bâle. Voyez le N° 53, note 7 à la fin.

[3] *Telamonius Limpurger*, évêque in partibus de Tripoli et suffragant de l'évêque de Bâle. Pendant son séjour à Bâle, Lambert entra aussi en relation avec *Basile Amerbach*. Celui-ci écrivait, le 22 juin (1523), à son frère cadet, Boniface, qui étudiait alors à l'université d'Avignon: « Cucullum abjecit *Franciscus Lambertus*, minoritanus *Avenionensis*, apud Wittenbergam.

Pelicano[4], dant illi pulchrum testimonium. Et quanquam nos abundemus lectoribus optimis, tamen, si quid poterit, non abjiciemus. Mihi per omnia placet vir, et satis spectatus mihi est, quantum homo spectari potest, ut dignus sit, quem in exilio paululum feramus et juvemus. Sed tu meam nosti facultatem, ut non sit opis meæ illum alere, qui ipse alienis vivo. Videretur mihi Principi persuadendum, ut jam non perdat, sed in charitate Christo fœneret 20 aut 30 florenos, in eum collocandos, donec vel a suis tribulibus, vel proprio stipendio sese sustentet de labore suo. *Er wird nicht lang hie bleiben, acht ich wohl, denn er seins Gleichen oder Meister wohl finden wird*[5]. Tantum ut exulis miseremur. Vale in Domino... Witembergæ, feria 5. post Hagnem (25 Jan.), anno MDXXIII.

MARTINUS LUTHERUS.

63

LUTHER à Spalatin.
De Wittemberg, 25 février 1523.

Luthers Briefe. éd. de Wette. II, p. 308.

SOMMAIRE. Demande de secours pour *Fr. Lambert*.

....Tu nihil respondes pro Domino *Francisco Lamperto* Gallo, quid

Rationem quare id fecerit, excuso libello demonstravit: affinis (ut mihi *præterito anno* retulit) D. *Montagne,* apud quem in Avenione diversaris.» (Manuscrit autographe. Amerbachiorum epistolæ mutuæ. Bibl. du Muséum, à Bâle.)

[4] *Conrad Kürschner* (en latin *Pellicanus*), né à Ruffach en Alsace (1478), fit ses études à Heidelberg et à Tubingue, où il devint très-savant dans la langue hébraïque, grâce aux leçons de Reuchlin. Kürschner avait embrassé la vie monastique à l'âge de quinze ans. Élu gardien par les Franciscains de Bâle, il assista au chapitre général de son Ordre assemblé à Rouen (1516) et se rendit à Rome en 1517, comme député de son couvent. Sur plus d'un point il était déjà séparé de l'église romaine. Ainsi il avait déclaré à Capiton (1512), que le pain et le vin de la Sainte-Cène n'étaient pour lui que des symboles de la nourriture spirituelle transmise à l'âme par la foi. (Voyez Athenæ Rauricæ. — Teissier. — Ruchat. — J. J. Herzog, op. cit. — Zuinglii Opp. VII, 93.)

[5] Je pense bien qu'il ne restera pas longtemps ici, car il y trouvera facilement son égal ou son maître.

apud Principem effeceris. Certe vir bonus est et exsul, nobis autem grave est eum alere in totum¹, gravius autem deserere. Nam absque dubio Christus in ipso pauper est nobis exhibitus, quanquam si nihil tu impetrabis, non deerit Christus aliunde suis. Stipendium non peto pro eo, sed ut aliquando juvetur, vel semel adhuc 10 aut circiter aureis. Sic vides me pro aliis fieri mendicum, qui pro me nihil egeo....

64

FRANÇOIS LAMBERT D'AVIGNON au pieux lecteur.
De Wittemberg (en février 1523).

Schelhorn. Amœnitates litterariæ, t. IV, p. 312.

(TRADUIT DU LATIN.)

(Extraits.)

SOMMAIRE. Motifs pour lesquels *François Lambert* a quitté l'ordre des Frères Mineurs et déposé l'habit monastique ².

François Lambert d'Avignon, inutile serviteur de Jésus-Christ souhaite grâce et paix au pieux lecteur!

Ayant jadis fait partie de l'ordre des Frères Mineurs, auxquels on donne le titre, certainement peu chrétien, d'*Observantins*, et ayant, pendant plusieurs années, prêché, sous leur habit, la parole du Seigneur en divers lieux, je me suis vu récemment contraint d'abandonner et leur société et leur robe. Il est donc nécessaire

---

¹ A cette époque Lambert avait commencé des leçons publiques, mais il est probable qu'elles ne devaient être payées qu'à la fin du cours. (Voyez la lettre de Luther à Spalatin du 3 août : « Queritur [scil. Lambertus] auditorum ingratitudinem, ut nihil pendant. » (De Wette. II, 378.) On lit dans le Journal de Spalatin, au mois de Février 1523 : « *Franciscus Lambertus*, Avenionensis patria, Gallus, Wittembergam profectus, *Hoseam* prophetam *prælegit*, satis frequenti auditorio. » (Schelhorn, op. cit. IV, p. 332.)

² Voyez le N° 61, note 4. Cet écrit est si rare, qu'il pouvait passer pour inédit avant que Schelhorn l'eût fait réimprimer.

de rendre publiquement raison des motifs qui m'ont engagé à sortir de cet Ordre. Les âmes faibles et simples seraient en effet scandalisées, si je ne leur montrais que, *ce que j'ai fait, j'ai pu le faire selon Christ.* Tel est le but du présent écrit.

J'habitais *Avignon*, ville célèbre des Gaules, quand, ayant dans mon bas âge perdu mon père et me trouvant sollicité au bien par l'esprit de Christ, je fus frappé de l'éclat extérieur dont brillait cet ordre des Frères Mineurs Observantins, et de cette grande apparence de sainteté, que je regardais, dans ma simplicité enfantine, comme l'image de leur caractère intérieur. J'admirais en eux la décence du costume, les regards baissés, la tête inclinée, le langage mielleux d'une piété feinte, leurs pieds nus parés de grossières sandales. Je m'extasiais de la dignité de leur tenue, de leur démarche grave, de leurs bras croisés sur la poitrine, des gestes pleins de grâce et d'élégance qui accompagnaient leurs prédications. Mais j'ignorais que sous ces vêtements de brebis se cachaient des cœurs de loups et de renards.

Il est vrai que les hommes qui exerçaient sur moi le plus d'influence étaient ceux qui, dans la chaire, annonçaient les doctrines les plus conformes à l'enseignement de Christ, et qui, me prenant à part, me faisaient toute sorte de beaux contes sur l'utilité du cloître, le repos de la cellule, l'avantage des études, et les autres bienfaits de la vie monastique. Mais, ce qu'il eût fallu dire, ils le taisaient soigneusement. Ce fut sous l'action de tels mobiles, qu'à l'âge de quinze ans, je demandai à être reçu dans leur ordre [1]. Cette réception, qui devait devenir une déception si grande, fut permise de Dieu dans sa profonde sagesse, pour que je pusse apprendre, en faisant l'expérience de l'hypocrisie humaine, ce que valait en réalité ce qui paraissait si sublime à mes yeux. Je ne doute point que Dieu n'ait voulu que je fusse séduit par leurs beaux dehors de piété, afin de pouvoir, après avoir appris ce qui en était, quitter leur société et faire connaître au monde quelles ordures étaient cachées sous ces « sépulcres blanchis [2]. »

Pendant mon année de noviciat, on s'efforça de me soigneusement cacher toutes les pratiques impies qui avaient cours parmi

---

[1] En 1502.

[2] Voyez ci-dessous le fragment d'une lettre du 4 août 1527, où la moralité du clergé d'Avignon est appréciée par un catholique, habitant de cette ville.

eux, afin que je ne fusse pas amené à renoncer à mon dessein. Ils savent bien que personne ne ferait profession chez eux, si les novices pouvaient se douter de ce qui s'y passe en secret. Ces impies déclarent que si quelqu'un conçoit la moindre velléité de sortir de leur congrégation, il commet par là un crime que rien ne peut expier. Mais une fois qu'on est devenu moine profès, ils ne redoutent plus les scandales qu'on peut donner. C'est assez montrer qu'ils aiment mieux qu'on abandonne Christ, que leur propre secte.

Une fois mon noviciat terminé, je prononçai mes vœux. J'étais alors âgé de seize ans et quelques mois, et je ne savais absolument pas ce que je venais de faire. Bientôt je m'aperçus du contraste qui existait entre leur conduite extérieure et leurs mœurs véritables, et plus je me voyais trompé dans mes espérances, plus j'en éprouvais de tristesse, de découragement et d'abattement. Je ne pouvais plus entrer en possession de ce repos d'esprit que j'avais si vivement désiré. Quand j'eus été appelé à l'exercice du saint ministère de la parole, je ne puis assez dire tout ce qu'ils me firent endurer de vexations, parce que je ne prêchais pas selon leur gré. Les populations entendaient la parole de Dieu et l'accueillaient avec avidité ; eux seuls comme des « serpents sourds » fermaient l'oreille à la voix du Très-Haut. Ils disaient sur tous les tons que j'étais un flatteur et un falsificateur de la parole sainte ; ce que je ne pouvais leur accorder.

Enfin, au bout d'un grand nombre d'années, je fus choisi pour annoncer partout l'Évangile de Christ et nommé, comme ils disent, *prédicateur apostolique*. Cette glorieuse mission m'appelait à parcourir le monde entier, à l'exemple des Apôtres et à saisir, comme eux, toutes les occasions d'annoncer l'Évangile. Mais, pendant que je cherchais, selon la mesure de mes forces, à exécuter cette tâche, mes confrères s'efforçaient, de leur côté, à calomnier de toute manière l'œuvre que le Seigneur daignait accomplir par mon moyen. Je cherchai à désarmer leur excessive haine en renonçant à profiter des ressources qui m'étaient accordées pour les besoins de mon ministère ; mais cet état de pauvreté chrétienne ne me mettait pas à l'abri de leurs persécutions. Quand, après une prédication continue de plusieurs mois, je rentrais au couvent, aussitôt ces adversaires impies de la vérité me rendaient le mal pour le bien. Les malédictions, les injures, les outrages étaient l'assaisonnement ordinaire de mes repas.

Les persécutions des Frères Mineurs m'inspirèrent la pensée d'entrer chez les Chartreux, car je craignais de rentrer dans le siècle, de peur d'être en scandale à tous ceux parmi lesquels j'avais prêché la parole de Christ. Je me disais aussi : Si je dois renoncer à annoncer en paix au peuple les oracles de Dieu, je chercherai à l'instruire par mes écrits. Illusion diabolique, car les autres moines n'auraient pas mieux toléré mes livres que les Frères Mineurs ma prédication. Je fus toutefois détourné de mon projet par les Observantins eux-mêmes qui me rappelèrent au ministère de la Parole. Mais bientôt avec la prédication revint la persécution. On m'enleva, et l'on mit sous les scellés, *les livres vraiment évangéliques de Martin Luther*, ce théologien très-chrétien, *que j'avais en ma possession*. On les condamna et on les brûla, sans que le Chapitre provincial en eût pris connaissance, et sans qu'il les eût même regardés. Au moins eût-il fallu les lire ; mais on se contentait de crier : « *Ils sont hérétiques, ils sont hérétiques !* » Voilà comment ils jugent et condamnent ce qu'ils ignorent absolument. Pour moi, je dirai avec confiance, que je suis convaincu selon Dieu, qu'il y a dans ces livres plus de vraie théologie que dans tous les écrits de tous les moines, qui aient jamais été composés.

Voilà les hommes qui prennent orgueilleusement le titre pompeux d'Observantins. Christ a dit (Luc XVII) : « Lorsque vous aurez fait tout ce qui vous est commandé, dites : nous sommes des serviteurs inutiles. » Mais eux, pour qu'à leur nom seul on puisse les reconnaître comme des contempteurs de la parole sainte, ils disent : « Nous sommes des observants. » Ce qu'il y a de sincère dans leur manière d'observer la loi de Dieu, on peut le concevoir quand on sait qu'ils ne comprennent ni ne veulent comprendre leur propre règle. Je sais assez combien ils m'ont cherché querelle, lorsque je mettais la conversation avec eux sur ce sujet : car j'étais autrefois un ardent sectateur de leur règle et j'en blâmais vivement les infractions. Mais alors le glorieux tombeau du Seigneur n'était pas encore ouvert, et la pierre des œuvres humaines et de la sagesse charnelle n'avait pas encore été enlevée de dessus le sépulcre de l'Évangile, dans lequel demeurait ensevelie l'aimable vérité des oracles divins.

Que faire au milieu de tels impies ? Ayant donc reçu des lettres missives pour le général ou vice-général de l'Ordre, je passai de *France* en *Allemagne*, et c'est dans ce dernier pays, que, profitant de l'occasion qui m'était offerte, *je dépouillai cette robe de pharisien*, sachant qu'être vêtu de telle ou telle couleur ne fait rien pour le christianisme. *Mais j'atteste le Seigneur, que jamais je ne les eusse quittés, si en restant au milieu d'eux, j'avais pu conserver la liberté de la vérité évangélique*, et que c'est parce qu'ils ne la supportent nulle part, que j'ai dû les abandonner. J'avais d'abord agi contre le précepte de Paul (I Cor. VII) : « Vous avez été rachetés à grand prix : ne devenez pas esclaves des hommes. » Ils deviennent esclaves des hommes, ceux qui se soumettent à leurs absurdes constitutions. Mais, puisque, dans mon égarement, je m'étais rendu l'esclave des hommes, qu'avais-je à faire, sinon de suivre le précepte du même apôtre, quand il dit, au même endroit : « Si tu peux t'affranchir, profites-en ? »

M'étant donc séparé de la société des méchants, je suis venu dans cette académie de *Wittemberg*, la première du monde, où rien ne manque de ce qui a rapport aux bonnes lettres et aux lettres sacrées [1]. Ici l'instruction coule à pleins bords. Je m'afflige d'être devenu presque muet et de ne pouvoir plus enseigner au peuple, de vive voix, la parole de Dieu. J'attendrai ce qu'il plaira au Seigneur d'ordonner, et, autant qu'il me sera possible, je m'efforcerai d'amener du moins par mes écrits, tant en latin qu'en langue vulgaire, tous les lecteurs à la connaissance du pur Évangile.

Je résume en trois points les motifs et les effets de ma conversion :

Premièrement : Ayant prononcé jadis, dans un état d'entière ignorance, des vœux complètement opposés à la profession chrétienne, j'abjure toutes les inventions des Frères Mineurs, déclarant tenir le saint Évangile pour la seule règle nécessaire de ma foi et de celle de tous les chrétiens.

Secondement : Je désavoue tout ce qui, dans mes anciennes prédications, n'est pas en parfait accord avec la simplicité de l'Évangile. J'adjure tous ceux qui m'ont jadis entendu prêcher ou qui ont lu mes écrits, de rejeter tout ce qui n'est pas conforme à la vérité maintenant révélée. Mais j'ai en Celui qui m'a retiré de cette servitude, pire que celle d'Égypte, la confiance que, par son aide, je pourrai abondamment réparer toutes les erreurs que j'ai commises dans mes ouvrages.

Troisièmement : Comme personne ne peut parvenir à la con-

---

[1] Il paraît que Lambert y entendit quelques leçons. D'après Seckendorf, Historia Lutheranismi, Suppl. XLIIX, Fr. Lambert a inscrit son nom dans l'album de l'Université, le 6 avril 1523.

naissance de la vérité, à moins qu'il ne se détache du pape antechrist, je m'affranchis de celui-ci et de tous ses décrets, ne voulant point continuer à faire partie de son royaume apostatique, mais voulant, au contraire, en être à jamais excommunié ; car je sais que ce même royaume est excommunié et maudit de Dieu.

Mais je traiterai ce sujet plus au long dans un autre ouvrage.

65

FRANÇOIS LAMBERT D'AVIGNON à tous les Frères Mineurs.
De Wittemberg, en mars 1523.

Evangelici in Minoritarum Regulam Commentarii, Francisco Lamberto Gallo Theologo autore. Wittembergæ, 1523, in-8° [1].

(DÉDICACE TRADUITE DU LATIN.)

SOMMAIRE. Il annonce aux Frères Mineurs que, dans son Commentaire sur leur Règle, il a pris pour guide *la Parole de Dieu*. C'est la *seule Règle que les hommes doivent suivre*, et bien méditée elle amène nécessairement à rejeter les ordonnances du pape.

François Lambert d'Avignon, inutile serviteur de Jésus-Christ, à tous ses très-chers frères de l'Ordre des Mineurs, souhaite grâce et paix avec la connaissance indispensable de la vérité.

Je crois avoir suffisamment expliqué, dans un autre écrit [2], les motifs qui m'ont conduit à quitter votre Ordre. Mais, pour que l'on connaisse mieux encore que ce n'est pas sans l'agrément de Dieu que j'ai agi de la sorte, je me propose de publier un bref

---

[1] Bien que la dédicace soit datée du mois de mars, l'ouvrage ne parut qu'en août. Voyez l'Épître d'Anémond de Coct au lecteur pieux (Août 1523). Suivant la Bibliothèque d'Antoine du Verdier (Lyon, 1585, folio), François Lambert aurait aussi publié ce livre en français sous le titre suivant: « Declaration de la reigle et estat des Cordeliers. »

[2] Voyez le N° précédent.

commentaire sur votre Règle. Je l'ai assez interprétée jadis selon la chair, alors que la tyrannie du pape et les plus funestes inventions humaines voilaient encore l'éclat de la vérité évangélique. Mais aujourd'hui que, par la grâce de Christ, mes yeux se sont ouverts, j'ai renoncé à toutes les erreurs que je suivais encore quand j'étais comme à l'état d'enfant. C'est pourquoi, *pour bien juger de votre Règle, j'ai pris comme seul guide la parole de Dieu*, qui est efficace non-seulement pour donner l'intelligence des inventions humaines, mais pour apprendre aussi à les redresser, et, s'il le faut, à les détruire.

Ne vous étonnez pas que je m'exprime sur ce sujet avec autant de liberté. Car après avoir autrefois professé votre Règle à l'étourdie, je puis aujourd'hui l'apprécier avec réflexion. D'ailleurs tout croyant ne doit s'appuyer que sur la parole de Dieu et obéir au Seigneur plutôt qu'aux hommes (Actes, V). Aussi je ne fais nul compte des approbations, des décrets, des déclarations, des censures du pape, ni de rien de ce que cet homme de péché, ce fils de perdition, a jamais pu imaginer, sous l'influence de sa folle sagesse charnelle.

Je n'ignore pas que la plupart des vôtres seront blessés de ce que je donne au pape le nom d'antechrist, et de ce que j'appelle son royaume, c'est-à-dire tous ses adhérents, un royaume antichrétien et apostatique. Mais s'ils veulent soigneusement examiner les Écritures, ils verront qu'on ne peut pas s'exprimer d'une manière plus juste. Car ce qui est dit dans Daniel (Ch. VIII) du Roi au visage impudent, ou plutôt, selon l'hébreu, du Roi à plusieurs visages, se rapporte, ainsi que d'autres passages semblables, à ce royaume mieux qu'à aucun autre. C'est lui encore que désigne cette courtisane vêtue de pourpre, qui est assise sur la Bête, c'est-à-dire sur le pape antechrist (Apoc. XVII), et dont la chute est prédite (Apoc. XIV et XVIII), et dont il est dit, au même livre : « Sortez d'elle, mon peuple, pour ne participer ni à ses méfaits ni à ses châtiments. » Or, comme il est certain que toutes les sectes des moines, des cardinaux, des évêques, des protonotaires, des abbés, des chanoines, et tous les masques qui leur ressemblent, appartiennent à ce même royaume de perdition, il faut tenir tout cela pour néant et se hâter d'en sortir. Autrement, viendra le châtiment.

Plus loin il est dit, à propos de ce royaume de la courtisane vêtue de pourpre : « Dans la coupe qu'elle nous a versée, versez-lui au double. » Cette précieuse coupe d'or, que la courtisane tient dans sa main, et qu'elle a remplie de ses ordures et de ses abominations, c'est, n'en doutez pas, *la parole de Dieu*. Car *qu'y a-t-il de plus précieux au monde ?* Or, c'est cette parole que l'antechrist et son royaume ont remplie de leurs abominations, lorsqu'ils s'en sont servis pour masquer leurs impiétés et leurs fictions ; car jamais les élus ne se seraient enivrés de telles impudicités, si elles ne leur avaient été présentées dans la coupe d'or, c'est-à-dire sous le très-saint et très-redouté nom de Dieu.

Oui, tous nous avons bu dans cette coupe précieuse, et au nom glorieux du Seigneur, les abominations maudites du royaume papistique. Mais il nous faut séparer ce qui est précieux de ce qui est vil, pour être comme la bouche du Seigneur (Jérém. XV). Saisissons donc la coupe d'or, en rejetant toutes les impuretés et les abominations de la Papauté. Appuyons-nous sur la seule parole de Dieu, et renonçons à tout ce qui s'en éloigne.

Mais dans cette coupe de la Parole sainte les élus doivent verser au double. Verser quoi ? Des impuretés, comme la courtisane de l'Apocalypse ? A Dieu ne plaise ! Cette courtisane impie a versé dans la coupe toutes les ordures et les souillures, les indulgences, les constitutions, les décrets, les sectes, les excommunications et les autres monstruosités du même genre. Elle tenait en main cette coupe d'or, je veux dire, l'éclat extérieur de la sainte Écriture, mais elle ne possédait pas, pour la remplir, cette liqueur excellente de l'esprit caché dans le cœur. Mais aujourd'hui la vérité précieuse de la Parole a été révélée aux élus, en sorte que par l'esprit de Christ, ils saisissent aisément l'accord des livres des deux Testaments. Ils apprennent ainsi combien s'écartent de la piété selon Christ toutes les ordonnances du royaume apostatique. C'est pourquoi, dans la coupe d'or, c'est-à-dire, dans le texte pur de ces livres, ils versent au double, en déchirant, en torturant et en confondant, par les nombreux passages de l'Écriture, le pape et tout son orgueilleux royaume, de telle manière que, autant il s'est glorifié et flatté lui-même, par les interprétations tout humaines qu'il a données de la Parole sainte, autant il recevra de confusion et de châtiment par cette parole exposée dans sa vraie signification.

Ainsi donc l'apparence de la lettre représente la coupe précieuse d'or, mais c'est la vérité qu'elle recouvre qui est, pour tous les élus et les anges, sa délectable liqueur. On doit d'autant plus la verser dans la coupe, que c'est par ce moyen que le Seigneur veut punir le royaume impudique. La Parole qu'il hait devient l'instrument de son châtiment.

Ainsi donc Dieu nous ordonne trois choses : Premièrement : de sortir de ce royaume qui en tous points s'est éloigné de Lui. Secondement : de verser dans la très-précieuse coupe de la parole de Dieu, les évidents témoignages de la loi divine. Troisièmement : de torturer par ce breuvage, c'est-à-dire par l'harmonie des vérités scripturaires, ce royaume impie. Ces préceptes très-saints et très-salutaires à tous les croyans, sommes-nous dans l'erreur quand nous nous efforçons de les accomplir ? *C'est certainement la volonté de Dieu, que ce royaume impie soit détruit, non par la violence, mais par la seule parole divine, et qu'à sa place s'établisse en ce monde le royaume de Dieu et de notre Seigneur Jésus-Christ. Amen !*

J'ai donc publié mon commentaire sur votre Règle et sur tout ce qui se trouve dans les Règles et constitutions des autres ordres monastiques, afin que l'on connaisse bien et que l'on évite avec soin toutes les abominations du royaume papistique. Il existe déjà sur ce sujet un écrit de *Martin Luther*, théologien très-chrétien, où tout ce qui peut servir à dévoiler la folie des vœux monastiques est amplement exposé[3]. *Je ne veux point*, comme le croiront peut-être les ennemis de la vérité, *renverser l'ordre, mais la confusion*. Je ne m'élève point contre l'Évangile de Christ, qui est la seule règle de tous les croyants ; mais *notre but unique à tous est de nous attacher à la seule parole de Dieu, en rejetant les pitoyables traditions et les inventions folles des hommes.*

Nous sommes enfin épouvantés d'être pendant tant de siècles demeurés aveugles, maintenant que nous nous réjouissons à la lumière nouvellement manifestée. Nous voyons que Paul, élu de Dieu (1 Cor.), blâme vivement et accuse de schisme, de faux zèle, d'esprit charnel, ceux qui disaient : « Moi je suis de Paul, et moi d'Apollos et moi de Céphas ! » et il s'écrie : « Que personne ne se glorifie dans les hommes ! Car tout est à vous, soit Paul, soit Apollos, soit Céphas, soit le monde, soit la vie, soit la mort, soit les choses présentes, soit les choses à venir. Tout est à vous et vous êtes à Christ ». Puisqu'il en est ainsi, certes ils sont schis-

---

[3] Voyez « De Votis monasticis judicium. » Luther avait publié cet ouvrage en 1521. Josse Clichtow se chargea plus tard d'y répondre.

matiques, querelleurs et charnels, ceux qui divisent Christ et qui disent : « Moi je suis de François, moi de Dominique, moi d'Augustin, moi de Claire, moi de Brigitte, moi de tel ou tel. » Est-ce que François, Dominique ou les autres ont été crucifiés pour personne ? Ou bien avons-nous été baptisés au nom de quelqu'un d'entre eux ?

Il y a eu dans ce monde un aveuglement étrange pour que Christ ait été divisé en tant de sectes, dont chacune s'est fabriqué des vêtements de pharisiens et se vante d'avoir quelque degré de plus de morcellement que toutes les autres. Elles prennent le nom d'*ordres*, quoique personne ne soit plus éloigné de l'ordre de la piété chrétienne, que celui qui a une fois embrassé le monachisme[1].

(Suit l'énumération de quelques sectes de moines.)

Plût à Dieu qu'on vît périr tous ces monstres enfantés par Satan, et qui déchirent d'une manière si funeste l'unité de la sainte Église de Christ ! Il n'est presque aucun d'entre eux qui prenne simplement le titre de disciple de Christ. Les uns, sous les faux dehors de la pauvreté évangélique en mendiant, les autres, avec une rapacité incroyable, en ramassant de toutes parts les biens terrestres, épuisent le monde entier. Ils sont dans le monde comme les mites dans les habits, les souris dans les greniers, les sauterelles dans les herbes, la rouille dans les métaux. Plût à Dieu que tous se convertissent au fond du cœur et ouvrissent les yeux à la lumière qui daigne luire dans les ténèbres ! Je ne veux pas attaquer ce peuple monacal, parce que moi-même jadis j'en ai fait partie dans mon égarement. Mais je désire que ceux qui sont égarés, reçoivent de Christ la connaissance indispensable de la vérité, afin qu'ils ne périssent point, mais qu'ils viennent au salut. Je voudrais pour cela devenir moi-même anathème. *Qui donnera à l'Église de Christ,*

---

[1] Érasme, étant pressé par son supérieur de rentrer dans le couvent où il avait fait ses vœux à l'âge de dix-sept ans, lui répondit entre autres choses : « Quid.... laxis istis religionibus conspurcatius, aut magis impium ? Jam enim ad laudatas si te conferas, imò ad laudatissimas, præter frigidas quasdam et Judaïcas cerimonias, *haud scio quam Christi reperies imaginem.* » (Erasmus R. Patri Servatio, 9 Julii 1514. Le Clerc, p. 1527-1530.) Il écrivait en 1530 à Sadolet, évêque de Carpentras : « Augustinus dicit, in monasteriis aut rectissime vivi, aut quàm periculosissime errari. *Posterius hoc nunc perspicit ac suspirat orbis.* » (Le Clerc, p. 1257.)

de voir toutes les sectes de la terre et toutes les prétendues confréries des saints entièrement détruites, pour *que tous, d'une même bouche, avec une même liberté, confessent un seul chef, le Seigneur Jésus-Christ? C'est le seul vœu, le seul but de ceux qui écrivent contre les moines.* Accueillez donc cet ouvrage quel qu'il soit, parce que, s'appuyant sur la seule parole de Christ, il doit être pour les âmes pieuses, un secours et une consolation, et pour les impies un scandale, une ruine et une perdition. Que la grâce et la paix de notre Seigneur Jésus-Christ soient avec votre esprit, frères [3] ! Amen. Wittemberg, au mois de mars 1523.

66

LUTHER à George Spalatin, à Lochaw.
(De Wittemberg, environ le 20 mai 1523.)

Luthers Briefe, éd. de Wette. II. p. 340.

SOMMAIRE. Lettre de recommandation, donnée à *un chevalier français, ami de l'Évangile.*

Gratia et pax. Vult *hic Gallus eques* [1] videre aulam et faciem Prin-

---

[3] Les anciens « frères » de Lambert reçurent assez mal le présent écrit, si l'on en juge par les paroles du Franciscain *Gaspard Schazgerus*, provincial de l'Ordre dans la haute Allemagne. On lit dans ses Œuvres publiées à Ingolstadt en 1543 : « Allophilus quidam, qui cum refuga spiritu ab status sui boni et salubris arce cecidit, datus in reprobum sensum, pro sui casus suorumque similium coloratione, contra statum monasticum argumentationes, verius autem *calumnias et falsas imposturas* fabricavit, suæ obstinationis malleo, etc. » A la marge il a ajouté : « Hic allophylus, id est alienigena, fuit quidam *Gallus, Franciscus Lamperti* nomine, minorita apostata, qui monasticis magnam imposuit calumniam suis in scriptis. » (Schelhorn, op. cit. IV, 375.) — En revanche, nous avons rencontré une lettre dans laquelle un Franciscain d'Avignon s'informe de Lambert avec le ton de la curiosité plutôt qu'avec celui du ressentiment.

[1] C'était *Anémond de Coct*, ancien chevalier de Rhodes et seigneur du Chastelard en Dauphiné. Ses lettres à Farel (Voyez les années 1524 et 1525) montrent qu'il avait embrassé avec ardeur la cause de l'Évangile. Anémond de Coct n'est mentionné nulle part dans les nombreuses listes de chevaliers publiées par l'abbé de Vertot. (Hist. des chevaliers de Rhodes. Paris, 1737, 7 vol. in-12, t. VII.)

cipis nostri. Certe optimus vir est eruditus et pius, ac mire ardens in Evangelium, cujus gratiâ huc profectus e *Gallia*, hic aliquandiu fuit et erit². Scio colloquium ei non fore; tamen si spectandos vos præbeatis et humanos, erit ex officio vestro ....

67

JEAN RHELLICAN à son cousin Jacob.
De Wittemberg, 22 mai 1523.

De humanis traditionibus vitandis. Item de Iniquo Mammone Contiones. Martino Luthero autore .... (Basileæ, Thomas Volftius, M.D.XXV), petit in-8°.

SOMMAIRE. Il parle de ses relations recentes avec *deux Français* séjournant a *Wittemberg*, qui veulent faire traduire en latin, pour leurs compatriotes, un nombre aussi grand que possible des *ouvrages de Luther*.

Joannes Rhellicanus¹, Tigurinus, Jacobo Rhellicano, cognato suo, in Christo Jesu salutem dicit.

Scis, ut opinor, quàm solicite *Melanchthon* πολυίστωρ ille ses-

---

² Anémond de Coct dut arriver à Wittemberg vers la fin du mois de mars 1523; car nous savons qu'il inscrivit son nom dans le livre des immatriculations de l'Université, le 6 avril de la même année. (Voyez Album Academiæ Wittembergensis, p. 117. Luthers Briefe, VI^{ter} Theil, gesammelt von J. K. Seidemann, S. 45.) Le présent billet de Luther, destiné à introduire le chevalier auprès de Spalatin, fut écrit environ le 20 mai, comme semble l'indiquer l'article suivant du journal de celui-ci: « Eadem vigilia [scil. Pentecostes, id est 23ª Maii 1523] etiam huc *Locham* venerunt visum Principem *tres Galli* pii et eruditi: *Anemundus Coctus a Castellare*, Eques, olim miles Rhodius, vir mirè festivus et doctus et eloquens, mihi egregie a Doct. Martino Luthero commendatus, *Franciscus Lambertus*, alioquin *Serranus*, Avenionensis, Delphinates, et *Claudius a Tauro*. » (Schelhorn. Amœnitates literariæ, t. IV, p. 333.)

¹ *Jean Müller* (surnommé *Rhellicanus*, parce qu'il était né à Rhellikon, village du canton de Zurich) fit ses études à Cracovie (dès 1517) et les continua à Wittemberg, où il se perfectionna dans les langues classiques (1522-24). Il rendit plus tard de grands services au collége de Berne et à celui de Zurich. La Collection Simler renferme plusieurs poésies latines autographes de Rhellicanus, placées à la suite des pièces de l'an 1520.

quianno jam elapso, nos ad styli exercitium adhortari cœperit, neminem inquiens vel mediocrem dicendi facultatem sibi paraturum esse, quamlibet multos etiam primæ classis authores audiverit et legerit, nisi stylum sedulo ac diligenter exercuerit. Illius itaque fideli præceptore dignis monitis pro virili mea parere studens, præterito hyberno semestri, duas *Lutheri* contiones in latinam linguam transtuli, quæ domi nostræ delitescentes, diu anceps certamen cum tineis ac blattis habuerunt : adeo ut, nisi numinis cujusdam beneficio, *Gallus* quidam [2] eis suppetias tulisset, de earum salute actum fuisset.

Is enim (quum familiaritatem mecum ex eo contraxisset, quòd mihi literas à *Lau.[rentio] Agricola Vuasero*, et *Volffgango* [3], ante Dominicum Natalem attulerat) me accessit, et *conterranei sui* nomine, qui recens *Vuittenbergam* venerat [4], rogavit, ut aliquem ex Lutheranis libellis, Germanico sermone scriptum, in latinum eloquium transferrem, addens se eandem provinciam *compluribus aliis* injunxisse, ut scilicet et *patriæ* suæ Lutheranarum lucubrationum legendarum, et intelligendarum major copia fieri posset [5]. Ibi tum prædictas contiones à blattarum conflictu semianimes vix ereptas illi exhibui, jussique ut easdem *conterraneo suo* ostenderet. Quo facto, ad me rediit, dixitque contiones à conterraneo probari, quamlibet à tineis vulneratæ essent : eumque præterea rogasse, ut *libellum de hominum doctrinis ritualis* verterem [6].

Illius igitur precibus acquiescens, verti et hunc libellum, quem tibi in hoc nominatim dicare decrevi, dilectissime cognate, quod sciam te ingens certamen jam olim cum patre tuo reliquisque consanguineis propter humanas traditiones suscepisse, nempe dum tibi persuadere nituntur, ut Papisticis sacris initieris. Erit autem vel ob hoc gratum tibi munusculum hic libellus, si nulla eum tibi

---

[2] François Lambert d'Avignon.

[3] Wolfgang Fabricius Capiton. Voyez le N° 52.

[4] *Anémond de Coct.* Voyez le N° 66, note 2.

[5] On verra plus tard que c'était la grande préoccupation d'Anémond de Coct. Ce passage est d'ailleurs très-important pour fixer le but pratique de son voyage en Allemagne.

[6] La traduction de cet ouvrage de Luther parut à Bâle en 1525. Au bas du titre que nous avons donné ci-dessus, on lit :

Joan. Rhellicanus Tigurinus.
Vertimus hæc olim quum nos cantata fovebat
Vuittenberga, bonis instituens studiis.

eruditio commendabit, quod locos plerosque omnes humanas traditiones pessundantes, veluti fasciculo quodam complectitur. Itaque, mi Jacobe, fac munusculum hoc nostrum hylari fronte suscipias. olim fortasse majora et emaculatiora accepturus⁷. Vale. Vuittenbergæ. ex Musæo nostro, 11. Kalendas Iunias. 1523.

68

FRANÇOIS LAMBERT à George Spalatin.
De Wittemberg, 28 mai 1523.

Manuscrit autographe. Bibl. du Mus. à Bâle. Vol. G. I. 31, p. 72.

SOMMAIRE. Les nombreuses lettres que j'ai envoyées en *France* par le jeune *Claude du Taureau* m'ont empêché de mettre la main à mon ouvrage. Sur ma demande, le D' *Luther* a aussi écrit à *l'avocat du roi de France*, homme très-dévoué à l'Évangile et qui jouit d'un grand crédit auprès de son souverain. Le chevalier *Coct* n'est pas encore parti. Je suivrai le conseil de Luther pour le choix du livre à interpréter dans *mes leçons publiques*. Encore une fois, parlez au Prince de ma pauvreté. Si je pouvais recevoir du fisc au moins dix écus d'or, j'aurais de quoi vivre avec mon domestique, et je ne serais pas une charge pour mes auditeurs.

✝

Christi gratiam et pacem! Quia nuper ad te literas dedi, Spalatine doctissime, tuoque in Domino mihi datum est colloquio frui, nunc brevibus agam. Nondum aliquid inchoavi, occupatus multis, scriptis potissimum, quæ pluribus in *Gallias* misi¹. Junior quippe nobilis *Claudius de Tauro*² abiit. Scripsit Doctor *Martinus Regis Galliæ advocato*³. nostris desideriis acquiescens. Idem enim ad-

---

⁷ Voyez dans Meister, Berühmte Züricher, Th. I, p. 315, l'indication des ouvrages publiés par Rhellicanus. Le plus agréable est le poëme en vers latins où il raconte son ascension du mont Stockhorn. Il en a publié un autre sous ce titre : « Carmen de tribus viris Badenæ ob evangelium decoliatis. »

¹ Surtout dans le midi de la France.

² Gentilhomme français sur lequel nous n'avons pas de renseignements. Il était peut-être arrivé à Wittemberg avec Anémond de Coct.

³ Nous ne savons quel est cet avocat du roi, à moins que ce ne soit celui

vocatus multa apud Regem potest, et rei evangelice deditissimus est. *Eques noster*[a] nondum abiit, qui prestantiam tuam in Christo salvam esse cupit.

Quæ in secreto a me accepisti non efficiam, per omnia tuis consiliis acquiescens. Excusabit nostra conditio, si quid immodestiæ de me tibi in mentem incessit. Satis intelligis quid velim. Quod ad *lectiones* attinet, nihil agam sine doctoris *Martini* consilio. Non satis decrevi quid prælecturus sim. *Psalterium, Epistolæ* et *Prophetæ* lecta sunt. Forsan si aliud à predictis legero, aut *Apocalipsim*, quamvis misteriis plenam, aut aliud quiddam, non sine consilio aggrediar.

Tu juva me apud Illustr. Prin[cipem] sicut meam novisti necessitatem. Erubesco enim quód Christianissimi *nostri Martini* impensis sustinear. Si possem vel saltem aureos 10 in angaria habere, possem utcunque cum familiari vivere, et auditoribus non essem onerosus, donec aliunde Dominus mihi auxilium mittat. Cujus gratia et pax tecum sit! Amen. Vale, sincerissime evangelista. Witembergæ 5. Kal. Junias, anno 23. supra millesimum et quingentesimum.

Tuus Franciscus Lambertus Avenionensis.

(*Inscriptio:*) Venerando Christi servo Georgio Spalatino Evangeliste aulico Saxoniæ sincerissimo, suo in Christo Majori.

69

[LE FÈVRE D'ÉTAPLES] à tous Chrétiens et Chrétiennes.
(8 juin 1523.)

Traduction française des Évangiles (par Le Fèvre). Paris, Simon de Colines, 1523, 1 vol. petit in-8°[1].

Sommaire. Le temps de la pure prédication de la Parole de Dieu étant venu, nous offrons aux simples fidèles *les Évangiles traduits en langue vulgaire*. Le reste du

qui est mentionné dans la lettre de Pierre de Sebville (28 décembre 1524), c'est-à-dire l'avocat du roi à Grenoble.

[a] V. le N° 66, note 2.

[1] A la fin du volume, au verso du 208° feuillet, on lit: « Cy fine la saincte

Nouveau Testament suivra plus tard, et ainsi l'on possédera dans son entier ce *livre de vie*, qui est la *seule règle des Chrétiens* et où brille le vrai soleil, lumière de la foi, *Jésus-Christ, l'unique auteur de notre salut*. Nous donnons cette Parole divine telle qu'elle est, sans addition ni retranchement. Le Seigneur veut qu'on prêche l'Évangile à toute créature. Ceux qui en interdisent la lecture au simple peuple, rendront compte de leur conduite devant le tribunal de Dieu.

Épistre exhortatoire.

A tous Chrestiens et Chrestiennes, grâce, illumination et salut. en Jésuchrist !

Quant sainct Paul [2] estoit sur terre, preschant et annonceant la parolle de Dieu avec les autres apostres et disciples, il disoit : « Ecce nunc tempus acceptabile : ecce nunc dies salutis. » (II Corin. VI.) Aussi maintenant le temps est venu que nostre Seigneur Jésuchrist, seul salut, vérité, et vie, veult que son évangile soit purement annoncée par tout le monde, affin que on ne se desvoye plus par autres doctrines des hommes, qui cuydent estre quelque chose, et (comme dit sainct Paul) ilz ne sont riens, mais se deceoyvent [3] eulx-mesmes (Galat. VI). Parquoy maintenant povons dire, comme il disoit : « Ecce nunc tempus acceptabile, ecce nunc dies salutis. Voicy maintenant le temps acceptable, voicy maintenant les jours de salut. »

Et affin que ung chascun qui a congnoissance de la langue gallicane et non point du latin, soit plus disposé à recepvoir ceste présente grâce, laquelle Dieu, par sa seule bonté, pitié et clémence, nous présente en ce temps par le doulx et amoureux [4] regard de Jésuchrist, nostre seul saulveur [5]. — vous sont or-

euangile de nostre | seigneur Jesuchrist | selon sainct Jehan. | Imprime en la maison Simon de Coli- | nes Libraire iure en luniuersite de Paris, | demourant en la rue sainct Jehan de Beau | uais, deuant les escholles de Decret. Lan de | grace Mil cinq cens xxiij. le viij. iour du | moys de Juing. » — Suivent les Annotations (ou Corrigenda) formant quatre feuillets. Ce volume est imprimé en caractères gothiques et sans pagination.

Nous donnons cette Épître d'après la réimpression que Simon du Boys fit, en octobre 1525, de cet ouvrage de Le Fèvre. Les principales variantes qui existent entre les deux éditions seront indiquées en note. Sauf les deux premières citations latines, nous avons supprimé toutes celles qui étaient suivies de la traduction.

[2] Dans la première édition: *Pol*. [3] Ibid. *decoipvent*. [4] Ibid. *amoureux*. [5] Ibid. *saùveur*.

données en langue vulgaire, par la grâce d'icelluy, les évangiles, selon le latin qui se lit⁶ communément par tout, sans riens y adjouster ou diminuer, affin que les simples membres du corps de Jésuchrist, ayans ce en leur langue, puissent estre aussi certains de la vérité évangélique comme ceulx qui l'ont en latin. Et après auront, par le bon plaisir d'icelluy⁷, le résidu du nouveau testament, *lequel est le livre de vie, et la seule reigle des Chrestiens*, ainsi que pareillement est maintenant faict en diverses régions et diversitez de langue par la plus grande partie de Europe entre les Chrestiens : mouvant à ce les cueurs d'iceulx l'esperit de nostre Seigneur Jésuchrist, nostre salut, nostre gloire et nostre vie.

Et encore nous monstre sa bonté infinie, qu'il est de nécessité⁸ en ce temps, que grans et petis sachent la saincte évangile : ouquel [l. auquel] nous menace envoyer le⁹ Turcz ennemis de nostre foy, comme les Babyloniens estoyent anciennement ennemys de la loy israélitique. Et ce pour corriger les faultes de la chrestienté, lesquelles sont moult grandes, se brief [l. si bientôt] on ne se retourne à Luy, *en délaissant toute autre folle fiance en créature quelconque, et toutes autres traditions humaines, lesquelles ne pevent saulver, et en suyvant la seule parolle de Dieu qui est esperit et vie.* Car, comme dit la véritable et vivifiante Escripture : « Il n'est que ung Seigneur, une foy, ung baptesme, ung Dieu et père de tous, sur tout, et par toutes choses, et en nous tous. » (Ephés. IV.)

Efforceons-nous doncques tous de sçavoir sa volunté¹⁰ par la saincte évangile, affin que au temps de tentation qui est à nostre porte, ne soyons délaissez avec les réprouvez. Recepvons¹¹ la doulce visitation de Jésuchrist, nostre seul salutaire, en la lumière céleste évangélicque, laquelle comme dit est, est la reigle des Chrestiens, reigle de vie, et reigle de salut. Et quiconques vouldroyent mettre ou soubstenir¹² aultre reigle que celle que Dieu a mise, qui est ceste seule, ilz sont¹³ ceulx ou semblables desquelz sainct Paul, par l'esperit de Jésuchrist, parle à Timothée, disant : « La fin du commandement est charité de cueur pur, et de bonne conscience, et de foy non fainte. Desquelles aucuns se desvoyans, sont convertis en vanité de parolles, voulans estre docteurs de la loy, n'entendans point ne les choses desquelles ilz parlent, ne celles lesquelles

---

⁶ Ibid. *list.* ⁷ Ibid. *de iceluy.* ⁸ Ibid. *qu'il est necessite.* ⁹ Ibid. *les.* ¹⁰ Ibid. *voulente.* ¹¹ Ibid. *Recevons.* ¹² Ibid. *soustenir.* ¹³ Ibid. Au lieu de « ilz sont, » *sont.*

ilz afferment. » (I Tim. I.) Suyvons doncques la sapience de Dieu, où ne peut estre vanité, ne faulte de intelligence. ne chose affermée qui ne soit la vérité à tout entendement non offusqué, et voire aussi à tout entendement et à toute intelligence qui passe l'entendement. la plus desirée.

Mais aussi ne voyons-nous point. que quant il est jour, et que le soleil luyst [14] clèrement, que on ne voit nulles estoilles ? Comment doncques au jour de Jésuchrist. qui est le vray soleil, peut-on veoir autre lumière que la lumière de sa foy. laquelle est baillée en la saincte évangile ? Se on a foy et fiance en autre que en Jésuchrist, touchant la vie éternelle que nous attendons, laquelle Luy. qui est vérité infallible. nous a promis. comme il est escript : « et en nul autre n'y a salut » (Acta IV), nous sommes encores en la nuict [15], et ne voyons point la lumière du soleil. qui manifeste toute chose en bas, et absorbe toute lumière en hault. Qui est-ce qui en plain jour puist veoir les estoilles ? Parquoy serions encore en faulseté et en ténèbres de la nuict. Et Jésuchrist nous dit par sainct Jehan (Joan. XI) : « Si aulcun chemine de jour. il ne se blesse point ; car il voit la lumière de ce monde. Et se aulcun chemine de nuict, il se blesse : car la lumière n'est point en luy. » (Joan. XI.) Parquoy il donne à entendre, que qui chemine de nuict, combien qu'il voye des estoilles, lesquelles il cuyde estre son adresse, il erre.

Doncques. mes frères et seurs, cheminons en la lumière du jour, en la lumière de la saincte évangile, ayans toute nostre fiance de vraye adresse au vray soleil, et jamais nous ne offencerons Dieu. Car luy-mesme le nous a tesmoigné par sainct Jehan, comme avez ouy. *Ne alons doncques à autre que au père céleste par Jésuchrist. et en Jésuchrist*, comme sa parolle nous commande, *et nous serons enfans de Dieu en luy, et de par luy*, enfans de grâce et de lumière, enfans de esperit et de vie. Alors nous vivrons de son esperit et de sa vie qui est tout, et non du nostre et de la nostre qui n'est riens. Laissons la chair, prenons l'esperit. Laissons la mort, prenons la vie. Laissons la nuict, prenons le jour. sachans (comme dict sainct Paul) que la nuict est passée, et le jour est approché (Rom. XIII). et que les œuvres précédentes ont esté œuvres de ténèbres.

Sachons que les hommes et leurs doctrines ne sont riens, sinon de autant que elles sont corroborées et confirmées [16] *de la parolle de Dieu.* Mais Jésuchrist est tout : il est tout homme et toute divinité ; et

---

[14] Ibid. *luyt.* [15] Ibid. *muyt.* [16] Ibid. *confermees.*

tout homme n'est riens, sinon en Luy. Et nulle parolle d'homme n'est riens, sinon en la parolle de Luy. Pourtant dit sainct Jehan en sa seconde épistre : « Se aulcun vient à vous et n'apporte point ceste doctrine, ne le recepvez point en vostre maison, et ne le saluez point. » Et qui est ceste doctrine, sinon la seule évangile de Jésuchrist ?

Et se aulcun voulant desgouster les simples ou destourner [17] de la vérité, disoit premièrement [18] : qu'il vault mieulx lire les évangiles comme devant ont esté translatées, en adjoustant, diminuant, ou exposant, et que par ainsi elles sont aussi plus élégantes, se peut respondre, que ce n'a on voulu faire, ne aucunement user de paraphrase, se autrement a esté possible expliquer le latin : de paour [19] de bailler autre sens que le sainct esperit n'avoit suggéré aux évangélistes, comme il est escript : « Le sainct esperit, le consolateur, lequel le Père envoyra en mon nom, icelluy vous enseignera toutes choses, et vous réduira à mémoire toutes les choses que je vous ay dict. » (Joan. XIV.) Ou de paour de mesler [20] la parolle de l'homme avec la parolle de Dieu, pour parolle de Dieu. Laquelle chose voulant faire Theopompus, ung escripvain ancien, en translatant la loy de Moyse, comme se trouve par hystoire, fut faict aveugle, en punition de son audacieuse présumption. Pour ceste cause, user de paraphrase en translatant la parolle de Dieu est chose périlleuse, principalement se on y adjouste aucune chose oultre la parolle de Dieu, ou se on y diminue.

Et de ceulx [21] qui cuident, ainsi faisant, la chose estre plus élégante, peut sembler que de penser ce en la saincte Escripture, est présumption. Veult aucun estre plus élégant que le sainct esperit ? Veult aucun estre plus sçavant que celluy qui l'a voulu ainsi avoir ? Non in persuasibilibus humane sapientie verbis, comme dit sainct Paul. (I Cor. II.) Par ceste raison doncques doibt-on estre excusé, se plus ne moins on n'a escript que contient la saincte Escripture et la vraye parolle de Dieu. Et sachez que ce que plusieurs estiment élégance humaine, est inélégance et parolle fardée devant Dieu, et que la parolle de Dieu en chasteté et simplicité de esperit est vraye élégance devant Dieu et aux yeulx spirituelz, lesquelz luy seul enlumine.

Secondement diront que, en leur baillant ainsi les évangiles, maintes choses seront [22] difficiles et obscures, lesquelles les simples

---

[17] Ibid. *destorner*. [18] Ibid. *premièrement disant*. [19] Ibid. *peur*. [20] Ibid. *Ou de mesler*. [21] Ibid. *Et ceulx*. [22] Ibid. *seront maintes choses*.

gens ne pourront comprendre, mais pourront estre cause de
erreur : parquoy n'est convenable de les leur bailler ainsi. Il n'estoit
point doncques convenable, par ceste mesme raison, que les évangélistes les baillassent ainsi aux Grecz, et ainsi les Latins aux Latins ?
Car il y a moult de lieux difficiles et obscurs, lesquelz ne les Grecz,
ne les Latins ne pevent comprendre, et suffit de les croire, comme
nostre Seigneur commande, disant : « Croyez à l'Évangile. »
(Mat. I.) Et les plus subtilz d'engins et litérez comme Arrius,
Eunomius, Photinus, Sabellius et plusieurs autres, sont tombez en
erreur, et non point les simples vulgaires.

Et aussi doibt ung chascun sçavoir, que pour néant se efforce-
roit aucun [13] de vouloir faire entendre à ung aveugle la beauté,
excellence et magnificence du soleil matériel. Et de tant est-il
plus impossible escripre ou faire entendre, en escripvant, la beauté,
excellence, et la gloire de l'Évangile, qui est la parolle de Dieu,
ray du vray soleil spirituel, ouquel toute beauté, excellence, gloire,
et toute superéminente bonté est enclose. Lequel ne peut [14] estre
congneu, se luy-mesme ne se manifeste par dedans à l'œil intérioire
de l'esperit, comme le soleil matériel ne peult estre congneu, se
luy-mesme ne se manifeste par dehors à l'œil extérioire de la
chair. Mais comme le soleil matériel se veult communiquer par
luy et par sa bonté naturelle, aussi faict moult plus fort le soleil
spirituel par luy et par sa bonté supernaturelle, de tant qu'il est
inestimablement plus beau et meilleur que le soleil matériel. Et
se communique aucunesfoys plus entièrement et spirituellement
aux simples, de tant qu'ilz sont plus humbles et petis, que aux clercs
moins humbles et plus grans, comme est congneu par la parolle
de nostre Seigneur, disant en l'évangile sainct Matthieu : « O père,
seigneur du ciel et de la terre, je te rendz grâces que tu as caché
ces choses aux sages et prudens et les as révélé aux petis. »

Et se aucuns vouloyent dire ou empescher que le peuple de
Jésuchrist ne leust en sa langue l'évangile, qui est la vraye doctrine de Dieu, ilz sachent que Jésuchrist parle contre telz, disant
par sainct Luc : « Maleur sur vous, docteurs de la loy, qui avez osté
la clef de science ! Vous n'y estes point entrez, et avez empesché
ceulx qui y entroyent. » (Luc. XI.) Et ne dit-il point encore par
sainct Marc (XVI) : « Allez par tout le monde, et preschez l'évangile à toute créature ? » Et par sainct Matthieu (XXVIII) : « Les

---

[13] Ibid. *aucun*. [14] Ibid. *peult*.

enseignans à garder toutes les choses que je vous ay commandé. »
Et comment prescheront-ilz l'évangile à toute créature, comment
« enseigneront-ilz à garder toutes choses que Jésuchrist a commandé,
se ilz ne veulent point que le simple peuple voye et lise en sa
langue l'évangile de Dieu ? De ce fauldra-il rendre compte devant
le tribunal du grant juge au jour du jugement. Et pareillement,
se on a presché au peuple parolles, faisant entendre qu'elles estoyent les parolles de Dieu, et elles ne l'estoyent[15] point. Dieu dit
par Esdras en parlant de l'ancienne loy : « Les dignes et les indignes la lisent ! » Les Chrestiens, enfans de Dieu, sont-ilz de pire
condition à lire la loy nouvelle, la loy de vie et de grâce, que les
Juifz l'ancienne, lesquelz estoyent serfz ? Serons-nous pires en
nostre loy que les Juifz en la leur encore à ceste heure : lesquelz
on ne sçauroit interroguer de quelque passage de leur loy ancienne, que promptement ilz n'en respondent ? Et toutesfois il
escript des Chrestiens par Hiérémie (XXXI) : « Le Seigneur Dieu
dit : Je donneray ma loy en leurs intérieurs et l'escripray en leur
cueur. » Et qui est ceste loy, sinon la loy évangélique et les escriptures du nouveau testament ? Nous ne debverions point doncques
les lire seulement et les avoir en livres matérielz, mais les tenir
promptement en mémoire, et les avoir escriptes en noz cueurs.
Calciati pedes, c'est-à-dire, tous noz desirs et affections avironnéz
in preparationem evangelii pacis.

Et affin, mes frères et seurs en Jésuchrist, que comme ceste
épistre a esté commencée par sainct Paul, aussy elle fine avec
sainct Paul, nous prions ce qu'il prioit aux Corinthiens, que la grâce
de nostre Seigneur Jésuchrist, et la charité de Dieu le père, et communication du sainct esperit soit avec vous tous ! Amen.

70

FRANÇOIS LAMBERT à George Spalatin.
De Wittemberg, 14 juin 1523.

Manuscrit autographe. Bibl. du Muséum, à Bâle. Vol. G. I. 31, p. 74.

SOMMAIRE. Sur votre conseil je renonce à demander le bénéfice vacant ; il suffirait à
ma subsistance, mais il me détournerait peut-être de l'œuvre du Seigneur. Je ne suis

---

[15] Ibid. *ne les estoyent.*

pas encore en mesure de vous envoyer mes ouvrages. Le commentaire sur *la Règle des Frères Mineurs* doit paraître prochainement, mais l'imprimeur me fera attendre pour les *commentaires sur les Prophètes* et pour *l'Épitre* que j'ai adressée *au parlement de Grenoble.* J'ai commencé quelques *ouvrages en français*, qui seront peut-être imprimés à *Hambourg*. Puisse l'affaire être bientôt conclue! Rien ne serait plus utile à la *France* que des livres en langue vulgaire. La Parole abonde en *Allemagne;* les peuples de *la France* et de *l'Italie* en sont encore privés. J'attends de France les réponses de quelques seigneurs ; de Savoie, celle du comte *de la Chambre.* Quand le chevalier *Coct* partira, je lui remettrai les lettres que je veux écrire à quelques *princes français*. Je rends grâces à Dieu pour les protecteurs qu'il m'accorde dans mon exil, et vous assure que je suivrai docilement toutes vos directions.

✝

Salvatoris nostri Jesu Christi Gratiam et pacem! Binas eodem die à prestantia tua adcepi literas. quarum priorem, Dominici corporis VIII die [1]. posteriorem, Sabbatho post Barn[abæ] [2], scripsisti. In utrisque ingentem tui pectoris pro verbo sancto ardorem. itemque pro me, inutili quidem illius ministro. solicitudinem abunde cognovi. Placentque ideo admodum quæ de vaccante sacerdotio [3] admones ac sentis, cum hisce *(sic)* caribdes scirtesque desideratissimam animi quietem ac sacrosanctum verbi ministerium soleant impedire: tametsi credam in eum, qui me à reprobis malignantium conventiculis segregavit, ut filii sui Evangelium libere nunciarem. quòd nihil propterea minus in re Christiana egissem. Testis enim mihi est Dominus, quòd nihil me moverit stulta hæc sacerdotii facies atque ambitio, sed ob id tantùm, amicis admonentibus, de eo cogitaveram, ut neque Principi Illustr. neque auditoribus meis, neque alteri cuipiam, forem necessaria poscendo molestior. Idcirco quæ facta sunt, ut pius es, boni consulere velis.

Suscepi ergo consilium tuum, haud secùs atque patris necessariam jussionem. nihil in ea re admissurus, etiamsi me ad eam plurium vota advocarent. Symplegades vitare jubes ; qui fiet, ut non semper acquiescam? Propositi quippe mei semper fuit, ut nihil umquam admitterem, quo in Christi negotio minus liberior essem. Interea ad id, Christo propitio, nitar, ut quod cepi adimpleam. Neque opus erit, ut te nimiùm solicitem, pro mihi necessario victu et cultu. Scit enim amicus (ut pro ingenita animi et

---

[1] Le 11 juin en 1523.
[2] Le samedi 13 juin.
[3] La suite montre que Lambert avait demandé ce bénéfice ecclésiastique pour subvenir à sa pauvreté.

humilitate et benevolentia vis appellari) et dominus meus, quid dilecto clientulo sit necessum. Magnus est Dominus et omnipotens providentia ejus.

Petis demum ut quicquid *nostrarum lucubrationum* excussum fuerit, tibi mittam ; tametsi nihil tua sit prestantia dignum, faciam quod precipis. Verùm tardiores sunt typographi quàm ut brevi *commentarii in Prophetas* cudantur [4]. Expecto ab illis in dies ἐξήγησιν *in Minoritarum regulam* [5]. ac *Literas* quas *ad* supremum regium Consilium, sive (ut vocant) *parlamentum totius patriæ Delphinatus,* novissimè dilectissimo et nobili *Claudio de Tauro* dedi [6]. Ubi autem imprimantur, me latet [7]. Is enim qui adcepit, tantùm a nobis libros pretio redimit, quos demum, ubi oportunum viderit, cudendos tradit. Sic et ego aliquot illi opellas tradidi, aliorum exempla sententiamque secutus.

Gallice item nonnulla edere cepi [8], quòd ad me ex *Amburgo* nuncii advenerint, *tractatus gallicos* postulantes. Aiunt enim quod illic sit, qui ea lingua elimatissimos possit cudere libros ; quos demum navigio in *Gallias* mittit [9]. Necdum tamen aliquid conclusimus, donec prius quid possit experiar, cujus rei spero me certitudinem brevi suscepturum. Faxit Deus Opt. Max. ut inveniatur qui Gallicè id imprimere possit, cum nihil ea re conducibilius *Galliis* arbitrer futurum [10]! Nunquam enim apud *Germanos* sic veritas profecisset, nisi Christianissimus noster *Martinus* tractatus etiam vulgares edidisset. Tu quoque, ut audio, novissimam locorum communium editionem vulgarem fecisti, unde et studio tuo et *Germanorum* utilitati congratulor. Abundat *Germania* verbo, miserrimè autem *Gallorum Italorumque* plebes fere illius esurie dispereunt [11]. Deus misereatur

[4] Ils ne parurent qu'en 1525 à Strasbourg.

[5] Voyez le N° 65.

[6] Il avait écrit au parlement de Grenoble, vers la fin de mai. V. le N° 68.

[7] Il ne paraît pas que cette Épître ait jamais vu le jour.

[8] Nous ne connaissons aucun auteur qui atteste l'existence actuelle d'ouvrages français de François Lambert.

[9] La publication des livres évangéliques écrits en langue vulgaire était très-difficile en France, depuis l'édit du 13 juin 1521. (V. le N° 38, note 4.) On voit, d'après ce que dit Lambert, qu'une partie de ces livres s'imprimèrent dès lors à *Hambourg.*

[10] C'était aussi l'opinion de Le Fèvre. V. le N° 69.

[11] Lambert ignorait donc l'existence de la traduction française du Nouveau Testament par Le Fèvre. Autrement il ne se serait pas exprimé d'une manière aussi absolue.

illorum et benedicat eis, illuminet vultum suum super eos, et illorum misereatur, ut cognoscant in terra viam suam, in omnibus gentibus salutare suum! Amen.

A *Galliis* nihil recepi novi. Operior quid mihi rescripturi sint prædicti Consilii *Senatores* [12]. Illustr. *D. de Camera, Sabaudiæ* Comes supremus [13] et aliquot alii Domini, quibus scripta direxi [14]. Noster Eques D. *Annemundus Coctus* nondum abscessit [15]. Expectat autem fideles itineris comites. Nosti enim quanta nunc undique pericula sint. Is prestantiam tuam in Christo salvam esse exoptat, dedissetque nunc ad te literas, nisi eum, qua diebus aliquot pressus fuit, infirmitas vetuisset. At, Christo propitio, brevi ad te scripturus est. Servavi, ut quæ tibi dixeram de *aliquot aliis Galliæ Principibus* ipsemet exequatur. Ideo illi nostras literas [16] tradam, cum in negocio Christi sit juxta sincerissimus et ardentissimus.

Quod de modis omnibus egregio jureconsulto d. *Doctore Hieronymo* [17] suades, inter præcipuos habendum patronos, mihi jam persuasissimum erat. Verùm nihil est in me, quod apud vos de hoc vermiculo tam honorifice, ut scribis, loqueretur. Egit hoc pro multa sui pectoris ingenuitate, atque in virum immeritum charitate sincerissima. Confido in Deum meum, quòd et Illustr. Prin[cipem] et te, et illum, non oblito Ecclesiaste nostro, patronos mihi in exilio meo dederit.

In prioris epistolæ calce, pro coronide adjecisti, rem profectò consultissimam, ut scilicet, quicquid à te voluero, id scriptis non præsentiâ agam. Quod, tametsi non scripsisses, quid hinc pro tempore emergere possit, ipse mecum sepenumerò cogitavi. Sufficit quòd me semel admiseris, egerisque ut Christianissimi Prin[cipis], quoad fieri potuit, optato et venerando aspectu potirer. Gratias veruntamen immensas refero, quòd me premonueris, et pro bene-

---

[12] Voyez la note 6.

[13] L'Histoire du Sénat de Savoie par Eugène Burnier (Chambéri, 1864, p. 95) cite *Louis, comte de la Chambre*, vicomte de Maurienne, comme faisant partie du tribunal suprême qui se réunit en 1514.

[14] V. le N° 68, au commencement.

[15] Il ne partit qu'après le 7 septembre.

[16] Dans le nombre de ces lettres il s'en trouvait sans doute pour les amis que Lambert avait à la Cour. Voyez sa lettre du 31 décembre 1524.

[17] *Jérôme Schurff*, professeur de droit à l'université de Wittemberg. Il partit pour Bâle, le 8 septembre 1523, et fut probablement l'un des compagnons de voyage du chevalier Coct.

volentia quam mihi ostendis, gaudeo vehementissime. Obsecro autem prudentiam tuam per Christum, ut in quibuscumque tibi videbitur, et mihi consulere et me commonefacere velis. Etenim et consilia et admonitiones tuæ mihi erunt perinde atque oracula Dei, et Domini nostri Jesu Christi, cujus pax et gratia tecum, et bene in eo vale, optime Spal.[atine], orans ut per nos misteria sua sincerissime tractet. Wittembergæ, die Dominico post Barnabe diem M^{mo} CCCCC° XXIII.

Tuus Clientulus FRANCISCUS LAMBERTUS.

†

(Inscriptio:) Sincerioris Theologiæ integerrimo assertori Georgio Spalatino, Illustr. Sax.[oniæ] Ducis Fride.[rici] à Sacris concionibus. Patrono suo observandissimo.

71

FRANÇOIS LAMBERT à George Spalatin.
De Wittemberg, 24 juin 1523.

Manuscrit autographe. Bibl. du Mus., à Bâle. Vol. G. I. 31, p. 75.

SOMMAIRE. Je vous remercie des ressources que vous me faites espérer. En attendant je dois vous informer de la résolution que j'ai prise de contracter un mariage qui me permette de continuer à vivre chastement, en me conformant sur ce point à la Parole de Dieu. Ayez donc pitié de moi, et veuillez m'excuser auprès de l'Électeur. Aujourd'hui, par le conseil de *Luther*, je me suis fiancé avec *Christine*, fille d'un boulanger d'*Hertzberg;* son père a fixé *notre mariage* au 15 juillet. *Les Allemands et les Français* éclairés n'en reçoivent aucun scandale. Pour mes compatriotes plus simples j'expliquerai les motifs d'une résolution qui les choquera peut-être. *Anémond de Coct* vous salue.

Gratia et Pax a Domino nostro Jesu Christo! Accepi nudius quartus literas tuas, optime et idem doctissime Spalatine, quibus ingentem erga me animi tui benevolentiam protestatus es. Speras. aliunde quàm sacerdotio superstitioso, meæ inopie providendum. spero et ego in Dominum, quod per te et per alios mihi aliter providebitur. Interea accidit quod te latere haud quaquam volui. Scis me nuper tecum nonnihil *de re uxoria* tractasse, pandens quòd mihi necessarium erat honorabile connubium in omnibus, thorus immaculatus. Nollem, sicut nec umquam fui, scortator esse ; nollem etiam immunditias. Scis autem quantum possint, qui non habent donum. Urgeor, fateor, et à carne, cui si consensero, pereo, itidem, et a verbo Dei, mihi id præcipiente, ut, ne vel corde fornicationem admittam, uxorem habeam. Angustiæ mihi semper fuerunt undique. Miserere igitur, ô venerande Christi serve, et mihi hoc dona ut non scandalizeris, pro his quæ acciderunt, et age apud Clementissimum Principem, ne et illum male habeat, quod verbi Dei imperio feci. Verè, impediebar admodum à verbo et lecturis propter stimulos carnis et verè continuos.

Hac die, una circiter hora, antequam id scriberem, inter puellam quandam, filiam pistoris cujusdam *Ertzerbergensis*, patre et filia consentientibus, et me, factum est legitimi matrimonii promissum[1]. Et, ne te aliquid lateat, a patre, qui *Wittembergam* hujus rei gratià venit, dies nuptiarum constitutus est dies S. Margaritæ. Non absque consilio nostri *Martini*, viri Christianissimi, factum est, quòd uxorem acceperim. Verè hic scrupulus semper in me fuit, quòd timui et Illustrissimo Principi et tibi, pro hac re, gratus haudquaquam esse. Sed quid timui, displicere viris Christianissimis, quibus nil gratius est, quàm ut verbum Domini observetur et maneat in eternum ? De his abunde alio tempore scribam. *Germani* pro his non scandalizantur[2], neque *ex Gallis peritiores*. Pro *Galliæ simplicioribus* quibusdamvis tractatum, Christo propitio, scribere cepi[3].

Quòd si tandem quipiam offensi fuerint, mihi pro minimo est, sciens quòd Christus verbumque suum atque observatio illius sit in ruinam et resurrectionem etc., et quòd illi contradicetur. Scio quòd occupatior sis quàm ut ad nos venires, si rogaremus ut nuptiis

---

[1] Andreas Pretynus annonçait ainsi à Spalatin le mariage de Lambert : « *D. F. Lambertus* uxorem statim ducet puellam, D. Augustini Schurf medici famulam. » (Schelhorn, op. cit. IV, 352.)

[2] Ulscenius écrivait de Wittemberg à Capiton, le 9 février 1522 : « [*Justus*] *Jonas* hodie nuptias auspicatur .... quod paucos admodùm offendit, nisi quosdam pharisaïce adeoque in speciem justos. » (Collection Simler.) C'est le même *Jonas* qui publia en 1523 *l'Apologie du mariage des prêtres*. (Voyez le N° 31, note 3.)

[3] Voyez son livre « *De Sacro Conjugio* » dédié à François I et publié à Strasbourg en mai 1524, in-8°.

interesses. Ora. vir Christianissime. ut verbum Domini in nobis proficiat semper! Confido in Deum meum. quòd *liberiùs negocium Christi efficiam, liberatus a quottidiano animæ meæ periculo.* Eques noster D. *Annemundus* te salvum in Christo esse optat, qui, mox abeunte tabellione. haudquaquam scribere valuit. Gratia et pax Domini nostri Jesu Christi tecum semper! Amen. Bene vale, sincerissime Theologe. Wittem[bergæ]. die S. Johannis M.D.XXIII.

Tuus Clientulus FRANCISCUS LAMBERTUS.

(Inscriptio:) Viro Christianissimo et vere sincero, Georgio Spalatino, Illustr. Sax. Ducis Friderici à sacris concionibus. patrono suo observandissimo.

(Au-dessous:) « Er Georgen Spalatino zu handen. »

(Note autographe de Spalatin:) « Fr. Lampertus Gallus duxit uxorem Vittembergæ M.D.XXIII. »

72

FRANÇOIS LAMBERT à George Spalatin.
De Wittemberg, 4 juillet 1523.

Manuscrit autographe. Bibl. du Mus. à Bâle. Vol. G. I. 31. p. 76.

SOMMAIRE. Votre lettre et les présents que l'Électeur m'envoie pour mes noces montrent assez votre bonté paternelle. Vous m'avez obligé et réjoui au milieu de la frayeur bien naturelle que j'éprouve. Cœurs vraiment chrétiens, je suis à vous en Jésus-Christ. *La sœur* très-chère que Dieu me donne pour aide, mes amis de noce et le chevalier *Coct* ont partagé ma joie. Que Dieu soit beni en toutes choses, qu'il exauce vos vœux! Le premier j'aurai remué ce rocher de superstition qui pesait sur *la France*. Que la terre soit purgée de cet hypocrite *célibat!* Puissé-je, comme professeur et comme époux, me conduire aussi chrétiennement que vous m'y avez exhorté! Souvenez-vous de votre nouveau Wittembergeois.

Gratiam et pacem Christi Jesu! Quemadmodum seminantibus gratus est oportunus aër. aut atro jactatis turbine nautis. mare tranquillum, sic mihi fuerunt literæ tuæ. mi suavissime Georgi Spal.[atine], quibus. principali Illustr. Principis atque tuâ munificentiâ, carnem ferinam adjecisti. Suaserant mihi quidam. ut abs te primùm ex ea aliquid postularem : sed quod petere haudquaquam præsumere volui, prestantiæ tuæ benevolentia fecit. Agis demum solicitum patremfamilias, id curans ne missæ carnes ante nuptias pereant. Quid tibi retribuam pro omnibus quæ retribuis mihi non habeo. Ergo meipsum habe, qui tuus in Christo esse volo. Supra quàm dici possit, me tibi devinxisti, et exilarasti, hominem nonnihil pro rei novitate de semetipso territum, quòd mei nunc recordatus sis, quòd Clementissimi Principis atque Excell.[entiæ] tuæ Christianissima pectora hoc indicio patentissime agnoverim. Letata quoque es! *charissima soror, quam mihi tradidit in auxilium Deus*, cui et mihi misericorditer largiri dignetur quæ in Christo nobis precatus es! Gavisi item sunt amici plures qui arbitrabantur conjugium nostrum optimo Principi haud fore acceptum. Per omnia benedictus Deus! Amen.

È Gallia hoc saxum primus evolvi: tu ora ut plurimi sequantur, et nephandissimis libidinibus, quibus spurcus ille hypocriticusque cœlibatus abundat, omnis terra purgetur! Ora etiam, ut talem me in lectionibus et conjugio et reliquis exhibeam, sicut me fuisti christianissime adhortatus. Confido autem in Deum, quòd nunc liberius in omnibus agam, videns, Christi misericordiâ, me sub Principis Illustrissimi Imperium plene esse translatum. Tu autem (ut verè toties expertus sum, et fecisti) novi hominis, novi *Wittembergensis*, et ejusdem laborantis, memoraberis. Salutavi, ut jussisti, Equitem nostrum Dominum *Annemundum*, a quo et literas habes, cui ingens gaudium fuit, dum quæ a prestantia tua missa sunt intellexit. Gratia autem et pax Christi tecum semper, in quo bene, vale, mi observandissime patrone! Wittembergæ, Sabbato post visitationem beatæ Mariæ, Anno Christi M°.D.XXIII.

Clientulus tuus Franciscus Lambertus.

73

LUTHER à Spalatin.
De Wittemberg, 14 août 1523.

Luthers Briefe, éd. de Wette, II, 387.

SOMMAIRE. Demande de secours pour *François Lambert*, afin qu'il puisse se retirer à *Zurich*, où le voisinage de *la France* lui offrira plus de chances de succès.

Gratia et pax. *Lambertus Franciscus* statuit e nostris terris discedere *Turegum*, istic melius aliturus et majora facturus ob vicinitatem *Galliæ*, qui apud nos esse copiam sentit docentium¹. Bene igitur feceris, si pauperi apud Principem patronus fueris, ut viaticum obtineat, nam et debitis quoque involutus est. Idcirco largiore manu opus habet, præsertim cum sit hæc forte ultima largitio, et Principis nomen apud exteros istos in *Gallia* magis commendabit. Vale et ora pro me. Wittembergæ, die 14. Augusti, MDXXIII.

Martinus Lutherus.

(Inscriptio:) D. Georgio Spalatino suo.

74

FRANÇOIS LAMBERT à George Spalatin.
De Wittemberg, 16 août 1523.

Manuscrit autographe. Bibl. du Muséum à Bâle. Vol. G. I. 31. p. 77.

Sommaire. L'accueil que vous m'avez fait à *Lochau*, et votre lettre au chevalier *Coct* témoignaient avec force de votre charité pour un pauvre de Jésus-Christ. Qui suis-je pour que vous désiriez si ardemment lire *mes ouvrages*, même les plus imparfaits? Dans le cas où cela vous serait agréable, je vous dédierai, même après *mon départ*, mon commentaire sur les écrits de St. Luc. Si vous m'aidez à obtenir l'objet de ma requête au Prince, vous aurez rendu service à la *France* entière, en facilitant la publication d'ouvrages en langue française. Mais voici que le chevalier m'appelle chez *Luther* et *Mélanchthon*. Ceux-ci, pleins de sollicitude, veulent que j'attende pour partir, que *le chevalier* ait vu de ses propres yeux si ce qu'on nous raconte de l'état de la *France* est vrai. Pour moi je voudrais jouir encore de votre douce charité; mais à Dieu la gloire et le règne! *Pomeranus*, sa *femme*, *le chevalier* et *Christine* vous saluent.

✝

Christi gratiam et pacem! Quam apud Illustrissimi Principis arcem *de Locha*¹ ostendisti Christi pauperi dilectionem, dum me

---

¹ Luther écrivait déjà à Spalatin, le 3 août: « [Lambertus] pauper est... nec diu hîc mansurus, ut sonat. » Ibid. p. 378.

¹ *Locha* ou *Lochavia* (en allemand *Lochau*), petite ville et forteresse située près de Wittemberg, était la résidence habituelle de l'Électeur Frédéric. On l'appelle aujourd'hui *Annaburg*.

in tuis et domo et cubiculo suscepisti, literæ tuæ, quas apud *Equitem nostrum* [2] reperi, abunde testabantur. Quis ego homuncio, ut illius scripta et vere adhuc immatura tantum expostules? Video quòd totus ardes in verbum Dei, cujus zelum in scientia habes. Id facit ut etiam minorum vel incompletas editiones deposcas. Si gratum tibi judicas, idque mihi notum sit, spondeo quòd, etiam si discessero, *Lucam totum*, Evangelion scilicet et Acta [3], tuo nomini dicanda, typographis tradam. Tantùm ora ut, vita comite et Spiritus Christi illustratione, idem opus emendatius exeat.

Quod ad rem meam attinet, misi supplicationem ad Principem Illustrissimum, quam vide, et fac sicut nosti. Si me juveris, *universas prorsus Gallias juveris* [4]. Proponimus enim quicquid poterimus in re Christiana gallice tradere. Mutatio utinam (sicut confido) dexteræ excelsi.... [5]!

Posteaquam prædicta scripsi, venit ad me *eques noster* et cepta obmittere compulit, donec iterum nostrum *Martinum* Christianissimum itemque *Philippum Melanch[thonem]* consulerem. *Philippus* namque pro sua charitate præmonuit illum, ut hæc mihi diceret. Veni ergo ad illos, et omnia reperi immutata. Suadet optimus ipse Ecclesiastes, suadet et *Philippus*, ne prius discedam quàm *D. Eques* per semetipsum conspexerit, an vera sint quæ nobis dicta fuerint [6], interea quicquid in facultate eorum fuerit mihi offerentes. Verè devincitis nos vobis omnes.

Suscepisti me tu, hominem alienigenam, inter alia in proprium cubiculum: videbare super vermiculi discessu tristis esse. Ecclesiastes et *Philippus* mihi timent et pro me mire soliciti se et sua offerunt, ut omnes vos Christi discipulos agnoscere compellar.

Demum, quare sapienti sufficit rem palam fecisse, si quid egisti cum optimo Principe, videris quid magis sit faciendum. Rem nosti. Tantùm obsecro ut, sicut in ultimis literis spopondisti, nonnihil

---

[2] Anémond de Coct.

[3] A notre connaissance, le commentaire sur les Actes des Apôtres n'a pas été publié.

[4] Lambert demandait son congé et la somme nécessaire pour le voyage de Zurich. Voyez le N° précédent.

[5] La suite montre qu'il s'agit du changement qui allait s'accomplir dans la destinée de Lambert, si la réalisation du voyage sus-mentionné lui était permise.

[6] Il s'agit ici de nouvelles, probablement exagérées, sur les progrès de l'Évangile en France.

ad munus adjungi quantum poteris facias. Ego autem vicissim faciam quæ adhortatus es, et *Lucam totum* tibi dicandum, si placuerit, Domino miserante, complebo. Verè gaudeo, propter vos omnes, quod nondum abscedam, ut vobis iterum fruar in Domino, a quo est nostrorum operum conclusio, tametsi varia sepenumero proponamus, cui gloria et imperium in secula! Amen.

Annotationes nostras brevi recipies. Non enim reperi eum qui scripsit illas. Bene valeas in Christo, cujus gratia tecum!

Wittem[bergæ], hac Dominica post Assumptionem, 1.5.2.3.

Salutant te D. Jo[hannes] Pome.[ranus]⁷ cum *sponsa sua*⁸. Salutat quoque te D. *Eques.* et *Christina soror*⁹.

Tuus clientulus Franciscus Lambertus.

(Inscriptio:) Viro Christianissimo Georgio Spalatino, Aulæ Illustrissimi Prin[cipis] Saxo[niæ] Ducis Friderici Episcopo, suo in Domino Majori et Patrono.

75

ANÉMOND DE COCT, chevalier français, au Lecteur.
De Wittemberg, (au mois d'août)¹ 1523.

Evangelici in Minoritarum Regulam Commentarii. F. Lamberto autore. Wittembergæ. 1523. in-8°.

(TRADUITE DU LATIN.)

Sommaire. Quoique la Parole de Dieu demeure invincible, l'Église au contraire a souffert mille maux par l'effet des lois papistiques, et aujourd'hui qu'elle essaie de

---

⁷ *Jean Bugenhagen*, surnommé *Pomeranus*, naquit à Wollin, en Poméranie, le 24 juin 1485. Après avoir étudié à Greifswald, il embrassa la vie monastique, fut prédicateur et professeur à Treptow jusqu'en 1521, et devint l'année suivante pasteur à Wittemberg. Il se rendit célèbre par ses commentaires sur les Psaumes et sur d'autres livres de l'Écriture sainte.

⁸ Son nom nous est inconnu. Elle avait épousé Bugenhagen le 10 octobre 1522. (Lutherus Spalatino, 4 Octobr.)

⁹ A l'exemple des Apôtres, les Évangéliques donnaient ce nom de *sœur* à leur femme.

¹ Cette préface n'a pu être composée que vers la fin de juillet, comme l'indique la mention des martyrs de Bruxelles.

se relever, elle a encore tout à craindre du pape et de ses suppôts. De *nouveaux martyrs de Jésus-Christ* viennent de périr sur le bûcher à *Bruxelles*. Mais leur sang sera vengé par le Très-Haut, et nous voyons déjà plusieurs sectateurs de la perdition sortir de Babylone pour révéler ses souillures. Dans le nombre de ces réchappés est *François Lambert*, qui nous dévoilera toutes les impostures des moines.

Anémond de Coct, chevalier français, au lecteur pieux.

Que le Seigneur soit avec toi ! La majesté de la parole divine est si grande, qu'elle demeure toujours invincible, quelles que soient les attaques que le monde dirige contre elle. Les princes ont beau la persécuter avec acharnement, les portes de l'enfer ont beau se mettre en fureur, elle possède une puissance qui se développe, s'accroît et se maintient avec d'autant plus de vigueur, qu'elle est exposée à plus de persécutions. Pour la rendre invincible, il a fallu que le Fils de l'Homme endurât les souffrances et la mort. Mais il n'y a pas lieu de s'étonner, puisque Christ lui-même l'a prédit, que, dans cette époque des derniers temps, son corps mystique, qui est *l'Église*, se trouve depuis une si longue suite d'années *en état de décomposition et de mort* ; car Christ avait été jeté dans l'ombre, sa parole altérée, l'Évangile souillé et perverti par des doctrines impies et blasphématoires. Aussi, l'Église déchirée par les morsures des funestes lois papistiques, attachée par des clous plus que de fer à un gibet pire qu'une croix. *L'Église commence à peine aujourd'hui à refleurir et à se relever, qu'aussitôt*, comme toujours, *les prêtres, les scribes, les pharisiens, les faux Christs, les sophistes et les moines s'efforcent de nouveau de l'opprimer et de l'étouffer.* Les mêmes hommes qui ont fait monter sur le bûcher, à cause de la parole de Dieu, *Jean Huss* et *Jérôme de Prague*, viennent tout récemment d'immoler dans *Bruxelles* de nouveaux martyrs de Christ, qui sont demeurés fermes jusqu'à la mort dans la confession de leur foi³. Leur crime, aux yeux de cette église romaine toute composée d'impies et de méchants, était de mettre en péril le royaume

---

² C'étaient trois jeunes moines du couvent des Augustins d'Anvers: *Jean Esch, Henri Voes* et *Lambert*. Les deux premiers périrent sur le bûcher, le 1ᵉʳ juillet: Lambert, quelques jours plus tard. Voyez le récit de leur martyre dans les Lettres de Luther et dans Sleidan, livre IV. Érasme leur rend ce témoignage: « Certè summa et inaudita constantia mortui sunt. Scio pro Christo mori gloriosum esse. » (Erasmus Zuinglio, Basileæ, pridie Kal. Septembr. 1525. Fueslin. Epistolæ ab Ecclesiæ Helveticæ reformatoribus vel ad eos scriptæ. Tiguri, 1742, in-8°, p. 9.)

du Pape, et elle les a fait périr par le feu. Ce Lycaon de Rome osera donc tout tenter, tout entreprendre, tout accomplir, pour le maintien de sa tyrannie ! Il s'arroge et usurpe le titre de pontife, qui, selon le témoignage de saint Paul, ne convient qu'à Christ seul : et, pour que rien ne manque à cette fiction, il s'est décoré, comme l'ancien chef des Flamines de Jupiter, du titre de Souverain Pontife, se faisant avec impudence l'égal et même le supérieur du grand pontife Jésus. Qu'elle s'accomplisse donc devant les yeux du Très-Haut, la vengeance du sang de ses serviteurs, qui a été versé ! Que Celui qui a foulé aux pieds le lion, marche également sur le dragon venimeux et l'anéantisse, puisqu'il continue à persécuter et à déchirer notre Sauveur et son épouse ! Dût l'ennemi tenter de nous égorger, ce ne sera « ni la mort, ni la vie, ni les anges, ni les principautés, ni les puissances, ni les choses présentes, ni les choses à venir, ni la hauteur, ni la profondeur, ni aucune autre créature qui pourront nous séparer de l'amour que Dieu nous a témoigné en Christ-Jésus notre Seigneur. »

Mais nous voyons, grâces à Dieu, bon nombre de ces sectateurs de la perdition revenir de jour en jour à des sentiments meilleurs et prêter l'oreille aux invitations du Très-Haut, qui leur crie par la bouche de Jérémie : « Sortez du milieu de Babylone et du pays des Chaldéens : marchez comme les béliers, à la tête du troupeau ; car, voici, je susciterai et j'amènerai contre Babylone un concours de grandes nations venues du côté de l'Aquilon, et elles l'attaqueront, et elle sera prise. »

Parmi ceux qui ont écouté cet appel se trouve notre cher *François Lambert*, qui met tout son zèle à réaliser le passage de l'Apocalypse où il est dit : « Que celui qui entend dise : Viens. » Après s'être laissé entièrement séduire par les belles apparences de l'hypocrisie des Frères Mineurs, il est enfin sorti, par la grâce de l'Esprit saint, de ce labyrinthe et de cet abîme, et il a dévoilé dans le présent opuscule, au lecteur le moins attentif, les pestilentielles erreurs de ces moines. C'est ici, comme dit le prophète, la voix des réchappés et de ceux qui se sont enfuis de Babylone, pour annoncer dans Sion la vengeance de notre Dieu, et la vengeance de son temple. Le temple de Dieu, c'est l'esprit des fidèles, dans lequel ne peut trôner un instant cet homme de péché, ce Phalaris des Romains. Si donc tu désires, ô lecteur, connaître les abominables souillures de ses satellites, des *Franciscoldtres* (passe-moi l'expression) et de toute la moinerie, leurs superstitions pires que celles des païens et que les mystères de l'Égypte : si tu tiens à savoir quelles sont les monstrueuses balivernes qu'ils décorent du nom de religion, — achète ce petit volume, qui ne te coûtera pas cher : il te dévoilera à fond les impostures de ces renards, qui, au milieu de cette famine de la parole de Dieu, égale à celle de Samarie, nous ont vendu, à la place de la sagesse qui est notre tête, et au prix d'immenses sommes d'or et d'argent, cette stupide tête d'âne[3], qui s'appelle le Pape et l'Antechrist. Excuse-moi, cher lecteur, si j'ai dépassé les bornes raisonnables d'une Épître. C'est la pensée du sang innocent criminellement répandu, c'est mon zèle pour la très-sainte maison de Dieu, qui a inspiré mes plaintes. Puisse le Roi des rois se lever promptement pour faire justice ! Amen.

Adieu, et prie avec nous pour la paix de l'Église renaissante[4].
De Wittemberg, 1523.

76

LUTHER au Duc de Savoie (Charles III).
De Wittemberg, 7 septembre 1523.

Christianissimi doctoris Martini Lutheri ad Inlustriss. principem Carolum Sabaudiæ ducem Epistola[1]. (Tiguri, Christophorus Froschoverus, 1524) in-4°.

SOMMAIRE. Le bruit public, confirmé par le rapport du chevalier *Anemond de Coct*, m'a appris que vous aimez la vraie piété. Je vous en félicite et je m'en rejouis,

---

[3] Allusion au second livre des Rois, chap. VI, v. 25.

[4] On lit les paroles suivantes dans une courte préface de *Luther* qui précède celle de *Coct* : « .... Quando Evangelion contra totum istarum larvarum cahos, impetum facere cœpit, merito in hos primum et maximum facere debebat. Id oneris subiit *Franciscus Lambertus*, ut qui probè eos intus et in cute noscens, mysteria pulchrè possit prodere, quæ magna sui pernicie, didicit apud eos ; et nunc, miserante Christo, ceu extremum auriculæ ex ore lupi, ereptus est ab istorum perditione. Lege igitur felix ac vide, *Christum, non solùm in Luthero, sed et in multis aliis suis vasis, irasci et ulcisci sese, de purpurata illa et ebria meretrice*, fornicationum matre, simulque nobiscum ora, ut quod cœpit in nobis perficiat. Amen. Wittembergæ. M.D.XXIII. »

[1] Cette lettre fut portée à la cour de Savoie par le chevalier *Coct* et pu-

comme d'une *nouvelle conquête de l'Évangile.* En vous faisant connaître *les principaux points de notre foi,* je voudrais vous engager à permettre qu'elle fût prêchée dans votre pays. Excitez le feu divin qui brûle en vous, afin qu'il embrase *la maison de Savoie* et toute *la France,* pour en faire un royaume vraiment *très-chrétien.*

Clarissimo et inlustrissimo Principi ac Domino D. Carolo duci Sabaudiæ, suo in Christo patrono clementissimo Martinus Lutherus.

Gratia et pax in Christo Iesu Domino nostro ! Amen.

In primis veniam abs tua clementia peto, inlustriss. Princeps, quòd ego, fex hominum, neque jussus neque vocatus, ad tuam celsitudinem audeo scribere prior. Facit id gloria Evangelii Christi, in qua et ego glorior et gaudeo ubiubi illam videro et audiero clarere aut surgere. Dabit igitur tua Celsitudo id evangelii caussæ, quòd præ gaudio Tuam Dominationem inlustrissimam saluto prior. Pervenit enim ad nos fama [2], eamque confirmavit *Annemundus Coctus,* eques auratus, *Gallus,* incredibiliter fervens in gloriam Evangelii, esse scilicet *Ducem Sabaudiæ* synceræ pietatis vehementer studiosum, rarissimo certe inter principes dono Dei.

Proinde dignum esse judicavi, ut dignissimus princeps à me indignissimo gratulandi officio saltem benediceretur et animaretur, quòd exemplo T. D. pulcherrimo plurimos lucrifacere poterit Christus. Itaque, quò certius T. D. internoscat quantùm nobiscum sapiat, et quàm diversum sacrilegi Sophistæ hactenus sub Papa docuerint, non pigebit me hic aliquot capita per ordinem recensere, simul velut rationem reddens nostræ doctrinæ, quo habeat T. D. quod opponat iis qui maligna de nobis loquuntur, et T. D. synceritatem astu Satanæ tentari volent.

bliée par ses soins, au commencement de l'année suivante, d'après le texte original. Un ouvrage intitulé « Martini Lutheri Epistolarum Farrago, » Haganoæ, M.D.XXV, in-8°, reproduit, sauf deux ou trois variantes, le texte donné par Coct, et l'éditeur, Vincent Obsopœus, dit dans la préface: « Epistolam ad illustriss. Sabaudiæ principem *Martinus ipse latinam fecit.* »

[2] Luther avait probablement reçu ces informations par les amis du secrétaire allemand de Charles III, nommé *Joachim Zasen* ou *Zasy,* natif de Fribourg en Brisgau, docteur en théologie. Le duc témoignait beaucoup de faveur à « maître Joachim. » Il lui confiait volontiers des missions auprès des cantons suisses et des princes de l'Empire, et il aimait à le questionner sur la doctrine des églises allemandes. Ce dernier fait, embelli par la renommée, put facilement donner le change sur les sentiments du duc de Savoie. (Voyez plus loin la lettre du 3 février 1530.)

(Suit un exposé de la doctrine luthérienne.)

Hæc sunt fermè rerum capita quæ vellem, clarissime Princeps, ut (sicut cœpisti) strenuo studio juvares publica fieri. *Vi gladii nihil geri neque tentari volo, neque id prosperum erit;* sed tantùm, ut sub Tuæ Celsitudinis Dominio tuti sint atque vocentur qui syncere evangelizent. Iste enim erit modus, hæc via qua destruet Christus Antichristum illum spiritu oris sui, ut, juxta Danielem, sine manu conteratur. Cujus adventus fuit per efficaciam Satanæ in signis mendacibus; non enim Satanas Satanam ejiciet, sed digito Dei ejiciuntur Dæmonia.

Macte ergo, Princeps inlustrissime et Heros generosissime. Suscita eam quæ in te cœpit ardere scintilla[m], et fac ut ignis egrediatur de domo *Sabaudiæ* ceu de domo Ioseph, et sit ei *tota Gallia* quasi stipula, et ardeat sanctum illud incendium Christi, immò flagret, ut vere tandem *Francia* possit dici ab Evangelio *regnum Christianissimum*, quod hactenus ab impio in Antichristum, propter effusum sanguinem, officio, impie dictum est christianissimum! Amen.

Dominus autem Iesus Christus sibilet spiritu suo in cor tuum et tuorum, ut faciatis omnes quæ ad gloriam sancti sui Verbi faciant! Amen. Wittembergæ, anno M.D.XXIII. Septima Septembris.

77

GUILLAUME BRIÇONNET aux Fidèles de son Diocèse[1].
De Meaux, 15 octobre 1523.

Toussaints Du Plessis. Hist. de l'Église de Meaux. II, 558.

(TRADUIT DU LATIN.)

SOMMAIRE. Decret synodal contre les *doctrines* et les *livres de Luther*.

GUILLAUME, par la grâce de Dieu Évêque de Meaux, à tous fidèles Chrétiens de notre Diocèse, salut.

[1] Cette pièce et la suivante sont généralement citées d'après la traduction faite par *J. Lermite*, secrétaire de l'évêché de Meaux, et publiée par Guy Bretonneau dans son *Hist. des Briçonnets*. Mais cette traduction renferme

La Bonté digne de toutes bénédictions a tellement préservé son Église, que celle-ci, fondée sur le roc solide et stable qui subsistera jusqu'à la fin des siècles, est demeurée immobile sous la grêle de traits qui, de tout temps, ont été décochés contre elle. Quoique les hommes qui se sont efforcés, mais en vain, de souiller en quelque manière sa pureté aient été innombrables, nul toutefois ne s'est montré aussi téméraire et n'a plus fortement porté la hache contre sa racine, que *Martin Luther*, qui en renverse tout l'ordre hiérarchique, bouleverse et détruit l'état qui contient tous les autres dans le devoir[2], s'efforce d'effacer le souvenir de la passion du très-excellent Jésus, et qui, tenant pour rien le mariage spirituel[3] (et surpassant ainsi la perversité de *Nicolas*[4], autant que l'esprit surpasse le corps), y admet sans choix le premier venu, pour flatter le populaire. Semblable à Chrysippe, qui se croyait seul sage, il tord à sa fantaisie par une interprétation nouvelle les saintes Écritures, et méprise tous ceux des anciens qu'il trouve contraires à ses témérités: le bienheureux *Denis*[5] entre autres, ce disciple de Paul, dont les écrits sont après les Évangiles et les livres apostoliques ce qu'il y a de plus sublime et de plus sacré, il le traite de novateur!

Il importe de faire partout disparaître ce venin pestilentiel avec d'autant plus de promptitude, que relâchant la discipline ecclésiastique, il répand une licence qui dispose à tous les crimes, non-seulement les malades et les faibles, mais *les forts eux-mêmes et les bien portants*, de telle sorte qu'il ne reste presque nulle différence entre la secte de Mahomet et la religion de Jésus-Christ. *Luther* rend même celle-ci d'autant plus pernicieuse, que, supprimant toute sanction, il veut que chacun soit le propre juge de l'usage

---

de si graves inexactitudes, que nous avons dû chercher à reproduire aussi fidèlement que possible le texte original, afin de rendre à ces deux pièces leur véritable caractère et de permettre ainsi la rectification des erreurs dont la traduction de J. Lermite a pu être la source.

[2] L'évêque de Meaux souhaitait jadis que l'exemple de la famille royale pût allumer « l'estat par la froideur duquel tous les aultres sont gelléz. » (N° 48, à la fin.) Ailleurs il appellera le clergé « l'estat qui tous ruyne. »

[3] C'est-à-dire le sacerdoce chrétien. Briçonnet désigne ailleurs un évêque par le titre d'*époux ministériel*. Voyez sa lettre du 25 février 1524.

[4] *Nicolas*, l'un des premiers diacres, était censé auteur de la secte des *Nicolaïtes* mentionnée dans l'Apocalypse, et on lui attribuait des opinions très-relâchées sur l'union conjugale.

[5] *Denis*, dit *l'Aréopagite*, qui avait été converti à Athènes par St. Paul

qu'il fait de sa volonté et de sa liberté. Lui-même se pose en défenseur de la liberté de l'Église, quoique ce soit d'un point de vue tout charnel et non selon la vérité qu'il disserte sur la liberté, qui n'est après tout qu'une servitude supérieure à toutes les libertés. Ce qui montre particulièrement de quel esprit il est animé, c'est l'exubérance d'injures qu'il déverse contre chacun, tandis que Dieu aime l'esprit de piété, de modestie et de douceur, et non pas celui de contention. Or, *comme le monde presque entier est rempli de ses livres,* et que le peuple, amoureux qu'il est des nouveautés et de la licence, et séduit par la vivacité de son style[6], pourrait se laisser prendre à cette liberté imaginaire et fallacieuse qu'il prêche, et échanger ainsi la lumière, la vérité et la vie, contre les ténèbres, le mensonge et la mort, si, non-seulement les sentinelles, mais chaque membre du troupeau ne travaillaient à éteindre cet incendie qui menace l'Église tout entière, — à ces causes, *craignant qu'une plante si vénéneuse ne pousse ses racines dans le champ qui nous est confié,* nous avons regardé comme notre devoir de l'extirper radicalement, avant qu'elle ne se fût propagée et multipliée[7].

Nous interdisons en conséquence par ce décret synodal à tous et chacun des fidèles de notre Diocèse, de quelque état, rang, ou condition qu'ils soient, et ce sous menace de l'excommunication et des autres peines, d'acheter, lire, posséder, colporter, ou d'approuver, justifier et communiquer dans les réunions publiques et les conversations privées, les livres du dit *Martin* ou ceux dont il passe pour être l'auteur : leur enjoignant au contraire d'avoir, immédiatement après la publication du présent décret, à se défaire de ceux de ces livres qui pourront se trouver dans leurs mains, dans leurs maisons ou partout ailleurs, et à les détruire par le feu. Ce décret synodal que nous publions par les présentes aura force et autorité de décret synodal perpétuel et sera enregistré parmi les autres. Donné à Meaux, dans notre synode général, le 15 octobre 1523[8].

(Act. XVII) et que l'on croyait alors l'auteur d'écrits apocryphes tout remplis du mysticisme alexandrin.

[6] Ce passage permet de croire qu'il existait alors (1523) des traductions en langue française de plusieurs écrits de Luther; mais l'histoire littéraire de cette époque n'en conserve aucune trace.

[7] Voyez le N° suivant, note 2.

[8] Voyez le N° suivant, note 4.

78

GUILLAUME BRIÇONNET au Clergé de son Diocèse.
De Meaux, 15 octobre 1523.

Toussains Du Plessis. op. cit. II. 559.

(TRADUIT DU LATIN.)

SOMMAIRE. Decret synodal contre ceux qui, *abusant de l'Évangile*, nient le Purgatoire et l'invocation des Saints.

GUILLAUME à tous et chacuns les curés, vicaires, sous-vicaires, et autres prêtres de notre dépendance, salut dans le Seigneur!

La vérité a prédit que, dans les derniers jours, il ne manquerait pas de chiens et de mauvais ouvriers plus attachés à leur ventre, à leur gloire et à leur gain qu'à la piété, et qui, par des accusations mensongères déchireraient les gens de bien, en faisant tourner au profit de leurs propres convoitises l'honneur et la gloire de Dieu. Le Dieu très-bon, duquel nous tenons le vouloir, le pouvoir et le faire, sait combien *nous avons eu à cœur de nourrir de la vérité évangélique le troupeau qui nous est confié* et de faire en sorte qu'aucune semence étrangère ne fût mêlée au pur froment. On sait à combien de vexations, d'attaques et d'injures nous avons pour cela même été en butte depuis un grand nombre d'années[1] : mais, ne nous proposant d'autre but que l'honneur de Dieu, nous n'avons jusques à présent tenu aucun compte de la perte de notre honneur et de notre réputation, si toutefois cette perte existe pour celui « à qui le monde doit être crucifié. »

---

[1] Jean Lermite, secrétaire de Briçonnet, loue « son invincible patience à supporter .... les insolences et rebellions » des curés de son diocèse qu'il voulait contraindre à remplir leurs devoirs. Mais la plupart des tracasseries qu'il eut à subir lui vinrent des Cordeliers, auxquels il avait dû interdire la prédication dans un grand nombre de paroisses. Périon rapporte qu'en 1521, à la fin de juillet, « *Denis Briçonnet* feit un voyage à Paris, à l'occasion de son frère *Guillaume* ... que quelques uns avoient pour lors injustement et calomnieusement traversé. » (Bretonneau, op. cit. p. 165, 169 et 236. Voyez aussi le N° 20, note 3, et le N° 36, note 4.)

Cependant, tandis que le Seigneur ne délaissait point son œuvre et que *la parole évangélique faisait des progrès*, quelques personnes, *abusant de l'Evangile* et le tournant à leur propre sens, afin que *le peuple qui y avait pris goût* fût gagné par l'appât de la nouveauté, et se prononçât en leur faveur, ont osé prétendre et prêcher, au mépris de la vérité évangélique, que le Purgatoire n'existe pas. et que, par conséquent, il ne faut pas prier pour les morts, ni invoquer la très-sainte vierge Marie et les Saints². Comme *ces personnes avaient été appelées à partager nos soins pastoraux*³, et qu'elles ont pu, par leur venin pestilentiel, infecter les oreilles pieuses des brebis qui nous sont confiées, nous vous enjoignons à tous et chacuns, de la manière la plus expresse, de revenir maintes et maintes fois, dans vos prônes, sur ce sujet, et d'engager votre

---

² Dans le nombre de ceux auxquels pouvait s'appliquer cette censure, se trouvait *Le Fèvre*, qui, s'il n'avait pas attaqué ouvertement l'invocation des Saints, en avait néanmoins parlé comme d'une pratique inutile et même nuisible à la vraie piété. (V. le N° 25, n. 8, la p. 93, au haut, et la lettre du 2 avril 1524, note 5.) Et cependant *Briçonnet* l'avait élu six mois auparavant (1ᵉʳ mai 1523) pour son vicaire général *au spirituel!* Mais voici un autre sujet de surprise : Le même prélat qui prononce l'anathème contre la doctrine de *Luther* (N° 77) éprouvait une grande estime pour la personne et les écrits d'*Œcolampade*, et nous le verrons bientôt prendre une résolution importante, sur le conseil de ce réformateur. (V. ci-dessous les lettres du 6 juillet 1524.)

Ces *contradictions de Briçonnet* ont donné lieu à des jugements très-opposés. Plusieurs historiens catholiques, tout en déplorant la simplicité et l'excessive confiance dont il fit d'abord preuve, admettent cependant qu'il fut sincère dans son opposition tardive aux nouvelles doctrines. La plus ancienne chronique protestante, suivie par Théodore de Bèze (Hist. ecclés. I, 5) et par tous les historiens réformés, soutient, au contraire, que Briçonnet céda à l'intimidation. Il serait devenu persécuteur, pour éviter la persécution qui le menaçait. (Voyez la note 4.)

³ Le 12 avril de la même année 1523, Briçonnet avait déjà interdit la chaire à quelques-uns de ceux « qu'il avait chargés de répandre *à sa place* la parole de Dieu dans son troupeau. » Voyez Toussaints Du Plessis, op. cit. II, 557. « Quum ab ultima Synodo nostra commiserimus per litteras nostras quamplures, qui nostro gregi verbum Dei *vice nostra* disseminarent, intellexerimusque, nonnullos, quæ Dei sunt non sincere ac pure, licet speciem pietatis præ se ferentes,.... temperare, sed adulterare .... tenore præsentium districte præcipimus mandamusque .... nos omnes et singulos antea per nos commissos ex nunc revocasse, ... inhibentes præfatis Curatis et Vicariis, ne eorum quempiam quovis exquisito colore ad Prædicationis munia recipiant .... nisi expressum super hoc a nobis aliud mandatum habuerint. »

oupeau à faire pour les morts des oraisons pieuses, à croire à l'existence du Purgatoire, et à invoquer la très-sainte vierge Marie et les Saints, en répétant souvent à cet effet les litanies. S'il arrivait que quelques-uns se permissent de prêcher, affirmer et inculquer le contraire, et embrassaient les sus-dites hérésies ou d'autres erreurs, vous aurez à les citer immédiatement devant nous et vous leur interdirez de continuer à évangéliser votre troupeau.

Donné en notre synode de Meaux, le 15 d'octobre 1523[1].

---

[1] On n'a pas mis en doute jusqu'à présent l'authenticité des décrets synodaux signés par Briçonnet le 15 octobre 1523, ni de celui qu'il publia le 13 décembre suivant (V. plus loin). Mais leur date semble infirmée par un passage de la chronique protestante mentionnée dans la note 2, et qui a pour auteur *Antoine Froment*. Voici comment elle s'exprime :

« Estant aux estudes à Paris, *Farel* avec *Jaques Faber Stapulensis*, *Gérard Rufus* et *Michel Arande*, natif auprès de Tournay en Picardie, furent contraincts de s'enfuir et retirer à *Meaux* en Brie, estants persécutéz pour la doctrine de l'Évangile. Cecy advint l'an 1524. L'Évesque de Meaux, nommé *Brissonnet*, les receut et logea en sa maison, car il avoit cognoissance des abus de la Papauté et quelque goust de la vérité de l'Évangile, laquelle lors luy-mesme preschoit et faisoit prescher par son Évesché, tellement qu'il avoit le bruict d'estre l'un des plus grands *Luthériens* du Royaume de France. Cecy fust la cause par laquelle Farel et ses compagnons se retirèrent à Meaux. Advint que le Roy *François* ou ses gouverneurs, à la sollicitation des docteurs de *Sorbonne*, dressèrent persécution contre ceux de Meaux, dont plusieurs furent constituéz prisonniers, et finalement plusieurs en souffrirent constamment la mort. C'est Évesque *Brissonnet*, craignant perdre son Évesché et sa vie, changea sa robe et devint persécuteur de ceux qu'il avoit auparavant enseignéz, et les solicitoit à se desdire et à suivre la doctrine qu'avoyent suivie leurs prédessesseurs. Autresfois, en leur preschant l'Évangile, il leur avoit dit, comme sainct Paul escript aux Gallates, que sy luy-mesme ou un Ange du ciel leur preschoit autre doctrine que celle qu'il leur preschoit, qu'ils ne [le] receussent pas. Laquelle chose luy fut objettée par ceux qu'il taschoit à faire revolter, et luy dirent qu'ils croyoyent ce que lors il leur avoit dit.... Quelque temps après, ce malheureux Évesque quita son Évesché, estant pressé par un remord de conscience ; plus ne peut-on sçavoir de sa vie, sinon qu'aucuns affirment qu'il mourut comme désespéré. C'est un merveilleux exemple de l'horrible jugement de Dieu contre ceux qui persécutent la vérité, après l'avoir cogneue ... » (Fragment à la suite de la Vie de Farel. Manuscrit de la Bibliothèque publique de Genève, vol. n° 147.) Froment est inexact quand il dit que Le Fèvre et ses disciples se réfugièrent chez Briçonnet en 1524 ; mais de l'ensemble de son récit il paraît résulter, que « l'apostasie » de cet évêque aurait eu lieu seulement *à la suite* des premières arrestations opérées à Meaux par l'ordre du Parlement, c'est-à-dire depuis le mois de juillet 1524.

79

[LE FÈVRE D'ÉTAPLES] à tous Chrétiens et Chrétiennes.
(6 novembre 1523.)

En tête de la deuxième partie de sa traduction du Nouveau Testament. Paris, Simon de Colines, 1523, petit in-8°[1].

SOMMAIRE. Ceux que Dieu attire désirent naturellement connaître la sainte Écriture. Charles VIII voulut la lire en français. *Les premières princesses de ce royaume* ont aussi désiré, pour elles-mêmes et pour tout le peuple, qu'il se fît une traduction complète du Nouveau Testament. Portrait de l'apôtre St. Paul. Résumé des épitres de St. Jaques, de St. Pierre et de St. Jude. Portrait de l'apôtre St. Jean. Caractère de l'Apocalypse. Ce qui donne une valeur inestimable à la traduction en langue vulgaire du *Nouveau Testament*, c'est qu'il forme *la règle et le trésor du Chrétien*. Aussi « la volonté du *Roi Très-Chrétien* est-elle que la Parole de Dieu soit purement prêchée par tout son royaume, à la gloire du Père de miséricorde. » Résultats bienheureux qu'aurait cette volonté du Roi, si tout *le clergé*, à l'exemple de St. Jean Chrysostome, exhortait le peuple à lire et à méditer l'Évangile.

Épistre exhortatoire.

A tous Chrestiens et Chrestiennes, salut en Jésuchrist, vraye congnoissance et amour de sa parolle !

Sainct Paul parlant de la saincte Escripture, aux Romains (ch. XV), dict que « toutes les choses qui sont escriptes sont escriptes à nostre doctrine, affin que par patience et consolation des Escriptures, nous ayons espérance, » c'est-à-dire, que instruictz par les sainctes Escriptures, toute nostre fiance soit en Dieu. Ce n'est point doncques de merveilles, se [l. si] ceulx qui sont tou-

---

[1] La première moitié de la Seconde Partie du N. T., renfermant les Épitres de St. Paul et les Épitres Catholiques, parut chez Simon de Colines le 17 octobre 1523; les Actes des Apôtres furent publiés le 31 octobre, et l'Apocalypse de St. Jean, le 5 novembre suivant. (Barbier. Dict. des anonymes, n°⁸ 2304 et 12536.) Cette seconde Partie, qui complétait l'ouvrage, est datée du 6 novembre 1523. (Voyez la note 12.) Tous les bibliographes en constatent l'excessive rareté. Nous la réimprimons d'après l'édition qu'a donnée, en octobre 1525, Simon Du Boys, et les fragments de celle de 1523 publiés par Sainjore [Richard Simon] dans sa Bibliothèque critique. Amsterdam, 1708-10, 4 vol. in-12. Tome IV, p. 114 et 117.

chéz et tiréz de Dieu desirent la vraye et vivifiante doctrine, qui n'est que la saincte Escripture.

Auquel desir, passéz trente-six ans ou environ, fut incité le très-noble roy *Charles huytiesme* de ce nom[2]. A la requeste duquel la saincte Bible fut entièrement mise en langue vulgaire, affin que aulcunesfois il en peult avoir quelque pasture spirituelle, et pareillement ceulx qui estoient soubz son royaulme, coopérant à son sainct et fructueux desir ung sçavant docteur en théologie, son confesseur, qui avoit nom *Jehan de Rély*, constitué en dignité épiscopale[3], grant annonciateur de la parolle de Dieu. Et lors fut imprimée la dicte Bible en françoys. Et depuis de rechief par plusieurs fois, comme encores de présent est, et se peult trouver de jour en jour aux boutiques des librayres. Et présentement il a pleu à la bonté divine, inciter *les nobles cueurs et chrestiens desirs des plus haultes et puissantes dames et princesses du royaulme*[4], de rechief faire imprimer le Nouveau Testament pour leur édification[5] et consolation, et de ceulx du royaume. Et leur a pleu, qu'il ait esté reveu et conféré à la langue[6] latine, ainsi comme le lisent les Latins, pour les faultes, additions et diminutions qui se trouvoient en ceulx qui estoyent impriméz[7]. Ce que par la grâce de Dieu a esté fidèlement faict.

[2] Ce serait donc environ l'an 1488 que le roi Charles VIII, âgé de 17 ou 18 ans, aurait conçu le désir de faire traduire toute la Bible en français. Cette traduction n'est pas la plus ancienne. A la fin du treizième siècle, il y avait eu celle de *Guyart des Moulins* : au quatorzième, sous Charles V, celle de *Raoul de Presles*. Plus complète que ces deux dernières versions, la traduction de *Jean de Rély* était encore fort imparfaite. D'après Richard Simon (Hist. crit. des versions du N. T.), ce n'était qu'un extrait biblique paraphrasé. Le Fèvre entreprit, le premier, de reproduire exactement le texte de la Vulgate, sans rien ajouter ni retrancher. (Voyez Graf, Essai, p. 109.)

[3] *Jean de Rély*, élu évêque d'Angers en 1491, retoucha le style de la traduction des « livres historiaulx de la Bible » de Guyart des Moulins, et la fit imprimer à Paris vers l'an 1495. Le Fèvre d'Étaples lui avait dédié son édition de l'Éthique d'Aristote.

[4] La reine-mère, Louise de Savoie, et sa fille, Marguerite d'Angoulême. Le Fèvre dit plus bas qu'on leur devait déjà la publication des Évangiles.

[5] Dans l'édition de 1523, on lit après le mot *édification* : « afin qu'il ne soit seulement de nom dict Royaume très-Chrestien, mais aussi de faict. »

[6] Ibid. *lettre*.

[7] Ibid. *reimprimez*. La traduction de Jean de Rély fut réimprimée plusieurs fois à Lyon et à Paris pendant le premier tiers du seizième siècle.

Parquoy, très-chiers frères et seurs en Jésuchrist, toutes les fois que vous lirés ce Nouveau Testament, *vous ne debvrés oublier en voz prières les très-nobles cueurs qui vous ont procuré ce bien et exercice tant salutaire et divin, et que jà avez eu, par leur moyen, la première partie,* c'est assavoir les quatre évangiles de Jésuchrist, qui sont quatre fleuves spirituelz de paradis, par lesquelz se dérive toute sapience et doctrine de vie, comme nostre Seigneur dit par sainct Jehan : « Celluy qui beuvra de l'eaue que je luy donneray, n'aura point soif éternellement ; mais l'eaue que luy donneray, sera faicte en luy une fontaine d'eaue saillante en vie éternelle. » (Joan. IV.) Ceste eaue est l'esperit et l'intelligence par foy du Nouveau Testament. Et qui est celluy qui n'a soif de si noble et excellente eaue ? Et qui ne dit, en ung profond desir de cueur, avec la Samarytaine : « Sire, donne-moy de ceste eaue ? » Laquelle se respant aussi et se distribue au résidu du Nouveau Testament, c'est asscavoir aux épistres sainct Paul, aux épistres catholiques, escriptes par sainctz Jaques, Pierre, Jehan et Jude, aux Actes, c'est-à-dire faictz des apostres, escriptz par sainct Luc, et à l'Apocalypse de sainct Jehan, comme à quatre roues de doctrine divine du triumphant chariot du roy des roys, qui est nostre Seigneur Jésuchrist, lequel chariot meine au Dieu des dieux en Sion, qui est le père de nostre Seigneur Jésuchrist en la gloire céleste.

Et soubz le nom de *l'Évangile* sont comprinses *toutes ces sainctes et vivifiantes doctrines*, c'est asscavoir tout le Nouveau Testament. Et ne sont point doctrines d'hommes, mais doctrines de Jésuchrist, doctrines du sainct Esperit, qui est l'esperit de Jésuchrist, parlant és et par les hommes, comme sainct Paul nous tesmoigne, disant aux Thessaloniciens : « Nostre évangile n'a point esté vers vous seulement en parolle, mais aussi en puissance et en sainct Esperit. » (I Thess. I.) Et en ung autre lieu il dit : « Demandez-vous expérience de celluy qui parle en moy, qui est Christ ? » (II Corin. XIII.) Par lesquelz dictz entendons que les dictes Escriptures s'appellent Évangile, et qu'elles ne sont point des hommes, mais sont de Jésuchrist parlant en et par eulx.

Parquoy, en moult grande révérence debvons avoir les parolles *de ce sainct Nouveau Testament. Duquel on obtient l'intelligence en se humiliant devant Dieu par humble prière*, et plus par souspirs et desirs d'esperit, lesquelz Dieu donne aux humbles, et ne scet-on dont ilz viennent, sinon que on scet bien qu'ilz ne viennent point d'ung cueur glacé comme le nostre. Plaise au doulx Jésus l'eschauffer en luy, qui est vray feu venu en terre pour se donner à tous! Ces souspirs sont ouys de Dieu plus que toutes les voix, sons et clameurs du monde. Je croy que de telle prière Moyse prioit Dieu, sans ouvrir ne bouche ne lebvres, quant Dieu luy disoit : « Que crie-tu à moy ? » Car il n'est point là escript, qu'il dit aucune chose. En telz souspirs habite l'esperit de Jésuchrist, et luy-mesmes les faict. Et en iceulx peult-on obtenir plus de grâce, d'intelligence, et de congnoissance de Dieu et de ses sainctes Escriptures, que en lisant les commentaires et escriptures des hommes sur icelles ; car l'unction de Christ, comme dit sainct Jehan (I. Jo. II), enseigne de toutes choses.

Doncques, chiers frères et seurs, si aulcun est touché de ce sainct souspir de desir céleste, et vient à aulcune intelligence de l'Escripture saincte de la sapience divine, il n'en doit estre ingrat, mais continuellement rendre grâce, de cueur viscéral et larmoyant, à Celluy qui révèle ses secretz aux cueurs humbles. Et [qu'il] se garde sur toute chose de se enorgueillir ou de juger les autres destituéz de semblable grâce et intelligence. Car l'esperit de Dieu, par sainct Paul, le nous défend en plusieurs lieux, comme aux Corinthiens, disant : « Quelle chose as-tu que tu n'aye receu, c'est-à-dire que ne te ait esté donnée ? Et se tu l'a receu, pour quoy te enorgueillis-tu, comme se tu ne l'avoys point receu ? » (I Corin. IV.) Et aux Romains : « Je dis à tous ceulx qui sont entre vous, par la grâce qui m'est donnée, que ilz ne vueillent non plus sçavoir qu'il leur appartient de sçavoir, mais sçavoir à sobriété. » (Rom. XII.) Et plus oultre dit : « Ne sentés point de vous orgueilleusement, mais soyez consentans aux humbles. »

Et pourtant [i. partant], de tant que les grans trésors de Dieu vous sont communiquéz, [vous] qui estes simples et sans lettres et non point clercz, de tant vous debvez-vous plus humilier, et exercer en toutes grâces et vertus. Et ne debvez point semer les marguerites célestes, se intelligence vous est donnée, se ce n'est en exhortant l'ung l'autre à aymer Dieu (là gist la vie christienne, qui est vie spirituelle et céleste et non point charnelle et terrienne) et principalement ès lieux et aux personnes où [vous] povez seulement édifier et nul offenser. Car en ce monde il y a plusieurs charnelz, aymans seulement la fange et l'ordure, et plusieurs envieux contre les spirituelz, lesquelz l'Escripture saincte appelle pourceaux et chiens. Et devant ceulx-là, selon la doctrine de l'Évangile (Mat. VII), ne fault aucunement parler, ne semer les précieuses marguerites de l'Escripture saincte; aultrement, les ungz les foulleroient de leurs piedz, qui sont leurs affections ordes et vilaines, et les autres, à leur povoir, vous feroyent détriment et détracteroyent de vous. Soyez doncques prudens comme serpens et simples, c'est-à-dire humbles, comme columbes, en toutes choses; et, suyvans la doctrine de l'esperit de Dieu, qui est doulx, bening, amateur de paix, ayez amour avec tous, fors avec [le] péché.

Mais, pour retourner à *sainct Paul*, vray chevalier de Jésuchrist, portant la bannière de foy, flamboyant de l'amour de nostre Seigneur Jésuchrist, devant tous les chrestiens venuz des Gentilz, lequel est le premier en ceste seconde partie du Nouveau Testament, debvez sçavoir qu'il est vaisseau et instrument de Dieu, remply et suffisant, pour amollir les endurcis et faire les vaisseaux de ire vaisseaux d'honneur et de gloire. Et tel estoit-il quant il estoit sur terre, et tel est-il maintenant, quand il est au ciel, en tant qu'il nous a laissé ses épistres, esquelles Jésuchrist a parlé par luy. Il estoit sy plain de charité et de l'esperit de Jésuchrist, qu'il estoit mort au monde, à soy et à toute créature, et ne vivoit plus de son esperit, mais vivoit de l'esperit de Dieu, ou Dieu en luy, comme luy-mesme le tesmoigne, quant l'amour de Jésuchrist, qui estoit en luy superhabondante, le faisoit escrier: « Vive-je moy? non point moy, mais Jésuchrist vit en moy. » (Gala. II.) Il estoit sy plain de Jésuchrist, que tout ce qu'il pensoit estoit Jésuchrist, tout ce qu'il parloit, Jésuchrist. Quatre cens quarante neuf fois, ou plus, il a en ses épistres nommé le nom de Jésuchrist. Quelque part qu'il allast, il alloit à et pour Jésuchrist. Et quelque part dont il vint, il venoit de et pour Jésuchrist. Tout ce qu'il faisoit estoit par et pour Jésuchrist. Il ne nous vouloit point mener à créature, mais au créateur, au filz de Dieu, qui nous a créé et faict enfans de Dieu, son père, en se offrant sacrifice à Dieu, son père, pour nous, — qui a voulu mourir pour tous, pour donner vie éternelle, et nous laver de son sang, nous ostant la lèpre de Adam, nostre premier père, nous purifiant et nettoyant pour estre comme les anges de Dieu, son père. Comme en sentence il le dit par sainct Luc: « Ceulx qui seront dignes du siècle à venir, ilz ne pourront jamais mourir; car ilz sont esgaulx aux anges, et sont filz de Dieu. » (Luc. XX.)

C'est doncques à Jésuchrist à qui sainct Paul meine, non point à la créature. Car de luy-mesmes il dit, que il n'est riens (disant aux Corinthiens qui se glorifioyent et confioyent en la créature) : « Mais qu'est-ce que de Apollo ? Mais qu'est-ce de Paul ? Ilz sont serviteurs de celluy auquel vous avez creu. » (I Corin. III.) Et dit plus oultre : « J'ay planté, et Apollo a arrousé : mais Dieu a donné l'accroissement. Ne celluy doncques qui a planté est aucune chose, ne celluy qui a arrousé, mais Dieu qui donne l'accroissement. » Et *sainct Ignace*, en l'épistre qu'il escripvoit aux Romains : « Je n'ay desir d'aucunes des choses visibles ou invisibles, affin que [je] puisse acquérir Jésuchrist. » Et après [il] dit : « Je desíre nostre Seigneur, le filz du vray Dieu, et le père de Jésuchrist, icelluy je quiers totallement, et celluy qui pour nous est mort et resuscité. »

Allons doncques à Jésuchrist, en toute fiance ! Il soit nostre pensée, nostre parler, nostre vie et nostre salut, et nostre tout. Lequel Dieu le père nous a donné pour vivre en luy, et par luy et par sa parolle. Et se ainsi faisons, nous serons semblables à Paul, Apollo, Ignace, et à tous les autres apostres. Laquelle chose vous congnoistrez plus à plain, quant, en ferveur de cueur et entendement d'esperit, lesquelz Dieu donne, vous lirez les sainctes et chrestiennes épistres de sainct Paul. Pourquoy, à présent, nous en tairons, et vous dirons ung mot de ung chascun des autres.

Après doncques les épistres sainct Paul, vous avez l'épistre catholique de *sainct Jaques*, dicte catholique, c'est-à-dire universelle, pource qu'elle appartient universellement à la doctrine de tous chrestiens. Et elle enseigne que debvons estre fermes en foy, patiens en persécutions et tribulations, qui purgent et purifient les chrestiens, et les rendent plus parfaictz, comme le feu l'or. Elle monstre que nous n'avons aucun bien de nous, mais que tout bien et toute perfection vient d'en hault, de Dieu, qui est le père des lumières. Et [elle] baille enseignemens de fuyr toutes les choses de la chair, et suyvre seulement celles qui sont de l'esperit de Jésuchrist. La vie de Christ, la vie d'ung chascun chrestien n'est point charnelle, mais spirituelle. Il ne suyt point son esperit, sa volunté, sa concupiscence, mais l'esperit de Dieu. Et sa volunté est celle de Dieu, et son desir est Dieu. Elle enseigne, que ung chrestien ne soit point accepteur de personnes, qu'il ne soit point chrestien par dict seulement, mais soit chrestien par faict et œuvre de foy : car la foy sans œuvre est morte, et semblable à celle des malingz esperitz réprouvéz éternellement de Dieu. Elle veult que nous ne ayons point plusieurs maistres et plusieurs doctrines, mais seulement la doctrine de Jésuchrist. Je entendz ce [l. cela], pour proffiter à la vie pour laquelle Dieu nous a créé, recréé et racheté par son filz Jésuchrist. Et autres telz plusieurs beaulx enseignemens, que l'esperit de Jésuchrist nous donne par luy. Dieu par sa bonté nous vueille illuminer à les spirituellement et salutairement comprendre en les lisant, à la gloire de Dieu le père et de Jésuchrist son filz, qui est nostre éternel salut!

Après, avez deux épistres de *sainct Pierre*. En la première, il vous monstre : que toute nostre espérance, c'est-à-dire toute nostre fiance, doibt estre en Jésuchrist, qui est mort et resuscité pour nous, et pour nous donner ung héritage incorruptible, qui est la gloire de Dieu incompréhensible et éternelle : pourveu que ne cheminions point selon les desirs de la chair, mais, en toute nostre conversation, soyons sainctz à la semblance et imitation de celluy qui est le sainct des sainctz. Enseignant qu'il faut délaisser toute maulvaistié, et comment, en chascun estat, on se doibt spirituellement gouverner l'ung avec l'autre. En la seconde, il nous admonneste de sainctement proffiter en ce que la congnoissance de Jésuchrist et de sa saincte foy nous est donnée *par sa seule divine bonté*. Il défend (en prophétizant de ce qui estoit à venir) toutes sectes et diversitez de doctrines, hors celle de Jésuchrist. Et que nous ayons seulement au cueur et en souvenance ce que les prophètes et apostres nous ont enseigné de la doctrine de nostre Seigneur Jésuchrist. Car en icelle seule est la vie de tous, après laquelle tout esperit esleu de Dieu suspire. Et nous faict mention que suyvons la doctrine que la sapience de Dieu a donné à sainct Paul, en nous admonestant que, ès dictes épistres, il y a choses difficiles à entendre, — affin que nous nous humilions en les lisant, et ne abusions point de nostre sens en présumant de les vouloir par tout [l. partout] entendre, en les dépravant, les exposans selon nostre sens.

Il fault donques honnorer la saincte Escripture en ce que on entend, en rendant grâces à celluy qui donne l'entendement. Et en ce que on n'entend point, en le croyant selon le sens de l'esperit de Dieu, et non point selon le nostre, qui ne passe point raison, mais selon celluy qui surmonte tout sens et raison. Et en ce faisant nous nous humilions et honnorons le sens de Dieu comme debvons. Laquelle chose la grâce de Jésuchrist nous doint faire par toute la saincte Escripture, et par tout pensement et parolle de Dieu!

Après, viennent trois épistres de *sainct Jehan*. Et que vous diray-je de sainct Jehan? Il est couché au lict d'amour divine et de charité, qui est le sein de nostre Seigneur Jésuchrist, sur lequel aussi s'enclina en terre si parfond [l. profond] qu'il ne pense que à amour. Il ne parle que amour. Il ne souspire que amour. Car qui a charité, il a tout. Il a foy en plaine lumière, luysante plus cler en l'esperit esleu de Dieu, enflambé par amour, que ne fait le soleil à midy, au plus cler et plus chault jour de l'esté. Il a fiance si parfaicte en Dieu, que ciel, ne terre, ne chose qui soit en ciel ne en terre, ne luy est riens, sinon celluy seul qui est sa fiance, qui luy est tout. Il est tout en luy, et tout en ciel et en terre, et en toutes choses, et par toutes choses qui sont au ciel et en terre, et qui oncques furent, et qui jamais seront. Dieu doncques nous doint reposer au sein de Jésuchrist, affin que nous puissions estre enyvréz du vin des anges et de tous les sainctz et sainctes de paradis et de ce monde-cy, qui est charité de Jésuchrist!

Après sainct Jehan vient une épistre de *Jude*, nous enseignant sur toutes choses, seulement suyvir la doctrine de la foy de nostre Seigneur Jésuchrist. Et de fuyr tous ceulx qui suyvent en vie, en conversation, en doctrines, les concupiscences de la chair, déclarant par l'esperit de Dieu quelz ilz sont, affin que on les puist mieulx congnoistre, éviter et fuyr, et, en les fuyant, militer en la foy de nostre Seigneur Jésuchrist. En laissant la robbe charnelle, qui est toute souillée et maculée, et prenant la spirituelle, clère et resplendissante comme le soleil, pure et nette comme la prunelle de l'œil sans quelconque souilleure ou macule. Laquelle chose la grâce de Jésuchrist nous ottroye!

Après, viennent *les Actes des Apostres*, qui sont saincte histoire, contenant les faictz de sainct Paul plus amplement que de tous, comme facilement se pourra congnoistre en lisant.

Quartement et finablement vient *l'Apocalypse*, c'est-à-dire la révélation monstrée à sainct Jehan par l'esperit de Jésuchrist: laquelle n'est point pour les mondains, ne pareillement pour les clercz de ce monde, mais pour ceulx esquelz l'esperit de Dieu est habitant, non point seulement pour vivifier et illuminer en foy, ravir en espérance, enflammer en amour, qui s'apelle charité, mais pour révéler les secretz de la sapience divine. A laquelle riens de toutes choses qui ont esté, sont et seront, ne peult estre celé, que elles ne luy soyent aussi clèrement congneues, devant qu'elles soyent faictes, voire éternellement, avant le commencement du monde, comme quant elles sont faictes. En quoy, et les anges et tous les esperitz bieneureux louent, adorent et admirent l'éternelle sapience.

Et pource elle n'eust point esté mise icy, de paour que aucuns, par curiosité ou présumption de sens, n'en eussent abusé, se n'eust esté pour bailler entièrement tout le Nouveau Testament, en admonestant premièrement tous, que nul ne soit curieux ou abusant de son sens. Non point que l'esperit de Dieu ne puisse révéler à aucun ou aucune simple personne les secretz de ceste saincte révélation, qui est pour tout le temps depuis l'advènement de Jésuchrist jusques à la fin du monde, voire plustost que à ceulx que on répute sages et lettrez selon le monde. Car comme il est escript : « L'esperit inspire là où il luy plaist. » (Joan. III.) Il fault doncques, quant on la lit, louer, adorer, et admirer la haultesse et incompréhensibilité de la sapience de Dieu. Laquelle sçait tout le cours des siècles, et de tous cueurs, et toutes pensées, dès le commencement du monde, et paravant éternellement. A laquelle puissons par sa saincte grâce finablement venir, et que ce que Jésuchrist, sapience divine, dit de Dieu, le père, soit accomply en nous : « Ceste est la vie éternelle, que ilz te congnoissent seul vray Dieu, et Jésuchrist lequel tu as envoyé ! » (Joan. XVII.)

Qui est-ce doncques celluy qui n'estimera estre chose deube [l. deue] et convenante à salut, d'avoir ce Nouveau Testament en langue vulgaire ? Qui est chose plus nécessaire à vie, non point de ce monde, mais à vie éternelle[8] ? Se en chascune des religions particulières[9], ilz ordonnent que chascun d'eulx ignorant le latin ait sa reigle en langue vulgaire et la porte sur soy et l'aye en mémoire, et que on leur expose plusieurs fois en leurs chapitres, — de tant, par plus forte raison, les simples de *la religion chrestienne, seule nécessaire* (car *il n'en peult estre que une nécessaire*) doibvent avoir leur reigle, qui est la parolle de Dieu, escripture pleine de grâce et de miséricorde, en laquelle Dieu se

---

[8] Dans l'édition de 1523 : « spirituelle. »
[9] Il veut parler des ordres religieux.

offre à nous, pour l'amour de Jésuchrist, son cher filz unique, comme le père de miséricorde à ses enfantz de grâce. Et que veult-il, sinon miséricorde ? « Je veux (dit-il) miséricorde et non point sacrifice. » (Matth. IX.) Et que veult-il donner, sinon sa grâce ? Ceste saincte Escripture est le testament de Jésuchrist, le testament de nostre père, confermé par sa mort et par le sang de nostre rédemption. Et qui est-ce qui deffendera aux enfantz de avoir, veoir, et lire le testament de leur père ?

Il est doncques très-expédient de le avoir, le lire, et le porter sur soy en révérence, le avoir en son cueur et le ouyr, non une fois mais ordinairement [10], *ès chapitres de Jésuchrist, qui sont les églises, où tout le peuple, tant simple comme sçavant, se doibt assembler à ouyr et honnorer la saincte parolle de Dieu. Et telle est l'intention du débonnaire roy tant de cueur que de nom très-chrestien,* en la main duquel Dieu a mys si noble et excellent royaulme, *que la parolle de Dieu soit purement preschée par tout son royaulme, à la gloire du père de miséricorde et de Jésuchrist son filz* [11]. Laquelle chose doibt donner courage à tous ceulx dudict royaulme de proffiter en vraye chrestienté, en suyvant, entendant et croyant la vivifiante parolle de Dieu. Et benoiste soit l'heure, quant elle viendra ! Et beneis soient tous ceulx et celles qui procureront ce estre mis à effect, non point seulement en ce royaulme, mais par tout le monde, affin que de toutes pars soit accomply ce que dit le prophète (Psalm. CVI): « Confitemini Domino, quoniam bonus, quoniam in seculum misericordia ejus, a solis ortu et occasu, ab aquilone et mari ! »

Parquoy aussi tous évesques, curéz, vicaires, docteurs, prescheurs debveroient esmouvoir le peuple à avoir, lire et ruminer les sainctes évangiles, accomplissans *le vouloir de Dieu et les desirs des très-nobles cueurs,* et ensuyvans l'exemple du sainct et bon évesque *Chrysostome,* qui ainsi faisoit à son peuple, et par tous lieux là où il povoit, comme il est manifeste par la dixiesme homélie qu'il a escript sur l'évangile sainct Jehan, sur ce passage :

---

[10] Dans l'édition de 1523, il y a ces mots: « le lire et le ouïr, non une fois, mais ordinairement, etc. »

[11] Voyez le N° 48, note 2, et la lettre de Le Fèvre à Farel du 6 juillet 1524, n. 9. Richard Simon reproduit, comme suit, l'édition de 1523 : « en la main duquel Dieu a mis si noble et si excellent Royaume à la gloire du Père de miséricorde et de Jésus-Christ son Fils. »

« Et verbum caro factum est. » où il dit ainsi : « Cure vobis sit evangelicas legere lectiones, etc. » Ayez soing de lire les évangiles, lesquelles debvez avoir entre les mains, devant que veniez aux prédications, et les recorder souventesfois en la maison, enquérir diligentement le sens d'icelles, et quelle chose est claire et quelle obscure en icelles. Et notez les choses qui semblent estre répugnantes, jà soit que elles ne répugnent point. Et adonc, toutes ces choses bien examinées et pensées, vous vous debvez présenter très-attentifz aux prédications. Et par ainsi sera grant proffit à nous et à vous. Car nous ne aurons point grant labeur à vous monstrer la vertu de l'évangile, quant, en la maison, vous vous aurez faict ainsi familièrement la sentence selon la lettre. Et vous serés faiz plus promptz, subtilz et ingénieux, non point seulement à ouyr et entendre la saincte doctrine, mais aussi à enseigner les autres. » Et, après ces parolles, il reprent ceulx qui sont négligens à ce faire, se excusans pour leurs occupations et négoces, soient publiques ou privées, soyent riches ou povres. Et [il] monstre que toutes leurs excusations sont frivoles et de nul moment, en quelque estat qu'ilz soyent, et que nul ne se peult raisonnablement excuser. Et dit ainsi : « Quod si qui sunt qui negotia, etc. » Laquelle chose, à cause de briefveté, je délaisse pour les clercz, qui pevent veoir au long, en ce lieu-là, toute la vérité, comme maintenant on vous a dit.

Et, affin que la prolixité de ceste épistre ne donne empeschement de lire chose plus saincte et plus salutaire, laquelle incontinent s'ensuit, icy feray la fin, priant ce que sainct Paul prioit pour les Ephésiens (Ephe. III) : « que Jésuchrist habite en voz cueurs par foy, désirans toute gloire estre donnée à Dieu le père, par Jésuchrist et à Jésuchrist, en unité du sainct Esperit, en toute église, et en toute nation, et en tous siècles des siècles ! Amen. »

Cy fine l'épistre exhortatoire [18].

---

[18] On lit à la fin du volume : « Ceste seconde Partie du nouveau Testament contenant les Epistres de S. Pol, les Epistres Catholiques, les Actes des Apostres, l'Apocalypse de S. Jehan l'Evangeliste, fust achevee de imprimer en la maison de Simon de Colines Libraire Jure en l'Universite de Paris demeurant en la rue St. Jehan de Beauvais devant les Escoles du decret, lan de grace 1523, le 6e jour du mois de Novembre. » (De Sainjore, op. cit. t. IV, p. 114.)

80

LUTHER à Nicolas Gerbel, à Strasbourg.
De Wittemberg, 4 décembre 1523.

Luthers Briefe, éd. de Wette. II. p. 437.

SOMMAIRE. *Luther* s'informe auprès de *Gerbel*, s'il y aurait à *Strasbourg* une place qui pût faire vivre honorablement *François Lambert*. Celui-ci espère pourvoir plus aisément à son entretien en se rapprochant de la France et en traduisant dans sa propre langue les écrits allemands de Luther.

Gratia et pax. Quamvis frustra, etiam me dissuadente multis rationibus, optime Gerbelli [1], scribam tamen, ita urget is pro quo scribo, postquam explorasset, essetne *Argentorati*, quem nossem. Est apud nos *Franciscus Lambertus* Gallus, ante duos annos inter Minoritas apostolicus (ut vocant) prædicator, ducta nostrate uxorcula. Is sperat melius degere in vicinia *Galliæ* suæ, nec audit meum consilium, sic occupatus suo proprio [2]. Nam ego sentio, si qui apud vos non commode agere possent, præsertim hujusmodi, potius ad nos illinc, quàm ad vos hinc cuiquam migrandum esse : sed vicit, ut pacem haberem.

Peto ergo illius gratia, ut mihi respondeas, si honesta, imò commoda apud vos sit conditio, qua spes sit illum vivere posse. Homo est, qui legendis literis sacris nonnihil possit et valeat, sed nostris Barnabis et Paulis [3] non satis par, deinde vertendis vernaculis meis in Gallica, qua una ratione maxime fidit in vicinia *Galliæ* sese

---

[1] *Nicolas Gerbel*, éminent jurisconsulte, natif de Pforzheim, fut d'abord professeur de droit à Vienne, puis à Strasbourg.

[2] Ericeus dans sa « Sylvula, » p. 8 b, cite les paroles suivantes de Luther : « Hoc vitium commune est *Gallis*, quòd se putent præ aliis sapere, contemnentes nos [præ] sese. Sic fecit monachus *Franciscus Lampertus*. Is enim a me flagitavit, ut sibi auditores et qui sua uterentur opera compararem, quasi id in mea potestate positum fuisset. *Das thuts wahrlich nit.* » (Voyez Luthers Briefe, éd. de Wette, VI^{ter} Theil, p. 41.)

[3] Allusion à Mélanchthon et à Pomeranus.

fructum et victum facturum [4]. Dignatur autem eum Princeps noster aliquoties munere argenteo, ut 40 aureos ex ipso habuerit hoc anno.

Nisi ergo tu mihi responderis, non erit illi neque mihi pax. Ex hoc intelliges, quid patior ab hujusmodi hominibus, sic amiculos meos per me explorantibus et onerantibus. Vale cum carne et costa tua. Witenbergæ. M.D.XXIII, die Barbaræ.

MARTINUS LUTHERUS.

81

GUILLAUME BRIÇONNET au Clergé de son Diocèse. De Meaux, 13 décembre 1523.

Guy Bretonneau, op. cit. p. 174.

SOMMAIRE. Révocation des prédicateurs luthériens.

GUILLAUME, par la grâce de Dieu Évesque de Meaulx, à tous Curez, Vicaires, etc. Salut.

Veu que par les anciens Statuts de nos prédécesseurs d'heureuse mémoire, il ait été sainctement et sagement institué, et du depuis en notre Synode, par nous loué, confirmé et approuvé, que vous n'ayez à permettre à personne, de quelque état, ordre et condition qu'il soit, ou de quelque part qu'il puisse venir, de prescher en vos églises (sans toutefois y comprendre *les Cordeliers de Meaulx*) [1], et que, si jamais il se présenta belle occasion d'observer avec fruit ce sainct et inviolable décret, c'est maintenant que *la peste Luthérienne* [2] va croissant outre mesure pour répandre par tout son venim, sy on ne retranche bien tost la violence de son cours par le remède nécessaire à un tel mal:

A ces causes, nous vous mandons à tous en général, et à chacun

---

[4] On ne connaît aucun livre de Luther traduit en français par Lambert.

[1] Voyez le N° 78, note 1.

[2] V. le N° 78, note 2.

de vous en particulier, et par la teneur de ces présentes, vous deffendons expressément sous peine d'excommunication et anathème, que vous permettiez de prescher en vos chaires *des Luthériens de cette sorte*, et tous autres de quelque degré, prééminence et qualité qu'ils soient, faisans profession de leur doctrine, ou qui vous seroient inconnus.

Davantage, voulans fermer le chemin doresnavant à ceulx qui voudroient se fortifier de nos Commissions et Mandemens, parce que plusieurs en abusent, rasant la date, et y en inscrivant une nouvelle, bien que chaque Mandement n'ayt authorité que d'un Synode à l'autre suyvant, — Nous, pour ces causes, révoquans tous et un chacun les Mandemens jusques icy de nous émanéz, lesquels d'habitude étoient cy-devant signéz de diverses personnes, ordonnons qu'on n'en reçoive plus en quelque façon que ce soit, s'ils ne sont contresignéz de la main de notre Secrétaire *Lermite*, lequel nous commettons spécialement à cet affaire³.

Nous n'entendons pas toutefois vous empescher que, selon la Clémentine *Dudum*⁴, vous ne puissiez prier d'annoncer la parole de Dieu en vos églises parochiales ceulx que vous jugerez capables de cete fonction.

Donné à Meaulx, le trézième Décembre mil cinq cents vingt-trois⁵.

---

³ Après avoir mentionné ce mandement, Toussaints Du Plessis ajoute: « Pour remédier au mal qui faisoit des progrès inouïs, Briçonnet fit venir d'autres sçavants, dont la doctrine ne lui étoit point suspecte. De ce nombre furent *Martial Mazurier*, principal du collége de St.-Michel à Paris, et célèbre prédicateur, à qui il procura la cure de St.-Martin au grand Marché, *Michel Roussel*, *Arnaud Roussel*, *Pierre Caroli*, chanoine de l'église de Sens, à qui il donna la cure de Frênes et ensuite celle de Tancrou. » (Op. cit. I, 328.) — Toussaints commet ici une erreur. Du nom de *Michel d'Arande*, il a tiré celui de deux personnages imaginaires: *Michel* et *Arnaud Roussel*. Michel d'Arande s'était retiré à Meaux en 1521 (V. le N° 35), mais au mois de décembre 1523 il évangélisait la ville de Bourges. (Voyez la lettre de Farel du 2 avril 1524.)

⁴ Décrétale donnée, en 1300, par Boniface VIII, et remise en vigueur par le concile de Vienne (1311), qu'assembla Clément V. Cette décrétale permettait aux Dominicains et aux Franciscains de prêcher librement dans leurs églises, dans les places publiques, et même dans les églises paroissiales. Toutefois, pour occuper la chaire de celles-ci, les religieux devaient obtenir préalablement la permission du curé. (Voyez Gieseler. Kirchengesch. Band II, 2, S. 341.)

⁵ Voyez le N° 78, note 4.

82

ULRICH ZWINGLI à Pierre de Sebville[1], à Grenoble.
De Zurich, 13 décembre 1523.

D'après la première édition de cette Épitre, imprimée à Zurich, chez Froschover, en janvier 1524, in-4°.

SOMMAIRE. Une même foi, un même amour de la piété nous ont engagés à entrer en rapport l'un avec l'autre, *notre but commun* étant de restaurer la religion de Christ depuis si longtemps défigurée et presque anéantie. De la petite semence qui a survécu, Dieu saura faire naître un grand arbre. Cette semence c'est la Parole de Dieu, et c'est Dieu même qui vous a inspiré le désir de la communiquer à autrui. Mais *avant d'entreprendre cette œuvre, calculez-en bien les difficultés ;* car, si vous êtes un fidèle serviteur de Dieu, vous rencontrerez des ennemis. Les accusations d'hérésie, les supplices les plus cruels, voilà les armes de l'Antechrist réduit au désespoir par la prédication de l'Évangile. Étes-vous de force à vous mesurer avec lui et avec tant d'autres adversaires? Vous fuiriez, à coup sûr, si l'esprit de Christ ne se servait précisément de tous ces périls pour exciter votre courage. *Revêtez-vous* donc *de toutes les armes chrétiennes.* Pour vaincre sûrement, il ne faut jamais écouter la chair; il faut que notre esprit vive en Dieu seul. Vous voulez prêcher l'Évangile ; etudiez donc l'Écriture en disciple et non en docteur. Voyez ce qu'en peu de temps l'amour de Christ a produit en *Allemagne !* Invoquez à votre tour le Seigneur pour *la France !* Il aime à être prié.

Charissimo nobis in Christo fratri Petro Sebvillæ, Ecclesiastæ Gratianopolitano, viro doctissimo, Huldrichus Zuinglius.

Gratia et pax a Deo et domino nostro Jesu Christo ! Si bonis ad bonorum convivia licebat etiam non vocatis accedere, doctissime juxta ac piissime Petre, ut est in proverbio, quanto magis Christianum etiam longissime dissitum Christiano convenire licebit ? Quorum una fides est, baptismus unus, spiritus idem, idem ejusdem pietatis studium. Hinc factum est, ut, ignotus ignotum, itidem quod ego nunc facio, bene habere precatus sis, atque id literis ad *Annemundum Coctum* missis [2], virum ut genere doctrinaque clarum, ita

---

[1] Voyez ci-dessous la lettre que Pierre de Sebville écrivit de Grenoble à Coct, le 28 décembre 1524.

[2] Cette lettre de Pierre de Sebville au chevalier Coct n'a pas été conservée.

pietate humanitateque longe clariorem. Qui, ut nihil antiquius amicitia pietateque inter humana ducit, sic vicissim suopte quodam jure (nam tanti viri imperio lubentes volentesque cessimus) compulit incultas istas ad te dare literas, quibus futurum sperat, ut amicitia, secundis avibus cœpta, eodem auspicio in diem magis ac magis crescat. Sed in eum modò usum, ut *pura illa veraque CHRISTI religio amplietur!*

Quam quis non videt hypocritarum versutia longo jam tempore ita esse fœdatam, obscuratam, laceratam, ut parum abfuerit [quin] in universum excinderetur? Sed dominus Sabaoth pauxillum seminis reliquit, ex quo segetem uberrimam redituram speramus. Eadem enim est cœlestis grani vis, quæ sinapis, quod omnium seminum est longe minimum : huc tamen venit, ut arborescat, et avibus cœli variis ventorum seditionibus jactatis sedem firmam hospiciumque tutum exhibeat. Semen hoc, ut CHRISTI verbis utar, est verbum Dei. Quod tametsi, dum aliàs aliò cadit, parvum, ubi tamen in terram bonam ceciderit, fructum habundantissimum refert, quamvis et hunc numero potius quàm ingenio disparem.

In hoc, inquam, verbo requiem vitamque inveniunt miseræ mortalium mentes, quæ non modo hujus immundi mundi tumultibus, verùm insidiis etiam spiritalium nequitiarum divexantur, hocque adeò, ut, juxta Prophetæ verbum, consolationem non recipiant, nisi postquam Dei memores factæ fuerint. « Renuit, inquit, consolationem accipere anima mea ; recordatus autem Dei, lætificatus sum. » (Psalmo. 76.) Quæ enim, per immortalem Deum, firmitas aut consolatio in verbo hominis est, cum omnis homo sit mendax? Manifestum igitur fit, humanam mentem non alia ratione tranquillam reddi posse, quàm uno soloque Dei verbo. Hoc tu recte facis, quum *nitide, pure sancteque prædicare in animum ducis*, quemadmodum literæ ad *Annemundum* datæ indicant. Idque non sine Theseo, ut dicitur. Nam caro et sanguis hoc tibi non revelarunt (hæc enim jubent, ut se audiamus) sed pater cœlestis animum sic tuum ad se traxit, ut ejus jam verbo fidens, alios quoque ad hanc securitatem cupias pertrahere.

Verùm heus tu, ædificandi consilium ne capias, ni prius sedens, impensam omnem supputaveris. Alioqui à filiis hujus seculi, dum in medio fervore opus fuerit, ipseque rerum inopia ab eo revocatus eris, ad hunc rideberis modum : Hic homo cœpit ædificare, et absolvere nequivit. Quæ te contumelia, nisi vehementer incalueris, manum ab aratro retrahere, inque salis lapidem converti faciet ; ut sal deinde fias, qui [l. quod] ingenium amittens, plusquam fatuum est. Sunt autem adversus hos hostes opes, arma commeatusque parandi. Primo contra Antichristum, qui, ut se extulit supra omnem cultum, ita Deus dici amat, et verbum suum numinis loco vereri præcipit, tametsi plusquam δὶς διὰ πασῶν, à verbo Dei dissideat. Si nunc fidelis Domino tuo minister esse cupias, huc adigère, ut istum odio habeas : nisi duobus dominis servire alicubi didiceris, aut amicitiam aliquam inter CHRISTUM esse et Belial. Istum si odio habeas, cogeris ante omnia male audire, hæreticus dici, ignes, mortes et dira supplicia intentari videre, ac paulo post, nisi ad ejus partes concesseris, experiri. His enim armis probe instructus est, gestitque non velitarem, sed statam cum Christi ministris pugnam conserere. Satis enim jam exasperatus est: tantum enim rei et copiis ejus, dum aliquandiu prædicatum est Evangelium, decessit, ut in desperationem rerum omnium adactus ultima experiri cogatur. Hic animum explora tuum, et humeros examina quid queant, quid ferre recusent ; senties mox te tam gravi adversario imparem.

Adhæc adde alios innumerabiles, qui contra te dimicaturi sunt hostes : inveteratæ, sed pessimæ consuetudines ; Patres, sed qui vitrici ferè sunt : nam verbum Dei crebro juxta libidinem adfectuum suorum detorserunt ; Principes, qui bis insaniunt, dum secundum hoc *(sic)* quod veram pietatem ignorant, nihil aliud quàm tumultuantur : unde in gregem Christi facile extimulari poterunt ; mundus totus, κακοδαίμων, et malorum examina simul omnium. Hæc, inquam, omnia tibi antequam telam ordiare, expendenda erunt, ne in media pugna remittas brachia, et fugæ præsidium quæras ; nam sic fieret, ut postrema deteriora primis redderentur. Jam te, si bonus orator essem, et tu carnalis esses, ad desperationem nimirum adegissem, ut jam latebras potius meditareris quàm concionem. Sed non patitur hoc qui te extimulat Christi spiritus, qui ejusmodi malis animum acuit potius quàm retundat *(sic)*.

Age igitur, optime vir, et tu in *Galliis vestris* Christiana armatura munitus in publicum prodeas, sublataque instar tubæ voce, Evangelium Christi, invitis omnibus puppis et Papis, prædices. Christus classicum cecinit, impressionem in Pharisæos, scribas et hypocritas facturus. Quis dexteram ad prælium non armabit ? « Leo rugiet, inquit Propheta, quis non metuet ? » (Amos III.) Christo per ministros suos detonante, quis ex hostibus non pavebit ? Imò dispeream, si non in totis castris illorum trepidatur, adeo vertuntur, rotantur, ambigunt, ut quid consilii secuturi sint nondum exploratum habeant. Nam si Christi gregem mactare per seductos Principes cœperint, verentur ne sic aperiatur fenestra, ut in se quoque paulo post irruatur. Si vero Scriptura obsistere tentent, conscii sibi violentiæ quam ei faciunt, toti frigent ac concidunt. Quid igitur in ignavos non irruimus, uno illoque satis forti verbi Dei præsidio fulti? Is enim Antichristum interficiet spiritu oris sui. Stat à nobis Christus: quis contra nos? Simus licet Samia vasa, nemo tamen confringere nos poterit, quamdiu nobis Dominus adest. Aderit autem ex verbi sui certa promissione, qua pollicitus est se nobiscum mansurum usque ad mundi consumationem; jussitque securos esse quum ad reges et præsides illius causâ trahamur: daturum enim esse et sapientiam et eloquentiam, cui omnes adversarii non possent resistere. (Matth. X et XXVIII. Luc. XXI.)

Quid igitur adhuc cunctamur? Victoria in manibus est. An eam decerpere piget? Cœlum et terra transibunt citius quam Dei verbum. At is victoriam promisit: recipi igitur non potest, ut non vincamus. Quin hoc potius dixero, nos alia ratione vinci non posse, quàm si conatus nos pigeat. Tenera, non ignoro, ut nos caro dehortetur; sed cogitandum iterum atque iterum nobis est, quod versutus κακοδαίμων semper nos illius occasione suadelaque seduxit: ac dum illa labores ærumnasque refugit, nobis ocius ab ejus blanditiis fugiendum est, auresque Ulyssis in morem obserandæ, ne forte ei cedamus. Quæ enim major infelicitas nobis accidere poterit, quàm si nos proditrix caro partium suarum fecerit, ubi toti nihil aliud quam caro futuri essemus, ac subinde quoque nihil aliud quam beluæ? Partium autem ejus sumus, si spiritum illius gratià prodimus; tum autem spiritum prodimus, quum non omnibus nervis Deo, illiusque verbo fidimus: in eo enim solo spiritus vivit. Quod enim tam juratum est creaturæ verbum, quod non fallat?

Hæc igitur et his longe tum robustiora, tum diviniora, tecum reputans, doctissime Petre, animaberis non modò cum Antichristo ac paucis principibus, sed cum universo simul orbe certamen subire, si quidem cœlestia ambis; ea enim solis eis eveniunt qui terrena negligunt. Ante omnia igitur opus est ut te ipsum abneges, ac quotidie moriaris. Id autem tuopte Marte non poteris: ad unam igitur Dei misericordiam confugiendum, et illic flagitandum, ut vias tuas dirigat, mentem illustret, cor excitet.

ut illius gratiâ nihil non tum audeas, tum quo pacto fieri oporteat scias. Proderit et illud Evangelium Christi prædicare molienti, ut, rejectis omnibus præsumtis opinionibus et doctrinis, hoc consilio ad literas verè sacras accedat, ut eas præceptorem habiturus sit, non discipulum. Nam qui sic accedunt ad eas, ut hoc solum quærant quod opinionibus suis adstipuletur, vim eis facturi sunt et constupraturi. Qui verò contra sic ad eas adeunt, ut illinc cœlestis consilii mentem auferant, ut doceantur, non ut doceant, hi denique cum multa fruge recedent.

Vides, in Χρῶ [l. Christo] frater, quantum brevi pietas Christi in *Germania* profecerit! Ea non minus promotura est et *apud vestros*, si id a Domino petieritis. Peti verò gaudet; est enim animarum amans ac zelotypus. Hæc, ut tandem finiam, huc tendunt, ut Evangelium intrepide velis apud tuos profiteri : quod precor faxit Deus Opt. Max. Nam frigida ista et plus quam temporaria epistola plane scio quàm nihil possit, tametsi eam *Annemundus noster*, tum amicitiæ jure, tum candore isto suo, quo nobis plus quam par est tribuit, extorserit [3]. Proinde nobis jam ut amico utere, ac, si id nimis est, ut discipulo. Et persuade tibi, Zuinglium tuum futurum, dummodo te Christi esse audimus.

Vale et confortare in Domino, et in vi potentiæ illius, qui te servet incolumem! Ex Tiguro, Helvetiorum primario pago, 13. die Decembris, Anno M.D.XXIII.

Salva sit, si quæ apud vos est, CHRISTI Ecclesia [4]!

---

[3] Anémond de Coct avait quitté Wittemberg, vers le milieu de septembre, emportant la lettre de Luther à Charles III, duc de Savoie, datée du 7 (V. le N° 76), et quelques lettres de Fr. Lambert, adressées à plusieurs nobles français. Après s'être acquitté de sa mission, le chevalier était reparti pour la Suisse et s'était rendu à Zurich. Son Épitre du 24 janvier 1524 établit clairement ce double voyage : « *Ego pertuli* [ad Sabaudiæ Ducem]... *deinde autem Tigurum veni ad Huldrichum Zuinglium.* » En revenant en Suisse Anémond de Coct était peut-être accompagné de *Guillaume Farel*, qui venait de Guyenne et qui dut arriver à Bâle dans les premiers jours de décembre 1523, au plus tard. (Voyez la lettre suivante, au commencement.)

[4] Ce post-scriptum et les mots « Helvetiorum primario pago » ont été omis dans l'édition des Lettres de Zwingli publiée à Bâle, 1536, in-folio (fol. 190 b), ainsi que dans les « Zuinglii Opera, » éd. cit. VII, 319. Ces deux éditions ne reproduisent pas non plus les premières lignes de la lettre de Zwingli d'une manière conforme au texte primitif.

83

LANGE à Guillaume Farel, à Bâle.
De Meaux, 1er janvier 1524.

Inédite. Autographe. Bibl. Impér. Collect. Du Puy, vol. 103.

SOMMAIRE. Votre lettre m'apprend que vous habitez *Bâle*, cette ville illustrée par les vertus de tant d'hommes célèbres, et où je voudrais bien m'établir un jour. J'ai quitté *Paris*, pour venir à Meaux chez *Le Fèvre* [*d'Étaples*]. *Oronce*, que j'ai visité dans sa prison, a envoyé deux *Suisses* demander au roi sa liberté. Les théologiens [de *la Sorbonne*], persécuteurs de tous les savants, seraient facilement vaincus, si ceux dont c'est le devoir demeuraient fermes dans la foi. Quant à vous, Farel, poursuivez votre entreprise avec le dévouement qu'inspire une confiance vivante en Christ, et vous continuerez à jouir de l'amitié de *Le Fèvre*, de *Roussel*, de *Vatable*, etc. *Budé* travaille à son dictionnaire grec. *Miles* [*Perrot*] et *J. Canaye* cultivent les lettres avec zèle et vous saluent.

Angelus [1] suo Gulielmo Farello [2] S.

Nihil mihi contigit unquam jucundius, ubi intellexi per literas

[1] Ce personnage paraît être le *Joannes Angelus* dont nous avons cité une lettre de 1521, adressée à *Jean de Mauléon*, élu évêque de Comminges. (V. le No 38, n. 10.) Natif du pays de l'Argonne, J. Angelus avait étudié sous *Le Fèvre d'Étaples, professeur de philosophie au collège du cardinal Le Moine*, et il y enseignait lui-même le grec en 1521, c'est-à-dire à une époque où *Farel* était son collègue. (V. la note 2.) Ces deux circonstances expliqueraient très-bien l'adhésion que l'auteur de la présente lettre accorde aux doctrines évangéliques, l'amitié qu'il témoigne à Farel, et les renseignements qu'il lui donne sur Budé et sur quelques élèves du collège Le Moine.

[2] *Guillaume Farel* naquit, en 1489, au village des Farels près de Gap, d'une famille noble et fort dévote. Il a raconté lui-même le premier pèlerinage qu'il fit dans son enfance. (Du vray usage de la croix de Jésus-Christ... Genève, Jean Rivery, 1560, in-12, p. 283 et suiv.) Après des études élémentaires très-imparfaites, il obtint de ses parents, non sans peine, la permission d'aller chercher un enseignement plus solide à Paris. Ame généreuse, cœur pieux et d'une rare droiture, Farel fut douloureusement impressionné, au sortir de ses montagnes, par la corruption qui régnait dans les grandes villes. « A *Lyon*, disait-il, où jour et nuit cloches

tuas, te vivere *Basileæ*, quæ sit tot celebrium virorum insignita virtutibus, et iis quidem tam variis tamque frugiferis. Audi, ut paucis

sonnoient.... seulement en passant par la ville et n'y arrestant guères, *encore que je fusse du tout papiste*, j'estoy ravy que Dieu du tout n'abysmoit une telle ville. » (Farel à Libertet, 14 décembre 1564.) Le jeune Dauphinois arriva à Paris vers 1509, et il y passa probablement douze ans, soit comme étudiant à l'Université, soit comme professeur au collége Le Moine. *J. Le Fèvre d'Étaples* devint son ami et son guide. Sous l'influence de ce maitre vénéré, la piété de Farel fit d'admirables progrès, mais au prix de longues luttes. Nous n'avons pas à retracer ici les phases diverses de ce travail intérieur. On les trouvera plus loin racontées par lui-même dans ses lettres à Natalis Galéot (7 septembre 1527), à Martin Hanoyer (décembre 1527), et dans son Épître à tous seigneurs (1530).

Arrivé au terme de ses études universitaires, Farel se fit inscrire, en janvier 1517, sur le rôle des gradués qui avaient droit à un bénéfice ecclésiastique, et il choisit pour collateur *Jules de Médicis*, ancien évêque d'Embrun et alors archevêque de Narbonne, qui occupa plus tard le siége pontifical sous le nom de Clément VII. (Bulæus, t. VI.) Bientôt après, et sur le conseil de Le Fèvre, Farel usa du privilége de chaque nouveau maitre ès arts : il demanda et obtint une place de régent au collége du cardinal Le Moine, collége consacré à l'enseignement de la philosophie et de la théologie. (« Farellus, *clericus* Vapincensis, *diu rexit* in cardinalitio. » Bulæus, ibid.) Ce titre de *clericus* permet peut-être de penser que Farel étudia dans la Faculté de théologie, après avoir reçu la maitrise ès arts ; mais on ne peut admettre qu'il ait *professé* à l'Université comme théologien, attendu qu'il fallait pour cela être « bachelier formé en théologie » et avoir atteint au moins l'âge de 35 ans. (Crevier, op. cit. IV, 268.)

La plus ancienne biographie de Farel s'exprime ainsi au sujet de ses études : « Dès la philosophie il s'efforça de cognoistre quelque chose en la théologie et aux langues, surtout d'avoir la science de la langue grecque et hébraïque. *Un sien livre de raison* [journal ou livre de comptes] *escrit lorsqu'il faisoit ses études à Paris*, parle du progrez d'icelles en l'an 1519 et 20, 21, 22, pendant lequel temps il estoit grandement chéri et honoré par deux siens maistres et précepteurs : l'un appelé *Jacques Le Febvre d'Estaples* . . . l'autre maistre *Girard Rouf*. » (Olivier Perrot. Manuscrit de la Bibl. des pasteurs de Neuchâtel.) Le même document rapporte que Farel ayant laissé apercevoir qu'il avait « de bons sentiments de la vraye doctrine, dans sa profession [au collége Le Moine], il ne subsista guère paisible en icelle. » Toussaints Du Plessis, précisant une assertion générale de Bèze (Hist. ecclés. I, 5), met Farel au nombre des savants que Briçonnet appela en 1521. Quoique ce fait ne repose sur aucun autre témoignage, on peut cependant l'admettre comme vraisemblable. Au reste, les seuls renseignements certains qu'on possède sur le *séjour de Farel à Meaux*, c'est le récit d'un entretien qu'il eut avec le Jacobin *de Roma*, où il exprima l'espoir de voir bientôt toute la France gagnée à l'Évangile (Farel au duc de Lorraine, 11 février 1543); c'est

agam tecum. Nunc sum apud *Fabrum*, sed nescio nec qua ratione nec qua fini. Convalui, et tertio *Parisiis* professus [l. profectus] sum. *Ofontius* ³, quem ter sum colloquutus in carcere, misit duos *Helvetios* regem supplicaturos ut exolveretur, qui eum in præceptorem τῶν μαθημάτων poscerent: sed ut negotium cesserit nescio. Mirum est quàm in dies Theologi deseviant in omne doctorum genus, quos non difficile esset vincere, si fides esset in hiis firma et constans in quibus esse deberet. De cloacario non loquor (certè *Clithoveo* ⁴ dicere putabam): non tibi unquam persuadeas, quàm ille repuerascat vel vanos istos theologici ordinis accubitus anhelet.

en outre l'assurance que lui donne G. Roussel, dans sa lettre du 6 juillet 1524, des sentiments d'amitié qu'avaient conservés pour lui les notables de la ville de Meaux. On ne sait exactement ni à quelle époque, ni dans quelles circonstances Farel quitta cette ville. Selon Bèze, il en serait sorti à la suite d'une persécution, aurait « subsisté à *Paris*, tant qu'il put, » et se serait retiré en Suisse. Cette dernière assertion est rectifiée par le passage suivant de la chronique de Froment :

« Farel desirant édifier ceux de son païs, s'en alla de Meaux à *Gap*, où voullant prescher, il n'y fust admis, *parce qu'il n'estoit ne moine ne prestre*. . . . De là il fust deschassé, voire fort rudement, tant par l'Évesque que par ceulx de la ville, trouvants sa doctrine fort estrange, sans jamais en avoir ouy parler. Voyant cela il vint à *Basle*..... » (Bibl. Publique de Genève. Manuscrit cité. Vol. n° 147.) L'auteur de ce récit omet, de son côté, la tentative d'évangélisation que Farel fit *en Guyenne*. C'est de ce dernier pays qu'il se rendit à Bâle. (V. ci-dessous la lettre de Canaye du 13 juillet 1524, et celle de Farel du 6 juillet 1525, où la question semble tranchée par ces mots : « *È penitissima Gallia illectus fui.* »)

³ *Oronce Finé*, né à Briançon en 1494, un des premiers mathématiciens de son temps, était en prison à Paris depuis 1518, à cause de l'ardeur qu'il avait mise à défendre les priviléges de l'Université. (V. le N° 16, n. 2) S'il est vrai qu'il obtint sa liberté en 1524, il le dut aux démarches que la Faculté des Arts, réunie le 27 octobre (même année), décida de faire en sa faveur auprès du roi. Il fut réintégré dans ses fonctions en 1532. (Bulæus.)

⁴ *Josse Clichtow* avait pris le parti de Le Fèvre dans la dispute relative aux trois Maries (1519), mais bientôt il se sépara de lui et fut l'un des premiers à se prononcer ouvertement contre Luther. (Bulæus, t. VI, anno 1523.) S'étant retiré à Tournay (1521), il consacra toute son activité à défendre l'église romaine. Les principaux ouvrages qu'il publia dans ce but sont les suivants : *De veneratione Sanctorum*. Paris, Simon de Colines, 1523 (1524 nouveau style), in-4°, où il attaquait W.-F. Capiton. — *Antilutherus*. Paris, S. de Colines, 1524, in-folio, dédié à Charles Guillard, président du parlement de Paris. — *Propugnaculum Ecclesiæ adversus Lutheranos*. Paris, S. de Colines, 1526, in-folio. La dédicace de ce dernier ouvrage datée de Chartres, 1526, est adressée à Louis Guillard, évêque de cette ville. (V. le N° 5, note 1, et la lettre d'Érasme du 17 juin 1521. Le Clerc, p. 647.)

depereatque. Quæso fidem mihi facias, te non modicè [diligi] à *Fabro, Gerardo* et *Vatablo*⁶, aliisque compluribus, modò rem quam cepisti, christianè semper tuteris defendasque. *Sed quid pro Christo non ageremus, si vivax Christi fides altis mentibus nobiscum insideret?*

*Budæus*⁷ betam propè totam absorpsit. *Milo*⁸, *Canæus*⁹, diligenter navant operam litteris, teque honorificè salutant. Rogo, scribe ad me, si quoquam pacto liceat per otium, de iis quæ apud vos aguntur. Utinam illic liceret mihi vivere, et de hac re non adhuc animum despondi. Meldis, apud *Fabrum*, Calendis Januariis 1524.

Tuus ex animo ANGELUS.

(Inscriptio:) Gulielmo Farello Allobrogi Basileæ.

84

GUILLAUME BRIÇONNET à Marguerite d'Angoulême.
(De Meaux?) 10 janvier 1524.

Inédite. Copie. Bibl. Imp. Suppl. franç. n° 337, fol. 271 a.

SOMMAIRE. Envoi de *la traduction des Épîtres de St. Paul*, avec prière de l'offrir au Roi. Excellence des Écritures. Éloge de *la piété du monarque*. Actions de grâces pour la protection que Dieu vient d'accorder à François I, en faisant échouer *la conspiration [du connétable Charles de Bourbon.]*

Madame, la longueur de l'enlumineur procédant en partie des

---

⁵ *Gérard Roussel*. V. le N° 44, note 1.

⁶ *François Vatable*. V. le N° 6, n. 2, le N° 20, n. 19 et le N° 38, n. 10.

⁷ *Guillaume Budé*, l'helléniste. Il avait presque terminé la lettre B de son dictionnaire grec. Cet ouvrage, intitulé « Commentarii linguæ græcæ, » parut à Bâle chez Jo. Bebelius, 1530, in-folio.

⁸ Appelé ailleurs *Milæus*, régent des classes de grammaire au collége Le Moine, à Paris. (V. la lettre de Le Fèvre du 20 avril 1524, n. 10.) Tout nous porte à croire que ce *Milæus* est *Miles Perrot*, élève et ami de Farel, avec lequel il était en correspondance.

⁹ *Jean Canaye* fut le disciple et l'ami de Farel. A l'époque où ce dernier habitait Paris, ils avaient l'un et l'autre vécu dans l'intimité de Le Fèvre. (V. ci-dessous la lettre de Canaye à Farel, du 13 juillet 1524.)

froidures¹, qui l'ont fort retardé, a esté cause que plustost n'ay peu *enroier au Roy*, [à] *Madame et à vous les épistres de S. Pol translatées*² : ce que fais présentement, vous suppliant, Madame, très-humblement, qu'il vous plaise en faire l'offre, que [l. qui] ne peult, de voz mains, estre que très-agréable et (saichant vostre sainct desir) ne vous sera à peine, mais plaisir, pour l'espoir du prouffict qui en viendra à l'honneur de Dieu, doulx esguillon facilitant tout travail.

Elles sont metz roial, engressant sans corruption et guérissant de toutes maladies. Plus on en gouste, [plus] la faim croist en desir assouvi insaciable. Le dict metz purge, illumine et parfaict toute créature par foy insérée en filiation divine. Là se congnoist tout esgarement, se voit le chemin pour en sortir et courir, par dilatation de cœur, en perfection de charité, assouvissement et plénitude de la loy, dont procède la source de toute grâce, croissant par gratitude et recongnoissance. L'amplitude de la dicte source est si exubérante, que nul [n'en] est exempt: en laquelle spéciallement *le Roy, Madame et vous* estes excellentement noiez. Je ne congnois en ce royaulme aultres que [l. qui] tant y soient plongez et abismez.

Et récentement, oultre les continuelles [grâces] intérieures, les grâces extérieures ont par grans russeaulx habondamment couru et courent ; et ne faictz doubte, qu'elles n'ayent esté humblement receues et congneues, spécialement par *Madame, s'y voyant,*

¹ L'hiver de 1523 à 1524 commença de bonne heure et fut d'une rigueur exceptionnelle. (V. le Journal d'un bourgeois de Paris, p. 186.) Marguerite en fait mention dans le billet suivant qu'elle adressait (au mois de décembre 1523) à l'évêque de Meaux : « Triumpher glorieusement par vraie union de nostre chief . . . en ceste eureuse croix de tribulation doibt estre vostre passetemps et consolation. *Vecy le temps acceptable, vecy le jour de salut, auquel la froideur de l'hiver ne dyminue l'ardeur de charité* . . . Vous priant plus que jamais regarder le besoing que a de voz bonnes prières
       vostre inutile mère, MARGUERITE.
« Vous vouldrez bien que je ne soie oubliée à celles de Mons. *Fabry*. » (Bibl. Imp. manuscrit cité, fol. 262 a.)

² Il faudrait entendre par là une traduction *manuscrite* des Épîtres de St. Paul, si la présente lettre avait été écrite en janvier 1523, comme le pensent quelques auteurs. Nous croyons, au contraire, qu'elle est datée selon l'ancien style, c'est-à-dire qu'elle appartient en réalité à l'année 1524. Les Épîtres que Briçonnet envoyait au roi seraient donc des exemplaires enluminés de la seconde partie du Nouveau Testament de Le Fèvre, publiée le 6 novembre de l'année précédente. (V. le N° 79 et la note 3.)

par la grâce de Dieu, *estre comme deux fois mère*, — luy ayant la bonté divine faict comme renaistre et resuscité *le Roy*, veu *la dampnée et inexcogitée conspiration et malice*³.

Sy tous ceulx du royaulme s'en esjouissent et consollent, plus doibt *la bonne mère* larmoier de joie, et vous, luy tenir compaignie, regectant tout à Dieu et non à voz industries et diligence. Et de tant plus que sentez l'importable source de grâce vous environner, plus [Il] fera, quand vous efforcerez y correspondre selon vostre pauvreté, qui croist plus sur les grâces grandes. [De Meaux ou de St-Germain-des-Prés?] xᵉ Janvier, vᶜ xxiij ⁴.

85

LE FÈVRE D'ÉTAPLES à Guillaume Farel.
De Meaux, 13 janvier 1524.

MANQUE.

[L'original autographe, qui se trouvait à la Bibliothèque Royale, tome 268 de la collection Du Puy, en a disparu, il y a environ

---

³ C'est une allusion évidente à la conspiration du connétable de Bourbon. (V. Gaillard, op. cit. II, p. 22-58.) La première nouvelle en vint au roi par une lettre de Brézé, grand-sénéchal de Normandie, datée du 10 août 1523. Le 15 septembre suivant, Briçonnet écrivait à Marguerite d'Angoulême : « Madame, depuis que j'ay entendu *le bruit qui court, moult estrange et inexcogitable*, n'ay esté à mon aise . . . Il a queue plus longue que l'on ne pense . . . Louée soit la bonté divine, qui n'a permis *telle maléfice et ruyne totalle du royaulme! Le roy est bien tenu à Dieu.* J'espère qu'il le recongnoistra plus que jamais. » (Bibl. Imp. ibid. fol. 251 a.) Quant à la persuasion où est Briçonnet que la vie de François I avait été en péril, elle peut s'expliquer par le discours que Brion, l'envoyé royal, tint au parlement de Paris, le 31 octobre 1523. Il dit que François I devait être livré au roi d'Angleterre par le connétable; que les partisans de celui-ci avaient résolu d'enfermer la reine-mère et d'exterminer toute la famille royale, etc. Cette accusation était destinée à surexciter l'esprit public, les ennemis étant déjà arrivés sur les bords de l'Oise, à onze lieues de Paris. Il n'est d'ailleurs pas étonnant que Briçonnet ait cru à la réalité d'un crime que les juges reprochaient tous les jours au confident du connétable, Jean de Saint-Vallier, condamné à mort le 16 janvier 1524.

⁴ L'année finissait à Pâques pour la France, quoique l'on commençât à suivre le nouveau style quand on envoyait des lettres dans les pays où il était déjà adopté.

trente ans. Voyez le « Dictionnaire des pièces autographes volées aux bibliothèques publiques de la France », ouvrage de MM. Ludovic Lalanne et Henri Bordier. Paris, 1852, in-8°, p. 130.

M. Henri Bordier, à l'obligeance duquel nous devons un grand nombre de renseignements précieux, nous écrivait de Paris, au sujet de la dite lettre : « Il existe à la Bibliothèque Impériale une analyse faite au 18ᵐᵉ siècle par l'avocat Pitorre d'un certain nombre de volumes de la Collection Du Puy. L'analyse du volume 268 commence par ces mots : « Les compilateurs de ce vo-
« lume de MM. Du Puy montrent leur solide discernement, en y
« plaçant en tête *la lettre de Jacques Faber, écrite à Farel, son amy,*
« *à Basle, dans laquelle lettre sont désignés et nommés quantité*
« *d'ouvrages de religion du temps*, qui servent de frontispice à l'ex-
« plication détaillée des pièces qui y sont ensuite traitées. »

Nous nous sommes assuré nous-même que ce volume commence *aujourd'hui, au folio 2*, par la lettre de Le Fèvre à Farel du 20 avril (1524) : « De literis et libris quos ad me dudum misisti... » Ces paroles de Le Fèvre confirment donc l'assertion de l'avocat Pitorre, et elles nous font constater une lacune de plus dans ce qui nous reste de la correspondance des réformateurs.]

86

ANÉMOND DE COCT au pieux lecteur.
De Zurich, 24 janvier 1524.

Imprimée (Zurich, Froschower, 1524).

SOMMAIRE. Le voyage que j'ai fait en *Allemagne* a été fructueux pour moi et pour autrui. J'ai vu et entendu ceux qui remettent en lumière Jésus-Christ ; j'ai obtenu de *Luther* une lettre exhortatoire pour *le duc de Savoie*, et, après l'avoir portée à sa destination, je suis venu à *Zurich* en demander une à *Zwingli* pour *Pierre de Sebville*, fidèle prédicateur de Christ à *Grenoble*. Si les auteurs de ces deux épîtres que je publie trouvaient des imitateurs parmi les écrivains de talent, on verrait certainement *notre France*, *l'Italie* et *les Espagnes* accueillir avec joie Christ revenant du pays d'Égypte.

Annemundus Coctus Eques Gallus pio Lectori.

Dominus tecum! E *Galliis* in *Germaniam* exivi, non aliam ob causam nisi ut eos nossem è facie, quos fama jam mihi fecerat notissimos. Quæ quidem ferebat, quàm purè, quàmque germanè quidam CHRISTUM, jam à multis annis ignoratum, in lucem denuo proferrent. Nec frustra exivi, nam præter hoc quod illos vidi, audivi, et in amicitiam receptus sum, etiam aliis, ita mihi videor, profui. Adiens enim primò *Lutherum*[1], posteaquam familiarior mihi factus est, multa sum loquutus cum eo de rebus Christianis : inter alia incidit nobis sermo de principibus. Tum ego commendavi, ut par erat, Principem inlustrissimum *Ducem Sabaudiæ*, tam prudentem quàm studiosum veræ pietatis[2]. Hoc autem audiens *Lutherus* dixit, se, cum id officii sui sit, posse adhortari illum, ut perseveret esse, quod audiat : prius enim, nescio unde[3], perlata ad eum fuerat fama bona de Principe. Tum ego : « Si tibi placuerit scribere, me non pigebit perferre. » Scripsit is igitur[4]. Ego pertuli. Spero rem me fecisse Principi gratissimam.

Deinde autem *Tigurum* veni[5] ad *Huldrichum Zuinglium*. Hunc, ubi me benignissime excepit et jam aliquandiu familiaritate ejus fueram usus, rogaram, ut literis mihi *Petrum Sebivillam* concionatorem Gratianopolitanum in officio retineret, prædicandi, inquam, solum CHRISTUM, id quod jam dudum incœperat pulcherrime[6]. Obtemperavit is, ut est ad Evangelium promovendum promptus, lubentissime[7].

Jam verò, ne illud solum egerim, verumetiam amplius aliquid. Calcographo dedi epistolas, de quibus hucusque dixi, divulgandas[8], ut et alii haberent unde utilitatem nanciscerentur.

Volo itaque, lector, quisquis es, ut hinc intelligas *Annemundum*, pro CHRISTI gloria, et tuo profectu, nihil non et tentaturum et subiturum. Quid verò putas, si omnes, qui stilo valent, idem, quod illi duo, facturi sint ? Futurum profectò esse video, ut non modò *Galliæ nostræ*, verum et *Italia*, et *Hispaniæ* gentesque

---

[1] Voyez le N° 66, note 2.

[2] — [3] V. le N° 76, note 2.

[4] V. la lettre de Luther au duc de Savoie (N° 76).

[5] Anémond de Coct dut arriver à Zurich au mois de novembre 1523.

[6] Il résulte de ce *jamdudum* que *Pierre de Sebville* prêchait déjà l'Évangile à l'époque où le chevalier Coct quitta le Dauphiné pour se rendre à Wittemberg.

[7] V. la lettre de Zwingli à Pierre de Sebville (N° 82).

[8] Ces lettres forment une brochure de 8 feuillets in-4°, qui a pour titre : « In hoc libello contenta. Annemundi Cocti Equitis Galli ad lectorem Epistola. Christianissimi doctoris Martini Lutheri ad Inlustrissimum principem Carolum Sabaudiæ ducem Epistola. Huldrici Zuinglii Tigurini Episcopi vigilantissimi ad Petrum Sebivillam Gratianopolitanum Ecclesiasten Epistola. Prædicabitur hoc Evangelium regni in universo orbe, in testimonium omnibus gentibus et tunc veniet consumatio. Matthæi. 24. » (Sine loco.)

reliquæ CHRISTUM ex Ægypto redeuntem ambabus ulnis sint excepturæ. Cæterùm unum est, quod te volo in oculis habere perpetuo : Sic Deum dilexisse mundum, ut filium suum unigenitum dederit, ut omnis qui credat in eum, non pereat, sed habeat vitam æternam. Hoc enim faciens, nec à mundo, nec à diabolo ad humana poteris abstrahi commenta, qualiacunque sint in speciem. Sic igitur fac, et salvus eris. Vale in CHRISTO. et Evangelium fove. Tiguri. nono Kalend. Februarii. anno M.D.XXIIII.

87

[GUILLAUME BRIÇONNET] à Marguerite d'Angoulême.
De St-Germain (-des-Prés), 31 janvier (1524).

Inédite. Bibl. Imp. Suppl. franç. n° 337. fol. 279 b — 280 b.

(FRAGMENTS.)

SOMMAIRE. Briçonnet adjure Marguerite d'employer toute son influence auprès du roi, pour qu'il choisisse à l'avenir des évêques qui soient dignes de la tâche qu'ils ont à remplir. Parallèle des faux et des vrais pasteurs.

. . . .

Pour néant ne vous a la plénitude divine faict ses vaisseaulx rempliz de habondante grâce. ne constitué ses excellentes *ymaiges de vérité*[1], *que pour la promouvoir en tous estatz. spécialement en celluy qui tous ruyne*[2]. Comme[nt] povez-vous ygnorer que la pluspart de *ceulx qui doibvent estre préconizateurs de vérité*. ne la vueillent [l. ne veulent pas l'être] ? car ne sçavent l'anoncer : il faict mauvais guect qui est borgne, aveugle et endormy : sercher [l. chercher] terre et ciel sont choses incompatibles. aymer la chair et

---

[1] Dans les quinze premières pages de la présente lettre Briçonnet développe cette idée, que « tout paintre et statuaire ouvrant [travaillant] selon son art, plus est excellent, plus estudie *représenter l'imaige au vif et à sa vérité*. » Les chrétiens doivent pareillement s'étudier à reproduire en eux l'image de Christ.

[2] Il s'agit ici du *clergé*, que Briçonnet a nommé plus haut (p. 86) « *l'estat par la froideur duquel tous les autres sont gelléz*. »

l'esperit, et èn propre amour nourrir celle de Dieu. *Je sçay que le roy y en a mis de bons*, dont je loue Dieu. A moy n'est de juger de combien les aultres emportent la balance ³.

Je vous supplie, Madame, procurer pour l'advenir *l'honneur de Dieu, en l'élection et choiz de ses ministres*, sy tost ne voullez encourir l'ire et indignation de Dieu, qui est présente. Sy n'y pourvoiez, vous direz : « *Le temps n'est propre !* » Il est tousjours saison de bien faire. Ung bon édifficateur ne bastist pour démolir. Sy desirez que l'Église recongnoisse son estat et profession, et soit réduicte à sa vérité conue, [je] sçay que Dieu vous en donne *à tous trois* le voulloir, qu'il accompagne de sçavoir et pouvoir. Pourvoiez, comme [l. quand] les places des capitaines vacqueront, telz y estre mis, qu'il ne faille non seullement les démolir, mais [qu'ils] puissent en nostre Seigneur vous conforter et ayder à exécuter *vostre sainct vouloir*.

Sy, pour la deffence de l'Estat, [vous] faictes les guerres par divers capitaines, et [si] n'est le roy partout que par l'obédience que l'on a à ses lieutenants-généraulx et capitaines, qu'il sçait luy estre loyaulx et fidèles, — l'une guerre n'empesche l'aultre qu'il ne puisse aussy cependant pourveoir d'autres capitaines, incapables pour celle de la terre, qui pourront vacquer et entendre à guerroier *les ennemis de Dieu*, qui seul estaindra et assoupira vostre guerre.

Sy allez [l. allez donc] en la scienne rondement et en vérité, *non par ypocrisie et pour eschapper du mauvais passaige !* Prières d'imaiges deffigurées ne forcent la bonté divine, ains [l']exaspèrent et remplissent le vaisseau de ire et indignation, que voyons évidamment estre préparé, que [je] supplie le Seigneur, père de toute miséricorde, par sa doulce et paciente longanimité, convertir en vaisseau de grâce, de laquelle il ne destitue ceulx qui, en simplicité et vérité de cueur, la serchent.

---

³ Bien peu d'évêques avaient pour leur troupeau une sollicitude égale à celle de Briçonnet. C'est du moins le jugement porté par Marguerite. Dans un billet sans date, mais qui paraît avoir été écrit en 1522, elle disait à l'évêque de Meaux : « [Je] suis constraincte, tant par ce que l'on m'a dict que [par] l'expérience,... vous prier avoir regard que *le travail que prenez d'apareiller la viande à voz brebis*, ne vous retarde, quant elle sera preste, la distribucion.... Considérez *qu'il est peu de prélatz*, à qui Dieu faict tant de grâces, et sy vous avancez l'heure de son service, et allez à Luy avant le temps, je ne sçay s'Il en sera content. Je vous requier, pensez-y pour Luy et pour ceulx à qui tant povez servir. » (Mscr. cité, fol. 223 b.)

Sy le St. Esperit commande par St. Pol. chascun debvoir parler vérité avec son prochain [4], plus [encore le doit] le vassal et subgect avec son seigneur. et serviteur au maistre. Et *pour ce*, Madame. *que demandez vérité*. dont m'escripvez ne trouver qui vous en disse nouvelle. je cuide n'en estre loing....

Et ce, Madame, *que dictes estre le pis. d'avoir esté narrée des gardes de la cité* [5]. est le mieulx qui vous sçauroit advenir. Doulce. plaisante et délicate est *la plaie qui vivifie*. Plus [ils] seront *ymaiges vraies* de Celluy qui seul est protecteur et gardien de la cité. plus [ils] vous navreront. et vous sera la plaie incurable sy agréable. que vouldrez la mort suivre. Telz ostent non seullement le manteau. mais robbes, chemises et toutes choses non seullement accidentaires, mais substantificques. et ne cesseront qu'ilz ne vous ayent mis en parfaicte. entière et totale nudité. jusques à l'âme et esperit inclusivement. pour estre joincte et unie à vérité nue et descouverte. *Les gardes larvéz* [6] et adultérines *narrent à mort mortelle*, couvrent vérité. de paour de l'évanter, et surchargent les imaiges qui [l. qu'ils] deffigurent par flateries et dissimulations. Qui les suict. n'est de merveilles s'il a piedz agravéz, yeulx cloz et mains liéz....

La grâce que Dieu vous donne est grande. et plus sera en vous despouillant de propre et vestant du divin vouloir.... Que [pour vous] Dieu soit Dieu. puissance. sapience, bonté, amour, paix! Et ce que l'on Luy attribue. et, pour ce qu'Il est vérité, que toutes ses œuvres aussy a faict et continue en vérité. démonstre que telles doivent estre celles de ses ymaiges. qui ne subsistent que par vérité. Celle qui ne représente au vif est faulse et adultérine vie et vérité....

Vous Luy supplierez, s'il vous plaist, Madame, que *vostre pauvre inutille filz* ne se desvoie, lequel, se recommandant viscéralement à voz bonnes prières, par icelles eslevé, impétrera que miséricorde et vérité ne vous habandonnent en amplitude, grâce, paix et

---

[4] Ép. aux Éphésiens, ch. IV, v. 25 : « Que chacun de vous parle selon la vérité à son prochain. »

[5] Les gardes de la cité spirituelle, c'est-à-dire les membres du clergé. Il y a dans tout ce passage une allusion au *Cantique des Cantiques*, ch. V, v. 7 : « Ceux qui gardent la ville et qui font la ronde m'ont rencontrée ; ils m'ont frappée et blessée ; ces gardiens de nos murs m'ont enlevé le manteau dont je me couvrais. »

[6] Les gardes masqués, les faux pasteurs.

amour. De vostre maison de Sainct-Germain, le dernier de Janvier (1524)'.

    Vostre inutille filz G., indigne ministre.

88

MARGUERITE D'ANGOULÊME à Guillaume Briçonnet.
(De . . . .) 9 février 1524.

Copie. Bibl. Impér. Suppl. franç. n° 337. fol. 284b—285a.

(FRAGMENTS.)

SOMMAIRE. Marguerite reconnaît qu'elle a mérité les admonitions sévères de l'évêque de Meaux. Elle se recommande à ses prières, afin qu'elle puisse se réveiller pour une vie nouvelle.

    Le IX° Febvrier 1523 (1524).

La matière de consolation qu'il plaist à l'infinie bonté, par vostre lettre¹, deppartir *aux bons esperitz et à mes clercs*, se convertist en moy en *occasion de douleur et de confusion* . . . . Vous priant par vos oraisons impétrer de l'indicible miséricorde *ung réveille-matin* pour la pauvre endormie, afin qu'elle se lève de son pesant et mortel somme, *puisque l'heure est venue*, ... Et voyant de toutes ces choses en moy trop de deffault, *je retourne à vous et à Monsieur Fabry et tous voz sieurs*, vous requérant l'aulmosne. Et à plus neccessiteux ne la pourriez refuzer, car le pain des enfans ne m'est deu, mais les myettes, desquelles auroie bien cause de m'en contenter, sy les goustois de bon appétit. Suppliant Celui qui vous baille le pain à départir, tellement le multiplier entre voz mains, que chacun, resaizié, en puisse avoir, du relief, sa plaine corbeille

    vostre inutille mère. MARGUERITE

' Nous adoptons la date de 1524, parce que le sujet développé ici par Briçonnet est traité sommairement dans ses lettres du 12 et du 25 février (N°ˢ 89 et 94), qui appartiennent certainement à cette année-là.

¹ C'est probablement la lettre du 31 janvier (N° 87).

89

GUILLAUME BRIÇONNET à Marguerite d'Angoulême.
(De St.-Germain-des-Prés ? 12 février 1524.)

Inédite. Copie. Bibl. Impér. Suppl. franç. n° 337. fol. 287b — 289b.

(FRAGMENTS.)

SOMMAIRE. Marguerite n'a pas besoin d'être réveillée : Dieu y a déjà pourvu. C'est plutôt *Briçonnet et ses frères de l'épiscopat* qui auraient besoin d'être réveillés. Que *la famille royale* se préoccupe sérieusement de cette œuvre de *réforme*, quelque difficile qu'elle paraisse, et Dieu lui fournira l'occasion de l'accomplir.

Madame, la bonté divine nous réveille, se communiquant à nous par trois sortes de réveilz....

Hélas! Madame, je vous supplie très-humblement.... *que soiez pourvoiant à moy et* [à] *mes semblables deffigurez*[1], *réveilz monstrificques, desquels chascun congnoist quel est le dormir, aultres endormans*[2]. Et vous ayant Dieu donné le pouvoir, [je] vous requiers et semons, en l'honneur de Dieu, y remédier. *Je sçay l'œuvre*[3] *difficile*, mais non à Dieu, qui tout facilite en ses vaisseaulx qu'il digniffie par *son réveil*.

Sy le roy, Madame et vous Le contempnez, aprestez-vous hardiment pour recevoir des verges. *Sy l'exécution ne semble prompte pour le présent*, proposez en vérité et simplicité de cœur, que y vacquerez fidellement par sa grâce, quand Il en donnera l'opportunité. *Et serez esbahiz que la lumière de paix vous viendra dont ne l'attendez*, que n'aurez jamais des hommes ne de voz inventions, s'Il ne se donne luy-mesme. Il ne se veult sercher, combien que présent, se insinuant ès cœurs vray desir de queste.

---

[1] Briçonnet se range au nombre des prélats qui ont défiguré en eux-mêmes l'image de Dieu. V. le N° 87, note 1.

[2] Voyez la lettre précédente. Au lieu d'être des *réveille-matin* pour le troupeau, ils l'endorment par l'exemple de leur propre sommeil.

[3] La réforme du clergé.

pour estre trouvé, prévenant le questeur et l'emprisonnant de desir questueulx.

Aydés, Madame, par voz prières, au pauvre endormy . . . . . suppliant le vray orient nestre [l. naistre] ès cœurs de toutes créatures raisonnables et *réveiller les chefz*', *pour Le faire honnorer, servir et aymer*. . . .

Vostre inutille filz, indigne ministre.

90

MARGUERITE D'ANGOULÊME à Guillaume Briçonnet.
(De . . . . . entre le 12 et le 24 février 1524.)

Inédite. Bibl. Impér. Suppl. franç. n° 337. fol. 291 a.

SOMMAIRE. Le procureur du roi qu'elle envoie vers Briçonnet s'entendra avec lui, pour essayer de vaincre la résistance du *malade* [c'est-à-dire de *l'archevêque de Bourges*, qui ne voulait pas autoriser *la prédication de l'Évangile*]. Une œuvre qui console Marguerite et sa belle-sœur. Nouvelle rassurante au sujet d'un parent de l'évêque de Meaux.

Plus croissent *les tribulations* et plus augmente la congnoissance de la bonté d'Icellui qui est seul triumphateur et victorieux des *peines et contradictions* que [l. qui], par l'ennemy, nous sont mises au devant, pour empeschement de Sa charité, qui sera par Luy immuable. Car Le supplieray *avoir pitié des pauvres ignorans et de leur enclinée areugleté*¹, pour à laquelle bailler le dernier remède de doulceur, j'envoie ce porteur, procureur du roy à *Bourges*²,

---

¹ Marguerite veut parler des obstacles que *l'archevêque de Bourges* opposait aux prédications évangéliques de *Michel d'Arande*. Après avoir annoncé l'Évangile à Bourges pendant les deux derniers mois de l'année 1523, Michel d'Arande s'était vu interdire la chaire dès le commencement du carême (22 février). L'archevêque l'avait menacé de la prison perpétuelle et avait fulminé une sentence d'excommunication contre tous ses auditeurs. (Voyez plus loin la lettre de Farel du 2 avril 1524.)

² Nous n'avons pu découvrir son nom. Bien qu'il y eût à Bourges un procureur du roi, c'était Marguerite qui administrait le duché de Berry et

bon et loyal serviteur, devers vous, pour vous compter le tout et prendre vostre conseil à parler *au malade*⁵. Mais j'ay paour, sy *le remède* n'est prompt, que *le potencial cautère* y sera applicqué, *en figure du spirituel*, [ce qui est] plus à craindre⁴. Celluy qui moliflie et endursist comme il Luy plaist toutes choses, fassent [l. fasse] en luy sa volunté !

Et plus que jamais [je] Le loue d'avoir veu par lettres [ce] qu'il [Luy] a pleu faire de ma belle bonne seur⁵ : et seur est-elle véritablement. Je vous requiers, non ignorant la bonté de Dieu en vous, que vous vueillez labourer à cest œuvre, que j'estime tant avec elle consolations, que assez n'en puis rendre grâces à Celluy qui est innumérable. Mais il Luy plaira, de son tout, satisfaire au rien de celle qui, pour *vostre père*⁶, fera comme pour le sien. Et, quoy que l'on vous die, ne croiez que *le roy* et *Madame* permettent chose qui touche l'honneur [l. son honneur], qui est leur. Pour la bénigne servitude de son pouvoir n'y espargnera rien

vostre inutille mère, MARGUERITE.

---

y faisait rendre la justice. Elle possédait cette province en apanage, depuis 1517. (Voyez F. Génin, Lettres de Marguerite, 1841, p. 263 et 441.)

³ *Le malade* ne peut être que l'archevêque de Bourges, *François de Bueil*, ancien professeur de droit canon. Il occupa ce siège du 11 janvier 1520 au 25 mars 1525. (V. le Dict. de Moréri.)

⁴ Si nous comprenons bien les paroles de Marguerite, elles signifient que, dans le cas où une prompte intervention de Briçonnet ne modifierait pas les dispositions de l'archevêque de Bourges envers Michel d'Arande, celui-ci courait le risque de voir les censures spirituelles de l'Église sanctionnées et aggravées par les rigueurs du pouvoir civil à l'égard de sa personne.

⁵ Marguerite désigne-t-elle ici *la reine Claude*, épouse de François I, ou *Madame de Vendôme*, sœur du duc d'Alençon ?

⁶ Briçonnet avait perdu son père en 1514. Il est probablement question dans ce passage de *son oncle maternel*, Jacques de Beaune, baron de Semblançay, surintendant des finances. En février 1524, le roi nomma six commissaires pour lui faire rendre compte de son administration. (Voyez le Journal d'un bourgeois de Paris, p. 195, et Gaillard, op. cit. I, 461-474.) Marguerite écrivait à Briçonnet, le 9 février 1523 (1524 nouv. st.) : « Ne vous ennuyez pour *l'affaire de l'oncle*, car vous voirrez que *le roy ne Madame* ne luy feront rien contre son honneur. » (Suppl. français, n° 337, fol. 285 a).

91

GUILLAUME FAREL aux Lecteurs chrétiens.
De Bâle, environ le 20 février 1524.

Imprimé original. Bâle, 1524. Archives d'État de Zurich.

SOMMAIRE. Le premier devoir du Chrétien étant de s'enquérir de la vérité, telle qu'elle est en Jésus-Christ, je soumets à un débat public quelques propositions qui renversent la tyrannie des constitutions humaines. Je m'adresse à toutes les personnes qui peuvent apporter quelque lumière dans ces questions et même à celles qui veulent maintenir les *décrets de Rome*. Venez rendre raison de votre foi au grand jour, comme des enfants de la lumière, et avec les sentiments que Jésus-Christ réclame des Chrétiens. (Suivent les XIII THÈSES DE FAREL.) La dispute aura lieu dans la grande salle du Collége, mardi après Reminiscere (23 février), à 8 heures [du matin].

GVLLIELMVS FARELLVS CHRISTIANIS LECTORIBVS [1].

Nil Christiano homine dignius putarim syncera veritatis, quam sese Christus esse attestatus est, inquisitione. Huius ergo gratia commodum existimavi, cum ad meam, tum proximi ædificationem, quam vel maxime nobis Christus ipse iniunxit, aliquot in me-

---

[1] Farel était venu à Bâle pour augmenter ses connaissances et affermir ses sentiments religieux. (Voyez sa lettre du 6 juillet 1525.) Son désir était facile à réaliser dans une cité qui présentait tant de ressources. Mais la société des théologiens et des savants, les cours de Pellicanus et d'Œcolampade ne suffisaient pas au besoin d'activité qui possédait le futur réformateur. Le succès de la seconde dispute de Zurich, à laquelle il avait peut-être assisté (26-28 octobre 1523), et de celle que le curé de Liestall, Étienne Stör, venait de soutenir à Bâle, le 16 février, lui indiquait la route à suivre. Il sollicita de l'Université une discussion publique, en spécifiant les thèses qu'il se chargeait de soutenir. Sa requête, ayant été rejetée, Farel s'adressa au Conseil et en obtint l'autorisation qu'il demandait. Aussitôt il fit afficher le placard que nous reproduisons ici, et qui annonçait la dispute pour le mardi 23 février.

Ce document occupe une page in-folio en caractères italiques. Nous le donnons d'après l'imprimé original, qui est d'une excessive rareté.

T. I.

dium adferre propositiones, à quibus Christianæ libertatis summa pendet, et per quas tyrannis humanarum fatiscit constitutionum, manente sua gladio potestate, à qua ne unus quidem eximitur. Proinde quotquot hic promovere quicquam potestis, et proximorum ædificationi ac saluti aliquid conferre, Vos quoque pastores, quibus est Christiani gregis iniuncta cura, ac alii omnes, quibus docendi munus demandatum, quique vos veritatis patronos fore iureiurando adegistis, aut qui salva vultis Romana decreta, adeste: et de ea quæ in vobis est fide super his petenti rationem reddite, idque in plena luce, ut lucis filii, nec quisquam quasi male agens in lucem prodire vereatur, et ut ad hæc hortatur dominus, Christiano pectore adcurrite, ut solum dei verbum victoriam reportet adnitentes. Quod ut faciatis oro et obtestor per IESVM CHRISTVM servatorem nostrum, qui tam anxie proximi curam nobis demandavit.

1. Absolutissimam nobis præscripsit Christus vivendi regulam, cui nec addere licet, nec detrahere.

2. Sola nobis à deo præcepta ex fide fieri possunt, ut impium sit alicui factioni se adigere, aut sub aliis quàm Christi præceptis degere, quibus iubentur, qui continere non valent, matrimonio copulari.

3. Alienum à luce Evangelica est, Iudaicum vestium delectum et ciborum, ac ceremonias observare.

4. Quæ contra præceptum sunt Christi verbosiores preces, et non secundum Christianam formam regulatæ sine periculo orari non possunt, nec institui: ut præstiterit quæ in hæc conferuntur pauperibus erogari, et non tantorum fomenta malorum fovere: quin potius pro viribus adnitendum ad unitatem omnia revocatum iri, quod fieret, si hi adigerentur sacris literis operam navare, non ab aliis exterioribus tantum in tegumentis differre.

5. Presbyterorum verissimum officium verbo Dei instare, cui ita addictos oportet, ut nihil ducant augustius, ut si alia illis occurrant quæ cum verbo satis tractare non possint, ministros ordinari oportet. Ad id damnabilis, ne dixerim perniciosissima est multorum in hoc officio oscitantia.

6. Non sunt temere præcepta Christianis in consilia vertenda, nec contra agendum: nam id satanæ officium est, cui adcedit damnabilis illorum cupiditas, qui quæstus gratia, vitanda Christianis servare detonant, et servanda fugere.

7. Opprimit ille Evangelium, qui illud incertum facit, ac illum

pudet Christi : qui non syncere fratrem docet, plus homines quàm deum timens.

8. Qui suis viribus et potentia se salvari sperat ac iustificari, et non potius fide: sese erigens, et deum per liberum arbitrium faciens, impietate excæcatur.

9. Maxime id petendum et orandum, quod sanctus suggesserit spiritus: Suntque Christianorum sacrificia soli deo offerenda.

10. Qui corpore valent, quos in totum verbum dei non detinet, Apostoli sententia manibus operari debent.

11. Christianum alienum oportet à bachanalibus quæ gentium more celebrantur, et ab hypocrisi Iudaica in ieiuniis et aliis quæ non directore spiritu fiunt : ac cavere oportet à simulachris quàm maxime.

12. Quæ Iudaicis adsimilantur traditionibus et oneribus, nec conveniunt Evangelicæ libertati, sed eam conculcant, à plebe Christiana tollenda sunt.

13. Curandum est IESVM CHRISTVM, cuius vel sola virtute singula reguntur, non syderum aut inferiorum dominio nobis adfulgere: quod maxime futurum speramus, si singula ad Evangelicam regulentur regulam, quibuscunque contentionibus profligatis, à quibus oportet Christianos omnes alienissimos, ut pax dei quæ exuberat omnem sensum, habitet in cordibus nostris, fiat, fiat.

Die Martis post Reminiscere hora octava in maiori aula Collegii [1].

92

LE CONSEIL DE BALE à tous ecclésiastiques et laïques.
De Bâle, 24 [l. 27] février 1524.

Imprimé. Bâle, 1524, in-4°.

(TRADUIT DE L'ALLEMAND.)

TITRE. Mandat du Conseil de la ville de Bâle contre le Vicaire de l'Évêque, le recteur et les régents de l'Université du dit lieu, pour avoir interdit la dispute sur les articles ci-annexés (les Thèses de Farel) et avoir défendu à tous leurs ressortissants d'y assister.

Nous Adelberg Meyer, bourgmeistre, et le Conseil de la Ville

[1] C'est probablement dans le couvent des Augustins ou dans la grande salle du Chapitre, qui est à côté de la cathédrale, que la dispute eut lieu.

de Bâle savoir faisons à toutes gens, tant de l'état ecclésiastique que de l'état laïc, que depuis un certain temps les pasteurs et prédicateurs de cette ville de Bâle ont porté dans les chaires beaucoup d'opinions contradictoires, et qu'il s'en est suivi parmi notre commun peuple toutes sortes de discours : les uns voulant s'en tenir aux enseignements divins et aux saintes Ecritures, les autres s'attachant aux décrets et ordonnances des Papes et des Conciles. Or, les jours passés, quelques personnes savantes et éclairées ont entrepris d'établir, avec l'autorisation du Conseil de la Ville de Bâle, *des débats publics et des discussions amicales* dans le Collége de l'Université de la dite ville, où il est en effet convenable de les ouvrir, puisque *c'est pour cela même que la dite Université a été fondée, comme toutes les autres,* — ces dites personnes se proposant de s'instruire mutuellement, afin que chacun sache ce qu'il doit croire de la vérité divine et des doctrines évangéliques. Mais leur projet a été constamment contrecarré par le Recteur et les Régents de l'Université [1], qui auraient dû accueillir avec empressement une proposition si convenable, si utile au peuple chrétien, pour avancer son perfectionnement moral et le salut des âmes, tandis qu'ils s'y opposent d'une manière pernicieuse par leurs mandats rigoureux et par les défenses faites aux ressortissants et suppôts de l'Université.

Mais tout récemment, par une inspiration de l'Esprit-Saint, comme il est permis de le supposer, un Chrétien, un frère, nommé *Guillaume Farel,* a demandé humblement de pouvoir proposer et discuter publiquement dans le Collége, avec l'approbation préalable du Recteur et des Régents de l'Université, des articles qui nous ont été présentés en langue allemande [2]. Son but était plutôt d'être redressé, s'il se trompe, et de recevoir instruction, que de se faire le docteur d'autrui. Or, malgré ses dispositions et sa conduite toute chrétienne [3], sa requête lui a été nettement refusée ; c'est pourquoi il en a appelé à nous comme à l'autorité supérieure, pour obtenir l'objet de sa demande.

---

[1] Allusion aux défenses prononcées par l'Université, lors de la dispute d'Œcolampade du 30 août 1523 et de celle d'Étienne Stör du 16 févr. 1524.

[2] Il est probable qu'ils furent traduits par Œcolampade, ami intime de Farel. (Voyez le N° 95, note 6.)

[3] Cette attestation d'honorabilité peut être opposée aux paroles de Toussaints Du Plessis, op. cit. I, 327: « Arrivé en Suisse, dit-il, Farel se déshonora par sa doctrine et par ses mœurs. »

Ayant donc trouvé les dits articles par lui proposés conformes aux Évangiles et de nature à provoquer une discussion qui serait plus utile que nuisible aux hommes, nous avons accordé au dit *Guillaume* l'autorisation de soutenir dans le Collége de l'Université une dispute sur les dits articles en langue latine, afin que nos pasteurs puissent en faire leur profit [1]. Mais contre cette autorisation le docte seigneur *Henri de Schönow*, docteur ès droits et, dans les choses spirituelles, vicaire de notre gracieux seigneur l'Évêque de Bâle, a fulminé, — avec le Recteur et les Régents de l'Université, et au mépris de la permission que nous avions donnée, ainsi qu'ils en étaient dûment instruits, — des mandats et des édits qui interdisent à tous prêtres, étudiants et suppôts de l'Université, sous peine de bannissement et d'exclusion de l'Université, de prendre aucune part à de telles discussions ou même d'y assister.

Nous en avons éprouvé un vif déplaisir, et nous voulons que, nonobstant les mandats ou défenses édictés par le Vicaire ou par l'Université, tout le monde et principalement les pasteurs, les prédicateurs, les prêtres, les étudiants et les suppôts de l'Université assistent et prennent part à une dispute que nous avons si expressément favorisée, et qu'ils en retirent autant que possible une connaissance plus exacte de la doctrine divine et des Écritures. Mais, — si qui que ce soit, de haute ou de basse condition, ecclésiastique ou laïc, s'avisait de vouloir en manière quelconque s'opposer à ce que quelqu'un (et principalement ceux qui tiennent de la ville de Bâle des bénéfices ecclésiastiques ou autres) assistât à cette dispute par nous autorisée ; et si, en particulier, on empêchait les ecclésiastiques et les membres de l'Université d'y prendre eux-mêmes la parole ou d'y être présents, en invoquant les mandats déjà édictés ou d'autres du même genre, sous quelque forme que cela se fasse, — nous interdisons tant à ceux qui se rendraient ainsi coupables, qu'à leurs gens, l'entrée et l'usage des moulins, des fours et du marché public ; de même ceux qui tiennent de nous et de la ville des bénéfices ou des fiefs, en seront entièrement

---

[1] Là-dessus Farel annonça la dispute pour le 23 février. Une nouvelle opposition de l'Université, qui traitait Farel d'hérétique, l'obligea de recourir une seconde fois au Conseil, et provoqua le Mandat du 27. M. Herzog rapporte que *Louis Berus*, docteur de Sorbonne et ami d'Érasme, fut dans cette occasion l'un des adversaires les plus prononcés de Farel. (Op. cit. p. 144.)

dépouillés. Chacun doit se comporter selon le présent avertissement, scellé du sceau secret de notre ville et donné le Samedi avant *Oculi*, le 24ᵐᵉ jour de Février 1524⁵.

GASPARD SCHALLER, premier secrétaire
de la ville de Bâle.

(Suit la traduction allemande de l'invitation de Farel aux Lecteurs Chrétiens et de ses Thèses.)

93

G. BRIÇONNET à Marguerite d'Angoulême.
(De St-Germain-des-Prés ?) 24 février 1524.

Inédite. Copie. Bibl. Imp. Supp. franç. n° 337. fol. 291 b — 292 b.

(FRAGMENTS.)

SOMMAIRE. Briçonnet estime que la famille royale n'est pas appelée pour le moment à protéger *le chevalier de Dieu* [*l'évangéliste de Bourges*]. C'est assez que les prédications aient commencé dans cette ville avec l'assentiment du roi.

Du xxiiij° Febvrier vᶜ xxiij.

Sy l'aveugle corporel est digne de compassion, plus [est] le spirituel . . . . Madame, se estant *le porteur*¹ grandement acquitté et vertueusement en la charge qu'il vous a pleu luy bailler ², entendrez par luy *quel espoir l'on peult avoir de la guérison du pacient*³. Touteffois *les membres de la vraie sapience* ont entre eulx solide et perpétuelle cohérence, les unissant la souveraine unité, et vraie paix se communicquant en eulx ⁴ . . . .

⁵ Le mandat imprimé porte: « geben Samstags vor Oculi den xxiiij.tag Februarii. Anno domini, etc. xxiiij. » Cette date renferme une erreur de plume ou d'impression, le dimanche *Oculi* tombant cette année-là sur le 28 février.

¹ — ² Voyez le N° 90, notes 1 et 2.
³ Celui que Marguerite a nommé plus haut *le malade*, c'est-à-dire l'archevêque de Bourges (N° 90).
⁴ Les « *membres de la vraie sapience* » sont les partisans de l'Évangile.

S. Pol aymoit mieulx mourir que sa gloire fust évacuée [5] : ce qui adviendra *au chevalier de Dieu* [6] quant au monde auquel est envoyé pour batailler, s'il persévère au combat qu'il [l. qui] s'offre, duquel, sinon par gré, fauldra par force qu'il se retire. Et plus l'on cuydera le boulevarder [l. protéger] et donner secours, pour empescher le combat qui luy est obstinément préparé, plus [il] sera descrié, vaincu et confuz, à la fin que prétendez.

Je desire que *le secours du roy, de Madame et de vous se différe à trop meilleur effect*, où Dieu vous a réservez [7]. Madame, s'il est impossible de unir le mercure et empescher qu'il ne s'enfuye, quant on gecte au dedans une pierre, et aussy de retenir et délaier le vol d'une compaignie de pigeons ou d'estourneaulx, qui tirera [l. si quelqu'un tire] au meilleu d'eulx, [il l'est] trop plus de contenir ung troppeau de brebis effarouchées par le cry de leur pasteur. *Excommunicacion est fouldre effarouchant* [le] *populaire* [8]. *La prudence est* [l. consiste à] *caller* [9], *n'entreprendre ou ne continuer l'œuvre dont l'issue n'est honnorable ne volue. Je me suis quelquefois persuadé, que raison et honnesteté deust contraindre nostre honneur à se contenter et dissimuler, voiant les prédications encommancées, y mettant le roi la main* [10] .....

Vous ayant Dieu donné plus grant grâce, en debvez supporter l'imperfection, et ne permettre que, en cuidant combattre celluy contre lequel vostre magnanimité ne se doibt armer [11], [vous] combat[i]ez vostre bienaymé, *le doulx Jésus*, qui vous embrasse par multiplicité de dons et grâces, *lequel a permis l'affaire*, regardant s'il y aura en vous aultres vivant que Luy..... Sentez en vostre

---

[5] Allusion à la 1ʳᵉ épitre de S. Paul aux Corinthiens, IX, 15 : « J'aimerais mieux mourir, que de voir que quelqu'un anéantit ma gloire. »

[6] *Michel d'Arande.* (V. le N° 90, note 1.)

[7] Briçonnet, si courageux dans ses lettres du 31 janvier et du 12 février (Voyez les Nᵒˢ 87 et 89), conseille maintenant la temporisation.

[8] V. le N° 90, note 1.

[9] Abaisser les voiles.

[10] Sur la requête du clergé de Bourges, le roi permit à Michel d'Arande de rester dans cette ville, et il adressa des réprimandes à François de Bueil, en le privant de son temporel. (V. plus loin la lettre du 2 avril.)

[11] C'est-à-dire *le chef* du diocèse de Bourges, envers lequel Marguerite doit user de clémence, afin de ne point offenser Jésus, qui a permis tous ces événements, et de ne pas paraître mettre son attachement pour Michel d'Arande au-dessus de l'obéissance qu'elle doit à Dieu.

débilité vostre force croistre, laquelle est solide et permennente sans diminution, qui est nostre Seigneur Jésus fortifliant ses membres, ès quelz, par voz prières, desire estre inséré vostre inutille filz

G. B. indigné ministre.

94

[G. BRIÇONNET] à Marguerite d'Angoulême.
(De St-Germain-des-Prés?) 25 février 1524.

Inédite. Copie. Bibl. Impér. Ibid. fol. 293 b — 294 a.

(FRAGMENTS.)

SOMMAIRE. Briçonnet pense qu'il faut remettre à Dieu le sort de *l'évangéliste [de Bourges]*. Il est accueilli par le peuple, mais non par le chef ecclésiastique de la province. Cela démontre *combien il est urgent que le roi choisisse désormais pour évêques de vrais ministres de Jésus-Christ*. Le rare merite du « serviteur de Dieu » [Michel d'Arande] fera bien accueillir partout sa prédication.

Du xxv⁰ Febvrier v⁰ xxiij.

Madame, vous ayant assez amplement, par *le procureur de Berry* [1], hier escript [2], continuant l'advis de Mons⁰ *vostre Chancellier* [3], que avez peu voir par aultres deux lettres, craignant *le cautaire potencial que, m'escripvez, debroit estre applicqué, sy le remède n'estoit prompt* [4]. — [je] vous supplie derechef très-humblement, qu'il vous plaise estre contante de surattendre *l'actuel* [5]. Le cautaire du monde est *potencial*, celluy de Dieu est *actuel*. La possibilité est du monde, et l'action, de Dieu.

. . . . . Sy les marchans et gens qui vivent en administration et distribution du monde n'ont chose si chère que le crédict et

---

[1] Il est appelé ailleurs « procureur du roi à Bourges. » (N⁰ 90, n. 2.)
[2] V. la lettre précédente.
[3] *Jean de Brinon*, seigneur de Villaines, chancelier de Berry et d'Alençon. Il était premier président du parlement de Rouen, « homme grave, prudent, rare exemple de justice, » au témoignage de Charles de Sainte-Marthe. (Voyez Génin. Lettres de Marguerite, 1841, p. 192 et 193.)
[4] Voyez le N⁰ 90.
[5] C'est-à-dire, de vous en remettre à la volonté de Dieu.

la foy, qu'ilz ne vouldroient perdre pour mourir, — [s'il] n'est rien qu'ilz ne facent pour les conserver et garder, [encore] plus doivent *les distributeurs évangéliques*, et ne contaminer *la semence divine*⁶. A ceste cause, au chef des articles de leurs instructions, leur est enjoinct laisser les lieux « où ne sont receuz, et secourre [l. secouer] la pouldre de leurs piedz⁷. » — L'on peult dire « qu'il est receu. » — L'on respond, que à aultre n'appartient à envoier évangélizer que à l'*espoux ministérial*⁸, que [l. qui] seul peult « recepvoir » ou regecter.

Sy chacun estoit vray ministre de l'Espoux, vous ne seriez en ceste peine. C'est la racine dont vient *la maladie incurable*, à laquelle sy ne pourvoiez, pour néant travaillez à cuyder nectoier et guérir les branches⁹. Dieu me doint la grâce de ne cesser vous importuner, jusques ad ce que *soiez le moyen, vers le Roy et Madame, que ordre y soit mis*¹⁰! Et suractendant qu'il plaira à la bonté divine y pourvoir, vous supplie derechef, Madame, en l'honneur de la passion de nostre Seigneur¹¹, gardez qu'il ne se fasse, en cest affaire, chose qui puisse engendrer scandalle dont Dieu soit offencé et *son serviteur*¹² descrié! Vous congnoissez qu'il en est peu de telz. *Ung mois est bien tost passé. S'il ne presche là*¹³, [il] *ne sera pas ailleurs infructueulx, et sera tousjours sa monnoie bien receue.*

---

⁶ Il veut dire qu'on ne doit pas la laisser outrager par ceux qui la refusent.

⁷ Év. selon St. Matthieu, XIII, 14. « Lorsque quelqu'un ne vous recevra point, et n'écoutera point vos paroles, secouez, en partant de cette maison, ou de cette ville, la poussière de vos pieds. »

⁸ Le chef du diocèse, qui pouvait seul accorder ou refuser la permission d'y prêcher. Briçonnet est bien loin de contester ce droit; il regrette seulement que l'archevêque de Bourges en fasse un mauvais usage.

⁹ Ces mots caractérisent assez bien la nature des tendances réformatrices de Briçonnet. Il ne songe nullement à supprimer la hiérarchie; et c'est précisément pour pouvoir la conserver, qu'il veut que les évêques deviennent de vrais ministres de Jésus-Christ.

¹⁰ Voyez les lettres de Briçonnet du 31 janvier et du 12 février.

¹¹ On était alors dans la troisième semaine du Carême.

¹² Michel d'Arande.

¹³ C'est-à-dire *à Bourges*.

95

ŒCOLAMPADE ET BONIFACE WOLFHARD à Zwingli[1].
(De Bâle, 1ers jours de mars 1524.)

Manuscrit autographe. Archives d'État de Zurich.

SOMMAIRE. Envoi des Thèses de *Farel*. *Succès de la Dispute* qu'il vient de soutenir.

Huldricho Zuinglio Ecclesiastæ Tigurino Œcolampadius et Bonifatius[2] gratiam optant et pacem in Christo.

En tibi *schædam conclusionum*[3] a *Gallo illo*[4] latine apud nos dispu[ta]tam et ab *Œcolampadio* in maxima Christianorum corona[5] in vernacula interprætatam[6]. Sophistæ sæpius vocati nusquam comparuere[7]. Agunt tamen magnos interim thrasones, sed in angulis lucifugæ. Incipit tamen plebs paulatim illorum ignaviam et tyrannidem verbo Dei agnoscere. Deus det incrementum!

Jam quid *in hac disputatione* actum, tabellio ille, qui præse[n]s audivit omnia, summa tibi fide exponet. *Nuperam illam de matrimonio*[8] brevi impressam exhibebimus.

---

[1] Ce billet est écrit au bas des Thèses imprimées de Farel.

[2] *Boniface Wolfhard* (en latin *Lycosthenes*), natif de Buchen au diocèse de Wurtzbourg, avait commencé ses études à l'université de Bâle en 1517. Il était vicaire du curé de l'église de St.-Martin, où il administrait les sacrements. Les fonctions de prédicateur dans cette paroisse étaient exercées par Œcolampade.

[3] Voyez le N° 91.

[4] Guillaume Farel.

[5] « In frequentissimo clarissimorum et eruditissimorum cœtu, » selon Farel lui-même. (V. sa lettre du 6 juillet 1525.)

[6] Farel prononçant le latin à la française, Œcolampade dut traduire ses paroles en allemand. Voyez la lettre du 25 novembre 1527.

[7] Il paraît cependant qu'il se présenta quelques opposants, si nous en jugeons par les paroles suivantes de Farel : « *Basileæ*, ubi erat *Erasmus, Berus, Zicardus* [l. Sichardus], *Cantiuncula*, theologi illi, ut hi jurisperiti, in arenam descendimus, et sustinuimus argumenta non levia nostrorum, ut Œcolampadii, Pellicani ; sed Scripturis ita erant roborata, ut ne minimum quidem convellere potuerint [scil. adversarii]. » (Farellus Calvino, 11ª Junii 1545.)

[8] La dispute du 16 février. Voyez le N° 91, note 1.

Hæc manè, urgente cive quodam et nuncio Tigurino, scripsimus in contione Œcolampadii, nec tum plura licuit per otium. In Domino vale.

(Inscriptio :) Pio juxta ac Christiano Huidricho Zuinglio, Ecclesiasti Tigurino, suo in Christo majori.

96

JEAN ŒCOLAMPADE à [Pierre de Sebville¹?].
De Bâle, 9 mars 1524.

Œcolampadii et Zuinglii Epp. Basileæ, 1536, folio, f. 194 b.

SOMMAIRE. Les renseignements que *le chevalier Coct* m'a donnés sur votre activité évangélique m'ont beaucoup réjoui. Rendons grâce à Christ, de ce que la lumière de la vérité brille de nouveau sur *la France!* Mais les progrès journaliers de l'Évangile m'ayant instruit de la résistance qu'il provoque, je devais en frère vous exhorter à persévérer dans la bonne voie. Nous avons entrepris une œuvre difficile et tout à fait au-dessus de nos forces. Nulle gloire à attendre des hommes, mais des afflictions de tout genre. Sachons obéir à Celui qui est notre tout, et nous n'aurons rien à redouter.

Joannes Œcolampadius suo N.

Pax et gratia à Christo nostro Salvatore! *Anemundus* ille *Coctus*², et genere et pietate clarus, narravit nobis tuum in annunciando Evangelio fervorem, sedulitatem, prudentiam ac candorem: quod tanto majore voluptate pectora nostra perfudit, quanto majore nota *Gallias* sophistarum³ infamarat tyrannis. Gratia Christo, qui discussis tenebris undique veritatis radios fulgere facit.

---

¹ Notre supposition est fondée sur l'analogie qui existe entre la présente lettre et celle qui fut également écrite à l'instigation de Coct, par Zwingli, le 13 décembre précédent (N° 82). Le chevalier devait désirer que l'œuvre d'évangélisation commencée dans sa province du Dauphiné reçût de nombreux encouragements.

² V. le N° 66, note 2, et la lettre d'Anémond de Coct du 24 janvier 1524.

³ Les théologiens scolastiques. Voyez plus haut les lettres de Glareanus et de ses élèves.

et agrum quem, pastorum dormitatione, spinæ et zizaniæ occuparant, repurgare incipit. Verùm, quoniam non ignoro qui successus sint Evangelii (nam partim ipse feci periculum, partim quotidiana, et quæ ante oculos obversantur, exempla docent), obnititur mirum in modum fortis ille armatus, ut custodiat atrium suum, ne diripiantur vasa ejus (Matth. XII, 29). Et est veritas sancta quidem, sed contradictoribus exposita plurimis. Proinde, dilecte in Christo, *nostræ fraternitatis* existimavi esse, ut te qualicunque exhortatione instimularem, ut faceres semper quod facis diligenter.

Magnæ molis opus suscepimus, et planè supra nostras vires. Terra quam expugnare jubemur cultores habet fortissimos, potentes munitasque civitates. Ibi stirps est Enakim: Amalech habitat in meridie. Quid multis? Antichristi tota potentia se nobis opponet, neque laudis quippiam in hoc seculo expectandum. Invisi oportet simus omnibus hominibus, et peripsema toti mundo. Portanda erunt stigmata Christi. Contemptores nos vult dux noster Jesus, gloriæ, opum, voluptatum, amicorum, carnis, vitæ: amicos autem inopiæ, ignominiæ, crucis, solitudinis, mortis. Verùm terra quæ promittitur valdè bona est. Si propitius fuerit nobis Dominus, introducet nos in eam. Tantum non rebelles simus contra Dominum, nec timeamus populum terræ. Dominus ipse sit terror ac sanctificatio nostra; ipse sit gloria et corona capitis nostri; ipse fortitudo et petra refugii, et, sicut panem, illos devorare poterimus. Exarmati sunt, recessitque ab eis omne præsidium. Stulti principes Thaneos. Sapientes Pharaonis dant consilium insipiens. Arma impii pessima, vastata et plane inefficacia.

Audaces igitur et fortes simus in Domino, et in ore gladii verbi Dei invadamus impios, ut glorificetur Dominus Jesus, qui pollicitus est suis, ut eant super aspidem et basiliscum, et conculcent omnem virtutem inimici. Ne nobis in perpetuum exprobret incircuncisus Goliath, qui audet contradicere exercitui Dei viventis. In Domino, qui apprehendit brachium nostrum et confortat nos, poterimus omnia. Nam per Prophetam promittit: « Noli timere, vermicule Jacob, ego adjuvi te, redemptor tuus sanctus Israël. Posui te quasi plaustrum et clavam dentatam. Triturabis montes, et comminues, et colles quasi pulveres pones. Ventilabis, et ventus tollet, et ut turbo disperges eos. Et tu exaltabis in Domino, et sancto Israël lætaberis. » (Es. XLI, 14-16.) Talia nobis subsidia promittit Christus. Fortes igitur simus, ab illo immarcessibilem recepturi coronam. Hæc nunc, frater, ineundæ amicitiæ gratia scripsi, arbitratus non ingratum fore quicquid excidisset ex bucca. Quid enim non excusat charitas? Christus te conservet! Vale. Basileæ, 9 martii. anno 1524.

97

GUILLAUME FAREL à Corneille Scheffer.
De Bâle, 2 avril 1524.

J. E. Kappens Nachlese einiger .... zur Erläuterung der Reformations-Geschichte nützlich. Urkund. Leipzig. 1727. in-8°. p. 602.

SOMMAIRE. L'Évangile est parfaitement bien accueilli en *France*. *Gérard Roussel* le prêche à *Meaux*; *Michel d'Arande*, à *Alençon* et à *Bourges*. Dans cette dernière ville, le peuple et même *le clergé* ont demandé au Roi que d'Arande pût prêcher malgré la défense de l'arel évêque. *Lyon* a deux prédicateurs évangéliques.

Ex G. Farelli literis ad Cornelium Scepperum [1].

Gallia nostra jam Christi verbum quàm lætissime excipit. Primariæ urbes in quibus floret et fructum facit, sunt *Meldensis* [2]. in qua communis præceptor *Geraldus* ille *Rufus*, magno et ardore et spiritu, Christum detonat pene in dies. Sequitur *Alenconensis* et *Biturica* [3]. per *Michaelem Arandum* [4], vestratem, qui pauca *Fabro*

[1] *Corneille Scheffer*, natif des environs de Tournay, avait fait ses études à Paris avec Farel, et il était devenu vice-chancelier à la cour de Christiern II, roi de Dannemarck. (V. Kapp, l. cit., et l'ouvrage de Cyprian intitulé « Reformations-Urkunden. » P. II, p. 288.) Une lettre d'Érasme nous apprend qu'en 1531 Scheffer était conseiller de l'Empereur.

[2] Voyez ci-dessous les deux lettres du 6 juillet 1524.

[3] Il semble que Marguerite d'Angoulême songeait déjà à l'évangélisation de son duché de Berry ou de celui d'Alençon, quand elle écrivait à Briçonnet [en septembre 1522] le billet suivant: « La seuretté du porteur et quelque petite lachetté de l'âme me deffend longue lettre ... Vueillez *avoir pitié du païs où il m'avoit promis demourer quelque temps*, qui est sy despourveu de gens de sa sorte, que, *pour subvenir à la faulte de mon debvoir, non faict par absence* ou négligence, je l'ay prié y voulloir secourir *les pauvres brebis*. Car je sçay que n'avez acception de lieu ne de personne, mais *que [le] salut des âmes soit....* » (Bibl. Impér. Manuscrit cité, fol. 213 a.)

[4] *Michel d'Arande* (en latin *Arandius* ou *de Aranda*), ancien ermite,

contulit, ut de Sanctorum cultu abrogando⁵. rursus in multis a *Fabro* commonefactus.

Huic contigit, cum *Bituris* verbum ante Nativitatem⁶ annunciasset, in quadragesima autem⁷ Christo locum denegari, lata in omnes, ut dicunt, qui illum audituri essent, excommunicationis sententia, ac interminata huic, si pergeret, etiam carceris perpetui pœna. Verùm populus, et quidem (mirum et inauditum!) clerus illum postulavit et a *rege* obtinuit: quod fuere adsecuti non sine magno Episcopi⁸ malo, nam cum objurgatione regia pars, ut vocant, temporalis illi adempta fuit.

Lugdunenses duos habent declamatores, christianè verbum tractantes, quorum alter Jacobita et Theologus Parisius⁹, etc.

Basileæ, 2 Aprilis 1524.

98

LE FÈVRE D'ÉTAPLES à Farel, à Bâle.
De Paris, 20 avril (1524).

Inédite. Manuscrit autographe. Bibl. Impér. Coll. Du Puy, vol. 268.

SOMMAIRE. J'ai remis tout de suite à *l'évêque de Meaux* les livres que vous m'avez envoyés. Son absence m'a empêché d'en prendre connaissance, mais j'ai lu, en attendant, ceux que je tenais d'*Antoine Du Blet* de Lyon. J'ai reçu également votre seconde lettre et deux livres de *Zwingli*. *Tous les ouvrages que vous m'envoyez d'Alle-*

était compatriote de Scheffer. Sa vie est très-peu connue. Nous l'avons vu séjourner à la cour et faire des lectures de l'Écriture sainte à la reine-mère (N° 55). Marguerite d'Angoulême le prit plus tard à son service et le nomma son aumônier. (V. ci-dessous la lettre de Michel Bentin du 8 octobre 1524.)

⁵ V. le N° 19, note 1.
⁶ Pendant l'Avent de l'année précédente.
⁷ Kapp a fondu deux mots en un seul et lit *Antichristo*, ce qui forme un contre-sens.
⁸ Il faudrait proprement *archiepiscopi*. V. le N° 90, note 3.
⁹ *Aimé Maigret*. (V. ci-dessous l'apostille de la lettre de Le Fèvre du 6 juillet 1524.) Ce doit être le personnage mentionné par Farel, dans la dispute de Lausanne, comme s'étant ouvertement prononcé pour l'Évangile: « L'Université de Paris comment a-t-elle fait au *docteur Maigret*, qui voulait maintenir ce qu'il avoit dit en Sorbonne...? » (Ruchat, IV, 318.)

magne me plaisent infiniment. Salnez *OEcolampade, Ugwald* et *Zwingli. Roussel, Antoine, Matthieu, l'élu* et son père, *Pierre Du Fossé,* les hommes et les femmes qui aiment Christ, vous saluent.

Guillerme chariss. frater, gratia et pax Domini nostri Jesu Christi tecum!

De literis et libris quos ad me dudum misisti [1], quas tibi gratiarum actiones rependam? Libros illos continuò tradidi *Reverendo patri D[omino] meo* [2] legendos, neque propter ejus absentiam licuit mihi illos legisse. Alios tamen interim legi quos ad me misit vir egregiè christianus *Antonius à Bleto* [3] Lugdunensis, videlicet: Catechesin *Joannis Loniceri* [4]; Apologiam *Simonis Hessi* [5] in *Roffensem* [6]. cum Epistola (suppresso auctoris nomine) de potestate ecclesiastica: Annotata quædam *Melanchthonis* in Paulum, Lucam et Joannem [7]; Confutationem determinationis *M. N.* [l. Magistrorum nostrorum] *Paris[iensium]* [8]: *Zynglii* Institutionem quandam ad

---

[1] C'étaient les livres demandés par Le Fèvre dans sa lettre à Farel du 13 janvier. V. le N° 85.

[2] Guillaume Briçonnet, évêque de Meaux.

[3] *Antoine du Blet.* Ce gentilhomme, natif de Lyon, s'occupait de commerce ou de banque, et, dans ses voyages d'affaires en Suisse et en Allemagne, il servait avec zèle la cause de la Réformation.

[4] Catechesis de bona Dei voluntate erga quemvis Christianum. Deque Sanctorum cultu et invocatione. *Io. Loniceri* (s. l.), in-4° de 36 feuillets. La dédicace est datée d'Essling, VII. Cal. Junias an. Christi xxiij. — Ce livre et les suivants sont écrits dans le sens des Réformateurs. Nous en donnerons les titres in-extenso, afin de préciser le caractère des ouvrages qui plaisaient tant à Le Fèvre d'Étaples.

[5] Apologia *Simonis Hessi* adversus Roffensem episcopum anglicanum, super concertatione eius cum Ulrico Veleno, an Petrus fuerit Romæ, et quid de primatu Romani Pontificis sit censendum. Addita est Epistola eruditissima de ecclesiasticorum Pastorum potestate, auctoritate et officiis in subditos, et subditorum in superiores obedientia. (Basileæ) 26 feuillets in-4°, y compris le titre. A la fin du premier traité: « Julio Mense, M.D.xxiij. » Ce livre est attribué à *Urbanus Rhegius* (en allemand *Rhieger*), pasteur à Augsbourg.

[6] Jean Fisher, évêque de Rochester.

[7] *Melanchthonis* Annotationes in Epistol. Pauli ad Romanos unam et ad Corinthios duas. Argentorati, 1523, in-8°. — Ejusdem in Evangel. Joannis et Matthæi annotationes. Basileæ, 1523, in-8°.

[8] « Confutatio determinationis Doctorum Parrhisiensium, contra M. L. ex Ecclesiasticis doctoribus desumpta, denuo recognita et locupletata. Adjecta est Disputatio Groningæ habita, cum duabus Epistolis non minus piis quam eruditis .... Basileæ, an. 1523. » Petit in-8° de 16 et de 327 pp. La Réfuta-

studia [9], quam misi ad *Mileum* [10] *tuum*, qui grammaticos moderatur in collegio *Cardinalico* [11], ut scis : Problemata quedam *Othonis* de ratione evangeliorum [12], quæ non admodum probo.

Cæterùm secundas abs te percepi per quendam *Scotum* ab Urbe [13] remeantem, cæcum, et arbitror bis cæcum, et *Zynglium* De canone missæ [14] et Apologiam [15]. *Omnia quæ à te veniunt et Germaniá mihi maximè placent.* Catechesin [16] habebam, pro illa tamen et cæteris tibi gratias ago quàm plurimas. Meministi cujusdam *Pomerani* [17] : optassem hypothesin libri [18], ut amplius cognovissemus quidnam promittit.

tion se termine (p. 259) par une Lettre commençant ainsi : « M. N. Parisiensibus salutem et sanam mentem. » Elle a pour date « ad Kalendas Iunias 1521. » (V. le N° 38, note 4.) — La première des deux Lettres annoncées dans le titre fournit des renseignements sur la dispute de Groningue. La seconde, datée du 2 janvier 1521, est intitulée comme suit : « Epistola docti cujusdam... et Christiani viri, de certa in Deum fiducia habenda, de cerimoniarum usu et superstitione, de confessione, de ordine ecclesiastico, et de causa *Lutheri*, quid censendum à verè Christiano. » L'ouvrage est terminé par une énergique lettre de Luther à Capiton, écrite de la Wartbourg, le 17 janvier 1522.

[9] Quo pacto ingenui adolescentes formandi sint, Præceptiones pauculæ, *Huldricho Zuinglio* autore. Basileæ (Jo. Bebelius) M.D.XXIII, in-8° de 12 feuillets. L'ouvrage est adressé à Gerold Meier, beau-fils de Zwingli, et daté de Zurich le 1er août 1523.

[10] *Mues Perrot*. Voyez la lettre du 1er janvier 1524, note 8.

[11] Le Collége du cardinal Le Moine, dans lequel Le Fèvre avait enseigné longtemps la philosophie et les mathématiques.

[12] Problemata *Othonis Brunnfelsii*. I. De ratione Evangeliorum. II. Quare in Parabolis locutus sit Christus. Ad Joannem Schottum, Libr.[arium] Argent.[inensem]. S. l. s. a. In-4° de 12 feuillets.

[13] Rome.

[14] De Canone Missæ *Huldrychi Zuinglii* Epichiresis. (Tiguri, 1523) in-4°. La dédicace, adressée à Théobald de Geroldsegg, administrateur du couvent d'Einsiedeln, est datée du 29 août 1523.

[15] Apologia, qua in publicis Helvetiorum comitiis Bernæ congregatis, ad quædam falso sibi intentata crimina respondit *Huldricus Zuinglius*. Anno M.D.XXIII.

[16] Voyez la note 4.

[17] Surnom de Jean Bugenhagen. (V. le N° 74, note 7.)

[18] C'est-à-dire, l'indication du sujet de son livre. Farel avait peut-être parlé d'avance à Le Fèvre du commentaire de Pomeranus sur les Psaumes ou de l'écrit qui parut sous ce titre : « Postillatio Joan. Bugenhagii *Pomerani* in Evangelia, usui temporum et Sanctorum totius anni servientia. Habes hîc et concionum et meditationum copiosissimam sylvam, quisquis es, cui cordi est pietas. » Basileæ, apud Jo. Bebelium, 1524, in-8°.

Œcolampadium salutabis verbis meis in Christo plurimum, et, cum dabitur, *Ugaldum* [19]. Si aliquando scribes ad egregium virum *Zynglium*, memineris salutationis meæ [20]. Salutat te in visceribus Christi *Girardus* [21]. *Antonius* [22], *Matthœus* [23], electus [24] et pater [25]. et cæterùm tum viri tum mulieres qui amant nomen Christi [26]. Insuper plurimum *Petrus Focceus* [27]. Parisiis, xx Aprilis (1524) [28].

Tuus ex animo et semper tuus
J. FABER.

(Inscriptio:) Carissimo amico Guillermo Farello Basileæ.
(Au verso on lit ces mots de la même main:)
« *Thomœ Rheto Helvetio* in officina Baselien[si] pro Dilectiss. Compatre meo M. *Petro Gorrœo* [29] doctore Med. »

[19] *Huldrich Hugwald* (en latin *Udalricus Hugobaldus*, et par abréviation *Hugaldus*) naquit à Wyle en Thurgovie (1496). Après avoir visité la plus grande partie de l'Allemagne, il vint étudier à Bâle en 1519, et il y publia les ouvrages suivants: « Udalrichi Hugualdi Durgei adulescentis Dialogus, studiorum suorum procœmium, et militiæ initium. » S. l. (1520, mense Septembri). Cet ouvrage est dédié aux seigneurs des Ligues suisses par une lettre datée du 29 juillet 1520. — « Epistola ad sanctam Tigurinam ecclesiam, » 1521, in-4°. — « Ad omnes qui Christum, seu regnum Dei, ex animo quærunt, Ulrichi Hugualdi Epistola, » 1522, 6 pages in-4°. Ses lettres à Vadian (Manuscrits de la bibliothèque de St.-Gall) témoignent d'une grande culture littéraire.

[20] Le Fèvre éprouvait depuis longtemps de la sympathie pour Zwingli. Glareanus écrivait à ce dernier, le 9 juin 1519 : « Salutat te *Faber Stapulensis*, apud quem [de te tam] sedulò quàm verè prædicavi. »

[21] *Gérard Roussel*. Malgré ses prédications journalières à Meaux, il venait parfois à Paris. (V. les lettres du 2 avril, du 6 et du 13 juillet 1524.)

[22] C'est probablement *Antoine Papillon*. (Voyez plus loin sa lettre du 7 octobre 1524.)

[23] *Matthieu Saunier*, prédicateur dans le diocèse de Meaux.

[24] Le titre d'*élu* désignait le fonctionnaire chargé, dans un district, de la répartition des impôts. Cet emploi était alors rempli à Meaux par *Nicolas Le Sueur*, le même probablement qui, de 1533 à 1537, occupa l'office de lieutenant général du bailliage. V. le N° 102, n. 1, et Toussaints Du Plessis, op. cit. I, p. 729.

[25] Ce ne peut être que le père de Nicolas Le Sueur. Il résidait à Meaux. (V. la lettre de Sudorius du 15 mai, et celle de Roussel à Farel du 24 août.)

[26] Les membres de la petite église évangélique de Paris, dont l'existence est constatée par la lettre du 13 juillet 1524.

[27] Ce personnage nous est inconnu.

[28] L'indication de l'année est de la main de Farel.

[29] *Pierre de Gorris*, médecin, natif de Bourges, qui se fit agréger en 1511 à la Faculté de médecine de Paris. (Biographie univ.) Il avait peut-

99

HILAIRE [BERTOLPH] * à Guillaume Farel.
(Bâle, vers la fin d'avril 1524.)

Inédite. Autographe. Bibl. des pasteurs de Neuchâtel.

SOMMAIRE. J'aurais voulu, quand vous m'avez trouvé aujourd'hui chez *Glareanus*, solliciter votre bienveillance pour l'écrit que je vous ai adressé ; une affaire urgente ne me l'a pas permis. En rentrant chez moi j'ai reçu votre lettre, qui m'a fort réjoui, car elle m'a fait voir que si vous êtes d'un parti [celui des *Évangéliques*], vous avez néanmoins des sentiments plus charitables qu'on ne le prétend, et votre langage me prouve que c'est réellement l'esprit de Christ qui vous anime. « Plût à Dieu (dites-vous fort à propos) que tout Chrétien s'abstînt de proférer des propos mordants ou de donner prise à ceux d'autrui ! » Mais, dans *l'affaire en question*, il n'y a pas eu seulement des paroles mordantes : celles de l'agresseur étaient remplies du fiel le plus venimeux, et l'offensé [*Érasme*] ne les avait nullement méritées. — « Mais il rétracte aujourd'hui (dites-vous) ses principes d'autrefois ! » — Mon cher Guillaume, ne voit-on pas les chasseurs approprier les armes et l'attaque au genre de gibier qu'ils poursuivent ? N'est-ce pas la volonté de Christ que tel homme élève sa voix à l'heure opportune, et tel autre en temps et hors de temps ? Ne faut-il pas se faire aimer du patient, quand on veut lui infliger une blessure salutaire ? Vous désirez que je vous exhorte, à l'occasion. Eh bien ! on dit que, sous un prétexte religieux, vous êtes le principal ennemi des bonnes lettres et de la pureté du style. Quoi donc ? Après que l'Évangile a dissipé les ténèbres de la scolastique, nous évangéliserions à la façon de *Tartaret* et des *Obscurantins* ! St. Paul, St. Augustin, St. Jérôme, *Luther* et *Mélanchthon* nous fournissent de tout autres exemples. Votre style même vous donne un démenti. Adieu, très-cher Guillaume. Au retour de Mr *Érasme*, nous causerons plus longuement.

Salus in solo Iesu.

Quum apud *Glareanum*¹ me hodie reperires, Frater in Christo

être chargé Le Fèvre de faire transmettre ses salutations à ce *Thomas Rhætus*, qui était probablement correcteur dans l'une des imprimeries de Bâle.

¹ Voyez le N° 12, note 1. Glareanus avait quitté Paris pour revenir à Bâle en février 1522. Il s'y était marié et y avait obtenu la place de professeur de Poétique. Vers le milieu de l'année 1523, il fut nommé économe du collége, où il reçut un logement.

* Voyez la note 22.

eximiæ synceritatis et ardentissimi zeli, voluissem libens, ut meam scriptionem ¹ boni consuleres, rogare. Cæterùm, quando aliud mihi erat cum eo negotii, differre visum est: quo confecto, ubi domum ³ redii, commodùm Bibliopola ⁴ *Frobenii* mihi gratissimas *tuas literas* reddit, sed aliquot diebus ante scriptas. Dolui vehementer, me illum, ita ut antea subinde solebam, invisere non potuisse. Nam si hoc temporis nil aliud domi fuisset agendum seduló, non per literas, imò schedam potius, sed tecum libens coràm fuissem colloquutus : sique is qui alteri bibliopolæ dedit, potuisset mihi dare, non alii, sed eidem ad te dedissem. Certè hoc in caussa fuisse puto quamobrem serius redditæ sunt ⁵ , quòd rarius apud hunc quàm apud illum versamur, ac interea prorsus à neutro potuimus videri. Sed id haudquaquam puto *tuam charitatem, quæ nihil suspicatur*, offendisse: nam si hoc esse putarem, ilicò per Christi charitatem uti veniam dares obtestarer.

Nunc *quod ad rem attinet*, hoc scias velim, mi Gulielme, non instrenue Christi athleta, me mirum in modum gavisum esse, ubi cognovi te non esse eo animo quo alii referunt atque adeò deferunt ⁶, sed novitate quadam ductum legisse partem, neque velle charitatis jura perfringere. Cætera quæ scribis te planum faciunt sane Christi spiritu duci, et addis appositè : « *Utinam contingeret,*
« *ut nulla amarulentè dicta quisque pius optat, ita nullus ansam*
« *præstet!* » Sed quæso, mi Gulielme, quis ansam præstitit ? quid vocas amarulentiam ? Dulcis est veritatis amaricies, amara est mendacii dulcedo. Non hæc est, mi Frater ex animo dilecte, amarulentia, sed mera virulentia et venenum in labiis asperrimum ⁷. Nemo unquam verus Christi discipulus ullam amarulentiam vel aspersit vel effudit, quam non statim dulci melle prælineret et medicamento temperaret. Id quod te quoque puto ex Christi charitate et spiritu fecisse, certe in literis facis.

¹ C'était sans doute une lettre dans laquelle Bertolph représentait à Farel l'injustice de ses procédés à l'égard d'Érasme. Voyez la note 7.

³ C'est-à-dire chez Érasme, dont la maison était située à côté de celle de Jean Froben, l'imprimeur.

⁴ *Jean Wattenschnee*, chargé du débit des livres imprimés par Froben.

⁵ Il faut sous-entendre : *literæ tuæ*.

⁶ La dispute soutenue par Farel avait dû nécessairement lui attirer de nombreux adversaires.

⁷ C'est une allusion très-directe aux railleries mordantes que *Farel* avait décochées contre *Érasme*. Il l'avait appelé publiquement *un Balaam*. Voyez plus loin les lettres d'Érasme du 6 septembre et du 27 octobre 1524.

Porrò nonne is qui aspergitur ⁸ longe aliam ansam præstitit, ut etiam is fatetur qui prior aspersit ⁹ ? Imò nonne etiam ansam præbuit, (ut fatentur omnes, adeòque etiam ipse qui nunc est tam clarus et re et nomine ¹⁰), inveniendi et adprehendendi non amarulentiam, sed meram mellationem, hoc est eloquia Domini dulciora super mel et favum ¹¹ ?

« *Sed nunc,* inquis, *recantat ac reclamat potius* ¹². » Quæso, mi Gulielme, possuntne duo ad eundem scopon collineare diversis arcubus et telis ? Quamvis acerrimis et crebrò jactis non quævis fera ac belua immanis prosternitur: aliter est in retia rara eliciendus aper de sylva. Quid ? si Christo sic placitum, ut hic opportune, ille importune clamet, increpet, neuterque cesset, ut est apud Prophetam Evangelicum ¹³ ? Certè hoc scio, missilia illa vehementius lædere quæ petiti et admittunt libenter et amplectuntur, quàm quæ declinant, horrent et fugiunt. Sed de his aliàs.

Quod *oras ut crebrius te admoneam,* certe hac in parte mihi est plane satisfactum. Sed aiunt te antesignanum esse eorum qui

---

⁸ Érasme.

⁹ Farel.

¹⁰ Le réformateur *Jean Œcolampade.*

¹¹ Allusion aux travaux d'Érasme pour la publication et l'interprétation du Nouveau Testament.

¹² Ce reproche ne pouvait manquer d'atteindre le prudent *Érasme,* qui s'était flatté, comme il le disait à Mélanchthon, de jouer le rôle d'un Gamaliel, et d'être ainsi un modérateur entre les deux partis extrêmes. Il ne réussit qu'à exciter leur défiance. Les aveux qui lui échappent çà et là et les confidences de ses amis intimes indiquent assez de quel côté inclinèrent d'abord ses sympathies ; mais il n'avait pas le courage de les proclamer. « Faveo bonis studiis, *faveo veritati Evangelicæ* (disait-il en 1520) : *id vel tacitus faciam, si palam non licet.* » Glareanus, qui le voyait de très-près, écrivait à Zwingli, le 20 janvier 1523 : « Senex est, quiescere vellet. Sed utraque pars eum trahere conatur. Ille humanis sectionibus adesse non vult. Et quis eum trahat ? Quem fugiat, videt ; quem sequatur, non item.... Timidus est, quia cunctator. *Nunquam ex illius ore audio, quod non Christum sonet...* Lutheranus esse non vult *Erasmus,* sed neque Anti-Lutheranus... » (Zuinglii Opp. VII, 263.) Un mot de Balthasar Hubmeier achèvera ce portrait : « Libere loquitur Erasmus, sed anguste scribit. » — Divers symptômes indiquaient d'ailleurs, à cette époque, qu'Érasme était sur le point de se prononcer plus ouvertement contre la Réforme. Lui-même le dit clairement dans cette phrase d'une lettre adressée au roi Henri VIII, le 4 septembre 1523 : « *Molior aliquid contra nova dogmata.* »

¹³ Allusion à II Timothée, ch. IV, v. 2 : « Prêche la parole ; insiste en temps et hors de temps. »

meliores literas et humaniores musas conantur extinguere [14], idque prætextu Christi. Itane vis, ut, posteaquam Evangelica lux discussit scoton [15] et *Tarturetum* [16], loquamur et evangelizemus scotinè et Tartareticè ? Non arrident tibi Musæ ad quas vocat suum *Licentium* [17] *Augustinus?* Testimoniis poëtarum toties utitur D. Hieronymus, adeóque Divus *Paulus!* Non placet tibi casta et munda latinitas ? Age, si quisque lingua vernacula discat Evangelium, nonne mundiciem quàm spurciciem linguæ malit ? *Quid venustius, castius, mundius, tersius, copiosius Luthero in sua etiam lingua* [18] ? Non vis ut abjiciamus sordes et inopiam in quavis lingua ? Sed quid nos incipimus inflammari ? Satis et abunde scripsit id L. [19], P. M. [20] declamavit. Sed ut finiam, Tu ipse, D. Frater, dico dilectissime Gulielme, *non talem epistolam mihi scripsisses, nisi à te ipse dissentires*. Vale in Christo IESU. Hæc peræquè feras æquo animo precor, atque *prius* scripta [21] fecisti.

Tuus HILARIUS [22] in Christo.

(P. S.) Quum venerit D. *Erasmus* [23], prolixius colloquemur.

(Inscriptio:) D. Gulielmo Farello inter Operas Christi strenuissimo bonarumque literarum vel adsertori vel conservatori.

[14] Nous ignorons ce qui avait pu donner lieu à cette opinion. Farel n'était sans doute pas un littérateur, mais il montra mainte fois dans la suite qu'il savait apprécier les avantages de l'instruction et d'une bonne culture littéraire. « Divina, utcunque imperitus sum (écrivait-il à Pomeranus, l'année suivante), veneror, *humana non aspernor studia*, modò illis ancillentur citra fastum, illa suspicientia. »

[15] Ce mot grec contient une allusion à l'adresse de *Duns Scot*, le grand docteur scolastique.

[16] *Pierre Tartaret*, auteur d'une Logique scolastique publiée à Paris en 1509.

[17] Voyez Augustini Epp. Ep[a] 39[a] (26[a], édit. Caillau).

[18] Zwingli qui regrettait de ne pouvoir toujours écrire en latin reconnaissait en même temps que, sous le rapport de l'abondance et de la majesté, l'allemand ne le cédait en rien au latin, ni même au grec.

[19] Luther.

[20] Philippe Mélanchthon.

[21] Voyez la note 2.

[22] *Hilarius Bertulphus*, natif de Liége ou de Gand, avait étudié à Paris avec le célèbre Espagnol *Louis Vivès*, qui l'appelait son ami. (Erasmi Epp.) Vers la fin de l'année 1521, Bertolph se trouvait à Genève. Peu de temps après il était secrétaire d'*Érasme de Rotterdam*, et chargé à ce titre de diverses missions, comme nous le voyons par la lettre qu'il adressait de Bâle à

100

ŒCOLAMPADE à Capiton, à Strasbourg.
De Bâle, 14 mai (1524).

Œcolampadii et Zuinglii Epistolæ. Basileæ. 1536. in-folio. fol. 175a.

SOMMAIRE. Recommandation donnée à deux Français qui se rendent à Wittemberg.

Salve, charissime Capito. Fratres illos jure tibi commendarim : nam eruditione, pietateque neutiquam vulgares sunt. *Proficiscentur Wittenbergam* ¹. *Galli* sunt: alter non inhonesto loco natus ², alter autem *Gulielmus ille* ³, qui tam probe navavit operam ⁴. Fac,

Henri-Cornelius Agrippa, le 10 novembre (1523): « Certe ille ipse es qui, abhinc biennium plus minus, ob pauculos nescio quos versiculos... me apud *Gebennas* in numerum tuorum, ac potius in familiam tuam, tanta humanitate cooptasti ... Quid, inquies, igitur interea me nunquam salutavit *Hilarius*, non tanto loci, quanto temporis intervallo disjunctus? Hic ego, ne id negligentiæ adsignes, quæso..... nam præterquam quòd tot legationibus functus, toties à *D. meo Erasmo* ad Cæsarem missus, *Basileæ*, nisi rarò, nisique per intervalla, non fui, sæpe etiam putaram brevi me ad Regem Galliæ missum iri... » (Agrippæ Opp. Pars II, lib. III, epª 44ª, p. 807. Les vers latins composés à Genève par Bertolph se trouvent dans l'ouvrage que nous venons de citer, Pars II, p. 1148 et suiv.)

²⁵ Ce post-scriptum fixe la date. Pendant toute l'année 1524, *Érasme* ne s'absenta de Bâle que pour se rendre à Porrentrui et à Besançon, vers le milieu d'avril. Il écrivait de Bâle à Pirkheimer, le 14 avril 1524 : « *Nos aliquot dies expatiamur in Burgundiam...* » (Pirckheimeri Opp. p. 277), et le 5 juin suivant: « *In Aprili* contuleram me *Bisontium* » (Le Clerc, p. 1704). Les détails fort curieux qu'Érasme donne ailleurs sur son voyage de Besançon permettent de croire qu'il dut être de retour à Bâle environ le premier mai. (Voyez Erasmi Epp. Le Clerc, p. 804 et 902.) Nous savons d'autre part, que Farel quitta cette ville peu de temps après (V. les Nᵒˢ 100 et 101).

¹ Voyez le N° suivant, note 5.

² *Antoine du Blet* de Lyon. V. la lettre de Le Fèvre du 20 avril 1524 et le N° suivant, note 1.

³ Farel.

⁴ A la suite de ses Thèses, Farel avait donné un cours public à la jeunesse bâloise.

oro, sentiant quomodo humanitate doctrinam Christianam comprobetis. Erit non ingratum, si per vos aliis commendentur Fratribus. . . .

Basileæ, in vigilia Pentecostes.

101

ŒCOLAMPADE à Luther, à Wittemberg.
De Bâle, le jour de Pentecôte (15 mai 1524).

Œcolampadii et Zuinglii Epistolæ. Éd. cit. fol. 200 b.

SOMMAIRE. Il lui recommande *Guillaume Farel* et un Français de ses amis, qui se rendent à *Wittemberg*, pour faire sa connaissance. Éloge de la franchise, du zèle et de l'intrépidité admirable de *Farel*.

Joannes Œcolampadius D. Martino Luthero, mysteriorum Christi fidelissimo dispensatori, fratri suo.

Gratiam et pacem a Christo! Si quos charitati vestræ multùm, hos maxime commendatos velim, Martine optime. Debetur enim hoc Christo nostro, quem videntur amare fide non ficta, et te in illo. *Spes* item *eximia est, nomen Illius in Gallia magnificandum.* Unus enim horum, honesto loco natus, proceribus plerisque perquam gratus[1]: alter[2] apud nos, *disputando*[3] et *prælegendo publicè*[4], bonam navavit operam, satis nimirum instructus ad totam *Sorbonicam* affligendam, si non et perdendam. Idem utrique in Christum et verbum ejus fervor. Rem igitur dignam te feceris, si bene-

---

[1] *Antoine du Blet* de Lyon. Le Fèvre écrivait à Farel le 6 juillet 1524 : « Accepi literas *à Bleto* de illa *vestra peregrinatione*, » et plus loin : « Accepi conclusiones illas quas, in peregrinatione non improbanda, accepisti *apud Zynglium*. » Or nous lisons dans une lettre de Farel à Bullinger du 3 mars 1549: « Quoties *istic* magnus ille *Zuinglius* me, licet *juvenem neophytum*, dum bis tantùm *cum Gallis Lugdunensibus* comitatus istuc venissem, *arguit*... quòd eum honorificè appellarem! » (Fueslinus, op. cit. p. 283.) L'un de ces Lyonnais était *Du Blet*. (V. la lettre de Sebville du 28 décembre 1524.)

[2] Farel.

[3] Voyez le N° 91.

[4] Voyez plus loin la lettre du 6 juillet 1525.

volentia solita, viros tanto tamque difficili itinere, linguæque ignaros, *te sequutos*, exceperis. *Farello* nihil candidius est. Sunt qui zelum ejus in hostes veritatis mitigatiorem vellent : verùm ego virtutem illam admirabilem, et non minus placiditate, si tempestiva fuerit, necessariam, vel *nunc tandem* crediderim. At cujus hi sunt spiritus, statim *e colloquio primo* dignosces ⁵ . . . .

102

NICOLAS LE SUEUR[1] à Guillaume Farel, à Bâle.
De Meaux, 15 mai (1524).

Manuscrit autographe. Bibl. Publique de Genève. Vol. nº 111 a.
C. Schmidt. Gérard Roussel. Strasbourg, 1845. p. 169.

SOMMAIRE. Nous félicitons les *Allemands* de ce que, par la grâce divine, non-seulement la pure prédication de l'Écriture sainte fleurit au milieu d'eux, mais surtout de ce que

---

⁵ *Farel* a-t-il exécuté le projet qu'il semblait avoir formé, en quittant Bâle, de se rendre à Strasbourg auprès de *Capiton*, et à Wittemberg chez *Luther?* Il nous paraît difficile de résoudre cette question d'une manière affirmative. Nous savons, en effet, qu'au lieu de se rendre immédiatement dans les deux villes pour lesquelles ils avaient reçu des lettres de recommandation, Farel et son compagnon de voyage prirent le chemin de *Zurich*, où ils firent une visite à *Zwingli*. Quelques jours plus tard on les retrouve à *Constance*, ainsi que le prouve une lettre du 6 juin, que le chanoine *Jean de Botzheim* écrivait de cette ville à Érasme : « *Fuit his diebus Constantiæ Guilhelmus Farellus*, cum quodam consocio, Galli utrique. » (V. Walchner. Johann von Botzheim, 1836, p. 129, et la lettre d'Érasme du 27 octobre 1524.) Le 6 juillet suivant, *Le Fèvre* adressait *à Bâle* une lettre destinée à Farel, dans laquelle il est question du voyage de Zurich, mais nullement de celui de Wittemberg; et l'on apprend en outre par une lettre d'*Œcolampade* du 2 août, qu'à cette date Farel était déjà depuis quelque temps établi *à Montbéliard.* Enfin on ne rencontre dans les lettres de Farel rien qui indique qu'il ait jamais personnellement connu *Luther;* et dans la correspondance de celui-ci règne le silence le plus complet sur le réformateur français. Tout semble indiquer, par conséquent, que le voyage projeté à Wittemberg ne s'effectua pas.

[1] Au revers de la lettre Farel a écrit ces mots: « *Electus Meldensis.* » Voyez le Nº 98, note 24.

la liberté chrétienne y a remplacé la servitude pharisaïque. *En France, « on écoute la parole, mais on ne la pratique pas »* (Jacques, I, 23). Dieu ne suscitera-t-il point du milieu de ce peuple des ouvriers pour sa moisson? *Les plus éclairés parmi nous n'osent pas rejeter des traditions qu'ils savent contraires a la pureté chrétienne*, et cela par la crainte des conséquences qu'entraîne l'accusation d'hérésie. *La duchesse d'Alençon], notre unique protectrice, montre du moins sa foi par ses œuvres* (Jacques, II, 18). Je lui avais dédié quelques *traités populaires*, dont l'impression n'a pu avoir lieu, a cause des défenses de la *Sorbonne* et du *Parlement*. J'ai un ouvrage tout prêt sur le mauvais gouvernement de l'Église. Si vous le désirez, je vous l'enverrai ainsi que les autres, pour les publier en *Allemagne*, à la condition toutefois qu'il paraîtra sans nom d'auteur. *Mon père, ma mère et ma femme vous saluent.* Saluez *Œcolampade et ses collègues.* Je ne vous dis rien de la *prédication pure et chrétienne de Gérard [Roussel],* parce qu'elle vous est bien connue. Sans rien sacrifier de la vérité évangélique, il ne prête pas le flanc aux adversaires.

« Deus pacis, qui eduxit a mortuis pastorem magnum ovium, in sanguine testamenti eterni Dominum nostrum Jesum Christum, aptet nos in omni bono, ut faciamus voluntatem suam, faciens in nobis quod placeat coram se, per Jesum Christum Dominum nostrum! » (Hebr. XIII.)

Inmittit renum ac cordium scrutator Deus, (eodem ex luto vas unum ad honorem, aliud ad ignominiam fingens, universa autem propter semetipsum, impium quoque ad diem malum) ad imbecilles ac torpentes *Gallos*, diffusum apud *Germanos* divine lucis radium. At non recipit nimiâ terrenorum cupiditate lyppus noster oculus; iterum non recipit animus adhuc carnali prepeditus affectu. Aut si quis recipit, eum fateor ingenue adnumerandum iis qui faciem nativitatis sue contemplantur in speculo, aut super arenam ædificant; cum sint ex paucissimis multò plures verbi et auditores et garruli quàm factores. Donabit autem ex sua beneficentia is qui solus velle gratis prebet et perficere, aliquot ex nostris, quos mittet operarios in messem jam maturam, priusquam præcipiat ministris zizania in fasciculos collecta a tritico tollere. Aut certe si nolit, Dominus est : fiat quod bonum est in oculis ejus!

Congratulamur vobis *Germanis*, et acceptam Deo ac Domino nostro Jesu Christo ferimus gratiam quæ apud vos relucet, non tam multiplici Scripturæ pura et Christiana professione, quàm pharisiacæ traditionis et servitutis contemptu, ac christianæ libertatis (quæ spiritu et veritate constat) restitutione. *Qui sunt ex nostris illuminatiores, adhuc pharisiaco jugo subduntur, nec audent* tremebundi quas norunt Christiane puritati obsistere traditiones transgredi, aut eam quæ cordi eorum infusa est *veritatem profiteri*: potissimum quòd passim hæreseos accusentur, et sint ne *Sorbonistis* modò, quinimò nostræ potius reipu[blicæ] magistratibus invisi. Una præ ceteris *nobis relicta et christianissima et serenissima duce* [1], *quæ nobis regium conciliet furorem*: apud quam istec reposita fides quam testatur Jacobus ex operibus notam. *Tam discreti ac sinceri spiritus hanc cernas, ut non facile queat vilpecule de qua scribis* [3] *dolis illaqueari*; neque enim ejus scripta aut aliquando probat, aut probavit usquam [4]. Dicata sibi fuerunt opera, de quibus ais debuisse me ea in publicum ad popularem ædificationem producere, quamvis (fateor) ejus judicio non fuerint digna, minus publico. Non sinit *Sorbonæ ac Senatus nostri lugenda cæcitas*, eousque insaniens, ut impressoria incude sit omnibus interdictum, nisi qui censuræ suæ ac judicio rem commiserint [5].

Habemus paratum *de ranà rei Christianæ* (quam publicam vocant) *administratione libellum* [6], quo molimur. Scripturæ et auctoritate et exemplo, multò fælicius Christi quàm Gentilium legibus eam gubernari posse, quinimò, eas plurimùm obesse unitati quam falsò sibi promittunt. Opus sane supra vires hominis, ejus presertim qui nichil habeat spiritus, qualis ego. Hunc tamen, si cum cæteris ex *Germaniâ* propalandum optes, curabo tibi deferendum: ea autem conditione quòd incerto emittatur auctore.

Gratia Domini nostri Jesu Christi cum spiritu tuo! Salutant te pater, utriusque etiam conjuges; *dominum Œcolopadium* (sic), Christianæ rei non spernendum antistitem, ceteros quoque ejusdem pastores ac episcopos salutatos velim. Nichil de *Girardi nostri* [7] pura ac christiana prædicatione ad te scribo, quòd jam *pluribus*

---

[1] *Marguerite d'Angoulême*, duchesse d'Alençon.

[3] C'est probablement une allusion à *Érasme de Rotterdam*. On lit dans la lettre de Roussel à Farel du 6 juillet 1524: « Nondum videre potui libellum de confessione auriculari, in qua se prodit *simia illa* [scil. Erasmus] *quam suis bellè depingis plumis*. »

[4] On trouve une nouvelle preuve des sentiments peu bienveillants de Marguerite envers *Érasme*, dans le silence absolu qu'elle garda avec lui, après avoir reçu de sa part, en 1525, une lettre de condoléance, au sujet de la captivité de son frère, le roi François I. Érasme ressentit vivement ce manque d'égards. (Voyez Erasmi Epp.)

[5] Le 21 mars 1522, le Parlement de Paris avait confirmé et rendu plus sévère son édit du 13 juin 1521, relatif à la censure des livres de religion.

[6] Cet ouvrage ne paraît pas avoir été publié.

[7] *Gérard Roussel*. Voyez la lettre du 2 avril 1524.

epistolis compertum habeas, et fueris ipse expertus. Adeó sibi circumspectus est cum sinceritate sermo, ut nullus pateat calumniatorum insidiis locus, ita autem ut nichil veritatis evangelicæ prætermittat. Vale. Meldis, 18 calen. Jun. 1524 *.

Inutile Dei veri figmentum, ne dicam Christi mancipium

NICOLAUS SUDORIUS.

(Inscriptio:) Domino Guillelmo Farello, fratri christiano. Basilee.

103

LE FÈVRE D'ÉTAPLES à Guillaume Farel.
De Meaux, 6 juillet 1524.

Inédite. Autographe. Bibl. Publique de Genève. Vol. n° 112.

SOMMAIRE. Les lettres que j'ai reçues de vous et de nos amis de Bâle, ainsi que les livres d'Allemagne que vous m'avez envoyés, entre autres ces *Thèses de Breslau où respirent des convictions toutes semblables aux nôtres*, ont été pour moi une source de consolation. Comment ne pas se réjouir, en effet, quand on voit la pure connaissance de Christ déjà répandue dans une grande partie de l'Europe?

J'ai aussi quelques bonnes nouvelles à vous donner. Le *Nouveau Testament traduit en français* a été accueilli avec un empressement extraordinaire par *le simple peuple*, auquel dans notre diocèse on le lit les dimanches et jours de fête. Le roi a écarté les obstacles que quelques personnes voulaient mettre à cette diffusion de la Parole. Les lettres d'*Œcolampade* ont produit une si vive impression sur *notre évêque*, qu'il a chargé *Gérard Roussel* de faire une instruction quotidienne au peuple sur les Épitres de St. Paul, et qu'il a commis le même soin à *nos prédicateurs les plus évangéliques*, pour les autres portions du Diocèse.

Je regrette que *l'auteur d'une certaine satire* que vous m'envoyez, ait attaqué personnellement trop de gens ; j'aime mieux la modération de *Myconius* plaidant la cause des Zuricois. Quant à votre ami *Michel Bentin*, notre évêque sera heureux de l'accueillir dans un temps plus favorable. *Du Blet* me parle aussi dans sa lettre de votre voyage auprès de Zwingli que je ne puis qu'approuver. Si vous manquez de ressources, tâchez d'obtenir de quelque marchand des avances que nous lui rembourserons. *Robert [Estienne]* et moi nous avons les mêmes griefs que vous contre

---

* Le millésime est de la main de Farel.

son associé [*Simon de Colines*], qui n'imprime plus que des livres de mauvais aloi. Mais nous espérons des jours meilleurs pour cette ville de *Paris* encore plongée dans les ténèbres.

Guilielme frater, gratia et pax Christi tecum! Quam consolationem Spiritus *ex literis tuis*[1], *Œcolampadii*, *Pelycani*[2], *Hugaldi*[3], *et ex Germanicis libris*[4] concepi dicere haudquaquam possim, quia planè redolent Christianismum. O bone Deus, quanto exulto gaudio, cum percipio hanc purè agnoscendi Christum gratiam, jam bonam partem pervasisse *Europœ*[5]! Et spero Christum tandem nostras *Gallias* hac benedictione invisurum. Vota audiat Christus, et cœptis ubique victor adspiret!

Vix crederes, posteaquam *libri gallici Novi Organi*[6] emissi sunt, quanto Deus ardore simplicium mentes, *aliquot in locis*, moveat ad amplexandum verbum suum[7]. Sed justè conquereris, non satis latè invulgatos. Nonnulli, authoritate Senatus interveniente, prohibere conati sunt[8]; sed *rex generosiss.[imus] in hoc Christo*

---

[1] Aucune des lettres de Farel à Le Fèvre n'est parvenue jusqu'à nous.

[2] *Conrad Pellicanus*. Voyez le N° 62, note 4.

[3] *Ulrich Hugwald*. Voyez le 98, note 19.

[4] C'étaient sans doute les livres dont Le Fèvre accusait déjà réception à Farel dans sa lettre du 20 avril, mais qu'il n'avait pas encore lus à cette date.

[5] Voyez les paroles d'Érasme à la fin du N° 33.

[6] La traduction française du Nouveau Testament publiée par Le Fèvre en 1523. (Voyez les N°ᵒˢ 69 et 79.)

[7] *Grenoble, Lyon, Alençon, Bourges, Paris* et *Meaux* avaient déjà entendu la prédication de l'Évangile. Depuis qu'il était mis à la portée des simples par une traduction en langue vulgaire, son influence devait croître de jour en jour. Dans le diocèse de Meaux, Briçonnet avait fait distribuer gratis des exemplaires du Nouveau Testament de Le Fèvre à tous les pauvres qui en demandaient, et c'est probablement de cette dissémination de l'Écriture sainte que datent « ces petits commencements de piété » que la ville de Meaux reçut de Briçonnet et d'où « s'engendra (dit Crespin. Hist. des Martyrs, livre IV) *un ardent désir* en plusieurs personnes, tant hommes que femmes, *de cognoistre la voye de salut nouvellement révélé.* »

[8] *La Sorbonne* avait dû être vivement contrariée par l'Épître exhortatoire de Le Fèvre du 8 juin 1523 (N° 69). Cette même année elle censura la proposition suivante: Tous les chrétiens et principalement les clercs doivent être induits à l'étude de l'Écriture sainte, parce que les autres sciences sont humaines et peu utiles. « *Hæc propositio* (disait la Faculté de Théologie) secundum primam partem *Laïcos quoscunque ad studium sacræ Scripturæ* et difficultatum ejusdem *esse inducendos*, sicut et Clericos, *ex errore Pauperum Lugdunensium deducitur.* » Le 26 août 1523 elle déclara: qu'il serait très-pernicieux, vu les circonstances du temps, de laisser répandre parmi le

patrocinatus *adfuit, volens regnum suum liberè,* ea lingua qua poterit, *audire absque ullo impedimento Dei verbum* [9]. Nunc *in totâ diœcesi nostra* [10], festis diebus, et maxime die dominica, *legitur populo et epistola et evangelium linguâ vernaculâ* [11]: et si parœcus aliquid exhortationis habet, ad epistolam aut evangelium, aut ad utrumque adjicit.

Mirum quàm moverunt R.[everendum] D.[ominum] meum literæ Œcolampadii [12], cui totus mundus debet, ut qui, juxta nomen suum verè luceat in domo, non privata sed tota Dei ecclesia, omnes

---

peuple *des versions complètes ou partielles de la Bible,* et que celles qui avaient déjà paru devraient être plutôt supprimées que tolérées. (De Sainjore, op. cit. IV, 120-122. D'Argentré, op. cit. II, 7.) Ce fut sans doute en vertu de cette déclaration que *le Parlement* fut sollicité d'interdire par un édit la vente de la traduction française des Évangiles. Les paroles de Le Fèvre prouvent que si l'édit en question fut promulgué, le roi n'en permit pas l'exécution. (Voyez la note suivante.)

[9] A quelle époque faut-il placer l'intervention de François I en faveur de la libre prédication de l'Évangile? Probablement au mois de septembre ou d'octobre 1523. V. l'Épitre exhortatoire du 6 novembre 1523 (p. 168, n. 11), où Le Fèvre loue la piété du « débonnaire roy très-chrestien. » Cet hommage est reproduit en termes plus expressifs dans la dédicace du commentaire de Le Fèvre sur les Épitres catholiques, datée du mois d'avril 1525 : « Certè silentio non est prætereundum, Christianissimum *regem Franciscum...* hoc ipso laudem et *gloriam apud posteros promeriturum, quod voluerit* verbum Dei in suo amplo regno liberè haberi et *Evangelium Christi sincerè purèque ubique annunciari,* volens et multò magis æterno regi Christo parere et verbo ejus, quàm ipse, vel à suis subditis, et sibi et verbo suo audiri. »

[10] Le diocèse de Meaux, où Le Fèvre remplissait les fonctions de vicaire spirituel de Briçonnet, qu'il appelle plus loin « Reverendum Dominum meum. »

[11] Il s'agit ici des lectures de l'Évangile en langue vulgaire, récemment instituées par l'évêque Briçonnet dans le diocèse de Meaux, et auxquelles la traduction de Le Fèvre lui-même servait sans doute de texte. « Il arriva pour lors, » dit à ce sujet le secrétaire épiscopal *Jean Lermite,* « qu'on feit imprimer, *par commandement du Roy,* les Évangiles et Épistres de St. Paul en françois, ce que le sus-dit Prélat (Briçonnet) jugea pouvoir soulager *l'ignorance et l'incapacité des vicaires,* ... leur enjoignant *en l'absence des prédicateurs,* de lire à leurs paroissiens l'épistre et l'évangile du jour, affin qu'ils peussent, par ce moyen, en tant que Dieu leur en donnoit la grâce, rompre le pain de l'Évangile et en repaistre le peuple commis à leur gouvernement. » Guy Bretonneau, op. cit. p. 168, à comparer avec Toussaints Du Plessis, op. cit. II, 566.

[12] On ne peut pas savoir s'il s'agit ici d'une lettre d'Œcolampade adressée à Briçonnet ou à Le Fèvre.

juvans, nunc peculiaribus opusculis, nunc trallationibus novis. nunc concionando ad populum, nunc in diatriba scholastica profitendo; et quamquam bona sunt opera quæ ex græco latinitati donat [13], mirificè tamen amplectimur *si quas insuper adjicit adnotationes*, quandoquidem *magis authoribus ipsis sapere Christum videntur*. Deus illum, nobis et Ecclesiæ suæ lucentem, diu conservet!

Diligentissimè igitur quoscunque libros ab eo emanasse cognoscimus, colligimus : certi non nisi optima in illis contineri. Et *id etiam studiosè facit R.[everendus] D.[ominus] meus. Qui*, ut dixi, *lectione epistolæ Œcolampadii permotus, commisit Girardo* [14], nunc canonico et thesaurario nostræ ecclesiæ, *provinciam interpretandi populo* promiscui sexus, *quotidie una hora manè, epistolas Pauli linguâ vernaculâ editas, non concionando, sed per modum lecturæ interpretando* [15]. Quod et ordinavit faciendum per insigniora suæ diœceseos loca, *missis* ad hoc quos habere potuimus *purioribus lectoribus*, *Joanne Gadone* [16], *Nicolao Mangino*, *Nicolao à Novo Castro* [17], et *Joanne Mesnillio*, qui comes fuit *Michaëli*, ducatus Alenconiensis apostolo [18]. In quem, his diebus, magna turba conspiravit sacerdotum, ut eum è vita tollerent. Christus illi adfuit, et contrivit laqueum illi intentatum, quem et dedit adversariis suis et sancti verbi sui in pedicam. Sed longum nimis narratu negotium.

Ad *epistolam tuam* redibo. Accepi et *Epistolas* et *Psalterium* [19]

---

[13] Œcolampade avait publié en 1520 une traduction latine des commentaires de Théophylacte sur les Évangiles, et, en 1523, LXVI Homélies de Chrysostome sur la Genèse. (Panzer. Annales typographici, VI, 234 et 240.) V. dans le N° suivant, n. 9, une liste de quelques ouvrages d'Œcolampade.

[14] Gérard Roussel.

[15] Caroli faisait déjà à Paris des instructions pareilles. V. la note 57.

[16] Le nom de *Jean Gadon* ne se retrouve pas dans les lettres de cette époque.

[17] *Nicolas Mangin*, curé de St.-Sainctin à Meaux, appartenait à une famille qui eut trois de ses membres condamnés en 1546 pour « crime d'hérésie. » (Crespin, loc. cit.) Quant à *Nicolas de Neufchasteau*, nous ne possédons aucun renseignement sur sa personne.

[18] *Michel d'Arande*. V. la lettre de Farel du 2 avril 1524.

[19] Le *Psautier de Pomeranus* parut sous le titre suivant: « Joannis Pomerani Bugenhagii in librum Psalmorum interpretatio, Wittembergæ publice lecta. Basileæ, anno M.D.XXIIII. » (Apud Adamum Petri, mense Martio), in-4° de 762 pp., non compris les pièces liminaires. La dédicace à l'Électeur Frédéric est datée du 29 décembre 1524 (1523, nouv. style). Ce livre fut réimprimé à Bâle, en août 1524, par le même éditeur. — Felix Raytherus,

Pomerani, donum profecto magnificum *Hugaldi* [20], fratris charissimi. Tu illi vice mea gratias habebis quamplurimas. Si citius venisset in manus meas, non curassem emitti ex officina *Psalterium* [21] cum brevibus argumentis et quadam auxesi ex Hebræo et Chaldæo ; sed jam *primarius præses* [22] habebat ad manus, nomini suo dedicatum, quo favorem curiæ emercaremur, ad quicquam, si opus esset, excudendum. Nam scis ordinationem Senatus, omnibus libris, tum excudendis, tum precio exponendis, præbentem impedimentum, nisi instituti quidam censores (et iidem, si non etiam indocti, certe male adfecti) adprobaverint [23].

Accepi etiam *illam acrem subsannationem* [24], quæ, si in manus multorum venerit, vehementer motura est bilem, et nobis etiam inconsciis conflatura invidiam, quasi quippiam tale promoverimus. Utinam *scriptor comœdiæ* [25] pepercisset aliquotum nominibus, quorum mallem resipiscentiam quàm nomini eorum inuri notam! Sed id Dei munus est. Modestia *Osvaldi Myconii* pro *Tygurinis* [26] admodum mihi placuit: sed fur quispiam hunc thesaurum nobis invidit, qui et *Myconium* et *Epistolas Cocti tui* [27], generosi equitis, nobis abstulit. Audivi *equitem illum*, bona nota Christianum, in Curia [28] fuisse : sed ad nos non divertit.

natif de St.-Gall, écrivait de Wittemberg, le 8 avril 1524 : « *Scholia Pomerani in 10 Epistolas Pauli*, quas prælegit, Nurenbergæ sunt excusa inscio autore. » (Collection Simler.)

[20] Voyez la note 3.

[21] Le Fèvre parle ici de sa traduction française du Psautier, qui parut le 17 février 1525 chez Simon de Colines, in-8°.

[22] *Jean de Selve*, premier président du parlement de Paris.

[23] Voyez le N° 102, note 5.

[24] Il est probable que Le Fèvre fait allusion à un ouvrage composé par Farel pendant son séjour à Bâle. Une lettre d'Érasme à Mélanchthon du 6 septembre 1524 nous donne quelques détails sur ce livre introuvable : « Idem (*Farellus*) ædidit libellum *de Parisiensibus et Pontifice*.... Quantùm illic inficetiarum... *quàm multi nominatim traducti!* Et tamen ipse solus non apponit nomen suum! » — Nous reviendrons sur ce sujet, à propos de la lettre de Coct à Farel du 2 septembre 1524.

[25] Farel lui-même.

[26] Il veut parler du livre de *Oswald Geisshäussler* (en latin *Myconius*) intitulé : « Myconius Lucernanus ad sacerdotes Helvetiæ qui Tigurinis male loquuntur suasoria, ut male loqui desinant. » Cet ouvrage, imprimé chez Froschower à Zurich, est dédié au Sénat de cette ville et daté du 22 janvier 1524.

[27] Ce sont les trois Épîtres publiées par Anémond de Coct (V. le N° 86).

[28] Le Parlement de Paris.

Vidi *Othonem* [29] coimpressum *Huteno* [30] : placet mihi magis, et magis Christianè agit ac purè quàm in *Problematis* [31]. Librum *De Confessione Erasmi* [32] non vidi : intellexi tantùm obtulisse illum magno eleemosynario regio [33]. gemina lingua, latina videlicet et gallica, concinnatum. *De instituendis ministris ecclesiæ* [34] et *Formula Mysse* [35] ad nos pervenit: sed desideratur *Pastor erangelicus* [36], qui apud vos fertur excusus.

Mentionem feci tui Michaelis Bentini [37] R.[everendo] D.[omino]

[29] *Othon Brunfels*, ancien chartreux, natif de Mayence. Il se brouilla avec Érasme à l'occasion d'Ulrich de Hutten. Voyez la note 30.

[30] *Ulrich de Hutten*, le célèbre pamphlétaire. Le Fèvre fait allusion à l'écrit intitulé : « Ulrichi ab Hutten cum Erasmo Roterodamo, presbytero, theologo, Expostulatio a priore depravatione vindicata jam. *Othonis Brunfelsii* pro Ulricho Hutteno vita defuncto, ad Erasmi Roterod. Spongiam Responsio, ab autore recognita. » Petit in-8°, sans lieu, ni date. (Publié à Strasbourg, en mars 1524, chez Jean Scot.)

[31] Voyez le titre de cet ouvrage dans le N° 98, note 12.

[32] Livre d'*Érasme* dont le vrai titre est celui-ci : « Exomologesis, sive modus confitendi. » Le fragment suivant d'une lettre de Farel (adressée à Le Fèvre? ou à Roussel? en 1524), est relatif à cet ouvrage: « *Erasmus ille versipellis, Evangelii pestilentissimus hostis*, pro quo piis orandum precibus, ut resipiscat, aut ipsum prorsus infatuet [Dominus], quod jam vel cœci vident in insulsissimo et omnibus merdis concacando *Confessionis libello*. » (Kapp, Nachlese, p. 604.)

[33] *François du Moulin*, seigneur de Rochefort, grand aumônier du roi François I, dont il avait dirigé l'éducation. Érasme lui dédia son livre sur la Confession auriculaire, par une lettre datée de Bâle, le 25 février 1524. C'est le même personnage qui est mentionné dans le N° 23, n. 2.

[34] Il existe sous ce titre un ouvrage de *Luther*, adressé au Sénat de Prague, et publié à Wittemberg en 1523, in-4°.

[35] C'est le livre de *Luther* intitulé: « Formula Missæ et Communionis pro Ecclesia Vuittembergensi. Wittembergæ, M. D. XXIII. » in-4°. Cet ouvrage et le précédent furent réimprimés (la même année?) et réunis en un seul volume in-8°, qui est évidemment celui dont parle Le Fèvre en rapportant à ces deux ouvrages le mot *pervenit*. (Voyez Panzer. Annales typographici. Norimbergæ, 1793-1803, 11 vol. in-4°, t. IX, p. 84.)

[36] Ouvrage de *Zwingli* qui a pour titre : « Pastor, quo docetur quibus notis veri pastores à falsis discerni possint, et quid de utrisque sit sentiendum. Tiguri, 1524. »

[37] *Michel Bentin*, originaire de Flandre, avait la réputation d'être un excellent critique, « vir emunctissimæ naris, ac in restituendis veterum monumentis sagacissimus. » C'est le témoignage que lui rendait un imprimeur bâlois. (Varonis de lingua latina libri III. Basileæ, apud B. Westhemerum, 1536.) Bentin avait peut-être connu Farel à l'université de Paris; nous l'inférons du moins de la recommandation que celui-ci lui avait donnée auprès

meo. Nollet pro tempore illum accersiri, cum natione sit *Flandrus* [38]. ne quid illi accideret incommodi, aut fortasse sua causa nobis ipsis [39]. *Ubi* autem *tempus permittet, gauderet* [40], *et nos omnes gauderemus ipsius consuetudine frui :* at nunc apud vos [41] tutius degit. Literas Honorandi Patris *Pelycani* [42] ad *P. Amicum,* ea qua potui diligentia, curavi ut redderentur. Intellexi eum non amplius apud Minoritas agere, sed indutum cucullo nigro, in quodam cœnobio [43] *magni eleemosynarii* degere, nescio quæ ibi è græco latina faciens [44]. Vir est nobili et Christiano ingenio [45]. *Optarem illum ea libertate qua nos, quando quidem nos liberavit Christus, posse in suis studiis versari.*

Novissimas literas tuas accepi, hàc transeunte *Conrardo* [46], et

---

de Le Fèvre. En mars 1524 il habitait encore la Flandre. Quelques mois plus tard, il était fixé à Bâle, où il se maria. (Voyez Erasmi Epp. Le Clerc, p. 795, 804, 851, la lettre de Bentin à Œcolampade du 8 octobre (1524) et celle de Coct à Farel du 2 septembre, même année.)

[38] Un édit récent de François I ordonnait à tous les étrangers, de quelque condition qu'ils fussent, de quitter Paris et la France dans le terme de dix jours. (Bulæus, VI, anno 1524.)

[39] En venant à Meaux, Bentin, qui était sujet de l'Empereur, pouvait s'attirer des désagréments ou en donner à l'Évêque lui-même. Un passage des lettres d'Érasme servira du reste à indiquer le rôle que Bentin se proposait de remplir en France : « *Bentinus... expectat* [Basileæ] *ut aliquo vocetur in oppida Gallorum.... ad prædicandum Evangelium hoc novum.... Reviset suos in Quadragesima, ut confirmet suos in fide.* » (Lettre du 11 février 1525 à Jean de Hundt, chanoine de Courtray. Le Clerc, p. 851 et 852.)

[40] On remarquera que *Briçonnet* se réjouissait à la pensée de recueillir dans sa ville épiscopale un savant recommandé par *Farel.*

[41] C'est-à-dire à Bâle.

[42] A la date de cette lettre *Pellican* était encore gardien des Franciscains de Bâle.

[43] Cette abbaye, où vivait *Pierre Amy,* l'ex-Franciscain, était probablement l'abbaye des Bénédictins de St.-Mesmin, près d'Orléans, qui avait alors pour abbé François de Rochefort. Voyez la note 33.

[44] On trouve dans les *Lettres de Guillaume Budé* (Paris, 1526, in-4º) deux lettres de ce savant helléniste adressées à un *Petrus Amicus,* qui paraît être celui dont parle Le Fèvre. Érasme, au contraire, croyait reconnaître dans ce correspondant de Budé un jeune homme qui avait été précepteur à Louvain, et que le baron polonais J. a Lasco avait amené avec lui à Bâle, au commencement de l'année 1524. (Erasmi Epp. éd. cit. p. 603 et 1369.)

[45] Antoine Papillon disait également de lui : « vir egregiè doctus et christianus. » V. la lettre du 7 octobre 1524.

[46] *Conrad Resch.* Voyez le Nº 20, note 7.

conclusiones illas quas, in peregrinatione non mihi improbanda. *accepisti apud Zynglium* [47], è *Vratislavia* ad ipsum perlatas [48]; et *mirum est quàm consono spiritu de verbo Dei, de summo Christi sacerdotio, de matrimonio omnia dicantur* [49]! Regnet ubique Christus, obtineat ubique verbum ejus! Accepi insuper literas à *Bleto* [50], plurimum consolatorias, de illa vestra peregrinatione. Munuscula quædam literaria, operà, haud dubito, *OEcolampadii* emissa, cùm latina tum hebraïca, nondum accepi, accepturus propediem cum *Joannis Parvi* [51], bibliopolæ, è *Lugduno* recepti fuerint libri.

Charissime, unum est cujus te admonitum volo. Cum ad nos, me videlicet et *Girardum*, mittis libros, scribe precia, ut possimus dare vectori aut cui voles. Insuper scribe nobis, *quibus rebus indiges in alieno solo, quamvis amico et Christiano*, ut possimus tibi de penuria nostra subvenire, et per quos. Malent aliquando mercatores non nihil hic pecuniarum posse recipere, quàm illas secum per viam deferre. Si te juverint, visis literis tuis, quidquid poterimus, nostra tua sunt. Id de me tibi polliceor, vitam præstante Domino.

De officina nostra [52] justè conquereris, et ego conqueror, et *Robertus* [53] frater, ad quem dedisti, ut ad me scribit, literas. Sed

---

[47] Consultez sur ce voyage de Farel à Zurich les notes des deux lettres d'Œcolampade du 14 et du 15 mai 1524.

[48] Zwingli fait mention de l'auteur de ces *Thèses de Breslau* dans sa lettre du 16 mai 1524, adressée à Vadian : « Scribit ad nos quidam *Jo. Hessus*, theologus *Vratislaviensis*, homo tersus sanè et alacer, exigitque à nobis literas. » (Zuinglii Opp. VII, 342.) Les thèses en question sont datées de Breslau, le 20 avril 1524.

[49] Cette adhésion de Le Fèvre à la doctrine de Jean Hess nous paraît tellement explicite, que nous croyons devoir reproduire en entier les thèses du docteur de Breslau comme étant l'expression des convictions de Le Fèvre lui-même. On les trouvera à la suite du présent N°.

[50] Cette lettre d'Antoine du Blet était sans doute datée de Lyon. (Voyez les lettres du 7 octobre et du 28 décembre 1524.)

[51] *Jean Petit*, libraire de Paris, parent de Guillaume Petit, confesseur du roi. (V. la lettre de Budé à Érasme, 5 février 1517. Le Clerc, p. 168.)

[52] Il veut parler de l'imprimerie qu'exploitait à Paris *Simon de Colines*, lequel possédait en outre un établissement à Meaux. (Voyez le N° 49, note finale.)

[53] *Robert*, le second des fils du célèbre imprimeur *Henri Estienne I*. Il était né à Paris en 1503. Ses relations avec Farel et le témoignage que Le Fèvre rend plus bas à sa piété donnent lieu de croire qu'il avait déjà embrassé les doctrines évangéliques. Il se distingua de bonne heure par une

compater ille domus [54] quem scis, omnia evertit, et nunc sic occupat domum, ut nihil nisi sordidum emitti possit. *Robertus*, credo, ad te scribet, qui animo est Christianissimo. Sed *dabit aliquando Deus, ut purum possimus cernere lumen. Nunc, nunc nihil, nisi tenebræ,* saltem præter paucos, *apud illam,* olim claro nomine, *Lutetiam* [55]! *Carolus* [56] illic satis purè *evangelizat,* etiam *illic lecturus populo,* ut in diœcesi Meldensi, *vulgares Paulinas epistolas* [57]. Utinam verbum Dei vulgarium pectus subintret! Satis id esset, ut de reliquo bene sperandum esset. Faciet Christus opus, et non homo.

Charissime frater, per Jesum Christum te oro, esto epistola mea ad mihi omnium in Christo chariss[im]os fratres, amicos, D^{nos} *Œcolumpadium, Pelicanum, Hugaldum.* Scripsissem ad eos, sed nescio an tempus, an ætas, me prorsus reddit ad scribendum invalidum. Literæ hæ ad te testes sunt, quæ nullo ordine currunt. Itaque meæ illis fuissent, alioqui melioribus studiis occupatis, tediosæ. Scribam tamen, id annuente Christo, cum vires paulo fuerint vegetiores. *Christus Jesus, vita nostra,* sit omnium vestrum salus æterna! Meldis, vj Jullii 1524 [58].

Frater tuus ex animo J. Faber.

édition in-16° du Nouveau Testament latin, publiée en 1523 chez Simon de Colines, son beau-père, et dont la révision, ainsi que l'exacte correction, lui est entièrement due. Vers 1524 il était occupé à recueillir dans plusieurs anciennes bibliothèques de Paris les matériaux d'une nouvelle et meilleure édition de la Bible latine. Deux ans plus tard il fonda, pour son propre compte, l'imprimerie qui a rendu son nom célèbre. (Voyez Renouard. Annales de l'imprimerie des Estienne. Paris, 1843, in-8°, p. 283.)

[54] *Simon de Colines* ou *Colinet.* Il avait épousé en 1521 la veuve de Henri Estienne, auquel il succéda comme chef de l'imprimerie. « Il est probable (dit Renouard, op. cit. 279) qu'à la mort de Henri, Simon de Colines étoit son associé, et ainsi se trouvoit copropriétaire de l'établissement. »

[55] Voyez la lettre de Canaye du 13 juillet suivant.

[56] *Pierre Caroli,* natif de Rosay en Brie, docteur de Sorbonne (Voyez le N° 81, note 3.)

[57] Le fait est énoncé plus exactement dans cette phrase de la lettre suivante : « *Carolus...* populo Paulum *interpretatur.* » C'était *dès la fin de mars,* que Pierre Caroli avait commencé à lire, dans l'église de St.-Paul à Paris, l'Épître aux Romains traduite en langue vulgaire. Les hommes et les femmes qui assistaient à ces exercices religieux d'un nouveau genre apportaient avec eux leur Nouveau Testament français. (Voyez le N° suivant, à la fin, et dans la lettre du 5 octobre 1524 la note relative à Caroli.)

[58] Le millésime est de la main de Farel.

(P. S.) Ne tamen obliviscatur *Robertus* ad te dare aliquid literarum. mitto cum meis duplum earum quas ad me misit [59], ut intelligas quid nunc moliantur in officina. Vale rursus in Χριστῷ Domino.

(A la suite de cette lettre se trouve sur la dernière page l'apostille suivante :)

G. Farello. A. Coctus.

Despuis que je vous ay escript [60], *Conrad* [61] m'a dict que *Maigret* [62] a laissé son habit. et qu'il l'a veu, à *Paris*, abillé comme ung gentilhomme avec son frère [63]. Dominus tecum.

(Inscriptio :) Guillelmo Farello amatori Christi, fratri charissimo. Basileæ
       Basilee.

(Sur l'adresse on lit cette note autographe de Farel :) « *Jacobi Fabri Stapulensis epistola.* »

THÈSES DE JEAN HESS APPROUVÉES PAR LE FÈVRE[*].
Kapp. Nachlese, Theil II, 606.

D. Johannes Hessus, Christianæ Theologiæ Professor, Canonicus et Parochus Vratislaviensis, de subjectis Axiomatis, pro veritate inquirenda et timidis conscientiis consolandis, disseret. M. D. XXIIII.

« Vidi prævaricantes et tabescebam, quia Eloquia tua non custodierunt. » Psal. 118.

De Verbo Dei.

1. Ut verbo Dei omnia creata sunt, per ipsumque portantur et

---

[59] Cette copie de la lettre de Robert Estienne à Le Fèvre n'a pas été conservée.

[60] Lettre perdue. Le présent billet autographe est la première pièce de la correspondance du chevalier Coct.

[61] Resch, le libraire.

[62] *Aimé Maigret.* (Voyez la lettre de Farel du 2 avril, note 9, et celle du 31 juillet.) Il reprit bientôt ses prédications à Lyon. (Voyez la lettre de Coct du 17 décembre 1524.)

[63] Nous ignorons si ce frère du jacobite de Lyon est *Laurent Maigret*, dit *le Magnifique*, valet de chambre du roi en 1520, *Lambert Maigret*, ambassadeur en Suisse, ou un troisième Maigret, frère de ces deux personnages et conseiller au Parlement de Paris.

[*] Voyez plus haut les notes 48 et 49. *Luther* écrivait à Spalatin, le 11 mai 1524 : « *Vratislaviæ* disputatio *Joannis Hessi* processit feliciter, frustra resistentibus tot legatis Regum et technis Episcopi. » (Luthers Briefe. De Wette, II, 511.)

reguntur, continentur, contemperantur, consistunt et foventur, ita verbo Dei omnia obedire, adherere, subjicique et illius in se efficaciam operantem pati jure debent.

2. Quia unicè et solum per verbum Dei conscientiæ hominum pavidæ nutriuntur, pascuntur, consolantur, animantur, eriguntur, vivificantur, unice etiam et solum Dei verbum predicari ebuccinarique, ac per illud omnis homo admoneri et doceri debet.

3. Quia verbum Dei mundum est et examinatum ac purgatum nimis, nullis hominum decretis aut traditionibus, aut elementorum mundi statutis, debet impurari.

4. Quia lucerna pedum lumenque semitarum, et gressuum est directio, ideo cum illius lucerna accensa sit, subter modium poni non debet, neque a quoquam illius lumen obfuscari aut extingui, sed ut super candelabrum ponatur, luceatque omnibus qui in domo sunt, cooperari et adjuvare omnes tenentur.

5. Quia cursor et nuncius est voluntatis et gratiæ Dei ac salutis impiorum velociter currens, ideo illius cursus a nemine debet aut turbari aut impediri: sed totis viribus illi adesse, illius cursum promovere, et, ne vacuum revertatur ad Dominum, sed ut prosperetur in his ad quæ missum est, studere et conari debent omnes.

6. Istud imprimis excellentes potestates et principes, qui Dei Ministri sunt, subditis in bonum prestare tenentur, id est, cursorem Domini sui, verbum, inquam, Dei in cursu adjuvare, non autem à cursu retrahere, seu moras illi nectere. Si diversum faciunt, Deo et Domino suo resistunt, infideles servi sunt, et damnationem sibi asciscunt.

7. Etiam, cum ad omnes nuntius ille mittatur, atque ad omnes communiter illius nuntium pertineat, omnes de verbo et nuntio salutis loqui, audire, disserere, commentari, et absque ullo cujuspiam impedimento publice et privatim tractare libere possunt.

8. Insuper, cum pabulum sit et nutrimentum commune, quo omnes indigent esurientium et sitientium stomachi, id est conscientiæ et corda, illo sunt replendi, ab omnibus est manducandum, ruminandum, conterendum, atque absque cujusvis prohibitione in corda et conscientias trajiciendum, et, ut innascatur ac coalescat, ingerendum.

De summo Christi sacerdotio.

1. Christus a Deo Patre per sermonem jurisjurandi sacerdos, secundum ordinem Melchisedech, in æternum constitutus, una pro peccatis oblata victima, domui Dei præfectus, perpetuo sedet ad

dexteram Dei, ac manet sacerdos in æternum consummatus, unicus et solus, perpetuumque habet sacerdotium.

2. Præterea salvos facere ad plenum potest, qui per ipsum adeunt Deum, semper vivens ad hoc, ut interpellet pro illis.

3. In diebus vero carnis suæ, quando tradidit et obtulit seipsum pro nobis oblationem ac victimam Deo in odorem bonæ fragrantiæ, idem sacerdos ac victima fuit, pontifex magnus et agnus immaculatus, tollens peccata mundi.

4. Atque unica hac oblatione suiipsius et sola hac immolatione proprii corporis semel peracta, æternam redemptionem invenit.

5. Quin etiam eadem unica oblatione peccatum profligavit, et perfectos effecit in perpetuum eos qui sanctificantur, neque est ulla alia hostia pro peccatis universi generis humani.

6. Sicut autem semel peccato mortuus est, et semel pro peccatis passus fuit, justus pro injustis, ut nos adduceret Deo, ita semel duntaxat oblatus est, semel etiam omne sacrificium peractum est, neque postea unquam oblatus aut sacrificatus fuit, neque offerri aut sacrificari, seu hostia fieri, sicut nec mori nec pati unquam in æternum poterit.

7. Idcirco Missa et illius peractio sacrificium esse non potest (alioqui oportuisset Christum sæpius passum fuisse a condito mundo, itemque occisum et mactatum), sed illius duntaxat semel peracti sacrificii ac testamenti per sacerdotem et hostiam facti commemoratio.

8. Id quod Christi ipsius et Pauli verba indicant, consonatque Chrysostomus.

9. In ea autem commemoratione non ullis ceremoniis aut vestium apparatibus, aut aliis externis ritibus, sed fide vera opus est: in ea enim sola testamenti et sacrificii participes efficimur.

De Matrimonio.

1. Matrimonium, quod à Domino Deo, in opere creationis omnium rerum, est institutum, in quo Patres, Patriarchæ et Prophetæ viventes Deo complacuerunt, quod Christus evangelico nuncio comprobavit, præsentiaque sua illustravit, Apostoli et Martyres amplexi sunt, atque tota Scriptura divina collaudat, admittit licitum, liberum et publicum facit, — licitum adhuc etiam, liberum ac publicum esse, et ab eo nullum hominum genus arceri, magis autem omnes admitti debuerunt et debent.

2. Qui contrarium faciunt, et prohibent, Deum patrem, à quo

omnis parentela nominatur in celo et terra, contemnunt, verbo suo non obediunt: ideoque filii ejus esse non potuerunt, neque unquam hæreditatis celestis futuri sunt consortes.

3. Qui contrarium docent, doctrinam docent quam didicerunt attendentes spiritibus impostoribus ac doctrinis demoniorum per simulationem falsa loquentium et cauterio notatam habentium conscientiam.

4. Ad matrimonium omnibus amplectendum omnibusque permittendum quamvis innumera cohortentur invitamenta, tamen et illud non postremum est, quòd Mysterii illius magni quod est in Christo et Ecclesia significationem, repræsentationem et jugem admonitionem continet et proponit.

«Pax multa diligentibus legem tuam, et non est illis scandalum.» Psal. I, etc.

Vratislaviæ, die xx mensis Aprilis, M.D.XXIIII.

104

GÉRARD ROUSSEL à Guillaume Farel.
De Meaux, 6 juillet 1524.

Autographe. Bibl. Publ. de Genève. Vol. n° 111 a. C. Schmidt, op. cit. 171.

SOMMAIRE. Vous avez prévenu par votre lettre les plaintes que je me préparais à vous adresser au sujet de votre silence, et que j'avais déjà faites à vos amis de Paris. *Le Fèvre* a bien reçu les ouvrages de *Lonicerus* et de *Zwingli.* Plût à Dieu que *la France* possédât beaucoup d'hommes pareils à ces deux-là! *Le vrai culte de Christ*, obscurci par les traditions de Rome, serait alors ramené à la simplicité évangélique. Aujourd'hui, comme au temps des Apôtres, cette œuvre de rénovation doit s'accomplir par les simples et par quelques hommes pieux que Dieu s'est réservés au milieu des savants. *Œcolampade* est de ce nombre; combien mon âme serait fortifiée par des relations personnelles avec ce pasteur intrépide!

Une foi puissante pourrait seule me rendre capable de publier, comme vous me conseillez de le faire, des thèses contraires à la doctrine des théologiens de Paris. La rétractation de *Mazurier* et de *Caroli* et le décret d'arrestation lancé contre des *évangélistes* montrent combien il est difficile de braver les censures de la *Sorbonne* et les arrêts du *Parlement.* Jusqu'ici je ne connais personne, parmi nous, qui ait eu assez de courage pour attaquer de front les inventions des hommes. *La parole divine* il est vrai, *est purement prêchée* dans quelques lieux, *mais nous n'avons pas la constance qui fait mépriser la mort.*

J'approuve en général vos idées sur *l'élection des pasteurs* et je voudrais les voir admises partout. Dans votre seconde lettre, qui m'apprend votre voyage à *Zurich* et vos entretiens pieux avec *Zwingli*, vous m'exhortez de nouveau à soutenir une *dispute publique*. Je demanderai à Dieu de m'en accorder la force. Dites-moi, en attendant, de quelle manière ces discussions se passent en *Suisse*. Les *notables de Meaux*, qui vous font assurer de leur amitié, désirent comme vous qu'on répande dans le peuple des *traités religieux en langue vulgaire*. Il nous faudrait pour cela un imprimeur à nous et des caractères que vous enverriez de *Bâle*. Mon temps est entièrement rempli par les prédications et les instructions que j'adresse à toutes les classes de la population de Meaux. *Clichtow*, qui était jadis des nôtres, soutient aujourd'hui le pharisaïsme et va publier des livres contre *Luther*. Puissions-nous voir grandir l'amitié qui nous unissait déjà *avant la manifestation de l'Évangile !*

Girardus Ruffus Guillelmo Farello gratiam et pacem in Christo ! Cum nuper me *Parisium* recepissem [1], querebar apud amicos quos istic habes precipuos, quòd nihil scripsisses, a me licet provocatus per literas, hancque meam querimoniam decernebam tibi per literas indicare. Sed antevertisti querendi locum tuis proximis literis [2], quibus, sub ipsum exordium, scribis noscere te quid cause intercesserit ut ne tantillum quidem literarum scripserim, ac, cum interim nostrum silentium per occupationes quæ me integrum habeant, excusare pergas, non desinis tamen a me expostulare crebras literas, quod me facturum lubens ipse recipio, qui nihil tam optem quàm utrosque rescire quæ agantur utrinque.

Et ut ad tuas literas respondeam primùm, recepit *Faber*, pius juxta ac doctus vir, *catechesin Leoniceni* [l. Loniceri] [3], ac *de canone misse* libellum *Zynglii* [4], virorum quidem de christianis literis bene meritorum, quorum lectione non parum delectatus sum [5]. Atque utinam aliquot illis similes haberet *Gallia* per quos disceret Christum purè, utpote rejectis hominum frigidis commentis, et *solo nixa verbo fidei*, colere ! Nam dici non potest quàm cupiam nostros ab evangelica simplicitate nusquam excidere, ad *Christi simplicem regulam* suos formare mores, id quod audio apud vos fieri, sed reclamantibus interea hujus mundi sa-

[1] La lettre suivante mentionne ce voyage de Roussel à Paris.
[2] Nous n'avons trouvé nulle part aucune lettre de Farel adressée à Roussel.
[3] Voyez la lettre de Le Fèvre du 20 avril, note 4.
[4] Voyez la lettre du 20 avril, note 14.
[5] C'est une nouvelle preuve de la faveur avec laquelle les disciples de Le Fèvre accueillaient les ouvrages des réformateurs allemands.

pientibus⁶. denique iis per quos non oportuit negocium Christianum promoveri, ne quid humanis presidiis et non integra rei summa divinæ virtuti ascriberetur. Infantes sint et lactentes, vasaque fictilia ac penitus abjecti, oportet, per quos *divina laus Deique purus cultus, dudum demonii meridiani*⁷ *traditionibus obscuratus,* novetur ac proficiatur: id quod tum quoque fuit, cum cepit res agi per Christum et suos apostolos.

Sic magis confunduntur mundi principes ac sapientes, cum prospiciunt illiteratos ac idiotas despectiss[imos] ad istud perfectionis culmen, se neglectis, evehi, ad suam et aliorum prefici instructionem per spiritum quos a se instituendos miro ducunt supercilio. Istud nihil me male habet quod scribis, « *simplices et idiotas christiane rei novande antesignanos esse, infatuari ac desipere prorsus quos homines hactenus pro doctissimis habuere:* » quod sit patenti argumento, spiritum illum qui nisi super humiles, contritos ac trementes sermones Dei requiescit, in illis operari, ac jamjam instare tempus quo per abjectos evangelicum provehat negocium, utpote quos sit missurus per universum orbem. *perinde ac sub Christianismi initio* paucos dimisit apostolos in orbem terre. Sed tunc quoque sibi quosdam è sapientibus servavit, sed qui, semoto supercilio, adempta omni prorsus fiducia in se, in sua sapientia, honore et talibus, se totos humillimo Christo permiserunt, in quem sua rejecerunt, ut, admirando commercio, pro stercore aurum, pro injustitia justitiam, pro insipientia sapientiam, pro morte vitam, pro viciis virtutes, pro damnatione et inferno salutem ac celum, pro nihilo denique omnia reciperent a Christo, qui in hoc suis veluti se exuit vestimentis, nostra accepta forma, ut illorum nos faceret participes, illisque nostram tegeret nuditatem, ac demum nihil vereremur vocem vultumque Dei.

Ad quem modum et hoc etiam tempore quosdam sibi servat in bonis, quas vocant, literis, apprime doctos, inter quos arbitror esse *OEcolampadium,* qui, cum sit omni doctrinæ genere cumulatissimus, ut vix haberi possit cui conferatur, totum se Christo permisit, ut illis neglectis quæ mundus in precio habere solet, *solum Christum* amplexetur, magnifaciat⁸. Quod de viro audisse per tuas literas fuit gratissimum, quem utinam mihi liceret de facie nosse.

---

⁶ Farel avait sans doute dépeint à Roussel l'opposition que l'Évangile rencontrait à Bâle de la part d'Érasme et de plusieurs docteurs de l'université.

⁷ Allusion évidente à la cour de Rome.

⁸ Voyez l'éloge d'Œcolampade dans la lettre précédente.

conspicari mores. christianam conversationem ac intrepidum verbi Dei ministrum! Libri quidem quos in lucem emisit nobis virum exprimunt Christianum minimeque fucatum [9]. Sed *nescio quam occultam habet energiam ad animi robur, ipsa consuetudo cum intrepidis Christianis; nam quod* scripto *adhortaris, ut ventres Parisinos* [10] *adoriar, affixis e Christi officina positionibus,* quibus nihil conveniat cum Sorbona, quæ hactenus credita est unicum theologorum asylum, *non parvum exigit fidei robur,* ac alia spiritus manifestatione opus esset quàm sit ea quam hucusque sensi in me. Hortaris, ut unus homuncio qui hactenus pene latuit, qui nullam expertus est harenam, mox summos orbis vulgò creditos, eosque quàm plurimos, adoriatur in harenam vocatos, mox ex diametro ipsorum literis adversetur ac statutis, adhuc autem det operam libros imprimi in gallica latinaque lingua, quibus errores ipsorum convellantur qui hucusque pro receptissimis habiti sunt. Quasi tu ignores *decretum Parisini Senatus quo cautum est ne quis invulgare libros theologie audeat, nisi antea approbatos a Facultate Theologie Parisinæ* [11]; ut nihil hodie apud nos imprimatur non sorbonicum, neque imprimi queat. Age, jam qui fieri potest quod petis, cum Senatus a parte theologorum stet, ut quod hi decreverunt cunctis comprobet calculis? Et, ut quod dico verum putes, aperiam quod superioribus diebus apud nos acciderit.

Emissa per magistros nostros determinatione qua convelluntur *articuli Meldis evulgati* [12] (hanc dudum ad te missam curavi), vocan-

[9] Roussel avait sans doute reçu quelques écrits du réformateur bâlois par l'intermédiaire de Farel. Ils faisaient peut-être partie de cet envoi de livres mentionné par Le Fèvre dans sa lettre du 20 avril. Les principaux ouvrages publiés par Œcolampade avant le commencement de l'année 1524 sont les suivants, tous imprimés à Bâle: De risu paschali. 1518, in-4°. — Quod non sit onerosa Christianis confessio. 1521, in-4°. — Sermones de gaudio resurrectionis et mysterio tridui. 1521, in-4°. — Textus libri Geneseos secundum LXX. interpretes. 1523. — Sermo de non habendo pauperum delectu. 1523, in-4°. — De passione Domini, de venerando et laudando Deo in Maria, de invocatione Divorum contra [Joannem] Fabrum. 1523, in-4°. — Enchiridion græcæ literaturæ. 1523, in-8°. — De erogatione eleemosynarum. 1523. (Voyez Athenæ Rauricæ, p. 15.)

[10] Les docteurs de Sorbonne. Farel avait engagé Roussel à rédiger des thèses formulant la doctrine évangélique, et à les publier en provoquant les théologiens de l'Université à une dispute solennelle.

[11] Voyez le N° 102, note 5.

[12] Nous ne savons ce qu'il faut entendre par ces « *articles publiés à Meaux,* » à moins que ce ne fussent diverses propositions qu'on avait relevées dans les sermons des prédicateurs évangéliques appelés par Briçonnet.

tur ad sua comitia *Martialis* [13] et *Caroli* [14], ipsisque primùm indicitur palinodia, ac inde petunt determinationem per eos approbari, ni rejici velint à gremio Facultatis et omnibus ipsius prandiis, etc. A quo eximi cum onerosum ac grave sibi suaderent. ut discas vel ex hoc quàm frigidè nostros habeat spiritus, petitioni acquiescunt approbantque quæ prorsus spiritui adversantur, quamquam hoc aiunt fecisse se, non tam timore acti ne à Facultate exciderent, quàm ne gravius per Senatum in eos animadverteretur. Nam hoc moliri Senatum rumor quidam increbuerat, qui non fuit omnino vanus, ut subinde rei probavit exitus. Si quidem *Lise[t]o* [15]. patrono regio, apud Senatum promovente negocium, senatusconsulto decretum est, *quattuor ex urbe Meldensi in carcerem conjiciendos*, inter quos erant *Martialis* ac *Moysi* [16]; tibi probe notus est uterque, reliquos duos non novisti. Aberat *Moysi*, itemque *Marcialis* secesserat, intellecta re per amicos; captus est duntaxat unus [17] qui multa cum ignominia, ligatis pedibus manibusque, ceu mox in ignem conjiciendus ducitur *Parisium* ac inter primos malefactores recluditur: quæruntur interim alii et precipue *Moysi*, quem omnino volebant exurere. Fiunt alie quoque informationes, per quas *contendunt Fabro, mihi et ne episcopo* [18] *quidem parcere*. Et nisi *D[ominus] Meld[ensis]* [19] unà cum *sorore Regis* [20] omnem impendisset operam, vix citra flammas processisset res, quæ, Deo ita volente ac nostre infirmitati consulente, feliciter terminata est.

Ceterùm *non est inventus qui viriliter à parte Dei staret in ever-*

---

[13] *Martial Mazurier*. Voyez le N° 3, n. 6, et le N° 81, note 3. Il était docteur en théologie depuis l'an 1517.

[14] *Pierre Caroli* (Voyez le N° précédent, note 56). Les sermons pour lesquels il fut alors dénoncé à la Sorbonne avaient dû être prêchés à Meaux pendant l'hiver, puisqu'il était de nouveau fixé à Paris depuis la fin de mars. (Voyez le N° précédent, note 57.)

[15] *Pierre Lizet*, avocat du roi et plus tard premier président du parlement de Paris.

[16] Ce *Moysi* «bien connu de Farel» est peut-être *Michel d'Arande*.

[17] Il est difficile de dire à qui ces paroles se rapportent. On ne peut les appliquer ni à *Mazurier* ni à *Pauvan*. Le premier, ainsi que le dit Roussel, avait réussi à prendre la fuite; le second était personnellement connu de Farel, comme le prouve la lettre du 5 octobre (1524). Mais en comparant le passage actuel avec celui de la lettre précédente où Le Fèvre parle du grand péril auquel *Du Mesnil* vient d'échapper, on est conduit à penser que c'est du même personnage qu'il est ici question.

[18] — [19] Guillaume Briçonnet.

[20] Marguerite d'Angoulême.

tendis hominum constitutiunculis, id quod Christiano negocio maxime expedit. Nondum obtineri potuit ut infringeretur quod sanxit Senatus de libris imprimendis, etiamsi in hoc sudatum sit plurimum ; ut jam non subsit via qua queat expleri quod petis, nisi spiritus ille qui omnia potest, corda inflammet ac aliam nobis suggerat constantiam, per quam nihil persecutiones, tormenta, ignem et quodcunque aliud mortis [genus] exhorreamus : quod vestris concedi precibus tam petimus ut qui maxime. Nihil moramur episcopos, sed Senatus nos male habet, qui non permittit idiotis suggeri libros, cum interim verbum Dei in aliquot locis sincere tractetur[11]. sed deest constantia quam istic esse prædicas, citra quam tamen non est ut consulam cuique audendum.

Pastoris munus, ut neque nomen, non arrogo mihi, etiamsi in numerato habeam solos haberi [pastores] quos ad ministerium verbi deligit spiritus. Non agam tecum in re de qua nolim quemquam digladiari, cum nobis hoc agendum seduló, quó verbum Christi annuncietur, ut maxime nulli suus decedat honor. Certum est Philippum diaconum, ab apostolis designatum in ministerium pauperum, gratiam habuisse verbi, ut fidem facit liber Actorum: tamen, utcumque suo ministerio fidem recepissent Samaritani, duxerunt apostoli mittendos Petrum et Joannem, ut impositis manibus reciperent spiritum, perinde ac si non haberet Philippus idem donum quod apostoli, aut, quod magis placet, ne quicquam tibi dissentiam, in hoc missi sunt ut illorum assensu concordi cum Philippo Samaritanorum fides roboraretur. Nec mihi displicet ordo in ecclesia : sed hunc solum amplector quem exhibet ac requirit spiritus, quicunque tandem sit, ne infirmos nactus oculos cogar deinde in luce meridiei cecutire. *Presbyteros a populo deligi mihi probatur*, sed requiro antea populum fieri christianum et Dei agi spiritu, qui, si desit, non video qui ita succurri possit christianæ rei, cum scindatur incertum studia in contraria vulgus. Sed de his hactenus, ne videar quicquam iis refragari quæ cunctis persuasa esse velim, ut qui maxime.

Porro, cum hæc scripsissem, reddite mihi sunt alie litere per *Conrardum*[12], quæ, preter peregrinationem tuam cum *Bleto*, ac confabulationem piam cum christiano pastore *Zynglio*[13]. superio-

[11] Voyez la lettre précédente, note 7.
[12] Conrad Resch qui avait remis aussi à Le Fèvre une lettre de Farel.
[13] Sur cette visite que Farel et Du Blet firent à Zwingli, voyez les notes des N°s 100, 101 et la lettre précédente.

rem quoque adhortationem tuam [24] perstringunt, ut expendere mihi vel ex hoc sit facile quanto animi ardore istud à me fieri desyderes. quod, ut agnosco rei christiane apprime conducere. ita contendam precibus impetrare a Deo. qui adeò pius est in filios, ut hos nolit in re quapiam angi sollicitudine. sed à se quodcunque querendum prescribat. Interim velim per te certior fieri *de ordine et modo in illis conflictationibus Christianis observato a vobis.* Nam mihi probantur (sic) multam spiritus desyderare prudentiam. ac fieri vix posse autumo, ut ventres illi pigri ad nos venire et nobiscum disserere dignentur. qui non ignorem statuta quibus juramentis se addixere, quæ transgredi majori ducant piaculo quàm quodcunque Dei prescriptum.

Quod ad imprimendos libros vulgari idiomate attinet, egi cum amicis. qui tuum consilium probant; sed commodior modus non est illis visus. ob decretum Senatus. quàm si *in nostra urbe Meldensi* peculiaris esset impressor, qui nostris impensis formaret libros, gratis deinceps sed pauperibus per nos communicandos. Qua in re tuam operam requirimus. ut. si fieri potest. per te nobis matrices æneæ [25], aut quod magis optamus. styli ferrei [26]. matricum quod vocant radices ac capita. nostris quidem sumptibus reddantur. quòd cupiamus *Frobenianam impressionem assequi aut propemodum imitari.* Nihil addubito istic esse complures. qui istiusmodi stylos apparent, cum apud nos pauci sint. et adhuc non admodum industrii. Nec moror sumptus. modò hisce nobis uti liceat: in quam rem quid studii impenderis, fac resciam quamprimum. Nam *ut hoc ad te scriberem primores urbis curarunt, qui tibi bene volunt ex animo* [27].

Ad extremum si queris quid agam, preter solitas predicationes. in quibus integrum evangelium, et eo quo scriptum est ordine. prosequor, aggressus sum per Dei gratiam epistolas Pauli populo interpretandas per singulos dies, in quibus spero profectum non mediocrem [28], nec pretermitto Psalterium literatis qui apud nos

---

[24] Dans cette dernière lettre apportée par Resch, Farel revenait à la charge pour décider Roussel à entreprendre une dispute publique.

[25] Les caractères d'imprimerie.

[26] Les poinçons en fer avec lesquels on frappait les caractères.

[27] Ce détail prouve que Farel avait laissé à Meaux de très-bons souvenirs, et que l'Évangile y avait trouvé dans les hautes classes de zélés partisans.

[28] Voyez le témoignage que rend Le Fèvre à l'activité de Roussel (N° précédent).

sunt, interpretari, excussis pro occasione per me locis qui ad sinceram fiduciam faciant, quique humana prescripta convellant. Quod studium Deus optimus in suum vertat honorem, in quem usum abs te tuique similibus, hoc est Christianis, requiro preces fundi pro me ad Deum, ut detur cum fiducia, utcunque refragentur obluctenturque portæ inferi, *annunciare populo verbum Dei*, ac constanter rejicere quæ huic obsunt, etc. !

Clicthoveus olim noster [29] pergit pharisiasmum tutari, et jam edidit aliquot libros in *Lutherium*, ex aliorum scriptis suo more consarcinatos, de quibus nihil attinet pronunciare, cum plus satis noveris viri ingenium. Hi nondum impressi [30]: sed mox ac fuerint absoluti, ex officina curabo ad vos perveniant. Dolet mihi deesse quod communicare possim ingeniis quæ apud vos sunt complura : cum istic contra plurima sint quæ ipse requiro, nempe *annotationes Pomerani in Esaïam* [31]. *Lamberti commentarios in Osee et Malachiam* [32]. *Œcolampadii item commentarios in Esaïam* [33] *et in epistolam Joannis* [34]. et alia aliquot quorum nomina non suppetunt. Nondum videre potui *libellum illum de confessione auriculari* [35], in quo se prodit *simia illa* quam suis bellè depingis plumis [36] : sed

[29] Voyez sur *Josse Clichtow* la lettre du 1ᵉʳ janvier 1524, note 4.

[30] Sur la requête de Simon de Colines, le parlement de Paris avait autorisé, le 3 juin 1524, l'impression de l'*Antilutherus* de *Clichtow*. Cet ouvrage parut le 13 octobre de la même année. Le privilége accordé au *Propugnaculum Ecclesiæ adversus Lutheranos* du même auteur est daté du 1ᵉʳ décembre 1525, et l'ouvrage parut chez le même imprimeur le 18 mai suivant.

[31] A notre connaissance il n'existe pas de commentaire de Pomeranus sur Ésaïe. Roussel voulait sans doute parler du commentaire sur les Psaumes. (Voyez le N° précédent, note 19.)

[32] Le commentaire de Fr. Lambert sur *Osée* fut publié à Strasbourg, chez Jean Hervag, en mars 1525. Son commentaire sur Sophonie, Aggée, Zacharie et *Malachie* ne parut qu'en janvier 1526. La méprise de Roussel s'explique par l'avis suivant de Lambert, daté du mois de mars 1525 : « Proposueram dudum *nostros in Prophetas duodecim commentarios* ædere... Sicque res conclusa erat, ut putarem illos prius excudendos, quàm multos qui in hunc diem excusi sunt. Proinde, *in ipsis excusis libris, aliquoties horum in Prophetas istos commentariorum memini, quasi jam emissi essent*. Per errorem igitur factum est hoc. » (Commentaire sur Osée, fol. 241.)

[33] Œcolampade avait expliqué Ésaïe à l'université de Bâle dans le courant de l'année 1523. Son commentaire sur ce prophète parut en mars 1525.

[34] Les Sermons d'Œcolampade sur la première Épitre de St. Jean parurent en juin 1524. (Voyez plus loin la lettre du 31 juillet.)

[35] Ouvrage d'Érasme. Voyez le N° précédent, note 32.

[36] Voyez la lettre de Nicolas Le Sueur du 15 mai 1524, note 3.

spero mox ut ad nos pervenerit videre *Zynglii exhortationem* [37] non recepi, quam me recepisse per *Bletum* scribis.

Ut aliquando finiam, in aliis alioqui occupatior quàm ut commentari tecum longius possim, abs te obnixe postulo, ut amor qui inter nos *ante illustrationem Evangelii* [38] contractus est per nescio

---

[37] C'est probablement l'ouvrage mentionné dans la lettre du 20 avril, n. 9.

[38] A quel moment peut-on placer cette « *manifestation de l'Évangile?* » La question n'intéresse pas seulement la biographie de Farel et de Roussel, mais aussi l'histoire de la Réformation. Ce n'est pas ici le lieu de la traiter avec toute l'étendue qu'elle comporte. Il nous suffira de dire qu'on ne peut guère faire remonter au delà de l'année 1520, sinon les premiers symptômes, du moins les origines décisives de la Réforme française. Jusque vers cette époque Le Fèvre n'en était encore que le précurseur. Les sentiments et les convictions manifestés dans son commentaire de 1512 (Voyez le N° 1) révèlent sans doute un cœur vivement attiré vers l'Évangile ; mais l'influence de cet écrit fut très-restreinte, et la Sorbonne, loin d'en incriminer les doctrines, ce qu'elle eût infailliblement fait si le livre avait produit quelque fermentation dans l'opinion, se contenta de condamner la portion du commentaire où l'auteur niait que la traduction latine du Nouveau Testament fût l'œuvre de St. Jérôme. (Voyez le N° 29, note 3.)

Nous possédons d'ailleurs un témoignage irrécusable, qui établit que le commentaire de 1512 n'était que le prélude bien imparfait de « la manifestation de l'Évangile. » Farel, dans son traité du *vray usage de la croix de Jésus-Christ* (p. 206-208), s'exprime ainsi : « Je puis dire en vérité du bon homme *Jaques Faber Stapulencis*, qu'*avant la manifestation de l'Évangile*, laquelle nous avons euë de nostre temps, je n'ay point cognu de tel personnage, et je crie mercy à Dieu, de ce que lors j'ay tant tasché à l'ensuyvre. Mais, combien que ce bon personnage fust *du tout plongé en idolatrie*, néantmoins voyant qu'aucunes femmes avec chandelles allumées faisoyent leur prière devant l'image de la déesse *Isis*, il obtint que celle image fust ostée, et qu'une croix noire fust mise au lieu d'icelle…. Or ce bon personnage fit cela que je vien de dire, cependant qu'il estoit encore *en si grosse ignorance* que nous avons tous esté en la Papauté, …. à cause qu'il n'entendoit pas encore pour lors ce qu'il a bien entendu puis après, touchant l'idolatrie qui a esté commise autour de la croix. Or si ce bon homme a fait cela que j'ay dit, du temps de son ignorance et des ténèbres qui estoyent si grandes et si espesses par toute la Chrestienté, faut-il aujourd'huy qu'en une telle lumière de l'Évangile, les choses tant détestables et par lesquelles nous avons tant offensé nostre Dieu soyent encore soustenues ? »

L'événement auquel Farel fait allusion se passait en 1514 (Voyez le N° 17, note 5, et Guy Bretonneau. Hist. des Briçonnets, p. 211), et, par conséquent, Le Fèvre était encore, deux ans après avoir publié son commentaire sur St. Paul, « plongé en idolatrie et en grosse ignorance. » Il n'en sortit que peu à peu et lentement, sous l'influence du mouvement inauguré par Luther, et qui, pénétrant en France, y fit éclore et fructifier

quæ studia penitenda, in ipsa Evangelii luce indies se promovente, amplius accrescat ac major assidue fiat. Vale in Christo, qui solus in tuo regnet pectore! Meldis. 6ᵃ Julii 1524.

Caroli Parisiis degit ac populo Paulum interpretatur [39] in contionibus quas habet festis diebus in parochia *beati Pauli*, non sine magno Evangelii profectu, ut audio, etc.

(Inscriptio:) Christiane rei faventiss[imo] Guillelmo Farello. Basileæ.

(Farel a écrit sur l'adresse :) « Remittantur omnibus curatis ut rescribere possim. »

105

JEAN CANAYE à Guillaume Farel.
De Paris, 13 juillet (1524).

Inédite. Copie ancienne. Bibl. Imp. Coll. Du Puy. vol. 103-105.

SOMMAIRE. L'étude des auteurs grecs et latins, que j'avais entreprise l'an passé, afin d'acquérir une intelligence plus complète de l'Écriture sainte, a été fréquemment interrompue par la maladie. Cette circonstance n'excuse pas mon silence. Pourrais-je, sans être coupable, oublier un maître que ses leçons, une longue intimité et surtout le lien d'une foi commune, nourrie par nos entretiens journaliers avec Le Fèvre, m'ont rendu si cher? Nous vous aurions écrit, pendant *votre séjour en Guyenne*, sans la persécution qui vous a contraint à quitter précipitamment ce pays. Dès lors *Miles [Perrot]* n'a reçu de vous qu'une seule lettre.

Nous sommes heureux de vous savoir à *Bâle*, dans cet asile où l'Évangile est prêché et déploie sa vertu. Il était aussi prêché naguères au milieu de nous; mais *comme tout a changé depuis votre départ!* On revient aux traditions vieillies; la parole de Dieu est négligée, et les fidèles ne l'interprètent plus qu'en tremblant

les germes d'émancipation religieuse qui étaient demeurés jusque là, chez Le Fèvre et dans son entourage, vivants, sans doute, mais cachés. Ce qui prouve en outre que les vues religieuses de Le Fèvre ont eu à subir un long développement avant qu'il se décidât à adopter certaines idées de la Réforme, c'est qu'on le voit encore en 1519 admettre et défendre le culte des Saints et l'efficace des prières pour les morts. (V. le N° 19, note 1, le N° 20, note 18, et le N° 97, note 5.)

On trouvera peut-être un nouvel argument en faveur de notre thèse dans les notes de la lettre du 7 septembre 1527, où nous chercherons à déterminer l'époque approximative de la conversion de Farel.

[39] Voyez le N° précédent, note 57.

Gérard [Roussel], qui était notre espoir, nous a fait une ou deux visites seulement, sans *aucune prédication.* C'est ainsi que les faibles en la foi sont exposés à périr. Venez à notre aide, et que vos lettres nous fassent participer à l'édification que vous retirerez de vos relations avec des hommes vraiment évangéliques.

Guillelmo Farello Christianæ pietatis sincero cultori s[alutem] in Christo Joannes Canaius [1].

Præclarè equidem mecum actum existimarem, si ita fortuna tulisset, ut proximè, superiore anno, in studio cœpto in litteras et Græcas et Latinas, sine interpellatione versari potuissem. Sic enim *eruditionem illam,* non sane quam omnes (ut ais [2]) adorent. sed *verbo Dei intelligendo maximum vel potius necessarium subsidium,* comparaturum fuisse, facilè mihi persuadeo,—quum Græci Latinique autores qui libros sacros vel scripserunt, vel transtulerunt, vel exposuerunt, non tam exquisitam doctrinam requirant, sed à mediocriter docto intelligi possint. Nam linguam hebræam alio tempore mihi discendam satis esse existimo, quum pauci sint hic qui illam sciant, aut, si sciant, non omnibus sui adeundi copiam faciant [3]. Insuper, quod omnibus majus est, quum sacrorum intelligentia magis à spiritu illo summo qui ubi vult spirat, petenda sit, quàm longo studio multisque vigiliis speranda. Sed toties morbis expugnatus fui, ut in linguis, quibus me ornatum videris appellitare, nihilo peritior quàm *quum apud nos eras* [4], evaserim.

Nolim tamen hoc à me dictum existimes quò vel noxà me eximam quam nunc video magnam admisisse, quòd ad te non scripserim. Cui certe me, ubi nihil inter nos intercederet aliud quàm *quod unà diu vixerimus, eadem studia coluerimus, tu præceptor, ego discipulus fuerim* [5], devinctissimum negare non possum. At profectò multò plura majoraque sunt quæ me tibi arctissimè devinxerunt: imprimis tamen *charitas illa christiana, panisque ille* ἐπιούσιος

---

[1] Voyez la lettre du 1er janvier 1524, note 9. La copie de la présente lettre de Canaye est très-incorrecte. Elle porte en tête la note suivante, que Farel avait peut-être écrite sur le manuscrit original: « *Deploratio Gallicanæ corruptionis.* »

[2] On lit dans la copie « ut vis. »

[3] L'Université avait eu pendant les années précédentes un professeur de langue hébraïque. Valentin Tschudi écrivait de Paris le 10 janvier 1519: « Profitetur linguam hebraïcam *Augustinus Justinianus*, episcopus Nebiensis,... qui *biennio aut ultra* Hebraïce legendo nobiscum mansurus est, publico stipendio a Gallorum rege ad id conductus. » (Zuinglii Opp. VII, 62.) On voit par la lettre de Canaye que cet enseignement public n'existait plus.

[4] — [5] Canaye parle du temps où Farel était professeur au collége Le Moine.

et potus, quibus, Fabro, illo viro sanctissimo juxtà ac doctissimo, *porrigente, dies multos vixinius.* Quod sane unum semper erit, quo me tibi conjunctissimum fatebor, ac quovis supplicio dignissimum, si ad te literas dare ullo unquam tempore recusarim.

Nam, quod ad *tuas litteras* attinet, quas *Mileo nostro* [6] *fratri* te misisse dicis, unas tantùm recordor illum accepisse, *ex quo tempore Basilæam petiisti* [7]. Dum enim in *Aquitania* [8] hæreres, ad te equidem scripsissemus : sed statim auditus est tuus repentinus discessus, verèque, ut audio, christianus, jam *(?) monacho*, quód publicè evangelizares, *te persequente*; quem dolendum nobis omnibus dicerem, nisi intelligerem, te velut ad salutis portum et asylum confugisse, *Basileam,* inquam, verè βασιλικήν, quód Rex regum in eà Evangelium suum legesque æthernas vigere, legi, promulgari velit.

Quas, itidem jam olim *apud nos* ut ubique terrarum promulgatas credo, ac. *haud longo abhinc tempore,* tuâ inprimis operâ, quia à nescio quibus abrogatæ prorsùs fuerant, receptas scio. Sed longe aliter nunc, *ex quo hinc discessisti,* sese habent omnia. Quantùm autem putas ab eo tempore Evangelii autoritatem majestatemque diminutam, prioresque traditiones observatas, regnumque prius auctius factum! Quantùm Evangelicæ pietati detractum! [Quantùm] *Dei verbum* miserè jacuisse, ac *quanto metu à piis tractatum ! Hæc sunt quæ apud nos aguntur,* Gulielme charissime. Quæ si diligenter, ut petis, ad te scriberentur, haud scio an à lachrymis temperares, quamvis quæ jam dixi, non dubium tibi maximum dolorem peperisse, si non lachrymas simul expresserunt.

Quæ sanè tamen vix aliter contingere potuissent, quum nos tam citò dereliqueris [9], ac *Girardus* [10], in quo spes non minima erat, *Meldensibus* solùm vacet, non sine tamen fructu, ac *à tuo discessu* vix semel atque iterum nos visitarit, idque *sine ulla concione* [11].

---

[6] *Miles Perrot.* Voyez la lettre du 1ᵉʳ janvier, note 8, et celle du 20 avril 1524, note 10.

[7] Voyez le N° 82, note 3, et le N° 83, note 2, à la fin.

[8] Nous ne possédons sur ce séjour de Farel en Guyenne d'autres détails que ceux qui sont donnés ici par Canaye.

[9] Ce départ si prompt de Farel fut-il motivé par un danger imminent? On l'ignore. Bèze dit seulement: « il subsista *à Paris* tant qu'il put. »

[10] *Gérard Roussel.* Voyez le commencement de la lettre précédente.

[11] Nous avons ici la preuve qu'il existait à Paris *une église secrète*, dès l'an 1523, et que, depuis le départ de Farel, elle n'avait pas entendu une seule prédication évangélique.

Quam si impartitus fuisset, potuissent tenelli adhuc in Christo foveri, ali ac etiam augeri ; sed ubi primùm subtractum alimentum est, quid aliud contingere potuit quàm ut languescerent, ac nisi brevi subveniatur, id quod omnium pessimum, prorsùs exarescant? Quod ne contingat, scio equidem prohiberi posse. si Evangelium in manibus frequenter habuerimus. Quid enim non potest Evangelii ignis et gladius? Scio quòd possit expertem erudire. errantem in viam reducere, frigidum accendere. Sed *multum hac in re nos juvabis. si quando*, Deo volente sic, *inter viros totos Evangelicos tibi versari contigit, eorum et commercio et colloquio quotidiano frui. eorum opera legere. concionantes audire. ad nos quàm poteris frequentissimè de iis quæ istic aguntur. neque totius Ecclesiæ statu perscribere non recusaris.*

Diu apud nos asservavi has litteras, mi Gulielme. quòd neminem haberem qui eas ad te perferret. Quod si aliquem haberemus cui tutò litteras nostras committerem. frequentiores ad te scriberem. Vale in Christo. Parisiis, 3° Idus Julias [12].

106

GASPARD MÆSSGER [1] à Guillaume Farel.
(De Soleure [2], environ le 20 juillet 1524.)

Inédite. Autographe. Bibliothèque des pasteurs de Neuchâtel.

SOMMAIRE. Sollicité par Zurich en faveur de l'Évangile et invité par Lucerne à se déclarer contre Zurich, le Conseil de Soleure a répondu qu'il s'efforcerait de maintenir

[12] Pas de millésime, mais le contenu de la lettre indique suffisamment qu'elle fut écrite en 1524.

[1] *Gaspard Mässger* est un personnage très-obscur. Tout ce qu'on peut inférer de la présente lettre, c'est qu'il était Soleurois, instituteur dans une école de Soleure et partisan de l'Évangile. Avait-il fait la connaissance de Farel, à l'époque où celui-ci, arrivant du midi de la France, dut passer par Soleure pour se rendre à Bâle? Nous ne saurions l'affirmer. Son nom ne reparait plus dans la correspondance de Farel. Dans celle de Zwingli on trouve un certain *Gaspard Mosager*, qui écrivait de Paris au réformateur de Zurich, à la date du 16 octobre 1526 (Voyez Zuinglii Opp. VII, 548), mais dont il est impossible de constater l'identité avec le régent soleurois.

[2] *Le lieu* d'où la lettre fut envoyée nous semble déterminé par l'indication

entre tous les états confédérés l'antique amitié. Il a pris quelques mesures pour réprimer le cumul des bénéfices et l'avidité de *l'évêque de Constance. Melchior Macrinus* enseignera ici les langues classiques, pendant que je continue moi-même à instruire un petit nombre d'élèves fort ignorants. Saluez Œcolampade, et remerciez-le pour la lettre édifiante qu'il a écrite à *notre avoyer*.

Pacem et gratiam tecum, cum tota *ecclesiola* ³. Amen!

Septimo idus Julii ⁴ venerunt legati à *Tigurinis* et *Lucernanis*, quorum alter pacem et evangelii cursum petebat, alter, ut indictum bellum *Tigurinis* feliciter susciperent unà cum *Friburgensibus, Uranis, Sylvanis* et *Suitensibus* ⁵. Quibus responsum est : sibi nihil negocii esse cum *Tigurinis*; præter, bellum et intestinum hoc potius odium dispicere, et componere rogare etiam utrimque per literas, ut quà possunt concordia vivant pro veteri amicitia et integritate ⁶. Ita recesserunt.

Alterum est quod Senatus decrevit, ne qui canonici et sacrificuli duo habeant sacerdotia, et, qui non sunt præsentes, ut illis ex redditibus nihil cedat: quorum *præpositus* ⁷ unus est. Accedit ad hoc

relative à Macrinus (Voyez note 9), et par la nature des nouvelles que Mässger transmet à Farel (Voyez la note 5). Quant à *la date*, elle est fixée d'un côté, par la mention de l'ambassade des cantons du 9 juillet, de l'autre, par le fait qu'au verso de la lettre manuscrite, on lit le brouillon d'une pièce théologique, tracé de la main de Farel et destiné à servir de préface à son Traité de l'Oraison dominicale. Or, nous savons que ce traité dut s'imprimer à Bâle au commencement du mois d'août 1524. (Voyez le N° suivant et la lettre de Toussain du 2 août.)

³ La petite église française récemment fondée à Bâle par les soins de Farel. (Voyez sa lettre du 6 juillet 1525.) Mässger le croyait encore dans cette ville, tandis qu'il était déjà établi à Montbéliard (V. les N°ˢ 109 et 110).

⁴ Le samedi 9 juillet.

⁵ Depuis la seconde dispute de religion tenue à Zurich (26-28 octobre 1523), les cantons de Lucerne, Zug, Uri, Schwitz, Unterwald et Fribourg manifestaient une grande irritation contre les Zuricois. En apprenant que ceux-ci venaient de décréter l'abolition des images et de la messe (15 mai 1524), les défenseurs de l'ancienne foi s'unirent plus étroitement pour combattre les progrès de « l'hérésie. » St.-Gall et Appenzell étaient favorables à la Réforme. Les autres cantons étaient indécis. Ainsi s'expliquent les efforts tentés, soit par Lucerne, soit par Zurich, pour gagner à leur cause les Soleurois encore neutres.

⁶ Trois jours plus tard, le député de Soleure tint dans la diète de Zug (12 juillet 1524) le même langage conciliant que ses supérieurs avaient adressé à l'envoyé de Lucerne ; mais sa voix fut bientôt étouffée. (Voyez Jean de Muller. Hist. de la Confédération suisse, continuée par J. J. Hottinger et traduite par Ch. Monnard et Louis Vulliemin, t. X, p. 300.)

⁷ Nicolas de Diesbach, coadjuteur de l'évêque de Bâle.

aliud Senatus decretum : Est quidem parochus, satis bonus vir, quem, ut daret pro primis auctibus *episcopo Constanciensi*[8] 40 aureos, *decanus* per anathema compulit ; et is, senatorio consilio usus, nihil dabit.

Postremo habebunt *M. Macrinum*[9] : at ille leget linguas. Nihil præterea, nisi quòd negotium Christi parum apud nobis [l. nos] currit, nisi quòd fit ex invidia ; fiat tamen utcunque, ut malo malum ad tempus medicetur. Nihil hîc mihi gratum, præter laborem meum, quem habeo promtiss.[imum], paucos juvenes et tali præceptore dignos, indoctos et ad quos plane dicere posses : « Quis deorum tot simios convenire fecit? » Tu ora pro nobis Deum, ut non ex hominibus statuas saiis, sed ex stipitibus homines faciat.

Saluta fratrem et dominum *Oicolampadium*. Dic, *consuli nostro*[10] gratas fuisse literas spiritu et veritate plenas, qui eum salutat et bene precatur toti *ecclesiæ*[11]. Saluta præterea fratres omnes in Domino, et ut mei sint memores in precibus eorum. Rescribe, cum per negocium vacat. Mi Farelle, sume *fratrem illum*, et virum doctum et humanum, pro tua benignitate.

GASPAR tuus [MASSIGERUS][12], verus fraterculus.

(*Inscriptio :*) D. Farello, fratri nostro in Christo charissimo.

[8] Hugo de Hohenlandenberg, élu évêque de Constance en 1496.

[9] *Melchior Dürr* (en latin *Macrinus*) Soleurois de naissance. Après avoir étudié à Pavie et à Paris (1515—1518), il enseigna quelque temps le grec dans le couvent de St.-Urbain, au canton de Lucerne, fut vicaire du curé de Soleure, puis correcteur dans l'imprimerie de Cratander à Bâle. Nous le retrouvons à Soleure en 1522, dirigeant une école et donnant déjà, quoique prêtre en charge, des gages significatifs à la cause de la Réforme. (Voyez sa lettre à Zwingli, datée du 15 octobre 1522. Zuinglii Opp. VII, 230, et pp. 227, 267, 281.) Le 10 février 1524, il écrivait de Soleure à Myconius, à Zurich: « Habes, credo, apud te discipulum quendam *Vallesianum*, nomine *Georgium Kalbermather* ; huic velim significares, si ipsi *conditio Provisoris*, ut vocant, arrideret, ludo meo præficerem, siquidem *nunc Provisore careo*, et id quidem ægrè, quandoquidem, ut is novit, totus in templo, hoc præsertim tempore, occupor, puerosque miserè negligere cogor, ut *huic abominationi* satisfiat, a quâ ut brevi per Dominum liberer, impensè cupio. » (Inédite. Collection Simler à Zurich.)

[10] *Hans Stölli*, élu avoyer de Soleure en 1520. Il favorisait la cause de la Réformation, tandis que son collègue, Pierre Hebolt, était fervent catholique. (Hist. de la Confédération suisse, t. X, p. 360.) Œcolampade avait sans doute écrit à Stölli pour l'affermir dans ses dispositions religieuses.

[11] L'église de Bâle.

[12] Le nom de *Massigerus*, écrit de la main de Farel, précède dans l'original le mot « Gaspar. »

107

GUILLAUME FAREL aux Lecteurs[1].
(De Montbéliard, vers la fin de juillet 1524 [2].)

Inédite. Minute autographe. Biblioth. des pasteurs de Neuchâtel.

SOMMAIRE. L'oraison dominicale doit être prononcée avec ferveur, mais aussi avec intelligence et en pesant chaque mot. Si les pasteurs avaient récité leurs prières dans un langage intelligible, s'ils avaient enseigné au peuple à bien prier, la Chrétienté n'aurait pas été plongée en de si épaisses ténèbres. C'est afin de donner aux simples l'intelligence de la prière, que nous publions une « Exposition familière » de l'oraison dominicale et des articles du credo.

Le très-miséricordieux Dieu par son infinie bonté nous a monstré par plusieurs messaigieres (sic), tant patriarches que prophètes, plains de sainct esperit, sa saincte volenté, pour parvenir à Luy. Et finablement, au temps de la révélation du très-grand et très-hault mystère, qui a esté occulté par temps éternels, il nous a envoyé son très-chier filz, vray Dieu et vray homme, Jésus-Christ, nostre salveur unique et seul médiateur, pour abolir tous noz pechés et nous confermer par sa saincte doctrine en la foy vraye et vifve, plaine de bonnes euvres.

Et pourtant que *la foy ne regarde que l'abysme de la bonté de Dieu*, pendente du tout de la miséricorde et bénignité de Dieu, ung des plus nobles fruictz qu'elle produise, c'est orayson et élévation d'esperit et en entendement à Dieu. Mais, pour ce que nous ne sçavons que nous devons prier, ne comment, comme il est

---

[1] L'écrit pour lequel cette préface a été composée a été publié à Bâle vers le milieu d'août 1524. (Voyez la lettre de Toussain du 2 août, comparée à celle de Jean Vaugris du 29.) Nous n'en connaissons aucun exemplaire existant. La première partie de cette préface a été insérée presque textuellement dans un ouvrage publié à Paris (chez Simon de Colines? 1525 ou 1526) petit in-8°, sous le titre suivant : « Brefue admonition de la maniere de prier : selon la doctrine de Jesuchrist. Auec une brefue explanation du Pater noster. Extraict des paraphrases de Erasme : sur sainct Matthieu et sur sainct Luc. »

[2] Cette date résulte d'une circonstance que nous avons mentionnée dans le N° précédent, note 2.

escript aux Romains, le bon Jésus, qui tant c'est humilié pour nous, a voulu nous monstrer la forme et la manière comment nous devons prier, nous commandant, que, quant nous voudrons prier, nous prions ainsy : « Nostre père, qui, etc. » Et pour ce tous Chrestiens en priant ilz doivent dire ceste orayson avec une très-grande révérance et humilité de cueur, et une très-grande ferveur d'esperit, en pesant tous les motz qui sont en la dicte orayson, pour l'honneur de Celluy que l'on prie et qui nous a baillé la forme d'ainsy prier.

Et, jusques à ces jours, les pouvres brebis de Dieu ont esté très-mal instruictes en la manière de prier, par la grand' négligence des pasteurs, que les devoient instruire de prier en langaige qu'on entendist, et non pas ainsy seulement barboter des lèvres, sans rien entendre[3]. Car, comme dit sainct Paul, si je prie de langue, mon entendement est sans fruict : et pourtant il commande, que tout ce qu'on dit en la congrégation des fidèles, qui est l'esglise, qu'on le die en langaige [tel] que tous l'entendent : autrement, qu'on se tayse. Laquelle chose si on eust observer, jamais si grandes ténèbres ne fussent advenues : car on prieroit le Père en foy, ès cieulx, en esperit et vérité, et non pas ès créatures, en la terre, chair, et vanité.

Pourtant, affin que ung chescun puisse prier en sorte qu'il entende ce qu'il dit, — *en ce petit Livret, que facilement on pourra porter en la main, est l'orayson dominicale et les articles de la foy contenu[s] au credo, avec familière exposition de tous deux pour les simples*[4], que ne sont point exercittés en la saincte Escripture, non-

---

[3] Proposition censurée par la Sorbonne, le 20 mai 1525, comme l'une de celles qui sont contenues dans « trois petits livres d'Érasme de Rotterdam traduits en langue vulgaire, lesquels sont l'Éloge de mariage, *Brève admonition de la manière de prier* et le Symbole. » Cette proposition se trouve textuellement en effet dans le second de ces opuscules, qui renferme, après la partie empruntée à *Farel,* une traduction exacte de la paraphrase d'Érasme sur l'oraison dominicale. On attribuait ces trois traités à *L. de Berquin.*

[4] Cet écrit est très-probablement le premier ouvrage publié par Farel. Voici comment lui-même a raconté plus tard les circonstances qui le déterminèrent à composer des livres d'édification : « *Jean Œcolampade,* à la requeste d'aucuns bons personnages, m'admonesta d'escrire en langue vulgaire, pour donner quelque instruction à ceux qui ne savent en latin ... *Combien que, regardant ma petitesse, je n'eusse tasché ne proposé de rien escrire :* comme aussi je n'eusse osé prescher, attendant que nostre Seigneur, de sa grâce, envoyast personnages plus propres et plus suffisans que ne suis : toutefois, comme en la prédication à laquelle ce sainct personnage ordonné

obstant qu'il n'y aye rien que ne soit tiré de la saincte Escripture : affin que plus facilement on aye intelligence de tous deux, et aussy aucun accès à la saincte Escripture, que doit estre la table en laquelle tout Chrestien doit prandre sa réfection et se régler selon ycelle.

Pourtant, [que] chescun dévotement prie l'infinie miséricorde de Dieu, qu'il soit son plaisir nous ouvrir le royaulme des cieulx par la vraye intelligence des Escriptures, laquelle Luy seul donne, et non autre, affin que en tout et partout soions menés et conduictz par Luy, et non autre! Et ainsy nous parviendrons à la terre de promission, en la cité de Hiérusalem célestiële, avec tous les bienheureux.

108

ŒCOLAMPADE à Morelet du Museau [1], à Paris.
De Bâle, 31 juillet (1524).

Œcolampadii et Zuinglii Epistolæ. Éd. cit. fol. 176a.

SOMMAIRE. Jacques le sculpteur m'a fait connaître la bienveillance dont vous m'honorez et que j'attribue à *votre sympathie pour la cause de l'Évangile.* Montrez-vous vrai disciple de Christ ; qu'il soit votre seul docteur pour tout ce qui regarde la piété ! Je vous envoie en signe d'amitié *mes Sermons* sur la première épître de St. Jean. Saluez de ma part *Aimé Maigret.*

Clarissimæ et nobilitatis et honestatis viro Dn. Mauro Musæo,

de Dieu, et légitimement entré en Église de Dieu, m'incita *avec l'invocation du Nom de Dieu,* je ne pensay qu'il me fust licite de résister : mais selon Dieu j'obéis, estant requis et demandé du peuple et du consentement du Prince qui avoit cognoissance de l'Évangile, et prins la charge de prescher : aussy par luy *admonesté d'escrire, je ne peu refuser,* que je ne misse peine et diligence de faire comme j'estoye enhorté d'un si grand Pàsteur. » (Préface du « Sommaire » de Farel. Jean Gérard. Genève, 1552, in-16.)

[1] *Maurus Musæus* (en français *Morelet du Museau,* seigneur de Marcheferrière), né au commencement du seizième siècle, était un élève de Nicolas Bérauld (V. le N° 14, note 1), auquel il dut la première connaissance de la vérité évangélique (V. la lettre du 9 août 1534). Son père, trésorier sous Louis XII, général de France, premier maître d'hôtel du roi et

à secretis et cubiculo Regis Galliarum, Patrono et Domino suo, Joannes Œcolampadius.

Gratiam et pacem à Christo ! *Benevolum tuum in me animum,* Maure clarissime, verè maximi facio, et quamvis hunc meæ parvitati non deberi sciam, *gaudeo* tamen *Evangelii favore conciliatum* [2] : unde justa redamandi datur occasio. Quo nomine non mihi soli, sed et Christianis omnibus, addo et angelis omnibus, hominumque et angelorum regi, Christo, non potes non esse gratus. Quem enim non pudebit Evangelii Christi, illius neque Christum pudebit. Itaque ut est, ita semper commendatissimum tibi sit Evangelium Jesu ! Porrò dum hoc precor, opto ut non vulgarem, sed *verum Christo discipulum præstes : illumque solum in his quæ animæ sunt doctorem agnoscas.* Quem si subinde audieris in pectore tuo, docebit te, ne à pseudoprophetarum imposturis decipiare, et dabit ut bonis omnibus perpetuò maneas gratus. Taceo interim ineffabilia bona et veras divitias quæ illius consuetudine contingent.

Excusus est diebus his *libellus Demegoriarum nostrarum in Epistolarum* [primam] *Joannis* [3], in quo fermè enchiridion quoddam Christianæ vitæ. Eum ad te mitto, ut eodem quo me amas nomine, redamari te non ignores. Diversare vel semel in hoc, si vacat. Tuum autem illum in me animum prodidit *Jacobus sculptor* [4] : qui et literas ut scriberem commendavit, quas non dubito

---

ambassadeur de François I en Suisse dès 1524, avait épousé *Marie Briçonnet,* cousine-germaine de l'évêque de Meaux, et il était devenu par ce mariage l'allié de plusieurs familles illustres et influentes. Il est vraisemblable que ce fut chez *Guillaume Briçonnet,* son oncle, que *le jeune Morelet* entendit parler d'Œcolampade, celui-ci étant tenu en grande estime par l'évêque de Meaux et ses protégés. (Voyez les Lettres de Louis XII. Brusselle, 1712, t. II, p. 207. Guy Bretonneau. Histoire des Briçonnets, et ci-dessus les N°˙ 103 et 104.)

[2] Voyez la note 1.

[3] Cet ouvrage du réformateur de Bâle avait paru au mois de juin 1524 chez Cratander, sous le titre suivant : « In Epistolam Joannis Apostoli Catholicam primam, Joannis Œcolampadii demegoriæ, hoc est Homiliæ una et XX, » in-8°. (A la fin : « Basileæ, apud Andream Cratandrum, anno MDXXIIII, mense Iunio. » V. Panzer. Annales typographici, t. VI, p. 247.) La dédicace est adressée à Christophe évêque de Bâle, et à son coadjuteur.

[4] Ce « *Jacobus sculptor* » est probablement le personnage qu'Érasme appelle, dans sa lettre du 27 octobre 1524, « *Lothoringius* quidam *sculptor imaginum.* » Certains détails contenus dans la même lettre permettent de penser que cet artiste ambulant servait parfois de messager aux évangéliques de France et aux Français réfugiés à Bâle.

quin pro humanitate tua suscepturus sis humaniter. Vale. Salvum opto et *Menadeum* [l. *Amadeum*] *Macrinum* [5], prosperarique in Domino. Basileæ, ultima mensis Julii (1524) [6].

109

PIERRE TOUSSAIN[1] à Guillaume Farel, à Montbéliard.
De Bâle, 2 août 1524.

Inédite. Autographe. Bibl. des pasteurs de Neuchâtel.

SOMMAIRE. Votre lettre à Œcolampade m'a fait connaître *l'empressement admirable du peuple de Montbéliard* à rechercher la prédication de l'Évangile. Le chevalier *Coct* nous dit qu'il en est de même dans plusieurs contrées de *la France*. Vous jouissez de la *faveur du Prince et de ses dignitaires* ; mais ne vous appuyez pas sur les belles paroles de ces derniers ; c'est de Christ seul que nous devons dépendre. *Jean Vaugris* fera activer l'impression de *votre traité sur l'Oraison Dominicale*, et j'y mettrai aussi tous mes soins. *Didier et Boniface* vous saluent. Saluez *le chevalier d'Esch*, qui est un ancien ami de mon oncle *Nicolas Toussain*. Au moment où je vous écris, *Anémond de Coct* entre chez moi et m'annonce qu'il partira demain pour Montbéliard et vous portera cette lettre.

Frater, pax Christi tecum! *Œcolampadius noster* ostendit mihi tuas ad se epistolas [2], quibus significatum est nobis, gentem istam [3]

---

[5] L'apostille de la lettre de Le Fèvre du 6 juillet (N° 103) nous apprend que *Maigret* était alors à Paris, où se trouvait par conséquent aussi Morelet du Museau.

[6] La date résulte avec certitude de la publication récente de l'ouvrage cité dans la note 3.

[1] *Pierre Toussain* (en latin *Tossanus*) naquit à Metz environ l'an 1496. Au mois d'octobre 1514 il vint suivre les leçons de l'université de Bâle, où étudiaient alors Conrad Grebel de Zurich, Gaspard Megander, Œcolampade et Jérôme Froben, fils du célèbre imprimeur. Il étudia ensuite à Cologne, à Paris et à Rome. (Voyez Duvernoy. Ephémérides du comté de Montbéliard. Besançon, 1832, in-8°, p. 305.) On ne connaît ni l'époque où il fut élu chanoine de la cathédrale de Metz, ni les circonstances qui déterminèrent son adhésion à la doctrine réformée. Il paraît s'être retiré à Bâle dans les premiers mois de l'année 1524. (Voyez le N° 121, note 7.)

[2] A notre connaissance il n'existe aujourd'hui aucune des lettres de Farel adressées à Œcolampade.

[3] Le peuple du comté de Montbéliard.

ad quam te vocavit Altissimus, Jesu Christi, servatoris nostri gloriam mire sitire⁴. Quo fit ut mirum in modum gaudeam. Et *habeo Deo gratias*, mi Guilielme, et Domino nostro Jesu Christo, *quòd non isthic solùm, verùm etiam in Galliis omnibus, sacrosanctum Dei verbum indies magis atque magis elucescat.* Cujus rei mihi satis abunde fidem facit *Annemundus Coctus*, vir, ut scis, literis et imaginibus clarissimus, à quo audio ingenia passim suppullulare⁵ qui [l. quæ] huc omnia vitæ studia, omneisque conatus adferant, quò possit tandem Christi regnum quàm latissime patere. Et te per Christum hortor, mi frater. ne ab instituto defatigeris, sed constanti sis animo in Domino nostro Jesu Christo.

Gaudeo *Principem*⁶ tibi favere. nec hunc solùm sed etiam omneis illius Aulæ nobiles : sed vide advigiles, quando non ignoras primum illum pacis nostræ proditorem, nunquam non excubias agentem, nobis semper insidiari, omnemque (quod aiunt) movere lapidem. quò possit tandem hostem opprimere. atque adeò si illius regnum invadas. Consulunt illi sæpe varia, quæ si fortasse ad examen revoces. pugnant cum Christo. In quibus te velim festinare lentè. nihilque non ad Scripturam redigere, quandoquidem *magna res est quam agis. nec vult consiliis humanis contaminari*.

---

⁴ Farel nous apprend lui-même dans la préface de son « Sommaire, » éd. cit., qu'il fut « *requis et demandé du peuple* [de Montbéliard] *et du consentement du Prince*, qui avoit connoissance de l'Évangile. »

⁵ Dans son récent voyage à Paris et à Meaux le chevalier *Coct* avait pu recueillir bien des renseignements sur l'état religieux de la France. (Voy. à la fin de la lettre de Le Fèvre du 6 juillet. l'apostille du chevalier Coct écrite à Meaux, et la note 28 du même N°, p. 223.)

⁶ Le duc *Ulric de Wurtemberg*. Chassé de ses États d'Allemagne par la ligue de Souabe (1519), il résida dès lors alternativement en Suisse, à la cour du landgrave de Hesse et dans son comté de Montbéliard. (Duvernoy. Le château de Montbéliard et ses anciens maîtres. Besançon, 1840, p. 13.) Pendant l'été de 1523 il avait séjourné à Bâle et il était entré en relation avec Œcolampade, qui lui fit goûter la doctrine évangélique. C'était un très-mauvais prince. Zwingli s'exprimait ainsi dans la lettre qu'il écrivait à Œcolampade, le 9 octobre 1524 : « Rumor est, *principem Würtembergensem* te sibi in usum Evangelii junxisse. *Ego ab eo homine aliquando vehementer abhorrui; verùm si ex Saulo Paulus factus est*, non aliter amplecti possem hominem, quàm fratres Paulum, quum resipuisset. Quidquid in hac re senseris, indica ; nam nos, *si fides adsit*, cum illo, quæ maximo sint emolumento rei christianæ futura, tractare poterimus. Cupio autem in summa scire, *posteaquam de fide docuisti*, ubi nunc sit, et qua ratione tutò queam ad illum literas dare. Puta si sit in *monte Péligardi....* » (Zuinglii Opp. VII, 360.)

Pollicentur illi montes aureos, adhæc favorem, auxilium, atque alia id genus, à quibus si pendemus, jam à Christo defecimus, et in tenebris ambulamus. Quæ non ad te scribo, ut existimem me tibi monitore opus esse, sed ne non intelligas me quoque de te sollicitum, cupereque ex animo, ut omnium pectoribus Christus inseratur.

Quod scribis *de Oratione Dominica*[7], dabo operam ut exeat in publicum, idque quàm primum fieri poterit. Conveni hodie eum qui illam formulis excudendam suscepit. Lunæ [die][8] committetur prælo, si non mihi verba dat typographus; *Jo.[annes]*[9], *nepos bibliopolæ Lugdunensis*[10], maturabit negotium, qui salutem tibi adscribit. Ego, quantum ad me attinet, non ero in mora, cuperemque tibi et bonis omnibus majori in re gratificari. Proinde, si quid est quod possim, utere me. Præter hæc nihil habeo quod ad te scribam. Fratres te salutant, inprimis *Desyderius noster*[11] et *Bonifacius*[12]. Reliqua ex *Œcolampadii* literis[13] intelliges.

Cuperem, ut clarissimum illum Equitem nostrum, D. *Nicolaum Dex*[14], Tossani tui verbis salutares, cui multùm olim familiaritatis et amicitiæ intercessit cum *Nicolao Tossano*, primicerio Metensi, patruo meo, quo nomine spero me futurum illi commendatiorem. Et bene vale, frater in Domino dilectissime, qui dirigat gressus tuos et te servet incolumem! Basileæ tumultuanter, ij Aug. 1524.

Tuus ex animo PETRUS TOSSANUS.

(P. S.) Habebamus hìc nescio quem ad te nuncium. Sed cum has scriberem literas, me invisit clarissimus *noster Coctus*, vir omni

---

[7] Voyez le N° 107, qui contient la préface de cet opuscule de Farel.

[8] Le lundi 8 août.

[9] *Jean Vaugris*, membre d'une famille française naturalisée à Bâle, était le commis-voyageur de ses deux oncles, les libraires bâlois *Conrad Resch* et *Jean Vuttenschnee Mitchel*.

[10] Ces mots désignent vraisemblablement Jean Wattenschnee, qui avait une maison de librairie à Lyon.

[11] Ce *Didier*, dont le nom de famille nous est inconnu, étudiait à Bâle pour devenir évangéliste. Voyez la lettre d'Œcolampade à Farel du 1ᵉʳ juillet (1525).

[12] Boniface Wolfhard. Voyez le N° 95, note 2.

[13] Voyez le N° suivant.

[14] Ce chevalier *Dex*, appelé par Toussain « le chevalier *d'Esch*, » dans sa lettre du 17 décembre 1524, était natif de Metz. Nous supposons que c'est le personnage mentionné sous le nom de *Nicolaus Aquensis* dans une lettre d'Agrippa, datée du 26 septembre 1524. (Agrippæ Opp. Pars II, p. 819.)

laude dignissimus. Is cum, ut fit, intrat æstuarium, rogat quidnam agam? num studiis meis obstrepat? ut est humanissimus. — « Nihil est, inquam, quod agam : tantùm scribebam *Pharello nostro.* Si quid est quod scribere velis homini? » — « Ego, inquit, reddam illi tuas literas, quandoquidem cràs sum concessurus ad hominem. » Quod mihi fuit jucundissimum. Iterum vale in Christo.

(*Inscriptio :*) D. Guilielmo Farello Theologo, fratri in Domino dilectissimo.

110

ŒCOLAMPADE à Farel, à Montbéliard.
De Bâle, 2 août (1524).

Œcolampadii et Zuinglii Epistolæ. Éd. cit. fol. 200 a.

SOMMAIRE. Au milieu de la tristesse que me fait éprouver le peu de succès de mes prédications, je suis du moins heureux que vous ayez trouvé un champ si fertile, et qu'après un temps si court il soit déjà couvert d'une riche moisson. Ne travaillez pas à faire des savants, mais des gens de bien. Il est facile de faire entrer quelques dogmes dans les oreilles des auditeurs, mais changer le cœur, c'est là une œuvre divine. Ce qu'il nous faut pour nous accommoder aux caractères divers, c'est la douceur, la patience, la charité, la foi surtout, et une prudence formée sur celle de Christ.

Je n'oserais contraindre *Boniface* à vous rejoindre, tant qu'il ne sera pas *appelé* par le troupeau. *Coct* vous amènera peut-être un évangéliste capable. Nous songerons à vous envoyer tous les effets que vous avez laissés à Bâle.

Joannes Œcolampadius Gulielmo Farello, mysteriorum arcanorum fideli dispensatori in monte Bellægardiæ, suo fratri.
Gratiam a Christo perpetuam ! Gaudeo mirum in modum, *rem Christi per te incrementa isthic sumere,* et precor ut qui per te plantat, plantata riget, ac custodiat à vulpeculis et apro devastante, singulari illo, inquam. Bene, quòd tam uberem agrum nactus es, et quòd tam brevi[1] seges provenit; sed tum beati erimus, si fructum Christo attulerit, si spes non elusa fuerit, aut saltem nostra culpa

---

[1] Ces mots *tam brevi* montrent que *Farel* était fixé depuis très-peu de temps à Montbéliard.

id non contingat, si ministerium inculpatum et fidele nunquam male audire cœperit. Dabis operam non ut doctos, sed ut bonos, hoc est, vere doctos et θεοδιδάκτους multos gignas. Facile enim est aliquot dogmata auditorum instillare et inculcare auribus ; *animum autem immutare, divinum opus est.*

Ante omnia igitur necessarium, precari spiritum sanctum, et uno talento nostro lucrifacere nobis alterum. Qui unum talentum habet, defodit in terra. Cui duo, is alia duo lucrabitur. Quod si lucrari voluerimus, opus erit mansuetudine, patientia, charitate, et fide inprimis ; opus erit et prudentia, non carnali, sed sancta, quæ desursum descendit, quæ, exemplo Christi, nos omnium moribus accommodare facit. Sed quid te moneo, qui spiritui monitori obtemperabis? Me deplorare debeo, qui tanto tempore in aërem loquor, et nec tantillum spei in meis video ; fortasse in mediis Turcis felicius docuissem. Sed jam in nullum transcribo culpam, in me rejicio. Ora Dominum, ut ne sinat verbum suum contemni, propter meam vel ignaviam vel maliciam.

Bonifacium[2] nondum ausim extrudere, nisi certis literis advocaretur ; fortassis aderit cum *Cocto*[3], qui sancto muneri futurus sit idoneus. Sed si omnino utilem crederes in opus Dei *Bonifacium*, cura ut illi scribatur, ne semper causetur se non conductum vel vocatum in vineam[4]. Salutat te *domus mea.* Gratias agas clarissimo *illi equiti*[5], atque aliis omnibus qui nos salutant in Christo. De sarcinula transvehenda, per amicos inquiram, si commode possit. Fortassis isthic facilius invenies, qui id recularum, quicquid est, velint hinc avehere. Nemo hactenus pecuniam tuo nomine postulavit à me[6]. Si quid me facere volueris, fac sciam. Cras exordiar, si Deus volet, Epistolam ad Romanos ; in templo Genesim ab exordio, et Epistolam ad Hebræos exorsus sum. Ora Dominum, ne totam noctem frustra laborem. Vale in Christo. Basileæ, mensis Augusti die secundo (1524).

[2] C'est probablement *Boniface Wolfhard.*

[3] On voit par la lettre précédente que le chevalier *Coct* se disposait à partir de Bâle le 3 août, pour se rendre à Montbéliard.

[4] A l'origine de la Réforme on ne reconnaissait comme pasteurs légitimes que ceux qui avaient été appelés par le troupeau.

[5] Le chevalier *Nicolas d'Esch.* Voyez la lettre précédente, note 14.

[6] Ces détails montrent que Farel avait quitté Bâle d'une manière précipitée, sans pouvoir ni emporter ses effets, ni mettre ses affaires en ordre. On verra dans sa lettre du 6 juillet 1525 le récit des événements qui le contraignirent à ce prompt départ.

111

ŒCOLAMPADE à Guillaume Farel.
De Bâle, 3 août (1524).

Ibidem, folio 198a.

SOMMAIRE. Le récit que je viens de lire du *tumulte excité à Montbéliard*, dimanche dernier, me fait espérer que votre prédication portera des fruits. Mais les amis de l'Évangile craignent ici que *votre zèle* ne vous rende trop *entreprenant*. Vous n'avez certainement pas oublié les recommandations que je vous fis avant votre départ de Bâle, ni votre promesse de vous exercer à la douceur. Les hommes aiment *la persuasion, non la contrainte !* Imitez Jésus-Christ, dont la mansuétude se montre jusque dans sa polémique contre les Pharisiens. *Boniface* ne refuse plus d'aller [à Montbéliard] depuis qu'il a reçu un appel en règle. Les discours sur l'Épître aux Hébreux que j'ai commencés dimanche à l'église, ont failli être suspendus par un ordre du Conseil. Saluez le chevalier *Nicolas* et *l'église* qui est avec vous.

Jo. Œcolampadius Gulielmo Farello, vineæ Domini in monte Bellægardiæ plantatori et idoneo et fideli, fratri suo.

Gratiam et pacem a Domino Jesu! Legi tragœdiam die Dominico excitatam isthic [1], et in magnam adducor spem, frugiferum fore semen quod mittis in terram. Qui hic tibi et Evangelio favent, ne quid ardore zeli inter initia attentes timent. De quo satis monui antequam abires, nunc non item : neque enim excidisse animo crediderim, quo modo inter nos convenerit, nempe, ut *quanto propensior es ad violentiam, tanto magis te ad lenitatem exerceas*, leoninamque magnanimitatem columbina modestia frangas. Duci, non trahi volunt homines. *Unum spectemus, quomodo lucrifaciamus animas Christo, et quomodo ipsi doceri vellemus, siquidem adhuc teneremur in tenebris et captivitate Antichristi.* Vide ut Christum etiam vita exprimas, exemplo, inquam, docendi. Sævit quidem ille

---

[1] Dimanche 31 juillet. Nous ne savons à quelle tragédie Œcolampade fait allusion. Il veut peut-être parler du désordre que le gardien des Cordeliers de Besançon excita dans l'église où prêchait Farel. (Voyez plus loin la lettre du 20 août 1524.)

in Pharisæos, hominum genus intractabile, sed suaviùs, quàm plerique verba Matthæi interpretantur : quædam per deplorationem, quædam per præmonitionem, quædam alia festivitate mellita objecit, ita ut nusquam ferè benignitas ejus manifestior, quàm dum agit cum atrocissimis insidiatoribus et inimicis. Sat est. Scio te medicum, non carnificem fore.

Bonifacius nihil causabitur, siquidem literis fuerit accitus eorum quibus annunciandum est verbum. Fortassis *Stithion* [2] cunctabundi coronam præripiet. Hodie auspicabor Epistolam ad Romanos. Dominico die [3], in templo, Genesim et Epistolam ad Hebræos exorsus fui. Parum abfuit, quin senatusconsulto interdiceretur Epistolæ ad Hebræos enarratio. Detulerant enim me quidam, quòd coner omnem Sanctorum honorem et imagines abrogare [4]. Respondi *Tribuno plebis* [5], et *Consuli* [6], me præconem esse Christi, non ita addictum quidem me Sanctis ; nullis tamen, quos Ille observari voluit, suum honorem imminutum iri velle ; posse me in omnibus Scripturæ libris, quod in isto, si expatiari liberet. Ubique Deus proponitur colendus. Quumque multa in hanc sententiam dixi, permiserunt me arbitrio meo, ut qua docui hactenus pergerem modestia. Audierant inter alia, me non parsurum vigiliis, et anniversariis, missisque quorundam impiis ; et nihil ad illos pertinere visum est. Ora Dominum pro me, ne infidelis in ejus reperiar ministerio. Saluta et meo nomine clarissimum *equitem Nicolaum* [7], et eam quæ isthic tecum ecclesiam. Vale in Christo. 3 Augusti (1524) [8].

[2] On doit peut-être lire *Struthion* (en allemand *Strauss*), mais il ne faudrait pas voir dans ce personnage l'ex-Dominicain *Jacob Strauss*, qui est mentionné dans la correspondance de Zwingli (années 1525 et 1526) et dont les Réformateurs se défiaient, à cause de ses idées exagérées (Voyez Herzog. Vie d'Œcolampade, édit. all. II, 289.)

[3] Le 31 juillet.

[4] Ceci est un indice de l'esprit de persécution dont Farel avait été lui-même victime de la part des magistrats bâlois. Voyez le N° précédent, note 6.

[5] Ce *tribunus plebis* (ou chef suprême des tribus de la ville) était alors *Lucas Ziegler.*

[6] Le bourgmeistre en charge *Henri Meltinger*, zélé catholique. Son collègue Adelberg Meyer était, au contraire, grand partisan de la Réforme.

[7] Le chevalier *Nicolas d'Esch*.

[8] Le millésime est écrit de la main de Farel sur l'exemplaire des Lettres d'Œcolampade et de Zwingli (Bâle, 1536) qui lui avait été offert en cadeau par Jean Oporin, l'un des éditeurs de cet ouvrage, et qui se trouve maintenant à la Bibliothèque publique de Genève.

112

FRANÇOIS LAMBERT D'AVIGNON au Roi de France.
De Strasbourg (vers le milieu d')août 1524.

(TRADUIT DU LATIN. EXTRAITS.)

In Cantica Canticorum Salomonis.... Francisci Lamberti Commentarii Wittembergæ prælecti. Argentorati, 1524 [1], in-8°.

SOMMAIRE. La tyrannie de l'antechrist serait bientôt renversée en France, si le Roi y autorisait la *libre prédication de l'Écriture Sainte* et la *vente des livres évangéliques*. Tandis que les populations ont soif de la parole divine, le clergé se montre tout prêt à fermer la bouche aux prédicateurs de la vérité. *Lambert* en a fait récemment l'expérience à *Metz*. Incompétence des *parlements* dans les questions religieuses. Lambert supplie le Roi de rendre le mariage libre pour tous ses sujets et d'accorder sa protection à la ville d'*Avignon* et au *comtat Venaissin*.

Au Très-Chrétien et très-sérénissime Prince et Seigneur, François, par la grâce de Dieu roi des Français, — François Lambert d'Avignon, inutile serviteur de Christ. Que la grâce et la paix vous soient données de la part de Dieu notre Père, et de notre Seigneur Jésus-Christ!

Roi très-chrétien!

J'ai naguères adressé à Votre Majesté un livre intitulé : *Du saint et fidèle Mariage* [2], avec deux lettres, dont l'une est placée en tête du ‹ › ouvrage [3], et dans lesquelles j'ai ouvertement rendu compte

---

[1] On lit à la fin du volume: «Argentorati, apud Iohannem Hervagium, mense Augusto, anno M.D.XXIIII.» La pagination commence à la fin de la dédicace à François I, ce qui permet de croire que celle-ci a été imprimée *après* le corps de l'ouvrage.

[2] «*De Sacro Conjugio commentarius Francisci Lamberti* in Positiones LXIX partitus. Ejusdem Antithesis verbi dei et inventorum hominum, prima positione. Ejusdem Psalmi sive Cantica VII.» Nous donnons le titre d'après l'édition de Nuremberg (1525). La première édition, qui parut à Strasbourg, chez Jean Hervag, au mois de mai 1524, porte un titre beaucoup plus développé.

[3] C'est une dédicace d'une quarantaine de pages, où l'on trouve quelques détails intéressants sur le père de Lambert et sur le gouvernement de la ville d'Avignon. La *seconde lettre* adressée au roi était sans doute manuscrite.

des motifs qui m'ont engagé à m'expatrier, à rejeter le masque des sectes et à contracter une chaste union. Tout cela j'ai été contraint de le faire par la sainte et éternelle Parole de Dieu.... Je vous promis alors de vous envoyer sous peu mon *commentaire sur le Cantique de Salomon*, dans lequel j'explique les mystères du saint mariage qui se rapportent à Christ et à l'Église. Je viens aujourd'hui tenir ma promesse......

Croyez-moi, roi très-généreux. *Assez longtemps l'illustre France a été séduite par le fils de perdition.* Assez longtemps elle s'est vue dépouillée et appauvrie par les plus impudents mensonges : car ce règne apostatique enlève presque tout. Avec leurs dîmes imaginaires, les prémices et les oblations qu'ils réclament contre toute justice, les fondations impies et lucratives de leurs colléges, de leurs bénéfices, de leurs couvents, de leurs anniversaires et autres institutions du même genre, qui rappellent les bois sacrés et les hauts lieux, ou bien encore avec le trafic et le négoce de leurs messes et l'envahissement des propriétés et des terres, ils dévorent, ils rongent, ils consument tout. Qu'y a-t-il en eux qu'une source intarissable d'avarice et de rapine ? « Apportez, apportez, apportez, » disent-ils sans cesse, et jamais ils n'ajoutent : « C'est assez ! » Ne nous ont-ils pas d'ailleurs détourné de Christ et de sa très-sainte Parole de la manière la plus funeste, pour nous contraindre de croire à leurs mensonges ? Nous avons assez, nous n'avons que trop de folies et d'erreurs à nous reprocher ! *Trop longtemps*, grâce à l'Antechrist, *nous avons été détachés de Christ et entraînés loin de Lui!*

Croyez-en donc, ô roi très-chrétien, votre pauvre serviteur, exilé pour le témoignage qu'il a rendu à Christ, mais qui désire de toute son âme que le Fils de Dieu règne dans votre royaume, ce qui fera votre propre félicité : car c'est alors seulement que vous régnerez véritablement, et que vous affermirez votre puissance, en faisant régner Christ dans le cœur de vos propres sujets. *Permettez que la très-pure parole de Dieu ait* parmi eux *un libre cours*, que les prédicateurs soient vraiment évangéliques et *que les livres qui annoncent Jésus-Christ puissent être imprimés même en langue vulgaire et librement vendus dans tout votre royaume.* De la sorte il adviendra que, sans les armes de la chair et sans la main des hommes, la hauteur de Satan, qui réside dans le pape et dans les siens, sera renversée, comme Daniel l'a prophétisé, renversée par le seul glaive de l'Esprit, qui est la Parole de Dieu (Hébr. IV).

Pour la gloire de Christ et la délivrance de tous les élus, dont je ne doute pas que le nombre ne soit considérable dans vos États, et dont les désirs sont très-certainement semblables aux miens,.... je vous supplie de ne point leur fermer les greniers de la pure Parole de Dieu. Car ils sont tous affamés, (j'en parle par expérience) et il n'y a personne pour leur rompre et leur distribuer le pain de la Parole. Les greniers sont remplis de froment: je veux dire, qu'il se trouve, *même en France, bien des fidèles qui connaissent et possèdent la vérité, mais dont la bouche est fermée par les évêques et les moines de l'Antechrist.* Moi-même, tout impuissant que je suis, je viendrais en France, si la conjuration de l'Antechrist ne s'opposait à ce que je puisse y proclamer la gloire du Seigneur. Je sais que si l'on pouvait mettre la main sur moi, j'aurais la bouche bientôt fermée, *comme j'en ai fait l'expérience, il y a environ quatre mois, dans la ville de Metz* [4]. Le Seigneur m'avait en quelque sorte forcé de quitter *la Saxe*, pour m'y rendre [5]. et j'avais trouvé le Conseil et les citoyens de cette ville assez disposés à accueillir la vérité [6].... Mais bientôt toute la cohorte de l'Antechrist se déchaîna

[4] Ce fut vraisemblablement vers la fin de mars 1524 que Lambert arriva à Metz. Voyez les notes 5 et 7.

[5] Lambert était parti de Wittemberg vers la fin de février 1524. Cette indication résulte d'un passage du Journal de Spalatin (Schelhorn, op. cit. IV, 360), relatif à Lambert, et des excuses que celui-ci adressait, en mars 1525, dans la préface de son commentaire sur Osée, à l'Électeur Frédéric : « Molestè forsan tulisti, quòd *ante fermè annum* abierim à terris imperii tui, contra omnium amicorum, etiam... *Martini* atque *Philippi Melanchthonis*, consilium, et non expectato beneplacito Illustriss. D. Tuæ, quæ tum erat *Nurembergæ*, aut in via ab eâ. » (Voyez les Commentaires de Sleidan, livre IV. D'après les Lettres de Luther, éd. de Wette, II, 486, l'Électeur de Saxe se retira de la diète de Nuremberg le 14 février 1524, et il fut de retour à Wittemberg avant le 14 mars.) Lambert dit ensuite dans la même préface, qu'il céda en cette circonstance à un appel de Dieu: « Verè enim vocavit me Deus, et præcepit, ut exirem è *Wittemberga*, veniremque ad *Metenses*, et, in eventum, quo non me sustinerent illic docentem Christum, venirem *Argentoratum*, aut in aliam è civitatibus Germaniæ, terris *Galliæ* vicinioribus, ut ipsis fratribus per *Gallias* proximior adeòque utilior fierem, donec aliò vocarer. Instabat jussio Dei ; proinde mox abire coactus fui. Alioqui nulla erat requies obsistenti. »

[6] Pour expliquer ces dispositions favorables, il convient de rappeler l'influence plus ou moins directe que Henri-Cornelius Agrippa avait exercée pendant son séjour à Metz (1518-1519) sur quelques-uns de ses amis intimes. Parmi ces derniers on peut citer *Roger Brennon*, curé de la paroisse de Ste.-Croix, défenseur zélé de Le Fèvre d'Étaples, *Nicolas de Heu*, Til-

contre moi⁷, et elle m'aurait fait un mauvais parti, si le Conseil n'y eût mis obstacle. Voyant donc que je ne pouvais me promettre là aucun succès, je suis venu à *Strasbourg*, cette ville fortunée, que le Seigneur a éclairée de la lumière de sa Parole. C'est là que j'attends qu'il plaise à Dieu de me rappeler à *Metz* ou dans quelque ville de *France*. Il vaut mieux, en effet, que je reste en *Allemagne*, où je puis du moins, par mes écrits, agir en faveur de l'Évangile, que de vivre en *France* sans pouvoir y annoncer la Parole, à moins que Votre Majesté ne m'accorde sa toute-puissante protection.

Ce n'est pas en vain que vous portez le titre de roi Très-Chrétien, et ceci me donne l'occasion de plaider devant Votre Majesté la cause de Christ. Ayez donc pitié de votre peuple, et donnez-lui de vrais pasteurs qui l'instruisent dans la seule et pure Parole de Dieu, sans y rien mêler des inventions des hommes. *On dit qu'il y a dans votre royaume des Parlements qui se mêlent de porter des jugements sur la vérité de Dieu, et qui favorisent les écoles des faux théologiens*⁸. Votre devoir est de réprimer une telle présomption, car *en ces matières rien ne peut faire loi que la simple Parole du Seigneur*. Tout ce qui s'en éloigne n'est que mensonge et doit

---

mann, et le libraire *Jacques* * * *. (Agrippæ Opp. Pars II, p. 759, 768, 819 et 846.) Mais c'est essentiellement aux prédications évangéliques de *Jean Castellan*, docteur en Théologie, natif de Tournay, qu'il faut attribuer l'empressement des Messins à écouter l'Évangile. « *Erat tum Metis* (dit Fr. Lambert, l. cit.) sanctus Dei propheta, *Joannes Castellanus ... Is tam constanter anno superiore* [scil. 1523] *illis Christum annunciaverat, ut ad ejus conciones properarent verè populi*, spretis antichristi prophetis.... *Novi illum ex intimis*. Fuit etenim mihi perinde atque Jonathas Davidi. » Voyez les Chroniques de la ville de Metz, publ. par Huguenin. Metz, 1838, p. 808.

⁷ Les passages suivants de deux autres livres de Lambert compléteront ce qu'il dit ici de *son séjour à Metz*: « *Ante annum fermè et dimidium .... è Saxonibus* ad *Metenses, ut eis annunciarem Evangelium ... ingenti cum viarum discrimine, veni; sed tam in me insanivit cohors Papæ ... ut, post octiduum, vel coactus venerim ad Christianiss. Argentoratum.* » (Commentaire sur Michée, Nahum et Habacuc, précédé d'une dédicace au sénat de Besançon datée de Strasbourg, le 15 août 1525.) — « *Ante mensem circiter nonum, apud inclytam Metensium urbem, Antichristi cohors adversùm me fuit congregata, quæ me tandem invitavit ad nonnullas positiones adfigendas. Ego autem 116 eisdem semel proposui, quas nunc ad 385 adauxi.* » (Farrago omnium ferè rerum theologicarum, fol. 51, ouvrage publié vers la fin de janvier 1525.)

⁸ Voyez ci-dessus, p. 234, la lettre de Roussel du 6 juillet.

être évité comme le poison des serpents. Nous nous soumettons nous-même à cette règle, et si les parlements ou les universités de vos États veulent juger nos écrits et nos discours, que ce soit d'après la Parole de Dieu. Autrement, nous ne ferons de leurs arrêts et de leurs condamnations non plus de cas que du fumier et des ordures. Il ne suffit pas de dire : « Nous réprouvons, nous condamnons. » Ce n'est pas là le doux langage de Christ, mais celui d'étrangers. Si l'on appuie, au contraire, telle ou telle condamnation sur des textes de l'Écriture, nous nous soumettrons, dès que nous aurons reconnu que ces textes sont à bon droit invoqués contre nous. Nous sommes toujours prêt à nous laisser instruire par la Parole de Dieu. Je ne condamne point les décrets raisonnables, ni les lois pieuses rendues par les Rois, les Princes et les Magistrats, mais seulement ces exécrables institutions du royaume de l'Antechrist, qui, sous les fausses apparences du christianisme et de la piété, éloignent tous les hommes de Christ.

Je sais que ce que j'ai écrit dans mon livre sur le *Saint Mariage* sera pour tous ceux qui ne s'en tiennent pas à la simple Parole de Dieu une occasion de scandale. Par ce livre, comme par mon propre exemple, j'ai cherché à faire disparaître cet abominable célibat des papistes, qui est la source des adultères, des impudicités, des crimes contre nature et de toute espèce de débauche. Puisse V. M. accomplir dans son royaume la volonté de Christ, en en chassant les paillardises, les impuretés, les adultères ! Que dans ce but, Elle permette à ses sujets de toute condition, même aux moines et aux religieuses, de contracter librement le saint mariage : car ils sont véritablement libres de le faire devant le Seigneur. Comment l'homme oserait-il interdire ce qu'autorise, ce que commande même la Parole de Dieu, pour ceux qui n'ont pas le don de continence ? J'invoque le Seigneur pour qu'il fasse de V. M. un nouveau Josias, ce roi véritablement fidèle et pieux qui avait détruit les idoles, les bois sacrés et les hauts lieux, avec tout le cortège d'impiété qui les accompagnait, et qui avait supprimé les prêtres et les faux prophètes, afin que chacun pût adorer Dieu d'un cœur pur.

J'ai dernièrement écrit à V. M. au sujet de la ville d'Avignon et du comtat Venaissin[9], sur lesquels la Cour de Rome s'arroge la

---

[9] Ce sujet est traité dans la dédicace du livre de Lambert *de sacro Conjugio*.

domination, et où le libre exercice de la foi évangélique est entièrement interdit. Je vous conjure d'en avoir compassion, et d'agir comme je vous l'ai demandé, pour les contraindre, non par l'emploi de la force, mais par des moyens convenables, à entrer dans le royaume de Christ et à s'affranchir de la tyrannie de l'Antechrist, soit en se donnant des magistrats et des Conseils de leur choix, comme font plusieurs villes d'Allemagne, soit en se plaçant sous le gouvernement d'un prince qui leur permette de suivre librement la Parole de Dieu: le tout, sous la protection de Votre Majesté.

Veuille Jésus-Christ, très-bon et très-grand, faire briller partout la très-précieuse lumière de la vérité, et éclairer l'esprit de V. M., afin que, nouveau David, vous rétablissiez dans la France entière le vrai culte de Dieu et sa pure Parole, à la gloire du Roi des rois, Jésus-Christ, notre Seigneur. Amen !

113

HENRI HEITZMANN [1] à Guillaume Farel, à Montbéliard.
De Bâle, 17 août (1524).

Inédite. Autographe. Bibl. des pasteurs de Neuchâtel.

SOMMAIRE. J'espère que vous ne m'avez pas oublié et je suis heureux de savoir que vous annoncez l'Évangile à mes parents et à mes proches. Je me réjouis de ce que la parole de Dieu va purifier ma patrie de toutes les souillures de la superstition. Si je n'avais besoin moi-même de vos encouragements, je vous exhorterais à la persévérance et à la circonspection. Veuillez m'écrire une fois pour me faire connaître les progrès de mes compatriotes dans la piété.

Guil. Farello Sacræ Scripturæ deditissimo Henricus Heitzmanus S. D.

Et si aliqua apud te noticia mei remanet, ejus tamen recordatio maximè subibit, si me apud *præpositum Bursæ* [2] habere mensam

---

[1] Certains détails de cette lettre semblent indiquer que Henri Heitzmann était venu de Montbéliard étudier à l'université de Bâle.

[2] Le personnage appelé « præpositus Bursæ » était sans doute chargé de l'administration des fonds destinés aux étudiants pauvres.

memineris, preterea, in *vestram domum* ferè singulis horis cursitasse non fueris nescius. Sed quò tandem ista noticia? nempe, ut scias, *me tuo instituto non vulgariter favere*, qui non solùm tibi, ob id quòd, quantus, quantus es, te Christo adglutinaris, gratulor, sed multo magis meæ patriæ ³, cui talem Evangelicæ veritatis buccinatorem contigerit adipisci. Quid, queso, obstat, quin *me felicem*, terque quaterque beatum vocitem, *cujus fratres, parentes, cognatos, patriamque singulari quodam organo Spiritus irrigari voluit Christus?* Quid unquam *isto bono tam insperato* potuisset accidere gratius? Non (mihi credas) divitiæ, non etiam quicquid mundus solet admirari.

Facit deinde ad meum gaudium non mediocriter, dum alacri sperare animo mihi videor, *ut quicquid est istic immundiciei* vel longissimo temporis spacio inveteratæ, *divini verbi splendore repurgetur.* Usque adeò Creatori nostro genus humanum curæ fuisse nusquam non legitur in Scriptura, qui toties auxiliares peccatoribus paratus est manus porrigere, quoties sese benevolos ct nihil nisi peccatores agnoverint!

Denique illud optarem in primis, si fieri posset, ut solummodò hanc tibi aperire læticiam sufficerem, quam repentè et inopinatò, quasi de celo, immisisti, quum verò quidvis potius quàm fucatum atque adblandientem animum cerneres. Adhortarer te ad *istum tuum inceptum, celesti profectò afflatu traditum*, ni ipsemet tuis stimulis magis egerem. Illud interim abs te obnixis precibus impetrari desydero: *ne te istis fucis temerè exponas, quorum conatus studiumque nihil non molitur*, dum securè liceat voluptuari. Iterum sus Minervam, cum non sit dubium, apud te [nihil] quicquam numano consilio confici, quin omnia *prius* ad verbum Dei, tanquam ad Lydiam lapidem, revocentur. Jam desino. Est quod plus momenti adferat, quàm quòd meis nugis tuum remorer propositum. Unum addam, ne videlicet recuses vel duo saltem elementa, cum per negocia licebit, ad me scribere, ex quo *promotionem meorum erga Christum*, non sine maxima voluptate, queam subodorari. Vale, atque esurientes Verbo refice. Iterum vale. Basileæ, XVI kalendas Septembris ⁴.

(*Inscriptio:*) In sacris expertissimo Guilielmo Farello, non pœnitendæ doctrinæ amico.

³ C'est-à-dire *Montbéliard*, où prêchait Farel.

⁴ Farel ne se trouvant plus à Montbéliard en août 1525, c'est à l'année 1524 qu'il faut nécessairement rapporter la date de cette lettre.

114

CLAUDE-PIUS PEUTINGER[1] à Farel, à Montbéliard.
(De Bâle) 17 août (1524).

Inédite. Autographe. Bibliothèque des pasteurs de Neuchâtel.

SOMMAIRE. Ne vous laissez pas troubler par tout le bruit que font vos adversaires, et continuez à conduire les âmes à Christ avec l'esprit de résolution qui vous est donné de Dieu.

Gratia et pax Christi tecum, mi Guilhelme. Maximas *gratias ago Domino* Deo nostro, *qui inspexerit bonum tuum animum, et te tandem in messem vocaverit*[2], quæ certe copiosa. Vide ergo ut pergas, quemadmodum incepisti, abigere bestiam multorum capitum[3], ne demoliatur vineam Domini, et *omnia ad Christum, verum ducem, ducas*, sub quo omnes bene militant quotquot ipsum sequuntur et dicta ejus capessunt. Sed *audio multum tumultuari, apud vos, Antichristianos*[4], quod debeant è regno expelli, et in animis hominum, nunc Christo eterno regi locum dare. Tu, oro, ne cedas illis: memento cujus negocium agas, Christi nempe, qui eos compescet. Sed quid equo per se currenti stimulos addo? Benedictus Deus, qui in te tale beneficium contulerit, ut omnia tua sponte agas quæ in rem Christi videntur esse! Vale, et nostra scripta boni consule. xvij Augusti[5].

Tuus CLAUDIUS PIUS PEUTINGERUS.

(P. S.) Saluta quàm officiosissimè nostro nomine *Bonifacium*[6], commilitonem tuum in Christo.

(*Inscriptio :*) Egregio juxtà ac pio Guilhelmo Farello, fratri suo in Christo colendo.

[1] Nous ne savons pas s'il existait quelque relation de parenté entre ce correspondant de Farel et le célèbre *Conrad Peutinger* d'Augsbourg.
[2] Cette lettre, qui fut très-probablement écrite de Bâle, fait allusion aux événements dont il est déjà question dans les lettres d'Œcolampade (2 et 3 août) et d'Heitzmann (17 août).
[3] Allusion à l'Apocalypse, chap. XVII, v. 3.
[4] Voyez la lettre d'Œcolampade du 3 août.
[5] Pour la fixation de l'année voyez la lettre précédente, note 4.
[6] *Boniface Wolfhard*. Ce détail suffirait seul à fixer l'année, Wolfhard

115

ŒCOLAMPADE à [Guillaume Farel, à Montbéliard].
De Bâle, 19 août (1524).

Œcolampadii et Zuinglii Epp. éd. cit. fol. 206 b.

SOMMAIRE. Je ne puis que blâmer les torrents d'injures que vous répandez contre les prêtres. Ils n'ont pas tous embrassé par de mauvais motifs ce ministère souillé. Vous avez été envoyé pour annoncer la bonne nouvelle, non pour maudire. Votre zèle excessif vous fait oublier la faiblesse de vos frères. Il ne suffit pas d'être affable pour les amis de la Parole, efforcez-vous aussi de gagner les adversaires par la persuasion. Faites pour les autres ce que Jésus-Christ ferait pour vous, s'il était encore en ce monde, et apprenez de Lui à être doux et humble de cœur.

Le présent porteur [Jean Gaylin?], mon compatriote, se rend à Montbéliard pour entrer dans le ministère. N. [Boniface Wolfhard] trouvera peut-être ailleurs un emploi. Je doute que vous puissiez parvenir à faire supprimer la messe. C'est des âmes tout d'abord qu'il faut chasser l'antechrist.

Joannes Œcolampadius dilecto suo in Christo N.[1] [l. G. Farello,] concionatori.

Salve in Christo, mi N. [l. Farelle.] Primo omnium rogavi ex N.[2] super mansuetudine tua, qua nihil magis Christianum, nedum Apostolum decet. Is quum mire extulisset sedulitatem infatigabilem, ardoremque inextinguibilem, et satis felicem successum, subdidit, quòd in sacrificos imbres effundas conviciorum. Non ignoro, quid illi mereantur, et quibus coloribus depingi debeant; pace tamen tua dixerim, amicus et frater fratri, *non videris per omnia officii tui reminisci*. Evangelizatum, non maledictum missus es. Medici sectionem morbis adhibent qui cataplastra contemnunt; incurabilibus etiam sectionem denegant. Non audebat archangelus Michaël dia-

n'ayant été que peu de temps, et à Montbéliard seulement, collègue de Farel.

[1] Le nom du destinataire, qui est omis dans les lettres imprimées d'Œcolampade, a été franchement rétabli par Farel lui-même dans l'exemplaire qui lui appartenait.

[2] C'est probablement *Coct*, qui était revenu de Montbéliard. Voyez le N° 110, note 3.

bolum maledictis abluere³. Immodico zelo, videris fraternæ infirmitatis parum memor. *Non omnes pessimo animo, sacerdotio illo polluto fungi cœperunt :* multi ignorantes, multi à parentibus coacti, multi inopia destituti, multi pulchritudine ministerii allecti, multi superstitione, non per januam ingressi sunt, non tamen furandi animo. Ananias et Sapphiras, spiritui sancto reluctantes⁴, Christo non lucraberis : illos rejice, cæterorum infirmitatem agnosce. *Non satisfacit mihi, quod amicis Verbi blandus es; cura tibi sit, quomodo lucrifacias inimicos.* Nihil tam abjectum quod nequeat exasperari : generosissimorum est non nisi in tempore irasci. Non ignoramus zelum Eliæ, sed vide quibus temporibus, et quoties exarserit. Bonam partem vitæ maledictis insumere, nonne carnale tibi videtur ? Habent refugium, scio, ii quorum manibus, inter secandum ligna, à manubrio ferrum evolat, proximum occidit : sed non carent judicio, non carent culpa. Cogita, num eadem illa semper Christus ingereret obduratis, et fac quæ Christus in te vivens faceret, à quo discas mititatem ac humilitatem.

Condono, imò laudo zelum, modò ne desideretur mansuetudo. Si lupi ab ovili fuerint abacti, fac vocem pastoris audiant oves, et pascantur : quandiu maledicentiis vacatur, in trepidatione sunt, et non tam pascuntur quàm periclitantur. Da operam, mi Frater, ut spiritum meum exhilares etiam hoc nuncio, quòd in tempore suo vinum et oleum infundas, quòd Evangelistam, non tyrannicum legislatorem præstes. Dabis hanc monendi libertatem charitati, et animo pro te sedulo, Deumque roganti, ut per te multa operetur. Vale. Basileæ, 19. Augusti⁵ (1524).

Saluta *Metensem equitem*⁶ plurimùm in Christo. Nondum occluseram literas, et obtulit se alia scribendi occasio. Hunc enim virum pium et satis eruditum⁷ in re Christiana (qui, jam olim à quibusdam nobilibus instigatus, ut at *Ducem* se conferret, nunc ejectus propter Verbum, impellente nimirum Domino, in messem mittitur) habebis commendatum : *conterraneus meus est*⁸, et habet isthic qui

---

³ Allusion à l'épître de St-Jude, verset 9.
⁴ Actes des Apôtres, ch. V, v. 1-10.
⁵ Le chiffre de l'année a été écrit par Farel dans son exemplaire.
⁶ Le chevalier *Nicolas d'Esch*. Voyez le N° 109, note 14.
⁷ *Jean Gayling*, natif de Ilsfeld en Souabe. Il devint l'aumônier d'Ulric de Wurtemberg. Voyez la lettre du 11 novembre 1524.
⁸ *Œcolampade* était né en 1482 à Weinsberg, dans le Palatinat. Depuis 1504, cette ville appartenait au Wurtemberg. C'est ainsi qu'il pouvait appeler *Gayling* « son compatriote. »

parentes ejus et ipsum noverunt. N. [*Bonifacium*⁹] fortassis alia manet vocatio. De excelso Missæ abolendo, vixdum crediderim posse te obtinere quod conaris. Matura lente: nisi Dominus ædificaverit domum, frustra laborant qui ædificant. *Ejice ex pectoribus hominum Antichristum!* Vale. et fratris curam ne contempseris.

116

ULRIC DE WURTEMBERG[1] aux gouverneurs de Besançon.
De Montbéliard, 20 août 1524.

Imprimée en 1524 (sine loco)[2].

(TRADUIT DE L'ALLEMAND.)

SOMMAIRE. Récit de ce qui s'est passé à *Montbéliard*, après le tumulte que *le Gardien des Franciscains de Besançon* a excité dans une église où prêchait *Guillaume Farel*.

Ulric, par la grâce de Dieu, duc de Wurtemberg et de Teck, comte de Montbéliard — salut!

Prudents, sages et singuliers amis,

A la suite de la lettre que vous nous avez adressée, il y a quelques jours, relativement au *Gardien des Franciscains*, domicilié dans votre ville, nous vous avons répondu que nous étions disposé

---

⁹ *Boniface Wolfhard.* Voyez la lettre du 3 août.

[1] Voyez le N° 109, note 6.

[2] La lettre d'Ulric de Wurtemberg porte le titre suivant: « Des Durchleuchtigen Hochgebornen Fürsten und herrn, Hern Ulrich, hertzog zu Wirtenberg unnd Teck, Graue zu Mümpelgart, Missiue an die Gubernator der stat Bisantz, in der ein christlicher handel zu Mümpelgart verloffen mit grüntlicher warheit angezeigt würt. » — La traduction latine, qui parut bientôt après, est intitulée : « Ulrici illustriss. principis, ducis à Vuitemberg et Teck, etc. comitis Montisbelligardi, Epistola ad Gubernatores civitatis Bisuntinæ, in qua, Christiani cujusdam negotii in Montebelligardo habiti, veritas compertissima ostenditur. » (Bibliothèque d'Antoine Du Verdier. Lyon, 1585, folio.) — La missive d'Ulric fut aussi traduite en français par Anémond de Coct (V. sa lettre du 2 septembre 1524). Nous ignorons si cette dernière traduction a été imprimée.

à traiter avec vous par un député de toute cette affaire, sur laquelle nous vous adressons ici un rapport détaillé.

En premier lieu, votre écrit parle d'une communication que *notre Doyen* aurait faite au susdit Gardien, savoir : que nous demandions un homme savant qui fût en état de disputer sur quelques articles de foi avec *un prêcheur récemment arrivé à Montbéliard*. Nous vous ferons observer que c'est une invention, et que nous n'en avons rien su. Mais ce qui est vrai, c'est qu'un nommé *Guillaume Farel*, étant venu dans notre ville de *Montbéliard*, nous a fait humblement prier de lui permettre pour l'amour de Dieu de prêcher et d'annoncer la Parole de Dieu, le St. Évangile, ce qu'en prince chrétien nous n'avons pas voulu lui refuser. Et, pendant qu'il prêchait la Parole de Dieu, le susdit Gardien de l'ordre de St.-François et un autre se sont levés au milieu de l'église à Montbéliard, et ils ont donné un démenti au dit prêcheur, pendant qu'il annonçait la Parole de Dieu, et devant l'assemblée chrétienne qui était là réunie pour l'écouter. Ils ont réprouvé sa doctrine si mal à propos, que des *Allemands* et des *Français* en ont murmuré tout haut, disant que c'était une moquerie et une pitié de supporter tant d'ignorance et d'impudence dans un tel lieu, — de sorte qu'on s'attendait à un grand tumulte. Là-dessus quelques-uns de nos serviteurs, qui étaient présents, accoururent au château, pour nous dire que si nous n'y mettions pas la main, ils prévoyaient, d'après certaines paroles prononcées dans l'église, que tout cela ne finirait pas sans un tumulte.

Nous nous sommes aussitôt rendu à l'église, nous avons mandé devant nous le Doyen et lui avons déclaré, que la conduite inconvenante qu'il avait tenue avec le Gardien ne pouvait être nullement tolérée dans l'église où l'on annonce la parole de Dieu et le serait à peine dans des lieux déshonnêtes ; qu'il eût donc à se corriger et à ne plus nous forcer d'accourir en personne ; car si les choses devaient se passer de la sorte, nous serions obligé de tenir dans l'église des arquebusiers et des hallebardiers. Que dans le cas où le prédicateur parlerait contre la vérité et le christianisme, il n'avait qu'à en prendre note, puis à le réfuter ainsi qu'il convient et qu'il y est tenu devant Dieu et devant les hommes, et qu'alors nous lui accorderions secours, conseil et protection selon la mesure de nos forces.

Mais le dit Gardien ne s'est pas contenté de cela. Le même jour, après midi, il a voulu prêcher dans une autre église ; il y a proféré les injures les plus graves tant contre le prêche que contre la personne de *Guillaume Farel*, et il s'est ainsi permis, par ses discours publics, de semer le trouble dans notre ville de *Montbéliard*.

En conséquence, nous avons dû faire emprisonner et tenir sous bonne garde le dit Gardien et son adverse partie. Et, bien que nous eussions sujet, droit et raison de le citer en justice et de faire exécuter le jugement qui pouvait être prononcé contre lui, nous l'en avons néanmoins gracieusement dispensé, et nous lui avons sérieusement fait savoir que, s'il pouvait démontrer que la doctrine et la prédication de *Farel* étaient fausses, antichrétiennes et hérétiques, il le fît, comme c'était son devoir devant Dieu et devant les hommes; que nous l'engagions à le faire sans crainte ni frayeur, étant prêt à le protéger, défendre et aider de tout notre pouvoir; mais que si, au contraire, il était incapable de justifier ses accusations, il devait, par une rétractation, faire amende honorable à la Parole de Dieu. Nous l'avons fait avertir à plusieurs reprises, qu'il voulût bien réfléchir avant de faire une pareille rétractation, attendu qu'elle aurait une grande portée, — et nous lui avons répété que, dans le cas où il aurait des arguments de quelque valeur, il ne devait pas craindre d'en faire usage, et cela en lui réitérant l'assurance de notre protection; ajoutant, que s'il avait le dessous dans cette dispute, nous ne lui garantissions pas moins sa pleine sécurité, pour donner satisfaction à la Parole de Dieu.

Sur ces offres le dit Gardien a consenti de bon cœur à reconnaître ouvertement du haut de la chaire, au milieu de l'assemblée, que le prêche de *Farel*, à propos duquel il avait accusé celui-ci de mensonge, était véritable, et que, s'il avait parlé contrairement, c'était dans l'emportement de la colère, et qu'il en avait du regret. En outre il en a donné une déclaration publique par écrit. A la suite de cette rétractation qu'a faite le susmentionné Gardien, Nous, de notre côté, par faveur et surérogation, afin que chacun pût juger et conclure que nous ne l'avions pas forcé à cet acte et aussi que nous désirions l'encourager à faire des progrès dans les principes de la vérité, — nous lui avons aussitôt et devant la même assemblée, publiquement permis pour le cas où il trouverait auprès de son évêque, ou des membres de son Ordre, ou d'autres hommes savants, en *Bourgogne* et en *France*, des directions pour réfuter les prédications de *Guillaume Farel*, de nous en écrire au bout de deux ou trois mois, afin qu'il eût le temps de se procurer les dites directions; et nous lui avons dit que, dans ce cas-là, nous ferions demander chez nos parents et nos amis, *les Electeurs, les Princes*, comme aussi auprès de quelques Villes, des gens savants en la sainte Écriture. Que dans ce cas, nous donnerions à lui et à tous autres qu'il amènerait à cet acte, toute sûreté et sauf-conduit pour la venue et le retour, même s'ils y étaient vaincus. Et, afin qu'une telle dispute et conférence ne puisse être accusée par personne de partialité, nous entendons qu'on décide de tout d'après la sainte Parole de Dieu, telle qu'elle est contenue dans l'Ancien et le Nouveau Testament. Et, si l'on découvre que *Guillaume Farel* a prêché, cette fois-là ou plus tard, d'une manière contraire à la vérité chrétienne, notre intention est de le punir dans son corps et dans sa vie, comme il convient, et comme il s'offre lui-même à en porter la peine.

Par bienveillance nous n'avons pas voulu vous cacher ces choses, étant prêt à vous montrer, ainsi qu'à toute la ville de *Besançon*, notre désir de vivre en amis et bons voisins. Donné à Montbéliard, Samedi après l'Assomption de Marie, l'an 1524.

117

GÉRARD ROUSSEL à Guillaume Farel, à Montbéliard.
De Meaux, 24 août 1524.

Inédite. Autographe. Bibl. Imp. Coll. Du Puy, t. 103-105.

SOMMAIRE. Si je ne savais que l'Esprit distribue ses dons comme il lui plaît, je vous envierais le zèle qui vous fait braver les ennemis de l'Évangile. Non content de m'avoir écrit à trois reprises, pour m'engager à provoquer une dispute publique sur la religion, vous me faites encore aiguillonner, dans ce but, par *Œcolampade* et par *Zwingli*. Hélas! les lettres de ces hommes éminents ont produit moins d'effet sur moi que les suggestions de la chair et ces réflexions incessantes de mon entourage : « Ce n'est pas encore le moment! L'Évangile n'est pas répandu suffisamment, ni implanté assez avant dans les cœurs! » Je pense, au contraire, que la lutte serait moins vive dans l'avenir, si l'on voulait profiter actuellement des dispositions favorables du peuple et résister en face aux docteurs de mensonge. D'un côté, la chair me fait redouter les afflictions et me conseille de temporiser; de l'autre, je crois à la puissance infinie de la prière. J'ai donc répondu à Œcolampade et à Zwingli aussi bien qu'il m'a été possible, après les louanges exagérées que vous leur aviez faites de ma personne. Je sais que vous l'avez fait à bonne intention; mais vous ne discernez

pas les dons de Dieu. *Vous souffrez de voir la moisson compromise en France par
le manque des ouvriers ; mais c'est l'affaire du maître de la moisson : s'il veut
qu'elle périsse, que vous importe? La foi subordonne tout à la volonté de Dieu.*
Résignez-vous donc, si l'événement trompe votre zele et votre amour pour le salut
des âmes. Au contraire, si vous réussissez, que ce soit à la volonté de Dieu et non
pas à vous-même que vous en rapportiez la gloire ! Je vous dis tout cela en courant :
vous le prendrez en bonne part. *Le Fèvre, l'élu,* son père et tous les chrétiens qui
sont près de nous vous saluent.

Girardus Ruffus Guillelmo Farello gratiam et pacem à Deo patre
et Domino Jesu Christo !

Doleret plurimùm deesse mihi fidei robur, per quod, nihil frequentes Evangelii hostes moratus, assectarer individuus comes *tui animi zelum,* si minus fixum haberem, Spiritum illum se, citra ullum personarum delectum, impartire quibus vult, ut sua cuique satis esse debeat conditio ; nec creaturæ ingratum sit quod suo non displiceat Creatori operæ præcium est. *Quo adductus zelo, duxisti opus esse,* non modò per litteras aliquot ad me missas [1], *adhortari, capessenda mihi esse fidei arma adversus eos qui obluctantur Evangelio* [2] *sed etiam in hanc harenam exacui per amicos,* et eos quidem qui in evangelico negocio priores nacti sunt partes, quorum animis ingesseris quam de me pridem, eò adigente te candido in nos affectu, conceperas spem.

Nam *Œcolampadius* et *Zuinglius,* viri raræ pietatis juxtà ac eruditionis, tuis adacti verbis, suis litteris [3] me inhortati sunt, in hoc ipsum, ac *facilè persuasissent, nisi caro* vix cœpta mortificari *inflecteret aliò,* quòd perinde absit cum Paulo sentiam legem in membris repugnantem legi mentis meæ, ut vix in me esse legem mentis experiar præ onere carnis. *Ne memorem, amicos* cum quibus scis me versari [4], *continuò causari :* « *necdum venisse tempus* « *commodum* [5], *ac frustrà conseri manus cum portis Inferi, priusquam Evangelium latius sparsum fuerit, priusquam altius infixum*

---

[1] Voyez la lettre de Roussel du 6 juillet, notes 2 et 22.

[2] Allusion à la dispute que Farel lui avait conseillé de soutenir. V. la lettre de Roussel du 6 juillet, notes 10 et 24.

[3] Ces lettres d'Œcolampade et de Zwingli à Roussel n'ont pas été conservées.

[4] Il veut parler de *Le Fèvre,* de *Vatable* et des autres savants qui résidaient à Meaux.

[5] Voyez le N° suivant, dans lequel Roussel exprime la même opinion, et la lettre de Toussain à Farel du 26 juillet 1526 : « Dicunt certe [sc. *Faber* et *Ruffus*] : Nondum est tempus, nondum venit hora ! »

« *sit mortalium animis!* » Quorum sententiæ non subscribo equidem, sed mihi contrà videtur tunc minus opus fore conflictationibus, sed, si quando commodè, jam præcipuè cùm deducenda plebs annutat, cùm, à vera luce in tenebras olim ablegata, in eam unde exciderat revocanda sit lucem. Quod majori compendio fieri vix potest, quàm si, ut *Simoni mago* Apostolus [6], illis in faciem obsistatur. Ceterùm, me meo demissum judicio facilè avocat caro exhorrescens crucem, ac remoratur de die in diem : at non despondi animum, quin sperem deinceps futurum quod contenditis admirabilibus votis in oratione. Quantum possit oratio firmandis animis adversus hostes Verbi, fidem nobis fecerunt apostoli : quibus, in hoc orantibus Deum, motus sit locus in quo essent, nempe in expressionem impetratæ Dei quam postulassent [gratiæ].

Utrique [7] *respondi per litteras* [8], non ad quem modum decuit, sed quod nostræ tunc menti suggestum est. Boni, nihil hæsito, consulent, quòd Christiana charitas, quà succensi sunt, nihil non decoquat. Periculum, si mihi, in hoc erat ne habereris mendax, qui ex culice feceris elephantum ; et quid deinde acciderit, tu videris. Nec enim istud petieram : nec fuit in me quod ad invidiam usque efferres : neque alioqui christianus permittebat candor, nisi aliunde consarciret zelus promovendi Evangelii.

Porrò appendendum, *ne antevertas Domini munus, cujus sint partes mittere operarios,* non tuæ vel cujusquam alterius, ne, dum *libertati humanæ plus æquo defers,* videaris divinæ electioni non nihil detrahere. Non potuit *Jonas* reclamare, mittente se Deo, utcumque in hoc contendisset ; nec poterit etiam quem delegerit Deus, pro ipsius impulsu cùm sint omnia agenda, sed maximè promovendum Evangelium, non etiam pro hominum suasu ac voluntate. *Perire messem, nec parcam,* Domino, *ob inopiam demetentium, doles;* sed non inde unquam consulendum, ut non vocatus se ingerat isti operæ. Deinde, *quid tua, si sic velit* agantur res *dominus messis,* qui, in motu oculi, sine tua sollicitudine, multò copiosiorem fructum colligere potest ? *Si sua perire velit, quid ad te ?* — Dicis : « Ad id me adigit charitas, quæ proximi saluti consulit. » — Sed vide, ne reclamet fides, quæ divinæ voluntati cuncta subjicit, quæ, incomprehensibilium judiciorum Dei abyssos subin-

---

[6] Actes des Apôtres, chap. VIII, v. 9—23.

[7] C'est-à-dire à *Œcolampade* et à *Zwingli.*

[8] Nous ne possédons qu'une de ces deux réponses de Roussel : celle qu'il adressa le 24 août à Œcolampade (V. le N° suivant).

grediens, hæret, suspendit judicium, ac patienter expectat opus Dei. Stata semel credit esse omnia, ut preproperè non sit quicquam agendum attentandumve ; et, ut voluntati Ipsius nihil posse resistere asserit, ita, avertente Ipso manum, non esse ut quem laborare conveniat.

Hæc et plura talia à me afferri possunt, ut non feras iniquè, si secùs acciderit quàm volueras ac conceperas, si pro tuo zelo non processerit res. *Moriendum tibi tuoque zelo*, ut maximè pius fuerit, *ut Christo vivas*, qui in hoc functus est vitâ, ut ipsi vivas, non tibi, non tuis consiliis, non tuis desyderiis, non tuo zelo. Nihil moror à quo demanarint. Quòd si aliter cedit, nec absit Dei voluntas, cui soli vivendum est! Quod non admodùm puto fieri, cum sua utcumque quæris. Sed cum sic agis negocium, ut non despondeas animum, non molestè feras, si secùs acciderit quàm pro calore zeli optaras, cum omnino accidat nihil secùs quam velit. Sic in omnia expansæ sunt suæ providentiæ margines. Astutus est serpens antiquus, qui facilè, ni vigiles simus, nostrum zelum alioqui impensè pium convertit in idolum nostrum [9].

Hæc velut aliud agens effutii apud te, cui displicere non possint nostra utcunque habuerint. Vale in Christo, qui est nostra salus. Salutant te *Faber* ex corde : salutat item *Electus* [10], unà cum *patre*, ac idem agunt *omnes Christiani qui apud nos sunt*. Rursùm vale, et *si qui novi apud vos extent libri*, ut sunt, et præcipuè in Prophetas, *facito ut hisce minimè privemur* [11]. Meldis, 24 mensis Augusti, anno 1524.

(*Inscriptio :*) Guillelmo Farello, literis et virtutibus ornatiss[imo] in Christo fratri.

[9] Les principes que défend ici *Roussel* sont ceux que professait l'évêque *Briçonnet*, lorsqu'il invitait *Marguerite d'Angoulême* à ne pas soutenir trop vivement contre *l'archevêque de Bourges* les tentatives d'évangélisation de *Michel d'Arande*. Il écrivait à cette occasion : « L'on ne doibt attempter [l. tenter] de polir de sa teste la pierre que le fer ne peult escarrir, et pour néant on présente bericles [l. bésicles] à aveugles …. *L'on peult aucune fois s'esgarer soubz umbre du zelle*, qui doibt estre dressé selon le troisiesme don du sainct Esperit, que nous appelons don de science, qui est supernaturelle discrétion à moult sçavoir embrider nostre zelle …. Tout zelle de l'honneur de Dieu doibt estre pur, et plus est ardant, plus fault craindre qu'il n'y ait quelque chose meslée du propre. » (Lettre du 24 février 1523 (1524, nouv. style). Bibl. Impériale. Suppl. franç. n° 837, fol. 291 b et 292a.)

[10] *L'élu*, c'est-à-dire *Nicolas Le Sueur*. Voyez sa lettre du 15 mai adressée à Farel (N° 102).

[11] Roussel faisait déjà la même demande dans sa lettre du 6 juillet.

118

GÉRARD ROUSSEL à Jean Œcolampade.
De Meaux, 24 août 1524.

Autographe. Archives d'État de Zurich. J. C. Fueslinus, op. cit. p. 18. C. Schmidt, op. cit. p. 180.

SOMMAIRE. Le lien qui nous unit en Christ m'autorise à négliger avec vous les formules de la politesse et à puiser dans cette source d'édification que le Seigneur fait jaillir de votre âme. Vous êtes dans l'erreur quand vous me rangez au nombre de ceux par qui le pur Évangile est prêché et propagé en *France*. Cette fonction exige une sagesse, un courage que l'Esprit seul peut donner, et dont la possession révèle au monde *les vrais évangélistes*. Aussi ne serais-je nullement en état de provoquer à une dispute publique *les docteurs de Paris*, comme votre lettre m'engage à le faire. Vous savez bien qu'il faut ici la main de Dieu. *Chez vous*, une riche moisson évangélique est déjà recueillie par *une foule d'intrépides ouvriers*. *En France*, au contraire, où la moisson est abondante aussi, l'Évangile a des milliers d'ennemis, des défenseurs timides et en petit nombre, *des évangélistes qui craignent de se charger de la croix de Christ*.

Pour être digne de la carrière où vous me pressez d'entrer, j'aurais besoin d'être enseigné, affermi, fortifié : revêtu des armes chrétiennes je ne craindrais plus les masques de l'Antechrist. Au milieu des orages soulevés par les progrès de l'Évangile, le Chrétien doit attendre l'impulsion qui vient de Dieu. La foi gémit sans doute en voyant le peuple séduit par des docteurs qui blasphèment contre la Parole : on voudrait leur résister en face, mais la censure des livres rend impossible la moindre protestation. Que pourrait une voix isolée contre les clameurs des évêques et des universités appuyées sur les sympathies populaires et sur les arrêts du Parlement? Votre conseil est dicté, je le crois, par l'Esprit de Dieu; mais, je le répète, instruisez-moi et surtout priez pour moi! Enfin veuillez me dire, si cette demande n'est pas trop indiscrète, ce que vous pensez de la doctrine des Pères sur les Limbes et de l'état des enfants morts sans baptême.

Gerardus Ruffus Joanni Œcolampadio [1] gratiam et pacem a Deo patre et Christo Jesu!

Civilitas, suo mortalium oculos perstringens fuco, exposcere videbatur, Œcolampadi doctissime, ut appensis tue prestantiæ titulis, itemque mea parvitate, vel in totum à scribendo supersederem,

---

[1] Voyez le N° précédent, notes 3 et 7.

vel longa uterer insinuatione. Sed non huic assonat Spiritus, qui nos ex pari agglutinat in Christo, in quo nulla sit facies, nullus personarum delectus, nulla discretio sexus conditionisve, quæ sibi presens vita permittit in exercitium. Facit Spiritus, qui asserit omnia communia per Christum, qui nos in unum corpus compingit, Christo capiti cohærens, ut jure expostulem, quod quodque corporis membrum ab altero. Quin etiam *in unionem Christi assertus per Spiritum fidei, audeo et dico, me omnium rerum dominum ac regem liberrimum* in omne tempus, in omne opus, in omnem creaturam, in omnem locum, in omnem personam ac modum.

Quid itaque subvereri me oportuit coram re mea, coram eo qui in omnem partem meus est? Immò vero, quó excellentior es, quóque pluribus prestas, hoc magis adire te debui ac requirere mea. Egrè ferunt carnales suis ad tempus destitui rebus, vix ferunt diutinam bonorum absentiam: et *non inique feret in Christo renatus, quæ donarit Deus abesse?* Quanquam non absunt in totum tua à nobis: quòd *libri per te in lucem emissi* complura suggerant: sed hujusmodi sunt, quæ, perinde abest ut voti compotem reddant, plenius excitent, accendant, ac sitientem enati in te fontis, unde isti prodierunt insignes rivuli, relinquant [2]. Adducor hisce, ut neglecta civilitate, quæ in personas et facies incumbit, ad te scribam, virum multis nominibus eximium.

Ad hec adcedunt *tuæ literæ* [3], meras spiritus flammas complectentes, *quibus* [me], ex candidis amicorum testimoniis [4], *tam impense æstimas, ut in ordinem eorum asseras qui agant Evangelii precones*, quique possint Evangelium, dudum hominum traditionibus et impiis commentationibus obscuratum, *apud nostros* promovere, — cùm nihil minus in me sentiam quàm quod ad evangelicum dispensatorem et ministrum attinet. Exigit non mediocrem sapientiam istud munus, et eam quidem quam non humane pariunt scole, sed quam spiritus Christi suo adflatu in cor inscribat: exigit invictum fidei robur adversus hypocrisim et fictam pietatem, quæ non fert sua damnari, adversus stolidam superstitionem, quæ se arbitre-

---

[2] Voyez p. 233 et 234 le jugement que Roussel porte sur Œcolampade et sur ses écrits.

[3] Lettre perdue. Œcolampade avait écrit à Roussel pour l'exciter à l'action. Voyez la lettre précédente, note 3.

[4] Allusion à *Farel*. Voyez la lettre précédente, dans laquelle Roussel lui dit : « Periculum in hoc erat, ne habereris mendax, qui ex culice feceris elephantum. »

tur *(sic)* obsequium præstare Deo, adversus apertam impietatem et totum inferorum regnum à dextris et à sinistris. Nihil huc pertinent rationis ac sensus humani argutiæ, quibus eos probat mundus quos haberi velit doctores, nihil item humana industria, humana opera, denique quicquid est humanarum virium. Spiritus vel solus desyderatur, qui fornacem prestat, accendit, in quam insiliant omni ex parte mundi procelle ac turbines : hac *probat Spiritus quos delegit suo ministerio doctores*⁵, quæ pacem sub cruce, regnum inter confertissimas hostium acies, tranquillitatem inter seviss[imas] procellas, in morte vitam, in inferno quietem, et, ut semel dicam, sub onere omnium malorum et omnium bonorum privatione, omnium bonorum abundantiam et omnium malorum privationem, in admirabili osculo peccati et justitiæ, belli et pacis, mortis et vitæ, inferni et paradysi, damnationis et salutis, maledictionis et benedictionis, pollicetur. Et ad hoc quis idoneus ? Ne arroget sibi hoc, quidquid demum est muneris, cui mediocris eruditio et minor fidei virtus contigerit !

Scribis tamen, pro zelo in Christum, ut, affixis e doctrina Christi sententiis, *adoriar Parisinos doctores*⁶, quorum calculis adcedunt prope innumeri, unus et quidem orbi obscurus, plurimis et iis quos inter primos habet mundus obnitar ceu æneus murus ! Sed *non est hoc,* ut probe nosti, *volentis currentisve, sed mittentis Dei.* Messem quidem apud nos multam esse, ut non ignoro, ita a Christo edoctus sum, ne quis se ingerat, sed exorandum dominum messis, ut mittat operarios in messem suam. Quid, *si tempus evangelicæ messis,* pro divina electione et a summo illo justitiæ sole effuso ardore, *apud vos instet, non etiam apud nos?* Sane, quòd tot nacti sitis operarios, quòd tam copiosa fruges in Domini horreum redeat, et hoc ferme in momento temporis, nullus prudens ascripserit hominibus. Nusquam certius appendi potest missus esse à Deo servus, quàm si nihil veritus Inferi portas, invictus agat Domini munus, copiosusque inde prodeat fructus, quod in vobis fieri audio, cum in nobis contra eveniat. Nam cum habeantur quàm plurimi Evangelii hostes, *pauci occurrunt qui probe sentiant, et hi quoque in angulo delitescunt, aut si quando parent, frigidius agunt quàm deceat, ac sic temperant negocium, ne ferre Christi crucem*

---

⁵ V. la lettre précédente, où il insinue à Farel qu'il pourrait bien s'être ingéré dans le ministère, sans attendre l'impulsion de l'Esprit.

⁶ C'était la quatrième fois que Roussel était sollicité à défier les docteurs de Sorbonne. Voyez le N° précédent, note 2.

adigantur[7]. Neque hec adfero, quód detrectem provinciam, quam meis impositam humeris contenditis vestris exhortationibus, sed quód cupiam per vestras preces à Deo vocante erudiri, firmari, consolidari. Quæ ferenda sunt in hac exercenda provincia videor mihi in numerato habere, cum integer fermè *Senatus* à parte stet opposita[8].

Ceterùm *arma Christianæ militiæ* potentia per Deum, ad demoliendum quidquid adversus illum munitum fuerit, ad evertenda consilia et omnem altitudinem erigentem se adversus cognitionem Dei : quæ *si semel*, per vestras orationes ad Deum, *inhæserint mihi, non est ut metuam hominum larvas, Antichristi regnum cum suis infulis ac scholis*, quæ, pro humanis traditionibus, quibus se aliis preferant, magno coram Deo merito, densè digladiantur, ac novas semper adinveniunt, novas sectas, novos cultus, de quibus ne tantillum meminit Scriptura, — cum interim non videant de se, horrendo Dei judicio, proferri : « Dimisi eos secundùm desideria cordis eorum, ibunt in adinventionibus suis. » In tumultibus quibus hodie mundus cooritur adversùs profectum Evangelii, ut non oportet animum despondere, ita nec quempiam convenit suis fidere viribus, sed ab ipsius auxilio toti pendere debemus, cujus opera in nullis periculis defutura est; si modò non desit fiducia, si precibus ex animo fusis imploremus illius opem, fieri nequit, quin animis luce Spiritus perfusis admodùm displiceant blasphemiæ quas evomunt qui apud nos magni haberi volunt et vocari Rabbi[9], dum consuetudini et humanis decretis patrocinantur adversùs verbum Dei. Sed quid si nobis dixerit Christus : « Sinite, ceci sunt et duces cecorum, » si declinandi pro tempore, ad Christi prescriptum, ne deterius habeant ? Doceri nolunt, ut emendentur, sed cum sint cecis ceciores, accepta ferula, alios erudire volunt, ac omnium se esse censores asserunt, homines nimirum impudentissimi.

Ceterùm, quód promiscuum vulgus horum larvis seducatur, ac

---

[7] Deux ans plus tard *Pierre Toussain* se plaignait dans les termes suivants du peu de courage de *Le Fèvre* et de *Roussel :* « *Fabrum* sum allocutus et *Rufum;* sed certe *Faber* nihil habet animi. Deus confirmet eum et corroboret! Sint sapientes, quantùm velint ; expectent, differant et dissimulent: *non poterit prædicari Evangelium absque cruce!* » (V. la lettre du 26 juillet 1526.)

[8] Roussel a déjà affirmé plus haut (p. 234) que la Sorbonne pouvait compter sur l'appui du Parlement tout entier.

[9] Les docteurs de Sorbonne.

dimisso fonte aquæ vivæ ablegetur in cisternas dissipatas, quæ nequeant aquas continere, male habet Christianorum fidem juxtà ac charitatem. Hoc ferre non potest fides, nec dissimulare charitas, sed urget, ut perinde obsistatur in faciem, ac obstitit *Symoni Mago* Apostolus. Porrò viam qua ipsis occurratur, preclusisse nobis, opinor, sibi bellè persuadet astutus demon: nam *imprimendis opusculis*, si quæ donarit Deus in profectum aliorum, *nullus patet accessus*, quòd publico edicto *Parisini Senatus* [10] cautum sit, ne libri evulgentur non antea per doctores et senatorii ordinis viros excussi. Dissertationes nec ipsi recipiunt, nisi quas suis sanxere institutis, iisdemque in eminentiori pulpito presides agentibus, ut demum multa Spiritus prudentia opus sit, quà astutia demonis eludatur. Reclamabunt *episcopi*, reclamabunt *doctores*, reclamabunt *scholæ*, assentiente populo, occurret *Senatus*. *Quid faciet homuncio adversùs tot leones?* Ne memorem periculum esse apud nostros qui vanis assueti sunt argutiis, ne doctrina Christi in disputationem adducta periclitetur, ut olim. Sed, ut cœpi dicere, non scribo ista quòd non facilè in vestram descendam sententiam, quam, arbitror, suggessit Spiritus quo duce agimini, sed *cupio per vos plenius instrui, immò potius per Deum*, quem mihi propitium fieri per vestras preces tam desydero, ut qui maxime.

Ad extremum, nisi subvererer importunior videri et curiosorum magis affectator quàm eorum quæ edificant, postularem tuum de limbo Patrum judicium, de quo nihil memini in Scripturis legisse, itemque de parvulis citra baptismi gratiam decedentibus, quòd audiam quendam apud vos esse qui baptismum ad annos discretionis differendum scribat [11]. Boni consules, si pluribus apud te egerim quàm oportuit, ac istud donabis amori quo in te afficior. Salutat te in Christo *noster Faber* [12], qui tibi bene vult ex animo. Bene vale. Meldis, Anno Domini 1524, die Augusti 24.

(*Inscriptio:*) Doctissimo piissimoque viro Ioanni Œcolampadio in Christo fratri [13].

---

[10] Voyez le N° 102, note 5.

[11] Nous ne savons s'il veut parler de *Carlstadt*, ou de *Thomas Münzer*, le chef de la secte des Anabaptistes, lequel vint en Suisse à cette époque, ou de *Conrad Grebel* de Zurich, le plus lettré de ses partisans.

[12] *Le Fèvre d'Étaples.*

[13] Au-dessous de l'adresse Œcolampade a écrit : « Ger. Ruff. »

119

JEAN VAUGRIS[1] à Farel, à Montbéliard.
De Bâle, 29 août 1524.

Inédite. Autographe. Bibl. des pasteurs de Neuchâtel.

SOMMAIRE. Livraison d'argent au chevalier *Coct*. Envoi de *deux ouvrages de Farel récemment imprimés*. Projet de publier à Bâle une *traduction française du N. T.*

Guiliome, mon bon frère et amis, la grase et paix de Diu soy en vous!

J'ay resu vous lettres, [dans] lesquelles létres vous fètes mension que on délivre d'argent à Monsieur *le chevalier*[2], le quel je lui ay fet delivrés 10 escus par les mein de mon oncle *Conrat*[3]. Item j'ay fet relier vous li[v]res, car tout incontinant que on les at aporté, j'ay fet leis[s]er toutes autres choses, pour fères les wautres. Item je vous [les] envoye et les ay ballié au chevalier avèque **200** *Pater*[4] et **50** *Epistolæ*[5], més je ne say coman vous les vollés [l. voulez] vandre aut fère vandre. Je vandon la piesse des Pater 4 deniers de Basle à menu[6], més en gross, je les vandon, les **200**, flor. **2**, [ce] qui ne se monte pas tan ; et les Episto[læ], deniers 6, qui se monte les **50** [à] flor. **1**, més en gross je les ballie pour sous 13. Més ballié-les à quèque mersié, affin qui prène apitit de vandre des lires, et il se ferat de peu en peu et parellement il ganierat qu[é]que chose.

---

[1] Voyez le N° 109, note 9.

[2] Le chevalier *Anémond de Coct*.

[3] *Conrad Resch*. Voyez la lettre de Coct datée de Bâle, le 2 septembre 1524, et l'apostille de Farel, à la suite de cette lettre.

[4] C'était « l'Exposition familière de l'Oraison Dominicale et des articles du Credo » de Farel, dont l'impression venait d'être achevée. Voyez la Lettre de Farel aux Lecteurs, N° 107, note 1.

[5] Que faut-il entendre par ces *Epistolæ* dont Coct parle aussi dans la lettre suivante, note 4? C'était probablement l'un des écrits que Farel composa à cette époque contre Érasme. (Voyez plus loin la lettre de Toussain du 2 septembre et les lettres d'Érasme du 6 septembre et du 27 octobre 1524.)

[6] Vente au détail.

Item je vous prie, sil il estoy possible que on fît translaté *le No-riaux Testament*, selon la translation de *M. L.*[7], à quéque home qui le sût buen fére, que se seroy un gran bien pour le païs de *Franss* et *Burgone* et *Savoie*[8], etc. Et se il fesoy beson [l. besoin] de aporté une létre fransoyse[9], je la feroy aporté de *Paris* ou de *Lion*[10], et si nous en avon à *Balle* qui fût bone, tan miex vaudroy[11].

Item je part aujurdui de *Bassle* pour aller à *Franckffort*[12]. A Basle, le 29 de Augusto 1524.

Jo. VAUGRIS.

(*Suscription:*) A Guiliome Farel soy doné la présante.

120

ANÉMOND DE COCT à Farel, à Montbéliard.
De Bâle, 2 septembre (1524).

Inédite. Autographe. Bibl. des pasteurs de Neuchâtel.

SOMMAIRE. Restez insensible aux moqueries d'*Érasme*, vous souvenant toujours de la patience de Christ et cherchant en Dieu votre force. *Wattenschnee* vous envoie 200 exemplaires de *l'Oraison Dominicale* et 50 *Épîtres*. *Conrad Resch* m'a prêté une partie de l'argent que vous aviez déposé chez lui. Le vieillard n'a pas voulu laisser

---

[7] *Martin Luther*, dont la traduction allemande du Nouveau Testament avait paru en septembre 1522.

[8] L'opinion qu'exprime ici Jean Vaugris prouve que le Nouveau Testament de Le Fèvre était peu connu hors de France. Farel s'était plaint à Le Fèvre de la diffusion trop restreinte de cet ouvrage (V. le N° 103 au commencement).

[9] Des caractères typographiques français.

[10] Il y avait dans ces deux villes des libraires bâlois.

[11] La traduction française du Nouveau Testament de Le Fèvre fut réimprimée à Bâle, l'année suivante. Sur le dernier feuillet de cette rare édition on voit un W avec les lettres I et S, le tout surmonté d'une double croix et de la devise: « Durum patientia frango. » (Brunet, op. cit. 5° édit. t. V, colonne 748.) Nous croyons que ces lettres sont les initiales de « Iehan Wattenschnee, » l'oncle de Vaugris.

[12] Vaugris se rendait à Francfort pour la foire annuelle qui se tenait dans cette ville du 7 au 22 septembre.

imprimer *les Antechrists*. Une lettre de *votre frère* m'annonce que *Sébiville* est à son tour victime de l'irritation qui s'était d'abord tournée contre *Maigret* et contre moi. *Michel Bentin* voudrait fonder à *Bâle*, avec mon concours, une imprimerie où nous publierions les livres que j'aurais traduits en français. Pensez-vous qu'en France on soit disposé à soutenir notre entreprise? Pour moi je suis décidé à me consacrer tout entier à l'avancement du règne de Dieu. *Curion* consent enfin à imprimer *l'ouvrage* [de *Luther*] *dirigé contre l'Épiscopat*. Je vous envoie des livres et la *Lettre du duc Ulric* que j'ai traduite en français. — Apostille de Farel du 21 mars 1546, relative à la somme qui lui est due par les *héritiers d'Anémond de Coct*.

Gulielmo Farello Annemundus Coctus. Pacem et augmentum fidei in Christo!

Binas a te epistolas adcepi in quibus quædam de Ερ[ασμω] Ποτεροδ[αμω]. Quæso, ne his angaris culicum aculeolis[1], siquidem graviora multo passus est Christus, corona gloriæ nostræ, qui, quum cruciaretur, non maledicebat aut comminabatur. Quid multa? Ego tibi persuadere conor quæ scio me præstare non posse. Cupio enim te, qui veluti signum sagittariis pluribus expositus es, esse sine nevo, nedum sine macula. Eia, ergo confortare et esto robustus in Domino, qui benedicat semini tuo. Amen!

Curavi *Vatenschne*[2] ut tibi CC^{as} *Orationes*[3] mitteret cum 50 *Epistolis*[4]: omnia in vase tuo invenies, precium quoque in *Conradi*[5] ad te epistola, a quo et decem coronatos ex tuis adcepi[6] dato illi meo c[h]irographo. Sane *Antichristos*[7] noluit *Senex*[8] excudi, at alio tempore poterunt. Adcepi ante horam a *fratre tuo*[9] epistolam quam hic nulli manifestavi. *Conjicere potes ut post Macretum*[10] et

---

[1] Il est probable qu'Érasme ménageait aussi peu *Farel* dans ses conversations que dans ses lettres (Voyez celles du 6 septembre et du 27 octobre 1524).

[2] Voyez le N° 109, note 9.

[3] Voyez le N° 119, note 4.

[4] Voyez le N° 119, note 5.

[5] Conrad Resch, le libraire.

[6] Voyez l'apostille de Farel à la fin de la présente lettre.

[7] Ce mot figurait probablement sur le titre de l'un des pamphlets composés à cette époque par Farel. Voyez la lettre d'Érasme du 6 septembre et celle du 27 octobre 1524, notes 13 et 14.

[8] Veut-il parler de *Resch* ou de *Wattenschnee*?

[9] Farel avait quatre frères: *Daniel, Claude, Gauchier* et *Jean-Jacques*. C'est probablement avec Daniel que le chevalier Coct était en correspondance.

[10] *Aimé Maigret*, qui avait prêché l'Évangile à Lyon et à Grenoble. (V. le N° 103, note 62, et la lettre du 23 janvier 1525.) Ce qu'Anémond de Coct dit de lui-même est expliqué dans le passage suivant d'une lettre que

me in Sebivillam [11] *exarserint*; at hæc reticenda arbitror, terrentur enim infirmi. In dies expecto a nostris [12] literas per *Joannem meum*. Deus det dextræ suæ suppetias [13] ! Amen.

Scribit ad te *Hieronimus* [14] : itidem pollicitus est *Petrus Tossanus* facere [15]. Frater communis *Michaël Bentinus* [16] ad te scribit. Cæterùm, literis signatis, illi in mentem aliud venit consilium, quod, si probas, non improbo. Vult enim non a tot hominum nutu pendere, quodque tale sit negocium in quo ipse multum præstare possit. Cogitabat Tipographiam adoriri, me in vertendis gallicè libris comite. Ego, ut verum fatear, animo ad eam rem ita sum propenso, ut quod maxime velim id etiam me posse confidam. *Opto enim Galliam evangelicis voluminibus abundare*, siquidem illa sunt quæ de Iesu testimonium perhibent. Præterea, quum *Vaugris Lugdunum* ibit, scribam ad *fratres*, ut pecuniæ aliquid ad me mittant. *Quidquid sum, habeo, ero, habebore, ad Dei gloriam insumere mens est*. Tu judicium tuum super his nobis scribito.

Præterea, si nobis subscribas, hoc etiam addito, scilicet, si nobis facultates usque adeò tenues sint, ut non commode prela multa erigere possimus, an censes inveniri posse *Lugduni*, *Meldæ*, aut alibi in *Galliis*, qui nos ad hæc juvare velint. Tu enim multa videris impetrare posse, potissimùm *Gallis* Verborum Dei sitientibus. Vidi enim quæ *Stapulensis* aliique ad te scripserint [17]. Heri cum *Michaële* [18] simul persuasi *Curioni* [19], ut *librum adversus fal. no. epi. or.* [l. adversus falsò nominatum episcoporum ordinem [20]]

Myconius lui adressait en février ou en mars 1525 : « *Quàm probè in patria tua egeris Evangelii causam, illud probat abundè quod inde ab Antichristi expulsus es ministris.* »

[11] Voyez la lettre du 13 décembre 1523.

[12] Le chevalier parle sans doute ici des évangéliques du Dauphiné.

[13] A cette époque l'œuvre d'évangélisation commencée dans le Dauphiné était violemment persécutée. V. la lettre de Sébiville du 28 décembre 1524.

[14] Personnage inconnu.

[15] Voyez la lettre suivante, écrite par Toussain le même jour.

[16] Voyez le N° 103, note 37.

[17] Voyez les lettres de Nicolas Le Sueur, de Le Fèvre et de Roussel (N°ˢ 102, 103 et 104).

[18] Bentin.

[19] *Valentin Curion*, imprimeur à Bâle.

[20] Ouvrage de *Luther* publié à Wittemberg, 1523, in-4°. (Panzer. Annales, IX, 84.) L'édition allemande avait paru en 1522, sous le titre suivant : « Wider den falsch genanten geistlichen stand desz Bapsts und der Bischöffen. » S. l. (Wittemberg), in-4°.

excudat. Tu si aliquos pro *Monpelgard[ensibus]* et *Burgund[is]* vis, scribito *Michaëli*; spero enim mille quingentos excudendos, cum adnotationibus hebraïcis. Mitto tibi *librum de instituendis ministris ecclesiæ* [21], cum libro *de instituendis pueris* [22], ligato et ligando. Salutat te *Pellicanus* [23], cui dedi negocium compescendi suspicionem *viri illius Janum referentis* [24]. Quæso ne cuiquam hæc præscripta aperias. Mihi nempe jucundum erit, si faveat Christus, in ejus negocio cum *Michaële* laborare. Dominus cum spiritu tuo! Amen.

Salutat te hospes meus. Mitto tibi *Pasquillum* cum *Marforio* [25], inter libellos meos qui forte latebant, sed et alios duos codices, nigrum et rubeum, tibi notos. Vale in Domino, et saluta verbis meis christianissimum *equitem* nostrum *Nicolaum* [26]. Basileæ, 2. Septembris.

Filius tuus humilis in Christo
ANNEMUNDUS COCTUS.

(P. S.) Verti in gallicum sermonem *Epistolam ad Bisuntinenses Illustriss. Principis* [27], magna cum festinatione. Proinde si quidpiam in ea errati deprehenderis, emendato. Scribas mihi gallicè, ut omnia secretiora sint, præter superscriptionem, ut sciri possit cui reddenda sit, et *OEcolampadio* mittito. Dominus tecum!

(*Inscriptio:*) Gulielmo Farello apud Montpelgard Evangelii ministro, suo in Christo majori.

[21] Ouvrage de Luther. Voyez le N° 103, note 34.

[22] C'est peut-être l'ouvrage de Zwingli cité N° 98, note 9, ou celui d'Érasme qui a pour titre : « De ratione studiorum et instituendi Liberos. »

[23] Voyez le N° 103, notes 2 et 42.

[24] « L'homme au double visage » est évidemment *Érasme*.

[25] Le livre dont parle Coct est intitulé comme suit : « *Pasquillus* Marranus exul, Lectori salutem. Vidisti sæpiuscule, lector, labores nostros quibus hactenus contra corruptos nostri ævi mores sudavimus. Nunc cognosce quid in novos illos Theologistas adulatores ausi fuimus. Quidve, *Marforio* nostro auspice, obtinuerimus à Pontifice Ro.[mano]versa pagella, quæ sunt, ostendet. Lege et probabis. » On lit au verso : « Contenta. Epistola Pasquilli Romani ad Marforium Romanum. Responsio Marforii Romani ad Pasq.[uillum.] Supplicatio non minus lepida quam necessaria ejusdem Pasquilli ad S. D. N. papam. Decretum Papæ super supplicatione Pasq. Epistola Publii Maironis ad Alveldianum Franciscum Romanistam. » Le lieu d'impression et l'année ne sont pas indiqués. Cet ouvrage se compose de 10 ff. in-8°.

[26] Le chevalier *Nicolas d'Esch*.

[27] Voyez le N° 116.

(Au dessous de l'adresse on lit l'apostille suivante, écrite par Farel :)

« Literæ *Cocti* quibus scribit se accepisse 10. ▽. [l. coronatos.] Dedi autem illi mutuò non tantum decem, verùm quinquaginta, et circiter quinque dum curo ut *Laurentio Cocto* [28] mors *Annemondi* testetur *(sic)* juridicè per *Schaffusianos* [29]. Ita fit ut debeantur quinquaginta quinque coronati. Recepit omnia se soluturum *Laurentius*; at nihil hactenus fecit. Admoneatur officii, ut pauperibus succurri possit ex hac pecunia, quibus sacram esse volo ex hac die, 24 Martii 1546.

FARELLUS.

Ex *Conrado Resch* Basiliensi doceri poterit, pecuniam hanc datam fuisse; nam is pene totam dedit mutuò ex mea quam apud se habebat. »

121

PIERRE TOUSSAIN [1] à Farel, à Montbéliard.
De Bâle, 2 septembre 1524.

Inédite. Autographe. Bibliothèque des pasteurs de Neuchâtel.

SOMMAIRE. Bien loin de vous oublier, je prie Dieu chaque jour de bénir votre ministère. Vous faites preuve d'une sincère et prévoyante amitié en m'exhortant à persévérer dans l'étude des saintes lettres. Mes relations avec certains hommes plus soucieux de leur propre gloire que de la gloire de Christ et les sollicitations qu'on m'adresse de divers côtés, pour me détourner de *l'Évangile*, rendaient vos conseils très-opportuns. J'ai cru cependant devoir faire une concession à ma pauvre mère : j'ai quitté la maison d'*Œcolampade* pour aller vivre chez un prêtre qui ne partage pas mes convictions. *Érasme*, que j'ai visité une seule fois depuis votre départ, m'a fait appeler chez lui. Ses sentiments envers vous sont toujours les mêmes. Il possède le récit que vous avez rédigé de *votre commune entrevue* et se plaint de ce que vous préparez un nouveau livre contre lui. Il a reçu du pape une lettre flatteuse, et il a adressé au Dataire pontifical une réponse qui révèle clairement le caractère de

---

[28] L'un des frères du chevalier Anémond de Coct, dont l'on trouvera plus loin deux lettres adressées à Farel.

[29] Voyez la lettre du 11 février 1527, écrite à Farel par Jean de Steinwort.

[1] Voyez le N° 109, note 1.

l'homme. Ne vous enorgueillissez pas, mais soyez un dispensateur fidèle ; édifiez sur le fondement solide.

Cariss. frater, spiritus Domini sit tecum !

Annemundus Coctus noster, serius quàm vellem, significavit mihi se habere ad te nuncium, quare paucis te obtundam. Nec est ut me amicorum oblivionis insimules, quòd *tuis literis* [2] hactenus non responderim, quæ mihi tam gratæ fuerunt quàm debent bene cupienti præcantique negotio Christi. Et testis est mihi Deus, quàm sollicitè te tuosque conatus Christo quotidianis precibus commendavi. Et *tibi gratias habeo*, mi frater, *quòd me* non minus amicè quam prudenter *horteris, ne cujus consilio terroreve à sacrarum literarum lectione divellar*: quod est sane non solùm amicum præstare amicissimum, sed etiam strenuum et oculatum imperatorem, qui iis etiam animum facias, in acie versans, quos vel hostium impetu perculsos, vel ad bellum minus idoneos arbitreris. Quod te scio facere studiosius, quòd non ignores vel cum iis aliquid esse mihi consuetudinis qui malint sibi, suæque gloriæ, quàm novo (ut vocant) Evangelio consultum [3], vel me indies divexari legendis amicorum literis, qui me magno studio, vel potius stulto quodam zelo, ab instituto remorari nituntur, et ita sane ut, ad se revocare conantes, ferè me compulerint, vel hinc *Tigurum* migrare, vel *Vittembergam* [4], ne non esset eis mecum justa expostulandi occasio. Sed video magis quid conducat, quàm quid liceat.

Nescio an legeris aliàs epistolas cujusdam mihi sanguinis vinculo juncti, hominis, ne quod verum est dissimulem, de me bene meriti simul et antehac nominis mei amantissimi, cœterùm nunc me capitali odio prosequentis [5]. Is literis me semel atque iterum admonuerat, ut hinc migrarem *Lutetiam*, vel si liberet aliò, tantùm ne quid esset mihi cum *Lutheranis* commercii ; et quoniam se majoris apud me loci existimabat, quàm ut jussis suis refragarer, mirum est, quàm iniquo animo tulerit sibi non obtemperatum, quantumque mihi invidiæ consiliarit *(sic)* apud meos, — adeò ut nefanda de me quædam *matri* persuaserit, viduæ pauperculæ et jam capulo proximæ. Nosti mulierum ingenia. Hæc statim persuasa literas ad

---

[2] Lettre perdue.

[3] Allusion à *Érasme*. Voyez la note 7.

[4] Toussain fit plus tard un séjour assez prolongé à Zurich ; il visita ensuite les principales villes protestantes de l'Allemagne, entre autres Nuremberg, Wittemberg et Strasbourg.

[5] Il parle très-probablement ici de son oncle *Nicolas Toussain* (V. p. 252).

me dedit plenas lachrymis, quibus maledicit et uberibus quæ me lactarunt, et genibus quæ me exceperunt. Cum videremus hunc morbum indies magis atque magis recrudescere, haud absque magna studiorum meorum jactura, visum est *Œcolampadio* consultum, si forte conscientiis infirmis hoc pacto mederi posset, ut a se secederem [6]. partim ut studiorum meorum tranquillitati consulam, partim ne eos a me in totum alienam [l. alienem] quibus aliquid esse deferendum non ignoras, atque adeò in rebus haudquaquam ad Christianismum necessariis, et quos sperem aliquando, adjuvante Domino, ad Christum reduci posse. Itaque obtemperavi, licet invitus, *præceptoris* consilio, utorque domo cujusdam sacrificuli, et mirum est quàm male conveniamus, etiam inter pocula : nam alioqui nihil est mihi commercii cum homine, et magna tranquillitate Legi Dei advigilo. Faxit Christus ne in vanum omnino laborem !

Erasmi domo uti potuissem [7], si me non indignum judicassem qui tanti hominis consuetudine fruerer. Is aliàs me accersivit, nam à tuo hinc abitu semel tantùm inviseram hominem, idque duce *Œcolampadio. Tibi favet ut nosti* [8]. *Dialogum tuum* habet *mutuæ confabulationis vestræ* [9], *et conqueritur, te parturire nescio quid libelli adversus se* [10]. Literas accepit à *Pontifice* [11]. et Erasmo et

---

[6] De ce passage on peut inférer que pendant les premiers temps de son séjour à Bâle Toussain logeait chez Œcolampade.

[7] *Érasme* avait ordinairement chez lui comme pensionnaires quelques jeunes gens instruits et de bonne famille, et nous savons qu'il témoignait à *Toussain* une bienveillance particulière, comme le prouve ce passage d'une lettre qu'il lui donna, le 2 octobre 1525, pour *Guillaume Budé :* « Hic *Petrus Tossanus* juvenis est honesto loco natus, indole felici et ingenio perquam liberali, summæque spei. Ardet amore Græcanicarum literarum... Scio tibi juvenis ingenium oppidò placiturum... » (Erasmi Epp. Le Clerc, p. 891.)

[8] Appréciation ironique. Voyez plus loin les lettres d'Érasme du 6 septembre et du 27 octobre.

[9] Il veut parler du récit que Farel avait rédigé de son entretien avec Érasme et qu'il avait envoyé à ses amis de Constance. Voyez les N°s 123 et 126.

[10] Voyez le N° 126, note 13.

[11] En dédiant à Clément VII sa *Paraphrase sur les Actes des Apôtres,* Érasme lui avait annoncé, le 13 février 1524, qu'il publierait prochainement contre *Luther* un livre intitulé : « *De libero arbitrio.* » (Erasmi Epp. Le Clerc, p. 784.) Nous voyons par sa lettre du 2 septembre suivant, adressée au cardinal d'York, qu'il fut très-satisfait de la réponse du Pape : « [Summus Pontifex], misso diplomate humanissimo, atque etiam ducentis florenis aureis, egit gratias pro inscriptione *Actorum.* » (Le Clerc, p. 810.)

Pontifice dignas. plenas munerum et benevolentiæ. Rescripsit *Datario*[12], ita ut ingenium hominis agnosceres, et verum esse quod Paulus ait : « Qui, cum se crederent sapientes, stulti facti sunt. » Item : « Elegisse Deum stulta hujus mundi, ut pudefaceret sapientes. »

De te habeo gratias Deo, quòd per te dilectum Filium suum revelatum volnerit: sed ne efferaris animo, imò timeas, et fidelem agas dispensatorem. nec solùm earum rerum doceas contemptum quæ parum habent momenti ad Christum, sed ita magis ædifices, ut possit opus tuum quamcumque procellarum injuriam contemnere. In summa tibi omnia felicia precor. Tu fac me precibus Christo commendes, quem velim intelligas, teste Domino, nihil aliud optare in hac lachrimarum valle, quàm ut Christi regnum quàm latissime pateat, ut omnes uno ore glorificent Deum per Jesum Christum, Dominum nostrum, qui sit cum spiritu tuo, ut ministerium tuum acceptum sit sanctis! Amen. *Desiderius*[13] et *Bonifacius*[14] te salutant. Vale. Basileæ, ij Septembris 1524.

    Servus et frater tuus

        P. Tossanus.

(Inscriptio:) Guilielmo Farello, concionatori Montispelicardi, fratri et amico in Christo.

---

[12] *Jean Matthieu Gibert*, évêque de Vérone et dataire de Clément VII. Érasme lui écrivait le 2 septembre 1524 : « Mitto libellum *De libero arbitrio*... Non me fugit, quantum tempestatum excitarim in caput meum. Sed certum est omnia persequi potius quàm dare nomen *huic conjurationi*, in qua video multos tales, ut nec *Lutherus* eos ferat. Repererunt novum dogma, ut obsistentes Evangelio (sic enim illi loquuntur) *furiosis ac mendacibus libellis, absque titulis aut falsis titulis*, obruant. Habent suos quosdam typographos, habent *distractores huic negotio devotos*. Jam aliquot tales libelli provolarunt in caput meum ; exspecto quotidie plures. Admonui tamen *Senatum Argentinensem* et *Basiliensem*, ut horum sceleratam audaciam coerceant. *Uterque promisit se digna*. Minus illorum sicas metuo quàm libellos..... *Clemens* in diplomate suo pollicetur animum, quem nunc habet, constantem : *ego vicissim polliceor quicquid officii præstare potest addictissimus filius optimè merito patri.* » (Le Clerc, p. 811-812.) — Il est singulier que cette lettre, datée du même jour que celle de *Toussain*, soit parvenue à sa connaissance et qu'il ait cru pouvoir en communiquer le contenu à Farel, sans commettre une indiscrétion.

[13] Voyez le N° 109, note 11.

[14] *Boniface Wolfhard*, qui était revenu de Montbéliard à Bâle.

122

ÉRASME DE ROTTERDAM à Théodoric Hesius.
De Bâle, 2 septembre 1524.

Erasmi Epistolæ. Éd. Le Clerc, p. 809.

SOMMAIRE. Progrès du *Luthéranisme* dans les pays voisins de la *Suisse*. Les *Allemands* sont dépassés par certains *Français*.

Erasmus Rot. Theodorico Hezio, S. D. N. Adriani dudum Secretario.

.... Favor *Lutheri* in dies latius serpit. Jam *Galli quidam magis insaniunt quàm ulli Germani*. Omnes habent in ore quinque verba : « Evangelium, verbum Dei, fidem, Christum et Spiritum. » Et tamen hic tales video multos, ut non dubitem quin agantur spiritu Satanæ. Utinam hic tumultus a *Luthero* excitatus, veluti violentum pharmacum, adferat nobis aliquid bonæ sanitatis!....

LE MÊME à l'évêque de Rochester.
De Bâle, 4 septembre 1524.

Ibidem, p. 815.

.... Quum video quorundam malitiosos mores, qui nunquam non crepant nomen Evangelii, præsagit animus infelicem et cruentum exitum. *Factio crescit in dies latius, propagata in Sabaudiam*[1], *Lothoringiam*[2], *Franciam atque etiam Mediolanum*. Tumultuatur et *Burgundia nobis proxima*[3] per *Phallicum*[4] *quendam Gallum*, qui, è

---

[1] Voyez la lettre du 17 février 1525. Par le mot de *Savoie* on ne désignait pas seulement le duché de ce nom, mais encore Genève et le Pays de Vaud.
[2] Voyez le N° 112, note 6.
[3] Le comté de Montbéliard.
[4] Guillaume Farel.

Gallia profugus, huc se contulit, homo rabula, effreni tum lingua, tum calamo ³. Cessit hinc, nec opinor rediturum, sic rem gessit. Ita quondam solent Evangelii præcones.

123

ÉRASME DE ROTTERDAM à Ph. Mélanchthon, à Wittemberg.
De Bâle, 6 septembre 1524.

Erasmi Epistolæ. Éd. Le Clerc, p. 818 et 819.

Sommaire. Griefs d'Érasme contre Farel et quelques autres membres du parti évangélique.

.... Nescio qualis sit vestra Ecclesia; certe hæc tales habet ut verear ne subvertant omnia. et hùc adigant Principes ut vi coherceant simul et bonos et malos... An ideo depellimus dominos, pontifices et episcopos, ut feramus immitiores tyrannos, scabiosos *Othillones* ¹ et *Phallicos* rabiosos ? Nam hunc nuper nobis misit *Gallia*... Cum *Phallico* ² fuit mihi congressiuncula perbrevis ³. Ejus historiam scripsit *cuidam Constantiensi* ⁴. Exemplum clam ad me perlatum est. Nihil vidi vanius, nihil gloriosius, nihil virulentius. Sunt ibi interdum decem versus in quibus ne syllaba quidem vera est.

Idem edidit *libellum de Parisiensibus et Pontifice* ⁵. Quantum illic inficetiarum, quantum ineptæ virulentiæ, quàm multi nominatim traducti, et tamen ipse solus non apponit nomen suum! Idem, ut audio, auxit stolidum *Alberi Judicium* ⁶, quod nondum videre licuit.

---

³ Nous avons vu plus haut (N° 99) que le secrétaire d'Érasme n'avait pas de Farel la même opinion que son maître.

¹ Il veut parler d'*Othon Brunfels*. Voyez le N° 103, notes 29 et 30.

² C'est le nom dont Érasme se sert ordinairement pour désigner Farel.

³ Cette discussion, dont parle déjà Toussain, N° 121, est racontée en détail dans la lettre d'Érasme du 27 octobre suivant.

⁴ C'est probablement à *Ambroise Blaarer*, l'un des pasteurs évangéliques de Constance, que Farel avait adressé la relation de son entrevue avec Érasme.

⁵ Voyez le N° 103, notes 24 et 25.

⁶ « *Iudicium Erasmi Alberi* de Spongia Erasmi Roterod. adeoque quatenus

Visi sunt *Constantiæ* et *alii duo libelli quos in me scripsit*⁷. Et profitetur novum dogma, sic traducendos qui obsistunt Evangelio, inter quos me numerat, et *Balaam* passim appellat ⁸ quòd *Adrianus* Pontifex invitarit me ut mitterem consilium. Misi partem, sed displicuit ⁹. Obtulit decanatum, simpliciter recusavi; voluit mittere pecuniam, rescripsi ne mitteret obolum. Sic sum *Balaamus*. Et qui tales sunt postulant ut, contemptis omnibus doctoribus, fidamus ipsorum spiritui, quum interim ipsi inter se non consentiant.

Qui possim mihi persuadere illos agi spiritu Christi, quorum mores tantùm discrepant à doctrina Christi? Olim Evangelium ex ferocibus reddebat mites, ex rapacibus benignos, ex turbulentis pacificos, ex maledicis benedicos. Hi redduntur furiosi, rapiunt per fraudem aliena, concitant ubique tumultus, male dicunt etiam de bene merentibus. Novos hypocritas, novos tyrannos video, ac ne micam quidem Evangelici spiritus. Si *Luthero* essem addictissimus, magis etiam istos odissem quàm nunc odi, ob Evangelium quod suis moribus reddunt invidiosum, ob bonas literas quas extinguunt ¹⁰....

---

illi conveniat cum M. Lutheri doctrina. Epistola Erasmi Roterod. ad Fabrum Const.[antiensem] Vicarium. Epistola M. Lutheri ad amicum piissima, de fucata Erasmi Spongia, deque Christi negocio syncerius tractando. » Cet opuscule commence ainsi : « Suo Theodorico concionatori Phrancophordiano Eras. Alberus Frater, non Lutheranus, sed eius quem docet Lutherus discipulus ex animo, S. D. » Il se compose de 8 feuillets in-8°, y compris le titre ; il est sans date ni lieu d'impression, mais il a dû être imprimé à Strasbourg, chez Jean Schott, au printemps de l'année 1524, peu de temps après le livre de Brunfels cité dans le N° 103, note 30.

⁷ Ces deux pamphlets sont au nombre des ouvrages de Farel dont il ne reste aucune trace.

⁸ « Appellarat me *Balaam*; hac de causa cum illo [sc. *Farello*] exspostulandi nihil certi respondit, sed sic elapsus est, ut diceret negotiatorem quendam *Dupletum* [scil. Antonium à Bleto] hoc dixisse; is enim jam abierat, et fieri potest ut dixerit, sed a *Pharello* doctus. » (Erasmi ep. ad fratres Germaniæ inferioris. Ed. Lond. p. 2128.)

⁹ Adrien VI écrivait à Érasme le 23 janvier 1523 : « Te in Domino hortamur .... ut quantum tibi Dominus donaverit, nobis modum ac rationem aperire satagas, quibus tetrum hoc malum, dum adhuc medicabile est, de medio nationis nostræ auferri valeat ... Celeritate propter commune periculum, secreto verò propter tuum, ... opus est. » (Le Clerc, p. 744. La réponse d'Érasme au pape se trouve p. 745—748.)

¹⁰ *Glareanus* exprimait des sentiments semblables dans une lettre adressée de Bâle à *Myconius*, le 4 septembre 1524 : « *De bonis literis promovendis* tute ipse rectè scribis et *Lutherus nobiscum sentit*, sed homines imperiti

124

JACQUES [PAUVAN[1]] à Guillaume Farel, à Bâle.
(De Meaux), 5 octobre (1524).

Inédite. Autographe. Bibl. Publique de Genève. Vol. n° 112.

SOMMAIRE. *Le Fèvre, Roussel* et moi nous sommes affligés de votre long silence. Pressé par le temps je me borne à vous assurer de l'état prospère de tous les Chrétiens qui sont ici. *Caroli* prêche avec un courage toujours plus grand, au milieu des ennemis de la croix de Christ. *Roussel* vous demande s'il pourrait faire imprimer à Bâle *un commentaire sur l'Épitre aux Romains*. Lui et *Le Fèvre* vous font saluer ainsi qu'*Œcolampade, Hugwald, Zwingli* et tous les fidèles de votre connaissance. Je suis maintenant ministre de la parole de Dieu. — (Note de *Farel* sur la constance que déploya *Pauvan pendant son martyre*).

Gratia et pax à Deo patre per Iesum Christum omnibus in Evangelii ministerio laborantibus! AMEN.

Ecquid valeas, mi Farelle, supramodum scire desidero, desideratque frater noster *Jacobus Faber*[2], et maxime M. *Gerardus*[3], vir ille non lingua, non verbo, sed opere et veritate Christianus, propterea quòd tam diuturnum nobis facias silentium. O utinam, mi carissime frater, sepius scirem tuam et omnium fratrum qui apud vos sunt valetudinem! Quid enim, queso, jucundius, quidve optabilius esse potest fratribus inter se in Christo amantibus, quàm creberrimè, de omnibus quæ circa fidem et proximi edificationem faciunt, scribere et audire? Velim sanè ut jam mihi plus temporis foret, quò te possem omnia quæ apud nos fiunt de omnibus com-

nunc utique obstrepunt.... Hoc unum *scio, a nemine nunc et literas et Evangelium magis impediri*, quàm ab iis qui utrumque devorasse videri volunt. Adeò nunc occulta Sophistica oritur, ut illa altera ludus præ illa judicari queat. Nec tamen licet conqueri. Nam *nolite tangere Christos meos*, vetus olim, nunc nova illis cantilena est. » (Collection Simler à Zurich.)

[1] *Jacques Pauvan* (en latin *Jacobus Pavanus*), natif de Picardie. « Jeune homme, mais letré et de grande syncérité, » il « avoit aussi esté attiré à Meaux par l'Évesque. » (Bèze. Hist. ecclés. I, 6.)

[2] Le Fèvre d'Étaples.

[3] Roussel.

memorare. Verùm ne licet quidem, ob regressum nuncii plus satis repentinum. interim tamen hoc unum *de rebus nostris* accipe.

Omnes quotquot hic sunt Christiani[4] recte valent. Verùm M. N. *Carolus*[5], frater noster in Christo charissimus, *Parrisiis* agens, predicat assiduè; et. licet sit in medio nationis pravæ ac tortuosæ, inter cornutos. ut dixerim. Theologos, non ob id ex verbo Dei succumbit. propterea quòd in ipso potentior sit quàm omnes inimici crucis Christi. qui sunt omnes inepti *M.[agistri] nostri*. qui tamen (gratia Dei) nec valent. nec possunt ei quicdquam *(sic)* nocere[6]. Quapropter ipse magis ac magis sese animat et durat in verbo Christi. Det Dominus Deus. ut hic et in omnibus mundi partibus verbum Evangelii regnare possit! Amen.

Ceterùm. mi Farelle. M. *Gerardus* te diligenter salutant *(sic)*; rogat ut illi proximè scribas an posset typographis qui apud vos

---

[4] Pauvan avait d'abord écrit : « quotquot hic nosti Christiani. »

[5] *Pierre Caroli.* Voyez le N° 103, notes 56 et 57.

[6] Depuis la rétractation qu'il avait faite vers le commencement de juillet (V. le N° 104, p. 235), *Caroli* avait continué ses prédications dans l'église de St.-Paul, à Paris. Le 5 août suivant, il fut cité à paraître devant la Sorbonne, pour rendre compte de « cette nouvelle manière de prêcher, » qui substituait au prône accoutumé une lecture du Nouveau Testament en langue vulgaire, accompagnée d'explications anti-catholiques. Le docteur en théologie connaissait les formes de la procédure universitaire; il usa si bien des appels et des récusations, que son procès dura plus d'une année.

On lit dans le registre des arrêts de la Sorbonne à la date du 1er octobre 1524 : « Querimoniam fecerunt quidam ex Magistris de præfato *Caroli*, dicentes quòd male ædificaret populum; nam et doctoribus et baccalariis indiscretè detrahebat, et, ut dicebant, scandalisabat auditorium... » Et plus loin : « Die... sabbato, *octavo* ejusdem mensis *Octobris*, sedente Facultate, et repetitis præscriptis querimoniis, auditaque lectura articulorum de secundis Responsionibus dicti *Caroli* excerptorum, quoniam male videbantur sonare, cum propter hæc requisivisset Syndicus, judicio Facultatis eidem *Caroli* inhibendum, *ne ulterius prædicaret*, præsertim *in Diœcesi Parisiensi, ubi* curam non habet, sed *gratis se ingerit*, ut dicitur, *à factione Lutheranorum conductus*,.... diffinitum est, quòd moneretur abstinere à prædicationibus, quousque aliter esset determinatum; aliàs procederet Facultas contra eum, ut juris esset... » Cet arrêt lui fut signifié le lendemain, à l'issue de sa prédication dans l'église de St.-Gervais. Une troisième admonestation, que la Faculté lui adressa le 11 octobre, ne l'empêcha pas de remonter en chaire le 28 du même mois. (Voyez « Errores Magistri nostri Caroli, et Processus et Privatio ejusdem, » dans le manuscrit de la Bibl. Impériale qui est intitulé : « Liber secundus registri Determinationum Facultatis Theologiæ Scholæ Parisiensis, ab anno 1524, et durans usque ad annum 1531. » Manuscrits latins, n° 3381. B, folios 25—40.)

degunt mittere *commentaria* quedam *in epist. ad Ro.[manos] excudenda*. Nam et ipse in legendo hanc Pauli epistolam assiduus est [7], qui profectò hac in re quàm fidelis sit Christi minister facile dignoscitur. Tu ergo super his verbis per illius nuncii reditum scribes.

Excusatum habeas, precor, Dominum *Fabrum*, fratrem nostrum in Christo obsequiosissimum, qui reverà detentus aliquo domino scribere non valuit: ille ideo jussit, ut suo nomine te et omnes Christianos his in literis salutarem. Optat, mi Farelle, noster ille *Faber*, ut ad nos quàm brevissime [pote]ris scribas an Biblia à *M.[artino] L.[uthero]* sint castigata et in lucem [edi]ta [8]. His bene vale in Christo.

[Rogan]t te M. *J. Faber* et M. *Gerardus*, ut diligentissime salutes [evange]licos viros omnes, *Œcolampadium* imprimis, *Hugaldum*, *Zinglium* et [*Pelycanu*]m et ceteros quos nosti fideles. Vale. v° die octobris (1524).

JACOBUS tuus frater in Christo charissimus.

(P. S.) Si queras quid faciam, minister sum in verbo Dei minime idoneus [9].

(Inscriptio:) Ornatissimo viro M. Guilermo Farello, apud Œcolampadium agenti, Basilee [10].

(On lit au-dessous cette note ancienne : « *Pavant*, » à côté de laquelle Farel a écrit les lignes suivantes : « *Jacobus Pavan*, qui « tandem pro evangelio constantissime ignem pertulit [11]. De quo di-

---

[7] Voyez le N° 104, note 28.

[8] Pauvan se méprenait sans doute sur la nature du travail entrepris par Luther. Sa traduction allemande du N. T. avait paru en septembre 1522. Celle de l'A. T. ne fut publiée qu'en partie pendant les années 1523 et 1524.

[9] Il paraît que *Pauvan* fut d'abord instituteur à Meaux, car c'est bien de lui que veut parler Crespin, quand il fait mention du martyre «d'un jeune régent qu'on nommoit vulgairement *M. Jaques*. » (Op. cit. fol. 168 b.)

[10] Pauvan ignorait que depuis près de trois mois Farel avait quitté Bâle.

[11] « Estant emprisonné [il] fut tellement persuadé par *Martial [Mazurier]*, qu'il feit amande honorable le lendemain de Noël [1524]. De quoy se repentant puis après avec grans regrets et souspirs, il fut rempoiqné, et comme relaps bruslé vif à Paris en la place de Grève, l'an 1525, avec une singulière constance. » (Bèze. Hist. ecclés. I, 6. Voyez aussi Crespin, op. cit. livre II, fol. 92 b, et Bezæ Icones. — Le *Journal d'un bourgeois de Paris* (p. 291) parle d'un « jeune filz, *escolier bénéficié*, non aiant encore ses ordres de prestrise, nommé maistre...., natif de Théronne en Picardie, » qui fit ab-

« cebat *à Cornibus :* Satius fuisset datam fuisse et insumptam my-
« riadem plusquam sexcentum myriadum quàm palam mortuum ;
« nam à morte ejus tot adhæserunt ejus sententiæ, ut avelli non
« possint [12]. »)

125

ANTOINE PAPILION [1] à Zwingli, à Zurich.
De Lyon, 7 octobre 1524.

Autographe. Archives de Zurich. Zuinglii Opp. VII, 358.

SOMMAIRE. Votre lettre qu'*Antoine Du Blet* m'a remise, à son retour de Zurich, m'a fait connaître *l'heureux changement opéré dans les mœurs des Zuricois* par la prédication de l'Évangile, et qui forme un si frappant contraste avec *l'état religieux de la France*. Avec ce grand nombre d'universités, de monastères, d'églises et d'images, avec nos superstitions de tout genre, nous n'en demeurons pas moins exclus du royaume de Dieu. Les satellites de *l'idole romaine en France* sont si puissants et si rusés, que le rétablissement de l'Évangile au milieu de nous ne peut plus être l'affaire des hommes. Le *nombre des croyants* grandit néanmoins chaque jour ; ils saisissent toutes les occasions de propager l'incendie. *Le Roi*, doué d'un jugement très-sain, mais accablé d'affaires, se plie aux circonstances, et il cède parfois à la tyrannie de Béhémoth [la cour de Rome]. Si j'avais quelque influence sur ses décisions,

juration de ses erreurs anti-catholiques, la veille de Noël 1525, et qui périt sur le bûcher à Paris, « le mardi 28° d'aoust 1526. » Ce martyr ne serait-il point *Jacques Pauvan* ? En tout cas *Bèze* et *Crespin* se trompent quand ils placent l'abjuration de Pauvan au 26 décembre 1524 et son martyre en 1525, puisqu'on lit à la fin des articles dressés contre *Pauvan* et *Saunier* par la Sorbonne : « Acta fuerunt hæc in nostra congregatione super hoc specialiter convocata in collegio Sorbonæ, anno Domini *millesimo quingentesimo vicesimo quinto*, die verò *nonâ mensis Decembris.* » (Voy. Gerdesius. Hist. Reformationis, t. IV. Pièces justificatives, p. 47.)

[12] Ces mêmes paroles de *Pierre Cornu*, théologien de Paris, furent citées par *Farel* dans la dispute de Lausanne : « Nous n'avons garde de parler comme ce Raby qui disoit « qu'il voudroit avoir coûté à l'Église un million « d'or, et que l'on n'eût jamais laissé parler *Jaques Pavant* devant le « peuple. » Votre foi, ajoutait Farel, est-elle si bien fondée qu'un jeune fils, qui encore n'avoit point de barbe, vous ait fait tant de dommage, sans avoir tant étudié ne veu, sans avoir aucun degré, et vous étiez tant ? » (Ruchat, op. cit. IV. 318.)

[1] Voyez sur Papilion la lettre de Sébiville du 28 décembre suivant.

il prendrait Jésus-Christ pour seul guide et affronterait les abîmes de la mer, sans s'inquiéter de Pharaon. J'espère que le Seigneur achèvera l'œuvre qu'il a commencée en lui, car *sa mère* est animée d'excellents sentiments, et *sa sœur*, la duchesse d'Alençon, ne vit que pour Dieu.

Saluez *Léon, Myconius* et l'église de Zurich. *Michel d'Arande, Dampierre, Sévin, Matthieu, le président d'Orléans* et *Pierre Ami* vous saluent. *Du Blet* et moi nous vous conseillons de dédier à *la reine-mère* le livre que vous avez promis d'écrire sur *la vraie et la fausse religion*.

JESUS CHRISTUS.

Gratia et pax a Deo patre et Domino nostro Jesu Christo!

Antonius Dubletus[2], vir utrique nostrum, immò piis omnibus in Christo conjunctissimus, *à vobis rediens*[3] *tuas mihi literas reddidit*[4], plenas pii veréque christiani affectus, simulque nobis aperuit, quantum per te Sanctum Evangelium suum Dominus promoverit. Quam ut in te, optime Zuingli, gratiam sua miseratione Deus per Christum confirmet indiesque augeat, quàm enixissime obsecramus. Equidem dicere non possum, quanto gaudio, quantaque consolatione exultaverit liquefactaque sit anima nostra, dum accipimus, *principem Helvetiorum pagum, Tigurinos tuos*, bellis cædibusque natos, ferasque potius quàm homines, *conjunctam hanc sceleratissimæ crudelitati sceleratiorem avaritiam ad syncerum Evangelii verbum semel exuisse*[5], bonaque fide (eo præsertim tempore quo ex funesta hac exercitatione uberrimus quæstus rediret) Christo Domino, veræ pacis autori, sacramentum dixisse. Verè potens est Deus ex lapidibus istis suscitare filios ipsi Abrahæ. Hocque unum imprimis mirabile in oculis nostris per Verbum suum Dominus effecit. Quamquam quid mirabile esse potest, immensam illam bonitatem reputanti, præter ipsum mirabilium effectorem Dominum? Ceterùm, illud impletum nos videmus ut primi sint qui erant novissimi; ita in nobis ludente stultamque faciente prudentiam homi-

---

[2] Voyez le N° 98, note 3.

[3] V. le N° 101, note 1.

[4] Cette lettre de Zwingli à Papilion est perdue.

[5] Depuis son arrivée à Zurich (27 décembre 1518), Zwingli n'avait négligé aucune occasion de s'élever contre le service militaire des Suisses à l'étranger et contre les pensions que l'empereur et le roi de France distribuaient alors à quelques magistrats des États confédérés. Sa persévérance fut couronnée de succès : le conseil de Zurich, appuyé par tous ses ressortissants, déclara en 1521 qu'il était résolu à renoncer aux pensions des princes et aux alliances étrangères. (V. J.-J. Hottinger. Ulrich Zwingli et son époque, p. 67 et 83-87.)

num Deo. apud quem quod hominibus sanctum excelsumque est, abominatio detestatioque habetur.

Minore negocio tuorum, quamlibet inquinatas fraternoque sanguine stillantes, manus Verbum Domini quod omnia purificat emundavit, *facilius in efferatos bellis animos*, gladio utrinque incidente penetrabilior, *vivus sermo Dei trajecit, quàm in nostrorum civiles mores, ceremoniis ritibusque superstitiosis speciosam ritum, irrumpere potuerit.* Væh, væh justitiis nostris impiæque pietati nostræ! Cum tota nostra dæmoniaca prudentia, cum supers[ti]tiosa religione, tot cœnobiis, tot scolis, tot templis, simulacris, ritibus, jejuniis, votis, obduramus in iniquitatibus nostris. Deumque exacerbamus : quique nos Abrahæ filios existimabamus et gloriabamur, videmus ab oriente et occidente congregari, qui cum Abraham et Isaac accumbant, nos autem excludi foràs. Quodque vehementissime dolendum est, *tanta hypocriticæ hujus justiciæ vis*, tam crassum speciosumque tectorium est, *ut nostrorum oculi latentem sub his impuritatem pervidere non possint. Tam multos* præterea *Romanense illud idolum satellites* omnis generis *sibi apud nos comparavit*, ut nusquam aut plures, aut potentiores, aut versutiores. Quos tametsi Deus contriturus sit cum illorum principe Antichristo, plurimum tamen Christo, ex Ægypto redeunti, negocii exhibent, eòque rem adduxere, ut (quæ summa certissimaque Christiano spes est) nihil hac in re ab homine quoquam expectari possit. Interim *nihilo secius suæ Domino reliquiæ salvæ sunt, indiesque credentium numerus augetur*, qui pro se quisque, quoad licet, Christi negocium promovent, in omnesque occasiones intenti, *quâ fenestra aperitur, sacrum hoc incendium vibrant,* quàmque possunt latissime spargunt.

Quod ad Regem spectat, excellenti quidem non minus ille judicio est quàm fortuna [6]. Verùm (ut nunc est rerum status) multitudine negociorum obruitur ; ad hoc, quod plerisque omnibus nostrum ingenium est, foro utitur, impotentiæque Beheemot illius cedere cogitur interdum [7]. Quamquam, *si mihi ea esset autoritas* (quam tu forte existimas) *apud illum, prius, me authore, susque deque omnia misceret, profundasque maris voragines pedibus ingrederetur. Christum ducem unum sequens*, omni in illum unum spe projecta, *quàm ad Pharaonem illum vel tantillum respiceret.* Affuturum tamen non desperamus Dominum, qui, quod in Christianissimo Rege

---

[6] Voyez p. 28 le portrait de François I par Théodore de Bèze.

[7] Allusion au despotisme spirituel de la cour de Rome.

cœpit, perficiat! Nam et *clarissima mater*[8] *recté sapit*, supraque fœminarum nostratium consuetudinem superstitionibus vacat. Soror verò *Regis*[9]. Alenconii et Biturigum Dux, nescio an quamquam parem habeat, ita me Deus juvet, ut in illa vigere, vivere spirareque Illum existimo, existimantque qui Dei sunt apud nos omnes.

Superest, optime Zuingli, ut tuis tuorumque nos exhortationibus precibusque adjuves: nosque vicissim Deum patrem obtestamur per JESUM Christum, ut magis ac magis Verbo suo successum in suorum cordibus præbeat. Salvere jubebis in Domino *Leonem*[10]. *Myconium*[11], ecclesiamque quæ apud vos est. Osculantur te in Domino *Michaël Aranda*[12], Eleemo.[synarius] Alencon.[iensis], Sagien.[sis][13], *Dampetrus*[14], *Serinus*[15], *Matheus*[16], *præses Aurelianus*[17]. *Petrus Amicus*[18], vir egregiè doctus et christianus, omnesque qui sunt Christi. Gratia et pax Dei et Domini nostri JESU Christi cum omnibus vobis! Nonis Octobr. (1524). Lugduni[19].

Conservus tuus in Domino, servus inutilis JESU Christi

ANTONIUS PAPILIO.

(P. S.) E re christiana esse *Dubleto* et mihi videtur, si *Ludovicæ*, Andium, Cenomannorum, Angolismorumque Duci, Christianissimi

---

[8] Louise de Savoie.

[9] Marguerite d'Angoulême.

[10] *Léon Jude* (en latin *Leo Juda* ou *Judæ*), Alsacien de naissance, collègue de Zwingli depuis 1522, et son ancien compagnon d'études à l'université de Bâle.

[11] Voyez le N° 103, note 26. *Myconius,* né à Lucerne en 1488, fit ses études à Bâle. Après avoir été pasteur et professeur à Zurich (1516-1519), il rentra dans sa ville natale pour y diriger l'enseignement supérieur. Exilé de Lucerne (1523) pour cause de religion, il trouva un asile à Einsiedeln, où il enseignait la théologie aux moines du couvent. En 1524 il reprit ses anciennes fonctions à Zurich.

[12] Voyez le N° 97, note 4, et les N°* 90, 93 et 94.

[13]—[14]—[15]—[16]—[17] Ces personnages nous sont inconnus. La mention pure et simple de *Dampierre,* de *Sévin* et de *Matthieu* permet de supposer qu'ils étaient du nombre de ces *Lyonnais* qui avaient visité *Zwingli* quelques mois auparavant, en compagnie de *Farel* et d'*Antoine Du Blet.* (Voyez le N° 101, note 1, à la fin.) « *Sagiensis* » est peut-être l'évêque de Séez, et « *præses Aurelianus* », le bailli d'Orléans, Jacques Groslot.

[18] Voyez le N° 103, notes 43 et 44.

[19] Papilion était membre du grand conseil. Ce corps tint ses séances à Lyon pendant la régence de la reine-mère.

Regis matri, *librum de vera et falsa religione*, quem scripturum te recepisti, dicaveris [20].

(Inscriptio :) Amiciss. in Christo viro Ulricho Zuinglio, Tigurino Episcopo.

126

ÉRASME DE ROTTERDAM à Antoine Brugnare[1], à Montbéliard.
De Bâle, 27 octobre 1524.

Erasmi Epistolæ. Éd. Le Clerc, p. 822.

Sommaire. Jugement d'Érasme sur Farel. Récit de l'entrevue qui a eu lieu entre eux au sujet de leurs divergences d'opinion. *Animosité de Farel contre Érasme.*

Significas te quater ad me scripsisse: primam et ultimam epistolam accepi, duæ mediæ redditæ non sunt, quare noli scribere nisi per certissimos nuncios. Amplector animum in me tuum perlibenter. *Besontii* cum nemine mihi fuit odiosa contentio, neque quenquam sensi à me alienatum. Tristis abii ob valetudinem oppidò gravem, et tamen iste rumor huc perlatus mire exhilaravit quosdam valde *Lutheranos*[2]. *Quid isthic doceat Phallicus*[3], aut quid rerum gerat, *nescio.* Utinam hoc præstaret quod profitetur!

---

[20] Le livre de Zwingli *De vera et falsa religione* parut à Zurich en mars 1525. La dédicace est adressée à François I. Dans l'Avertissement au lecteur on lit : « *Promiseram* ante annum ferme *multis trans alpes, doctis, piisque hominibus, quorum nonnulli multa mecum* de plerisque fidei rebus *coràm contulerant,* meam de Religione Christiana sententiam latine scripturum.... Cùm ergo liberet de religione christiana *cum doctissimis Galliarum viris commentari* nec tamen daretur, commentarium mittere statutum est.... »

[1] Nous ignorons quelles étaient les fonctions que remplissait à Montbéliard *Antoine Brugnare.* On voit par les lettres qu'il écrivit en 1531 et 1539 au jurisconsulte Boniface Amerbach, qu'à cette dernière époque il professait les belles-lettres à l'université de Dôle.

[2] Voyez la lettre d'Érasme du 29 décembre 1524 à l'Official de Besançon (Erasmi Epp. éd. cit. p. 843).

[3] *Guillaume Farel,* dont il disait, le 10 décembre suivant: «*Phallicus* in monte Bellicardi regnat pro sua libidine. » (Lettre au médecin Henri Stromer. Le Clerc, p. 834.)

Profitetur enim Evangelium, at ego nunquam vidi hominem confidentius arrogantem, aut rabiosius maledicum, aut impudentius mendacem: breviter talem comperi, ut cum talibus nec amicitiam habere velim nec inimicitiam. *Nec ipsi Lutherani ferre potuerunt hominis insatiabilem petulantiam.* Sæpe objurgatus est ab Œcolampadio⁴, etiam literis⁵, sæpe à Pelicano⁶, sed nihil profectum est, tanta morbi vis.

Cum illo nunquam disputavi, sed diremi disputationem qua cum aliis quibusdam altercabatur. Volebam enim cum illo expostulare *cur me vocasset Balaam*, quod dictum à *Bleto* quodam, negociatore, jactum in me, sic arrisit *Phallico*, ut me passim appellaret *Balaam*⁷, cum mihi nullus adhuc teruncium potuerit obtrudere hoc titulo ut scriberem in *Lutherum*. Proinde discere volebam, quid homini in mentem venisset, ut hoc nomine me dignum judicasset. Nam cætera convicia quæ *quotidie* in me deblaterabat neglexeram. Vix decem verbis velitati sumus. Rogabam quare censeret Sanctos non invocandos, an quia non expressum esset in sacris Literis? Annuit. Jubebam ut demonstraret evidenter per sacras Literas Spiritum Sanctum invocandum. — « Si Deus est, inquit, invocandus est. » — Urgebam ut demonstraret è sacris Literis, semel atque iterum testatus me disputandi gratiâ loqui, cum hîc plane de re conveniret: siquidem hoc tantùm agebam, ut illius enthymema refellerem, quo conabatur evincere, ideo non invocandos Divos, quod hoc è sacris libris doceri non posset. Protulit locum ex epistola Joannis: « Et hi tres unum sunt. » Respondi, eum locum non sentire de eadem natura, sed de consensu testimonii, et quod additum est de sanguine, aqua et spiritu, non patitur aliam interpretationem. Præterea pars illa de Patre, Verbo et Spiritu, in vetustis codicibus olim non habebatur⁸, nec citatur ab

---

⁴⁻⁵ On lit dans une lettre d'Érasme: « Œcolampadius, cujus mensa tum utebatur [*Pharellus*], non semel objurgavit hominem, quòd obtrectandi nullum faceret finem, testatus se non posse ferre in convivio tam amarulentas obtrectationes. Id mihi narravit qui in eadem mensa accumbebat, vir integritatis rarissimæ. » Serait-ce *Pierre Toussain?* Celui-ci aurait-il communiqué à Érasme le contenu des lettres d'Œcolampade à Farel (Nᵒˢ 111 et 115), de même qu'il informait Farel du contenu des lettres d'Érasme (Nᵒ 121)? (Voyez Erasmi Epp. ed. Lond., p. 2128.)

⁶ Les lettres de Le Fèvre et de Coct (Nᵒˢ 103 et 120) montrent qu'il existait des relations d'amitié entre Pellicanus et Farel.

⁷ Voyez le Nᵒ 123, note 8.

⁸ L'absence de ce passage dans les vieux manuscrits n'a pas empêché

his qui maxime pugnant adversus Arianos, puta Athanasio, Cyrillo et Hilario. Mox omissa disputatione, nam imminebat nox, expostulavi cum eo abiens, sed paucis.

Hac de re scripsit ad amicos suos mire gloriosas epistolas, quarum una ad me transmissa est à Constantia [9]. In hac aliquando sunt decem versus in quibus nec una syllaba vera est. Non potuit ille probare Spiritum Sanctum dici Deum, quod tamen ex Paulo probari potest, et tamen si probasset, non vicisset me. Nec enim meum est dogma Sanctos invocandos esse [10], quanquam ineptiunt qui rem à primordiis Ecclesiæ traditam [11], et suapte natura piam, tragœdiis exagitant. Quòd si mihi tum notus fuisset qualis experimento compertus est, nunquam dignatus fuissem illum alloquio, et si casu fuissem obvius, deflexissem. Sunt enim quidam adeò sinistri, ut vel occurrisse sit infelicitatis pars. Unde metuo ne *vestræ civitati* magnum aliquod immineat malum, posteaquam istuc devolavit avis tam inauspicata. Feliciter fugit è sua *Gallia*, verùm *hic reliquit librum insigniter scurrilem* [12], *non apposito quidem suo nomine, sed nemo non clamat Phallicum esse. Scripsit*, ut aiunt, *alterum gallicè in me* [13], qui latitat inter manus conjuratorum. *Magistratus Basiliensis observat, si possit deprehendere Typographum* [14]. Hæc jactitavit *Lugduni Lothoringius quidam*, sculptor imaginum [15]. Idem detulit *aliquot Phallici apophthegmata*, quorum alterum erat: « *Uxorem Frobenii* [16] plus tenere theologiæ quàm *Erasmum*, » alterum : « Malim, inquit *Phallicus*, indies mori cum martyribus, quàm non nocere famæ *Erasmi* ubicunque potuero. »

Érasme de l'introduire dans sa troisième édition du N. T., après l'avoir omis dans les deux premières.

[9] Voyez le N° 121, note 9.

[10] Érasme a plus d'une fois exprimé son opinion sur l'abus de l'invocation des Saints. (Voyez entre autres son « Enchiridion militis christiani, » ch. VIII, et sa lettre du 13 août 1529 à Jean de Botzheim. Le Clerc, p. 1227.)

[11] Cette pratique remonte au commencement du quatrième siècle.

[12] Le livre de Farel mentionné ici parait être celui dont Érasme parlait à Mélanchthon (N° 123) et qui était dirigé contre le Pape et les docteurs de Sorbonne.

[13] C'est peut-être le pamphlet qu'Érasme accusait Farel de préparer contre lui (N° 121, note 10).

[14] Le Sénat de Bâle s'était engagé à interdire la publication des libelles dirigés contre Érasme (Voyez le N° 121, note 12). Nous ne savons pas si le livre en question a été réellement publié.

[15] Voyez le N° 108, note 4.

[16] Veut-il parler de *Gertrude Lachner*, femme de Jean Froben, ou de *Anna Lachner* que Jérôme Froben, fils de Jean, avait épousée le 7 janvier 1524?

Phallico facilè fiam magnus theologus, si passim infulsero Pontificem esse antichristum, constitutiones humanas esse hæreticas, cæremonias esse abominationes. aliaque hujus generis.

Hunc stomachum in me concepit, quòd in *Spongia*[17] dubitem de *Lutheri* spiritu : præterea, quòd scripserim, quosdam sordidos et impuræ vitæ se jactitare nomine Evangelii ; deinde, quòd *Adriano* promiserim consilium[18], quo sic extinguatur *incendium Lutheranum* ne facilè reaccendatur. *Phallicus interpretatur me velle extinguere Evangelium*; at ego sentiebam de rescindendis hujus mali fontibus, et hac de re scripsi nonnihil *Adriano*[19], et item *Clementi*[20] et *Cardinali Campegio*[21] et *Cæsari*[22] : sed ut video, illi malunt vulgaribus uti remediis, manicis ac fasciculis.

Res indies serpit latius. Quis sit exitus futurus viderit Deus : ego principes quod potui semper à sævicia cohercui, excepta seditione. *Nec Evangelium est quicquid isti docent, et docendi modus nonnunquam seditionem movet*, non Evangelium. Ego faveo Evangelio, sed isti Evangelio non adjungar, nisi videro alios Evangelistas, aliumque populum, quàm adhuc video. Provolant *libelli famosi sine titulis*, et istos mire probat *Phallicus*[23]. et applaudunt cæteri quoque, quasi mendaciis et flagitiis defensandum sit Evangelium, quasique huc valeat Evangelium, ut hujus prætextu peccemus impune. Post invadent scrinia nostra et dicent : « Sic Ægyptios spoliaverunt Israëlitæ, » et post facinus invenient novum dogma. *Si Lutherus nosset Phallicum*[24], non dubito quin in eum stricturus sit stilum. Et hi sunt qui nobis jactitant spiritum evangelicum ! Equidem quid Christus sibi velit nescio : cæterùm, ut commodissime

---

[17] En réponse au libelle de Hutten dont nous avons cité le titre (N° 103, note 30), Érasme avait publié à Bâle, au mois d'août 1523, un livre intitulé : « *Spongia Erasmi Roterod. adversus aspergines Hutteni.* » La seconde édition de cet ouvrage parut déjà en octobre ou en novembre, même année.

[18] Voyez le N° 123, note 9.

[19] Voyez la lettre d'Érasme au pape Adrien VI écrite en mars ou en avril 1523 (Le Clerc, p. 745-748).

[20] Lettre du 13 février 1524 (Le Clerc, p. 783). C'est là qu'Érasme disait au Pape : « *Ego semper me meaque omnia submisi judicio Romanæ Ecclesiæ*, non repugnaturus, etiam si iniquam de me ferat sententiam. »

[21] Lettre datée de Louvain, 6 décembre 1520 (Le Clerc, p. 594-601).

[22] Cette lettre à l'empereur Charles-Quint ne se trouve pas dans la collection des Lettres d'Érasme.

[23] Voyez le N° 123, note 6.

[24] On peut conclure de ce passage, que *Farel* n'avait pas réalisé son projet de se rendre auprès de *Luther* (V. le N° 101, note 5).

interpreter, suspicor hoc esse consilium illius, ut *sacerdotes hujus mundi commodis ebrios*, atque his altum indormientes, per talia portenta cogat expergisci. At tamen quicquid hactenus in me blateravit *Phallicus* non minus vane quam virulente, facile condonabitur hominis morbo, modò posthac sumat mores Evangelii præcone dignos.....

127

FAREL ET GAYLING[1] au Duc de Wurtemberg, à Montbéliard.
De Montbéliard, 11 novembre 1524.

Sattler. Geschichte des Herzogthums Württemberg unter der Regierung der Herzoge. Theil II. Beylag, n° 105 b.

(TRADUIT DE L'ALLEMAND.)

SOMMAIRE. Un *marchand d'indulgences* ayant fait annoncer son arrivée pour dimanche prochain, et le Conseil de la ville refusant d'intervenir, nous demandons à V. A. de l'inviter à prouver d'abord par l'Écriture sainte la légitimité de son trafic.

Que la grâce et la paix vous soient données par Dieu, le Père, et Christ, notre Sauveur ! Nous souhaitons à Votre Altesse de confesser la foi chrétienne.

Très-noble Prince !

Il y a longtemps, comme l'ont prédit Pierre et Paul, que l'abominable Antechrist, le fils de perdition, comme l'appelle Paul, s'agite avec ses fauteurs et partisans, en prenant les beaux dehors d'un ange, pour dévaster la terre entière et engloutir les corps et les âmes : ce que le scélérat a effectué en partie, grâce à l'appui du pouvoir civil qu'il est parvenu à aveugler. Tout le monde, nous n'en doutons pas, et Votre Altesse très-particulièrement sait avec quelle habileté il nous a détournés de la foi. Il a ravi à Dieu l'honneur qui lui est dû ; il a dévoré les maisons des veuves ; il a même pillé et ravagé *l'Allemagne* entière. Aussi les Princes et les Villes de la nation allemande qui sont encore hostiles à l'Évangile (je ne parle pas des fidèles), commencent à s'armer du glaive que Dieu

---

[1] Voyez le N° 115, note 7.

leur a confié, et ne peuvent ni ne veulent plus souffrir de tels blasphèmes et de tels pillages publics ².

Un de ces fripons et de ces brigands est venu prêcher à *Montbéliard*, et il se propose, sous l'invocation de saint Antoine, de plumer dimanche prochain³ les pauvres sujets de Votre Altesse ; déjà il a fait publiquement proclamer en chaire par un chartreux de cette ville sa prochaine apparition. Là-dessus nous avons, comme vos fidèles sujets, sollicité *le Conseil de Montbéliard* de s'opposer à ces blasphèmes et à ces voleries. *Farel*, en particulier, a raconté tous les méfaits déjà commis par de tels fripons, et il a fait voir, que tant que celui-ci, ou tout autre, continuera *ce trafic* [d'indulgences], il fera *l'œuvre d'un meurtrier des âmes*, d'un voleur public, qui frustre Dieu de l'honneur qui lui est dû et le pauvre de la sueur de son travail. Nous nous sommes, en conséquence, efforcés d'encourager le dit Conseil à prévenir un tel malheur, nous offrant nous-mêmes (et très-spécialement *Farel*), dans le cas où nous ne prouverions pas notre dire, à livrer notre corps et notre vie aux châtiments les plus sévères qu'il plairait au tribunal de prononcer⁴. Mais en face de ce drôle leur glaive est resté rouillé dans le fourreau et on ne l'en fera pas sortir, car on n'a que trop de raison de craindre qu'ils ne soient de ceux dont parle Ésaïe, quand il dit dans son premier chapitre : « Tes princes

² Voyez Jean de Muller, op. cit. X, p. 155—159, et le plan de réforme proposé par les catholiques suisses. (Ibid. 355. — Ruchat, I, 196. — Hottinger. Vie de Zwingli, p. 242—251.)

³ Le 13 novembre. Il y venait sans doute pour proclamer *le Jubilé* accordé par Clément VII. Voyez le N° 128, note 21.

⁴ *François Lambert* faisait la même proposition dans les lettres qu'il écrivait au Conseil de la ville de Metz, après son arrivée à Strasbourg. Voyez Les Chroniques de la ville de Metz, publiées par Huguenin. Metz 1838, p. 809.

« Durant ces jours *celluy docteur luthérien*, duquel j'ay par ce-devant parlé, qui avoit esté en *Mets* et se tenoit à *Strasbourg*, journellement rescripvoit epistoles et lettres à Messeigneurs de la cité et à plusieurs aultres, contenant que si on vouloit lui donner seur saulf-conduict et asseurance, il viendroit prescher et discuter en *Mets*, en l'encontre de tous les clercs : et *s'il estoit trouvé qu'il eust tort, il vouloit estre bruslé avec ses livres*, et s'il pouvoit mestre à bais et faire reus iceulx clercs et religieulx, il vouloit qu'ilz n'eussent mal ne grief : et s'il ne plaisoit qu'il vinst à *Mets* et il plaisoit aus dits de *Mets* d'aller à *Strasbourg*, il leur feroit trouver seur saulf-conduict, port et passaige, et de cela présentoit bon ostaige. Encor mettoit en ses lettres et escripvoit ausdits clercs, que si l'on faisoit mourir *le dit frère Augustin* ne celluy qui estoit en cour l'évesque, il les tenoit pour Saincts et Martyrs. »

sont les compagnons des larrons, etc. » Aussi nous ont-ils répondu que ce n'est pas à eux, mais à Votre Altesse qu'il appartient d'intervenir. Puisqu'ils ne veulent donc menacer l'ennemi que du pommeau et non de la pointe de l'épée, nous vous supplions humblement, très-excellent prince, de prendre en considération l'honneur de Christ et le salut de vos pauvres sujets, et d'employer le glaive que Dieu vous a confié, pour que cet individu ne soit pas reçu dans *Montbéliard;* car, s'il y était toléré, on verrait aussitôt s'élever un funeste tumulte, dont on peut déjà entrevoir les premiers symptômes.

Mais, afin que personne ne puisse, au nom de la Parole de Dieu, adresser à Votre Altesse ou à nous le reproche d'avoir fait violence à cet individu et de l'avoir expulsé sans l'entendre, nous consentons bien (si tel est le bon plaisir de V. A.) à le laisser entrer avec *sa marchandise,* mais à condition qu'il ne prêche ou ne débite qu'après avoir auparavant prouvé qu'il tient de la Parole de Dieu le droit et le pouvoir de le faire, etc. Nous espérons que V. A. accueillera notre requête en chrétien et d'une manière digne de Christ, et qu'elle fera connaître ses ordres au traficant avant dimanche prochain.

Nous recommandons au Seigneur l'âme et la personne de Votre Altesse. Écrit à la hâte à Montbéliard, Vendredi après Othmar, l'an 24.

De Christ et de V. A. les dévoués sujets
GUILLAUME FAREL et JEAN GEYLING.

128

ANÉMOND DU CHASTELARD [1] à Farel, à Montbéliard.
De Bâle, 18 novembre 1524.

Inédite. Autographe. Bibl. des pasteurs de Neuchâtel.

SOMMAIRE. J'ai montré à Pellican *votre lettre,* qu'il approuve, et je fais quelques recherches pour trouver les livres [que vous m'avez indiqués]. On vient de publier

---

[1] C'est le nom seigneurial d'Anémond de Coct (Voyez le N° 66, note 2). Christophe Fabry, collègue de Farel, s'est trompé en écrivant au revers du manuscrit: « Antoine du Chastelard. »

[à Paris] une *nouvelle édition du N. T. de Le Fèvre. Conrad Resch* le fera réimprimer à *Bâle*. J'ai parlé à celui-ci de l'impression de *vos livres français*. Je vous envoie la *publication du grand Jubilé*.

Grâce et paix avec acroissement de foy en JÉSUS ! Amen.

Pélican[2] a veu *l'épistre*[3], et luy plaist grandement. J'ay défendu ce que avez bien faict, offrant sur ce ma vie. A *Valsuet*[4] on a osté tous les ymages. J'ay veu aulcun exemple de la *Bible Latine* imprimée par columnes [l. colonnes] qui à présent se faict à *Wittemberg*[5], et *le livre de Job* et *le Psaultier* en alemand[6]. Je n'ay point trové de *Catachesis*[7], mais je vous envoye *De modo arandi* [l. orandi][8] avec aulcuns escripz de *Pélican*, lesquelz le dit a au *Roterdam*[9] monstré. Je vous prie que le dit livre soit bien gardé, et quant tout l'aurez veu et leu, voire bien à loysir, le pourrez envoyer au dit *Pélican*, car tout est sien, ainsi que pourrez veoir.

[2] Voyez le N° 126, note 6.

[3] Il est probablement question d'une lettre dans laquelle *Farel* se justifiait d'avoir administré les sacrements à *Montbéliard*, bien qu'il n'eût pas reçu les ordres. *Gayling* devant être congédié prochainement (V. le N° 129, note 2), *Farel*, qui restait le seul prédicateur évangélique, s'était vu contraint d'exercer lui-même toutes les fonctions pastorales. Voyez le N° 83, note 2, à la fin, et la lettre d'Œcolampade à Zwingli du 21 novembre 1524 : « *Excusat se Farellus* coactum se ad sacramentorum administrationem accessisse; proinde mihi satisfecit. Si vobiscum patronus ejus [scil. Dux Wurtembergensis] agit, per internuncium quæ ad excusationem illius faciant fac resciscat. » (Zuinglii Opp. VII, 369.)

[4] *Waldshut*, ville de Souabe, située sur le Rhin. C'est là que s'étaient tenus les premiers conciliabules entre l'anabaptiste Münzer et les Suisses qu'il avait gagnés à ses idées. (Voyez Jean de Muller, éd. cit. t. X, 279.) Érasme écrivait à Henri Stromer, le 10 décembre 1524 : « Scis *Tigurinos* omnes Divos ejecisse è templis; *Walshutenses*, etiam è vitreis fenestris privatarum ædium.» (Le Clerc, p. 834.)

[5] Nous ne connaissons pas de *Bible latine imprimée à Wittemberg* en 1524. La révision de la Vulgate par *Luther* parut en 1529, sous le titre suivant: « Pentateuchus. Liber Josue. Liber Judicum. Libri Regum. Novum Testamentum. Wittembergæ, N. Schirlentz, 1529. » In-folio. (Voyez Græsse. Nouv. Dict. bibliographique. Dresde, 1859, t. I.)

[6] C'était la 3ᵐᵉ partie de l'Ancien Testament de Luther, qui avait paru à Wittemberg peu de temps auparavant et qu'Adam Petri venait de réimprimer à Bâle.

[7] Veut-il parler de l'ouvrage de *Lonicerus* dont nous avons cité le titre, N° 98, note 4?

[8] Ce ne peut être l'ouvrage d'Érasme qui parut sous ce titre en 1525.

[9] Érasme de Rotterdam.

J'ay veu oujourduy cheux *Conrad*[10] ung *Noveau Testament* achevé de inprimer le xij⁰ de Octobre, *en françoys*, corrigé par *Stapulensis*[11]. Le dit *Conrad* le fera réimprimer en plusieurs exemplaires[12]; car je ne doubte pas, comme luy ay dit, que très-grand nombre ne s'en despesche. *Je luy ay parlé des livres françois que avez, et semble estre bon que,* après ce que le Novel Testament sera inprimé, *ilz soyent inprimez*[13]. És choses que j'ay aporté donera ordre nostre frère *Michiel Bentin*[14]. Ne rescripvez à luy ne à aultre, fors par messagier bien seur. Si me escripvez, envoyez les lettres à *Pélican*, comme vous avoye dit. Je m'efforceray encores de vous trover une *Catachesis*. *Sébastien*[15] de Berne a laissé sa cucule[16] et est à *Chafuse*[17]. Deux Jacopins prescheurs s'en sont aléz[18].

Je salue en Jésus Christ Monsieur *le chevalier d'Esch*, la maison de mon hoste et toute l'esglise. Saluta verbis meis coadjutorem tuum in Christo *Joannem Gulingum*[19], mihi charissimum, cui etiam, quum vacabit, scripturus sum. Saluta nobiles et doctos in Christo quos nosti. Dominus tecum! De Basle, ce xviij⁰ de Novembre.

A. DU CHASTELAR.

[10] Resch.

[11] Cette édition du N. T. de Le Fèvre est vraisemblablement celle dont la 1ʳᵉ partie fut achevée d'imprimer [à Paris] le 7 octobre 1524. (Voyez Brunet, op. cit. 5ᵐᵉ édit. V, 747 et 748.)

[12] Voyez les détails que nous avons donnés, N° 119, note 11, sur le N. T. de Le Fèvre imprimé à Bâle en 1525.

[13] Les premiers ouvrages publiés par Farel sont presque tous inconnus. On a cependant quelques raisons de croire que la 1ʳᵉ édition du « Sommaire, et briève déclaration d'aucuns lieux fort nécessaires à ung chascun chrestien » (V. N° 107, note 4) parut vers cette époque.

[14] Voyez page 282.

[15] *Sébastien Meyer* (appelé aussi *Meyger* ou *Maior*), né vers 1465 à Neuenburg, entre Bâle et Brisach. Professeur de théologie et prédicateur chez les Franciscains à Berne dès l'an 1518, il fut exilé de cette ville, le 26 octobre 1524, malgré les instances d'une partie de son troupeau. Il se retira d'abord à Schaffhouse, puis à Bâle. (V. Bernerisches Mausoleum, I, 120 et 214. Jean de Muller, op. cit. t. X, p. 216 et 219.)

[16] C'est-à-dire son capuchon de Franciscain.

[17] Voyez la note 15. L'Évangile était alors prêché à Schaffhouse par Érasme Ritter, Sébastien Hofmeister et Séb. Hoffmann. (Jean de Muller, X, 225. J. C. Füsslin. Reyträge, I, 217, en note.)

[18] S'agit-il de Dominicains qui eussent quitté *Berne*, dont Coct vient de parler, ou *Bâle* d'où il écrit?

[19] Voyez le N° 115 note 7, et le N° 127.

(P. S.) Je vous envoye des *lettres de Paris* [20], lesquelles ay overtes. Je vous mande le grand Jubilé [21].

JUBILE.

129

LA DIÈTE DES CANTONS CATHOLIQUES au duc de Wurtemberg.

De Baden en Argovie, 16 décembre 1524.

Sattler. Op. cit. Theil II, Beylagen. n° 104 b.

SOMMAIRE. La Diète engage le Duc à renvoyer *le prêcheur luthérien Farel* qui est encore à *Montbéliard*, et à s'abstenir de toute tentative de prosélytisme sur territoire suisse.

A cette diète s'est présenté le député de notre gracieux seigneur de Wurtemberg, noble *Eberhart de Reischach* [1] auquel, après l'avoir entendu, nous avons fait la réponse suivante :

Notre gracieux seigneur *le Duc de Wurtemberg* [2] nous ayant

---

[20] Ces lettres sont perdues.

[21] « L'an 1524, le dimenche onziesme de décembre, fut *le grand pardon du Jubilé* que le pape Clément, septiesme de ce nom, donna et octroia tant en Italie qu'en France... Lequel pardon contenoit que le mercredy, vendredy et samedy d'après la publication, l'on debvoit jeusner les dictz trois jours, et... le dimenche d'après... on debvoit recepvoir le *Corpus Domini* après avoir esté confessé et dit ses patenostres ... Ce fut le plus beau pardon et plus dévotieux qui fut jamais octroyé. » (Journal d'un bourgeois de Paris, p. 210.) — Marguerite d'Angoulème écrivait de Lyon au maréchal de Montmorency, le 18 novembre (1524) : « Madame et la compaignie est ce soir descendue à Saint-Just, au logis de Sainct-Jehan, pour faire faire les processions, et dimanche prouchain recepvoir tous Nostre Seigneur, suivant *le jubilé ottroyé par le pape.* » (Génin. Lettres de Marguerite, 1841, p. 172.)

[1] *Éverard de Reischach*, bourgeois de Zurich. Il mourut avec son fils dans les rangs des Zuricois, à la bataille de Cappel (11 octobre 1531). (Voyez Jean de Muller, X, 112 et 470.)

[2] A l'instigation de l'archevêque de Besançon, la Diète avait écrit au duc Ulric le 8 novembre 1524, pour l'exhorter à expulser *Farel* et *Gayling*. (Recès des Diètes. Archives fédérales.)

adressé par écrit, lors d'une précédente diète à Lucerne, l'engagement formel de renvoyer *les deux prêcheurs qui sont dans la seigneurie de Montbéliard*[3], et d'extirper entièrement de celle-ci *la secte luthérienne*, mais se taisant complétement sur ce sujet dans le message qui vient de nous être transmis, nous avons exigé de son député une réponse ; et celui-ci nous a déclaré que *l'un des prêcheurs*[4] n'y était déjà plus, et qu'il était sûr que lorsque notre gracieux seigneur aurait appris de lui (comme il aurait soin de l'en fidèlement informer) le grand déplaisir que nous éprouvions de cette affaire, le dit gracieux seigneur chasserait également *l'autre prêcheur*.

Prenant en bonne part cette réponse, nous avons conçu l'espoir, que Son Altesse s'y conformerait et ratifierait l'engagement qu'a pris son député. Nous avons en outre invité ce dernier à informer S. A. que . . . : . . . s'il se produisait quelque tentative de troubler ou de soulever nos ressortissants, à propos de *la secte luthérienne* (ce dont toutefois nous ne pouvons soupçonner S. A.), nos magistrats se verraient contraints d'agir à cette occasion de telle sorte, que S. A. s'apercevrait, au grand regret de nos supérieurs, de leur sérieux déplaisir . . . . . En foi de quoi nous avons fait apposer aux présentes le sceau de . . . . . notre bailli à Baden. Fait le Vendredi après Ste. Luce, l'an xxiiij.

130

ANÉMOND DE COCT à Farel, à Montbéliard.
De Bâle, 17 décembre (1524).

Autographe. Bibl. des pasteurs de Neuchâtel. A. Crottet. Petite chronique protestante de France. Paris, 1846, in-8°. Appendice, n° 2.

SOMMAIRE. Nouvelles sur *l'évangélisation en France*. Règlement de compte avec Farel. Compliments pour ses amis de Montbéliard. *Différend sur la doctrine de l'eucha-*

[3] Voyez le N° 127.

[4] C'était *Gayling*, qui avait quitté Montbéliard dans le courant du mois de novembre (V. le N° suivant, au commencement).

ristie, provoqué par les écrits de *Carlstadt*. L'enseignement des *Strasbourgeois* doit servir de règle sur ce point.

Gullielmo Farello Annemundus Coctus.

Gratia, pax et augmentum fidei in Christo Jesu !

Quant *Gulingus*[1] passa icy, il ne me trova point : pource n'ay eu despuis que [je] vins aulcunes lettres de vous. Je ne sçay se *Pierre Verrier*[2] est venu. Toutes fois, *Valgris*[3] est venu, lequel dit que *Maigret* est prins à *Lion*[4]. Mais *Madame d'Alençon* y est : loué soit Dieu[5] ! *Sébiville* est deslivré[6] et preschera ce caresme à S. Paul à *Lion*, ainsi qu'il avoit piéça esté prié. Si *Pierre* est venu et a porté argent, prenez-le, et contez avec luy et le poyez. Néantmoins ne vendez pas le cheval, mais le retenez, car paravanture en auray afaire. Et si le dit *Pierre* me a porté des lettres, ovrés-les et en retenez le doble, et puis les me envoyez par le présent porteur. *Conrad* m'a baillé xx escuz des vostres, ainsi [je] vous doy en somme xxxvi escuz[7]. Escrivez-moy de toutes voz novelles, car desire fort d'en sçavoir. Je salue en Jésus-Christ monsieur le Chevalier *d'Esch*. A ce que je puis entendre, il ne sçauroit mieulx faire le proffit de l'Évangile que d'apointer avec sa partie amiablement, par bones gens qui soyent neutres. Il est venu *ung libraire de Metz*[8] icy, qui est bien son amy. Je salue en nostre Seigneur *mes hostes et hostesses* et tous noz frères en Jésus-Christ.

Je vous envoye des lettres de *OEcolampade*[9], lesquelles piéça avoit escript. Les *Tipographes* desquelz il parle sont deslivrez[10].

[1] Le Duc de Wurtemberg avait renvoyé *Gayling* de Montbéliard, à la sollicitation des cantons catholiques, ses alliés (Voyez le N° précédent).

[2] Nous n'avons pas de renseignements sur ce personnage.

[3] Voyez le N° 119. Vaugris revenait sans doute de Lyon (V. la p. 282).

[4] Voyez la lettre du 23 janvier 1525.

[5] Voyez le N° 128, note 21, à la fin.

[6] Voyez la lettre de Sébiville du 28 décembre 1524.

[7] Cette dette s'accrut encore de 14 écus, avant la mort de Coct. Voyez l'apostille de Farel à la fin du N° 120.

[8] Nous supposons que c'est le libraire *Jacques* * * *, partisan de l'Évangile. Agrippa écrivait, le 23 juin 1526, à Jean Roger Brennon, curé de Metz : « Salutabis … auriculas *Jacobi Librarii*, nam (quod audio) ipse *pro Lutheranismo* illas solas *Metis* reliquit, reliquus totus absens : attamen ob veterem consuetudinem, vel inauriculatum, salutari volo. » (V. le N° 112, note 6, et Agrippæ Opp. Pars II, 846.)

[9] Ces lettres sont perdues.

[10] Il est ici question des imprimeurs bâlois qui avaient publié quelques

S'il y aura amende ou mulcte. ne se sçait. Je loue Dieu de ce que *basis et radix abominationis revelata est* [11]. Escrivez-moy en françois avec lettre lisable. Je seroye paravanture d'opinion d'aller secrètement en *France*, par devers *Jacobus Faber, Arandius*, etc. Escrivez-m'en vostre adviz.

Summa rei Christianæ: « Johannes baptizavit aqua, vos autem baptizabimini Spiritu Sancto. » Hæc est nova creatura.

Je estudie le *Donat* [12], et *Aquinatis Thomæ concivem* μαστιγα [13]. cujus mihi hæc risum nuper moverunt carmina. Satyr. [1]5:

« Porrum et cepe nefas violare et frangere mensis.

« O sanctas gentes, quibus hæc nascuntur in hortis

« Numina ! » — Hæc *Juvenalis* in agris.

De Basle. ce samedy des Quatre-Temps (1524).

(P. S.) Evangelium *Bernæ* proficit [14]. Il y a oujourd'huy trois sepmaines que *in Tiguro* reliquiæ monachorum in haram unam rejectæ fuerunt : pour vray [15]. *Maigret* a presché à *Lion* maulgré

petits livres composés par *André Carlstadt* et relatifs à la sainte Cène. V. la lettre d'Érasme du 10 décembre 1524 à Henri Stromer: « *Carolstadius* hic fuit, sed vix Œcolampadio salutato. Edidit sex libellos. Duo qui excuderunt, *nudius tertius* conjecti sunt in carcerem, jussu magistratus, ob id potissimum quòd, ut audio, doceat *in Eucharistia* non esse verum corpus Domini. Hoc nemo fert. Indignantur laïci sibi eripi Deum suum, quasi nusquam sit Deus nisi sub illo signo. Docti commoventur verbis Scripturæ Sacræ et Ecclesiæ decretis. Hæc res excitabit nobis magnam tragœdiam... » (Le Clerc, 834).

[11] Il veut parler de la doctrine qui affirme la présence réelle de Jésus-Christ sous les deux espèces du pain et du vin dans la sainte Cène.

[12] *Donat*, grammairien du quatrième siècle.

[13] Le poëte *Juvénal*, natif, comme S. Thomas, d'Aquino dans la Terre de Labour. Le vrai texte du grand satirique est celui-ci:

« Porrum et cæpe nefas violare et frangere *morsu.* »

[14] Les documents contemporains ne fournissent pas de détails sur les progrès que l'Évangile fit à Berne depuis l'exil de Séb. Meyer (26 octobre 1524) jusqu'au commencement de l'année suivante. Le Conseil de Berne avait signé avec Fribourg, Glaris et Soleure la lettre du 11 novembre, par laquelle les cinq cantons catholiques appelaient le Valais à une coopération commune contre les innovations religieuses. Le 22 du même mois, il avait renouvelé une ordonnance qui recommandait la prédication du pur Évangile, tout en interdisant le mariage des prêtres, l'usage de la chair en carême et la vente des livres hérétiques. (Voyez Bernerisches Mausoleum, I, 378-382. — Ruchat, I, 197.)

[15] Légère inexactitude. Ce fut le samedi 3 décembre, que le Conseil de Zurich ordonna aux frères prêcheurs de vivre désormais avec les Augustins dans le couvent des Cordeliers. La translation des frères prêcheurs se fit le jour même. (Voyez J. C. Füsslin. Beyträge, Th. IV, 59.)

les prestres et moynes. *Arandius* presche à *Mascon*. Vale in Christo. Escripvez-moy bien ou long [l. au long]. Quotquot pientissimi sunt ac eruditissimi, sed et *Martinus Cellarius meus* [16], hoc in negocio Καρολστάδιω favent [17]. Hìc totus præceps cum squamis ruit Antichristus. At *tu interim doce ut Argentini*, in quorum epistola manum pinxi [18]. Summa, *quidquid est externum, caro est.* Nunquam in externis quievit spiritus meus. et in sensibilibus nulla unquam mihi diuturna tranquillitas [19].

(*Inscriptio:*) Fidelissimo Verbi Dei apud Montem Belligardum ministro Guilielmo Farello. suo in Christo majori.

[16] *Martin Borrhai* (en latin *Cellarius*), né à Stuttgart en 1499. Il avait fait ses études à Tubingue, à Heidelberg et à Wittemberg. C'est là sans doute qu'il se lia avec le chevalier Coct, car il ne vint à Bâle qu'après la mort de celui-ci.

[17] Érasme ne tarda pas à rectifier ce qu'il avait dit d'abord sur le mauvais accueil fait en *Suisse* à la doctrine de *Carlstadt.* Voyez sa lettre à Thomas Lupset du 3-5 octobre 1525, Le Clerc, p. 908: « *Is error tanta celeritate corripuit animos omnium*, ut ad naphtham flamma tardius transvolet. Eam persuasionem duobus libellis æditis confirmavit *Hulricus Zuinglius*; nuper etiam *Œcolampadius*, ædito libello tam operoso, tot machinis instructo, ut provinciam difficillimam tradiderit responsuris. »

[18] Allusion à une lettre des *pasteurs de Strasbourg* dans laquelle ils exposaient leurs vues sur l'Eucharistie. Comme nous ne possédons pas cette lettre, qui était probablement adressée à Œcolampade, nous citerons le passage d'un mémoire relatif à la sainte Cène qu'ils envoyèrent à Zwingli vers la même époque: « Jam loqui non debemus, nisi quæ credimus. Hujus autem *certi sumus, rem externam esse illum panem et calicem*, quicquid sit, *eoque per se nihil ad salutem facere*; memoriam autem Dominicæ mortis esse et salutarem et necessariam. Ideo nostros hortamur, ut in hunc usum panem Domini edant et calicem bibant, dissimulantes cetera. Hujus habemus certam fidem, quare et cum fiducia sic docemus; de reliquis fluctuamus, igitur silemus. » (Collection Simler, à la fin des pièces de l'an 1524.) — Il convient de rapprocher du susdit mémoire les paroles suivantes que *Wolfgang Capiton* adressait de Strasbourg à Ambroise Blaarer, le 17 décembre 1524: « *Carolstadius* nobis ecclesiam turbatam reddidit suis virulentis libellis. Quantâ impotentiâ proscindit *Lutherum!* O scelus, o flagitium!... *Cœnam dominicam* et Baptismum *mutabimus ad purissimum Verbum, idque brevi*. Reliqua Papistica omnia antiquata sunt; supersunt adhuc aliquæ statuæ quas propediem ejiciemus. » (Bibl. de la ville de St.-Gall. Epistolæ manuscriptæ, t. II, fol. 214.)

[19] Ces deux dernières phrases sont ajoutées au bas de la première page et dans la longueur de la marge.

131

PIERRE TOUSSAIN à Guillaume Farel, à Montbéliard.
De Bâle, 17 décembre (1524).

Autographe. Bibliothèque des pasteurs de Neuchâtel. Publiée en partie par Crottet, op. cit. Appendice, n° 1.

SOMMAIRE. Pour me distraire de ma maladie, je vous ai écrit une lettre sur le baptême et la sainte Cène que vous pouvez vous dispenser de lire. Engagez le chevalier d'Esch à terminer son procès, pour qu'il puisse retourner à Metz, et François Lambert à cesser l'envoi de ses intempestives correspondances et la publication de ses livres ridicules.

Très-chier frère. Nostre Seigneur vous doint sa grâce!
Dernièrement Monsieur le chevallier *Coct* vous vouloit envoyer ung homme expresse, pour vous fère sçavoir de noz nouvelles. Toutesfois pour auchunes raisons il a différé jusques à présent. Et pour ce que j'estoye malaide, je vous escripvis je ne scé quelles lettres que vous envoye présentement faisant mention *de baptismo et participatione mensæ Domini*, de quoy Monsieur *Coct* vous escript assez au loing [l. long][1]. Par quoy n'est jà de besoing que prenez la peyne de lire mes lettres, tantùm abest ut petam, ut mihi respondeas gravioribus et sanctioribus negotiis impeditus: et scripsi tum, non tam serio quàm ut fallerem tempus, quod erat ob egrotationem tediosissimum.

J'escrips à Monsieur nostre frère en Jésu-Christ, le Chevallier *d'Esch*. Je vous prie, pour l'honneur de Dieu, que tenez main qu'il treuve quelque appointement avecque son adverse partie, affin qu'il s'en retorne à *Mets*, là où les ennemys de Dieu se ellèvent journellement contre l'Évangille. Aussy escripvez à *François Lambert*, qu'il désiste d'escripre je ne scé quelles sottes lettres et livres qu'il escript à ceulx de *Mets* et aultres, au grant détriment de la Parrolle de Dieu[2]. Parturit, ut audio, *libellum de vocatione*

---

[1] Voyez le N° précédent. La lettre écrite par Toussain pendant sa maladie n'existe plus.

[2] Voyez le N° 127, note 4 et la lettre de Lambert du 15 août 1525 au Sénat de Besançon, où il dit en parlant des Messins: « Ex *Argentorato*... quantum potui *scriptis egi* ut eorum corda ad Dominum converterentur...

*sua per sortem*³, et nescio quæ alia ridicula. Item faciunt se vocari Apostolos, Evangelistas et Episcopos⁴, et je ne scé quelz aultres titres plus plain[s] d'arrogance que de science. Nostre frère le chevallier *Coctus* m'a promys qu'il luy en escripveroit bien égrement. *Jehan Va*[*u*]*gry* m'a dit que *Madamme d'Allençon* luy avoit fais dire *qu'il n'escripra plus ny au Roy ny à aultres*⁵. Dieu luy doint grâce de dire et escripre seulement ce qui est nécessaire aux povres âmes, et à vous sa paix!

A Basle hastivement, ce xvijᵉ de décembre (1524).

Vostre serviteur et frère en Jésu-Christ
P. TOUSSAIN.

(*Suscription:*) Guillelmo Farello Episcopi Bisuntini Montispelicardi Vicario, fratri in Christo cariss.

132

PIERRE DE SÉBIVILLE¹ au chevalier Coct, à Zurich.
De Grenoble, 28 décembre 1524.

Autographe. Bibliothèque des pasteurs de Neuchâtel. Crottet,
Op. cit. Appendice, n° 3.

SOMMAIRE. Les partisans de l'Évangile en France sont presque tous refroidis par la persécution. Défense de prêcher imposée à Sebiville. Il a failli être emprisonné.

Scripsi multa ad Senatum et multoties quidem, sed tam potuit in eos fex illa Antichristi... ut frustra omnia fecerim. »

³ « De Fidelium vocatione in regnum Christi, id est, Ecclesiam. De vocatione ad ministeria ejus, maxime ad Episcopatum. Item de vocatione Matthiæ per sortem ac similibus. » (Argentorati, anno 1525, apud Jo. Hervagium) in-8°. Un chapitre de cet ouvrage (le XXIIᵉ, réimprimé dans Schelhorn, op. cit, IV, 378—381) met en scène un évangéliste, qui, se voyant placé entre deux vocations également impérieuses, confie au sort la décision de ses anxiétés. Lambert nous informe ailleurs (N° 145) qu'il a raconté dans ce chapitre les circonstances qui le déterminèrent à se rendre en 1524 à Metz plutôt qu'à Strasbourg.

⁴ Ce n'était pas seulement Lambert qui donnait le nom d'*episcopi* aux pasteurs. Les lettres que nous publions fournissent quelques exemples d'un emploi identique de cette expression.

⁵ Nous avons vu p. 257 que Lambert avait écrit trois fois à François I (mai et août 1524).

¹ En dehors de l'épître de Zwingli du 13 décembre 1523 (N° 62) et de

Détails sur *Antoine Papillon, la duchesse d'Alençon, Michel [d'Arande] et Antoine Du B[l]et. Briçonnet* et *Le Fèvre* sont cités devant le parlement de Paris, pour avoir brûlé toutes les images dans l'évêché de Meaux.

Mon frère et amy, salut et paix en nostre sire Jésu-Christ !

Je ay receu tes lettrez et cellez de *Zinglius*, au quel je respons [2]. Tu doibz sçavoir que Sathan a estainct le fruit de l'Évangille en *France* pullulant, et mesmes à *Grenoble* ceulx desquelz plus tu espérois sont vacillans et remansi solus, et à moy a esté imposé silence de prescher sus peine de mort [3]. *Pour confabuler ensemble secrétement de l'Évangille nul ne dict rien, mais de en parler publicquement il n'y pend que le feu.* Les Thomistez ont voulu procéder contre moy par inquisition et caption de personne, et sy ne feust certains amys secretz, je estoie mys entre les mains des Pharisée[n]s [4]. Je ne dis pas que il ne aye merveilleusement grands zélateurs de l'Évangille, mais ilz sont en petit nombre.

Il en j[l. y] a eu deulx grans personnaiges à *Grenoble*, le temps du Roi estant à *Lyon* [5]. L'ung se appelle *Anthonius Pupilio* [6], le premier de France bien sachant l'Évangille, et en langue latine très-élégant. Il a translaté le traictié *de votis monasticis* [7] à *Ma-*

---

la présente lettre, on ne possède pas de détails sur P. de Sébiville. L'« *Index librorum prohibitorum* », publié à la suite du Concile de Trente, cite *Petrus Sebivila* dans le nombre des auteurs de la première classe ; mais aucune bibliographie n'indique les ouvrages qu'il a composés.

[2] Cette lettre de Zwingli et la réponse de Sébiville sont perdues.

[3] Il est permis de supposer que Sébiville n'observa pas cette défense et qu'il fut victime de la persécution. « Au dict an 1524 (1525 n. st.) en février fut bruslé *à Grenoble un cordelier qui tenoit le party de Luther*, et le fist brusler le grand commandeur de Viennoys... Et, depuis sa mort, le dict commandeur en eust affaire à justice, disant que combien que le dict cordelier eust bien mérité la mort, néanmoins il n'avoit pas tenue forme de justice ; et y eust *un aultre cordelier*, qui estoit son compaignon [F⁵ Lambert?] qui s'enfuit et s'en alla en Almaigne devers Luther. » (Journal d'un bourgeois de Paris, p. 227 et 228.)

[4] Voyez le N° 130, note 6.

[5] François I séjourna quelque temps à Lyon au mois d'août 1524. Il se rendit ensuite à Valence où la reine-mère l'avait devancé avec la cour, fit son entrée à Avignon, le 14 septembre, et alla rejoindre son armée du Midi, destinée à reconquérir le Milanais. (Voyez le Journal d'un bourgeois de Paris, p. 207 et 213—215.)

[6] Voyez le N° 125.

[7] Ouvrage de *Luther*, publié en 1521.

dame *d'Alençon*, seur du Roy, de quoy il a eu beaucoup d'affaires avecques cette vermine parrhisienne⁸. Toutefoiz la dicte dame l'a bien récompensé, car elle l'a fait maistre premier des Requestes du Daulphin⁹, et si est du grant conseil. *Il n'y a point aujourdui en France plus évangélicque que la Dame d'Alençon* Elle a ung docteur de *Paris* appelé maistre *Michel* Eleymosinarius [*d'Arande*], lequel ne presche devant elle que purement l'Évangille, et toutes aultres gens elle a débouté arrière. L'aultre est de *Lyon*, et se appelle Messire *Anthoine du Blet*¹⁰. Je croy que tu as eu nouvelles de luy scripto, car à luy je mande mes lettrez, et il les te a fait tenir.

Je te notifie que *l'évesque de Meaulx* en Brie, près *Paris*, cum *Jacobo Fabro Stapulensi*, depuis trois moys en visitant l'évesché, ont bruslé *actu* tous les imaiges, réservé le crucifix, et sont personnellement ajournés à *Paris*, à ce moys de Mars venant, pour respondre coram suprema curia et universitate erucarum parrhissien[sium], quare id factum est¹¹. *L'advocat du Roi, de Grenoble*¹², et multi alii (tuo cognato *Amedeo Galberto* excepto) non solum tepidi sed frigidi, etc. Se il te semble que je passe de delà, mihi consule, etc. Vale diu, et se tu n'entens de retourner au *Daulphiné*

---

⁸ Il n'existe pas de renseignements sur ces poursuites de la Sorbonne.

⁹ Le dauphin *François*, né à Amboise le 28 février 1518. Le roi l'avait emmené de Blois à Romorantin, au mois de juillet 1524, puis à Bourges, « pour commencer à luy faire voir le monde, » et de là sans doute à Lyon et à Valence (V. la note 5). Le jeune prince était-il accompagné de *Papilion*, son premier maître des requêtes? Nous ne pouvons l'affirmer, mais la présence de celui-ci à Lyon, en octobre et en décembre (V. le N° 133) s'explique suffisamment par le fait qu'il était membre du grand conseil (V. le N° 125, note 19).

¹⁰ Voyez le N° 125, note 2.

¹¹ Ce récit nous paraît fondé sur une rumeur populaire, qui avait pris naissance dans les accusations de luthéranisme dirigées contre Briçonnet. Il y eut sans doute à Meaux vers cette époque des actes d'hostilité contre le papisme; mais bien loin d'en être l'inspirateur, l'évêque se hâta de les réprouver (Voyez son mandement du 21 janvier 1525). Peut-on supposer d'ailleurs qu'un acte aussi exorbitant que la destruction des images accomplie dans tout un diocèse, et sur l'ordre d'un évêque, fût resté impuni pendant six mois et que l'histoire l'eût passé sous silence? Briçonnet ne fut point cité à comparaître devant le parlement pour le mois de mars 1525 ; ce fut le 3 octobre suivant, qu'il fut invité à se rendre à Paris pour conférer avec le président Charles Guilhart « d'aucunes choses concernant le fait de son diocèse. » (Voyez Toussaints Du Plessis, op. cit. I, 329, 331 et 332, II, 281.)

¹² Voyez le N° 68 (note 3), où F° Lambert parle d'un avocat du roi, zélé partisan de l'Évangile.

devant que l'Évangille se presche liberè, tu n'y seras jamais, nisi Dominus, etc. A Grenoble, ce jour des Innocens, xxviij de décembre 1524.

    Tuus in Christo catechuminus Petrus de Sebiville
      Minorita de septima secta.

(*Suscription :*) Equiti illi aurato Enemundo Coto, fratri suo in Domino Jesu dilectissimo, Tugurinæ *(sic),* apud Feliciss.

133

[FRANÇOIS LAMBERT à Henri-Cornelius Agrippa, à Lyon[1].]
De Strasbourg, 31 décembre (1524).

Agrippæ Opera. Éd. cit. Pars II. Lib. III. ep̃ 82ᵃ. p. 829.

Sommaire. *Papillon, en me saluant de votre part, m'a donné sur les progrès de l'Évangile à la cour et dans presque toute la France, des détails qui ont réjoui l'église de Strasbourg. Je bénis Dieu de ce que vous êtes toujours un ami de la vérité. Plût à Dieu que je puisse la prêcher en France! Je suis marié; j'ai un fils depuis peu de temps; les circonstances sont difficiles; aussi ai-je reçu avec reconnaissance les vingt écus au soleil que les frères de la cour m'ont envoyés. Toute notre église vous salue. Que fait-on à Genève? Est-ce qu'on y aime en effet la Parole de Dieu?*

Tametsi occupatissimus, volui tamen vel id tantillum scripti ad te dare, ne me tui arbitrareris oblitum. Denique eruditissimus *Papilio*[2] in suis literis, salutem ad me ex tuo nomine scripsit. Gavisa est vehementissime tota ecclesia sanctorum qui apud

---

[1] Quoique imprimée depuis trois siècles la présente lettre peut passer pour inédite. C'est en effet par erreur qu'elle porte en tête : « *Agrippa ad amicum.* » Nous la restituons à *François Lambert* en nous fondant sur les raisons suivantes : Le style et les idées ne rappellent nullement Agrippa, mais plutôt l'ancien moine d'Avignon. Agrippa n'habita Strasbourg ni en 1524 ni en 1525. Il n'était pas dans une position à vivre d'aumônes. Loin d'être nouvel époux il était remarié depuis plus de deux ans et il devint en juillet 1525 père d'un troisième fils. Enfin, originaire de Cologne, et parlant l'allemand dès sa naissance, comment se serait-il plaint de vivre hors de France et de ne pouvoir prêcher ou professer à Strasbourg dans sa langue maternelle?

[2] Il ressort de ce passage, que *Papilion* (Voyez Nº 125) était en relations d'amitié avec *Agrippa* et *Lambert*, et qu'il avait écrit à ce dernier pour lui donner des renseignements sur ce qui se passait à la cour.

nos sunt, audientes *fructum Verbi apud aulicos, itidem apud Galliam feré omnem*. Glorificamus quoque Dominum pro *Macrini* servi Dei constantia³. Scripsi multis de gloria Verbi apud vos, quæ non dubito tibi communia facta esse⁴. Benedico Dominum, quòd *semper idem es* nempe *veritatis amator*. Prosequere, namque ea ratione felicior es quàm reliquis omnibus ; nam quid simile veritati? *Utinam mihi liceret venire in Gallias, ne semper mutus essem !* Fiat voluntas Domini ! Langueo, fateor, quòd tamdiu taceam. Non dubito te scire me factum conjugem, et *librum meum de Conjugio* forsan vidisti⁵: donavit Christus nobis filium vicesimo nono Novembris; adhuc in puerperio est *soror mea*⁶; puer, *Isaac* nomine, sanus est. Ora, ut vivat in gloriam Dei, illumque docere possim, ut sit alienissimus ab Antichristo, et figmentis hominum !

Paupertatem multam sustinemus : nam omnia carissima, et obruor ego debitis multis : *fratres aulici, et forsan tu cum illis*, miserunt mihi aureos solares viginti ; nihil opportunius habui unquam. In omnibus benedictum nomen Domini, qui juvit nos, et potens est nos liberos facere à tam extrema paupertate ! Gratias ago omnibus, qui dederunt et juverunt paupertatem meam. Salutat *uxorcula mea* te, et simul salutamus *uxorem tuam*⁷ in Domino. Lætor, si prosperè apud te sint omnia. Salutat te tota ecclesia nostra per Christum, *Capito*⁸ maximè : et tibi ac omnibus fratribus fœlicia à Domino precamur. Suade pro me bona quibus potes, et qui possunt. Scribe *quid Gebennis agatur, an scilicet*

---

³ *Aimé Maigret* était revenu de Paris à Lyon, et, encouragé sans doute par la présence de Marguerite d'Angoulême, il y avait repris le cours de ses prédications hardies. (Voyez le N° 108, note 5, le N° 130 vers la fin, et la lettre du 23 janvier 1525.)

⁴ Voyez le N° 131, notes 2 et 5.

⁵ Voyez les Nᵒˢ 71 et 72, et le N° 112, note 2. La mention d'un livre *de Conjugio* a trompé les éditeurs des Œuvres d'Agrippa. Celui-ci ayant composé vers cette époque un traité *de Matrimonio*, ils lui ont attribué sans hésitation la présente lettre. (Voyez l'épître d'Agrippa du 7 mai 1526, adressée à Michel d'Arande.)

⁶ Il veut parler de *Christine*, sa femme (V. Nᵒˢ 71 et 72). Agrippa appelle habituellement la sienne « uxor mea. »

⁷ *Jane Louise Tissié* de Genève. Sa beauté et ses mérites ont été célébrés par *Hilaire Bertolph* dans une pièce de vers latins qu'on trouve dans les Œuvres d'Agrippa : Pars II, 1150.

⁸ *Wolfgang Fabricius Capiton*, l'ancien correspondant d'Agrippa (V. le N° 50).

*Verbum ament*⁹. Sit quandoque vicissim literarum consuetudo. Gratia et pax Domini nostri Jesu Christi cum spiritu tuo! Argentorati, ultimo Decembr. Anno 1525¹⁰ (1524).

134

MARTIN BUCER aux Frères dispersés en France.
De Strasbourg, 13 janvier 1525.

Enarrationes Lutheri in Epist. et Evangelia. Argentorati.
Jo. Hervag. 1525. in-8°.

SOMMAIRE. Le Père de miséricorde vous ayant enfin accordé en quelques lieux la pure *prédication de Christ*, votre compatriote *François Lambert* a voulu y contribuer de loin par ses livres. Plusieurs *ouvrages de Luther* ont été *traduits pour vous en latin*. A mon tour j'ai fait passer dans cette langue le premier volume de *l'Exposition des Épitres et des Évangiles*, qui vous rendra familière la doctrine du salut.

Martinus Bucerus¹, servus Domini nostri Jesu Christi, Evangelio initiatis fratribus dispersis per Gallias.

Gratia et pax à Deo patre et Domino nostro Jesu vobis augeatur! Summa cum laude et gratiarum actione Deum et patrem nostrum benedicimus, quod vobis quoque, non minus quàm nobis, Antichristi tyrannide pressis Evangeliique cognitione spoliatis, rursus Filium suum dignatur revelare. *Audimus* enim *passim excitari per Gallias qui Christum et luculenter et fortiter annuncient*. Ut verò hac

---

⁹ *Agrippa* ne pouvait avoir oublié F⁵ Lambert, qu'il avait accueilli à Genève au mois de juin 1522 et recommandé en qualité d'*amicus singularis* au professeur Cantiuncula (Lettre du 17 juin 1522. Agrippæ Opp. Pars, II, 791). *Lambert*, de son côté, conservait un bon souvenir de *Genève*, où il avait prêché l'Évangile (V. le N° 52), et peu de temps avant sa mort il écrivait à Martin Bucer : « Si apud *Helvetios* essem, amicis scriptis liceret commonefacere *Lausanensem Episcopum*, olim mei amantissimum, et *Lausanenses* ac *Gebennenses, quos olim docui.* Neque est quòd timeas *meum* (ut sic loquar) *impetum* : jam enim multa experientià didici. » (Lettre écrite de Marbourg, le 14 mars 1530.)

¹⁰ D'après notre manière de compter, cette lettre doit être datée de 1524. En Allemagne l'année commençait à Noël.

¹ *Martin Bucer*, le pasteur le plus influent de l'église de Strasbourg, est bien connu par les efforts persévérants qu'il déploya pour amener une conciliation entre les Luthériens et les Zwingliens.

vestra salute nihil nunciari potuit optabilius, ita obnixè clementiam patris nostri oramus, [ut] felicibus incrementis provehat quod cœpit tam misericorditer, ac si quid Ille donet hac in re nos sibi cooperari, nihil fuerit quod pari promptitudine dare effectum cupiamus. *In hoc* sane *habetis hic fidelissimè incumbentem : Franciscum Lambertum Avenionensem verè Theologum*, hoc est, verà Dei scientià ac pietate juxtà instructum, qui, æditis dudum commentariis in Cantica canticorum, Evangelion Lucæ et Oseam prophetam, præter alia multa, indubiè fidem vestram pulchrè promoverit, quando *solà Scripturarum explanatione datum est absentibus ad vestram salutem Deo cooperari* [2].

Jam hac in re, cum in confesso sit *Martinum Lutherum* plurimum valere, cœperunt quidam, quæ ille Germanicè scripsit, in latinam linguam vertere, nimirum ut et vobis ac aliarum linguarum hominibus possent esse usui [3], inter quos et ego nuper *Enarrationes in epistolas duas Petri et unam Judæ*, quas à docente populum pius quispiam auditor exceperat, qualicunque *latinitate donari* [4]; *nunc etiam utcunque verti primum tomum Enarrationum*, quas ipse scripsit in lectiones illas, quæ ex historiis evangelicis et epistolis Paulinis ferè, cùm cœna dominica, quam Missam vocant, celebratur, hactenus festis diebus consueverunt in conventibus ecclesiæ recitari. Opus frugis incomparabilis quibuscunque divina Scriptura nondum familiarior facta est. Munit enim ad hanc viam, quamlibet rudibus, ut

---

[2] Les théologiens de Strasbourg n'aimaient pas la fougue et la présomption de Lambert ; mais ils reconnaissaient, à l'exemple de Luther (V. le N° 80), que l'ex-Franciscain d'Avignon avait contribué à répandre la connaissance de l'Écriture sainte.

[3] *Anémond de Coct* s'était déjà occupé à Wittemberg de faire traduire pour les Français des *écrits de Luther* (V. le N° 87).

[4] Cette traduction latine du commentaire de Luther sur les Épitres de St. Pierre et de St. Jude avait paru à Strasbourg, chez J. Hervag, en juillet 1524. Cet ouvrage est précédé d'une Lettre de *Bucer* au Lecteur, datée du 4 juillet, et dans laquelle on remarque les passages suivants : « *Jo. Hervagius…. nuper, ubi accepisset quæ in duas D. Petri Epistolas et unam Iudæ… [Lutherus] populo suo lingua vernacula disseruit, contendit à me argumentis minime vulgaribus, ut ea latine redderem, quando id fratribus Gallis, apud quos felicibus admodum initiis gloria gliscit Evangelii, magno usui futurum, nullus possim inficiari. Equidem maluissem, alius, cui lingua latina familiarior est, id muneris obiisset. Sed dum nemo prodit, et pii non tam latina quàm vera requirunt,… passus sum exorari me à fratre, præsertim tam pia roganti, et qua potui, occupatissimus aliàs, latinitate hasce Enarrationes donavi…* »

pari cum fructu nullos omnino veterum commentarios legeris. Quid lex, quid evangelion, quid gratia, quid ira Dei, quid peccatum, quid fides, qui peccati et fidei fructus, id est, veram ac solidam theologiam, nemo unquam, cujus quidem commentarii exstent, tradidit felicius et explicavit planius. Idem confitebitur quicunque vel hunc primum tomum, qui in quatuor duntaxat epistolas et evangelia, quæ quatuor dominicis per adventum Domini (ut cum vulgo loquar) legi solent, enarrationes viri Dei continet, sincera diligentia perlegerit. Quem, donec et alios ædamus, legite bona fide et præsente animo; scio nobiscum, Deo patri nostro pro hoc munere ingentes gratias acturos. Pax Dei custodiat corda et sensus vestros in Christo Jesu, cujus cognitione donet cottidie crescere vos, donec in perfectum virum Illi omnes simul occurramus! Cui et nostras ecclesias sedulis precibus commendabitis. Argentorati. Idib. Januariis, Anno à Christi nato MDXXV.

135

GUILLAUME BRIÇONNET au Clergé de son Diocèse.
De Meaux, le 21 janvier 1525.

Guy Bretonneau. Hist. des Briçonnets, p. 175.

SOMMAIRE. Mandement contre les auteurs de divers actes anti-catholiques commis dans la ville de Meaux.

GUILLAUME, par la grâce de Dieu Évesque de Meaux, à tous Curez, Vicaires, etc. Salut.

Veu que la parole de Dieu nous apprend qu'il nous faut mesmes abstenir des choses bonnes et licites, quand l'usage en peut apporter du scandale au prochain, il ne faut point douter que celuy-là ne soit grandement éloigné de la loy de Dieu, qui commet et permet indifféremment toutes sortes de méchansetez, qui pourroient ébranler les consciences les plus solides. Or est-il qu'à notre extrême déplaisir, et la larme à l'œil, nous voyons que cela se practique de jour à autre, à la grande subversion de notre peuple, par personnes que nous ne doutons point de nommer *enfants de Sathan*; car ils se réjouissent en leurs méchansetez, et n'ayans jamais appris qu'à mal faire, ils sont *si effrontez que de vouloir imposer aux gens de bien les crimes dont ils sont seuls coulpables et convaincus*, d'autant plus aveuglez en cecy que, marchans en l'obscurité du vice, ils ne prennent pas garde que leurs ames sont plus noires et ténébreuses que les ténèbres mesmes; et s'ils pensent en faire croire aux hommes, si ne pourront-ils jamais tromper Dieu qui veoit au travers du masque de leurs feintises.

Or comme ainsi soit que la crainte d'offencer Dieu ayt beaucoup plus de poids à l'endroit des gens de bien que toutes les censures et les excommunications de ses Ministres, les impies et pervers, pour une autre fin, les méprisent et foulent aux pieds, à cause qu'ils renient et désavouent par leurs blasphèmes Dieu, qui est le prince et le chef de tous les ministres et officiers de son Église. De là vient qu'armez et animez de courroux à l'encontre des serviteurs, à cause de leur Maistre, ils se mocquent insolemment de tout ce qui leur est par eux enjoinct et commandé. Ce qui faict qu'après avoir employé la rigueur des peines ecclésiastiques contre certains qui auroient cy-devant, *par leurs damnables écrits* et impostures, *griefvement offensé notre Sainct-Père*, sans avoir peu jamais amollir le cœur de personne par nos censures, ny découvrir *l'autheur d'un crime tant détestable*[1], à grand'peine pouvons-nous espérer qu'elles

---

[1] Voyez Toussaints Du Plessis, op. cit. I, 329 : « Vers ce même temps [décembre 1524] le pape Clément VII publia des indulgences, et ordonna dans toute l'Église un jeûne de trois jours, outre les prières et la participation des sacremens, pour obtenir de Dieu la paix entre les Princes chrétiens; et *Guill. Briçonnet* fit afficher *la Bulle du St. Père* aux portes de l'église cathédrale et dans les principaux quartiers de la ville.... Il se trouva des personnes assez hardies... pour enlever les affiches, pour les déchirer à la vue du peuple, et pour en placarder d'autres toutes contraires... [où] l'on ne rougit pas d'avancer *que le Pape étoit le véritable Antechrist*. Briçonnet fit publier des monitoires, le 25 Décembre suivant, pour découvrir les auteurs du scandale; mais personne ne vint à révélation. Bien plus, *au mois de Janvier suivant*, les Hérétiques poussèrent leur audace jusqu'à déchirer à coups de couteau... diverses formules de prières que l'on avoit appliquées dans l'église cathédrale... pour la commodité des fidèles... Ceux qui avoient arraché la Bulle du Pape tombèrent enfin entre les mains de la Justice, et par arrêt du Parlement, ils furent condamnez à être fouettez publiquement à *Paris* trois jours de suite par la main du bourreau. De là on les renvoia à *Meaux*, où ils furent de nouveau fustigez, puis marquez d'un fer chaud, et chassez avec indignation hors des frontières du Roiaume. » — L'un de ces malheureux était le cardeur de laine *Jean le Clerc*. (Voyez T. de Bèze. Hist. ecclés. I, 6, et Crespin, op. cit. fol. 85 b. Ces deux auteurs placent l'arrestation de le Clerc en 1523; il est évident qu'elle eut lieu deux ans plus tard.)

ayent quelque poids en choses qui pourroient estre de moindre considération que celle-là.

Ne voulans pas pourtant nous départir le moins du monde de ce qui est de notre devoir pastoral, — ayant à notre grand regret entendu que quelques-uns, qui vrayement sont enfans de perdition et membres de Sathan, nuictamment ou à l'aube du jour, ont à poincte de canif *découpé et mis en pièces certaines oraisons, composées en l'honneur et louange de la très-sacrée Vierge et autres Saincts*, et attachées à de petits tableaux en divers endroicts de notre église de Meaulx, violant par ce forfait exécrable les lieux sacréz, et portant leurs mains sacriléges sur les tableaux consacréz au Tout-Puissant et à son temple, en intention de le scandalizer et braver, Luy, sa glorieuse Mère et ses Saincts[2], bien qu'ils soient incapables d'injure et d'infamie. — et partant, par la teneur de ces présentes, nous vous mandons et enjoignons étroitement, à vous tous qui serez sur ce requis, que publiquement et à la veue de tout le peuple, vous admonestiez soigneusement de notre part et à haute voix, aux prosnes de vos messes parochiales, ces misérables enfans d'ire et de perdition, avec leurs complices et tous autres qui en sçauront ou en auront appris quelque chose, et toutefois ne vouldront pas le révéler, tous lesquels nous admonestons de la sorte par ces présentes, que *si dedans six jours* (pour tout délay) après la publication d'icelles, *ils ne viennent à révélation* vers notre promoteur, — les six jours expiréz, *nous les excommunions* dès à présent comme pour lors, et les déclarons pour excommuniéz par cette Bulle, laquelle sentence d'excommunication nous aggravons, si après en avoir ouy la lecture ils demeuroient six autres jours sans acquiescer à notre Mandement. Que si, mesmes ces douze jours écouléz, endurcis de cœur et d'esprit, ils demeuroient encore six autres jours en leur damnable opiniastreté, sans se soucier des dictes sentences d'excommunication et aggravation (ce que je prie la divine bonté de ne permettre) — nous les réaggravons par la teneur des mesmes Bulles, et, de notre authorité, vous mandons et commandons que vous les dénonciez pour tels, toutes les festes et Dimanches, publiquement et à la veue de tout le monde, les cloches sonnantes, et les chandelles allumées, puis éteinctes et jectées contre terre, *en signe d'éternelle malédiction*.

[2] Le prélat qui voue plus loin à « une éternelle malédiction » ceux qui ne se repentiraient pas d'avoir commis « ce forfait exécrable » n'a pu ordonner

Donné à Meaux sous le sceau de nos armes, le vingt et unième Janvier, l'an de nostre Seigneur mil cinq cents vingt et quatre (1525. nouv. style).

156

LE CONSEIL DE L'ARCHEVÊQUE DE LYON à Noël Beda [1].
De Lyon, 23 janvier (1525).

Copie contemporaine. Bibl. Impér. manuscrits lat. n° 3381 B, fol. 5.
D'Argentré. Collectio Judiciorum, t. II, p. 9.

SOMMAIRE. *Aimé Maigret*, emprisonné à *Lyon* à cause de ses prédications « hérétiques, » est envoyé à *Paris* pour être examiné par la Faculté de Théologie. On attend de *la Sorbonne* un jugement sévère.

Monsieur nostre maistre, à vostre bonne grâce nous recommandons. Monsieur, nous croyons que estes bien adverty, et pareillement Messieurs de la Faculté, de la prinse et détention de frère *Aymé Maigret* [2], par ordonnance de *Madame* [3] et de Mons.' le Chancelier [4], à cause de plusieurs propositions héréticques, erronées et scandaleuses, procédans de ceste secte luthérienne, preschées par le dit *Maigret* tant en ceste ville que à *Grenoble* [5].

la destruction de toutes les images dans son diocèse. (V. l'étrange récit de Sébiville, N° 132, note 10.)

[1] On lit en tète de la copie que nous suivons: « Lectres envoyées au Syndic de la Faculté, nostre maistre *Beda*, contre *Maigret* » Voyez sur Beda le N° 38, note 5, et le N° 43, note 10.

[2] Voyez le N° 97, note 9 et le N° 130, note 4.

[3] *Louise de Savoie*, régente du royaume (V. la note 10).

[4] *Antoine Du Prat*.

[5] V. dans l'ouvrage de d'Argentré, t. II, 12-17, les propositions extraites des sermons que *Maigret* avait prononcés à *Lyon* pendant le Carême de 1524, et à *Grenoble*, le 25 avril. Ce jour-là, il avait prêché devant le peuple en français, et devant le Parlement en latin. Il publia bientôt après ces deux discours. Entre autres propositions de Maigret incriminées dans la *censure de la Sorbonne* (9 mars 1525) on trouve celles-ci:

« Entre nous Prescheurs et Docteurs académiques manifestement mettons la charrue devant les bœufs, nos œuvres préférons à la grâce de Dieu et contredisons à nous mesmes, conjoignans ensemble grâce et dette, mérite

Le *procès inquisitionnal* a esté commancé contre le dit *Maigret* par certains bons personnages qui ont esté commis et députez. Et pource que icelluy *Maigret* c'est tousjours rendu difficile et proterve à luy fère son procès. — attendu aussi que la matière est de grant poix et que [elle] requiert bien l'examen, discussion et détermination de la Faculté de Théologie à *Paris*, où est la fontaine de science et de toutes bonnes et sainctes lettres, joint que le dit *Maigret* y a consentu. — a esté advisé et ordonné par *Madame* et mon dit seigneur Mons' le Chancelier, et aussi par les dits juges commis, de remectre le dict procès et affaire à la dite Faculté et juges qui seroient déléguez et commis au dit *Paris*, pour illec déterminer et décider tout le dit affaire à l'honneur de Dieu, exaltation de la foy catholicque et extirpation de ceste hérésie luthérienne, qui commance fort à pulluler *par deça. Et jam plures de cineribus valdé* [l. Valdo] *renascuntur plantulæ* [6], *et opus est exemplo gravis et severæ alicujus animadversionis.*

Les premiers juges se sont deschargez en noz mains, et par l'advis de mon dit seigneur le Chancelier avons commis et délégué juges, assavoir Monsieur le président *Pot* et Monsieur *Verjust* [7], auxquelz mon dit seigneur le Chancelier escript et les prie en prandre la charge. Vous y pourrez nommer et mectre deux docteurs de vostre Faculté avecques eulx et de leur consentement, et selon que verrez pour le mieulx. Et à ceste cause avons laissé l'espace en blanc au vicariat et commission. Vous plaira y adviser pour

et libéralité, obligation et miséricorde ; car ce qui vient de grâce n'est jamais mérite, et ce qu'est mérite procède de justice et obligation, non de grâce comme S. Paul dit: « *Si ex operibus jam non ex gratia*, etc. »

« Je dis que celui qui t'oblige à certains habits de Religion et innumérables autres telles cérémonies extérieures, usant de puissance coercitive, te commandant telles choses observer, sur peine due à péché mortel et autres peines temporelles ou spirituelles, il te met sous le pédagogue, et ne sera de toy véritable ce que dit ici S. Paul, que puisque la foy est venue, *jam non sumus sub pædagogo.* »

« Jeûner, ainsi que l'on nous fait faire, ne manger chair le Vendredy, vivre en continence, sont d'elles-mêmes très-belles choses. Mais qui les nous commande sur peine d'éternelle damnation (d'autre commandement ne veux-je parler), nous oste la liberté que Jésus-Christ nous a donnée, et nous met en intolérante servitude. »

[6] Allusion aux *Pauvres de Lyon*, qui avaient eu pour chef *Jean Waldo*.

[7] Nous croyons que c'est *André Verjus*, conseiller au Parlement de Paris, appelé *Vervist* par Bretonneau (op. cit. p. 205) et *Vexinst* dans d'Argentré.

le mieulx. L'on envoye le dit *Maigret* prisonnier, avec les charges et procès, aux prisons de *Monseigneur de Paris* [8], auquel *Monseigneur de Sens* [9] escript par l'ordonnance de *Madame*. Le présent porteur est maistre *Clément Banderon* que envoyons par delà pour estre solliciteur du dit affaire, qui vous instruyra de toute la matière et procédure faicte par deça.

Monsieur, nous vous prions et tous Messieurs de la Faculté prandre ceste matière à cueur, et en est bien besoing pour le bien de la Chrestienté en tous estatz. Et espérons que si la réparation et punition est bien faicte de cest homme pernicieux, auctoritate celebratissimi collegii vestri, et les propositions damnées et réprouvées ut decet, que nostre foy catholicque en brief sera réduicte en son intégrité, *tanquam suppresso auctore et tubicine omnis mali quod panditur ab Aquilone*. Et posteaquam celesti clementia et terrestris potentiæ favore adjuti sumus, summe est enitendum, ut *hydram istam cum tota lerna confodiamus*, ne veniat in nos dira illa vastitas et desolatio quæ ferme totam nunc opprimit *Germaniam*. Nous y avons faict ce que nous a esté possible et ne cesserons de vous prier, ut hanc partem sollicitudinis arripiatis, ut aiunt, ambabus manibus et pedibus [10]. Et s'il y a service et plaisir que vous puissons faire, le ferons de bon cueur. A tant prierons le Créateur vous donner bonne vie et longue. A Lyon, ce xxiij° de Janvrier.

Par voz frères et serviteurs les VICAIRE GÉNÉRAL ET GENS
DU CONSEIL DE MONSEIGNEUR L'ARCEVESQUE DE LYON [11].

---

[8] *François de Poncher*, neveu de l'archevêque de Sens (V. la note 9).

[9] *Étienne de Poncher*, ancien évêque de Paris, élu archevêque de Sens en 1519, et membre du conseil de la reine-régente. Il mourut à Lyon, le 23 février 1525.

[10] L'arrivée de *Maigret* à Paris est mentionnée comme suit dans un document contemporain : « Au dict an (1525), le premier jour de février, fut amené en ceste ville de Paris un jacobin nommé *Meigret*, et fut amené de *Lyon* où estoit lors madame la Régente pendant que le Roy tenoit le siége devant Pavie. Il fut amené par les archers du Roy et mis prisonnier en la cour d'Église parce qu'il avoit presché à Lyon aucunes choses contre les ordonnances de l'Église. Madame la Régente l'avoit amené à Paris pour luy faire son procez. Finablement il fut condamné à faire à *Lyon* amende honorable et à soy desdire, et *son sermon* estre bruslé, dont il appella ; en appella aussi l'inquisiteur de la foy contre luy *tanquam à minima*. » (Journal d'un bourgeois de Paris, p. 226.)

[11] *François de Rohan*, qui occupa le siége de Lyon de 1501 à 1536.

137

ANÉMOND DE COCT à G. Farel, à Montbéliard.
De Wehr, 25 janvier (1525).

Inédite. Autographe. Bibl. des pasteurs de Neuchâtel.

SOMMAIRE. Je vous envoie votre « *Dispute,* » une lettre de *Lambert* et l'arrêt d'excommunication rendu à *Paris* à propos du livre intitulé *Murmar.* Lorsque mon serviteur sera de retour de *Strasbourg*, vous l'enverrez auprès de *Conrad Grebel*, pour lui payer le montant de ma dette, et vous amener le petit *Nicolas*. Le porteur paiera aussi une partie de mes dettes à *Soleure*, en attendant que mon *frère* m'envoie de l'argent. J'espère arriver à me rendre maître de la langue allemande. Je vous recommande *Philippe Magnin*.

Grâce et paix en Jésus Christ nostre seul chief! Je suis en ung lieu le quel vous dira le présent porteur : lieu d'estude et spéculation, là où j'espère de vivre à meilleur marché que encor n'ay faict : et ainsi espère en Dieu de povoir sortir de debtes les quelz ay esté contraint à faire. Loué soit Dieu! Je vous envoye *vostre disputation*[1] et ung *excomuniement de Paris contre Murmar et les Murmarins*, qui requiert une belle glose[2]. Vous la pourrez bien faire, car n'est pas longue.

[1] A cette époque la seule dispute qui eût été publiquement soutenue par *Farel* était celle de Bâle (février 1524).

[2] Il ne peut être ici question que d'un écrit intitulé : « *Murmar,* » au sujet duquel on lit dans les Registres de la Sorbonne (Liv. 2, fol. 2) : « Dum quidam liber falsò intitulatus « *Determinatio Facultatis Theologiæ Parisiensis super certis propositionibus*, etc. *aliàs dictus Murman* » in Parisina Universitate prelo commissus fuisse crederetur, *in contemptum et vilipensionem arrestorum supremæ Curiæ* quibus cavetur, ne liber quispiam sacram concernens Scripturam imprimatur qui prius non fuerit per theologos doctores recognitus, — qui, cum *occultè tractaretur ac legeretur passim à multis*, ut dicebatur, *Lutheranis*,... quia impius in Deum et Sanctos,... hæresibus famosus, *multorum proborum virorum nominatim expressorum* impudenter et mendaciter *diffamativus*, — cum fortè in manus nonnullorum theologorum incidisset ... extraxerunt propositiones numero triginta quinque, quas supremæ Curiæ senatoribus exhibuerunt. » Sur la dénonciation de la Sorbonne, le Parlement rendit, le 9 décembre 1524, un arrêt qui enjoint à

Vous baillerez ce que sçavez à *Hans*³, pour porter à *Strasbourg*, et il fera tout le possible. Quant il sera revenu du dict *Strasbourg*, il reviendra par devers vous. Pource vous prie que faictes tant que luy bailliez quatre escuz et deux batz, et escripvez à *Conrad Grebelius*⁴, que les luy mandez pour moy, ainsi que vous ay prié, et que m'en suis retourné en *France*, et que il vous envoye par le présent porteur le petit *Nicolas, filz du paralitic Nicolas*⁵. Par ce moyen seray deschargé de grande tristesse.

J'ay baillé au présent porteur ung peu d'argent pour pourter à mon créditeur de *Salètre*⁶, et ay rescript à *Caspar*⁷ et aultres. Vous pourrez ovrir les lettres qu'ilz me rescripront, et verrez ce que il aura exploité. Je suis plus privé de vous⁸ que de eulx; pource les veulx premièrement poyer que vous. J'ay escript au *Blet*⁹ et à *mon frère*¹⁰. J'espère que Dieu nous aidera. Je ne suis point deslibéré (nisi cœlum ruat) de partir d'icy d'ung an,

l'évêque de Paris et à ses vicaires de décerner « *monition sous peine d'excommunication* contre tous ceux qui ont et retiennent en leur possession le dit livre. » (Voyez d'Argentré, op. cit. II, 10ᵛ-9.)

Le nom de *Murman* aussi bien que celui de *Murmar* pourrait être une altération de *Murr-Narr*, nom donné par dérision au fameux capucin *Thomas Murner* de Strasbourg, l'un des plus violents adversaires des Réformateurs. (V. Jⁿ de Muller, X, 353, et Rœhrich. Gesch. der Reform. in Elsass, I, 228.) Le livre lui-même ne serait-il point cet ouvrage « *de Parisiensibus et Pontifice*, » attribué par *Érasme* à *Farel* (Voyez le Nᵒ 103, note 24)?

³ *Jean*, le serviteur de Coct. Voyez p. 282.

⁴ *Conrad Grebel*, fils d'un magistrat de Zurich, avait acquis à Bâle, à Vienne (1515-18), puis à Paris (1518-20) une culture littéraire très-distinguée. Aimable, spirituel, mais déconsidéré par les désordres de sa jeunesse, il se jeta, après son retour en Suisse, dans le parti des agitateurs qui voulaient accaparer à leur profit l'œuvre de la Réformation. Sommé par le Conseil de Zurich d'interrompre ses conventicules (20 janvier 1525), il se retira à Schaffhouse, où il essaya vainement de gagner *Anémond de Coct* aux idées des Anabaptistes et de lui inspirer de la défiance pour *Zwingli*. Ce fut peut-être à cette occasion que le chevalier français fit son dernier voyage à Zurich, vers la fin de février 1525 (Nᵒ 143). (V. Hottinger. Zwingli et son époque, p. 175-179, 218-224, et 226. — Füsslin. Beyträge, I, 240, et IV, 251.)

⁵ Le petit *Nicolas* est peut-être l'enfant que le chevalier Coct avait adopté (V. le Nᵒ 143).

⁶ Soleure?

⁷ Est-ce *Gaspard Mässger*, qui résidait à Soleure? (V. le Nᵒ 106.)

⁸ C'est-à-dire, plus lié avec vous.

⁹ *Antoine Du Blet* de Lyon (V. le Nᵒ 132).

¹⁰ *Laurent Coct*.

pour le moyns, et ay grande espérance d'avoir le langage germain[11], Dieu aidant. *Philippus Magninus*[12] a esté privé des biens de Béhémoth ; il en sera plus deslivré pour la Parole de Dieu. Si avez moyen de le pourveoir à *Auss.*[13] ou ailleurs, je suis seur que le ferez. Si avez des novelles de *France*, envoyez-m'en le doble par le présent porteur, ou par *Philippus*. De Werr[14], ce xxv° de Janvier.

Vostre humble frère ANNÉMOND COCT.

(P. S.) Je vous envoye la particule de l'épistre de *Grebel*, à ce que *sit in signum illi*. Vous la pourrez enfermer dedens les lettres que luy escriprez. Je vous envoye aussi *l'épistre de Lambert*. Je salue Monsʳ *le Chevalier* et l'esglise vostre.

(*Suscription :*) Fidelissimo Evangelii ministro Gullielmo Farello, suo in Christo majori. In Monbelgard.

138

FRANÇOIS LAMBERT au Prince-Évêque de Lausanne.
De Strasbourg (vers la fin de janvier) 1525.

Fr. Lamberti Farrago omnium fere rerum theologicarum. (Argentinæ, Jo. Hervag, 1525, in-8°.)

SOMMAIRE. Le souvenir de vos bontés et de l'accueil que vos lettres de recommandation m'ont valu à *Berne*, à *Zurich*, à *Bâle* et à *Fribourg*, m'engage à vous dédier le présent ouvrage. Il est destiné à vous mettre en garde contre les « *Paradoxa* » de *Conrad Treyer*, écrit dans lequel il cherche à détourner *les Suisses* de la doctrine de l'Évangile, en l'appelant « *la doctrine de Luther*. » Ce n'est pas *Luther* qui m'a rendu chrétien. Pourquoi *Treyer* refuse-t-il les discussions publiques qu'on lui offre et veut-il nous faire passer pour des apostats, parce que nous nous sommes séparés de l'Antechrist ? Ne vous arrêtez pas aux injures qu'il nous adresse, et loin de vous

---

[11] Nous avons vu, p. 283, que le chevalier avait traduit de l'allemand une missive d'Ulric de Wurtemberg.

[12] On peut lire *Maguinus* ou *Magninus*. Ce personnage nous est inconnu.

[13] Nous ne savons quelle est la localité désignée par cette abréviation.

[14] *Wehr*, petite ville du grand-duché de Bade, à 25 kilomètres N. E. de Bâle.

laisser égarer par ses impiétés, *remplissez en vrai Chrétien les fonctions qui vous sont départies. Faites prêcher au peuple la Parole de Dieu, et accordez à vos prêtres la liberté de se marier, en leur en donnant vous-même l'exemple.*

Illustri ac generosissimo Domino D. Sebastiano de Montefalcone, Principi Lausanensi [1], Franciscus Lambertus Avenionensis, inutilis Jesu Christi servus. Gratia et pax à Deo Patre nostro et Domino nostro Jesu Christo!

Superioribus annis, nobilissime Princeps, cum apud urbem tuam *Lausanam* verbum Christi annunciarem, animi tui pietatem, adulatorum verò ac seductorum quorundam impietatem, multipharié expertus fui [2]. Siquidem ubi nostris prædicationibus aderas, verbum Domini syncerissimè amplectebaris; ubi autem ob negociorum tumultus abesse compellebaris (quod semel atque secundó fuit), sicut mihi nonnunquam dixisti, à verbo Domini te facere alienum nonnulli moliebantur, adserentes quòd hæretica prædicarem. *Verùm tandem sic te vicit potentissima veritas, ut multis pro me scripseris,* et libenter fatear, tui causa apud *Bernenses* [3], *Tigurinos* [4], *Basilienses* [5] *et Friburgenses* [6] bene mihi fuisse.

[1] *Sébastien de Montfaucon,* ancien élève de l'université de Bâle (1505), avait succédé en 1517 à son oncle Aymon dans le siége épiscopal de Lausanne.

[2] Voyez le N° 52, note 2. Sébastien de Montfaucon ne témoigna pas longtemps de la sympathie pour la doctrine évangélique. Nous lisons dans une lettre de Berthold Haller à Zwingli, du 8 avril 1523: « *Episcopus Lausanensis* convocavit omnes parochos; nescio quid cum illis acturus sit. Id unum constat, *quotquot sacrificulos inunxit,* [21ᵃ m. Martii et 4ᵃ m. Aprilis 1523] *speciatim juramento expostulavit, ne contrahant, neque faveant Lutheranæ doctrinæ.* » (Zuinglii Opp. VII, 288.)

[3] — [4] Voyez le N° 53.

[5] Voyez le N° 56, note 2.

[6] Nous savons seulement que François Lambert fit quelques prédications à *Fribourg* (V. p. 103), et qu'il dut y rencontrer un petit nombre d'hommes qui avaient du penchant pour les nouvelles doctrines. Voyez la lettre qu'adressait à *Zwingli*, le 24 septembre 1522, *Jean Kotther,* organiste de la collégiale de Fribourg (Zuinglii Opp. VII, 223). Haller écrivait, de son côté, le 9 mai 1523 : « *De vicinis nostris* qui sunt *Friburgi* bene spero. *Est illic præco evangelicus,* qui pro modestia sua tantùm profuit, ut a Senatu edictum sit, quatenus liberè evangelium doceat, *tacito tamen nomine Lutheri* » (Ibid. 294). Ce prédicateur était peut-être *Thomas Geyerfalk,* qui fut exilé en janvier 1524 (N° 50, note 2). On pourrait encore citer *Jean Venner* ou *Wammacher,* chantre de St.-Nicolas, qui était aussi en correspondance avec le réformateur de Zurich (V. sa lettre du 29 août 1524. Op.

Abeuntem quoque adjurasti, ut nonnunquam ad te scriberem quæ pietatis erant, quod et me oportune facturum spopondi. Proinde veniam det Celsitudo Tua, quòd usque in hunc diem distulerim. Enimvero non oblivione aut negligentia id adcidit, sed quòd sæpius, dum id facere cogitarem, ad alia vel coactus rapiebar. Volui autem novissime respondere *Centum Paradoxis Conradi Tregarii*[7], Augustiniani, ad te missis, quibus nedum Sublimitatem Tuam, sed et inclytam *Helvetiorum* gentem à Christo alienam facere nititur, quantumlibet zelo Christi, in erroris et cæcitatis spiritu, glorietur. Nihil enim minus docet quam Christum.... Porrò, me cogitante in ipsa *Paradoxa* responsionem, charissimi et verè à Deo docti fratres *Vuolfgangus Fabricius Capito* et *Martinus Bucerus*, ex Argentoratensibus Episcopis duo, me prævenere[8].

.... Neque admireris, quòd ejusdem urbis plures dixi Episcopos. Enimvero quæque civitas tot habet Episcopos, quot veros Evangelistas seu concionatores. Omnis enim veritatis concionator, veritatis dico, qui non mendacia hominum decreta, inventiones, somnia, leges, consilia, sed purissimum et simplicissimum Dei verbum annunciat, verus Episcopus est, etiam si non sic à nonnullis vocetur. Nullos enim, præter hujusmodi Episcopos, Dei Ecclesia habet. Ideo ubi non sunt puri sermonum Dei ministri, nullus Episcopus est. Et in veritate, terrendissimo judicio Domini, multis sæculis absque veris Episcopis fuimus. Nam qui usque in hunc diem vocati fuere Episcopi, nihil minus quàm Episcopi sunt, nisi forsan bursa-

---

cit. VII, 357), et un certain *Ulric* ** qui se lia d'amitié avec Henri-Cornelius Agrippa, pendant que ce dernier habitait Fribourg de 1523 à 1524. (Agrippæ Opp. P. II, 828.)

[7] *Conrad Treyer* ou *Treguer* (appelé aussi *Tornare*), natif du canton de Fribourg, se signala en Suisse et en Allemagne comme champion de l'église catholique. Il fut provincial des Augustins de la Haute-Allemagne depuis 1519 jusqu'en 1540. Les historiens de sa confession le citent avec de grands éloges. L'ouvrage de Treyer mentionné par Lambert parut sous le titre suivant : « Ad reverendum in Christo patrem et illustriss. principem Fabianum de Monte Falcone Lausanensem Episcopum. Paradoxa centum Fr. Conradi Tregarii ... de Ecclesiæ conciliorumque auctoritate. Argentinæ, per Joh. Grüninger in die S. Gregorii [12 Martii] 1524 » in-4°. (V. Kapp. Nachlese, Th. II, 451-458. — Rœhrich, op. cit. Th. I, 217-226.)

[8] *Capiton* publia le 1ᵉʳ avril, en réponse à l'écrit de Treyer (V. note 7), un livre intitulé : « Verwarnung der diener des worts und der brüder zu Strassburg, an die brüder von Landen und Stetten gemeiner Eidgnosschaft, wider die Gotslesterige Disputationbrüder *Conradts* Augustinerordens Provincial. » *Bucer* répondit plus tard (V. la note 9).

rum et omnis impietatis, sive regni Antichristi Episcopi velint adpellari.... Viderint ergo ne in æternum reprobentur et pereant. Episcopi igitur sunt soli veritatis Prophetæ, quorum plures ubique secundùm populi multitudinem constitui debent. Et verè Tuam Magnitudinem nequeo vocare Episcopum, nisi adulari et contra conscientiam agere velim quæ à fidelibus perinde atque venena aspidum vitanda sunt. *Principem te confiteor, Episcopum non agnosco, quòd non evangelizes.* Enimvero non est omnium evangelizare, sed eorum quibus datum est à Domino, ab illoque mittuntur. Et hi sunt veri Episcopi Ecclesiæ Christi. Vide autem, ut in Principatu tuo veri Episcopi multiplicentur. *Episcopi domini esse non possunt, sed tantum sunt doctores et servi populorum Dei....* Enimvero unaquæque parochia proprium Episcopum habere debet. qui à populo sunt eligendi, et a communitate ecclesiæ cujuslibet loci confirmandi. ad quod neque literis, neque sigillis, neque cæteris ejusmodi opus habent. Tamdiu autem pro Episcopis habendi sunt, quamdiu Evangelium regni Dei purissime annunciant. A quo si aliena cœperint nunciare, ab his qui eos elegerunt. nempe à populo, deponendi sunt et aptiores eligendi. At de his alibi plura tractavimus.

Proinde *ad Tregarium redeamus.* Scripsit ad Tuam Celsitudinem te *Fabianum* putans, cum *Sebastianus* sis, teste schedula quam mihi ipse dedisti. Deinde nititur calcare æternam veritatem Dei, sub nuncupatione factionis (ut scripsit) *Lutheranæ.... Non docuit me Lutherus quæ Dei munere in Sacris Literis agnovi, neque etiam scripta ejus,* tametsi *Lutherum* novi. et fateor me non parum profecisse consuetudine ejus. Scio eum esse apostolum et angelum Dei, videlicet ab eo missum. Nam impossibile est, illum, nisi à Deo missum, scripsisse quæ scripsit, nempe eloquia veritatis... At *Tregarius* ille, Antichristi gratiâ, Christo et veritati ejus contradicit, sub *Lutheri* nomine.... Vocat nos is speculator cæcus Philistæos. utentes inanibus et ridiculis armis. Sic loquitur blasphemus ille. Utinam non sit blasphemus in Spiritum Dei, et non loquatur scienter contra conscientiam. *Quibus armis nitimur? Nonne æternis eloquiis Dei?* Et hæc inania et ridicula esse impostor ille adserit! Cur non adgressus est conflictum publicum nunc *Argentorati*, ubi tutissimum erat illi. cum ejusdem urbis Episcopis disputare[a]? Volumus mori,

---

[a] Ce projet de dispute donna lieu à une déclaration publique de *Treyer*, datée du 12 octobre 1524, et à l'ouvrage suivant de *Bucer*, qui parut le 20 octobre de la même année : « Ein kurtzer warhafftiger bericht von *Dis-*

si vincimur, et si ille vinceretur, nihil mali haberet [10]. Non vult ut populus agnoscat mendacia sua, quæ in veritate retecta fuissent, si disputasset, aut, ut concinnius loquar, si contulisset. Habent simplices plebeculæ spiritus judicium, super omnes has Magistrorum nostrorum larvas superbissimas, quia Verbum Dei amant, quod illi calcare nituntur....

Insaniat *Tregarius* cum suis quantum voluerint, negent contra verbum Dei *Ecclesiam fidelium esse idoneos Verbi judices*; in veritate citò cadet, et collidetur, quia nititur baculo arundineo umbræ Ægypti, somniorum hominum.... Habeat nos ille interea pro derisoribus, et quia apostatavimus ab Antichristo ac illum execramur, ne à Christo apostatæ simus, contumeliis nos adficiat, ut voluerit : nobis pro omnibus est gloria coram Domino, à quo ille in proximo est prosternendus, quòd non erubescat infelix adsertores veritatis pro derisoribus habere, non ob aliud, quàm quòd veritatem pronunciant, quasi ipsa veritas derisio quædam sit. Non vult impius à veritate vinci, à qua nos victos esse in Domino gloriamur. Siquidem *ambulavimus et nos aliquando in spiritu erroris, sed vicit nos Dei veritas,* per quam Deus à gravissimis ignorantiæ et errorum tenebris nos clementer eripuit, et nos in dies magis eripit....

Dicit item, quòd una in re, nempe conviciis inferendis, perpetuò sic nobis constamus, ut nemini dubium esse possit, omnibus eundem esse spiritum. Respondeo, quòd dum eos lupos, bestias, Antichristos et similibus nominibus adpellamus, non illis conviciamur, sed quid de illis Spiritus sentiat, Scripturæ testimonio referimus. Verùm non sola hac una in re nobis constamus. Nam in nullo ferè dissentimus, quòd eodem Verbo idem nos Dei Spiritus erudiat. Prophetavit ille, ut Cayphas, vel nolens et non observans, quòd eundem spiritum habeamus, etiam si aliter dictum suum velit intelligi. At neque ipse, neque tota Synagoga sua, ulla in re sibi constant, nisi in eo, quòd omnes conjurarunt in Deum, Christum et veritatem ejus. Nam quid in eis videmus, nisi perpetuas lites Thomistarum, Scotistarum, Occanistarum, Realium, Nominalium, Summistarum et reliquorum hujus farinæ, sibi invicem contradicentium? Quo palam fit, eos cum doctrina Christi, quæ pacis et unitatis doctrina

---

putationen und gantzen handel, so zwischen *Cünrat Treger* ... und den predigern des Evangelium zu Strassburg sich begeben hat. » L'auteur y a joint la traduction allemande des « *Paradoxa* » de Treyer et leur réfutation.

[10] V. le N° 127, note 4.

est, nihil prorsus habere commune, alienosque omnino esse à spiritu ejus.

.... Me tedet, generosissime Princeps, respondere ad impietates impostoris hujus. Tantùm volui commonefacere te, ut venena ejus et omnium sibi similium diligentissime vites. Sic enim oportet, ut verum Principem agas, alioqui salvus fieri non posses. En quod multa fiducia tecum ago, memor veteris amicitiæ, quâ me olim dignatus es, ac nobilissimi animi illustris D. T. Nolo caput tuum impinguare oleo peccatoris. Ingens est onus quo premeris; tibi agendum est, ne sub eo pereas onere. Age ut habeas sub te populum vere Christianum, et ut Christus in eis regnet... Pelle omnes lupos, mercenarios et pseudoprophetas à terris tuis. Scias, quòd si perierint populi tui, erit anima tua pro illis, etiam si tua causa vel unus tantum disperat. Maxime autem cave à cucullatis omnibus. Nimirum universi, *demptis paucissimis*, conjurarunt in Deum et Christum ejus. Verùm ante omnes hi tibi vitandi sunt qui *Observantium* titulo, Christianis execrabili, impie gloriantur [11], quandoquidem eorum hypocrisis et mendacia complures, immò innumeros in interitum ducunt. Faxit Christus Optimus Maximus, ut citò pellantur à cunctorum Principum aulis!

Sensim quoque necesse est, deleas tyrannides regni Antichristi, nempe indulgentiarum imposturas, idololatriam Sanctorum dormientium, Officialium curias, censuras execrabiles et à Christianis nullatenus ferendas, Sectarum [12] rapacitatem et similia quæque. Si posueris in animo tuo, ut Sacras Literas habeas in manibus, et in eis die ac nocte mediteris, docebit te Spiritus Sanctus, qua ratione omnia bene fiant in toto Principatu tuo. Quòd si negas verbum Dei populo, tibi non debet adquiescere. Nam si oves Christi sunt, volunt refici pabulo verbi sancti, quo solo utiliter refici valent. Possunt ergo dicere omnes fidelium populi Principibus et Magistratibus suis immò ad id deberent congregari : « Volumus audire verbum Dei « nostri. Nolumus audire decreta et leges Papæ, nolumus decer-

---

[11] V. p. 121.

[12] Ce mot désigne ici les divers Ordres monastiques et les subdivisions de chaque Ordre. Nous avons vu que *Pierre de Sébiville* signait: « Minorita de septima secta. » Dans le Catalogue qui accompagne le commentaire de Lambert sur la règle des Frères Mineurs, on trouve l'énumération suivante: « Secta Minoritarum, quæ in Conventuales, Observantes, Reformatos, Collectaneos, De capucio, De evangelio, Amedeos, Clarinos et in alias sectas est mire divisa. »

« tationes Sophistarum. » Quòd si Principes aut Magistratus negant, cum et ipsi velint haberi pro credentibus, possunt ipsi populi ab eorum imperio alieni fieri. *In omnibus tenentur populi Principibus et Magistratibus adquiescere, præterquam in his quæ sunt contra verbum Dei, et ut non audiant idem verbum.* Adquiescat C. T. veritati, et adaugebit te Deus in omnibus et firmabit Principatum tuum.

Cucurrit ad nos relatio, quòd *sacrificulus quidam, sub tuo Principatu vivens,* spreto Antichristi decreto, et illi præferens jussionem Dei, *factus est conjunx*[13], propter quod à tyranno quodam captivus, te consentiente, factus est : et ferunt, quòd illum ad mortem persequitur. Vide ne cuipiam adquieveris, nam esset anima tua pro anima illius. Ille rem necessariam fecit, quam Deus omnibus ustis imperavit, ut abunde *libro de Conjugio,* ad Christianissimum *Galliæ Regem* probavi, quem mei conjugii causâ ædidi. Nam et ego ipse conjunx factus sum ; insaniat quantumlibet Synagoga filii perditi! Obedire oportet Deo, magis quàm hominibus. *Deus præcipit* conjugia omni homini non se animo continenti: *Papa interdicit* et hypocritas facit. *Cui adsentiendum est? Nonne Deo?* Non distinxit Deus inter Laicos et Clericos. Generalis est jussio, omnes cujusvis status contingens. Et si credit pietati Celsitudo Tua, matrimonium contrahes, et tuo exemplo dissipabis Antichristi factionem hanc execrabilem, qua dum cælibatum Clericis contra Dei verbum indixit, omnigenam luxuriem multiplicavit....

Non vacavit, ut de multis tibi scriberem ; propterea paucis respondi impio *Tregario* illi, et nonnihil salutaris admonitionis adjeci. Quia autem seductor ille te perperàm *de Ecclesiæ et conciliorum authoritate* instituere voluit, *de qua re nonnunquam mecum in tuo palatio egisti,* subjiciam tibi Paradoxa Christiana 385, aliud concludentes quàm *Tregarius* docuerit. Paratum quoque me offero, de omnibus responsurum, ubicunque aut in *Germania,* aut in *Gallia,* modò me audire velint, et me non auditum extinguere non adnitantur. Volo autem vulgariter rem tractare, si apud *Gallias* agitur. Et nolo judices alios quàm purissimum verbum Dei, et omnes qui secundùm illud syncere judicaverint, quòd non aliter liceat. Si me vicerint Dei sermonibus, et probaverint me aliena à veritate sentire in his quæ per ipsum Verbum adseverabo, fiat de me quemadmodum visum illis fuerit. *Si autem illi victi fuerint, nolo, ut*

---

[13] On ne connaît pas le nom du prêtre qui s'est marié le premier dans le diocèse de Lausanne.

vel in capillo damnum perferant, sed tantùm detur gloria veritati. Suscipiat igitur Celsitudo Tua hoc Paradoxorum opus, quidquid ferè ad Christianismum spectat paucis concludens, et meum erga Eam officium non dedignetur. Faciet forsan Deus Optimus Maximus, ut brevi aliquid præclarius, sub Tuæ Altitudinis nomine emittam. Pax et gratia Domini nostri Jesu Christi et gaudium Sancti Spiritus sint cum illustri Dominatione Tua ac toto populo tuo! Amen.

139

ŒCOLAMPADE à G. Farel, à Montbéliard.
De Bâle, 6 février (1525).

Œcolampadii et Zuinglii Epp. Basileæ, 1536, fol. 204 a.

SOMMAIRE. Les progrès sont bien lents dans notre église. *Himeli* a été menacé d'une destitution, s'il ne célébrait pas la messe selon le rite habituel. *Mes paroissiens* désirent que j'accepte la place du curé dont j'étais le vicaire. Sur le *baptême des petits enfants* je n'ai rien écrit, si ce n'est quelques lettres où je cherche à l'établir. Cette question agite beaucoup les *Zuricois. Luther* admet enfin qu'on peut abattre « *les idoles* » avec la permission des magistrats. Voici mon opinion sur le *repos du septième jour* : je crois qu'ici la charité est un meilleur guide que les prescriptions de Moïse.

Joannes Œcolampadius Gulielmo Farello, Evangelii Christi diligentissimo doctori, meo in Christo fratri. S.

Si bene vales in Domino, mi frater, gaudemus et gratulamur. Nos hic non multo amplius promovimus, quàm quum adesses. *Himlerus* [1] strenue agit. Sabbato [2] iterum fere exciderat ab officio : mandaverat enim Senatus, ut vel prisco more sacrificaret, vel et à concione desisteret. Ipse, nolens hominem defungi munere, admonui ut protestaretur simulationem in utilitatem gregis, id quod Antichristianis molestissimum, et, ne torqueretur conscientia, affore me convivam pollicebar; et successit res, ut scripsi. Porrò denuó vocabitur ad Senatum. Christus fortunet! *Equitem nostrum* ad suos redire gaudeo [3], quòd si evangelistam petierint, fortassis in-

---

[1] *Jacob Himeli*, curé de l'église de St.-Ulric, à Bâle.
[2] Samedi, 4 février.
[3] Voyez le N° suivant, note 1.

venient. Parœciani apud *Sanctum Martinum* hodie sciscitati sunt ex me, num velim subire curam plebani⁴ : quibus ita respondi, ut rei Christianæ præjudicaturum non arbitrer, etiamsi voti compotes fuerint. Scribam super ea re.

De baptismo parvulorum nihil habeo præter epistolas aliquot ad amicos, quibus astruitur ⁵ : at non audior à plerisque. *Lutherus* in libro quem misit, nihil egit contra nos ⁶ : idola autoritate Senatus abjici permittit : de nomine Missa et elevatione argutatur. Librum nondum domi meæ habeo. *Pomeranum in Deuteronomium*⁷ dono tibi mitto. De his quæ apud me insumpsisti⁸, nihil peto : nihil etiam accepi à ministris ducalibus ⁹. *Iesaias* sequenti hebdomada absolvetur ¹⁰, ni *Pellicanus* cum Indice remoretur. Quod Moses præcipit, [cùm] septimo die jubet quiescere, non usque adeò ad nos ; nisi quòd charitas docet, aliquam operis et jumentis quietem concedere, et ut commodius vacetur Deo ; multa enim sunt quæ impediunt. Hebræi causam priorem ponunt. *Tigurinorum* quidam tumultuari feruntur, propter *parvulorum baptisma* ¹¹ : id quod et antea timui. Vale. Sexta Februarii. Basileæ (1525) ¹².

⁴ Les curateurs et quelques membres de la paroisse de St.-Martin, ayant appris qu'Œcolampade songeait à quitter Bâle, le supplièrent d'échanger les fonctions de vicaire qu'il remplissait depuis deux ans dans cette paroisse et sans traitement, contre celles de curé. Le conseil ratifia leur choix, et le nouveau pasteur fit son discours d'entrée le 24 février 1525. (Voyez J. J. Herzog, op. cit. p. 160 et 161.)

⁵ La plupart des arguments sur lesquels *Œcolampade* établissait la doctrine du pédobaptisme sont indiqués dans ses deux lettres de janvier 1525, adressées à *Balthazar Hubmeier*, pasteur à Waldshut. (Œcolampadii et Zuinglii Epp. éd. cit. fol. 64 b et 65 b.)

⁶ Cet ouvrage de *Luther* est probablement celui que mentionne *Agrippa* dans une lettre du 27 mai 1525, datée de Lyon : « Est penes me opus teutonicum *M. Lutheri* in *Carolostadium*, inscriptum *Contra imaginum oppugnatores*, in quo etiam de Missa agitur, sed de Eucharistia nihil. » (Opp. P. II, 824.)

⁷ « *Jo. Bugenhagii Pomerani* Annotationes ab ipso jam emissæ in Deuteronomium, in Samuelem,... » avec une dédicace datée : « Wittembergæ, a. 1524, feria quarta ante Pentecosten. » Réimprimé à Bâle, 1524 et 1525, in-8°.

⁸ Pendant son séjour à Bâle, *Farel* avait pris ses repas chez Œcolampade.

⁹ Il veut dire qu'il n'a pas accepté l'argent que lui offraient les officiers d'Ulric de Wurtemberg, pour avoir logé chez lui.

¹⁰ Ce commentaire d'Œcolampade était dédié au conseil de Bâle.

¹¹ A la suite d'un colloque qui eut lieu à Zurich, le 17 janvier 1525, entre Zwingli et les anabaptistes, *Conrad Grebel* et *Félix Manz*, deux de leurs chefs, reçurent l'ordre de se tenir tranquilles ; trois de leurs prin-

140

PIERRE TOUSSAIN à G. Farel, à Montbéliard.
De Bâle, 11 février (1525).

Inédite. Autographe. Bibl. des pasteurs de Neuchâtel.

SOMMAIRE. Le chevalier *d'Esch* est rentré à *Metz*, où *Toussain* voudrait aussi retourner un jour « pour l'exaltation de la Parole de Dieu. » *Conrad Grebel* et d'autres sont bannis de *Zurich* comme anabaptistes. Nouvelle du *martyre de Jean Chastellain*, annoncée par *Farel* à Œcolampade. *La doctrine luthérienne sur la Cène* parait être admise par *Wolfgang Wissenburger*, prédicateur à Bâle.

Mon frère, Notre Seigneur vous doint sa grâce et sa paix!

J'ay tout maintenant receu voz lettres avecque celles de Monsr *le Chevallier d'Esch*, et suis joyeux de son arrivée à *Mets*[1]. Quant à mon départ, je ne vous en sçaveroye [l. sçaurois] escripre grand' chose, sinon que n'ay point vouloir fère icy longue demourée, ne nostre frère *Desiderius* aussy[2]. De vous escripre grandz nouvelles, je n'en suis point trop fourny, ad cause que ne bouge de la maison. J'estime que *Œcolampade* vous en escripvera, et me semble aussy que *le serviteur [de] Monsieur Coctus* s'en alla hier vers vous[3], par lequel sçaverez comment *Grebelius* avecque je ne sçé quelz aultres

---

cipaux adhérents furent renvoyés du canton; les parents qui n'avaient pas encore présenté leurs enfants au baptême, furent invités, sous peine d'exil, à les faire baptiser dans le délai de huit jours. Mais ces mesures ne calmèrent nullement l'agitation des esprits. Voyez la lettre de Zwingli du 19 janvier 1525 à Vadian (Zuinglii Opp. VII, 385), et Hottinger, op. cit. p. 224 et suiv.

[1,2] Le millésime est écrit de la main de Farel dans l'exemplaire des Lettres imprimées d'Œcolampade cité plus haut.

[1] Le chevalier n'avait pu jusqu'alors rentrer à *Metz*, à cause d'un procès dont nous ignorons l'origine (V. le N° 131).

[2] *Didier* quitta Bâle, au mois de juin suivant, pour se rendre à Metz. (V. la lettre d'Œcolampade du 1er juillet.)

[3] Le 25 janvier *Coct* avait ordonné à *Jean*, son serviteur, de se rendre auprès de *Farel* (en passant par Soleure?), de porter un message de celui-ci à Strasbourg, puis de revenir directement à Montbéliard et d'aller ensuite à Zurich chez Conrad Grebel (V. le N° 137).

sont bannys de *Surrictz, propter baptismum*⁴, et verrez en la fin quòd primi erunt novissimi.

Dieu nous doint la gràce que une fois povyons venir à *Mets*, pour l'honneur et exaltation de la Parrolle de nostre Seigneur⁵. Je vis dernièrement les lettres que vous escripvistes à *Œcolampade* touchant *la mort de nostre povre Augustin* ⁶. Nostre frère, *Le Curé*⁷, et moy en estyons desjà avisé[s]. Omnia cedent en *(sic)* gloriam Dei. De *Himeli* scias hunc solum fortiter agere negotium Christi. *Wolfgangus* pollicitus est se cras concionaturum de participacione mensæ Domini, et me semble qu'il a changé de oppinion ⁸.

⁴ V. le N° 137, note 4 et le N° précédent, note 11.

⁵ Ce souhait de *Toussain* se réalisa quatre mois plus tard. On lit en effet dans les Chroniques de la Ville de Metz (éd. cit. p. 823) : « En celluy temps [1525], environ la S. Barnabé, onziesme jour de Jung, retournoit ung moult biaul josne chainoine du grand moustier en *Mets*, nommé maistre *Pierre* [*Toussain*] ..... et amenoit ung grant docteur et profond en science avec lui, nommé maistre *Guillaume* [*Farel*], qui tenoit la loi [de] *Luther*, et avec eulx ung messaigier d'Allemaigne. Et demandoit alors celluy maistre *Pierre* à estre ouy en justice devant messeigneurs les très jurés, mais on ne le voulut escouster. Par quoy il en appelloit au seigneur maistre eschevin et crioit tous les jours après lui, affin qu'il le voulsist déterminer, mais son cas fust mis à non challoir et fut pendue sa plainte au croc : et avec ce fut le dict maistre *Pierre* et ses consors en grant dangier d'estre prins au corps. Parquoy luy craindant les dangiers avec ses compaignons, ung peu devant la sainct Jehan [24 juin], bien vistement s'en sont partis de *Mets* et chevaulchairent toutte la nuyt de peur d'estre happés. » (Voyez aussi la lettre de Toussain du 4 septembre 1525, où il dit, après avoir donné à *Farel* des nouvelles de *Metz*: « *Ceulx qui nous conduyrent* sont estez en denger d'estre bannis.... »)

⁶ *Jean Chastellain* (en latin *Castelianus*) qui périt sur le bûcher, à Vic, près de Metz, le 12 janvier 1525 (V. le N° 144).

⁷ Le personnage que Toussain appelle ici et dans sa lettre du 4 septembre « *le curé* » était sans doute « *le curé de Ste.-Gorgonne* » à Metz (N° 152, note 4), c'est-à-dire *Didier* [*Abria*], que nous avons vu fixé à Bâle en août 1524 (N° 109). Voyez la préface de M. Cuvier en tête de l'Hist. de la persécution de Metz par Olry. Paris, 1859.

⁸ *Wolfgang Wissenburger*, natif de Bâle, où il commença ses études à l'université en 1510. Ce fut lui qui osa le premier entre les prédicateurs de sa ville natale dire la messe en langue vulgaire. Il ne partageait pas les sentiments de Zwingli et d'Œcolampade sur l'eucharistie. « La présence de Jésus-Christ dans la Cène était à ses yeux un profond mystère, devant lequel la raison doit s'arrêter, de même qu'elle ne peut pas sonder la Trinité et l'Incarnation. » (V. Herzog, op. cit. p. 57 et 178.) Toussain écrivait encore le 4 septembre 1525 : « *Wolfgangus* clamat illic esse corpus Christi. »

Je ne vous sçaveroye dire aultre pour le présent. Nostre frère *Desiderius* se recommande bien fort à vous; aussy font *Marcus* et *Stephanus*[9]. Et bene vale, frater in Christo Jhesu carissime. A Basle, hâtivement. ce xj de febvrier (1525)[10].

Vostre frère et serviteur en Jésu-Christ
PIERRE TOSS.

(*Suscription :*) Guilielmo Farello. fideli mysteriorum Dei dispensatori. fratri in Christo carissimo. Montispelicardi.

141

OSWALD MYCONIUS[1] à Anémond de Coct.
De Zurich (en 1525, avant le 20 février).

Inédite. Copie moderne. Manuscrit de Choupard. Bibliothèque de la ville de Neuchâtel.

SOMMAIRE. J'ai été surpris de ne pas vous voir ici, quand *Ulric de Wurtemberg* y est arrivé, et comme j'ignorais si vous étiez encore à *Bâle* ou à *Montbéliard*, je n'ai pu vous écrire au sujet de *votre fils [adoptif]*. Les arrangements que j'ai pris pour sa pension vous seront communiqués par *Conrad Grebel*. Votre dévouement à la cause de l'*Évangile* vous a fait exiler du *Dauphiné ;* mais ayez bon courage! Pourvu que nous restions unis à Christ, bientôt nous parviendrons au port. Vous connaissez sans doute *l'état religieux de la Suisse:* plus l'Évangile rend ses sectateurs heureux, plus les adversaires de Christ montrent leur aveuglement. Ma situation personnelle est prospère. Recommandez-nous à Dieu.

Causa cur hactenus ad te nihil scripserim est, quòd nescivi certò ubinam locorum esses. Nam quamvis semel hoc mihi significaris,

---

[9] *Marc,* l'hôte de Toussain à Bâle (V. la lettre de celui-ci datée du 26 juillet 1526, vers la fin). C'était peut-être *Marc Bertschi* (en latin *Bersius*), natif de Rorschach, l'un des collègues d'Œcolampade. — Nous ne savons si « *Étienne* » désigne un réfugié français de ce nom ou *Étienne Stœr,* pasteur à Liestall (V. le N° 91, note 1).

[10] L'année est fixée par la mention du retour de *Nicolas d'Esch* dans sa patrie (V. le N° précédent), et surtout par le souvenir que *Toussain* donne au « pauvre Augustin » de Tournay.

[1] Voyez le N° 125, note 11.

ego autem deinde acceperim apud *Ducem*² te esse, nescivi an cum ipso vagareris, an in aliquo loco fixus maneres. Ubi autem *Dux* ad nos adventarat, nec tu apud hunc conspicatus es³, atque hinc aliquo modo certum erat alicubi te fixum esse, nescivi tamen an permansisses *Basileæ*⁴, præsertim cum interim nihil literarum huc tradidisses, an fores apud *Farellum*⁵. Si enim certò cognovissem ubinam degeres, habueram quæ ad te omnino scribenda erant, maximè *de filio tuo*⁶. Futurum enim planè fuit, ut ad me puerum recepissem. Nunc autem cum id *literis tuis* precaveris⁷, omnia recte habebunt.

Cæterùm *quàm probè in patria tua egeris Evangelii causam, illud probat abundè, quòd inde ab Antichristi expulsus es ministris.* Placet mihi id supra quàm dici potest, præsertim cum non verear te temerè aliquid patrasse. Tyrannis malè christianorum Episcoporum efficiet procul dubio, ut populus tandem intelligere cogatur, eos nil nisi larvas et mendacium esse. Tu tamen interea fortis esto, ut es; *non longè abest* enim, *quo in portum tranquillum perveniamus*, quocunque id tandem fiat modo. Sive enim morte præoccupabimur à tyrannis illata, sive palàm ipsi mundo efficientur, nobiscum semper rectè agitur. *tantùm ne excidamus à Christo, servatore nostro.*

De his quæ hic aguntur non opus est ut scribam, non enim dubito, quin nihil horum nescias. Illud fortè tibi non tam cognitum est, quòd *Helvetii*⁸ *tanto fiunt miseriores, quanto hic per fidem reddimur feliciores.* Vereor ne propediem adspiciam hos per infidelitatem etiam cœlum expugnaturos. O bone Deus! illumina, quæso, tandem oculos miserorum hominum, ne tam miserè et perniciosè palpitent in tenebris, tuumque sacratissimum Verbum adeò fœde conspuant, pedibusque tam impiè conculcent! Largire, quum nomen Filii tui portant, ut intelligere possint, quidnam eos facere imprimis expediat, cùm quod ipsorum saluti conducat, tum per quod tuum nomen sanctificetur, ne in extremo illo die justi judicii

---

² — ³ Ces passages permettent de supposer que le chevalier *Coct* fut pendant quelque temps au service d'Ulric de Wurtemberg.

⁴ Le chevalier était encore à Bâle le 17 décembre 1524 (V. le N° 130).

⁵ C'est-à-dire à Montbéliard.

⁶ V. sur cet enfant adoptif du chevalier le N° 143.

⁷ Cette lettre du chevalier Coct à Myconius n'a pas été conservée. Elle fut sans doute écrite de Bâle ou de Wehr. Il résulte d'un passage du N° 143, que le chevalier se rendit à Zurich, vers le 20 février, pour régler les frais de pension de son fils adoptif.

⁸ Il veut parler des cantons catholiques.

Filii tui audienda sit vox plus quàm horribilis : « Ite in ignem æternum, maledicti, qui paratus est Diabolo et angelis ejus! » Sed quò feror? Hoc enim volebam, ut intelligeres, quanta *Helvetiæ* esset miseria. Ausim jurare, neque Christum, neque Verbum ejus unquam audivisse pejus, quàm apud illos hac tempestate. Verùm quis si convertatur aliquando et ignoscat Deus novit? Cum video Paulum, cum latronem considero, imò *Tigurinos* superbos, sanguinarios, avaros olim contemptos⁹, nonnihil spei profectò de *Helvetiis meis* concipio, opto toto corde ne illa tandem vana sit.

Res meæ in dies melius sunt. Pridem mutavi domum: auctum est mihi præmium: favet quisquis Evangelio favet, præter ecclesiam istam plus satis duram, nescio quonam spiritu: verùm illud aliquando dicere soleo, mihi futurum quod porcis saginatis accidit, nempè ut mactentur. Sed mactet me Dominus, tantùm ne relinquat, nihil moror. Tu fac pio animo nos Deo commendes. Vale in Christo Jesu. *Grebelius*[10] de puero tibi omnia exponet. Salutabis nomine meo *hospitem tuum* et *Œcolampadium*. Salutat te *domus mea* in Domino. Tiguri.

MYCONIUS tuus.

(*Inscriptio :*) D. Annemundo Cocto, viro et genere et literis nobilissimo, Equiti aurato, Basileæ, fratri suo in Christo. S.

142

SÉBASTIEN HOFMEISTER[1] à Guillaume Farel, à Bâle.
De Schaffhouse (vers le milieu de mars 1525).

Inédite. Autographe. Bibliothèque des pasteurs de Neuchâtel.

SOMMAIRE. Notre ami *Anémond* est très-gravement malade. Nous avons désespéré de sa vie, mais à présent il est un peu mieux et fait appel à votre amitié fraternelle. Il

[9] Voyez p. 295 une appréciation toute semblable.
[10] *Conrad Grebel*. Il s'était rendu à Schaffhouse dès les premiers jours de février. (Voyez le N° 137, note 4, et Hottinger, op. cit. p. 226.)
[1] *Sébastien Wagner*, surnommé *Hofmeister* (en latin *Œconomus*), né à Schaffhouse en 1476. Après avoir étudié à Paris sous Lascaris, il professa

craint, je le suppose, de manquer de ressources. Le jeune homme qui le soigne vous donnera de plus amples détails en vous remettant cette lettre.

Gratiam et pacem à Deo Patre et Domino nostro Jhesu Christo ! Amen.

Charissime in Domino frater, *Animundus Coctus*, communis amicus, *gravissime ægrotat*[2]. Is jussit, ut suo nomine ad te scriberem, id quod per hunc tabellionem curavi : juvenis est pius et doctus et *Animundo* charus[3]. Eo tametsi opus habuissemus ad cottidianum ministerium, tamen maluit *Animundus* eum ad te proficisci et te certum facere, in quo statu sint res suæ.

Morbus primùm lentè cepit cum febricula quam è potu aquæ frigidæ, dum ambulando incalescit et bibit, putat contraxisse. Ea indies increvit, donec et vehementem calorem et intolerabilem sinistri lateris dolorem simul senserit. Nos penè desperavimus de hominis vita, sed, propicio Deo, nunc aliquantisper melius sentit. Itaque in primis cupit, ut si quid illi in hoc periculo possis su[c]currere, non negligas, idque pro consilio tuo, pro fido, immò fraterno animo tuo erga se. Quantum sencio, timet ipse fortassis, ne sibi defutura sit pecunia, si diucius sit illi lecto incumbendum[4]. Hæc voluit ad te scribi per hunc juvenem. Tu boni consule quod scribimus. Vale interim, et Deum pro nobis et fratre nostro *Animundo* precare. Saluta nostro nomine *OEcolampadium* et reliquos fratres in ecclesia vestra.

SEBASTIANUS, minister Verbi apud *Schaffusanos*,
nomine *Animundi*.

(*Inscriptio :*) Pio ac docto viro Gwilhelmo Farello, amico et fratri, Basileæ dentur.

la théologie chez les Franciscains de Zurich, puis à Constance, et vers la fin de l'année 1522 il rentra dans sa ville natale, dont il fut le principal réformateur (V. Jean de Muller, X, 226).

[2] Le chevalier était tombé malade pendant son voyage de Zurich à Schaffhouse, vers la fin de février, ou peu de temps après son retour (V. le N° suivant).

[3] Le jeune homme qui soignait *Coct* portait le nom de *Georges*. Voyez la lettre de Laurent Coct datée du 4 juillet (1526).

[4] Hofmeister ne s'adressa pas en vain au dévouement de Farel. Celui-ci envoya aussitôt quatre couronnes à son ami malade, ce qu'indique la note suivante, écrite de sa main au bas de la présente lettre : « Misi quatuor aureos 19. » — Ce dernier chiffre désigne probablement le jour du mois de mars où Farel fit cet envoi.

143

OSWALD MYCONIUS à Guillaume Farel, à Bâle.
De Zurich, 25 mars 1525.

Inédite. Autographe. Bibliothèque des pasteurs de Neuchâtel.

SOMMAIRE. *Anémond* est allé à Dieu. Sachons vivre comme il a vécu. Nous avons maintenant à nous occuper de *son fils adoptif*, que mes moyens ne me permettent pas d'élever. *Georges*, le porteur de ma lettre, vous dira où en est l'affaire des *Anabaptistes*.

S. Abiit *Annemundus* ad Eum cujus causâ egit quicquid hactenus egit[1]! Nihil dubito, quin premium receperit et fidei suæ et omnium laborum quos pro fide subiit. Nostrum est sic vivere, ut soluti mole corporis, eò perveniamus quò *Annemundi* spiritum jam pervenisse speramus.

Cæterùm *de filio quem adoptavit*, opus est tibi significem. Rationem fecimus, *priusquam solveret hinc*[2], cum vetula quæ hucusque puerum aluit. Remansit debitum iij aureorum, et solidorum (si recte memini) octo. *Interim præterierunt quatuor septimanæ*[3], ubi pro qualibet septimana solvendi sunt Ursi duo, seu quinque solidi. Atque adhuc incertum quousque *puer* hic perduraturus sit. Quamvis nemo hoc melius quàm tu noverit. Spero enim puerum per te abductum iri, non quidem tuo nomine, sed *fratrum Annemundi*[4]. Nonnihil enim is mihi hac de re dixerat vivus.

Hæc res ideo curæ est mihi, quòd fidejussorem ago his in rebus omnibus. Nec est unde satisfaciam. Et si puerum nemo curaturus

---

[1] En rapprochant de la lettre précédente le passage de celle-ci où il est fait mention du récent voyage du chevalier à Zurich (V. note 3), on peut admettre qu'il mourut environ le 20 mars.

[2] Ce voyage de *Coct* à *Zurich* est probablement celui dont il est question dans une déposition judiciaire de Séb. Hofmeister relative à *Conrad Grebel*. (Voyez Füsslin. Beyträge, I, 240-243.)

[3] Ce fut, par conséquent, vers la fin de février que le chevalier retourna de Zurich à Schaffhouse.

[4] *Guigo* et *Laurent*.

est, profectò cogar eum recipere, jure civium meorum, et pro meo educare. Id quod non gravatè facturus essem tamen, si esset unde hoc possem. Quamobrem, cum sint quibus nihil sit facilius, recte agetur si tu effeceris, ut ad illos perducatur. Memini me audisse aliquoties ex *Annemundo*, nihil gratius futurum *alteri è fratribus*[5], quàm si puerum habere apud se queat : caret enim liberis. Tuum est igitur, mi Farelle, curare, ut *puer* provideatur, *vetula*, quæ profectò matrem egit, solvatur, *Myconius* verò levetur hoc gravissimo onere. Id quod ego à te peto vehementissime. Quæ hic acta sunt cum *baptistis nostris*, audies ex *Georgio*[6]. Vale in Christo Jesu. Tiguri, Annunciationis festo, Anno XXV.

MYCONIUS tuus in Christo.

(*Inscriptio :*) Doctiss. D. Gulielmo Farello, Theologo Christianiss. fratri suo in Christo. Basileæ.

144

FRANÇOIS LAMBERT à Frédéric [1], Électeur de Saxe.
De Strasbourg, au mois de mars 1525.

In Oseam Fr. Lamberti Commentarii. Ejusd. libellus de Arbitrio hominis vere captivo. Argentorati, Jo. Hervag. M.D.XXV (mense Martio), in-8°.

(TRADUIT DU LATIN. FRAGMENTS.)

SOMMAIRE. Ministère et martyre de *Jean Chastellain* au pays de *Metz*.

. . . .

Il y avait alors à *Metz* un saint prophète de Dieu nommé *Jean Chastellain*, un homme vraiment chrétien ; il leur avait annoncé avec tant de constance l'année précédente [1523] l'évangile de Christ, que le peuple presque entier accourait pour l'entendre et

---

[5] Laurent Coct.
[6] Voyez le N° précédent, note 3.
[1] Dans la première partie de cette Épître Lambert se justifie d'avoir quitté Wittemberg sans la permission de l'Électeur. (V. sur ce sujet le N° suivant.)

désertait la prédication des prophètes de l'Antechrist². Aussi ces derniers cherchaient-ils à le faire mourir, parce qu'il mettait en évidence leurs abominations au moyen de la Parole de Dieu. Entre eux tous se distinguaient par leur fureur *l'abbé* du couvent *de St.-Antoine*³ de Vienne en France, premier conseiller du duc de Lorraine⁴, et *Bonaventure Rennel*, capucin, confesseur du dit prince. Quoique le Duc soit plein de bonté, il se laisse persuader par ces imposteurs que la vérité est hérésie, et qu'il faut mettre à mort tous ceux qui acceptent la vérité que Dieu a de nouveau révélée par son envoyé *Martin Luther*. Il a, en conséquence, rendu un décret digne de Dioclétien et de Néron, qui condamne comme hérétiques tous ceux qui ont cru à la vérité.

Comme ces pharisiens susdits ne pouvaient se rendre maîtres de *Chastellain* dans la ville même de *Metz*, ils trouvèrent moyen de l'en faire sortir, et aussitôt des gens apostés se saisirent de sa personne et l'enfermèrent dans une prison⁵. Cette arrestation, qui remplissait de joie toute la cohorte de l'Antechrist, jeta dans la désolation la multitude des croyants, qui se voyait ainsi privée de son prophète et de son évêque. Sous l'influence d'une sainte colère, que les gouverneurs de la ville avaient peine à réprimer, ils voulurent se porter contre la prison où *Chastellain* était enfermé, et l'on ne parvint à les calmer qu'en leur promettant de le leur rendre s'il était trouvé innocent.

---

² « En ce meisme temps, vint et arrivoit en *Metz* ung frère augustin, nommé frère *Jehan Chastellain*, homme assés ancien et de belles manières. Et avoit celluy frère presché à *Vic* les avents de Noël [1523]; puis le dit an [1524] preschoit la caresme tout du long en leur convent de Mets. Celluy estoit... grant prédicateur et très-éloquent, et, avec ce, en ses sermons reconfortoit merveilleusement les povres gens... Parquoy il estoit en la graice de la plus part du peuple, mais non de tous, espécialement de la plus part des prestres et gros rabis... » (Chroniques de la Ville de Metz, p. 808.)

³ *Théodore de St.-Chamond*, vicaire général du cardinal de Lorraine et « commissaire du saint-siége apostolique dans le duché de Lorraine et lieux circonvoisins pour l'extirpation de l'hérésie. » (Voyez d'Argentré, II, 17.)

⁴ Le duc *Antoine*, qui régna de 1508 à 1544.

⁵ « Soubz faulce enseigne, [il] fut tiré dehors, disant que le provincial de leur ordre le mandoit et le attendoit... et desiroit grandement de parler à luy... Et fut le povre religieulx prins et arresté... le cinquiesme jour de may [1524]; puis tantost, deux jours après, fut le povre frère mené à *Nomeney*, et là, au chaistiaul, mis au fond de fosse, auquel il tint longuement prison. » (Chroniques citées. Voyez Crespin, loc. cit.)

Il demeura donc captif pendant neuf mois entiers, toujours ferme et inébranlable, confessant avec courage le Christ de Dieu et la vérité. Les fils de la femme vêtue de pourpre, de la courtisane enivrée du sang des saints.... multipliaient leurs visites, pour l'engager à apostasier le Seigneur et à adorer la bête écarlate pleine de noms de blasphème. — ce qui l'aurait tiré d'affaire. Mais il ne se laissait point convaincre. Tous les efforts des ennemis restèrent inefficaces....

Arriva cependant le douzième jour du mois de Janvier [1525], où Dieu voulut honorer son saint de la très-précieuse couronne du martyre. Alors se rassemblèrent dans la petite ville de *Vic*, en Lorraine. des abbés nombreux. parmi lesquels celui de St.-Antoine tenait le premier rang. et auxquels était adjoint un exécrable inquisiteur, détestable avocat de l'hérésie [6]. On fit sortir *Chastellain* de prison, pour le jeter. s'il refusait de se rétracter. sur le bûcher qui était tout prêt. et l'on convoqua en ce lieu une foule considérable de peuple, en promettant à tous ceux qui assisteraient à son supplice, ces indulgences menteuses dont l'Antechrist fait trafic, cette invention du diable pour laquelle Dieu donne une double malédiction. selon ce qui est écrit : « Je maudirai vos bénédictions. »

La foule une fois rassemblée, ces pharisiens commencèrent à l'attaquer de paroles, tandis que lui demeurait muet et refusait de leur rien répliquer. Ils voulaient qu'il rétractât la sainte vérité qu'il avait prêchée, qu'il abandonnât Christ pour l'Antechrist ; mais ce serviteur de Dieu resta inébranlable, sans être effrayé par la vue des flammes, et supportant avec plaisir ce qu'ils appellent l'acte de la dégradation [7], car il savait bien que ce que lui avait conféré l'onction de l'Antechrist n'était rien. Condamné par ces scélérats, il marcha vers le lieu du supplice comme à un banquet. Y étant arrivé, il se mit à genoux. et. après avoir prié, il se releva et se livra aux valets du bourreau. pour être attaché au poteau qui était préparé, et bientôt il fut consacré martyr de Christ par les flammes qui le consumèrent et lui furent un gage de victoire [8].

Je le connaissais intimement ; nous étions liés comme David et Jonathan. Il avait environ cinquante ans ; il possédait une instruc-

---

[6] *Nicole Savin,* « docteur en théologie et inquisiteur de la foy. » (Crespin, l. c.)

[7] Voyez dans Crespin le récit détaillé de la « dégradation. »

[8] On trouve deux autres relations du martyre de Chastellain dans les écrits de Lambert.

tion solide, et s'était voué à l'étude de la théologie ; il avait un caractère réfléchi, ferme, courageux, un extérieur imposant, une éloquence brûlante. Le peuple de *Metz* en apprenant sa mort fut pris d'une violente douleur, et s'étant jeté sur la maison des moines qui l'avaient fait périr, il délivra de la prison où on le retenait, un autre serviteur de Dieu, *Jean Védaste*, de *Lille* en Flandre, qu'on voulait aussi, dit-on, faire bientôt monter sur le bûcher [9]. Il se trouve à cette heure chez moi, occupé à publier des ouvrages français, à la confusion du royaume de perdition ....

145

FRANÇOIS LAMBERT à Frédéric, Électeur de Saxe.
De Strasbourg, 25 mars 1525.

Inédite. Autographe. Bibl. du Muséum, à Bâle. Autographa.
n° 25. p. 26.

SOMMAIRE. Depuis longtemps je cherchais l'occasion de m'excuser auprès de V. A., au sujet de *mon départ précipité de Wittemberg*. Je n'en suis sorti que sur un appel irrésistible, puisqu'il venait de Dieu. Je vous supplie d'agréer l'hommage de *mon Commentaire sur le prophète Osée*, et de me faire savoir si vous m'avez rendu votre bienveillance. J'ai encore une prière à vous adresser au nom du comte *Sigismond de Hohenlohe*, qui est mon bienfaiteur et *l'un des plus fermes appuis de l'Évangile en Allemagne*. Sur le conseil de notre église, *il désire se marier*, et il fait prier V. A. de vouloir bien lui choisir une épouse dans l'une des familles pieuses de vos États. Nous espérons que son exemple sera suivi par plusieurs membres du *Chapitre de Strasbourg*. *Christine*, ma fidèle compagne, et moi nous vous souhaitons humblement, comme à notre Prince, la vraie paix et toute prospérité.

JESUS.

Gratia et pax à Deo Patre nostro et Domino nostro Jesu Christo !

A diebus quibus, vocante et compellente me Domino, *Wittembergam* deserui, Christianissime Princeps, nolui scribere ad Tuam

[9] C'est en faveur de *Chastellain* et de *Védaste* que Lambert avait écrit si souvent aux magistrats de Metz. (Voyez le N° 127, note 4 à la fin, et la lettre de Lambert du 15 août 1525 au Sénat de Besançon.)

Altitudinem. usque in præfinitum diem, quo, pro tenuitate mea, officium in te meum aliquo munusculo contestarer, et si quid offensionis, ob discessum meum, intercesserat, hoc medio purgarem.

Primùm ergo, Inlustriss^a D. T. nosce [l. nosse] dignetur, quòd nulla mala arte, nullo contemptu, nullave ingratitudine, abierim è *Saxonibus*, sed quòd ita oportuerit, nisi Christum negare voluerim, ut *libro meo de Vocatione, C. 22. quasi de tertio quopiam loquens, palàm feci*[1]. Expectavi aliquandiu tuum è *Nuremberga* reditum[2]: sed cum fuit proximum *Francofordiense emporium*, ultra operiri non valui, quòd eo tempore viæ tutiores essent[3]. Verùm si, antequam venirem è *Wittemberga*, scivissem, quòd in proximo è *Nuremberga* reversurus eras, expectassem jussionem tuam. Quòd si Magnitudo Tua omnino judicat, aut mihi imputat ad culpam, quòd ante abierim, precor eam, ut mihi donet hanc offensionem, per Dominum Jesum Christum.

Ecce, ò Clementissime Princeps, mitto tibi cum præsentibus *Commentarios nostros in Oseam prophetam*, simul et *de Arbitrio hominis verè captivo, adversus Erasmum, tametsi non nominatum*[4], sub Tuæ Celsitudinis nomine emissos, in quibus, juxta donationem spiritus Christi, palàm feci veritatem ejus. Obsecro, ut hoc qualecunque munus acceptum sit coram te, ipsaque veritas de qua in eis Commentariis scripsi, sit pro me apud Tuam Clementiam gratiæ adsequendæ mediatrix. Utinam autem jubens [l. jubeas] ut quispiam ex sanctis aulicis tuis ad hunc puerum Tuum, Tuæ Magnitudinis nomine, scribent [l. scribat], ut sciam an me denuò in gratiam receperis, et placuerit tibi munusculum meum, simque aliquando quid tale denuò missurus!

Cœterùm multa fiducia, ò Generosissime Dux, rem unam paucis adjeci. Est apud nostram *Argentinam* vir christiani admodùm pectoris ac verè generosus, *D. Sigismundus Comes ab Hohenloe*, Collegii Principum Decanus[5], per quem maxime et inprimis dictæ

---

[1] Voyez le N° 131, note 3.

[2] Voyez le N° 112, note 5.

[3] La foire du printemps à Francfort eut lieu, en 1524, du 3 au 23 mars. Les routes de la Saxe et de la Thuringe durent être suivies, à cette occasion, par de nombreux voyageurs dès le 20 février.

[4] Cette partie de l'ouvrage de Lambert était donc une réponse indirecte au livre d'Érasme *de libero Arbitrio,* publié en septembre 1524.

[5] Le comte *Sigismond de Hohenlohe,* doyen du chapitre de Strasbourg. L'activité bienfaisante de cet homme vraiment évangélique a été retracée

urbis misertus est Dominus, per eum servans in illa veritatem suam, piorum omnium patronus, de quo plenius scripsi ad Rever.[endum] tuæ inclitæ aulæ Episcopum⁶. Nullus profectó in *Germania*, demta Celsitudine Tua, rem Christi ardentius promovet, intrepide quidquid ad hoc facit, tentans. abjiciens, calcans, adgrediens⁷. Hunc mihi et familiæ meæ dedit in patrem Deus, apud *Argentoratum*, quemadmodum olim Tuam Celsitudinem apud *Saxones. Is*, nostræ ecclesiæ consilio, *cupit effici conjunx in Domino*, quod et illi optant omnes sancti, ut ejus exemplo Antichristi perditio efficacius corruat. Sed quia in *Argentoratensium* vicinia non habet quem pro hac re tutó precetur. adcedit ad inlustriss. D. Tuam supplex, et pro eo simul quotquot apud nos Verbo favent, orantes, *ut hoc illi præstes, nempe, ut è filiabus verè credentium*, quibus sunt plenæ Imperii tui [terræ], *piam aliquam sibi in conjugem tribui velis*. Putabit enim à Deo esse quidquid in hac re feceris. Utinam id citó videamus, et ille primùm, denique multi à laqueis filii perditi liberi fiant! Siquidem *multi etiam è Principum Collegio operiuntur quòd hic reliquis viam paret*.

Præsta ergo, ô piissime Princeps, id eidem Comiti, tibi sese toto corde dedenti ac commendanti, imó et toti ecclesiæ nostræ id simul precanti ejus causá. In te muitam habet ille fiduciam in Domino, quòd veritas secundùm quam versari concupiscit, sub tuo imperio revixerit. Proinde boni consule ejus petitionem, quam nunquam ad Tuam Magnitudinem misisset, nisi de ea in [l. de tua in se] bonitate sentiret. Boni quoque consule, quòd pro eo scripserim. *Illi siquidem jubenti non parere non valui*, quòd maxime per eum me Christus juverit, et res pro qua scripsi sit sacrosancta.

Tandem, *et Saxona mea Christina*, fidissima meæ socia peregrinationis, optamus tibi, Clementiss. Principi nostro (semper enim Princeps noster es, ubicunque sumus) pacem veram et omnia prosperè in Domino, nos tibi corde humillimo ac deditissimo commen-

---

dans l'Histoire de la Réformation en Alsace de Rœhrich, 1ʳᵉ partie, p. 243 et suivantes.

⁶ *Spalatin*, aumônier de la cour électorale de Saxe.

⁷ Dans l'épître dédicatoire de son commentaire sur Joël, publié en 1525, Lambert adressait au comte Sigismond les paroles suivantes: « Ob id.... Tuæ Celsitudini Prophetam, qui maxime est adversum filii perditi factionem, dicare volui, eo quod mihi sit persuasissimum, *te omnem Sathanæ altitudinem*, quæ in eo cernitur, *toto corde calcasse, atque ut tuo exemplo multi fiant, ex Nicodemis Apostoli*, hoc est, ex secretis veritatis confessoribus, et sermonibus et facto, publici ejus adsertores. »

dantes. Argentorati, die Incarnationis Unigeniti sempiterni Patris, Anno vigesimo quinto supra mille^m et quinquen^m.

Ejusdem Illustriss. Domina.[tionis] Tuæ servulus in Domino
FRANCISCUS LAMBERTUS AVENIONENSIS.

(Inscriptio:) Inlustriss. et eidem Clementiss. Prin.[cipi] ac Do.[mino] Do. Friderico Sax. Duci, Sacri Ro. Impe. Elec. Archimar. Lantgravio Duringiæ, Marchioni Misniæ, Domino et Patrono suo Colendissimo.

(Au-dessous, on lit ces mots de la main de Spalatin :) « Ex Argentina. »

146

ULRIC ZWINGLI au Roi de France.
De Zurich (au mois de mars) 1525.

De vera et falsa religione Huldrychi Zuinglii Commentarius. Tiguri, Christoph. Froschover. M.D.XXV (mense Martio), in-8°.

(TRADUIT DU LATIN. FRAGMENTS.)

SOMMAIRE. Zwingli engage François I à réduire au silence *les docteurs de Sorbonne* et à protéger dans son royaume *les docteurs évangéliques*. Il proteste que c'est bien à tort qu'un certain personnage a voulu persuader à la *reine-mère* que la doctrine de l'Évangile pousse *les sujets* à la désobéissance envers *leurs princes*.

.... Sire, le très-saint et très-savant Hilaire, né dans votre France, a jadis écrit à tous les frères et évêques d'Allemagne. Plût à Dieu que nous pussions nous glorifier un jour de vous avoir rendu la pareille ! — ce que je n'entends point appliquer à cet imparfait ouvrage, dont je suis l'auteur, mais aux autres livres publiés par les savants et pieux théologiens de l'Allemagne. Toutefois, je vous en conjure, prêtez-moi l'oreille, ô Roi très-humain. Vous avez dans votre royaume cette race des *théologiens de Sorbonne*, que personne ne saurait dépeindre comme il convient : ils ignorent les langues, et non-seulement ils les méprisent, mais encore ils les persécutent, ne se servant eux-mêmes des leurs que pour maudire et mordre comme les serpents ; ils déclarent impies, hérétiques et blasphématoires les propositions qui sont tirées des livres saints, tandis que je ne connais pas de doctrine qui soit plus blasphématoire envers Dieu que celle qu'ils enseignent eux-mêmes. Faites-les taire, Sire, de peur qu'en les laissant proférer contre Christ tout ce qui leur vient à la bouche, vous n'encouriez son indignation....

Vous avez *un autre genre de docteurs* qui cultivent les sciences célestes plus que les sciences humaines et qui possèdent tout ce qui s'y rapporte, je veux dire la connaissance des langues, la simplicité des mœurs, la sainteté de la vie. Ayez soin de ces gens-là et témoignez-leur plus d'égards qu'à personne; ne les accaparez pas pour vous seul (sauf un petit nombre qui puisse s'entretenir avec vous des choses divines), mais distribuez-leur dans tout votre royaume des postes où ils puissent afficher, non sur des colonnes, mais dans les cœurs, les nouveaux ordres de Jésus-Christ. Vous verrez alors votre royaume longtemps affligé par la guerre reprendre immédiatement un nouveau lustre; vous verrez disparaître le luxe, l'impureté, la débauche, l'intempérance, en un mot tous les vices, et refleurir la justice, la confiance, la miséricorde. Vous ne vous laisserez jamais entraîner dans cette opinion où certain personnage s'est efforcé de faire tomber *votre très-illustre mère*, à savoir qu'il faut s'opposer à la doctrine de l'Évangile, comme à ce qui trouble la paix, puisqu'en Allemagne tout est sens dessus dessous et que personne n'y obéit aux ordres des princes. Ceux qui parlent ainsi ne veulent pas servir Dieu, mais leurs propres convoitises.... Il a pu se faire que dans quelques parties de l'Allemagne il se soit élevé des troubles dangereux, lorsque les magistrats ont prétendu défendre la libre prédication de la Parole de Dieu; mais croyez-moi, ô Roi très-illustre, partout où les magistrats ne s'efforcent pas d'arrêter le libre cours de la Parole, les gens de bien sont entièrement d'accord avec eux.... A ne considérer la question que du point de vue de l'utilité, on verra, en lisant mon livre, tout ce que les rois et les peuples gagneraient en prospérité s'ils entreprenaient la réforme des mœurs selon la Parole de Dieu....

Accueillez, Sire, avec indulgence l'audace que j'ai eue de vous dédier cet écrit. J'avais surtout pris la plume en vue d'être utile à la France. Il m'a semblé que rien n'était plus juste que d'offrir à son Roi ce que j'ai composé, afin que personne ne puisse m'accuser de dissimulation. De Zurich, l'an 1525.

147

NOEL BEDA à Érasme de Rotterdam.
De Paris, 21 mai 1525.

Erasmi Epistolæ. Éd. Le Clerc, p. 1708.

SOMMAIRE Beda reproche à Érasme d'avoir proclamé l'utilité des *traductions de l'Écriture Sainte en langue vulgaire. L'évêque de Meaux et l'Allemagne* n'ont pas lieu de s'en féliciter. *Les ouvrages d'Érasme* qu'a traduits *Louis de Berquin* ne sont pas approuvés par *la Sorbonne.*

Falsus… plane fuisti, pietatis prætextu existimans, perutile esse Ecclesiæ Scripturas Sacras, et Cantica Canticorum, et Ezechielem verti in vulgare[1]. Cæterùm, quòd toties et tam instanter suadere sategisti, — non advertens quanta sæpius, eam ob rem, Ecclesia animarum pericula et turbationum pertulerit incommoda, propter quæ, ne id fieret non semel prohibuit, — jam tuæ charitati dico, *suis damnis expertus modò Dominus Episcopus Meldensis quidnam fructus plebs illiterata suæ Diœcesis ex Jacobi Fabri sudoribus* in eo negotio *collegerit*[2] *!* Si verò in *Germania* rusticis viris et mulierculis religionis incrementa in eam traductæ linguam Scripturæ contuleri[n]t, vos certiùs nobis nosse potestis ; qua de re quod variis locis expertissimus *Doctor de Gersoneo* scriptum reliquerit, utinam tibi relegere complacuisset !

…. Jam, pro epistolæ conclusione, quod *heri* de nonnullis tuorum opusculorum in consessu gravissimo propositum exstitit, refero. Tui *nescio quis* amans *in Gallicum traduxit eloquium* libellos, videlicet : *Encomium matrimonii, Orationem Dominicam et Symbolum*[3] ;

---

[1] Érasme parle déjà des traductions en langue vulgaire dans la préface de la seconde édition de son Nouveau Testament (1519).

[2] Il veut dire que les actes d'hostilité contre le culte catholique avaient été commis dans le diocèse de *Briçonnet* (N° 135, note 1) par des gens qui avaient lu le N. T. de *Le Fèvre.*

[3] Dans l'arrêt rendu par la Sorbonne, le 20 mai 1525 (V. d'Argentré, II, 42) le traducteur de ces trois livres n'est pas nommé, tandis que dans les censures prononcées par le même corps contre ces ouvrages, après leur impression, le 12 mars 1526, la traduction en est expressément attribuée à *Louis de Berquin.*

si plures sunt, jam non memini. *Versiones* autem *ipsæ ad nostram Facultatem fuerunt* (ut jam *Lutetiæ* fit) *præsentatæ*, ut sciretur, si quid expediret illas imprimi, necne⁴. Ad id muneris commissi, quæ in ipsis versionibus non sana compererant, palam pro more Facultatis recitaverant. Quibus auditis, obstupuere omnes, tua certè non probantes dogmata: ideo *interpretem*, quem nonnulli suspicantur *Ludovicum à Berquin*⁵ fuisse, tibi. charissime frater, non multùm suo contulisse studio, et formidandum, *ne futura tibi et Fabro sit communis sors* cum Magistris nostris⁶, quos à multis certum est sæpius male audire. Valedicens persevero in supplicationibus; tui Beddæ consilia, quantùm commode poteris, audi, precor, et bene tibi erit. Ex Acuto Monte⁷, Parisiis, **21** Maii, anno 1525.

Tui, qui ad vota paratus est, BEDDÆ.

⁴ Voyez le N° 137, note 2.

⁵ Deux ans plus tôt, vers le milieu de mai 1523, la Sorbonne avait fait saisir chez *Louis de Berquin* plusieurs livres « hérétiques » et demandé qu'ils fussent condamnés au feu, ce qui lui fut accordé. — « Au dict an 1523, le samedy, 8ᵉ aoust, furent bruslez plusieurs livres, par l'authorité de la cour de Parlement, devant la grande église Nostre-Dame de Paris, qu'avoit faict un gentilhomme, nommé *Loys Barquin*, seigneur du dict lieu, en Picardie, qui estoit grand clerc ; mais il estoit luthérien ; lequel avoit esté prisonnier à la conciergerie du Palais à Paris [depuis le 1ᵉʳ août]... Néantmoins il en fut mis hors de par le Roy, qui estoit près de Meleun, et s'en alloit de là les montz ;... et fit ce le Roy pour luy saulver la vie, car aultrement il eust esté en grand danger de sa personne d'estre mis à mort par justice, car il l'avoit bien gaigné. » (Journal d'un bourgeois de Paris, p. 169.)

⁶ Dans la réponse qu'Érasme fit à la présente lettre de Beda, le 15 juin 1525, on lit les passages suivants: « Quod mihi tua charitas metuit, ne quando sim in eadem sorte futurus, in qua *Faber*, — ego magis vereor, optime Bedda, ne quando vos sitis in eadem sorte futuri, in qua nunc sunt *Theologi Germaniæ*, quorum tanta hisce temporibus est autoritas, ut si quid reprehendant, ob hoc ipsum placeat, quod ab illis damnatum est. » Et plus loin: « Cum *Berquino* mihi nihil est rei ; sed tamen, si me pateris *aliquam veri partem* in sinum tuum effundere, quid opus erat *hoc inter articulos notare*, quod scripsit, *à concionatoribus rectius invocari Spiritum Sanctum quàm Mariam virginem?* — Fit, inquis, injuria laudabili consuetudini. — Ut laudabilis sit hodie, certè veteres hanc laudabilem consuetudinem nescierunt... *Hieronymus* in singulis penè præfationibus commentariorum quos scripsit in prophetas, meminit de invocando auxilio spiritus divini ; *de invocanda Maria non meminit.* Verùm ut donemus esse laudabilem, quid peccat qui ostendit quod sit laudabilius? Quale verò est, ob hujusmodi nænias, *virum talem in vitæ famæque discrimen vocare!* » (Le Clerc, p. 866 et 869.)

⁷ Le collège de Montaigu.

148

LES ÉTATS DU PAYS DE VAUD à leurs ressortissants.
De Moudon, 23 mai 1525.

Ruchat. Histoire de la Réformation de la Suisse. I. 563.

TITRE. *Estatuts contre les oppinions de Martin Leuter.*

A tous ceulx que [l. qui] ces présentes verront et liront, soit notoire et chouse manifeste, que ce jourd'hui 23 de ce mois de May, l'an mil. v^e. et 25, sont été dressés, congregués et trouvez ensemble aux Estats tenus ici à *Moudon*, pour les affaires de ce pays de Waud, Messieurs les Nobles et Ambassadeurs des Bonnes Villes[1], ici dessous nommés : Par devant lesqueulx Estats, Noble *Loys Pomel*, Lieutenant du Ballivaige de Waud, par le commandement de Monsieur le Gouverneur et Baillif de Waud, a mis en avant et proposé que l'on delust [l. dût] avoir regard et advis sur les maulvaises, déléales, faulces et hérétiques allégations et opi-

[1] Le *Pays de Vaud*, conquis au treizième siècle par le comte Pierre de Savoie, avait conservé toutes ses franchises. C'était une sorte de confédération placée sous la suzeraineté d'une famille de princes héréditaires. Les nobles, les villes, et parfois le clergé, envoyaient leurs députés à une *Diète* qui se réunissait ordinairement à *Moudon*, siége habituel du « gouverneur et bailli de Vaud, » représentant du Prince. « Les États » étaient composés des nobles et des députés de quatorze villes et bourgs qu'on appelait *les bonnes villes*; c'étaient: Moudon, Yverdon, Morges, Nyon, Romont, Payerne, Estavayer, Cudrefin, Rue, Cossonay, Grandcour, Ste.-Croix, Les Clées et Châtel St.-Denis.
Le reste du Pays de Vaud obéissait à d'autres maitres. Lausanne, Lutry, Cully, St.-Saphorin, Corsier, une partie de Vevey, Avenches, Lucens et Bulle formaient *le patrimoine du Prince-Évêque de Lausanne*. Les républiques de Berne et de Fribourg possédaient en commun depuis 1475 *les bailliages d'Orbe, de Grandson et de Morat*. Berne commandait seule dans *les quatre mandements d'Aigle, d'Ollon, des Ormonts et de Bex*, dont elle s'était emparée à la même époque. (Voyez Ruchat, I, 267. — Documens relatifs à l'histoire du Pays de Vaud. Genève, 1817, 8°, p. xxiij.)

nions de ce mauldit et déléal hérétique, et ennemy de la foy chrestienne, *Martin Leuter* [l. Luther], par lesquelles, comme il se dit communément, eis lieux circonvoysins sont été faits de gros esc[l]andres et abus contre la foy Chrestienne[2].

Et desirant obvier à toutes les chouses dessus dites, et aussi pour maintenir la foy Chrestienne, ainsin que vrays Chrestiens doivent faire, par le mandement et commandement de mon dit Sr. le Gouverneur et Baillif de Waud, [les dits Estats] ont statui et ordonné, et ordonnent par ces présentes, — *que nulle personne* de quelque estat ou condition que ce soit, subjets de nostre très-redoubté Seigneur, tant médiats que immédiats, *ne doige* [l. doive] *avoir, acheter ne garder point de livre fait par le dit Martin Leuter*, et si point s'en trouve, que le dit livre soit brûlé. Item, *que nulle personne* de quelque estat, degrez ou condicion que ce soit, *ne doige parler en manière quelconque du dit Leuter, en le favorisant et maintenant*, ou en maintenant et affermant aulcunes de ses mauldictes et dampnables oppinions et allégations, — et ce sous la peine d'estre griefvement incarcerez trois jours durant, et, au bout de trois jours, de recepvoir trois estrappades de corde publiquement, et doige payer, avant que sortir de prison, les despenses et

---

[2] C'est une allusion à *la guerre des paysans* (ou « sédition des rustiques »), qui venait de causer tant de ravages en Allemagne et dont on craignait le contre-coup en deçà du Rhin. Aux yeux des adhérents de l'église romaine tous les excès nés d'une fausse interprétation de l'Évangile étaient imputables à *Luther*.

Quelques extraits d'un acte rédigé à Orbe, le 22 mai 1525, nous fourniront un spécimen des impressions populaires. Domp *Pierre Guibert*, prêtre de cette ville, incarcéré à l'instance des nobles et bourgeois de la ville de Grandson, était interrogé ce jour-là à propos de ce qu'il avait dit, le jeudi 4 mai, à un jeune cordelier de Grandson : « N'allez pas à votre couvent, car il est brûlé ! » Sur quoi, deux jours après, le couvent avait failli être incendié. Pierre Guibert répondit : « Que vray estoit que le Jeudi desus escript,
« en la maison de la Chevreriez, tenant ostellerie à *Orbe*, [il] se deult tro-
« véz... avecq certains autres prestres d'Orbe, auquel lieu se trovit le jeune
« religieux avecque vung [l. un] débrosseur nommé Petit Jehan, et parlirent
« de *Leuter*. Et que vung Jacobim, le jour devant, luy avoit dit *que les Leu-*
« *tériens brûloient les religions* [l. couvents] *vers Bâle*, et qu'il[s] ein avoient
« desjà brûlé deux. Après parlit le dit détenu au dit jeune religieux, luy di-
« san' ouz il aloit ? A quoit luy avoit respondu, qu'il s'en aloit à *Granson*;
« et adonc le dit détenu luy dit : *N'y alés pas, car vostre convent e*[s]*t brûlé.*
« Mais il n'y entendoit nul mal, ny jamais ne l'entendit qu'il l'eult deult
« brûléz. » (Archives de Fribourg.)

missions faites adcause de la ditte détention. Et *si celui qui auroyt voulsuz* [l. voulu] *soubtenir et maintenir les faulces et décepvables oppinions devant dictes*, en tout en partie, *après avoir recephu les dictes estrapades, si* [l. malgré cela] *veult estre indurcy et obstiné, qu'il doige estre brûlé*, comme faulx et déléal hérétique, *avec son livre*, si point en avoyt. Quelque priviliége, liberté et franchise au dit païs de Waud concédées, nonobstant.

(Suivent les signatures des députés, lesquels déclarent qu'ils ont réellement statué et ordonné « les Estatuts et ordonnances dessus cscriptes, » et prié le Lieutenant de les confirmer, faire tenir et publier « à tous Officiers du Pays de Waud, » — puis une déclaration confirmative, émanée du dit Lieutenant.)

Desquelles choses susdites, Nous des Estats dessus nommés aujourd'hui icy assemblés aux Estats, avons commandé à nostre scribe et secrétaire icy dessoubs signé, escripre et signer ce présent Estatut et Ordonnance. Donné aux Estats à Mouldon, le jour et l'an que dessus.

BONDETI.

149

PIERRE TOUSSAIN à Guillaume Farel.
De Bâle, 3 juin 1525.

MANQUE.

[Cette lettre a été mise aux enchères à Paris, le 19 décembre 1850. Voyez le Catalogue de la collection de Lettres autographes et de Documents historiques concernant l'Histoire de la Réforme.... provenant du cabinet de feu M. le comte Emmery, pair de France. Metz, 1850, in-8°. On lit au N° 98 de ce Catalogue : « ... *P. Tossanus Basileus* [l. Basileæ], *3 juin 1525. A. Guill. Farel à Strasbourg, deux pages in-fol. (en latin).* » — Cette lettre doit renfermer des détails intéressants relatifs à l'entreprise d'évangélisation que *Toussain* et *Farel* allaient tenter à *Metz*. Voyez le N° 140, note 5.]

150

ŒCOLAMPADE à Guillaume Farel, à Strasbourg.
De Bâle, 1er juillet (1525).

Œcolampadii et Zuinglii Epistolæ. Éd. cit. fol. 205 a.

SOMMAIRE. *Imeli* pourra vous dire que mon ministère est toujours exposé aux mêmes épreuves. Avant la réception de votre lettre, *Didier* était subitement retourné dans son pays; mais je ne puis guères espérer qu'il ait le dessein d'y annoncer l'Évangile. *Le chef des tribus* m'a paru peu satisfait de la demande que vous lui adressiez; je tenterai néanmoins de nouvelles démarches, pour que *notre Sénat* vous rende enfin justice. Prenez connaissance de *mon travail sur l'Eucharistie* et dites-m'en votre avis. J'ai fait expédier [à Strasbourg] votre bagage.

Joannes Œcolampadius Gulielmo Farello, fratri suo in Christo dilecto.

Gratia et pax à Christo! Frater charissime, si bene agis, benedictus sit Dominus in secula! Ego sanè in statu sum non multo quietiore, sed et nonnihil inquietiore quàm quum adesses, quandoquidem nulla dies præterit, quin multa audiam alicunde quæ audire non juvat; sed illis neque curis, neque anxietate mea, occurrere possum. Benedictus autem Deus in omni tempore, qui scit mensuram flagellorum quibus erudiendi sint filii! Occidit et vivificat, immittit cornua quæ nos ventilent et humilient, ita ut caput erigere nequeamus; sed mittit et fabros qui illa deterreant, facit enim cum tentatione proventum.

Imelius[1] pleraque narrare poterit, quàm parum adhuc fructificemus; et nihilominus valde sumus invisi sacerdotibus Baal et illorum adoratoribus. *Desiderius* perendie quàm acceperam *literas tuas*, repentino consilio ad suos festinavit[2]: quo animo, conjectare non possum. Ignoravi abitionem ejus, alioquin magis anxiè Evan-

---

[1] Voyez le N° 159, note 1. Il paraît que *Jacob Himeli* devait se rendre à Strasbourg, où *Farel* séjournait depuis environ trois mois.

[2] Voyez le N° 140, note 7.

gelium illi commendassem; timeo quòd non abierit evangelizatum. Utinam subitò irripiat illum spiritus Domini!

*Tribuno*³ semel loquutus sum, antequam tuas literas accepi, sed nihil respondit, neque valde gratæ in tantis tumultibus⁴ erant literæ. *Iterum* tamen *tentabo*, idque variis viis, *si qua tandem justiciæ spes*. Fortassis tibi ocium erit legendi quæ interim *de Eucharistia* congessi⁵; judicium tuum non postposuerim ulli. Cape igitur ejus gustum aliquem, et significato. Bene probatur seculum nostrum, ut detegantur impiorum fraudes qui se professuros Christum receperant, et retrocedunt. De *duce nostro*⁶ nihil prorsus audio. *Vas cum reculis tuis* tibi advectum iri jussi, si fortasse quibusdam opus habeas. Saluta *fratres nostros* in Domino, et vale. Prima Julii, Basileæ (1525)⁷.

151

GUILLAUME FAREL au Sénat et aux Citoyens de la ville de Bâle.
De Strasbourg, 6 juillet 1525.

Inédite. Autographe. Archives d'État de Bâle *.

SOMMAIRE. Attiré de l'extrémité de *la France* par la réputation de science et de sagesse dont jouit votre république, j'ai pu, grâce à votre équité, soutenir à *Bâle* une dispute sur la religion. Désireux de reconnaître cette faveur, j'ai donné à la jeu-

---

³ Le *Tribunus plebis* ou « *magister Zunftorum* » était alors *Lucas Ziegler*. C'est par erreur que nous l'avons cité p. 456, note 5, au lieu de son collègue *Jacob Meyer*, qui fut en charge depuis le 24 juin 1524 jusqu'au 24 juin 1525.

⁴ Allusion au soulèvement des paysans bâlois, qui avait failli amener une guerre civile (Voyez J. de Muller, X, 287. — J. J. Herzog, op. cit. 165).

⁵ C'était la première rédaction de l'ouvrage que le réformateur bâlois publia à Strasbourg, au mois de septembre suivant (V. le N° 154, n. 8).

⁶ Le duc Ulric de Wurtemberg.

⁷ Le millésime est écrit de la main de Farel sur l'exemplaire déjà cité.

* Cette précieuse lettre nous a été communiquée par le respectable archiviste de Bâle, M. Krug.

nesse *un cours public* que j'ai dû interrompre, pour ne pas irriter davantage les ennemis de la Parole de Dieu et de votre État. Bientôt après, sur l'instante prière de quelques hommes pieux, *j'ai consenti à prêcher pour les Français, dans l'un de vos temples* et avec votre permission. J'ai annoncé Christ seul Sauveur, et l'esprit de paix qui m'animait ne sera mis en doute par personne.

Mais cette modération, cet amour sincère pour votre ville, ne m'ont nullement servi de sauvegarde. Le samedi matin, veille du jour où je devais prêcher mon quatrième sermon, un huissier m'invite à le suivre à l'Hôtel-de-Ville. J'accours : un membre du Conseil m'aborde et engage avec moi un dialogue en latin : « *Nous voyons maintenant,* dit-il, *ce qu'est votre Évangile!* » A toutes mes protestations il réplique par ces mots : « *Mes seigneurs ordonnent que vous sortiez de Bâle aujourd'hui.* » J'obéis avec le plus vif empressement ; mais à peine étais-je hors de la ville que je me demandai comment un Sénat renommé par sa justice avait pu me condamner sans m'entendre.

J'ai fini par croire qu'une décision aussi incompréhensible n'était pas votre ouvrage, mais celui d'un ou deux intrigants, et, dans l'intérêt même de votre ville, j'ai demandé par écrit au grand-maître de vos tribus que les circonstances de mon expulsion fussent enfin examinées, m'offrant, si j'étais trouvé coupable, à subir quelque châtiment que ce fût. Cette démarche étant restée sans succès, je m'adresse aujourd'hui au Conseil tout entier, en vous priant de m'octroyer une justice que vous n'avez jamais déniée à personne.

Commendantur et meritò florentissimæ *Germanorum* respublicæ, cum à multis, tum ab una potissimum æquitate et justitia, quam supra omnes colunt et observant. et in primis clarissima *Helvetiorum* gens, in qua *Basilienses* consilio, prudentia ac æquitate apud exteros clariores prædicantur, ut cætera taceam, literas scilicet puriores et pietatem. *Quibus ipse è penitissima Gallia illectus fui*[1], *ut unam supra omnes prædicatam inviserem Basileam,* ut nonnihil inde reportarem cum eruditionis tum pietatis.

Quod ut facilius adsequerer, cum peritioribus conferre de nonnullis volui, et, quò plenius meo satisfieret ardori, *publicam optavi cum omnibus collationem,* super iis in quibus cardo vertitur eorum de quibus nunc controversia est[2]. Quam cum *nonnulli ex Universitate,* quorum munus erat mihi adesse et ad id invitare, ac *episcopales,* qui primi manus porrigere debebant, prohiberent, vester quàm consultissimus *Senatus,* utrisque auditis, mihi copiam fecit conferendi cum omnibus publice, posito modo iis qui mihi non satis in re hac erant æqui[3]. Sicque licuit in frequentissimo claris-

---

[1] C'est-à-dire que *Farel* dut prendre la résolution de se rendre à Bâle pendant son séjour en *Guyenne* (V. le N° 105, note 8).

[2] — [3] Voyez les N°˙ 91 et 92.

simorum et eruditissimorum cœtu audire et nosse quid unusquisque sentiret; cautum enim erat per mandatum vestrum æquissimum, ne cui fraudi esset libera mecum collatio[4].

Et, *ne ipse ingratus urbi vestræ essem,* sed ut pro viribus adniterer aliquam referre gratiam, *quod potui præstiti, prælegens juventuti,* secundùm gratiam mihi à Deo datam, *quæ ad pietatem facerent et reipublicæ pacem et tranquilitatem, idque ex Paulo,* notans eos qui à Deo deficiunt et magistratibus sunt injurii, quique omnia in republica Christianorum inverterunt. Quæ res mihi invidiam auxit apud eos qui vestram et civitatem et rempublicam eversam cupiunt, id satagentes, ut ablato Domini Verbo in duram trahant captivitatem[5] : quod ipse sentiens *à lectionibus cessavi,* quamvis rogarent multi non parum pii et docti, quibus non facile est pio viro quicquam denegare[6].

Verùm invidiam declinare volentem *non passi sunt qui Evangelium amant, tacere, adigentes me ut aliquid,* pro Christi gloria, *Gallos qui vestram incolunt civitatem docerem juxta Verbum Dei: quod ægrè* (secundùm carnem dico) *cœpi*[7], nec tamen prius *suggestum ascendi,* quàm consulti essent super re hac nonnulli ex primioribus [l. primoribus] vestri clarissimi Senatus, ac *designato loco per eum cui templum à vobis creditum est*[8]. Docui tandem, sed tantâ modestiâ quantam nemo sperasset, purissime et placidissime tristibus animis Christum depingens, servatorem, advocatum et mediatorem nostrum apud Patrem, — id quod nemo inficias ire potest.

At nihil! hæc mihi profuit modestia, nihil syncerus erga civitatem vestram animus. *Jam instabat dies dominicus quo quartam concionem eram habiturus*[9]. Ecce *Sabbato* vocor ad horam pene decimam

---

[4] Voyez le N° 95.

[5] On ne connaît pas le sujet précis du cours de *Farel,* mais ce qu'il dit du caractère de son enseignement montre assez qu'il dut être principalement dirigé contre les abus de l'église romaine.

[6] C'est au moment de la cessation de son cours public que *Farel* nous semble avoir formé le dessein de se rendre à Strasbourg et à Wittemberg (V. les Nos 100 et 101, et plus loin la note 9).

[7] Voyez le N° 107, note 4.

[8] *Farel* a donc été dans l'ordre des temps le premier prédicateur de l'église française de Bâle. Il nous paraît assez vraisemblable qu'il prêcha dans le temple de *St.-Martin,* dont le curé, Antoine Zancker, avait pour vicaires Œcolampade et Boniface Wolfhard.

[9] D'après une opinion généralement adoptée et qui repose sur les deux

per nuncium publicum. Adcurro, benè conscia conscientia, advolo prætorium [10], ita ut vix me consequi posset antecedentem nuncius. Istic pro foribus expectatum satis. Tandem minister virgatus me vocat, sequor vocantem, qui, cum [nec] à me intelligi, nec me intelligere posset, in *hypocaustum angulare* prætorii abducit [11]. Illic adfuit qui me adnitebatur latine convenire, inquiens : « *Nos videmus quale sit hoc Evangelium vestrum* [12] *!* — Ipse sciens quid vellet, nimirum, Evangelium arguere seditionum et defectionis subdictorum [l. subditorum] à dominis, quod mentiuntur nonnulli, quos gravis ultio Dei manet. — « *Non est,* respondi, *tale ut putas Evan-*

lettres de recommandation remises par Œcolampade à *Farel* vers le milieu de mai 1524, c'est à cette dernière date que le réformateur français aurait reçu l'ordre de quitter Bâle (V. les N°⁸ 100 et 101). Mais cette opinion nous paraît mal fondée : en effet, dans les deux lettres susdites Œcolampade parle de la Dispute et des leçons de Farel à Bâle, mais il ne dit rien de ses prédications, qui étaient précisément la cause de son expulsion, fait sur lequel il se tait également. La seconde lettre, datée du dimanche même de Pentecôte (15 mai 1524), aurait en outre été écrite après que *Farel* avait quitté Bâle, puisqu'il en sortit la veille du dimanche où il devait pour la quatrième fois monter en chaire. De plus, il résulte des lettres de Toussain et d'Œcolampade écrites à Farel en août 1524, lorsque celui-ci commençait son œuvre d'évangélisation à Montbéliard, que le début de cette entreprise avait immédiatement suivi son départ de Bâle (Voyez le N° 109, le N° 110, notes 1 et 6, et le N° 111).

Nous croyons par conséquent que *Farel* en quittant Bâle vers le milieu de mai se rendit d'abord à Constance et à Zurich (N° 101, note 5), d'où, ayant renoncé à son voyage de Strasbourg et de Wittemberg, il revint à Bâle au bout d'environ trois semaines. A son retour il aurait été sollicité de prêcher aux *Français* habitant cette ville, et après trois prédications faites dans la seconde moitié de juin, il aurait reçu l'ordre de s'éloigner sur le champ. Son expulsion de Bâle aurait été immédiatement suivie de son entrée dans le ministère évangélique à Montbéliard.

[10] L'Hôtel-de-Ville, qui est encore aujourd'hui le siège du gouvernement.

[11] Cette pièce située sur la place du marché, dans l'un des angles de l'Hôtel-de-Ville, servait sans doute d'antichambre. Elle précède immédiatement l'ancienne et magnifique salle du Conseil.

[12] On reconnaît dans ces paroles un écho du langage d'*Érasme* (V. les N°⁸ 123 et 126). Le fragment suivant de sa lettre à Vivès du 27 décembre 1524 (Le Clerc, 842) permet de croire que l'irritable vieillard ne fut pas entièrement étranger à l'expulsion de *Farel :* « Quem dicas novum meum colluctatorem, non satis intelligo, nisi forté dicis *Othonem Brunsfeldium,* quem ipse *Lutherus* magis exsecratur quàm ego. Et hoc tamen insanior est *Phallicus.* Horum insolentiam coërcuerunt magistratus *gravissimis minis,* alioqui impotentissimè debacchaturorum in me. »

gelium: pacificum est, donans omnia, ablata non repetens, omnem pro Christo ferens injuriam. » — « *Nos aliter videmus,* » inquit. Ego: « *at non ab iis qui secundùm Evangelium vivunt et qui sectantur Evangelium, sed magis ab iis qui non norunt nec unquam audierunt Evangelium.* » Tandem ille, quem sperabam aliud dicturum, inquit : « *Domini mei volunt quòd abeatis à civitate hodie*[13]. » Cui respondi : « *Contra voluntatem Dominorum nolim in civitate manere, sed vellem scire si quid in quemquam peccarim, aut quid mali admiserim? Paratissimus enim sum omnibus satisfacere, cùm substantia mea, tum meo etiam corpore, si res postularit illud mulctandum ; nam si meritus sum non recuso mori ; habeo adhuc nonnulla quibus satisfacere possum, si cuiquam debeam.* » Ille : « *Domini mei volunt vos abire, et vos jurabitis quòd non vindicabitis vos contra civitatem, aut aliquem civium, nec civitatem difamabitis literis vestris.* » — « *Jam pridem,* dixi, *hæc mihi jurata sunt, sicut unicuique Christiano ; nobis enim odium est vitiorum, non hominum ; vitiis malè, hominibus verò bene volumus, parati persequentibus benefacere, quibus etiam bona imprecamur, tantùm abest ut nos ulcisci paremus.* » Ille tandem à me jusjurandum extorsit, quod et præstiti, ne illi offendiculo essem, abunde satis adstrictus præcepto Christi de diligendis inimicis, non tantùm amicis.

Parui summa animi alacritate, et novit Dominus quòd nunquam majori cum gaudio urbem aliquam sum egressus : quod demirabar apud me, cum tot amicos, tot fratres quàm charissimos istuc [l. istic] habeam. At, ut verum fatear, *cum jam militare absolvissem, cœpi mecum cogitare, quid causæ esset, ut tam repente migrandum mihi fuisset,* et pene stupor quidam me invasit cogitantem : « Quid hoc tam prudens, tam æquus *Senatus* ita tecum egit, ut prius damnatus quàm auditus fueris? Mirum quid peccaris? Cur tibi id non narratum est, siquidem quæ in sontes agunt judices, ut illos emendent curant, et alios à [talibus] evocent facinoribus? Tu qui melior hac migratione tua fies? Non enim nosti quare tibi seccedendum sit, nec alii meliores tuo evadent exemplo, cùm illis æque ignotum sit! »

Hi sane cogitatus adegerunt me, ut plane mihi persuaderem, inscio Senatu hæc procurata ab aliquo amico nostro[14] ; et, licet aliò pertraheret Senatus majestas ac urbis splendor, quibus meritò expal-

---

[13] Voyez la note 9.
[14] Voyez la note 12.

lescere quis debeat vel cogitasse alterius nomine quicquam agere, quod inde sibi non sit demandatum, — tamen turbationes quæ paulo ante fuerant, sententiam roborarunt, facta nimirum hæc sic, in talibus turbinibus, ab uno et altero tantùm, qui, ut opinor, urbi sic consultum putavit, quód *Gallus* essem, non intelligens quid ego aut dicerem aut docerem. Utcunque tamen obtigisset, lætissimo quicquid erat ferendum animo statueram, sicut et pertuli in hunc diem. Verùm *videns, Bonifacio id vitio versum*[15], ubi Verbum adnunciaret, et ex tantula oc[c]asione Satanam in multorum perniciem animorum à messe Domini curasse avocatum, — *curavi, literis datis ad Tribunum plebis, apud vos causam abitionis meæ pertractatam*[16], rogans ut si innocens vobis viderer, literas daretis meæ innocentiæ ; sin minus, et nocens comprobarer, paratissimum tunc esse in omnibus resarciendis, proprii corporis etiam expositione. *Nihil tamen literæ fecerunt*, licet peterent quod mihi jure debebatur[17].

Quare, mihi meæ conscius innocentiæ, quam omnes pii per *Germaniam* satis exploratam habent, quos non latet hæc mea à vobis migratio, quamvis neminem rescire curarim, miratus suis ad me literis rem apertius depinxisse quàm ipse possem[18], — ne vester æquissimus *Senatus* ac clarissima civitas olim de me quereretur, quód hanc clanculariam abitionem decretam non vobis apperuissem, — *consilium fuit rem totam communibus aperire literis*, ne tam facilè apud vos exteri subinde possint injuria affici, unde respublica vestra, omnium commendatissima, apud exteros malè sit auditura, sed pateat omnibus, vos eos esse qui prædicamini ab universo orbe, justitiæ amatores et æquitatis tenacissimi, constantissime unicuique quod suum est tribuentes, quibus nephas est vel latum unguem à juris tramite deflexisse.

Peto igitur *eam mihi ministrari justitiam quam nulli in hunc diem non ministrastis*[19], et, sicut innocens sum, ita me innocentem ab

---

[15] Il doit être ici question de *Boniface Wolfhard*, qui avait eu sans doute à subir des tracasseries comme collègue de *Farel* à *Montbéliard*, où il ne séjourna en effet que peu de temps (V. le N° 115, note 9).

[16]—[17] Cette lettre, écrite par *Farel* à l'occasion du rappel de *Wolfhard*, a dû précéder celle dont parle Œcolampade, N° 150.

[18] Ces paroles révèlent une partie des pertes qu'a subies la correspondance de Farel.

[19] *Farel* semble avoir attendu, pour adresser sa requête au Sénat, l'époque où *Adelberg Meyer*, favorable à la cause de l'Évangile, redevenait bourgmestre en charge (Voyez le N° 111, note 6). Malgré cet appui, la re-

impostura eorum qui bonis perpetuò negocium facere student, eripite, non mihi sed Evangelio, cujus sectatores vos universi prædicant. — id caventes, ne in aliis fiat quod in me iniquissime factum fuit, nulla vel umbra quidem juris observata, ne peregrinorum ac oppressorum vox contra civitatem vestram in excelso audiatur, sed magis ob justitiam et æquitatem vestram laudetur Deus in vobis, qui omni benedictione cœlesti ac gratia et pace gaudentes vos et civitatem servet per Christum, unicam salutem nostram, in quo vos semper bene valere opto. Argentinæ, 6 Julii 1525.

Vobis deditissimus GUILLIELMUS FARELLUS.

(Inscriptio :) [Cla]rissimis ac æquissimis Dominis [su]is Senatui Civibusque inclytæ civitatis Basiliensis.

Basileæ.

152

PIERRE TOUSSAIN à Farel, à Strasbourg.
De Bâle, (vers le 9) juillet 1525.

Inédite. Autographe. Bibl. des pasteurs de Neuchâtel.

SOMMAIRE. Malgré les bonnes nouvelles que vous nous donnez de *Jean Roger*, je désire que *Nicolas d'Esch* retourne très-prochainement à *Metz*, pour donner du courage à nos frères et en particulier au *curé de St.-Gorgon*. Si les *Episcopii* [Bischof?] continuent à être si exigeants avec moi, je m'en irai à *Lyon* vers *le cardinal de Lorraine*, qui serait peut-être moins rigoureux pour moi que *mes juges* [*de Metz*]. Deux cordeliers, dont l'un, *Jean Prévost*, prêchait à *Meaux*, nous arrivent à l'instant de *Lyon*, avec une lettre de *Du Blet* autorisant *Vaugris* et *Resch* à vous avancer de l'argent.

Très-cher frère, Nostre Seigneur vous doint sa grâce et sa paix! *Bentin* et moy receusmes hier *voz lettres*, et suis joyeux des bonnes nouvelles que nous escripvez mes[me]ment de *ce bon pasteur de Saincte-Croix* [1]. Nostre Seigneur est merveilleux à ses œuvres,

quête du réformateur n'eut pas de succès (V. la lettre du 25 octobre 1526, à la fin).

[1] *Jean Roger Brennon* (en latin *Rogerius Brennonius*), curé de l'église

et verrés que les ennemys de vérité ne cesseront jusques ad ce que mal leur prandra etiam in hoc sæculo. Pour l'honneur de Dieu, taichez que Monsr *le Chevallier*², nostre bon maistre (si nos magistrum in terris habere donas), s'en retorne, le pl[u]s brefz que possible sera, car *noz aultres frères sont encore merveilleusement débilz et infirmes en la foy*, et ont gran[de]ment besoing d'ung tel capitainne³. Aussy *le Curé de Sainct-Gorgonne*⁴ mecteroit plus hardiment main à la besoingne, s'il veoit le dit seigneur chevallier.

Vous m'avez escript que *le Cardinal* est party de *Lion* ⁵, mais vous ne dictez point là où il est de présent. Sy le sçavez, faictes le me sçavoir. J'ay tousjours ouy dire qu'il n'est totalement ennemy de la Parrolle de Dieu. Sy je vois que *voz Episcopii*⁶ me veullent tousjours tenir le pied sur la gorge, ce sera l'homme de m'en aller vers luy, moyennant qu'il ne soit à *Lorrainne*. Il aymoit fort *ung oncle que j'avoye, Princier de Metz*⁷, et a souvent parlé à luy, et crois qu'il ne me seroit sy rigoreux que mes vén[éra]bles Juges⁸. Vous verrez les lettres qu'escrips à Monsr *le Chevallier*; mais sy vostre robbe scet [l. sçait] nostre vouloir, brûlez-la⁹. Et me recommandez à tous les frères, mesment à Monsr *Capito, Bucere, Védaste*¹⁰, etc. Et bene vale. Basileͤ¹¹, Julii 1525.

Tuus P. Tossanus.

(P. S.) Tout maintenant sont arrivez *deux frères*, quondam re-

de Ste.-Croix à Metz, ancien ami et correspondant du philosophe Agrippa (Voyez le N° 112, note 6).

² *Nicolas d'Esch*. Après un séjour à *Metz*, sa ville natale (Voyez les N°s 139 et 140), il s'était rendu à *Strasbourg*.

³ A la suite de la guerre des paysans, la persécution religieuse avait redoublé en Lorraine.

⁴ *Didier Abria*. Voyez le N° 140, note 7, et le N° 150, note 2.

⁵ *Jean, cardinal de Lorraine* et frère du duc Antoine. *Agrippa* écrivait de *Lyon*, le 24 juillet 1525, les lignes suivantes qu'il adressait à un ami de Genève : « Tua commater, uxor mea, his proximis diebus peperit nobis *tertium filium*. Compater est illustris Princeps Rev. *Cardinalis* ex Ducibus *Lotharingiæ*. » (Agrippæ Opp. P. II, 827.) Sur son séjour à Lyon V. le P.S.

⁶ Nous ignorons s'il s'agit d'une famille *Bischof*, dont Toussain aurait été l'hôte. L'imprimeur *Nicolas Episcopius* (Lévesque), né à Montdidier en Bresse (1501), ne paraît s'être établi à Bâle qu'après 1525 (Voyez Erasmi Epp. Le Clerc, 938).

⁷ Voyez à la page 252.

⁸ Les treize jurés de Metz (Voyez le N° 140, note 5).

⁹ Locution proverbiale, qui signifie : Gardez-moi le secret.

¹⁰ Voyez le N° 144, note 9.

¹¹ Le manuscrit ne porte aucune indication de jour.

ligieux de St. François. L'ung s'apelle *Joannes Præpositus*, lequel a esté prisonnier à Paris: prædicabat *in Episcopatu Meldensi*[12]. Il a apourté des lettres de *Bletus*[13] à *Vaulgris*, faisantes mention de voz L escus[14]. et dit en somme que l'on vous baille argent. *Vaugris* m'a dit qu'il en fera debvoir auprès de son oncle[15]. Vous m'avez escript que *la Court* et *le Cardinal de Lorrainne* estoit party de *Lyon* ; maix les dits noz frères l'ont encor laissé illecque[16]. Je n'ay loisir vous escripre plus au loing.

(*Suscription :*) Gulielmo Farello fratri synceriss.

153

PIERRE TOUSSAIN à Guillaume Farel, à Strasbourg.
De Bâle, 14 juillet 1525.

Inédite. Autographe. Bibl. des pasteurs de Neuchâtel.

SOMMAIRE. Pendant que *Bentin* est à *Zurich* avec *Jean Prévost*, le compagnon de ce dernier se rend à *Strasbourg*. Il pourra, en attendant près de vous l'arrivée de *Prévost*, admonester *Lambert*, au nom des frères de *France*, et le dissuader d'entreprendre contre *Zwingli* une polémique inopportune. Les dissentiments qui existent entre celui-ci et *Luther* au sujet de *l'Eucharistie* sont déjà pour nous une cause de vif chagrin. On parle des fiançailles de *Charles-Quint* et de *la duchesse d'Alençon*. Les chanoines de *Bâle* suscitent des tracasseries à *Jacob Himeli*. Didier [*Abria*] n'est pas mieux traité par ses supérieurs [de *Metz*]. Je regrette que *l'homme de Meaux* ne soit pas allé à *Lyon*.

Chariss. frater, pax Christi sit tecum! Paucis supra diebus res-

---

[12] « Frère *Jean Prévost*, cordelier et religieux de l'Ordre de St. François. » Le 3 octobre 1525 le parlement de Paris donnait commission aux juges-inquisiteurs « de le faire prendre au corps, » avec Roussel et Pierre Caroli, partout où ils pourraient être appréhendés, *etiam in loco sacro*. » (Toussaints Du Plessis, II, 281.)

[13] *Antoine Du Blet* de Lyon.

[14] S'agit-il des cinquante écus que Farel avait prêtés au chevalier Anémond de Coct?

[15] *Conrad Resch*, qui devait livrer de l'argent à Farel, pour compte d'Ant. Du Blet.

[16] Voyez la note 5.

pondi¹ ad literas quas ad me scripseras per *Joannem Vaugry*. *Joannes Præpositus*² et *Bentinus*³ profecti sunt *Tigurum*, propediem reversuri, quos non est comitatus is qui tibi has literas reddidit, *Præpositi* consodalis⁴, ne nimium dispendii pateretur in itinere. Homini consului, simul et *Pellicanus noster*, ut artificium aliquod discat, vel ei se adjungat quod didicerat priusquam nomen daret Satanæ.

Hunc *Præpositum* sequuturum arbitror, ubi redierit⁵, maxime ut quædam *Lamberto* dicat, nomine fratrum qui agunt in *Francia*. *Zuinglius*, ut audio, ab omnibus diligitur⁶, quem si calamo impetierit *stolidum illud caput*⁷, sibi ex amicis (si quos illic habet) reddet inimicissimos. Proinde diligenter monendus est, ne aliquid tentet quod nec sibi laudi, quam mire sitit, nec Christianæ reip[ublicæ] utilitati esse possit. Poterit et *præsentium lator*⁸ admonere hominem, quanquam vereor ne surdo narretis fabulam. Multis jam Christianis *Gallis* dolet, quód à *Zuinglii* aliorumque de Eucharistia sententiâ dissentiat *Lutherus*, nec est opus *Lambertum* novas nobis excitare tragœdias, qui si omnibus perinde notus esset atque nobis⁹, non laboraremus; sed ex his satis.

Hîc nihil audio quod te scire referat, nisi quod heri, circa noctis crepusculum, audiverim, convenire inter *Imperatorem* et *Francum*¹⁰, dominamque *Alanconiensem* desponsatam *Carolo*¹¹. Et facile ad-

¹ Voyez le N° 152.

² Voyez le N° précédent, note 12. Prévost avait sans doute à faire une communication à Zwingli, de la part des frères de Lyon.

³ *Michel Bentin*, l'humaniste (Voy. le N° 103, note 37).

⁴ Le Franciscain arrivé à Bâle avec Jean Prévost était le porteur de la présente lettre.

⁵ C'est-à-dire, qu'à son retour de Zurich *Prévost* devait se rendre également à Strasbourg.

⁶ Voyez sur les relations amicales des évangéliques français et de *Zwingli* les N°⁵ 103, 104 et 125.

⁷ *François Lambert d'Avignon* (V. le N° 131).

⁸ Voyez la note 4.

⁹ *Lambert* était bien connu de *Farel*, depuis que ce dernier habitait Strasbourg. *Toussain*, de son côté, s'était peut-être trouvé en rapport avec lui à *Metz*, l'année précédente (V. le N° 112), et il avait pu en outre le rencontrer et entendre parler de lui à *Strasbourg*, en y passant pour se rendre à Metz avec Farel (V. le N° 149).

¹⁰ *François I*, qui était alors prisonnier en Espagne.

¹¹ La duchesse d'Alençon était veuve depuis quelque temps. Son mari, que l'on accusait d'être la principale cause de la défaite de Pavie (24 février 1525), était mort de chagrin à Lyon le 11 avril.

duci possum, ut credam rumorem non omnino vanum, quandoquidem audio gallica marsupia *Helvetiis* præclusa [12]. Sed hæc nihil ad nos. Si *Eques noster* [13] isthic adhuc agit (quod nollem) saluta hominem meo nomine, et rescribe, si quid habes quod me scire cupias; *Conradum, OEcolampadii* famulum, expectamus. *Jacobus Himeli* [14] vexatur à Canonicis adimplentibus mensuram patrum ipsorum. Reliqua tibi narrabit præsentium lator, quem tibi commendo. Vale, et *Capitonem, Pucerum* [l. Bucerum], *Vedastum* [15] et fratres omnes saluta meis verbis. Scriberem plura, sed expectantur literæ meæ.

Quæ collegeras de pane et vino sacrament.[*ario*] *Metis* sunt in domo *Equitis* [16]. *Proverbia* peræ imposueram, arbitratus tum me venturum ad te; quæ nunc mittere[m], sed sunt in ædibus *Bentini*, quem ego adegi ad sacrarum literarum lectionem; mittentur ad te per primos. De *Desyderio* [17] nihil adhuc habeo, nisi quod tu mihi significasti: hominem divexari ab Ordinariis. Doleo *Meldensem illum* non ivisse *Lugdunum* [18]. Sed quid faceres? Iterum vale, frater charissime. Basileæ xiiij^a Julii DXXV.

Frater tuus PETRUS TOSSANUS.

(*Inscriptio:*) Gulielmo Farello, fratri in Christo charissimo. Argentorati.

---

[12] Il veut parler des pensions que le roi de France payait annuellement aux cantons suisses, en vertu du traité de paix perpétuelle qu'il avait conclu avec eux à Fribourg (29 novembre 1516) et de l'alliance offensive et défensive signée plus tard à Lucerne (1521).

[13] *Nicolas d'Esch.*

[14] Voyez le N° 139, note 1.

[15] Voyez le N° 144, note 9.

[16] Lors de son récent voyage à Metz, *Farel* avait oublié ce manuscrit dans la maison du chevalier.

[17] Voyez le N° 140, note 7.

[18] Malgré la longue note de *Farel* qui accompagne le N° 168, il ne peut être ici question de *Gérard Roussel* ou de *Le Fèvre d'Étaples*. Ce fut seulement au mois d'octobre qu'ils s'enfuirent de *Meaux* pour se retirer à Strasbourg (V. les N°s 162 et 165). Le personnage dont parle Toussain serait-il *Jean le Clerc*, que *Farel* avait rencontré à *Metz* au mois de juin (N° 162, notes 2 et 3), et qui devait y perdre la vie le 22 juillet (N° 155)? Nous en doutons. *Farel* ne devait pas ignorer que *Jean le Clerc* était banni de France (N° 135, note 1), et ce n'est pas à lui, par conséquent, qu'il a pu donner le conseil « d'aller à Lyon. »

154

ŒCOLAMPADE à Guillaume Farel, à Strasbourg.
De Bâle, 25 juillet 1525.

Œcolampadii et Zuinglii Epistolæ. Éd. cit. fol. 208 a.

SOMMAIRE. Je n'ai ni conseillé ni déconseillé à *Pellican* d'abandonner *le couvent*, car je sais par expérience combien il en coûte de rentrer dans *le monde*. Les deux autres moines qui prêchent l'Évangile font plus de bien que beaucoup de leurs collègues défroqués. *Jean* n'a pas été d'avis que je dusse appuyer *votre lettre* adressée *au Sénat;* mais ne vous découragez point. Je félicite *le Juif converti.* Saluez *Védaste* et les autres frères. Vous surveillerez, je n'en doute pas, l'impression de *mon livre [sur l'Eucharistie].* Aidé de *Capiton* vous y ferez tous les changements qui vous paraîtront convenables. Je vais répondre à *Jacques Latomus*, à *l'évêque de Rochester* et à *Jean Eccius*.

Joannes Œcolampadius Gulielmo Farello, christianissimo ac pientissimo fratri.

Gratia et pax à Domino! Mi frater, quid de aliis querar, quòd non omnia pro votis meis succedunt? Fortasse id totum peccatis meis debetur, et quòd nesciam tractare verbo singulos prout infirmitas eorum requirit. Igitur quos castigare non possum relinquo Domini judicio. *Pellicano neque suasi, neque dissuasi, ut exiret monasterium*[1]. Meo marte didici, quantum sit monasticen relinquere, rectius dicerem, mundum[2]. Neque enim, juxta carnem, grave est intrare monasterium, maxime si quem tædeat maliciæ hominum, et inveniat absque cura sua rerum omnium copiam. Exire autem, ut irridearis tanquam apostata et hæreticus, et nescire certam domum, vel commoditatem ullam, non caret agone. Igitur *non facilè incito alios, sed factum mirum in modum probo.* Quamvis *Pellicano* succederent omnia feliciter, retinet tamen hominem

---

[1] Depuis le printemps de l'année 1523, *Pellican* n'était plus gardien des Franciscains de Bâle, mais il continuait à vivre dans leur couvent et à porter le costume de l'Ordre. *Farel*, qui connaissait les convictions évangéliques de Pellican, le blâmait vivement de cette inconséquence (V. le N° 163), et il croyait qu'elle était due en partie à l'approbation d'Œcolampade.

[2] *Œcolampade* était entré le 23 avril 1520 dans le couvent d'*Altenmünster*, près d'Augsbourg, et y avait vécu environ deux ans.

nescio quid. *Concionatorem* autem *Franciscanorum* nollem abire[3], nam satis pure docet. Quòd si succederet illi alius, quem putas futurum? Nonne lupum, quales factio illa multos habet? Idem ferme judicium est de *Augustiniano*[4], homine profectò candido. *Plus derogant duo illi, in cucullis, monachatui, quàm multi alii excucullati, monasticas tamen hypocrises retinentes.* Commendo ecclesiam meam precibus tuis.

De literis tuis ad Sen.[atum][5] non visum est *Joanni*, ut agerem ipse. Præterea *Tri.[bunus]*[6] ad aliquot dies legatus civitatis abfuit, vix intra duas hebdomadas rediturus. Tu interim æquo et constanti animo sis. Agis autem apud christianissimos fratres, qui *exilium tuum* suave facient, sat scio. Gratulor *Judæo Neophito*[7]: magnum est in oculis meis quòd potuit valedicere Mosi et sequi Christum. Est enim apud nos, qui Christiani appellamur, rarissimum. Saluta mihi *Vedastum*, cujus modestiam singuli prædicant. Utinam aliquatenus illi prodesse valerem! Salvi sint et alii fratres. *Advigilabis*, scio, etiam me non monente, *ut castigatus prodeat libellus*[8]. Poteris tu, cum *Capitone*, mutare, addere, demere, pro tua prudentia. Scripsit *Jacobus Latomus* de Confessione secreta, cui respondendum censeo, tametsi omnium multo ineptissime scripsit[9]. Sæpe taxat *Erasmum*, quem nominare non audet. Solus ego in ore viri sum. Orabis Dominum, ut det verbum; nam, illo digne tractato, *Roffensem*[10] cum *Eccio*[11] et aliis monstris expugnaverimus. Vale in Christo. Basileæ, Anno 1525. Julii 25.

[3] *Jean Luthard*, natif de Lucerne, prédicateur des Cordeliers.

[4] Il veut sans doute parler de *Thomas Geyerfalk*, prédicateur des Augustins.

[5] Voyez le N° 151.

[6] Le grand-maitre des tribus, *Lucas Ziegler*.

[7] C'est peut-être le Juif converti *Antonius*, mentionné par Rœhrich, Geschichte der Reformation im Elsass. Th. I, 262.

[8] Voyez le N° 150, note 5. Cet ouvrage fut imprimé à Strasbourg et publié au mois de septembre 1525, sous le titre suivant: « *Ioannis Œcolampadii De genuina verborum Domini*, Hoc est corpus meum, *iuxta vetustissimos authores, expositione liber.* » L'auteur en reçut les deux premiers exemplaires le 16 septembre (Zuinglii Opp. VII, 409).

[9] L'ouvrage de *Latomus* fut publié à Bâle en 1525. Œcolampade y répondit par un livre intitulé: « Elleborum pro Jacobo Latomo theologo. »

[10] *Jean Fisher*, évêque de Rochester, qui dès l'origine de la Réforme se montra le défenseur prononcé de la tradition catholique. En 1527 il publia un ouvrage dirigé contre *Œcolampade*.

[11] *Jean Eck*, professeur de théologie à Ingolstadt.

155

FRANÇOIS LAMBERT au Sénat de la ville de Besançon.
De Strasbourg, 15 août 1525.

Fr. Lamberti Commentarii in Micheam, Naum et Abacuc. Argentorati, Jo. Hervag, 1525, 8°.

(TRADUIT DU LATIN. EXTRAITS.)

SOMMAIRE. *Quatre évangélistes* ont dû s'enfuir de *Metz*, où ils étaient persécutés. *Jean Chastellain* et tout récemment *Jean le Clerc* y ont perdu la vie sur le bûcher. Lambert espère que la ville de *Besançon* et le comté de *Bourgogne* ne rejetteront pas les bénédictions de l'Évangile.

.... Il y a environ dix-huit mois que le Seigneur m'appela à quitter *la Saxe* pour venir à *Metz*, afin d'y prêcher l'Évangile de son royaume[1]. J'exécutai ce voyage, qui n'était pas sans danger; mais les satellites du Pape furent animés contre moi d'une si grande fureur, qu'au bout de huit jours je fus forcé de prendre le chemin de *Strasbourg*, pour ne pas devenir, fort inutilement, leur victime[2]. En effet, il est écrit : « Si l'on vous persécute dans une ville, fuyez dans une autre » (Matth. X). De *Strasbourg* j'ai cherché, autant que cela m'a été possible, à engager par mes écrits ceux de *Metz* à se convertir au Seigneur et à secouer l'infâme joug des Antechrists. Mais tous mes efforts ont été mis à néant par l'influence de cette tourbe d'abbés, de chanoines, de moines, de prêtres, qui forment l'armée de l'Antechrist[3] et qui en sont venus à expulser du milieu d'eux les prophètes de Dieu, voire même à les mettre à mort. Ils ont jeté en prison l'un de ces prophètes, originaire de *Lille* en Flandre[4] : mais le peuple l'a délivré de force. Un autre est venu deux fois, qui deux fois a été contraint de partir[5]. Ils allaient en étouffer un

---

[1] — [2] Voyez le N° 112, notes 4-7.

[3] Dans la préface de son commentaire sur Osée (fol. 3), Lambert dit qu'il y avait alors à Metz près de 900 prêtres et moines.

[4] *Jean Védaste* (V. le N° 144, note 9).

[5] Il veut peut-être parler d'un cordelier surnommé « *le Bon-Disciple*, »

quatrième, s'il n'eût quitté la place⁶. Enfin, ils ont livré leur saint évêque, *Jean Chastellain*, aux dents meurtrières des chiens de l'Antechrist, et ils l'ont fait mourir sur le bûcher⁷. Ceux qui gouvernent maintenant cette ville de *Metz* joignent à leur cruauté une sorte de fureur idolâtre, et, malgré les commandements de Dieu, ils exigent qu'on rende un culte aux images. Indigné d'un tel sacrilége, un très-fidèle serviteur de Christ, *Jean le Clerc*, natif de *Meaux*⁸, cardeur de laine, a brisé ces jours derniers à *Metz* la tête de deux de ces idoles, dont l'une était à genoux devant l'autre. Bientôt saisi, cet homme de Dieu a été condamné par ceux qui condamnent Christ lui-même, et il a été consacré martyr par le supplice suivant :

Le samedi 22 juillet de l'an 1525, sur la place de *Metz* nommée *Champasselle* [l. Champ-à-Seille], on a dressé un immense tas de bois, au milieu duquel s'élevait un poteau. C'est là qu'a été conduit le saint de Dieu: on l'a fait asseoir sur des chevilles fixées au poteau; puis on l'a attaché avec des chaînes et des cordes. Alors il a pris la parole : « Je compatis profondément, a-t-il dit, au malheur de ce peuple, si misérablement trompé par les enseignements des faux prophètes, qu'il s'imagine que j'ai commis un péché en brisant la tête d'une idole. » A quoi il ajouta plusieurs paroles pleines de l'esprit chrétien. Quelqu'un l'interrompit en disant : « Prie ce peuple de réciter pour toi un *Pater noster* et un *Ave Maria*. » Mais il répliqua : « Je vous prie tous de réciter pour moi *Notre Père*, afin qu'il me donne la foi. » Alors les Antechrists repartirent: « Pourquoi ne demandes-tu pas aussi un *Ave Maria?* » Et lui de répondre : « Si quelqu'un le veut réciter, qu'il le fasse; mais pour moi je ne le demande point, non que je méprise la bienheureuse Vierge, mais parce que je m'en tiens au Seigneur Jésus-Christ, qui est mort pour moi. C'est lui seul qui est médiateur et avocat entre Dieu et les hommes » (1 Tim. II, et 1 Jean II).

Bientôt le bourreau s'approcha armé de tenailles brûlantes avec lesquelles il lui arracha le nez; puis, avec les mêmes tenailles il tordit circulairement la tête du saint de Dieu, qui souffrait tout avec le même ravissement que Laurent sur son gril et Vincent sur

---

qui vint de Montbéliard à Metz en 1524, pour y prêcher l'Évangile (Olry, op. cit. Préface de M. Cuvier).

⁶ C'est probablement *Farel* ou *Toussain* (V. le N° 140, note 5).

⁷ Voyez le N° 144.

⁸ Voyez le N° 135, note 1.

son chevalet. Après cela le bourreau lui arracha la main droite, puis il finit par mettre le feu au bûcher. Alors l'invincible athlète de Christ fit entendre au milieu des flammes, jusques au moment de rendre l'esprit, ce beau psaume principalement dirigé contre le culte des idoles : « Quand Israël sortit d'Égypte, etc. » Je me propose de publier incessamment un écrit où je raconterai ce très-glorieux martyre, et où je flétrirai le culte rendu aux idoles[9].

Voyant donc l'inutilité de prêcher l'Évangile à de telles gens, j'ai cru de mon devoir de me tourner vers la noble, puissante et célèbre ville de *Besançon*, capitale du comté de Bourgogne, et qui, plus qu'aucune autre, est voisine de la très-chrétienne cité de *Strasbourg*. Je suis en effet Bourguignon d'origine, quoique né à *Avignon*, car ma famille est d'*Orgelet*, où vivent encore maintenant plusieurs *Lambert*. Plaise à Dieu que ma chère *Bourgogne*, et avant tous autres mes chers *Bisontins* accueillent la bénédiction que *Metz* a rejetée, et désertent les rangs maudits de l'Antechrist, pour ne pas devenir des apostats et des excommuniés dans le royaume de notre Seigneur Jésus-Christ…! Puissé-je trouver ma joie dans votre foi, et Dieu veuille allumer son feu au milieu de vous, afin que par votre moyen *la Bourgogne* premièrement, puis *la France* entière deviennent la proie de cet incendie…!

156

ÉRASME DE ROTTERDAM à Louis de Berquin.
De Bâle, 25 août 1525.

Erasmi Epistolæ. Le Clerc, p. 884.

SOMMAIRE. C'est dans une bonne intention que vous avez traduit en français quelques-uns de mes livres, mais en fait vous attirez sur moi la haine des théologiens querelleurs. A mon âge on a besoin de repos. Vous agiriez prudemment en évitant de ranimer *votre vieille querelle avec la Sorbonne*. Nous avons perdu F⁹ *de Loynes* et

[9] Nous ne saurions dire si *Lambert* est l'auteur de l'ouvrage intitulé « Traité nouveau de la destruction et exécution actuelle de Jean Castellan hérétique, » qui fut déféré à la Sorbonne, le 12 septembre 1534, comme suspect d'hérésie. Voyez d'Argentré, op. cit. t. I, Index, p. viij.

notre ami Papilion. La *guerre des paysans* continue. A croire les rumeurs qu'a fait naître le départ de *la duchesse d'Alençon* pour l'Espagne, nous toucherions à l'âge d'or ; mais je pressens tout autre chose.

Erasmus Roterodamus Lodovico Berquino S. D.

Arbitror te bono animo facere quod facis, Berquine eruditissime, sed interim me plus satis degravatum *oneras magna invidia, libellos meos vertens in linguam vulgatam* [1]. et eos ad Theologorum cognitionem referens : inter quos scio multos esse integros et candidos, sed paucorum morositas sæpenumerò vincit multorum modestiam. Equidem, quum naturà abhorream à contentionibus, nunc ob ætatem ac valetudinem magis desidero quietem, in eum diem me parans qui jam longius abesse non potest. Video fatales orbis tumultus : video rem Theologorum et his adversantium in manifestam rabiem exisse. Proinde, quando perspicio me nihil profecturum, quietus meum ipsius negocium ago, Christo commendans suam Ecclesiam, qui solus novit et potest hominum inconsulta consilia in bonos exitus vertere. *Fortasse tu rectius consulueris rebus tuis, mi Berquine, si concertationem semel sopitam non instaures* [2].

Papilio noster nos reliquit [3]. ei ante hunc *Deloinus* [4]. Hic agitur sanguinaria fabula, quem exitum habitura nescio [5]. Nos hic hæremus inclusi, quàm tutò Deus novit. Arbitror *sororem regiam* jam in *Hispanias* profectam [6]. Volitant rumores, aureum seculum pollicentes. At ego nondum video satis idonea prœmia, nec ausim scribere quod mihi præsagit animus [7]. Nihil igitur expectabis eorum

[1] Voyez le N° 147, note 3.

[2] Voyez le N° 147, note 5.

[3] La mort d'*Antoine Papilion* fut prématurée (N° 159). *Érasme* rapporte que le bruit public l'attribuait au poison (Lettre du 16 juin 1526). S'il faut en croire le même écrivain, ce moyen de réduire les « hérétiques » avait été employé à Paris en 1521 (N° 34, note 3).

[4] *François de Luynes* (Voyez le N° 14, note 6).

[5] Érasme écrivait de Bâle le 5 septembre suivant à Polydore Vergile : « Hic agitur crudelis et cruenta fabula. *Agricolæ ruunt in mortem.* Quotidie fiunt conflictus atroces inter proceres et rusticos, adeò in propinquo, ut tormentorum et armorum crepitus ac prope cadentium gemitus exaudiamus... Fatale malum est, mira celeritate pervagans omnes mundi plagas » (Le Clerc, p. 888).

[6] *Marguerite* était partie de Lyon pour l'Espagne le 8 août, afin de travailler à la délivrance de son frère (Voyez Agrippæ Opp. p. 828, et le Journal d'un bourgeois de Paris, p. 258).

[7] Érasme est plus explicite dans la lettre qu'il écrivait le même jour à *François Du Bois* : « Mundus parturit miram rerum immutationem ; *in hoc*

de quibus epistola bene longa mecum egeras, posteaquam scena rerum inversa est. Hunc juvenem meo ære conduxi, qui mea perferret, vestra huc referret. Si quid est quod mea referat scire, scribe, ac bene vale, vir optime. Basileæ, postridie Bartholomæi, Anno M.D.XXV.

157

PIERRE TOUSSAIN à Guillaume Farel, à Strasbourg.
De Bâle, 4 septembre 1525.

Inédite. Autographe. Bibl. des pasteurs de Neuchâtel.

SOMMAIRE. Nouvelle persécution en *Lorraine*. Le libraire *Jacques* et *Pierre Guérard* ont été exilés, après avoir subi d'indignes traitements. Le curé [*Didier Abria*] s'est enfui à *Paris*. Plusieurs autres frères ont failli être bannis pour toujours. Hésitation et timidité des *prédicateurs de Bâle*. Ils auraient tous besoin d'être exhortés par les *pasteurs de Strasbourg*.

Cher frère, Nostre Seigneur soit tousjours avecque vous! Je suis marry que ne suis esté advisé du départ de *Vaugris*[1], pour vous fère sçavoir de mes nouvelles. Je receu ces jours passé voz lettres. Depuis l'on m'a avisé de *la mort de ce porre homme*[2], simul quomodo animadversum sit in *Jacobum bibliopolam* et *Petrum Guerard*, cives qui nunc exulant[3]. Le *Curé* a esté ix ou dix jours à prison,

---

confinium mea senectus parum feliciter incidit. Quantum augurari licet, videntur omnia tendere ad *Scythicam barbariem*. Ego jam cursu defessus [*Nicolao*] *Beraldo, Brixio*, tibi vestrique similibus trado lampada » (Le Clerc, p. 910).

[1] *Vaugris* s'était rendu à Francfort pour la foire de Septembre.
[2] Allusion à la mort de *Wolfgang Schuch*, prédicateur à St.-Hippolyte, martyrisé à Nancy le 19 août 1525 (V. Crespin, op. cit. fol. 88 b-91 a).
[3] Le libraire et imprimeur de Metz connu sous le nom de *Maître Jacques* avait été impliqué dans le procès de *Jean le Clerc* (V. N° 155). « Ayant été attaché au carcan de la chuppe, c'est-à-dire d'une fosse bourbeuse où l'on faisoit quelquefois barbotter les criminels, il eut les deux oreilles arrachées, et puis il fut banny de la ville pour jamais. » (Meurisse. Naissance et décadence de l'Hérésie à Metz. Metz, 1642, in-4°, page 14. Voyez aussi le N° 130, note 8.) Nous n'avons pas de renseignements sur

et est de présent à *Paris*[4]. Il ne m'a jamais escript, dont me donne gran[de]ment merveille, et ne scé par quelz moyens il a eschappé. Le messager ne m'apourta que une lètres d'ung quidam, qu'il avoit coussu dedans son pourpoint, et est chose espoventable oyr raconter *les grant cruaultés qui se font illecque*[5]. Nostre Seigneur y envoye sa grâce! Je vous promés que en suis merveilleusement desplaisant; mais ainsy est la volonté de nostre père cœlestiel. L'on taiche fort de fère quelque desplaisir à *vostre compère*[6], et ne me oza escripre par le dit messager, lequel m'a dit que l'on fait encore diligence que [je] soye bannis à tousjours, mais fiat voluntas Domini! *Ceulx qui nous conduyrent*[7] *sont estez en denger d'estre bannis, et n'y a personne qui me ose escripre.*

Cum equitabam in arundine longua, memini sæpe audisse me à matre, venturum Antichristum cum potentia magna perditurumque eos qui essent ad Heliæ prædicationem conversi. Beati qui vident et intelligunt! Et levemus interim capita nostra ad Dominum, qui veniet et non tardabit, et nous délivrera de ce misérable monde. Je vous promés que me treuve auchunes fois en grande angoisse et tribulation, ad cause du trayen [l. train] que je vois au monde, et mes[me]ment en ce lieu, ubi omnes frigent, alii timentes Crucem, alii ventri consulentes potius quàm Evangelio. Quid facit *Capito* et *Bucerus?* Quare non identidem literis excitant *dormientem Œcolampadium*, et alios currentes sed non missos à Domino adhortantur ad Christiani concionatoris officium?

Tu multa soles scribere de cuculo *Pellicani*. Hoc potius esset scribendum, ne videlicet missaret. Convenio sæpe hominem, quòd literis Hebraicis me reddiderim *(sic)*, et fuit mihi magna controversia cum homine, quòd ferre non posset me parum reverenter loqui de missa; et dicit non omnino esse malam, si quis mutet canonem[8]. Vide quid non conetur Sathan et quantæ molis sit ex

Pierre Guérard, autre citoyen de Metz. Il subit sans doute le même sort que le libraire.

[4] Le curé de St.-Gorgon, *Didier Abria.* Voyez le N° 140, note 7, et la page 357 au bas. *Toussain* le retrouva à Paris l'année suivante (Voyez sa lettre du 9 décembre 1526).

[5] C'est-à-dire *en Lorraine.*

[6] Ce compère de Farel était peut-être le capitaine *Henri Frank,* dont parle Meurisse, op. cit. (Voyez Bayle. Dict. hist. t. II, art. Farel.)

[7] Voyez le N° 140, note 5.

[8] On appelle *canon de la messe* l'ensemble des prières qui précèdent et qui suivent dans le rite catholique la consécration de l'eucharistie.

monacho reddere Christianum. Et sic, nescio quo falso prætextu, ipse et sui ordinis clamator ille⁹ venerabiliter missant, sed tantum semel in hebdomada. Hic esset flendum, mi Farelle. *Œcolampadius* aliquando loquitur nescio quid contra missam¹⁰. *Wolfgangus*¹¹ clamat illic esse corpus Christi. *Pellicanus* et alius monachus missant. Sic, cum *de missa* consultatur in Senatu, *quid posset discerni vel concludi* in eo negotio¹²? Et non mirum est si tam parvum hic progressum faciat Evangelium: quod malum profectò solis concionatoribus debemus referre acceptum, tametsi quædam alia vel scribant ad vos, vel prætexant. *Magna res est Episcopum agere, et ad id muneris paucos hic video idoneos*. Et te per Christum hortor, ut efficias apud vestros ut diligenter scribant his qui hic agunt¹³, sed caute, ne resciscant id à me profectum, quandoquidem *nihil aliud hic ago quàm hæc illis exprobrare jamjam*.

*Marcus meus*¹⁴ mihi dixit, audisse se in publico, *Zuinglium*, *Leonem*¹⁵ et *Gasparem*¹⁶ captos: quod credo esse mendacium. Nescio ne poteris meas literas legere: sed cogor festinanter scribere, quia navis abit. Tu boni consules, et saluta *Capitonem*, *Bucerum, Præpositum, Vedastum* et alios meis verbis. Basileæ, 4 Septembris 1525.

P. TOSSANUS.

(*Inscriptio:*) Gulielmo Farello, fratri charissimo, in ædibus Capitonis, Argentinæ.

⁹ Voyez le N° 154, note 3.

¹⁰ A cette époque *Œcolampade* célébrait encore la messe de loin en loin avec toutes les cérémonies catholiques; mais il recommandait toujours à ses auditeurs de prendre la communion, au lieu de se contenter d'écouter la liturgie.

¹¹ Voyez le N° 140, note 8.

¹² Quelques mois auparavant le Sénat de Bâle avait consulté *Érasme* sur les nouvelles doctrines; mais n'ayant obtenu de lui qu'une réponse évasive, il avait annoncé, le 22 avril 1525, que l'on tiendrait à Bâle une dispute de religion. Ce projet dut être différé par suite de l'inquiétude que la guerre des paysans et l'insurrection des Bâlois de la campagne avaient jetée dans les esprits. (V. Herzog. Vie d'Œcolampade, p. 163-165.)

¹³ C'est-à-dire aux réformateurs bâlois, trop lents au gré de l'impatient Lorrain. Voyez le N° 160: « De *Monachis nostris* gratum fuit quod scripsistis… »

¹⁴ Voyez le N° 140, note 9.

¹⁵ Voyez le N° 125, note 10.

¹⁶ *Gaspar Grossmann* (en latin *Megander*), pasteur à Zurich.

158

LA SORBONNE au Parlement de Paris.
De Paris, 7 septembre 1525.

Copie contemporaine. Bibl. Imp. manuscrits latins, n° 3381 B.
D'Argentré, op. cit. II, 26-30.

(TRADUIT DU LATIN.)

SOMMAIRE. La Sorbonne adresse au Parlement le catalogue des propositions de *Caroli* qu'elle a censurées, et dont elle estime qu'il doit faire une abjuration publique.

Il y a peu de jours, très-équitables Juges, que vous nous avez demandé notre préavis doctrinal et notre jugement sur quelques *nouveaux dogmes prêchés publiquement* du haut de la chaire *par notre Maître Pierre Caroli*, et dont on disait qu'ils avaient été pour les auditeurs l'occasion d'un grand scandale, et qu'ils renfermaient contre la foi catholique de violentes attaques[1]. Lui-même avait dû comparaître à ce sujet devant vous et répondre sur chacun des articles de son interrogatoire. Notre Faculté a reçu dernièrement par l'entremise de son Syndic le texte de ces nouveaux dogmes pour avoir à les examiner[2]. Désireuse de répondre à la demande que vous lui avez adressée, elle a tenu plusieurs réunions de ses Maîtres, afin que ceux-ci pussent, selon l'exigence du cas, les soumettre par de mûres délibérations à une scrupuleuse censure.

---

[1] Voyez le N° 124, note 6.

[2] Pendant plusieurs mois la Sorbonne avait usé de ménagements envers *Caroli*. Elle s'était contentée de l'inviter à ne plus prêcher (V. le N° 124, note 6), invitation que l'Official de Paris lui renouvela, le 24 janvier 1525, sous peine d'excommunication. Muni d'une lettre du roi, Caroli en appela comme d'abus, et, le 28 janvier, il fit intimer la Sorbonne pour le 20 mai suivant. En revanche, la Sorbonne lui ordonna formellement (13 février) d'interrompre les leçons de théologie qu'il donnait dans le collège de Cambray à Paris; puis, s'autorisant de ce que l'Official s'abstenait de procéder au sujet des prédications incriminées, elle adressa au Parlement une requête, qui eut les résultats suivants: l'Official fut invité à remettre les pièces du procès aux deux juges-commissaires qui avaient interrogé Caroli en septembre 1524, et la Faculté, nantie par eux, put enfin examiner toute l'affaire et prononcer, le 7 septembre 1525, les censures qu'elle envoya au Parlement avec la présente lettre.

Après donc les avoir soigneusement examinés et pesés à une juste balance, notre Faculté a pensé que les diverses propositions dont il s'agit méritaient chacune l'expression d'un blâme particulier. Elle pense en outre que leur auteur doit être contraint à en faire *une abjuration publique* dans tous les lieux où il les a ouvertement prêchées[3].

(Voici quelques-unes des *principales opinions de Caroli* censurées par la Sorbonne:)

« *La Saincte Escripture* est mieulx entendue à présent qu'elle n'a esté le temps passé, et au temps passé n'a esté bien interprétée. — Je dys que ung chacun, Docteur ou non Docteur, Bacchelier ou non Bacchelier, peult prescher et administrer la Saincte Escripture. Ils disent eulx-mesmes: Je suis Monsieur nostre Maistre; je suis Monsieur le grant Bacchelier. Mais une povre saincte femme pourra entendre la Saincte Escripture plus parfaictement qu'ils ne font[4].

« Gardez tous les commandemens de la Loy, aymez Dieu de tout vostre cœur et vostre prochain; bref, *accomplissez tous les commandemens de Dieu; encores n'arez-vous point la grâce de Dieu*. Et que faut-il donc? *Il faut croyre*. « Virtus enim Dei est in salutem omni credenti. » Il n'y dit pas: à celluy qui jeûnera le Caresme, mais à celuy qui croyra. Et brief, Dieu ne regarde point les œuvres et mérites des hommes pour bailler sa grâce, mais seulement regarde sa bonté, qui est infinie. — Il y a une foy qui se appelle historicque, comme de croyre que le Fils de Dieu a prins humanité, qu'il a esté crucifié, ressuscité, et monté au ciel; et ainsi de tous les aultres mystères de la Bible. Ceste foy ne vivifie point, ne justifie l'homme. Il y a une autre foy, qui est de croyre les choses de la Bible en se confiant ès promesses que Dieu a promis, et c'est ce que veult dire Sainct-Paoul. *Justus meus ex fide vivit*, c'est-à-dire que cestuy-là qui croit en Dieu avec une confiance et une espérance, est vivifié. La première foy n'est point suffisante[5].

---

[3] Caroli ne se soumit pas à cette seconde abjuration (V. le N° 152, n. 12).

[4] Censure de la Sorbonne: « Hæ... propositiones è sentina *Valdensium*, *Boëmorum* et *Lutheranorum* emanant, ordinem hierarchicum seditiosè pervertunt... simplices viros ac mulieres ad contemptum prædicationum et superbam præsumptionem perniciosè inducunt. »

[5] Censure: « Præfata distinctio insolita est apud Doctores Catholicos, et à *Lutheri* et *Melanthonis* perfidiâ desumitur. »

« Quiconque lieu soubs le ciel, qui est le vray tabernacle de Dieu, est plus propre et convenable pour prier Dieu et pour luy faire sacrifice, imò pour consacrer, que *les [temples] faicts par les mains des hommes;*... la bénédiction et aspersion de *l'eau benoiste* n'y faict riens [6]. — Pour *les chandelles et cierges* allumez entour les autels, oblations et sacrifices qu'on faict en l'Église, l'honneur de Dieu n'est point augmenté. — Il n'est pas possible de parvenir à la congnoissance de Dieu par les créatures faictes par les mains des hommes... Il n'y a riens qui plus nous eslongne et sépare de la congnoissance de Dieu que *les images*... C'est tout ung, idole et image. »

159

GUILLAUME FAREL à Ulric Zwingli, à Zurich.
De Strasbourg, 12 septembre 1525.

Autogr. Archives d'État de Zurich. Zuinglii Opp. éd. cit. VII. 404.

SOMMAIRE. Réjouissons-nous des tribulations : elles nous révèlent la mesure de nos forces et la bonté de Dieu, elles nous excitent à la vigilance. Quel enseignement pour nous que ces chutes où sont entraînés les hommes qui veulent servir en même temps Dieu et le monde! Nous voyons combien il est difficile d'abandonner une erreur, quand on tient à se faire un nom ou à ne rien perdre de son crédit! Exhortez les pasteurs à vivre dans l'humilité, à dépendre de Dieu seul. Je vous félicite de votre constance toute chrétienne. La nuit même où votre maison était assaillie, *Védaste* etait l'objet d'une tentative de meurtre. Je voudrais qu'il vous fût possible de placer cet honorable frère à *Neuchâtel,* comme prédicateur ou maître d'école. Ce serait un moyen de contribuer à l'évangélisation de *la France.* Les impies s'y rejouissent de la *mort prématurée de Papillon.* Je vous recommande, ainsi qu'à tous vos collègues, le jeune *Pierre,* neveu d'*Antoine Du Blet,* qui étudie chez *Ceporinus. Capiton, Bucer* et *Védaste* vous saluent. Nous ne vivons pas en très-bon accord avec le présomptueux *François [Lambert].*

Gratia et pax à Deo Patre Nostro !
Si unquam sese obtulit lætitiæ et gaudii ratio propter persecutiones, ejectiones, et ficta in pios mendacia ob Christum, nunc

---

[6] Cette proposition et les suivantes étaient extraites d'un sermon prêché par Caroli le 9 octobre 1524, dans l'église de St.-Gervais.

quam maxime. Nam quid, quæso, intentatum relinquunt impii ? Scire velim vel unam rimulam superesse, quâ pios aggredi possint, quam non sint perscrutati. Verum, si Deus pro nobis, quis contra nos ? *Gratulor tibi hanc tuæ fidei probationem, et perseverantem in te Christum, per quem stas,* in quo æternum perdures, gratiam agnoscens, quanta in te sit, ac tuas vires Christo et divinæ gratiæ, quod suum est, tribuas, tuisque viribus quod oportet, ut sit Deus Deus, et homo homo. *Ea sunt tempora, ut ab amicis sit quàm maxime timendum.* Per inimicos pius nunquam dejicietur (quicquid sævi moliuntur hostes nobis in bonum cedit), nec contumeliis superbit, nec intenta sibi morte se fidit. Suspirare ad Patrem docent persecutores, unde mira Dei et bonitas et clementia in filios agnoscitur, qui cum preciosum illum gestent thesaurum in vasis fictilibus, pressuris adiguntur, ne temere perdant: quas qui fugiunt nolentes Christi crucem ferre, quid malum cæcitatis et impietatis non incurrerunt ?

Videmus, *quam fœdè non pauci a Christo ad Antichristum defecerunt,* dum ventri magis et quieti student, quam gloriæ Dei. Prius horrenda ob oculos erant, quæ et nunc sunt divinæ ultionis iræ exempla, de quibus an resipiscentiæ aliqua sit spes, nescio : *videmus, quid sit veritatem dissimulare, Deo et hominibus unâ inservire velle, in quot protrudat fœdissimos lapsus;* quid denique non suscipiat defend[end]um, quàm difficile errorem aut fateatur aut agnoscat *nominis parandi amor, aut retinendæ authoritatis studium*[1]. Sunt quos nemo non putasset ipsissimum spiritum, qui tamen toti in carnem abierunt, secum non paucos pertrahentes in perniciem; qui utinam à se abducissent [l. abduxissent] populum in Verbum Dei, non tam multos perire videremus. Quod cum te non fugiat, *fratres admone non e[f]ferri,* sed cum timore Verbum ministrare, reputareque apud se quid aliis obtigerit, *ut omni cura videant ne cadant,* quod non dubito te et facere et facturum, sic quod [l. ut] *nihil hominibus tribuatur,* quantumcunque piis et doctis, *sed soli Deo omnia.* Vides enim quantum obsit pietati humanæ extimatio [l. existimatio] larvæ, quàm difficile plurimi per hanc ab errore avocari possint.

Contigit eo die, nec multum puto horam diversam (nox enim erat, quo tibi amici bona intertarunt)[2], et *Vedasto* brachium spi-

---

[1] Il y a dans ce passage des allusions à Érasme et aux docteurs qui soutenaient la doctrine de Luther sur l'Eucharistie.

[2] Le lundi 28 août, entre neuf et dix heures du soir, toutes les fenêtres de la maison de *Zwingli* avaient été brisées à coups de pierre par deux

culo, quod allabardam vocant, transfodi³? *Hunc*, quem pietas et animi mititas aliæque christianæ dotes commendant, *optarim in Novoburgo⁴ concionatorem*, si fieri posset, *aut aliàs puerorum moderatorem agere*. In qua re spero, te nonnihil posse, cum *præfectum* dicant pium esse⁵. *Adnitere*, quæso, pro viribus, *ut hac via miseræ Galliæ aliquid suboriatur lucis!* Non est quod dubites de viro : nam nihil in eo desideres, quod ad id muneris faciat, quantum hæc ferunt tempora. Si certior fieri vis, nemo hic episcoporum est, qui illi pium non ferat testimonium. Audisti, ni fallor, *de immaturo Papilionis transitu*⁶, super quo gestiunt impii. Christo sit gratiarum actio, qui suæ pietatis nos intueatur oculis. *Tyrannidem non parvam apud Gallos suspicor, quòd fratres magis sint muti, quam pisces.*

Commendatum habebis et tecum *Myconius*⁷, *Petrum, Bleti*⁸ *nepotem*, quem gaudeo apud *Ceporinum*⁹ agere. Faxit Deus, ut dig-

---

bourgeois de Zurich. Cette aggression fut accompagnée de malédictions et d'injures. (Voyez la lettre d'un témoin oculaire. Zuinglii Opp. VII, 411.)

³ Nous n'avons pas d'autres détails sur ce guet-apens.

⁴ *Neuchâtel*, chef-lieu du comté de ce nom. A l'époque où les Suisses luttaient contre les Français en Italie, le comté de Neuchâtel appartenait à *Louis d'Orléans*, duc de Longueville. Ce prince servait dans l'armée française, bien qu'il fût l'allié et le combourgeois des cantons de Berne, de Soleure, de Fribourg et de Lucerne. Pour prendre des gages contre lui, les Suisses s'emparèrent en 1512 du comté de Neuchâtel ; ils le firent gouverner par un bailli qu'ils remplaçaient tous les deux ans. Grâce à leur sollicitude, la ville de Neuchâtel, complètement négligée par ses conducteurs spirituels, eut enfin, dès l'an 1522, *un prédicateur*. (Voyez les Mém. sur le comté de Neuchâtel par le chancelier de Montmollin, t. I, p. 53. — J. J. Hottinger. Helvetische Kirchen-Geschichte, Th. III, 76.)

⁵ Le bailli qui gouverna le comté de Neuchâtel, de 1524 à 1526, était *Bernhard Schieser* de Glaris. (Leu. Schweizerisch. Lexicon.)

⁶ *Antoine Papilion.* V. le N° 156, note 3, et la lettre d'Érasme à François I du 16 juin 1526.

⁷ Voyez le N° 141.

⁸ Ce neveu d'Antoine Du Blet était peut-être *Pierre Verrier*, qui dut arriver de Lyon à Bâle en décembre 1524 (V. le N° 130, n. 2).

⁹ *Jacob Wiesendanger* (grécisé en *Ceporinus*) né (1499) à Dynhard, village du canton de Zurich. Il avait dix-huit ans quand il apprit à lire, mais après avoir étudié pendant quelques années à Winterthour et dans les universités allemandes, il acquit une connaissance si remarquable du grec et de l'hébreu, que le Conseil de Zurich lui confia l'enseignement de ces deux langues. Ce jeune savant qu'on appréciait à Bâle comme correcteur, a donné de bonnes éditions de quelques auteurs grecs. Il mourut à Zurich le 20 décembre 1525. (Meister. Berühmte Züricher, I Th. 174.)

num præceptore tali præstet discipulum! Gratia Dei tecum. Salutem dicito *Myconio*, *Leoni* et *Gaspari*. Salutant te *Capito* hospes noster, et *Bucerus*, ac *Vedastus* hospes etiam Capitonis. Cum *Francisco* [10] non per omnia convenit. Pænia forte meliores faciet, quos præclara sui opinatio reddidit insolentiores. Vale. Argent. 12 Septembris 1525.

Tuus in Christo totus GUILHELMUS FARELLUS.

(Inscriptio:) Vigilantissimo Verbi Dei Ministro Huldrico Zynglio. episcopo Tigurino. Tiguri.

160

PIERRE TOUSSAIN à Farel, à Strasbourg.
(De Bâle), 18 septembre 1525.

Inédite. Autographe. Biblioth. des pasteurs de Neuchâtel.

SOMMAIRE. La lettre de *Capiton* a *Œcolampade* et celle que vous avez écrite à *Himeli* seront utiles à l'Église. Quant à *Lupus* [*Wissenburger*], il n'y a guère d'espérance de pouvoir l'amener à l'intelligence spirituelle [de l'Eucharistie]. F¹ *Lambert*, qui vient d'envoyer son serviteur chez *Luther*, devrait être surveillé, parce qu'il peut nous attirer des embarras. Je désire que vous traduisiez en français une *Épître sur l'Eucharistie* dont l'auteur est inconnu, mais qui dit beaucoup de choses en peu de mots. On sollicite *Érasme* à défendre la doctrine de la présence réelle. *Votre lettre à nos moines* m'a fait plaisir; continuez à combattre leur erreur. Le moine *Augustin* qui s'est rendu à *Strasbourg* serait utile à *Metz*, s'il allait y prêcher; mais il faudrait qu'il gardât le froc, car tous nos frères de cette ville sont en péril. Quand nous pourrons espérer la fin des troubles, *Capiton* et ses collègues devraient proposer aux magistrats de décréter une *conférence* où l'on s'entendrait sur l'*Eucharistie*. J'ignore si *Vaugris* a fait imprimer *votre Indice*, que je lui avais remis.

Gratia et pax à Deo Patre! *Œcolampadius* copiam mihi fecit earum literarum quas ad se scripsit *Capito*, item *Emilius* [1], tuarum,

---

[10] *François Lambert*, au sujet duquel Bucer écrivait à Zwingli, le 29 janvier 1526: « Τὸν φραν. τὸν λαμπ. nobis citra commendationem miserunt οἱ βιττενβέργιοι, quam nihili tam sui amantem, qui, si posset, nobis multum adeo negotii exhiberet. » (Zuinglii Opp. VII, 466.)

[1] C'est le nom altéré de *Jacob Himeli* (N° 150, note 1).

quibus maxime sum delectatus, quòd credam eas Ecclesiæ Christi profuturas². Tametsi sic videatur *Lupus*³ affectus, carni adherens et sanguini, ut nulla sit spes reliqua eum posse aliquando ab opinione stulta avelli. Novit *lubricus ille anguis, primus pacis nostræ proditor*, retectas apostolorum suorum fraudes, repertamque venam Roman[arum] imposturarum, et *nunc novis nos adoritur insidiis, dissidium seminans in Ecclesia*, quo nescio an quicquam contingere posset perniciosius. Audio *Fracrium* [l. Franciscum] *illum Lambertum* misisse puerum suum ad *Lutherum*; vereor ne aliquid monstri alat, et cavere deberent modis omnibus qui *isthic* præsunt gregi Christi, ne quid tentaret *stolidum illud caput*⁴, quod facilè cœptum resarciri non posset. Quanquam sive scribat *Lambertus*, sive cœcutiat mundus et tumultuetur ad Orientis Christi renascentisque Evangelii splendorem, regnabit tamen veritas in omnibus fidelium pectoribus, repurgabitur Israël ab idololatria, et tum demum prædicabitur Evangelium omni creaturæ, et remissio peccatorum per unum Jesum Christum, quem oportet cœlum capere, donec ponantur inimici sui scabellum pedum suorum.

Inter ea quæ hactenus legi *de Eucharistia*, summe mihi placuit *Epistola quædam, quæ incerto prodiit autore*, quam vellem transfusam in omneis linguas; paucis multa dicit, et meo judicio non minus doctè quam verè⁵. Si eam verteres gallicè, eâ gratiâ et facilitate quâ prodiit in publicum, posses tibi hoc officio demereri Ro.[manum] *Pontificem* et totam sedem Apostolicam, quæ sane pessum it nisi succurramus, tametsi fortiter hodie militant Abbates et

---

² Ces lettres, écrites sur la prière de Toussain (V. le N° 157, note 13), étaient relatives à l'Eucharistie.

³ *Lupus* est une allusion au prénom de *Wolfgang Wissenburger* (Voyez le N° 140, note 8).

⁴ *François Lambert*, que Toussain avait déjà gratifié de la même épithète dans sa lettre du 14 juillet.

⁵ C'est probablement l'Épître de *Cornelius Honius* intitulée: « Epistola christiana admodum, ab annis quatuor ad quendam, apud quem omne iudicium sacræ scripturæ fuit, ex Bathavis missa, sed spreta, longe aliter tractans cœnam dominicam quàm hactenus tractata est, ad calcem quibusdam adiectis Christiano homini pernecessariis, præsertim his periculosis temporibus. » In-8° de 7 feuillets, imprimé à Zurich en septembre 1525. — Érasme mentionne cet opuscule, dans sa lettre du 3 octobre 1525 à Pierre Barbier, après avoir parlé des ouvrages d'Œcolampade et de Zwingli relatifs à l'Eucharistie : « *Batavus quidam* ante annos quatuor egit idem epistolâ, sed sine nomine, quæ *nunc* excusa est. »

Episcopi. *Erasmus* extimulatur à multis ad defendendum Deum impanatum, sed non facilè adduci possum ut credam hominem descensurum in hanc harenam [6]. Sed ex his hactenus.

De *Monachis nostris*, gratum fuit quod scripsistis ; reliquum est ut pergatis literis detestari illorum abominationem [7]. Subodorantur id consilii à me profectum, sed nihil moror ; monachi sunt, hoc est homines sectæ (?) et impii, tametsi id audire nolint. Audio isthuc profectum *Augustinianum quendam*, quem semel atque iterum sum alloquutus ; sed nescio quid sit in homine. Si bonus est, ut arbitror, vellem eum *apud nos* [8] agere (intelligis quæ loquor), etiam cum veste, nam alioqui non posset irrepere ad munus concionandi. Audio etiam *Equitem* [9] periclitari, simul et omneis qui *illic* [10] Christi gloriæ favent. Tu cave ne quid literarum credas ulli, unde possent illi in discrimen aliquod venire. Si vera sunt quæ mihi narrantur, omnia illic in pejore statu esse non possent, quàm sunt hodie. Sed benedictus Dominus in omnibus operibus suis !

Si tumultus isti [11] sedarentur, *Civitates quæ receperunt Verbum curare deberent* modis omnibus, *ut haberetur disputatio*, vel collatio potius quædam, quâ definiretur de rebus omnibus quæ hodie veritatis hostes vertunt in dubium ; hoc facto animarentur excitarenturque Civitates aliæ et regiones ad recipiendum verbum Dei. Nec video aliam viam commodiorem ad propagandum Servatoris nostri regnum. Proinde *in hoc laborare deberent Capito et alii fratres, et fac ut admoneas eos officii* [12]. Gladium habent utrinque incidentem. Et sic proponi posset Magistratibus, ut facile denegare non possent, cum videant sacerdotes et Episcopos aliis artibus deditos, nullamque spem esse futurum aliquando ut isthinc succurratur ovibus Christi. *Indicem tuum dederam Io. Vaugris, nescio si curarit imprimi* [13]. Bene vale, frater charissime, et saluta diligen-

---

[6] D'après ce qu'Érasme écrivait à Lupset en octobre 1525 (N° 130, note 17), il est peu probable qu'il fût disposé à se charger de cette entreprise. Il se contenta de déclarer qu'il restait fidèle au dogme catholique de l'Eucharistie. (Voyez Zuinglii Opp. VII, 421.)

[7] Il veut parler de *Pellican*, de *Luthard* et de *Wissenburger* (V. N° 157).

[8] — [10] C'est-à-dire à *Metz*.

[9] *Nicolas d'Esch*.

[11] Allusion à la guerre des paysans.

[12] Toussain renouvelle cette recommandation dans la lettre suivante.

[13] Était-ce un « *Indice* » pour l'ouvrage de *Farel* intitulé « *Sommaire* » (V. le N° 128, note 13) ?

ter nomine meo *Capitonem*, *Bucerum*, *Præpositum*, *Vedastum* et reliquos fratres. Ex Chorazin [14], xviij Septembris M.D.XXV.

Tuus Sunassot Surtep [15].

(*Inscriptio :*) Carissimo fratri Guilielmo Farello, in ædibus Capitonis, Argentorati.

161

PIERRE TOUSSAIN à Farel, à Strasbourg.
(De Bâle) 21 septembre 1525.

Inédite. Autographe. Bibliothèque des pasteurs de Neuchâtel.

SOMMAIRE. Un frère est arrivé à Bâle pour voir *Farel*. *Toussain* se console d'être pauvre. Il engage *Farel* à redoubler d'efforts pour que *les pasteurs de Strasbourg* s'entendent avec *Luther*, avant la réunion de la diète impériale. Nouvelles apportées d'*Italie* par le serviteur d'*Érasme*.

Mon cher frère, notre Seigneur vous doint sa grâce! Je vous empêche souvant avecque mes rescriptions, mais vous n'en aurez aultre chose. *Le présent pourteur, à son arrivée en ceste ville, demandoit après vous; je l'ay receu, en vostre absence, au moin mal que j'ay peu*, et vouldroye bien avoir la puissance de povoir recepvoir touz noz povres frères en Jésu-Christ, mais Il ne m'a esleu en cest office. *Du temps que j'avoye quelque bien de ce monde transitoire, j'avoye plusieurs parens et amys qui m'offroyent montaingnes d'or*; maintenant je n'en treuve pas ung qui me ayda d'ung blanc. Loué en soit nostre bon père célestiel, lequel congnoist ce qu'il nous est nécessaire en ceste vallée de misère! Sa saincte volonté soit fait[e]! Je me reconfort[e] au dit du Prophète disant : « Juvenis fui et senui, nec vidi justum derelictum, nec semen ejus querens panem, » congnoissant néantmoins mon imperfection et infirmité de foy à la bonté et miséricorde divine.

[14] Ce nom veut dire, dans la pensée de Toussain, que la ville de Bâle méconnaissait les bienfaits de Dieu répandus au milieu d'elle.
[15] Anagramme de *Petrus Tossanus*.

Je vous escripvis dernièrement[1] par le serviteur de feu *Coctus*; je scé que vous averez receu mes lettres. *Sy vous sçavyez*, mon cher frère, *comment je suis troublé de ces divisions qui sont aujourd'huy entre les prêcheurs de la Parrolle de Dieu*, vous seriés esmerveillé, et plust à Dieu que je pouesse acheter la paix, concorde et union en Jésu-Christ de tout mon sang, lequel ne vault guerre[s]. quanquam sciam me hujusmodi votis parum proficere. Audio futurum conventum Principum et magnatum *Germaniæ*, *Augustæ*[2]. et me semble que l'on y traictera l'affère de l'Évangile et mesment de *Eucharistia*. Et me doubte que en brefz ne veons [l. voyions] une grosse confusion, sy ung chescun veult demouré à son oppinion sans donner lieu à l'Escripture Saincte, selon la quelle devons régler les pensées de nos cueurs, et me semble que *Luther* y doit estre appelé. Par quoy seroit expédiant que les Évesques des villes par deça, du moins de *Strasbourg*, l'amonetessent [l. l'admonestassent] de vouloir regarder en cest affère sans affection[s] quelcunques a quibus resilit spiritus Dei. Sane venit annus septuagesimus, et tempus appetit ut tandem vindicemur in libertatem, non Rusticorum, sed spiritus et conscientiæ. Mais je me doubte que ceulx qui ont commancé la dance ne demeurent au chemin, et nous empêchent d'entré en la saincte Cité de Jhérusalem. Sed novit Dominus quos elegerit.

J'entens que *Zuinglius* se vente par ses escriptures de non jamais avoir escript à *Luther*, ce que [je] ne peu trop louer. Et plust à Dieu que luy et aultres eussent plus diligemment escript au dict *Luther* de ceste affaire! Forté que les choses fuissent en meilleur trayen [l. train] qu'elles ne sont. *Œcolampade* m'a dit que les livres du dict *Zuinglius* sont deffendus à *Nuremberg*. Regardés sy Sathan dort. Cest affère est grant, et me semble que les prêcheurs y sont assés négligens et debveroyent prandre exemple à leurs adversair[e]s. *Pour quoy n'envoyent-on ou Bucer ou quelque aultre homme sçavant vers Luther*[3]? Car plus attendera-on et plus grandes vi[e]n-

---

[1] Voyez le N° précédent.

[2] Des Lettres de Charles-Quint datées de Tolède, le 24 mai 1525, avaient convoqué la diète impériale à Augsbourg pour le premier octobre. Au mois d'août, la réunion en fut différée jusqu'au 11 novembre, et elle n'eut réellement lieu qu'en juin 1526, dans la ville de Spire (Voyez Sleidan, liv. V et VI).

[3] Les pressantes exhortations de *Toussain* (Voyez le N° 160) contribuèrent peut-être à hâter la décision que prirent les pasteurs de Strasbourg dans les premiers jours d'octobre (V. le N° 163, note 2).

dront dissentions, — ce que je vois en ceste ville par *ce Loup*[4], qui est plus arresté que jamais, et me semble qu'il escript quelque chose pour ses deffenses avecque son compaignon.

De *nostre païs*[5], *lequel est de présent icy*, je vous escripveroye plus au loing, mais vous sçavez les dengiers, etc., vous priant que sollicités les Évesques de veiller en ceste matière de Eucharistia, meysment d'escripre au dict *Luther*, icy et aultre part. Pensez quelle confusion sera, se l'on vient à proposer cest affaire et que *Strasbourg* soit d'une oppinion, *Nurembergue* d'une aultre, etc. Ce sera assez occasion aux Princes de deffendre totallement ceste nouvelle doctrine et nous fère retourner à noz vielles coustumes et immolations. Sed tu, Domine, succurre nobis! Et pour ce, mon cher frère en Jésu-Christ, tenez main que l'on regarde tous les moyens de obvyer à telz inconvénians, me recommandant tousjours à voz bonnes prières. Saluez *Capito*, *Bucer*, *Védast* et *le Prévost* de ma part, et Adieu [l. à Dieu] soyez. Ce xxi° de Septemb. 1525.

Vostre frère[6].

(P. S.) Je vous prie que m'escripvés de voz nouvelles et meysmes sy vous avez rien ouy de *vostre compère*[7]. Depuis nostre départ[8], l'on ne m'a jamais escript. Sy paix se fait entre les......[9]. j'espère que ce sera le grant bien de l'Évangile. Le serviteur de *Érasme* revynt ces jours de *Rome*[10], et dit que *l'Empereur* a grant vouloir de déchasser *nostre Sainct-Père*. Se seroit grant domnaige, à cause des bonnes vertus qui sont en luy. Priés que Dieu luy soit en ayde. Il s'ajoind avecque *les Vénétians*, et me semble qu'il s'en doit aller à *Venize*, sy l'empereur descend aux *Itälles*. Il est à la puissance de nostre bon père célestiel de déchassé *ces roybeurs et larrons de l'Esglise*. Tout ce pourteroit encor mieulx que beaucop

---

[4] Voyez le N° précédent, note 3.
[5] Il veut parler d'un compatriote.
[6] Point de signature. Farel a écrit sur l'adresse: « *Tossanus*. »
[7] Voyez le N° 157, note 6.
[8] Voyez le N° 140, note 5.
[9] Il y a ici dans l'original un mot sauté.
[10] Ce jeune homme, qui s'appelait *Charles Utenhove*, n'était pas un serviteur, mais plutôt un secrétaire d'Érasme. Arrivé de Rome vers le milieu de septembre, il repartit le 5 octobre pour l'Italie, avec le baron polonais *Joannes à Lasco*, l'un des pensionnaires d'Érasme. *Charles Utenhove* fut plus tard en correspondance avec *Louis de Berquin*. (Voyez Erasmi Epp.)

ne pensent, sy nous estions d'acores [l. d'accord]. Il y a beaucop
de povres gens idiotes et aultres lesquelz viendroyent volentier à
la lumière ; maix quant ilz voyent *ces divisions entre les clercs,* ilz
demeurent confus et ne scèvent quelle voye prandre. Et pour ce
prions Dieu qu'il nous envoye sa grâce ! Et iterum vale.

(*Inscriptio :*) Charissimo fratri Guilielmo Farello, in ædibus
D. Capitonis, Argentorati.

162

GÉRARD ROUSSEL à Guillaume Farel, à Strasbourg.
(De Meaux), 25 septembre 1525.

Autographe. Bibl. Publ. de Genève. Vol. n° 111 a. C. Schmidt,
op. cit. 185.

SOMMAIRE. Une longue maladie m'a empêché de répondre à vos deux dernières lettres,
reçues après la Pentecôte. Je n'ai pas voulu vous écrire par le courageux Chrétien
[*Jean le Clerc*] qui, après avoir tant souffert à *Meaux,* est allé mourir à *Metz.* Il a
été victime de ces docteurs qui sont bien éloignés de Christ, quoiqu'ils se glorifient
d'être Chrétiens. *La captivité du Roi* les a rendus tout-puissants, et ils se croient
assurés de leur triomphe. Plusieurs des nôtres sont en prison ; d'autres se sont ré-
tractés et ont dénoncé leurs frères ; bref, depuis que le Parlement, autorisé par le
Pape, a confié à deux conseillers et à deux théologiens le droit de juger sans appel,
on ne peut plus confesser Christ sans exposer sa vie. A plusieurs reprises on a essayé de nous compromettre par les accusations de témoins subornés. Mais la bonté
divine nous a protégés. *Maigret* est toujours en prison. Priez pour lui. Je reconnais
comme vous qu'on a erré jusqu'ici relativement à l'*Eucharistie,* en abandonnant
l'adoration en esprit et en vérité. Je ne saurais m'associer au blâme dont *votre zèle
ardent* est l'objet. Il y a sans doute un faux zèle plus préoccupé de reprendre l'infirmité des autres que de les édifier ; nous désirons vivement qu'il n'en soit pas ainsi
du vôtre.

Rufus Farello. Gratia et pax à Deo patre et Domino Jesu Christo !
Ægritudo à qua vix jam post quattuor menses respiro, in causa
fuit quominus tuis responderim literis quas ab anno duntaxat binas
recepi, adhuc autem a Penthecoste nuper elapsa eas accepi[1], cum

[1] Depuis le mois d'août 1524, *Farel* n'avait adressé à *Roussel* que deux
lettres, qui étaient parvenues à celui-ci après le 4 juin 1525.

tamen frequentius ad te scripserim — ut mihi justior querendi occasio relicta videatur quàm tibi, etiamsi has partes in tuis postremis literis, iisque inabsolutis, præripueris, hac, opinor, occasione motus quòd per illum non scripserim *qui apud nos multa passus, vitam finivit apud Metenses*[2] : id quod à me prætermissum est, quòd metuerem ne interciperentur literæ, nec satis compertum esset num fuerit te conventurus, cum non de industria sed inopinato *hunc Metis repereris*[3]. *De quo Christi milite non scribo,* quòd noris plus satis quæ erga se acta sunt per eos qui hoc nomine se Christi esse gloriantur, quòd fortiter tueantur traditiones quas a patribus acceperunt, nec interim, veluti animalia minime *(sic)* bisulca ac ruminantia, expendant quàm absint a Christo, qui verus pater est, et apostolis, qui pro patribus nati sunt filii quos constituit Dominus super omnem terram.

Regis nostri vincula adversariis adeò erexerunt cristas, ut jam sibi persuadeant triumphum, prorsus in nihilum redacto verbo Dei, quod sparsum esse in vulgus, et fructum non mediocrem ferre, id est quod illos pessime habet. *Quo factum est ut jam aliquot in compedes detrusi sint, aliis ad canendum palinodiam adactis*[4]. Particulatius non agam, nec turpitudinem illorum retegam qui, dum multum Christiani haberi volunt, tamen ne crucem ferant, alios in vitæ discrimen adducunt, et sua ipsorum inconstantia incommodant

---

[2] C'est évidemment *Jean le Clerc*, martyrisé à *Metz* le 22 juillet (Voyez les N°˚ 135 et 155).

[3] *Farel* dut arriver à Metz environ le 11 juin 1525 (N° 140, n. 5).

[4] Les évangéliques emprisonnés à cette époque étaient entre autres : *Aimé Maigret* (N° 136), *Matthieu Saunier* et *Jacques Pauvan*, qui furent conduits à la Conciergerie de Paris, au mois de mars 1525 (Toussaints Du Plessis, II, 277). On ne connait pas le nom d'un quatrième prisonnier mentionné en ces termes dans le procès de Briçonnet et des Cordeliers de Meaux, qui fut plaidé le 11 août 1525 devant le Parlement: « Et y a encore un autre [prédicateur à Meaux], longtemps un prisonnier en la Conciergerie, duquel tous bons Chrestiens demandent et desirent chacun jour estre faite justice » (Bulæus. Hist. Univers. Paris. t. VI). Briçonnet ayant demandé en personne au Parlement (19 août) « de commettre trois ou quatre des Conseillers... pour informer s'il y a aucuns abus dans son diocèse, tant sur le fait de la foy que sur certains autres faits avancés par les religieux Mineurs, » cette requête dut amener de nouvelles arrestations. En effet, le 3 octobre suivant, la Cour ordonnait à l'Official de Briçonnet « d'envoier à la Conciergerie *Jean de Congy et tous les autres prisonniers qui sont ès prisons du dit évêque de Meaux, détenus pour cas et crime d'hérésie.* » (Toussaints Du Plessis, II, 279 et 280.)

evangelicæ promotioni, quantum qui maxime. Jam per hostes Evangelii, qui innumeri sunt ac viribus admodum potentes, et remissas illorum manus per quos negocium promoveri oportuit, *ed ventum est ut vix citra vitæ periculum audeat quis Christum* apud nostros *purè confiteri.* Nam *Senatus decreto ordinati sunt* quattuor, *ex cœtu theologorum duo, Quercus*[5] *et Clerici*[6]. *et duo consiliarii* non dissimilis farinæ [7], *cum præfatis theologis, quos apprime nosti,* ut nihil opus sit suis eos depingere coloribus. Tamen *penes istos,* ut maxime iniqui judices videantur, *summa vitæ et necis constituta est, etiam acclamante Ro[mano] Pontifice,* qui in hoc ipsum bullam ad nos dimisit, per quam omnis potestas confertur prædictis, ut nemini liceat ab eis provocare [8]. Tu vide quàm tutum sit sub istiusmodi judicibus agere, qui quod hactenus observatum est mordicus tenent, parati ad aras usque tueri. Jam semel et tertiùm quæsierunt per subornatos testes vocare nos in hoc discrimen [9], sed hactenus prohibuit Christi clementia. Si pergant sævire, nescio quis tutus audebit annunciare Christum. Mors *Querni,* in hoc designati judicis, nonnihil respirare patietur : cæterùm curaturi sunt matæologi, quorum gloriam obscurat Evangelium syncere annunciatum, mox suffici alium non dissimilis farinæ. Dominus velit rebus quæ inclinari videantur, adesse et suos mittere operarios, qui nihil reformident adversariorum minas.

Non vacat per nondum receptam sanitatem tuis respondere li-

[5] Voyez le N° 34, note 2.

[6] *Nicole Le Clerc,* docteur régent en la Faculté de Théologie.

[7] *Jacques de la Barde* et *André Verjus.* Le Parlement les avait élus le 29 mars, avec les deux docteurs de Sorbonne Duchesne et Le Clerc, et il avait enjoint à *Briçonnet* « de leur donner vicariat en la ville de Paris, pour connoistre et décider contre *Saulnier* et *Pauvant* des cas et crimes à eux imposez. » (Toussaints Du Plessis, II, 277.)

[8] Il veut parler de la bulle papale du 20 mai 1525, remise au Parlement de Paris le 17 juin (Voyez Sleidan, liv. V). L'Université reçut aussi à cette occasion une lettre du Pape et de la reine-mère: « Rector … acceptis à Papa et à Regina literis, ut videret Universitas ne quid ab *Hæresi Lutherana* religio pateretur, in id potissimum incubuit. » (Bulæus, op. cit. t. VI.)

[9] Dans le cours du procès intenté à Briçonnet (note 4) les accusations contre « les fausses doctrines » et « les ouvriers de Fabry » n'avaient pas manqué : « L'Évesque de Meaux depuis quelque temps… a fait prescher tels personnages que bon luy a semblé : c'est à savoir M. *Martial Mazurier, Pierre Caroli,* et un appelé *Michel,* autrement ne sçay son nom, et un nommé M. *Girard.* » (Bulæus, VI.)

teris, quibus *rem magni momenti attingis, in qua aberratum hucusque impiissimè*[10]. Sane nihil ad adorationem, quæ in spiritu et veritate fieri debet, pertinet quod alii prodiderunt, nec gravatim in tuam descendo sententiam, nisi quòd nolim Christum ita cœlo concludi ut suam præsentiam etiam corporalem non exhibeat, quibus voluerit et quum voluerit.

Audio quosdam sinistre interpretari ardentem illum zelum quem habes, nec non inde offendi infirmos, qui non eò provecti sunt ut sint solidi cibi capaces, quos oportet fovere donec grandiscant in Christo. Non aberrat qui Spiritu agitur duce, nec malus esse potest zelus quem profert Spiritus, ut maxime violentus et asper humano sensui videatur[11]. Cæterùm plerumque accidit ut fallat *spiritus mendax specie pietatis obductus*, qui facilis est in aliorum reprehensionem et nihil tam cupit quàm mordere et conviciari. Optandum ex corde ut procedat sermo Dei, sed etiam cavendum, ne, dum in hoc toti sumus, fratrum posthabeatur infirmitas, quæ non facile ædificetur in aliorum reprehensione, tali præsertim quæ seditiones excitet potius quàm tranquillitatem christianam. Dentes sponsæ non sunt gladiis illis persimiles quos adultera generatio habet, sed sicut greges tonsarum quæ ascendunt de lavacro, mordent quidem cum opus est, sed leviter, *ut non desit modestia*, non quam sibi pollicetur caro, quæ nullis legibus quantumvis auctis et multiplicatis astringi potest, sed *quam profert Spiritus*, qui lege non eget nec alio doctore, sed sibi ipse in omnibus lex est et doctor, *quem in te servari Christi beneficio percupimus*[12].

Qui apud nos sunt verbi Dei amatores te salutant et totam quæ apud vos est ecclesiam. *Noster Macrinus*[13] adhuc captivus est, quem cupimus vestris commendari precibus. Bene vale. **25 Septembris 1525**[14].

Tuus quem probe nosti frater et amicus G. R.

(Inscriptio:) Guillermo [15]. Argentoraci.

---

[10] Il veut parler de l'Eucharistie.
[11] — [12] Comparez ces passages avec le N° 117, note 9.
[13] Voyez le N° 136.
[14] Le millésime est de la main de Farel.
[15] Farel a écrit au-dessous de ce mot: « *Gerardus Rufus*. »

163

GUILLAUME FAREL à Jean Pomeranus[1], à Wittemberg.
De Strasbourg (environ le 8 octobre 1525)[2].

Inédite. Copie du Manusc. Choupard. Bibl. de la ville de Neuchâtel.

SOMMAIRE. La sympathie que je ressens pour *les souffrances du corps de Christ* me presse d'attirer votre attention sur *la désunion de ses membres*. Comblés de biens par notre Père, pourquoi nous disputons-nous à propos d'un morceau de pain, d'une chose extérieure qui ne peut nous sauver, puisque *c'est la foi seule qui sauve?* Ce qui devrait nous unir, en nous rappelant la divine charité, ne sera plus une occasion de discorde, si tous enseignent que la célébration de *l'Eucharistie* est une commemoration du sacrifice de Christ, une action de grâces, une exhortation au dévouement, une élévation de l'âme à Dieu! Lui qui tant de fois a exaucé nos prières, nous laisserait-il errer dans cette question? Chaque membre du corps de Christ peut contribuer à découvrir la vérité sur les points qui sont restés douteux. A l'exemple de *S. Pierre* et de *S. Paul* n'ayons pas honte de changer d'opinion. *L'Évangile ne sera nullement en péril, si nous abandonnons la doctrine de la présence réelle.* Pour ma part je n'ai jamais pu y croire. Les *progrès de l'Évangile en France* sont *entravés par nos dissentiments*, et aussi par la lecture des *premiers ouvrages de Luther*, qui admettent dans une certaine mesure l'adoration des Saints et le Purgatoire. Ces erreurs étaient réprouvées *chez nous*, il y a quelques années, même dans les prédications publiques.

Faites que *Luther* exhorte *Pellican* à s'abstenir de dire *la messe* et de porter *la robe de moine*, et tâchez d'obtenir que les pasteurs prêchent seulement les doctrines qu'ils ont admises par *l'expérience de la foi*.

Farellus Johanni Pomerano.

Gratia et pax à Deo Patre nostro, et a sedente in dextera Patris Christo Jesu! Ne feras molestè, quæso, si ipse rudis et expers non

---

[1] Voyez le N° 74, note 7. *Pomeranus* avait publié à Wittemberg quelques mois auparavant un livre intitulé : « Contra novum errorem de sacramento corporis et sanguinis Domini nostri Jesu Christi epistola ad D. Joh. Hessum Vratislaviensem. »

[2] *Farel*, animé par sa propre conviction et par les lettres de *Toussain* (N°ˢ 153, 157, 160 et 161), dut naturellement s'associer à la démarche que *les théologiens strasbourgeois* tentèrent à cette époque auprès de *Luther*. Le

solùm humanarum, verùm etiam divinarum rerum, te utrisque instructissimum et peritissimum à majoribus et potioribus hisce nostris avocem. Divina, utcunque imperitus sum, veneror ; humana non aspernor studia, modò illis ancillentur citra fastum, illa suspicientia. Cogit me totius Christi corporis commune negotium nonnulla tecum fari, licet balbus sim. Boni consules, si eam dexteritatem non præstitero in corporis dolore levando quam manus potest ad omnia aptissima. Quod infirmiora faciunt membra condolens testabor et compatiens, optare me corporis totius bonam valetudinem, quam dissipatam et perditam prorsùs satagunt nondum fracti hostes Christi, qui quantum virium resumpturi sunt inde, *nisi coierint ob rem nihili* (si Christum teneo) *eluxata membra*, non siccis oculis sumus visuri : id quod etiamnum experimur.

Quid, quæso, digladiamur pro panis frustulo, quos Pater donavit omnibus, cum suum nobis dederit Filium ? *Num salus nostra sine hoc pane esse non potest ?* Salvabitne Deus hic esculentus, qui se ne à muribus quidem tueri potest, factus sæpius vermium cibus, tantùm abest ut impias et sacrilegas evadat manus ? Nemo mihi objiciat : « Tu, hac ratione, et Christi evacuationem et dejectionem nostrâ factam causâ ridebis, quod is salutem præstare non possit qui se ab impiorum manibus subducere non valeat, sed ut abjectissimus virorum in medio flagitiosorum de cruce pependit, nulli non illusus et subsannatus. » Quàm dispar est hoc argumentum ! Subduxit se sæpius, cum non adventasset hora, qua imminente, volens occurrit, et passus cum gloria surrexit. Sed quantis quæ passus est decantata fuere ? An aliud tota resonat Scriptura ? Id scire velim : quis apex aut iota testatur totius Scripturæ, Christum a resurrectione sua impanatum hæc perferre, ita includendum, rotandum (?), vorandum ? *Si sola fides in Christum incarnatum, passum et mortuum pro nobis, salvet et beet, quid iterum ad panem cogimur ?* — Sed honestatus est panis nomine corporis, sicut calix, sanguinis

---

8 octobre 1525 ils lui adressèrent une épître qui renferme les passages suivants :

« *Causâ unitatis ecclesiarum conservandæ*, hunc juvenem optimum [scil. Gregorium Caselium] ad te mittimus... Tanta fuit hujusce Verbi efficacia et virtus consensus nostri ! *Juncti sustinuimus acerrimas incursiones*, qui singuli concidissemus... Jam dum undique *seges jurgiorum* odio inimici suboritur , vix dicere possumus, quanta cum jactura ecclesiarum suboriatur Gallis, Brabantinis, Flandris. Germanis item infimis offendiculum pessimum objectum est.... [Gregorium] obsecramus benigne audias, agentem tecum *super mediis concordiæ...* » (Voyez Rœhrich, op. cit. I, 303 et 457.)

Christi. Fateor, sicut et circumcisio fœderis nomen obtinuit, quæ cùm Paulo nihil sit, an ideo pactum Domini nihil esse dicemus? Absit. Erit sane nunquam abolendum, perpetuòque fixum manebit. Ita, sive panis sit, sive non, perseverabit Christi corpus et sanguis nunquam effundendus, neque infundendus.

Peccatum est et quàm gravissime in divinam bonitatem et Verbum Dei. Id perpendat unusquisque apud se, flagitans veniam à cœlesti Patre, cujus ultione et ira *factum est, ut quod charitatem potissimum conjungere debuerat, dissecet et disperdat.* Ea est omnium sententia, *panem rem esse externam*[3], qui si adsit non servat, nec absens perdit ; *usum panis docendum,* et in eo peccari quòd malè quis eo utatur. Quid fit nunc, ut omnes id unum non agant, ut usus recte doceatur, aliis omissis quæ frugis nihil habent, contentionis verò plurimum, verbi gratiâ, «quòd corpus adsit realiter secundùm substantiam,» et id genus alia? Coëat amicitia inter eos qui Christum agnoscunt sapientiam nobis factam à Deo, justificationem, sanctificationem et redemptionem! Id omnes uno prædicent ore : *Dum panis hic editur, mentem in hoc solum occupandam, ut gratias agat Deo, recogitetque Patrem sic dilexisse mundum, ut Filium suum unigenitum dederit, cujus morte salvati sumus, sanguine repurgati,* nec majorem esse charitatem quàm ut animam suam quis pro amicis ponat. Quam cum Christus pro nobis posuerit, et nos debemus pro invicem animas nostras ponere, gestientes et exultantes de tanta Dei erga nos liberalitate et gratia, *et sic panem hunc,* non adoratum, non magicis incantatum exsufflationibus, non papistico apparatu gestatum aut observatum, *edi purè et simpliciter, ut legimus factitasse ipsos* non multo nobis deteriores, scilicet *Apostolos, satagentes corda sursùm elevare,* quærere quæ sursùm sunt, ubi Christus est in dextera Patris, non quæ sunt super terram.

Non imponat nobis constanter à nobis prædicatum verbum, « neminem ne pilum quidem auferre à nobis potuisse. » Quod utinam peractum fuisset tanta modestia, quanta et constantia! *Difficillima superavimus et maxima,* in quibus summa consistit et salutis et Christianismi, *ducti gratiâ Christi. An in re penè nulla,* quæ forte nobis plus fuit quàm cœtera expensa et reexpensa, *cœcutiemus,*

---

[3] Par ces mots « ea est *omnium* sententia » Farel voulait dire sans doute que c'était l'opinion des pasteurs de Strasbourg, de Zwingli, d'Œcolampade, de Pellican et de la plupart des théologiens de la Haute-Allemagne. C'était au fond l'opinion d'Érasme à qui Zwingli reconnaissait devoir la sienne. (V. le N° 130, note 18, et J. J. Herzog, op. cit. p. 177.)

et sæpius rogatus Dominus, quem re et experientia nostras in aliis rebus audivisse preces sentimus, *an, inquam, nos errare patietur tam amabilis Christus, qui veritas est*, ut hîc [nos] cadere et succumbere oporteat, quod fieri non potest sine quàm [maximo] Evangelii offendiculo ?

Quid hoc erit ? « *Ille, ille*, inquient, *talis, tantus* [scil. Lutherus] *hic lapsus est ! Nonne et in aliis potuit ? Quid huic hominum generi credimus ? Quid hanc non amandamus doctrinam ? Invertent et evertent omnia nobis, et eversa rursus erigent, modò aientes, modò negantes !* » — At meminisse oportet, unius corporis nos esse membra, nec omnia uni præstita, ne alia contemnat et aliorum negligat gratiam, sed hoc unum præstare membrum, illud alterum, ut amicitia inter membra perseveret. Si nihil doctum, dictumque fuisset [quàm] quod fidei etiam certissimo nos sentimus experimento, nihil nobis periculi esset de mutanda sententia. Sed *dum dubia asserimus, luce adparente, aut veritati cedendum et luci, aut obtinget excæcatio.*

Ne turpe nobis videatur veritati herbam porrigere, quandoquidem et *Petrus* ille, post superatos, magna vi et majestate verbi, pontifices et scribas, post edoctum Cornelium, descendente Spiritu Sancto, nondum expleto sermone, post redditam rationem hujus facti coram tota ecclesia (et alia id genus quæ, si in hunc diem actis super Verbo conferantur, non sunt obscura), tam benigne, tam christiane *Paulo* cedit in re levissima. Quid de electionis vase dicam, qui in Asia prædicare prohibetur, quód, quantum ex contextu conjicere licet, Apostolorum traditionem servandam doceret ? *Non puduit utrumque mutare sententiam*, et tamen non hujus gratià periit tunc nascens propemodum Evangelium. Nec nunc peribit, si impanatus auferatur Deus, quum signum volumus *(sic)* quo fulciantur conscientiæ super promissione Christi, quod [scil. signum] promissione ipsa longè incertius, si hîc sit impanatus Deus. *Alia etiam sensui pervia sunt. Hoc sensu, ratione, nec intellectu capi potest.* De me loquor : alii quid crediderint ignoro. *Ego nunquam credidi, licet mihi persuaderem ita.* Quid enim quod non sapiebam crederem ? Si memoria sit panis Christi pro nobis passi, et non Christus ipse, si edatur panis, non adoretur, aut adservetur repagulis clausus, ut *Germanis*, aut pendulis, ut *Gallis*. Non peribit Antichristus, quandiu perdurarit caput suum, quod impanatum esse deum nobis non obscure indicat totius corporis cura in eo servando [1].

---

[1] Œcolampade écrivait à Zwingli le 16 septembre 1525: « Sacrifici et

Hæc, mi Pomerane, apud te balbutire volui, ut compertum haberes, *me nihil optare quàm Ecclesiæ unionem et concordiam, quæ vel facillime constabit, si nos,* secundùm sanctam Pauli exhortationem, *eandem habuerimus charitatem*, unanimes in id ipsum sentientes, sine contentione aut inani gloria, cum humilitate potiores alios existimantes, quærentes quæ illorum sunt, non nostra. Quod Christus in nobis per Spiritum suum faciat!

Dici non potest quàm officiat Gallis hoc dissidium ⁵. Non pauci, inter se in sinum, de eucharistia non inepte tractabant, sicut et *ante annos aliquot*, etiam publicis concionibus, *Sanctorum invocatio reprobata et Purgatorium* ⁶. In qua re versores librorum *Martini* ⁷ malè fratribus consulunt, qui priora ejus opera, in quibus nonnihil Sanctorum invocationi et Purgatorio defertur, non repurgant. Nam legentes hæc non pauci a veritate resiliunt. Fit enim, ut qui in primis sparsi sunt libelli facilius distrahantur et apud exteros.

Cæterùm, cùm te sciam Ecclesiæ ædificationem habere charissimam, *non graveris à Martino impetrare, commonefaciat Pellicanum, ut à missatione abstineat,* qua, facto et opere, turbat totam *ecclesiam Basileensem*, et concionatores infamat qui jugiter in eum invehuntur. Præterea *cucullo suo non paucos*, ne dixerim innumeros, *detinet in fornacibus Satanæ et superstitione monastica*, quod mihi perspectum est plus satis de *Gallis nostris*. Totus pendet à *Martino*, cui subscribet, scio, monenti. E concionatoribus unus missat *Wolphangus* ⁸, acerbius in missas invehens, quod illi non raro objectum: « Tu quid missas, si tam malæ sunt missæ? Aut cessa missare, aut in missas invehi. » Idque à mulierculis. Rescripsere nonnulli ex fratribus, hunc habuisse in animo à missis abstinere, nisi *Pellicanus* hominem roborasset ad fortiter missandum.

Quæso, *satagite ut episcopi passim conveniant*, cùm doctrina, tum factis, nemine prædicante nisi quod certissimo didicerit fidei ex-

---

consortes illorum facile condonarent quicquid hactenus à nobis doctum; *unum hoc dogma de Eucharistia*, quod vel Papa vel Lutherus tradidit, *convelli nolunt.* Est enim arx et præsidium impietatis eorum, per quam recuperare sperant, successu temporum, quod nuper amiserunt. » (Zuinglii Opp. VII, 409.)

⁵ Voyez le N° 153, et ci-dessus la note 2.

⁶ A l'appui de cette énonciation générale nous ne pouvons citer que les ouvrages de Le Fèvre et les propositions extraites des sermons de *Caroli* et de *Pauvan* (D'Argentré, II, 26, 30 et 32).

⁷ *Luther* (Voyez les N°ˢ 67, 77 et 134).

⁸ Voyez le N° 140, note 8.

perimento⁹. Sunt fuci, quos si de nonnullis roges, se ancipites aiunt. Si mones, ne ergo doceant sibi dubia, recipiunt se facturos ; mox, conscenso suggestu, nihil boant nisi quæ dubitant. Scio quantum pii patiantur episcopi à fucis istis longe gravioribus omnibus Papistis. Aures non sunt facilè præbendæ iis qui deferunt onus portantes Verbi, quibus quantum antlandum sit laboris, et quantum molestiæ, nemo scit, nisi qui videt.

Sed jam te enecavi. Vale. Gratia et charitas Christi sit in tuo corde! Præceris pro me Dominum cum fratribus, quos salvere opto. Argentinæ.

164

MICHEL BENTIN [1] à Œcolampade, à Bâle.
De Lyon, 8 octobre (1525).

Inédite. Autographe. Archives d'État de Zurich.

SOMMAIRE. Privé de la société de *mes amis de Bâle*, je vous ai déjà écrit une ou deux fois, et je vous supplie aujourd'hui de me donner de vos nouvelles, car je suis bien résolu de me diriger en toutes choses d'après vos conseils. Grâce à votre recommandation, j'ai été très-bien accueilli de *Michel d'Arande*, qui est revenu ici avec la cour. Il veut me confier l'intendance de sa maison, s'il est nommé évêque. Pour le moment je vis chez *l'évêque de Salerne*, et il me serait facile de trouver une autre position également avantageuse ; mais je préfère un emploi qui suffise à l'entretien de ma famille et me rapproche de vous. *Mon ancien métier de corroyeur* ne me conviendrait plus, bien que je reconnaisse qu'un Chrétien peut vivre honnêtement partout, en exerçant autour de lui une salutaire influence.

Michaël Bentinus D. Johanni Œcolampadio S. D.

Dici non potest, vir integerrime, quanto studio tenear vestri omnium et desiderio literarum vestrarum, cùm vestra consuetudine et suavissimis colloquiis frui non possim, hoc certe tempore, —

---

⁹ C'est ainsi qu'agissaient les pasteurs de Strasbourg (N° 130, n. 18).

[1] *Bentin* s'était rendu à *Zurich* entre le 10 et 14 juillet, avec l'intention de revenir à *Bâle* au bout de quelques jours (N° 153). Les lettres écrites de Bâle en août et en septembre ne fournissent aucun renseignement sur les motifs de son voyage à *Lyon*.

quanquam non parum voluptatis caperem ex absentium literis, ni nunciorum raritas, vel seculi potius malignitas obstaret quominus literæ perferantur et non intercipiantur. Scripsi jam semel ac iterum, ni fallor ²; haud scio an literæ ad te pervenerint. Nihil est quod æque amem, atque hoc unicum, si fieri posset, abs te impretrare[m], ut vel semel ad me scribere non gravareris, atque sententiam tuam et consilium tuum sanctissimum communicare. Nam ut nulli libentius credam mea consilia et affectus quàm tibi, nimirum parenti et patrono observandissimo, itaque *ex te, quantùm ab homine patitur Scriptura, totus pendeo*, et judicio tuo omnia agere certum est.

Non parum, mehercle, valet commendatio tua, imò plurimum *valuit semper* apud quosvis *autoritas tua*, sed præsertim *apud Michaëlem* illum *Arandam* ³, eleemosynarium, *qui te et insignem eruditionem, cum morum candore et synceritate conjunctam, non potest non in te suspicere et venerari*. Quid dicam de consilio et judicio quo polles sanissimo ? Itaque quemadmodum cepisti mihi optimè consulere, rogo ut pergas. *Michaël ille* nihil non sperat et sustinet, sed *de episcopatu adhuc incertus est* ⁴, quanquam spes est futurum ut brevi consequatur. Nihil mihi defuturum secum constanter pollicetur, si succedet quod habet præ manibus, — si tamen apud se manere et optimam totius familiæ suæ administrationem suscipere velim. Cujus rei ut nondum est tanta ratio, ita non pœnitenda mihi videtur. Multùm enim mihi videtur affectus erga me, ob idem studium sacrarum literarum et m.....nitatem ⁵, tum etiam ob linguarum mediocrem peritiam. *Is nuper rediit unà cum Aula* ⁶, *quæ propediem hinc discedet*, haud scio an illum à nobis abstractura.

Sum in præsentia apud *Episcopum Salernitanum* ⁷, hominem

---

² Il résulte de ce détail que *Bentin* était arrivé à *Lyon* vers le commencement du mois d'août.

³ Voyez le N° 125, note 12. *Œcolampade* avait probablement remis à *Bentin* une lettre de recommandation pour *Michel d'Arande*.

⁴ *Michel d'Arande* fut élu évêque de Saint-Paul-Trois-Châteaux, en 1525 ou en 1526. Voyez la Nova Gallia Christiana, t. I, p. 729 : « *Michaël de Arandia*, in Delphinatu [??] ex nobili ortus genere, designatus est episcopus S. Pauli anno 1525 aut 1526... *Accessit possessionem initurus* die Dominica, *decima septima Junii anni 1526*, magnaque pompa exceptus est. »

⁵ Ce mot est à moitié détruit.

⁶ Le 13 octobre 1525 la reine-régente signait à Lyon une lettre publiée par Toussaints Du Plessis, II, 280.

⁷ *Frédéric Frégose*, né à Gênes. Il avait été élu archevêque de Salerne en 1508 ; mais son attachement au parti français ne lui permit pas de ré-

probum et eruditum, atque adeò liberalem; verùm quia alienigena est et *Italus*, non est quòd diu apud eum expediat saginari. Nam, ut solet ferè inter ecclesiasticos proceres, nimis splendide nos accipit, et plane δελεάζει, quanquam interim dat bonam operam literariis studiis Græcis et Hebraicis, ἀλλὰ πρὸς ἡδονὴν μᾶλλον ἢ πρὸς εὐσέβειαν. In summa, non est quòd appetam ejusmodi vitam, etsi interim probè inter illos verser et aliquid pecuniolæ lucrifaciam, donec ad honestiora et nostra professione convenientiora vocer. Fateor, *libentius isthic manerem, si quid muneris offerretur in civitate*⁸, aut si in eo præcio esset res typographorum quo fuit ante aliquot annos. Non dubito, quin splendidiora hic possim assequi, si aut captarem aut certè vellem suscipere. Sed nihil tale ambio, tantùm liceat mihi cum *uxore* tenuiter vivere, modò tamen non prostituar sordido illi et illiberali opificio coriario, in quod penè detrusit me insania quædam et diffidentia de Deo veriùs quàm sanum consilium et charitas in Deum, præsertim hac ætate, et cùm aliò vocatus sim à Deo, quasi verò non tam sit periculosum versari inter coriarios, quàm inter eruditos aut qualescunque literatos, et ex illis quæstum facere et victitare. Certè puto ubique probè posse vivere eos qui fide et charitate jam mediocriter sunt imbuti, ut taceam quòd *pium est vitâ et vivâ doctrinâ*, hoc est conversatione, *lucrifacere fratrem suum*. Sed hæc aliàs.

Tu interim anima *uxorem meam* ad pietatem et christianam patientiam et amorem sacrarum literarum. Scribam prolixius cum primùm dabitur o[p]portunitas. Vale. Lugduni, vııı Octobris (1525).

(*Inscriptio:*) Reverendo Patri et D[omino] D. Joh. Œcolampadio, episcopo apud S. Martinum, Basileæ.

sider dans son archevêché pendant les guerres d'Italie. Il fut d'abord ambassadeur des Génois auprès de Léon X, puis il se fixa à Gênes, auprès de son frère Octavien. La prise de cette ville par les Espagnols (1522) le força de se retirer en France, où François I l'accueillit avec bonté et lui donna l'abbaye de S. Bénigne de Dijon. On voit par la correspondance de Sadolet que *Frégose* habitait encore *Lyon* en 1528, et qu'il s'était spécialement voué à l'étude de la langue hébraïque. Il fut créé cardinal en 1539. (V. Ughelli. Ital'a Sacra. — Moréri. Dict. historique. — Sadoleti Epistolæ. Coloniæ, 1554, p. 26 et 28.)

⁸ On trouve dans une copie moderne de la présente lettre (Collection Simler à Zurich) la note suivante relative à ce passage : « Annuit *Œcolampadius* huic petitioni ac *Bentinum* apud *Valentinum Curionem*, typographum Basiliensem, collocavit, ut patet ex Bentini castigationibus in Noni Marcelli

165

FRANÇOIS I au Parlement de Paris.
De Madrid, 12 novembre (1525).

Toussaints Du Plessis. op. cit. II. 282.

SOMMAIRE. Le roi ordonne au Parlement de suspendre toutes poursuites contre *Le Fèvre, Pierre Caroli* et *Gérard Roussel*, jusqu'au moment de son retour en France.

A nos amés et féaux, les gens tenans notre Cour de Parlement à Paris.

De par le Roy.

Nos amés et féaux, nous avons entendu, que *par devant vous s'est fait aucune procédure à l'encontre de Maistre Jacques Fabri, Pierre Caroli* et *Girard Ruffi*[1], personages de grand sçavoir et doc-

tractatus et obiter in M. Varronis et F. Pompeii Commentarios et Fragmenta, mense Septembri 1526, Basileæ scriptis. Idem præfatus est in Horatium à Curione impressum, teste Gesnero. » V. aussi Maittaire. Annales, II, 669.

[1] La captivité du roi et l'absence de sa sœur (N° 156, note 8) avaient encouragé les adversaires de Le Fèvre. Les juges-inquisiteurs chargés de procéder contre « l'hérésie » (N° 162, notes 7 et 8) avaient condamné au feu, le 28 août, sa traduction du Nouveau Testament. Nous avons rappelé plus haut (N° 158) l'origine du procès intenté à *Pierre Caroli* par la Sorbonne. Quant à *Gérard Roussel*, nous n'avons pas de données précises sur les faits qui servirent de base à l'accusation dont il était l'objet. Le mardi 3 octobre 1525, le Parlement rendit l'arrêt suivant: « La Cour ordonne ... que les informations [des prisonniers détenus à Meaux « pour crime d'hérésie »] seront mises par devers les Juges délégués par le Sainct-Siége Apostolique, sur le fait des hérésies qu'on dit pulluler en ce royaume, — pour faire et parfaire le procès de M. *Pierre Caroli* et *Martial Mazurier*, docteurs en théologie, M. *Girard* [*Roussel*], thrésorier de l'église de Meaux..., et M. *Jacques Fabri*,... lesquels juges délégués auront commission... pour faire prendre au corps les dits *Caroli*, M. *Girard*, et Frère *Jean Prévost*, partout où ils pourront estre appréhendés... et pour faire adjourner les dits *Fabri* et *Mangin* à comparoir en personne par devant eux, et que la d. Cour escrira à *Madame* mère du Roy, Régente en France, que son plaisir soit envoier un nommé M. *Michel* [*d'Arande*] par devers les dits Juges délégués, qui ne peuvent bonnement faire ne parfaire le procès d'au-

trine, *à la persuasion et instigation des Théologiens de notre Université de Paris*, quoique ce soit d'aucuns d'eux qu'on dit estre grandement leurs malveillans, signament du dit *Fabri*[2], lequel (comme pouvez estre recors) fut n'a guerres, nous estant à S. Germain en Laye, par aucuns d'eux calomnié et à grand tort mis en pareille peine[3]. Sur quoy, pour obvier aux inconvéniens que notoirement l'on voit advenir, furent dèslors par nous ordonné[s] et commis plusieurs grands et notables Prélats et Docteurs de notre royaume, pour, apellés avec eux tel nombre de Docteurs en Faculté de Théologie que bon leur sembleroit, voir, visiter, et entendre les œuvres, propositions et choses dont les dits Théologiens le chargeoient. Les quels par nous députés, après diligente et deue inquisition, nous firent du dit *Fabri* tel et si entier rapport, que tant au moyen d'iceluy, que de la grande et bonne renommée en fait de science et de sainte vie que depuis avons sçu iceluy *Fabri* avoir en ce païs d'*Italie* et *Espagne*, — l'avons eu en telle opinion et estime, que ne voudrions point en rien souffrir qu'il fust calomnié, molesté ou travaillé à tort en notre royaume, païs et seigneuries.

Et pourtant que plus que jamais avons doubtié y faire régner justice, et y maintenir, entretenir et favorablement traiter les person-

cuns accusés de crime d'hérésie, sans ce que le dit M. *Michel* soit ouy et interrogé sur certains faits contenus ès dittes informations, et à eux confronté. » (Toussaints Du Plessis, II, 281.)

[2] *La Sorbonne* venait de donner une nouvelle preuve de l'hostilité qui l'animait contre *Le Fèvre*. Elle avait censuré, le 6 novembre, le livre des « *Exhortations sur les Épistres et les Évangiles, à l'usage de Meaux,* » dont il passait pour être l'auteur (Voyez d'Argentré, op. cit. II, 35). On lit à ce sujet dans un ouvrage de Beda : « *Libri* autem *illius auctores*, ut dicitur, *fuerunt Jacobus Faber et ejus discipuli.* » (Annotationum libri duo N. Bedæ in J. Fabrum Stapulensem et in Erasmum liber unus. Parisiis, 1526, in-fol. De Sainjore, op. cit. IV, 124.) Un arrêt du Parlement publié à Paris, le 5 février 1526, mentionne parmi les ouvrages défendus le livre imprimé contenant « *aucuns Évangiles et Épitres des Dimanches... avec certaines Exhortations en françois* » (Sainjore, IV, 123. Journal d'un bourgeois, 276), et un autre arrêt de la même Cour, daté du 14 février 1543, livre au feu « *les Cinquante-deux Dimanches composés par Fabre Stapulense* » (D'Argentré, II, 133).

[3] Allusion aux poursuites que la Sorbonne avait commencées contre *Le Fèvre* en 1523, à propos de son « Exposition [ou Commentaire?] sur les Évangiles. » La commission nommée par François Ier pour examiner cette affaire ayant été entièrement favorable à l'accusé, la Sorbonne reçut l'ordre de ne plus l'inquiéter à l'avenir (D'Argentré, II, p. x-xi).

nages et gens de lettres et bon sçavoir, et qui le méritent, nous vous en avons bien voulu escrire et prier, et néanmoins commander, que si depuis notre Parlement de France et accusation, comme jà dit est, devant nous terminée, vous avez esté informés de choses qui touchent les dessus-dits, qui vous ait pu et deu mouvoir de décerner contre eux adjournement personnel et autre procédure, qu'incontinent et au plu[s]tôt que faire se pourra, vous en advertissiez ... nostre très-chère et très-amée Dame et Mère, Régente en France. pour nous en advertir et faire jouxte ce que luy en avons mandé. et, ce fait, vous en faire sçavoir nos volontez et intentions sur ce. Et cependant *vous prions et néanmoins mandons* sur tout le service que vous voudriez faire, et pour cause qu'encore ne pouvons escrire. *surseoir et tenir en suspend les dittes procédures en l'estat qu'elles sont*, sans plus y faire et innover *jusqu'à notre retour en France*[1] (du quel pour le présent nous avons, grâce à Dieu, grand espoir et apparence qui[l] sera en brief), ou jusqu'à ce que par nous ou ma ditte Dame ayez autres Lettres ou Mandement sur ce. Si vous prions et commandons n'y faire faute. et en ce faisant nous ferez service très-agréable. Donné à Madrit en Castille, le douzième jour de Novembre.   FRANÇOIS.

Robertet.

166

JEAN VAUGRIS[1] à Farel, à Strasbourg.
De Bâle, 15 décembre 1525.

Inédite. Autographe. Bibl. des pasteurs de Neuchâtel.

SOMMAIRE. Reglement de diverses dettes.

✝

Basileæ, le 15 de Décembre A° 1525.

Guillième Farel, mon bon frère et amis, grâce et paix en Jésuchrist soyt en vous!

---

[1] A la réception de la présente lettre, le 15 décembre, le Parlement écrivit à la reine-mère, pour lui représenter « les inconvéniens qui peuvent advenir à l'occasion des hérésies qui pullulent en ce royaume, » et il permit aux Juges délégués « de faire et parfaire le procès de *Fabri, Caroli* et *Ruffi.* » (Toussaints Du Plessis, II, 283.)

[1] Voyez le N° 109, note 9, et le N° 160, note 13.

Des novelles de *Lion,* **Anthoyne du Blet**[2] ne s'y tien plus, et pourtan [l. partant] je ne say comman[t] vous pouré avo[i]r *voustre argent de Coctus,* car il niat nului qui fasse la perssuite[3]; et pourtan regardé comman vous en voulé fare. Item des 6 ▽ [l. escus] que je vous ay ballié, j'ay prié mon oncle *Conrat*[4], qui [l. qu'il] les randisse à mon oncle *Wattischne,* qui me les avoy prêter; et il lui at ballié, et quan nous yron à *Franckffort,* sy vous en avés affaire, je vous les reballirey.

Item des 8 escut que meistre *Antoyne Pelerin*[5] me presta, il y at ung home alleman qui at estudié à *Paris* et il at esté ver vous, et ce nome M. *Wollff,* une barbe noyre, qui m'at dit, que il at ballié les 8 escut au dit M. *Antoyne Pélerin.* Je vous prie, mandé-moy se je luy doy ballié au non [l. ou non], non nostan [l. nonobstant] que je ne me défie pas de lui. Non autre pour le présent.

Jo. Vaugris, le tout vostre.

(Suscription:) Guiliermo Farello. Strosburg.

167

JEAN TOLNINUS[1] [G. ROUSSEL] à [l'Évêque de Meaux][2].
(De Strasbourg, au mois de décembre 1525.)

Autographe. Bibl. Publ. de Genève. Vol. n° 111 a. C. Schmidt, op. cit. p. 188.

Sommaire. Je regrette de n'avoir pas connu, avant *mon départ de France,* le projet que vous aviez formé de m'envoyer dans un certain lieu voisin d'*Avignon,* où j'aurais

---

[2] Voyez le N° 152.

[3] Il veut dire qu'il n'y a personne à Lyon qui soit accrédité pour agir, au nom de *Farel,* auprès des héritiers d'Anémond de Coct. Voyez la lettre de *Laurent Coct* du 25 juillet 1526.

[4] Resch.

[5] Pseudonyme de *Jacques Le Fèvre d'Étaples.*

[1] Voyez la note de Farel, qui accompagne la signature.

[2] Le rapprochement de la présente lettre et de la suivante ne permet aucun doute sur le nom du destinataire.

pu, selon mon désir, étudier à fond la langue hébraïque. J'ai trouvé ici, il est vrai, des hommes savants dans les langues et possédant ce don d'expliquer la Ste. Écriture sans lequel on ne peut ramener la religion chrétienne à sa pureté primitive; mais je crains que *nos adversaires*, bientôt renseignés sur la présence de mon compagnon [*Le Fèvre*] dans cette ville, ne saisissent avec bonheur cette occasion de vous susciter de nouveaux embarras. Je suis donc tout prêt à me rendre dans la retraite que vous m'aviez choisie, ou à retourner auprès de vous, si cela vous paraît utile à *la cause que nous avons embrassée*. Faites-m'en savoir votre avis par [*Nicolas*] *Le Sueur, l'Élu* [*de Meaux*].

J'observe ici *bien des choses qui vous rempliraient de joie :* la pure doctrine prêchée à toute heure; une foule assidue et toujours avide de l'entendre; des écoles où professent des hommes savants, pieux, simples, sincères et vivant en partie du travail de leurs mains; une sollicitude prévoyante pour les vrais pauvres; des pasteurs qui ne connaissent pas le gain illicite; des couvents transformés en écoles.

Parmi ces manifestations remarquables d'un nouvel état religieux, il en est cependant qui scandaliseraient des gens habitués à tenir grand compte des moyens extérieurs : ainsi *les images* ont disparu des temples; *un seul autel* est resté, sur lequel *la communion est célébrée de la même manière qu'au temps de Christ*. En un mot, *c'est le culte de Christ seul, conforme à sa Parole*. Puissions-nous être délivrés des ténèbres qui nous ont envahis, depuis que nous avons laissé *les traditions humaines* prendre la place de *la Parole de Dieu!*

Gratia et pax à Deo Patre et Domino Jesu Christo!

Male me habuit quòd Tuæ Dignationis consilium non antea resciverim quàm egressus essem regno, quòd dudum cupieram commigrare in locum *Arenioni* proximum, quò me jam proficisci volebas[3]; nec alia sane causa id cupieram quondam, quàm ut in literis hebraicis et in eruendis prophetarum oraculis instructior ad te redirem[4]. Adeòque quod hucusque non licuerat, occasione nuper accepta, obvium factum per te est, si modò non defuissem negocio. Non quòd non sint in hoc in quo degimùs loco viri peritia linguarum juxta ac dono prophetiæ prediti, quorum consuetudine assequi possim quod cupio, in meam et proximi ædificationem, qui putem *vix fieri posse ut redeat christianæ religionis puritas hactenus pene obsoleta, nisi adsint qui fontes porrigant quos reliquit nobis Spiritus per Mosen et prophetas*, è quibus promptum sit et veluti ad manum cuique bibere.

Ceterùm magnopere vereor, ne, occasione loci non parum hoc

---

[3] *Briçonnet* voulait peut-être envoyer *Roussel* chez l'un de ses petits-neveux, qui résidait près d'Avignon (V. le Nº suivant, note 12).

[4] Le célèbre hébraïsant *Xantes Pagninus*, natif de Lucques, habitait alors Avignon.

seculo suspecti, excitent in nos diras tragœdias, quibus sumus veluti inspissatus aër et fumo obductus oculis. Ac fieri vix possit, ut sparsa fusius fama viri cum quo scis me agere [5], sinat nos diutius latere. Adeòque subvereor, ne nonnihil inde tecum expostulent adversarii, quibus voluptati est si quando vel minimam nacti fuerint occasionem per quam te tuique similes traducant. Quare, si æquum judicares me hinc migrare in locum quem mihi propicium delegeras, individuus comes mox assectabor tuum istuc judicium, modò mihi per te innotuerit. In hunc usum optarem commutatum *beneficium tuo favore obtentum* [6] cum alio, illi loco vicino, aut saltem cujus proventibus etiam absens gaudere possem. *Quòd si è re Christi visum fuerit ut me recipiam apud vos, nihil morabor vitæ periculum.* Utcunque res cedat, spero Christum mihi fore propitium et gressuum directorem, qui novit *quo animo hactenus fuerimus in negocio illo quod tot nobis adversarios conflarit.* Si nolis istud literis indicare, hoc saltem impetrem, ut per *Sudorium, electum* [7], summa negocii innotescat mihi, qui alioqui possum ubivis terrarum ignotus degere, quod fieri identidem in *nostro comite* [8], pro temporis occasione, tam cuperem quàm qui maxime.

Sunt hic pleraque quæ tibi non possent non esse voluptati, nempe *quæ pietatem excitent ac promoveant,* quòd ita invigilent Verbo ecclesiarum ministri, ut, nulla pene hora diei, suum desit ovibus pabulum et quidem syncerum, ut nulla subsit palea aut fermenti pharisiaci commissura. A quinta matutina adusque sextam habetur concio in singulis templis, communesque funduntur preces. Deinde, septima hora, idem rursus fit; octava verò hora, aut eocirca

---

[5] *Le Fèvre d'Étaples*, qui dut arriver à Strasbourg vers le commencement d'octobre. Il est question de lui dans le fragment suivant d'une lettre de Capiton à Œcolampade datée de Strasbourg, le 27 octobre 1525 : « Qui se hic nominat *Antonium Peregrinum* jam in manu habet librum tuum [*de Eucharistia*]. Mirum quàm probet, quàm commendet, quàm admiretur ! » (Collection Simler, à Zurich.)

[6] Roussel veut-il parler de la cure de St.-Saintin que Briçonnet lui avait donnée dans le diocèse de Meaux (V. Toussaints du Plessis, I, 327), ou d'un bénéfice qu'il possédait au comtat d'Avignon ?

[7] *Nicolas Le Sueur*, l'élu de Meaux. Voyez le N° 102, le N° 98, n. 24, et la lettre suivante, qui lui est adressée par Roussel.

[8] Est-il question de *Le Fèvre* ou de *Michel d'Arande*? Celui-ci était encore à Lyon le 8 octobre (V. le N° 164), mais il ne dut pas tarder à prendre aussi la fuite, le Parlement ayant demandé à la reine-mère d'envoyer M. *Michel* à Paris (N° 165, note 1, à la fin).

contio fit in majori templo, adjunctis cantionibus in communem linguam ex hebraico psalterio transfusis, ubi mire assonant mulieres viris, ut jucundum sit audire. In eodem quoque templo rursus fit contio, hora quarta à prandio, non pretermissis item cantionibus quæ precurrant et subsequantur sermonem, veluti hisce gratiam postulantes qua fiant idonei excipiendo sementi evangelico, et susceptum suis prosequantur gratiis. Et ut plures videantur celebrari conciones, nulli tamen non interest magna populi turba, divini verbi perquam avida. Quod desyderium in *nostratium pectora* immissum nihil est quod tam affectarim.

Interim *literati suis non destituuntur scolis,* quibus presunt viri pietate et literis insignes, qui continue profitentur utrumque Organum, ea quoque lingua qua nobis per prophetas et apostolos relictum est. Nullus hac in re fucus auditorum perstringit oculos, sed *omnia candide, pie ac pure fiunt*[9]. Hoc quæritur non quo suas quisque ingenii opes ostentet, sed quo, pure tractato Verbo, pietati christianæ consultum fiat. *Sunt* revera *viri undelibet doctissimi et quales vix unum et alterum alibi reperias;* tamen in oculis hominum abjecti prorsus videntur, ut hos nihil pudeat incumbere in opus externum, per quod, juxta Apostoli doctrinam, operâ manuum victum sibi quærant, adeòque aliis non sint gravamini. *Admirari quidem istud specimen religionis possum, sed interim assequi non datur,* quanquam plurimum mihi cupiam.

Arridet etiamnum mihi in totum diligens illa cura in pauperes, qua fit ut verè pauperibus non desit quotidianum subsidium, simul et cavetur ne validi in ocio alantur. Hoc facit *Senatus* ex ære publico, adjunctis eleemosynis et collectis quæ per populum fiunt; nam in hoc ipsum designatæ sunt in singulis templis arculæ, in quam *(sic)* quisque suum conjiciat symbolum; nullus tamen interim cogitur; [mendicantibus?] interdictum est omnino. Habet præterea quæque parochia suum Verbi ministrum et diaconum, qui non injustis et undelibet corrogatis lucris aluntur, sed partim publico ære per Senatum designato, partim labore manuum.

Cœnobia bona parte diruta sunt; alia in scolas transierunt. Tamen cum religiosis, quos vocant, sic egit Senatus ut nulla species tyrannidis visa fuerit : aliis in m[undum?] sua sponte egredientibus et se honesto alicui opificio mancipantibus, aliis in suis adhuc cellulis

---

[9] Voy. dans Rœhrich, op. cit. Th. I, p. 251 et suivantes, les détails relatifs aux écoles de Strasbourg, et plus loin la lettre de Farel du 4 juin 1526.

toleratis: sic tamen actum est ut non liceat quempiam deinceps in monachatum recipere. Bona spes est proventus illorum commigraturos in alimoniam pauperum. nec non in usum eorum qui populo et studiis sufficiendi erunt [10].

Quædam porro *sunt quæ plerosque offendere possent non eousque provectos in doctrina Spiritus, ut cuncta externa contemnere queant,* solâ interim nixi fide. quæ sic in invisibilia tota rapitur, ut proximum non negligat, sed per charitatem ad mensuram illius se summittat atque attemperet. Nam *imagines a templis ablegatæ sunt; unicum altare* omnibus patens *relictum est, in quo fit communio proximè ad Christi tempora.* Et. ut semel omnia concludam, nullum caput à Christo inibi suscipitur: *solus ibi colitur Christus, adeóque juxta suum verbum.* Nec desunt interim *persecutiones,* quibus suos explorat Deus, sed hisce augescit, non minuitur Christi negocium.

Faxit Deus, ut corda populorum ita visitentur illustratione Spiritus, *ut procul absint densæ cæcitatis tenebræ in quas hactenus prolapsi sumus, dum sivimus nos a verbo Dei ablegari ad traditiones hominum!* Sed de his hactenus. Salutat te *noster Peregrinus*[11], cui assideo. Bene vale in Christo, qui sit tua et omnium salus!
(1525)[12].   Tuus ex corde servus JOANNES TOLNINUS[13].

168

[GÉRARD ROUSSEL[1] à Nicolas Le Sueur*, à Meaux.]
(De Strasbourg, au mois de décembre 1525.)

Inédite. Autographe. Bibl. Publ. de Genève. Vol. n° 112.

SOMMAIRE. J'ai inutilement représenté à *Coracinus* [*Le Fèvre*], qu'il ferait une chose

[10] Voyez les renseignements que donne *Érasme* sur la *sécularisation des couvents* dans les villes évangéliques (Lettre du 28 août 1525. Le Clerc, 886).
[11] On lit au-dessous de ce mot la note « *Jac. Faber* » de la main de *Farel*.
[12] Le millésime est également de la main de *Farel*.
[13] *Farel* a écrit les mots suivants au-dessous de la signature : « *Gerardus Rufus*, agens *Argentorati* apud Capitonem, ubi *Jacobus Faber, Michaël Arandius* et alii Galli. »
[1] On lit au-dessus de la première ligne du manuscrit la note suivante,

* Voyez ci-dessous la note 13 et le N° 102, note 1.

compromettante pour nous tous et désagréable à mon maître [*Guillaume Briçonnet*], en renvoyant chez vous son serviteur; aussi, lorsqu'il l'a vu revenir [à Strasbourg], il l'a congédié par motif d'économie. En outre, il a pris si peu de peine pour cacher son nom, que le lieu de sa retraite finira par être connu de *nos persécuteurs*. Veuillez faire tenir à *Jean Marc* [l'evèque de Meaux] la lettre que je lui écris à ce sujet, afin qu'il nous dise ce que nous avons à faire pour lui éviter de nouvelles tracasseries. S'il songeait encore à m'envoyer près d'*Avignon*, je m'y rendrais; mais si la cause de Christ exige ma présence au milieu de vous, je suis prêt à exposer ma vie.

Au reste, je prolongerais volontiers mon séjour *dans cette ville*, où *Christ seul est adoré*, où il a été accueilli comme le chef et le fondement de l'Église. *Les papistes* osent à peine murmurer. Les images, les messes, les prières pour les morts, les couvents, en un mot, toutes *les inventions humaines*, qui entravaient *le vrai culte de Dieu*, ont été abolies. Les détails que je vous donne ici sur la prédication publique, sur les formes du culte et l'organisation de l'église, vous montreront à quel point ce peuple est heureux.

J'espère obtenir *l'échange de mon bénéfice ecclésiastique* par la protection du frère de mon seigneur. En cas d'insuccès, je résignerai ce bénéfice, pendant un an, à *mon frère cadet*, qui me fournira de quoi vivre. Je vous confie le règlement de cette affaire. Quand vous irez à *Paris*, exhortez *mes frères* à vivre dans la piété; engagez-les à écrire une lettre consolante à *mes parents*, afin qu'ils ne s'affligent point de *mon exil*, et veuillez leur communiquer *votre Abrégé de la doctrine chrétienne*. Si nous devions rester ici, je voudrais y établir avec votre aide *une imprimerie* où nous publierions des *traités populaires* dans le genre de ceux que vous avez composés. Pour le moment nous sommes occupés à *une traduction française de toute la Bible*, d'après les textes originaux. *Coracinus* s'obstine à vouloir traduire l'Ancien Testament, malgré son ignorance de l'hébreu.

Gratia et pax à Deo Patre et Domino Jesu Christo!

qui est de la main de *Farel*: « De ratione agendi quæ in Argentoratensi ecclesia servatur *Epistola Gerardi Rufi*, cui adeo contrarii fuere Theologastri Parisini et Senatus supremus Parisiensis, ut coactus fuerit solum vertere, et non tantum ipse, verum etiam optimus senex *Jacobus Faber Stapulensis*, qui in hac Epistola *Coracinus* vocatur, et *Michaël Arandius*, Sanpaulinus episcopus; egeruntque *Argentorati* in ædibus *Capitonis*, cujus convictores fuerunt, *plus minus mensibus 9*. Venerunt anno 1525, post *Mensem Junium*, et revocati sunt per Reginam Navarræ, regis sororem, post liberationem Regis ex Hispania, [anno] 1526, post Pascha. »

Cette note, qui semble au premier abord mériter une entière confiance, renferme une erreur de chronologie. *Roussel* était encore à Meaux le 25 septembre 1525 (N° 162), et *Michel d'Arande* à Lyon, le 8 octobre (N° 164). L'arrivée de *Le Fèvre* à Strasbourg paraît dater du mois d'octobre (V. N° 167, n. 5), et vers la fin d'avril 1526 il retournait en France par Bâle (V. le N° 176, n. 7). Le 7 mai, d'Arande était à la cour (N° 174). Le 17 juin suivant, Roussel datait une lettre à Farel de la ville de Blois, où il était fixé depuis quelques semaines, et le même jour (N° 164, note 4) *Michel*

Scripsisti ad me per servum *Coracini*[2], qui nuper a vobis ad nos rediit, sed breviùs quam voluissem : tamen causabatur hoc factum quòd fusius per alium scripseras, qui nondum ad nos pervenit, etiamsi in diem expectamus. Consilio meo factum non est quòd a nobis abscesserit servus *Coracini* et ad vos concesserit, illic moraturus ; nec clam me erat in quod discrimen se pariter et nos conjiceret et quàm res male habitura esset *Domini*[3] animum. Sed *seni*[4] parendum fuit, qui quod semel apud se concepit vix possit extrudere, ut maxime plures ab eo dissentiant. Verebatur impensas et alia quædam gravamina, quæ non fuerunt toleratu difficilia ; ego verò, *discrimen in quod nos fermè adduxit*, quod estimabam cunctis illis gravaminibus preponderare ; nec adduci potuit ut crederet, consilio *Domini* [prædictum servum] ad nos rediisse, nec se suaderi permisit ut nobiscum degeret, sed mox eum manumissum et *Lugdunum* ablegatum curavit. Habet hìc uxorem quandam christianam cum suo conjuge, paris nobiscum sortis, consortio illo sibi mire placet, nec aliud præterea famuletium desyderat. Hoc facile ferri potest, sed *male me habet quòd plerisque se notum fecerit*[5], quo facile fiet ut fama viri, fusius sparsa, ad vos tandem perveniat, indeque ansa fiat obtrectandi iis qui sibi mire placent, si quando nacti fuerint persequendi occasionem. *Hoc magis curassem factum, posteaquam adempta fuisset spes nostri ad vos reditus*, si quando hoc permiserit Deus, cujus est terra et plenitudo ejus.

Ea de causa *scribo ad Joannem Marcum*[6], *vestrum pastorem*, cui redditas literas curabis, *ut videat quid nobis hac in re agendum sit, ne quid a nobis incommodi suæ accedat causæ*. Voluerat me petere locum *Arenioni* proximum : quod consilium amplexaturus eram, si mihi prius innotuisset quàm regno eggressus essem, videlicet pro tempore hebraicis literis operam daturus, quod dudum optaveram, sed hucusque non permisit Deus. Si perstaret in sententia, nec esset spes nos brevi redituros ad vos, illuc me conferrem, non quòd non cupiam hìc manere, sed quòd metuam ne *fama viri*[7],

---

d'Arande prenait possession de son évêché. Ainsi aucun des trois réfugiés que mentionne Farel n'a pu résider à Strasbourg *au delà de sept mois*.

[2] Au-dessus de ce mot Farel a écrit : « *Jacobi Fabri Stapulensis.* »

[3] *Guillaume Briçonnet*, évêque de Meaux.

[4] Le Fèvre d'Étaples.

[5] Voyez la note 8.

[6] Pseudonyme de *Guillaume Briçonnet*. Voyez la lettre précédente.

[7] Le Fèvre.

hic fusius sparsa, nostræ officiat causæ. Vult quidem occultus esse, sed sic tamen ut pene cunctis notus evadat⁸. *Quòd si è re Christi fuerit*, ut audio quosdam profari, *ut ad vos redeam, nihil morabor vitæ discrimen*, modò Christi negocio fiat accessio. Volui declinare furorem adversariorum, quòd ita consultum eorum saluti et Evangelii negocio sperassem; si falsus sum judicio, ut fieri potest, paratus sum, quantùm suggesserit Dominus, resarcire quod deesse videatur.

Quòd hic lubens morer, si modò per famam viri liceret, adcedunt plurima quæ novam quandam faciem pietatis pollicentur. Hic solus Christus colitur per suum Verbum, *solusque pro capite suscipitur et fundamento.* Externis non defertur, nisi quatenus necessitas proximi urget, sed summam religionis perstringit fides per charitatem exercita. *Papistæ* in arctum redacti sunt, ut vix mutire audeant. *Ablegata sunt pene omnia quæ pietati incommodare videbantur:* cujus generis erant *imagines* templis affixæ, quæ cultum Sanctorum ementiebantur, *missæ* et alia pro defunctis suffragia, quæ, purgatorium, cœnobia, quæ, factitiam religionem et ab hominibus introductam. Et, ut semel dicam, abrasa sunt pene omnia quæ per homines invecta in cultum Dei dudum fuerant, adeò ut solus cultus Dei nudo synceroque Dei verbo nixus inibi visatur.

Missæ viluerunt cum iis omnibus quæ quæstum suis fœnerabantur ministris. *Verbum Dei*, nullâ pene diei horâ non inculcatum populi auribus, *veluti funiculus in manu Christi, vendentes et ementes ablegavit a Dei templo*, quamquam interim succenseant ac fremant pigri ventres et malæ bestiæ, sacerdotes Baal, ut tum quoque scribæ et Pharisei adversus Christum. Quinta matutina suam habet contionem et communes preces, itemque septima hora, idque in singulis templis. Octavâ quoque convocatur populus, sed duntaxat in majus templum, ibique fit sermo ad populum, adjunctis cantionibus è psalterio hebraico in linguam communem transfusis, quæ præcurrunt et subsequuntur verbum Dei, videlicet ut impetrent gratiam qua fiant idonei sementi divino excipiendo, et susceptum prosequantur suis gratiarum actionibus. Rursus, quarta a prandio,

---

⁸ Capiton écrivait de Strasbourg à Zwingli le 20 novembre 1525: « *Farellus, Bucerus, Jac. Stapulensis, Joh.* [l. *Gerardus*] *Rufus, Vedastus*, et quidam *Symon*, omnes *Galli* et contubernales ac hospites mei, te salutant... *Jacobus Stapulensis* se nominat *Antonium Peregrinum*, et *Rufus, Tolninum*; nam latere cupiunt, et tamen *pueris noti sunt.* Ejecit eos è *Gallia* tyrannis Theologorum. » (Zuinglii Opp. VII, 439.)

in idem templum fit concursus populi, et pari tenore negocium Christi peragitur. In cantionibus illis tam assonant mulieres viris, ut jucundum sit audire, indeque plures, nihil hesito, provocantur ac pelliciuntur in Christi ardorem. *In conventu populi nihil dicitur aut canitur quod non intelligatur ab omnibus;* nihil fit pro ostentatione ingeniorum, ut hactenus fieri solitum : si quando contingit Scripturam per alias Scripturas munire, ut nullo non loco fit, nihil a[d]miscetur peregrini idiomatis. *Scriptura simplicissime tractatur, rejectis frigidissimis allegoriis, ac in totum libera est ab humanis inventionibus.* Purum frumentum et nullis permistum paleis porrigitur plebi, et tam crebro, ut nulli excusationi locus relictus sit quominus unâ diei horâ non intersit. In hoc ipsum delegati sunt septem viri potentes opere et sermone, inter quos mire convenit, qui sic apparati super Scripturam ut nullus pene Scripturæ liber intactus relinquatur. Interim abstinent a libris quos canon hebræus non recipit. *Felix nimium populus, si modò non ignorat divitias quas spiritus Christi impartitur,* ut mihi persuadeo non ignorare, vel ex eo quòd tam crebris contionibus accurrit frequens et Verbi avidus !

Dominico die, quem solum festum reliquerunt, adhuc autem ut liberum sit in eo operari (sed servi et ancillæ ad opus cogi non possunt), *celebrant cœnam domini[cam],* et hac quidem forma : *Mensa* prostat in patenti loco templi, ut ab omnibus conspici possit : *altare* non vocant, quòd non nisi illis tale quiddam putetur qui ex Christi cœna sacrificium fecerunt : tamen nihil distat a vulgatis altaribus. Ad mensam illam adcedit *minister,* sic tamen ut faciem conversam ad plebem habeat et non posteriora, qui mos hactenus servatus fuit à sacerdotibus sacrificis, qui, veluti quandam Dei speciem præ se ferentes, sua populo posteriora conspicienda, non etiam faciem, operæ precium ducebant. Assidens mensæ, facie versa ad populum, in quem totius populi oculi concurrant, primùm quasdam preces ex Scriptura depromptas promit, idque paucis; deinde psalmus quidam ab omnibus canitur ; quo absoluto, et nonnullis adhuc precibus per ministrum fusis, conscendit cathedram, et primùm legit Scripturam, cunctis intelligentibus, quam explicare vult. Deinde eandem fusius explicat, ascitis aliis Scripturæ locis in hanc rem facientibus, sic tamen ut analogia fidei servetur, et nihil adferat quod non ad fidem et asseclam charitatem dirigatur. Absoluto sermone, ad mensam redit, canitur symbolum ab omnibus ; quo peracto, patefacit plebi, in quem usum Christus suam nobis reliquerit cœnam, paucis retegens beneficium mortis Christi et effusi in cruce sanguinis ; deinde verba Christi recenset, uti scripta sunt ab evangelistis vel Paulo : deinde impartit iis qui accedere volunt (nam nemo cogitur, invitantur tamen omnes) *panem et vinum, vera corporis et sanguinis Christi symbola, in suæ mortis recordationem,* a se relicta suis apostolis. Dum fit communio et suam quisque cœnæ portionem accipit, canitur ab omnibus *kyrie eleeson*, hoc veluti hymno agentibus gratias pro accepto beneficio. Sic tamen communio fit, ut postremus sumat minister, adeoque quod superfuerit. Hoc peracto, in suam quisque domum se recipit, à prandio rediturus in majus templum, in quo, circiter 12^{am} horam, per unum ex ministris fit sermo ad populum[9].

Et ne credas, sine fructu hactenus fuisse Verbum. Pauperes ita suscepti sunt, ut ex ære communi alantur, et nullus negligatur qui agnitus fuerit indigens. Sic tamen negocium geritur, ut validis non liceat ociosis esse, nec ulli liceat per domos stipem quærere ; qui vere pauperes sunt adeoque alendi communibus sumptibus suum habent signum, quo internosci queant. In hunc usum designatæ sunt per singula templa arculæ, in quas suum quisque pro arbitrio congerat symbolum : facies quædam videtur esse apostolicorum institutorum : utinam tam efficaciter assequatur quàm exprimit ! *Nec desunt persecutiones*, quæ assectantur Verbum, veluti individui comites : *sed hisce non franguntur Verbi ministri, non frangitur populus, sed roboratur,* accenditur inde ardor spiritu[s] et pervadit electorum corda. Sunt plerique e *Senatoribus* qui reclamant, sed qui cordatiores inter eos habentur mordicus amplexantur Christi negocium et urgent, adeò ut urbs omnibus pene vicinis invisa sit. Sunt alia pleraque relatu non indigna, quæ in oportunius tempus differam. *Nunc ad rem quæ me propius attinet redeo.*

Scripsisti, fieri vix posse, *ut commutem beneficium cum liberiore ;* alioqui posse me obtinere curatum beneficium[10]. Quod per absentiam non video qui possim citra salutis dispendium suscipere ; quinetiam nec præsens apud vos potui hactenus, quòd robur spiritus deesse mihi sentirem, qui exigitur diradendis et in melius

---

[9] Voyez sur les changements que le culte subit à cette époque dans l'église de Strasbourg, Rœhrich, op. cit. Th. I, 197-216, et 350. — Rœhrich. Mittheilungen aus der Geschichte der Evangelischen Kirche des Elsasses, 1855, Bd. I.

[10] Voyez le N° précédent, note 6.

redigendis iis quæ hiulca *(sic)* et perperam invecta, per avaritiam et nimiam ventris curam, fuerunt, nec non per eos qui hoc sibi bellè sancti probabantur, si quam speciem sanctitatis externis ceremoniolis testarentur. *Frater Domini*[11] multos habet prioratus : habet et *nepos*[12] qui prope *Avenionem* degit. Si hoc curarit *Dominus*, facilè impetraturum me polliceor, qui alioqui non sim omnino *suo fratri* ingratus. Quòd si minus hoc possit fieri, quod minus spero, paratus sum cedere *fratri juniori*, qui in collegio degit, qui sufficiet mihi in annum quod ad vitam necessarium : non quòd non magis optarim proventus illos ad pauperes redire vel ad eos unde prodierunt, et nos nostris vivere laboribus, prout verbum Dei præscribit; sed video nondum instare tempus, quo minus, si liberè cessero, non succedat alius aliquis qui plenius abusurus sit, etc. Fac ut censuerit *Dominus* et tibi commodum videbitur, nam *summam rei tuæ credo fidei*[13], et quod feceris ratum habebo et multis prosequar gratiis.

Optarim tibi et amicis commendatum *Joannem Fridevallem*[14], qui proxime assumendus est ad ordinem medicorum. Nosti virum christianæ pietati natum, quem optarim *Domino* quoque commendatum, etc. *Si quando petieris Parisios, solare fratres meos*, et cura sint bono animo et christiano, et *consolatorias literas* meo nomine *dirigant ad parentes*[15], *ut non inique ferant quod pro Christo acciderit*, sed multis gratiis prosequantur Dei voluntatem. Bene feceris si *Compendium tuum in rem Christianam*[16] ad illos miseris, meâ

[11] *Denis Briçonnet*, évêque de St.-Malo.

[12] Parmi tous les neveux et petits-neveux de l'évêque de Meaux, nous n'en connaissons que deux qui fussent ecclésiastiques : *François Briçonnet*, fils de Jean, et *Louis Dauvet*, petit-fils de ce dernier.

[13] En rapprochant ce passage de celui où *Roussel* désire que le résultat de sa requête lui soit communiqué « *per Sudorium electum* » (N° 167, note 7), on se convainc aisément que la présente lettre fut adressée à l'Élu de Meaux, *Nicolas Le Sueur*. Voyez les notes 6 et 16.

[14] *Fridevallis*, appelé aussi *Hugo à Frigida Valle*, natif de St.-Paul en Artois, savant médecin, philologue et poëte. (Note de M. C. Schmidt, op. cit. p. 192.)

[15] C'est le seul passage de la correspondance de *Roussel* où il soit fait mention de *ses parents*. Nous avons vu plus haut que *son frère cadet* était alors étudiant dans l'un des colléges de Paris.

[16] L'ouvrage mentionné par Roussel était sans doute un *Abrégé de la doctrine chrétienne* et l'un des *écrits populaires* que *Nicolas Le Sueur* avait dédiés, comme il nous l'apprend lui-même, à la duchesse d'Alençon (Voyez le N° 102).

causâ, pro illorum instructione. *Si nobis hic manendum diutius fuerit,* hoc vellem abs te et amicis impetratum, ut *hic officinam erigeremus*[17]*, è qua prodirent libri* magna ex parte in vestram linguam transfusi, *ad populi institutionem, cujus generis sunt quos tibi suggessit Dominus*[18].

Deinde *hic occupamur aliquot, ut integra Biblia,* non ex vulgata editione, sed consultis hebræis, græcis, et iis quæ in germanicam linguam tralata sunt, *in vestram transfundantur linguam*[19] : quod opus, ut magni laboris, ita puto magnæ futurum ædificationi[20]. *Coracinus suo more pergit, volens id præstare in Veteri quod in Novo. nec a nobis terreri potuit,* ob rei difficultatem et linguarum imperitiam, *ut desisteret,* et curaret quæ suæ essent harenæ [21], — præsertim cum hic essent qui melius id præstare possent, nec esse *(sic)* in Veteri perinde ac in Jure Novo, nec tamen deess[e] quos male haberet *versio illa sua*[22], ut non admodum tersa, ita græcæ fidei plerumque dissentiens [23] . . . .

---

[17] L'année précédente, Roussel avait déjà formé un projet semblable. (Voyez p. 237.)

[18] Voyez la note 16.

[19] En disant « nous sommes ici plusieurs, occupés à traduire toute la Bible dans *votre langue,* » Roussel voulait peut-être dérouter les lecteurs, pour le cas où sa lettre serait interceptée. Sa langue maternelle était le français, puisqu'il était natif des environs d'Amiens.

[20] Cette entreprise paraît n'avoir pas eu de suites, car il n'existe aucune traduction française de la Bible dont on puisse citer pour auteurs *Roussel, Michel d'Arande* et les autres réfugiés français *Farel* et *Védaste,* qui étaient comme eux les hôtes de *Capiton.* Mais il est possible que Le Fèvre ait utilisé les travaux de *Roussel* pour sa version de la Bible publiée à Anvers, le 28 septembre 1528, chez Martin Lempereur. (Voyez Graf, op. cit. p. 122. — Maittaire, Annales typographici, II, 698.) Nous savons en effet que *Roussel,* après son retour en France, continua à s'occuper de la traduction qu'il avait entreprise à Strasbourg. Il écrivait à Farel, le 17 juin 1526 : « Si hic mihi manendum, *Concordantiis* non lubens caruerim.... » Nous lisons encore dans sa lettre du 27 août suivant : « Obtuli Duci *partem nostri laboris*... Hoc ago ut exscribatur et demum prelo mandetur,... si quo modo possim hoc ipsum consequi. Optarim quàm primum ad nos dimitti *Genesim* quam habet noster *Bentinius.* Si tu cum fratre nostro *Simone* pergeres *in cœpto opere,* hac parte publicæ utilitati consultum arbitrarer... [et] apud meos *similem subibo laborem*... Fac ut *liber Geneseos* ad nos cito redeat. »

[21] — [22] Allusion au Nouveau Testament français de Le Fèvre.

[23] Le manuscrit original de cette lettre se composait de deux feuillets, dont le second a été enlevé.

169

FRANÇOIS LAMBERT au Conseil de Strasbourg.
De Strasbourg, 13 janvier 1526.

F. W. Hassencamp. Franciscus Lambert von Avignon. Elberfeld, 1860, in-8°. p. 26.

(TRADUIT DE L'ALLEMAND.)

SOMMAIRE. Lambert dedie l'un de ses ouvrages à MM. du Conseil, et il se recommande à eux dans son extrême pauvreté.

Nobles, sages et gracieux Seigneurs!

L'année dernière, environ à cette époque, j'ai fait connaître à Vos Excellences ma grande pauvreté, et Dieu a permis que dès lors, toutes les semaines, j'aie reçu quelque secours gratuit. J'en éprouve une vive reconnaissance envers Vos Excellences, et, pour mieux vous le témoigner, j'ai publiquement interprété tout le prophète *Ezéchiel* et les trois premières Épîtres de Paul, et maintenant je m'occupe du prophète *Daniel* et de l'explication du livre appelé *La révélation secrète*. En outre j'ai publié dans votre ville par la voie de l'impression plusieurs commentaires sur l'Écriture Sainte. Désirant enfin vous offrir un faible témoignage de mon dévouement, j'ai fait imprimer les quatre derniers des douze petits prophètes, *Sophonie, Aggée, Zacharie, Malachie*, et je les ai dédiés à VV. EE. pour servir à l'instruction de toute la Chrétienté[1]. J'espère que VV. EE. daigneront agréer cet hommage d'un pauvre serviteur de Christ, bourgeois de votre ville[2].

Mais, comme mon ignorance de la langue allemande m'empêche de prêcher au peuple[3], j'ai le projet de prêcher et d'enseigner en latin, de vive voix dans cette ville, et par mes écrits dans la Chrétienté tout entière. Cependant je me trouve ici dans une si grande

---

[1] Fr. Lamberti commentarii in Sophoniam, Aggeum, Zachariam et Malachiam. Argentorati, 1526.

[2] Lambert avait reçu en novembre 1524 la bourgeoisie de Strasbourg.

[3] « Utinam mihi liceret venire in Gallias, *ne semper mutus essem*! » disait Lambert en 1524 (N° 133).

misère, que j'ose implorer avec confiance VV. EE., afin que, dans leur miséricorde et leur bonté, Elles daignent prendre pitié de moi à cause de Jésus-Christ, et que je puisse, tout en m'occupant jour et nuit de l'étude de la Sainte Écriture, avoir de quoi me nourrir ainsi que ma famille¹. Nous contracterons ainsi l'obligation de prier éternellement, comme de fidèles sujets de VV. EE., pour la paix et la prospérité de votre respectable cité, que nous recommandons à l'esprit et à la grâce de Dieu. Amen! Le samedi de l'octave des trois Rois, l'an 1526.

De VV. EE. le très-humble serviteur et bourgeois

FRANÇOIS LAMBERT D'AVIGNON.

170

ŒCOLAMPADE à Guillaume Farel, à Strasbourg.
De Bâle, 9 mars (1526).

Œcolampadii et Zuinglii Epistolæ. Éd. cit. fol. 201 a.

SOMMAIRE. Trompé par ce qu'on vous a dit de ma grande pauvreté, vous m'avez envoyé trois couronnes. Je suis bien près de vous les rendre ou de les distribuer aux pauvres. De grâce, ne vous mettez pas dans la gêne pour un ami qui est satisfait de sa position; et si vous aviez besoin d'argent, empruntez-en de *Jean Wattenschnee*, à qui je le rendrais. Nous avons obtenu en votre faveur une lettre du *recteur de l'Université*. Notre ami N. [*Pierre Toussaint*] est prisonnier à *Pont-à-Mousson*. Je con-

___

¹ On lit dans les Registres du Conseil de Strasbourg (Post Erhardi 1526): « Le Dr Franciscus Lampertus présente un livre qu'il a composé sur les quatre derniers prophètes et qu'il offre à Messeigneurs comme un petit cadeau en reconnaissance des bienfaits de MM., en implorant de nouveaux secours. Arrêté: que les deux seigneurs qui ont déjà traité avec ceux de St.-Jean et des Chartreux les engageront amicalement à l'entretenir encore un an, et informeront le Dr Franciscus qu'il ait à s'arranger en conséquence; s'il ne veut ou ne peut pas le faire, on ne devra pas le laisser mourir de faim, mais il faudra le nourrir aux dépens des cloîtres, afin de l'avoir sous la main, si l'on avait besoin de lui pour l'établissement des écoles. Ils ajouteront qu'il ne doit rien imprimer ni publier, avant d'en avoir reçu l'autorisation et de l'avoir fait examiner. »

seille à nos chers seigneurs, *les Français exilés,* de ne point se hâter de regagner leur patrie. Saluez Cornelius [*d'Arande*], Antoine [*Le Fèvre*] et *Wolfhard.*

Joannes Œcolampadius Gulielmo Farello fratri meo in Christo charissimo.

Pacem Christi! Charissime Gulielme, erubescere me fecisti rubro luto, quatuor coronatis, parvam corollam, amici pectoris tibique planè addicti symbolum, retradendo. *Decepit te rumor, quòd magna egestate laborem :* non ita est. Dominus hactenus preces meas exaudivit, et nec divitias, nec paupertatem dedit. Nobis etiam tenuitas pro magnificentia fuerit. At ego in causa fui, qui nuper scripsi, crumenam meam non oneratam. Verùm num putas propterea exhaustam, ita ut tu gravandus sis? ἄπορός εἰμι, nescio an tibi remittam, vel hic pauperibus dispensem. Oro te per misericordiam Christi, si opus est tibi pecunia, ut illam à *Joanne Vuatenschne*[1] recipias, et ego illi reddam : imò accipe duplam, et ego restituam. Tam nihil est in meo penu, quod non tuissimum. Nondum ita pauper fui, quin si hodie moriendum, pauperiorem voluissem.

Impetravimus literas à Rectore universitatis, tuo nomine[2] : quibus artibus, cognosces à *Vuatenschne.* N. noster[3] captus detinetur in *Bundamosn*[4], quinque millibus à *Metis,* sub *Lotharingo.* Confido in Domino, quòd illum nobis vel vivum confessorem, vel mortuum martyrem servabit. O pectus innocens! at quàm lentis vestigiis ego à longe. *Nollem charissimos dominos meos Gallos*[5] *properare in Galliam, nisi rebus bene exploratis.* Ubique dæmonis technæ.

---

[1] Libraire à Bâle (V. les N°° 109 et 120).

[2] Le recteur de l'Université était alors le professeur de droit *Boniface Amerbach.* La lettre qu'il consentit à écrire était peut-être un certificat relatif à la conduite de Farel à Bâle et à ses rapports avec l'Université.

[3] L'exemplaire de Farel (N° 111, note 8) présente les mots « *Petrus Tossanus* » écrits par le réformateur à côté de ce passage. Nous avons vu plus haut (N° 121, note 7) que *Pierre Toussain* dut quitter Bâle dans les premiers jours d'octobre 1525, muni d'une lettre pour *Guillaume Budé,* qui résidait à *Paris.* Érasme l'avait également recommandé à *Michel de Boudet,* évêque de Langres (Erasmi Epp. Le Clerc, 891). On ignore quelle fut la destinée de Toussain depuis son départ de Bâle jusqu'au moment où, comme il nous l'apprend lui-même dans sa lettre du 26 juillet 1526, il fut livré par les chanoines de Metz à l'inquisiteur du saint-siége.

[4] Pont-à-Mousson.

[5] Il veut parler de *Le Fèvre* et de ses compagnons réfugiés à Strasbourg (N° 168, note 1). Le prochain retour de François I.er inspirait quelques espérances aux amis de l'Évangile. *Capiton* écrivait à Zwingli, le 7 mars :

Verúm obtemperent spiritui Christi, qui illos nunquam deserat! Mi Farelle, spero Dominum conservaturum amicitiam nostram immortalem; et si hic conjungi nequimus, tanto beatius alibi apud Christum erit contubernium. Saluta *Cornelium*[6] terque quaterque, *Antonium*[7] non minus, sed et alios fratres, ac *Bonifacium*[8] quoque. Vale, et Christum pro me ora. 9. Martii, Basileæ (1526)[9].

171

MARGUERITE D'ANGOULÊME au comte Sigismond de Hohenlohe[1], à Strasbourg.
(De . . . .) 9 mars 1526.

Joh. Christian Wibel. Merckwürdige Lebens-Geschichte des Grafen Sigmunds von Hohenlohe. Franckfurt u. Leipzig, 1748. in-4°, p. 62.

(TRADUIT DE L'ALLEMAND[2].)

SOMMAIRE. Elle remercie le comte des lettres de consolation qu'il lui a écrites et de la charité qu'il a témoignée aux *Français réfugiés*. Dès que *le Roi* sera de retour, il

« *Galli piissimi ad iter se accingunt obviam ituri Regi, et nomine ejectorum Christianorum æquissimas conditiones postulaturi.* » (Zuinglii Opp. VII, 480.)

[6] On lit à la marge de l'exemplaire de Farel : « *Michaelem Arandium, episcopum Tricastrorum.* »

[7] Note de Farel : « *Jacobum Fabrum Stapulensem*, qui *Antonius* dicebatur » (Ibidem).

[8] *Boniface Wolfhard* (N° 95, note 2, et N° 151, note 15). Nous ignorons les circonstances qui le contraignirent à se retirer à Strasbourg, au commencement de l'année 1525 (Voyez Herzog. Vie d'Œcolampade, éd. all. I, 353). Œcolampade lui adressait le 18 octobre de la même année une lettre où l'on remarque les passages suivants: « Non dubito, mi frater, quin te Christus consoletur abunde in tribulationibus... Scripsi *Claudio Peutingero* [V. N° 114], sicubi posses *Augustæ* commodius agere, sed nihil spero... Saluta *Capitonem, Farellum*, fratresque reliquos, et ora Dominum pro me. » (Collection Simler à Zurich.)

[9] Le millésime est écrit de la main de Farel dans l'exemplaire cité N° 111.

[1] Voyez le N° 145, note 5. C'était à l'occasion de la captivité de *François I* et de la mort de *Charles d'Alençon* (N° 153, note 11) que *Sigismond*

les rappellera, et c'est à ce moment que le comte devrait venir en France pour y faire entendre *la Parole de vérité*.

J'ai reçu en *Espagne* l'une de vos lettres, et l'autre quand je me suis de nouveau retrouvée auprès de *ma mère*[3] ; elles ne m'ont pas apporté peu de consolation, et elles sont pour moi un puissant motif de suivre *le chemin de la vérité, dans lequel vous me croyez plus avancée que je ne le suis*. Mais j'espère que Celui qui, sans que je possède aucun mérite, vous a donné de moi cette opinion daignera aussi commencer son œuvre en moi. Vous ne me refuserez pas pour cela le concours de vos fidèles prières.

Quant à *votre désir de venir en France*, le porteur de cette lettre vous communiquera les heureuses nouvelles que je viens de recevoir aujourd'hui même. Et, puisque vous voulez *voir le pauvre prisonnier*[4] *que le Seigneur a voulu délivrer après l'avoir humilié*, je vous conseille, si cela s'accorde avec vos convenances, de venir à la fin de mars, ou plutôt au milieu d'avril, ce qui serait un meilleur moment, car nous espérons que vous trouverez alors tous vos amis réunis.

Je ne veux point vous remercier du secours que Dieu, par votre moyen, accorde à tous ses serviteurs[5], car vous en recevez déjà une récompense bien supérieure à mes remerciements ou à mes louanges, et je suis certaine que l'esprit qui, par votre foi vivante, vous unit à votre seul chef, vous inspire une vive satisfaction de pouvoir prêter votre assistance à tous ceux qui sont dans la souffrance,

---

de Hohenlohe était entré en correspondance avec *Marguerite*. La duchesse lui avait répondu le 24 juin 1525, en le remerciant de ses consolations. « Votre lettre fait voir de quel esprit vous êtes animé, lui disait-elle. Aussi avons-nous résolu de suivre votre conseil, pour autant que le véritable père de tous les hommes nous le permettra; car votre opinion et jugement sont justes et saints, et celui qui s'y oppose est déjà condamné... Il y a beaucoup d'amis selon le monde et l'apparence, mais peu qui souhaitent à leurs amis le Seigneur Dieu. » (Wibel, op. cit. p. 61.)

[2] Sigismond de Hohenlohe avait traduit en allemand les lettres de Marguerite, à mesure qu'il les recevait. La présente lettre porte cette note du comte : « Dieser brieff ist überantwort 9 Martii 1526, mir Sigmunden Graffen zu Hohenlohe. »

[3] La duchesse d'Alençon était arrivée à Madrid à la fin de septembre 1525. Elle rentra en France vers le 15 décembre et revit la reine-mère à Roussillon.

[4] François Ier (Voyez le N° 173, note 13).

[5] Allusion aux Français réfugiés à Strasbourg (V. le N° 168, n. 1 et 8).

principalement à ceux qu'unissent un même esprit et une même foi. Mais dès que le Roi sera revenu en France, il enverra vers eux et les rappellera⁶.

J'espère aussi de l'infinie miséricorde de Dieu, *qu'avec votre secours la Parole de vérité sera entendue*⁷. Au commencement, comme vous pouvez penser, il y aura bien quelque difficulté. Mais Dieu est Dieu, et il est ce qu'il est, quoiqu'il soit aussi invisible qu'incompréhensible : sa gloire et sa victoire sont choses toutes spirituelles, en sorte que celui-là est vainqueur que le monde croit vaincu, comme vous le savez mieux que moi : aussi vaut-il mieux me taire que de parler. Je désire vous voir pour recevoir de vous instruction.

Votre bonne cousine
MARGUERITE.

(Suscription :) A mon cousin.

172

MARGUERITE D'ANGOULÊME à François I.
(De . . . . . vers le commencement d'avril 1526 ¹.)

F. Génin. Nouvelles Lettres de la reine de Navarre. Paris, 1842. p. 77 Autographe. Bibl. Imper. Suppl. franç. n° 2722. lettre 73.

SOMMAIRE. Elle remercie le Roi de la protection qu'il a accordée « pour l'honneur de Dieu » à *Louis de Berquin*.

Monseigneur, le desir que j'avois d'obéir à vostre coummandement estoit assez grant, sans l'avoir redoublé par *la cherité qu'il*

---

⁶ Érasme se sert d'une expression plus significative en parlant du retour de *Le Fèvre* en France : « *Jacobus Faber*, qui metu profugerat, non ob aliud, nisi quod verterat Evangelia gallicè, *revocatus est in aulam.* » (Lettre à Pirckheimer du 6 juin 1526. Le Clerc, p. 940.)

⁷ Voyez la note 1, et les lettres de Marguerite du 11 mai et du 5 juillet suivant.

¹ Le jour même de sa rentrée en France (17 mars), François Iᵉʳ avait écrit au Parlement de Paris pour lui ordonner de suspendre la procédure de *Berquin* (N° 173, n. 13). Selon Chevillier (Origine de l'imprimerie de

vous a pleu faire au pouvre Berquin, selon vostre proumesse² ; dont je suis seure que Celuy pour qui je croy qu'il a souffert aura agréable la miséricorde que, pour son honneur, avez fait à son serviteur et au vostre. Et *ceux qui, en vostre tribulacion, ont oublié et Dieu et vous*³, connoistront *leur malice* n'avoir seu faire ingnorer vérité à l'esperit que le Tout-Puissant vous a donné ; dont maindre ne sera leur confusion que la gloire perpétuelle que vous en rendra Celui qui par vous augmente la louange de son nom ; dont Il fera le vostre immortel en ce monde et en l'aultre. Et de cete grâce me sens tant obligée, que j'ay supplié *Madame*⁴ faire pour moy ce que je confesse m'estre impossible. Et ne vous saichant rendre aultre grant mercy que d'obéissance, ne fauldra d'ung seul jour à vostre coumandement

Vostre très-humble et très-obéissante subjecte et mignonne
MARGUERITE.

173

LOUIS DE BERQUIN¹ à Érasme de Rotterdam, à Bâle.
De Paris, 17 avril 1526.

Erasmi Epistolæ. Éd. Le Clerc, p. 1712.

SOMMAIRE. *Les Sorbonistes* m'ont de nouveau accusé d'hérésie, parce que j'avais traduit en françois quelques-uns de vos ouvrages. J'ai tout de suite entrevu quel était leur dessein : faire brûler *vos livres*, puis *le traducteur*, s'il ne voulait pas abjurer les

Paris. Paris, 1694, in-4°, p. 177), le roi aurait renouvelé cet ordre le premier avril 1526.

² Voyez la note 1 et le N° suivant. On lit dans une lettre de *Marguerite* adressée « au grant-maistre de France » (*Anne de Montmorency*, que le roi avait élevé à cette charge le 23 mars 1526) : « Mon fils, depuis la lettre de vous par ce porteur, j'ay receu celle du *baillif d'Orléans* [Jacques Groslot], vous merciant du plaisir que m'avés fait pour *le pouvre Berquin*, que j'estime aultant que si c'estoit moy-mesmes, et par cela pouvés vous dire que *vous m'avés tirée de prison*, puisque j'estime le plaisir fait à moy. » (Génin. Lettres de Marguerite, 1841, p. 219.)

³ Voyez, p. 390, le passage commençant par ces mots : « Regis nostri vincula adversariis adeo erexerunt cristas, ut jam sibi persuadeant triumphum. »

⁴ La reine-mère.

¹ Voyez les N°ˢ 147 et 156.

abominables hérésies qu'i's vous attribuent. Mais je n'ai rien abjuré et j'ai soutenu au contraire que, pour un homme bienveillant et de bonne foi, il n'y a pas l'ombre d'une hérésie dans vos ouvrages ; j'ai rappelé toutes les marques d'approbation que plusieurs papes et un grand nombre de cardinaux et de princes vous ont accordées ; enfin j'ai fourni la preuve que *la traduction incriminée* différait entièrement de *ma traduction manuscrite*. Sur ces entrefaites *les délégués du pape* ont reçu de *la reine-mère* deux lettres qui les invitaient à suspendre mon procès jusqu'à l'arrivée du roi; ils n'en ont pas moins continué à m'interroger sur les articles « scandaleux et sentant l'hérésie » que les théologiens [de la Sorbonne] avaient extraits de vos livres. C'est en vain que je me suis efforcé d'en rétablir le véritable sens Après s'être adjoint trois religieux que j'avais cependant récusés, les juges-inquisiteurs m'ont déclaré hérétique. Peu satisfait de cette précipitation, *le Parlement* allait reviser tout le procès, lorsque le Roi lui a ordonné d'attendre son arrivée.

Je vous envoie la liste des passages incriminés par mes juges. *Faites-leur une réponse directe, développée et munie d'arguments puisés dans l'Écriture sainte*, afin que *le Roi*, votre constant admirateur, puisse dire après l'avoir lue, que nos Théologiens n'ont pas été heureux en s'attaquant à vous. Envoyez-lui aussi une lettre de félicitation au sujet de *son retour en France*. Votre messager pourra être informé à *l'Écu de Bâle* ou chez *Béraud* du lieu de ma résidence.

Ludovicus Berquinus Erasmo Roterodamo.

Rursum crabrones irritati. *Hæreseos me accusarunt apud Senatum ac delegatos Papæ*[2], non ob aliud, quam *quòd lucubrationes tuas aliquot in vernaculam verterim linguam*, in quibus hæreses impiissimas ausi sunt affirmare[3]. Olfeci protinus, quidnam illi molien-

---

[2] Voyez le N° 162, note 8.

[3] *Berquin* passe entièrement sous silence son arrestation et son emprisonnement à Paris. Nous suppléerons à cette lacune par le fragment suivant d'un chroniqueur contemporain :

« *Au dict an* (1526), *au mois de janvier, fut envoié quérir prisonnier*, de par la cour de Parlement, *un gentilhomme qui estoit à Abbeville*, nommé *Barquin*, qui fut amené en la Conciergerie du Palais à Paris, par l'huissier Mailly ; et fut ce faict à cause qu'il estoit luthérien, et avoit *autrefois* esté reprins par la dicte cour, de ce qu'il tenoit la doctrine de *Luther* ; et en fut prisonnier en la dicte Conciergerie [en 1523, V. le N° 147, note 5], mais en eschappa, parceque madame la Régente en avoit évoqué la cause au Grand Conseil, et l'envoia quérir, et en vouloit avoir la congnoissance, affin de le saulver ; mais il luy fut envoié par la dicte cour, chargé du cas, et néantmoins quelque temps après, il avoit esté élargi par le dict Grand Conseil, sans en avoir esté aucunement absoulz, où il persévéra encore en son propos. Dont à ceste cause, la dicte cour le renvoia quérir [en janvier 1526], comme dit est devant, et *environ huict jours après son arrivement à Paris*, le dict Mailly, huissier, fut renvoié au dict lieu d'*Abbeville*, et ès environs, de par la dicte cour, pour informer de la vie du dict *Barquin*, pour y pourvoir par justice. *Et depuis, la dicte cour fist son procez, tellement qu'il fut*

tur, ut videlicet libri *Erasmi*, si diis placet, velut hæretici cremarentur, et una cum eis *Berquinus*, ni tanquam tales abjuraret. Quod si abjuraret, satis illis hoc esse vindictæ, si *Berquinum* insigni et perpetua notassent infamia.

Ego qui mihi conscius eram, nihil extare in libris tuis, quod velut hæreticum esset abjurandum, cum mihi fama quàm vita charior esset, *neque abjuravi quicquam et te eum esse affirmavi, de quo ne minima quidem esset habenda hæreseos suspicio*: lucubrationes tuas à Pontif.[ice] *Leone* X comprobatas⁴, *Adrianum* Pontificem te quam benignissimè non solum literis unis et alteris propria sua manu scriptis, sed et per Legatum *Romam* advocasse⁵: tot Cardinales, tot Principes egregiè de te et sentire et loqui: quin et *Clementem* Pontificem literis suis et amplissimo munere, quasi judicii sui pignore, satis declarasse, quàm illi placuerit paraphrasis tua in Acta Apostolorum⁶. Erasmumque solum illi visum idoneum, qui *Jo. Œcolampadii* dogma de Eucharistia refelleret, nam id tum fortè à nescio quo resciveram, quod an verum sit, scribe quæso. Adjeci, me, cum verterem lucubrationes tuas, nihil illic offendisse indignum homine Christiano, si modò omnia simul legantur, non calumniandi animo, sed candido et sincero. Quòd si quid offenderetur in libris tuis diversum à doctrina Christiana, nihil aliud existimandum quàm aut librum esse depravatum, aut esse supposititium, de quo tu non semel conquestus esses, atque adeo *proximis his*

---

bruit qu'il estoit conclud à mourir, après que les commissaires qui estoient déléguez le rendirent à la justice laye, en le déclarant hérétique [12 mars 1525, avant Pâques, 1526, d'après le nouv. style]; mais Madame la Régente manda à la dicte cour *que l'on surcéast l'exécution jusques à la venue du Roy*. Et depuis, le Roy arrivé manda à la dicte cour qu'on ne le fist mourir et qu'on le gardast tant qu'il fût en France.» (Journal d'un bourgeois de Paris, p. 277.) Voyez aussi la lettre d'Érasme du 6 juin 1526 adressée à Pirckheimer: « *Lodovicum Berquinum* præfectum et consiliarium regium, *iterum conjecerunt in carcerem*, non ob aliud nisi quòd libellos quosdam meos vertisset gallicè. » Érasme écrivait encore le 27 août à Guillaume Cop: « *Berquinus in carcere* disputat cum Theologis. *Rex* satagit rerum suarum. Precor ut Deus omnia vertat in lætos exitus. » (Erasmi Epistolæ. Éd. Le Clerc, p. 940 et 946.)

⁴ Voyez la lettre de Léon X à Érasme datée du 26 janvier 1516 (Le Clerc, 166), et le bref papal du 10 septembre 1518, placé en tête de la seconde édition du N. T. d'Érasme.

⁵ Voyez les deux lettres d'Adrien VI à Érasme, datées du 1ᵉʳ décembre 1522, et du 23 janvier 1523 (Le Clerc, p. 735 et 744).

⁶ Voyez le N° 121, notes 11 et 12.

diebus literis ad *Bedam* datis⁷, ne putarent hoc à me confingi. Quod ad traductionem attinebat, ostendi illis manifestissimas calumnias: tantum interesse inter stilum meum et illius cujus proferebant versionem, quantum interest inter vulpem et camelum: suppositicium esse titulum, suppositicium esse nomen, addita esse multa, plura omissa, plurima ab interprete indocto depravata⁸. Atque, ne putarent his me dictis effugium parare, *obtuli ex autographis meis fidem me facturum, verane an falsa dicerem*.

At delegati, quanquam binis literis *Regiæ matris* jussi fuissent in hoc negocio supersedere ad regium usque adventum, propterea quod *Rex Christianiss.* imus in animo haberet, *de Fabri, de meo, de aliorum quorundam simili negocio, consulere viros egregios, doctos et cordatos, eosque constituere judices*⁹, tamen aut impotentiâ odii aut in gratiam Theologorum, aut denique suæ timentes tyrannidi, posteaquam in *Erasmi* nomen satis essent debacchati, illum hæreticum et apostatam subinde clamantes, et *Berquinum* illius fautorem, produxerunt articulos à theologis ex libris tuis decerptos, ut aiebant, truncatos tamen ac mutilos, quos *hæreticos*, schismaticos, scandalosos, olentes hæresin, hoc est, ipsis displicentes, asserebant.

Longum esset, Erasme doctissime, recensere *quid ego responderim*. Hoc solum nunc habe, mihi ne in unico quidem articulo cum illis convenisse, neque tamen quicquam à me dictum est pertinaciter, sed vel sententiam sum interpretatus, vel ex præcedentibus dixi articulum declaratum, vel aliam esse mentem tuam, quàm verba sonare viderentur, vel aliquid deesse, vel exemplar corruptum esse, denique modis omnibus cavi, ut neque malevolo illorum animo obsequerer, neque illi justam causam haberent, sæviendi in me, aut in libros tuos. Nec omisi protestationes, quas vocant, innumeras. *At illi*, spretis protestationibus, *spreto regiæ matris edicto*, cum ne verbum quidem dixissem alienum à fide catholica, tamen *adhibitis tribus Monachis*, quos tamen prius ut suspectos recusaram (præcipuè *Carthusianum priorem*¹⁰), velut non omnino benè volentes *Erasmo*, et quæ ille in quosdam ineptos, ut pote *sutores*,

---

⁷ Cette lettre à Beda manque dans la collection des Lettres d'Érasme.

⁸ A notre connaissance il n'existe pas d'exemplaire de cette traduction, dont le titre portait faussement *le nom* de Berquin.

⁹ En 1523 François Ier avait nommé une commission pareille, pour examiner les ouvrages de Le Fèvre (V. le N° 165, note 3).

¹⁰ Dans sa lettre du 1er juillet 1529, Érasme dit que le second de ces moines était le prieur des Célestins.

scripsisset, ad totum ordinem trahente·, *non veriti sunt me pronunciare hæreticum et hæreticorum fautorem* [11].

Senatus quanquam aliàs satis præceps ad hujusmodi negocia [12], tamen vel hoc uno abunde testatus est, non placere sibi tam præcocem, et ut ita dicam, præcipitatam sententiam, quod me ab ovo usque ad mala audire decreverit, frendentibus tam delegatis, quam theologis.

Rex Christianiss.[imus] eo die, quo patriam est ingressus [13], edoctus de re omni per Matrem, protinus caduceatorem misit ad Senatum cum literis suis: jubet expectari adventum in hac re suum, Præsidibus Senatus præcipit per alias literas, *Berquini* curam suscipiant, illius aut vitam aut mortem ab illis reposturum.

Habes paucis Tragœdiam *Berquini*. Unum hoc inprimis non erat omittendum, quòd in *Paraphrasi tua Regi dicata* [14] (cujus exemplar à me versum cum nonnullis aliis libris à me abstulerant) nihil designarint, id quam ob rem satis conjectare potes. Visum est autem interim, dum Regiam Majestatem expectamus [15], articulos ab illis designatos ad te mittere. Mitto quidem omnes, quotquot designarunt, sed qui sunt præcipui, id est, quos maximè urgebant, eos notavi digito in margine. *Tuæ fuerit humanitatis respondere illorum calumniæ,* idque non obiter, quem ad modum respondisti *Bedæ,* sed copiosè, *argumentis et authoritate Scripturæ.* Rex hoc honoris habet *Erasmo,* ut dicat : « Theologos istos, cum neminem non impetant, audaces, ab *Erasmo* tamen semper timidos abstinuisse. » Fac, ut idem cognoscat, quàm non feliciter nunc primum hanc rem sint aggressi. Magnus semper admirator fuit tuæ doctrinæ, ma-

---

[11] La condamnation de *Berquin* eut lieu après la censure détaillée que prononça la Sorbonne le 12 mars 1525 (1526, nouv. style), à la demande des juges-inquisiteurs institués par la cour de Rome (Voyez d'Argentré, II, 42-46).

[12] Voyez le N° 118, note 8.

[13] C'est-à-dire le 17 mars 1526. Ce jour même *François I* écrivait à ses ambassadeurs en Suisse une lettre datée de Bayonne, dans laquelle il leur disait : « Vous le général *Morelet* et *Boysrigault,* je vous advise que, grâces à Dieu, je suis *présentement* arrivé en ceste ville de Bayonne délivré de toute prison, dont vous advertirez mes bons amys les seigneurs des Ligues... »

[14] Le 1ᵉʳ décembre 1523, Érasme avait dédié au roi de France sa *Paraphrase sur l'évangile de St. Marc.*

[15] François Iᵉʳ ne fit son entrée publique à Paris que le 14 avril 1527 (Journal d'un bourgeois, p. 318).

jor futurus est, ubi theologorum ineptias plenius cognorit. Tunc hîc vulgo jactatur, *Theologos Sorbonicos tot annis nihil intellexisse in Erasmi libris, nec unquam quicquam intellecturos esse, si non adsit, qui illos in linguam vertat gallicam.*

Responde, quæso, copiose, nam quicquid actum fuerit ad *Regem* perferetur. Expectabit tabellarius, quamdiu voles, neque clamitabit, spero, effluxisse viaticum. Quod si voles simul mittere *Panegyricum gratulatorium nostro Principi in patriam reduci* [16], quemadmodum *jam pridem* admonueram [17], age, præstolabitur. Aut si mavoles hunc, post articulos à te receptos, ad me redire, et Panegyricum per alium ad nos mittere, fac ut voles ; non redibit tabellarius quem mittes, vacuus munere honorifico ; ejus rei tibi fidem do. Apud *scutum Basileense* [18] aut apud *Beraldum* [19] sciet tabellarius, ubinam fuero, quanquam *Beraldus* nunc plurimum abest ab urbe. Vale, doctissime Erasme, et Ludovicum tuum perge inter tui observantissimos numerare. Lutetiæ, 17 April. 1526.

Ignosce, quæso, ineptiæ notularum mearum, præsertim in descriptione articulorum, nam et ægrotabam, nec volui rem hanc cuiquam patefacere.

174

HENRI-CORNELIUS AGRIPPA à Michel d'Arande [à Cognac].
De Lyon, 7 mai 1526.

Agrippæ Opera. Éd. cit. Pars II, Lib. IV. ep^a 7^a, p. 835.

SOMMAIRE. Notre ami *Jean Chapelain* m'a fait savoir que *mon traité sur le Mariage* est blâmé par certains savants de la cour, qui voient peut-être dans cet écrit la condamnation de leur vie dissolue. Ils agiraient plus loyalement s'ils me reprochaient en face mes erreurs, comme l'a fait le *Père Cénecu*. Veuillez prendre ma défense

---

[16] Érasme écrivait le 15 mai à son ancien secrétaire *Hilaire Bertolph*, qui habitait la France: « Instrue nos quomodo gratulandum sit *Francisco*, regum optimo, *ad suos reduci*, idque quàm primum. » (Le Clerc, p. 937.)

[17] Cette lettre de Berquin est perdue.

[18] C'est-à-dire à Paris, à la librairie de *Conrad Resch*, qui avait les armoiries de Bâle pour enseigne. (Voyez aussi le N° 181, n. 19.)

[19] *Nicolas Bérauld.* V. le N° 14, note 1.

contre ces gens-là et recommander mon ouvrage à *votre illustre Princesse*, à qui je l'ai dedié.

Suo Michaeli de Arando, Episcopo Sancti Pauli in Delphinatu[1], pio ac verè Theologo, Domino suo observandissimo, Henricus Cornelius Agrippa S. D. in omnium salute IESU CHRISTO.

Multa quondam de conjugio doctissimè scripsit gravis autor Theophrastus. Qua occasione meretrices omnes in se concitavit, è quibus prosiliit Leontium Metrodori scortum, quæ contra tantum virum etiam librum ederet: unde tandem proverbium natum est, Arborem suspendio eligendam. Sic scripsi ego, præteritis diebus, *declamatiunculam de Sacramento Matrimonii, quam Illustrissimæ Principi*[2] *dedicari,* cujus sermo, ut scripsit ad me *Capellanus noster*[3], nonnullos, qui tamen de eruditorum numero censeri volunt, offendit.

Verùm ego non video (fortè, ut fieri solet, in re propria cæcutiens) quid illi in libera declamatione tantopere criminari valeant. Quòd si *Matrimonii Sacramentum illis nimiùm extulisse videar, agant ipsi partes castitatis suæ,* et facilè concedam illis hanc, licet inter Sacramenta non numeretur, tamen esse huic Sacramento longè præferendam. Si quid aliud est quod illos malè habet, deberent mihi errata mea, modò publica sint, in faciem prostituere potius, quàm post terga apud aliquot aulicas mulierculas, sive etiam dominas, in calumniam trahere[4]: sic namque illorum monita, qua

---
[1] Voyez le N° 164, note 4.

[2] *Marguerite d'Angoulême.* La lettre dédicatoire du traité d'Agrippa *de Matrimonio* se trouve dans ses Œuvres, P. II, p. 831.

[3] *Jean Chapelain*, médecin de Louise de Savoie.

[4] Agrippa répondant à une lettre de Chapelain, datée de Bordeaux le 2 avril, lui écrivait le 1ᵉʳ mai : « Scribis ad me, esse in aula nonnullos.... qui declamationem meam de Matrimonio parum probant.... Audi nunc sententiam meam. Inter aulicos Magistros sunt qui fœdas et spurcas scribunt facetias, et de arte lenonica comœdias... At hujusmodi libri sine offensa, siue reprehensione offeruntur dominabus, et leguntur avide etiam a puellis Novellæ Bocatii, Facetiæ Pogii, adulteria Euryali cum Lucretia, bella et amores Tristanni, et Lanceloti, et similia... Quo miror, cordatos istos ac nasutissimos censores, qui res parvas tantis sæpe tragœdiis exagitant, circa hujusmodi non modò simulate, sed et in illis perlegendis, traducendis, exponendis plurimum occupari, idque etiam capita religionis, Episcopos, qualis ille *Angolemensis*, qui amatorias Ovidii Heroum epistolas in gallicum sermonem convertit... *Tu igitur nunc libellos illos audenter offerto,* nec putes Agrippam tuum ... adeo podagricum, qui non audeat cum illis cordatis aulicis censoribus in arenam descendere. » (Opp. P. II, p. 832.)

decet reverentia, benignè exciperem, meque illis vel exponerem, vel purgarem, vel emendarem, ageremque admonitorum condignas gratias.

Scio autem, quod *duo* sunt in declamatione nostra *nodi*, quorum me modestissimè commonuit Reverendissimus Pater *Cœnalis*[5], *Episcopus Vinciensis*, vir admodum sorbonicè doctus : *Unum*, quòd videar asserere, *conjuges propter adulterium separatos, posse contrahere cum aliis*. Respondi illi, me illud non intendere, sed quod ejus loci præcedens sequensque sermo ostendit, agere me illic de Matrimonii unitate, quæ juxta verba Domini individua carnis unione consistit : quam unitatem ego nulla alia divortii causa posse dissolvi aio, nisi sola fornicatione, ubi caro jam in plures dividitur......

Alterum verò, quod adnotat dictus Episcopus, id erat, quòd inter eos quos *à Matrimonii lege exemptos dixi*, aiebam, *qui acti spiritu Dei, perpetuam castitatem* delegerunt. Urgebat eum hoc verbum « perpetuam », tanquam rigidum nimis et asperum his qui, pro tempore, experiuntur in se vires castitatis, nolentes infirmitatem suam adligare perpetuitati. Respondi *me* idcirco *non scripsisse*, « *qui coverunt* », sed « *qui delegerunt* », aliquo videlicet bono proposito, quo stante et durante exempti sunt à lege Matrimonii, nec prius incipiunt obligari connubio, donec incipiant uri, ni forte aulici illi mystæ putent melius esse scortari quàm nubere. His auditis, Reverendus Pater ille acquievit sententiæ, oravitque et consuluit sic per epistolam declarari, ut auferretur offendiculum; tandem cætera omnia laudavit.

Nec cogitare possum, quos offendere possunt reliqua, ni fortè aliquos aulicarum nuptiarum consultores, ne dicam lenones, quibus hæc declamatio offam eripere videatur, aut fortè qui lascivia perditi, tanquam insanientes equi, ut ait Hieremias, ad uxores proximi libenter adhinniunt, et adprobari cuperent sua vitia multitudine peccantium. *Tuæ* autem *fortitudini hanc declamatiunculam, Illustrissimæ Principi tuæ*[6] *dicatam, nunc insuper tuendam commendo;* teque ad hoc certamen provoco contra ejusmodi Cerberos Herculis instar, pro hujus sacramenti gloria, pro absentis mei[7] defensione, pro veritate ipsa fœliciter validissimeque certaturum. Vale fœlicissime. E Lugduno, 7 Maii, Anno 1526.

[5] *Robert Cèneau*, qui fut évêque de Vence depuis le 7 mai 1523 jusqu'en 1530. Le 3 juin 1525, il avait été élu trésorier de la Sainte-Chapelle.

[6] *Marguerite d'Angoulême*, dont Michel d'Arande était encore l'aumônier.

[7] *Agrippa* était en disgrâce, depuis qu'il avait prédit l'issue désastreuse

175

MARGUERITE D'ANGOULÊME au comte Sigismond de Hohenlohe[1], à Strasbourg.
(De Cognac), 11 mai 1526.

Joh. Christian Wibel. Op. cit. p. 64.

(TRADUIT DE L'ALLEMAND.)

SOMMAIRE. Le voyage du comte en France doit être encore différé jusqu'au moment
où l'œuvre dont Marguerite s'occupe « pour l'honneur de Dieu » sera réalisée.

Le 11 mai 1526.

Que la paix de Dieu, qui surpasse toute intelligence et que le monde ne connaît pas, puisse être si abondamment répandue dans votre cœur, que nulle contrariété ne parvienne à le troubler!

Je rends grâce à Celui, qui, par sa pure bonté, et sans aucun mérite de notre part, accorde sa paix à qui il veut, pour la nouvelle que vous me transmettez, pour votre vertu et pour la persévérance en vous des grâces divines, comme j'en suis bien informée. Aussi mon désir s'est-il encore accru par tout ce que j'ai ouï dire[2]. Mais, mon cher cousin, pour certaine raison, *selon le jugement de tous vos amis, ce n'est pas encore le moment de venir ici*. Dès que ce dont nous nous occupons pour l'honneur de Dieu[3] se sera réalisé, je m'empresserai de vous en instruire[4]. J'espère, si le Tout-Puis-

---

de la campagne du Milanais. La reine-mère, dont il était le conseiller et l'astrologue, lui avait promis en quittant Lyon (février 1526) qu'elle l'appellerait bientôt à la cour; mais elle songea si peu à remplir sa promesse, qu'il resta près de deux ans à Lyon, attendant toujours les ordres de cette princesse et ne recevant pas même la pension qu'elle lui avait assignée.

[1] Voyez le N° 171, note 1.

[2] Les réfugiés français rappelés à la cour avaient sans doute fait de grands éloges du comte S. de Hohenlohe.

[3] Elle veut parler de ses efforts pour favoriser en France la libre prédication de l'Évangile. Roussel écrivait à Farel le 27 août suivant : « Nonnihil spei accrescit... sed hactenus obstiterunt negocia a quibus vixdum explicari queant *qui nobis præ ceteris favere videntur.* »

[4] Voyez la lettre de Marguerite du 5 juillet suivant.

sant nous en rend dignes, que nous pourrons achever ce qu'Il
nous a permis de commencer. Vous trouverez ainsi votre consolation dans cette société où vous êtes présent, quoique ce ne soit
pas de votre personne. Et, en attendant que nous nous voyions
l'un l'autre, si vous pensez qu'il y ait quelque chose où je puisse
vous témoigner mon attachement, j'agirai comme pour moi-même,
en mettant ma confiance en Celui par lequel toutes choses sont
possibles. Je me recommande à vos pieuses prières.

Votre bonne cousine, entièrement inutile
en Celui qui est toutes choses,
MARGUERITE.

(Suscription:) A Monsieur mon cousin.

176

GUILLAUME FAREL à Oswald Myconius, à Zurich.
De Strasbourg, 4 juin 1526.

Inédite. Traduction allemande contemporaine. Bibliothèque des
pasteurs de Neuchâtel.

(TRADUIT DE L'ALLEMAND [1])

SOMMAIRE. Farel recommande à Myconius un ancien serviteur de *Claudius* [*de Taurol*],
qui voudrait étudier à *Wittemberg*. Les *réfugiés* ont été rappelés en *France* par le

---

[1] Quelques passages d'un opuscule de *Capiton* expliquent très-bien les
circonstances auxquelles on doit la perte du texte original de la lettre de
Farel. Cet opuscule porte le titre suivant : « Epistola V. Fabritii Capitonis
ad Huld. Zuinglium, quam ab Helvetiis forte interceptam, D. Joan. Faber
Constantiensis in Germanicum versam depravavit, una cum duabus Epistolis quibus illum concionatores Argentinenses ad collationem scripturarum
provocarunt. » (A la fin : « Argentinæ 12 Aug. 1526. ») On lit au verso du
titre : « Bone lector, si quid vacat ex nugis, audi seriam prope tragœdiam.
Cephalæo [typographo] petente, *Zuinglium* literis oravi [11 Junii], *dispu-
tationis Badensis* exitum nobis describeret… Atqui, volente Domino, *nuncius* ad hoc conductus abiit, forte interceptus *prope Baden literas omnes
prodidit:* adjunxerat enim *Farellus* et *Œcolampadius* suas. *Faber,* tanquam
vir bonus, eas obsignatas in manu habuit… Argentinæ, 2 Augusti 1526. »
(Voyez Zuinglii Opp. VII, 515-517.)

roi. On annonce la mort d'*Antoine du Blet*, de *Budé* et d'un conseiller influent de la cour : le premier et le dernier auraient succombé au poison. Les *Strasbourgeois* s'occupent de la création d'une *école supérieure*. Farel fait des vœux pour l'heureuse issue de la *dispute de Baden ;* il félicite et salue ses amis de Zurich.

Grâce et paix de la part de Dieu !

Je t'ai écrit, il y a un mois, au sujet du petit avoir de *Claude*[2] dont le serviteur a été ici, pour te prier de le vendre et d'en envoyer l'argent à *Wittemberg*, avec une lettre qui atteste que le porteur est bien son serviteur, qui a voyagé avec lui en divers lieux. Il écrit en effet, qu'on use envers lui d'un procédé peu bienveillant et qu'on ne veut pas l'admettre à *Wittemberg*, bien que le frère [de son maître] soit très-disposé à le faire étudier, tout ignorant qu'il est[3].

Je ne doute point que tu ne saches de quelle manière *les nôtres ont été rappelés par le roi*[4]. Veuille Christ leur donner un cœur et un esprit chrétiens, ce que nous demandons pour eux au Père, afin que la gloire de Christ en soit accrue ! *Antoine du Blet* est allé à Christ, non sans soupçon d'empoisonnement[5], et, avant que nous eussions pu être arrivés chez lui[6], on a estimé qu'il n'était déjà plus. On dit que *Budæus* est aussi mort[7], ainsi qu'un autre qui avait beaucoup d'influence sur le roi, en matière de finances, et auquel *Érasme* a dédié son aimable opuscule *de la Confession*[8] ; le poison

---

[2] Nous supposons que ce personnage était *Claudius de Tauro*, qui avait étudié à Wittemberg en 1523 (V. les N°˚ 66, 68 et 70).

[3] Voici le texte allemand : « Dann wie er geschriben, wöllend inn ettlich zu Wittenberg absetzen, wie wol ess nitt ein treffenliche sach ist, noch denost wöllt inn der bruder, wie unwiss er ist, gern leren lassen. »

[4] Voyez le N° 168, note 1, et le N° 171, note 6.

[5] Voyez le N° 98, note 3, et les N°˚ 125, 132 et 166.

[6] Texte allemand : « Und ee wir zu üch komen sygen, hat man geachtet er [Anthonius Bletus] wër schon hindurch. » Nous croyons que le texte latin a été mal compris par le traducteur et que, lisant *isthuc* au lieu de *illuc*, il a écrit « *zu üch* » au lieu de *zu ihm*.

[7] *Guillaume Budé*, l'helléniste. Érasme écrivait de Bâle, le 16 mai 1526, au professeur Jacques Tussanus, à Paris : « *Faber Stapulensis*, hac iter faciens, consternavit animum meum, nuncians *Budæum*, Galliarum decus et studiosorum delicias *fato functum esse:* quem rumorem esse vanum vel hinc conjicio, quod *Nicolaus Episcopius* in literis ad me suis hujus mentionem faciens, de morte non meminit. » (Le Clerc, p. 938.)

[8] « Und einer der nitt wenig by dem Küng vermögt in der ussgab, wölichem dises lieplich büchlin *von der bicht* von Erasmo zugeschriben. » Le

l'aurait également fait périr, ce qui se voit aujourd'hui fréquemment. Que le Seigneur Dieu daigne rendre impuissants ces serpents et ces vipères domestiques, qui jettent tant de venin, afin que nous puissions, comme ses libres enfants, jouer même avec la peau des serpents [9].

Je désirerais beaucoup savoir ce qui en est de *notre Pierre*[10], s'il est malheureusement retourné dans son pays, ou s'il vit heureux près de toi. *On a commencé à s'occuper ici de la création d'une école supérieure* [11], comme tu dois le savoir, et l'on a nommé

personnage auquel l'écrivain fait allusion doit être *François du Moulin*, appelé aussi *des Moulins*, grand aumônier du roi (N° 103, notes 32 et 33). Érasme lui avait écrit, le 16 mai, en le félicitant du retour de François Ier : « Gaudeo velut ἀπὸ μηχανῆς θεὸν extitisse, qui *furiis quibusdam in exitium bonarum literarum ac vigoris evangelici perniciem conspiratis* frenos injiciat. Nam *Pharisœis istis ac Romanensibus* nulla crudelitas satis esse potest » (Le Clerc, p. 937). Ces paroles permettent de croire que François du Moulin aimait la tolérance, et elles expliquent comment le bruit de sa mort violente a pu être accueilli sans incrédulité. Mais ce bruit était faux. Les auteurs de la Nova Gallia Christiana nous apprennent en effet, t. VIII, p. 1536, que « *François de Moulins*, » le grand aumônier, posséda l'abbaye de St.-Mesmin (N° 103, note 43) jusqu'à l'an 1534.

Qui était donc cet autre *Franciscus Molinius* dont Érasme déplore la mort le 16 juin (V. le N° suivant), et qu'il mentionne encore dans ce passage de sa lettre à Guillaume Cop du 27 août 1526 : « *Papilio et Molinius periit.* Berquinus in carcere disputat cum Theologis? » Nos recherches pour éclaircir cette question sont restées infructueuses, et nous sommes réduit à citer l'opinion de quelques auteurs modernes qui affirment, sans en donner de preuves, que « François Moulin » était « un savant réformé. »

[9] Il y a dans le texte allemand : « darmitt fry kinder in der schlangen hülly ouch schërtzen mögend. »

[10] Nous supposons que Farel veut parler du jeune « *Pierre, neveu d'Antoine du Blet*, » qui étudiait à Zurich sous *Ceporinus*, en septembre 1525 (N° 159, note 8).

[11] La lettre de Roussel à l'évêque de Meaux nous apprend (p. 407) que l'enseignement supérieur existait déjà à Strasbourg. En effet, dès le commencement de l'année 1524, quelques-uns des pasteurs donnaient dans le couvent des Dominicains, avec quelques autres professeurs, des cours publics libres. *Capiton* expliquait les livres de l'Ancien Testament ; *Bucer*, ceux du Nouveau. *Gaspard Hédion* traitait des questions d'histoire et de théologie. *Grégoire Caselius* et le Juif converti *Antonius* enseignaient l'hébreu ; *Jacques Bédrot*, le grec, et *Christian Herlin*, les mathématiques. Il paraîtrait, d'après ce que dit ici Farel, que le sénat de Strasbourg voulut, en exécution d'un arrêté pris l'année précédente, donner à cet enseignement un caractère officiel. Ce fut là l'origine de l'Institut théologique ou *Haute-École*, qui forma dès 1538 la division supérieure du Gymnase de

un professeur pour le grec et un autre pour l'hébreu [12]; en attendant *Capiton* et *Bucer* continuent avec les trois derniers [13].

Ce qui se passe à *Berne* ne nous plait point [14]. Dieu veuille qu'il n'en résulte aucun mal pour les savants qui sont à *Baden* [15]! On ne saurait redire tous les bruits qui courent sur cette dispute, dont Dieu veuille faire tourner l'issue à la gloire de Christ.

Salue en Christ, notre conservateur, *Zwingli, Léon et Gaspard* [16]. Il n'est ici personne qui ne se réjouisse de ce qu'ils sont restés chez eux, car c'est leur avantage et celui des frères. Salue aussi mon cher *Pellican* [17]. Les frères qui sont ici te saluent. Que la grâce de Christ soit avec toi! De Strasbourg, le 4 Juin 1526.

Ton FAREL.

(Suscription:) Au très-cher frère Oswald Myconius à Zurich.

Strasbourg, et prit le nom d'Académie en 1566. (V. Rœhrich. Gesch. der Reform. im Elsass, I, 253, 261-264. — A. G. Strobel. Histoire du Gymnase protestant de Strasbourg. Strasb. 1838, in-8°, p. 4, 16 et 117. — Charles Schmidt. La vie et les travaux de Jean Sturm. Strasbourg, 1855, in-8°, p. 25, 36-37, et 146.)

[12] *Jacobus Bedrotus*, natif de Pludenz dans le canton des Grisons (Voyez le N° 178, note 16), et probablement *Grégoire Caselius*.

[13] Dans la traduction allemande: « biezwüschen der *Capito* und der *Butzer* farend für *mitt dren letzgen.* » Nous ne savons pas quels étaient ces trois autres professeurs.

[14] Les deux Conseils de Berne, réunis le 21 mai avec les députés des communes bernoises et ceux des sept cantons catholiques, avaient décidé à la pluralité des suffrages de ne permettre aucune innovation en matière de religion (Voyez Ruchat, I, 291 et 292).

[15] Il veut parler des théologiens envoyés par les cantons évangéliques à la *dispute de Baden* en Argovie (N° 178, n. 10). Cette dispute proposée par les cantons catholiques, dans l'intention avouée d'y « faire condamner les doctrines pernicieuses de Zwingli, » se tint depuis le 21 mai au 7 juin 1526. Voyez Ruchat, I, 274 et 282. — Hottinger. Zwingli et son époque, p. 256.

[16] *Léon Jud* et *Gaspard Grossmann* (Voyez le N° 125, note 10, et le N° 157, note 16). Ils n'assistèrent point à la dispute de Baden, non plus que Zwingli.

[17] Depuis environ quatre mois *Conrad Pellican* habitait Zurich, où il avait succédé à *Ceporinus* dans la chaire d'hébreu (V. le N° 159, n. 9, et Zuinglii Opp. VII, 454, 475 et 478).

177

ÉRASME DE ROTTERDAM à François I.
De Bâle, 16 juin 1526.

Erasmi Epistolæ. Le Clerc. p. 943.

SOMMAIRE. Érasme félicite François Ier au sujet de son retour en France. Il espère que le rétablissement de la paix permettra aux deux grands monarques de la Chrétienté de favoriser les bonnes études et de guérir *les maux de l'Église*. Parmi les ennemis de la tranquillité publique, à *Paris*, on peut citer *Beda* et *Le Couturier*, qui ont publié contre *Érasme* et *Le Fèvre* des livres pleins d'ignorance et de mauvaise foi. Ce sont pourtant *des pharisiens comme Beda et Le Couturier qui prononcent sur l'hérésie, et font ainsi emprisonner et brûler des gens de bien!* Sous prétexte de défendre la foi, ils visent en réalité à la tyrannie. On leur attribue la mort violente de *Papillon*, de *Franciscus Molinius* et d'*Antoine Du Blet*. La vie de *Michel d'Arande* a été menacée. *Berquin* est encore en danger. A leur tour *Érasme* et *Le Fèvre* sont mis en cause. Érasme prie le roi d'imposer silence aux Le Couturier et aux Beda, ou de permettre que les Réponses à leurs calomnies puissent être imprimées et lues à Paris.

Erasmus Roterod. Francisco Galliarum Regi hujus nominis primo.
S. Quo gravius diutiusque nos discruciavit superiorum temporum calamitas, Francisce regum Christianissime, hoc magis exhilaravit nos tandem reddita serenitas. Meum quidem animum non simplex habebat molestia : nam et publice dolebat, duos præcipuos Christianæ ditionis monarchas inter sese commissos esse, non sine gravissimo totius orbis malo, haud aliter quam ubi, luna cum sole commissa, periclitatur genus mortalium ; et privatim angebar, ejus regis cujus propensum in me studium multis argumentis cognitum ac perspectum haberem, animo summisque virtutibus fortunam non satis respondisse. Ita quemadmodum erat non simplex dolor, ita *nunc multiplici perfundor gaudio, quòd divino favore receperit Gallia regem*[1], orbis, tranquillitatem, *eruditorum ac bonorum chorus, patronum*[2]. Merebatur quidem ista tuæ naturæ benignitas,

---

[1] Voyez le N° 173, note 13.
[2] Voyez le N° 9, note 3, et dans le N° 176, note 8, un passage de la lettre qu'Érasme écrivait à François du Moulin le 16 mai.

ingenii simplicitas, et animi vere regia celsitudo perpetuam in omnibus felicitatem : nam Tuæ Majestatis felicitas cùm orbi publice, tum privatim multis eruditis et optimis viris felicitatem attulisset. Quanquam autem nonnullis pax ista severis, ne dicam iniquis, conditionibus videtur coisse, tamen confido futurum, ut summus ille rerum humanarum moderator, suis arcanis et inscrutabilibus consiliis omnia vertat in lætum exitum. Novit ille, et solus novit, quid nobis expediat : solus artificio suo divino et potest et solet hominum inconsulta consilia in eventus lætos ac bonos perducere. *Si Christianos monarchas firma junget concordia, minus audebunt Turcæ*, et in ordinem cogentur, qui nunc huic regi, nunc illi, utcunque commodum fuerit, blandientes, non alia re magis quam vestro dissidio potentes sunt. *Hac ratione simul et optimis studiis et Ecclesiæ, jamdudum malis intolerabilibus laboranti, poteritis mederi*[3]. Nunc utraque pars habet aliquot cerebrosos, ac nullius judicii rabulas, qui clamoribus et furiosis libellis incendium hoc exagitant.

Sunt Parisiis aliquot inauspicata ingenia, nata in odium bonarum literarum ac publicæ tranquillitatis, *quorum præcipui sunt Natalis Bedda*[4], *et Petrus Sutor*[5], monachus Cartusianus. Hi, scriptis non minus indoctis quàm virulentis, propinant seipsos mundo deridendos, plusquam scurrilibus conviciis *debacchantes in Jacobum Fabrum et me*[6]. Ridentur à doctis et cordatis, sed interim et apud

---

[3] Quatre mois plus tôt Érasme n'attendait pas d'aussi bons résultats du rétablissement de la paix entre les deux monarques. Il écrivait alors à Pellican : « *In Holandia* mire fervet carnificina per quosdam magis instructos ad exurendum quàm disputandum, ombambulatura per cæteras regiones. Et *hæc tantum præludia sunt malorum. Cæsari pax erit cum Gallis. Nec ulla principum coibit amicitia nisi hac conditione, ut extinguatur factio Lutherana, et Cæsar sibi non videtur esse Cæsar, ni id perficiat.* » (Le Clerc, p. 963.)

[4] Voyez le N° 147, note 6.

[5] *Pierre Le Couturier*, natif du Mans, docteur de Sorbonne. Érasme ignorait qu'il s'était retiré en Champagne dans un couvent de Chartreux.

[6] Voyez dans le N° 165, note 2, le titre de l'ouvrage que *Beda* venait de publier contre *Érasme* et contre *Le Fèvre*. On lit dans la lettre d'Érasme à la Sorbonne du 23 juin 1526: « In *Fabrum* habebat [*Beda*] ex re justiorem debachandi caussam, et tamen in illum mitior est; ad me cum ventum est, fit Censor, et nihil crepat nisi blasphemias et hæreses... » *Zwingli* écrivait à Haller, en lui envoyant la copie de cette lettre d'Érasme: « Remitte, si habes amanuensem qui describat; sin minus, retine hoc exemplum, nam *fratres qui Parisiis sunt* multo labore penetrarunt ad eam atque ad nos miserunt. » (J. C. Fueslinus. Epistolæ ab Eccl. Helv. reformatoribus scriptæ,

imperitos ac simplices lædunt famam nostram, et studiorum fructum à nobis tot vigiliis expetitum intervertunt. *Faber pro se respondebit. Quod ad me pertinet, in censuris Beddæ possum ostendere centum manifesta mendacia*, calumniasque tam insignes, ut si res esset lingua populari prodita, olitores et calcearii possint judicare, hominem non esse sani cerebri. Mitto loca aliquot paucis notata.

Et isti sunt qui pronunciant de hæresi, ad quorum delationem boni viri pertrahuntur in carcerem, et in ignem conjiciuntur, quos quocunque modo malunt extinctos, quàm ipsos convinci de calumnia! Si licebit illis tam manifeste mentiri de nobis, idque libris editis. contrà nobis non licebit depellere calumniam, *quid erit illa quondam celebris academia, nisi spelunca latronum?* Hæc audacia si *pharisæis illis* cedat impune, nullus bonorum virorum futurus est in tuto. *Prætexunt fidei titulum*, sed re vera aliud agunt: *moliuntur tyrannidem.* etiam in capita principum, huc tendunt per cuniculos. Nisi princeps ipsorum volumtati per omnia paruerit. dicetur fautor hæreticorum. et destitui poterit per Ecclesiam. hoc est. per aliquot conjuratos pseudomonachos ac pseudotheologos. Hoc illos moliri per cuniculos ipsorum scripta declarant. Proinde consultum fuerit initiis succurrere.

Non loquor de omnibus monachis ac Theologis, sed de quibusdam, quorum indocta improbitas plus valet. quam aliorum docta modestia. Missi sunt ad me *articuli*, per nescio quos delegatos[7] *ex libris meis decerpti, quos reverat Lodoricus Berquinus*[8], non ita multo saniores quam sint censuræ Natalis Beddæ. *Ob hos vir optimus periclitatur. Periit Papilio, non sine gravi suspicione veneni*[9]; *periit Franciscus Molinus*[10] *ac Dubletus*[11]; *periclitatus est Michaël Arantius*[12]; *bis impetierunt Berquinum*[13]. *Nunc Fabrum*

p. 41 et 43.) — Quant au livre de *Couturier*, il était relatif aux traductions de la Bible et renfermait des assertions comme celles-ci : « Toutes les nouvelles paraphrases de l'Écriture sont hérétiques et blasphématoires ; l'étude des langues et des humanités est la source de tous les maux. Érasme n'est qu'un théologastre, etc. » (V. De Burigni. Vie d'Érasme, II, 405.)

[7] Voyez le N° 162, notes 5, 6, 7 et 8.

[8] Voyez le N° 173.

[9] Voyez le N° 156, note 3.

[10] Érasme l'appelle ailleurs *Molinius*. Voyez le N° précédent, note 8.

[11] Voyez le N° précédent, note 5.

[12] On n'a pas de renseignements sur les dangers qu'avait courus *Michel d'Arande* pendant la captivité de François Ier ou depuis son retour.

[13] Voyez le N° 173, note 3.

et Erasmum aggrediuntur. In libris meis colligunt suspiciones et calumnias ; nullum adhuc locum ostendere potuerunt qui dogma habeat pugnans cum fide Christiana. Pium est seditiones et impia dogmata ab Ecclesia secludere. Sed impium est hos in impietatis vocare crimen qui pugnant pro pietate evangelica, et eos in castra hostium propellere. quos vident pro ipsis adversus hostes dimicare. Sed istorum tyrannis quomodo coherceri poterit aliàs demonstrabo. si Tua Christianissima Majestas id clàm fieri volet. Nam ita res succedet felicius.

Interim illud rogo, *ut Tuæ Majestatis autoritas aut coherceat furiosos Sutores et Beddas,* ne talibus mendaciis infament bonos, *aut efficiat ut patiantur nostras defensiones excudi legique Parisiis.* Iniquissimum enim fuerit, illis licere venena sua spargere, nobis non licere admovere antidota. Scripsi liberius, edoctus à multis Regiam Celsitudinem Tuam simplicibus minimeque fucatis delectari. Quod scripsi docebo verissimum esse, ac me quoque tacente res ipsa loquitur. Christianissimam Majestatem Tuam incolumem ac florentem servet omnipotens! Datum Basileæ, decimo sexto Calendas Julias, Anno millesimo quingentesimo vigesimo sexto.

178

GÉRARD ROUSSEL à Guillaume Farel, à Strasbourg.
De Blois, 17 juin (1526).

Autographe. Bibliothèque Publique de Genève. Vol. n° 111 a.
C. Schmidt, op. cit. p. 192.

SOMMAIRE. Ma lettre à *Capiton* vous dira notre position actuelle et pourra vous rassurer au sujet de la possibilité de *votre retour en France*. J'ai confié à quelques amis de *Paris* la tractation de l'affaire dont vous m'aviez chargé. Quant à *la translation [de la Bible ?]*, je chercherai une occasion d'en parler à *la Duchesse*, quoique l'absence de *Cornelius [Michel d'Arande]* nous ait privés de presque tous nos avantages. Le bruit qui a couru d'un nouveau soulèvement des paysans me paraît aussi faux que ce qu'on dit de la défaite des Évangéliques à la *dispute de Baden.* Envoyez-moi des *Concordances,* pour le cas où je resterais ici malgré toutes les difficultés de notre position, et, si vous m'écrivez, soyez prudent. *Peregrinus* [*Le Fèvre*] vous salue. Saluez *Jacques* [*Bédrot*], le professeur de grec, et les autres frères.

Gratia et pax Christi tecum! Quid rei agatur nobiscum facilè disces ex literis quas scripsi ad *nostrum Cephaleum*[1], ne quicquam sis sollicitus de *tuo ad nos adcessu*[2]. Egi per literas cum amicis super re quam mihi commiseras[3], quòd non mihi liceret *Parisium* concedere. Quid egerint amici nondum potui rescire. Si mihi contigerit *illuc*[4] proficisci, quod brevi spero futurum, in rem Evangelii, *de tuis rebus* agam pro viribus. *De tralatione*[5] nondum oportunus oblatus est locus agendi cum *Duce*[6]. Defuturus non sum occasioni, si quando contigerit. *Cornelii*[7] absentia omnia ferme nobis cum illo ademit; præsentem nullo die non optamus.

Sparsus est hic rumor *rusticos* denuò excitasse tumultus, superioresque evasisse ac inauditis tormentis cruciasse nobiles[8]; sed puto vanum esse, neque dissimile arbitror quod ferunt *de disputatione Badensi*[9], cessisse scilicet loco et rei qui a parte Evangelii stabant[10]. Tot multa jactantur per illos, opinor, qui cupiant extinctum Evangelium.

[1] *Capiton*, l'ancien hôte de Roussel (N° 168, note 8).

[2] *Farel* avait sans doute chargé Roussel de faire des démarches, pour lui procurer les moyens de rentrer en France.

[3] Il est peut-être question de l'argent dont parle Roussel dans ses lettres du 27 août et du 7 décembre.

[4] C'est-à-dire à *Paris*. Roussel avait d'abord écrit *istuc*.

[5] Roussel veut-il parler de *la traduction française de la Bible* qu'il avait entreprise à Strasbourg avec ses compagnons (N° 168, n. 19 et 20), ou du *transfert de la somme léguée à Farel* (N° 184, note 3)?

[6] *Marguerite*, duchesse d'Alençon.

[7] On lit au-dessus de ce nom les deux mots « *Michaëlis Arandii*, » écrits de la main de Farel. Michel d'Arande faisait son entrée solennelle dans l'évêché de St.-Paul-Trois-Châteaux, en Dauphiné, le jour même où Roussel écrivait la présente lettre (V. le N° 164, n. 4, et le N° 170, n. 6).

[8] Un ami d'Agrippa, *Jean Chapelain*, lui écrivait d'Angoulême, le 29 juin : « Audivimus conflictum fuisse inter archiducem [Ferdinandum] et statum popularem; sed, superato archiducis exercitu, quingentos ex nobilibus suspensos vitam finivisse. » (Agrippæ Opp. Pars II, 848.) Nous ignorons le fait qui avait donné lieu à cette rumeur.

[9] — [10] Voyez le N° 176, notes 15 et 16. A la fin de la dispute les députés des Cantons avaient invité les savants qui y avaient pris part à signer l'adoption ou le rejet des propositions rédigées et défendues par le docteur *Eck* (N° 154, note 11). *Œcolampade* n'eut pour lui que les pasteurs de Bâle et cinq autres ecclésiastiques d'Appenzell et de Schaffhouse. Quatre-

Fridevallis[11] doctor medicus evasit non sine multo honoris compendio, cujus promotioni congratulor. *Si res non cesserit prout sub Deo speramus, mox ad vos convolabo, vel petam Venetias.* Si hic mihi manendum, *Concordantiis*[12] non lubens caruerim : tu fac ut, nacta oportunitate, ad me mittantur, aut, si probas, ita agas cum *Conrardo*[13] ut vel *Parisiis* vel *Lugduni* non compactas recipere possim. *Si quando scripseris,* id quod plurimum cupimus, *pare tempori,* id quod hactenus fecisti. *Plurima nobis decoquenda fuerunt, nec pauciora supersunt;* ora Deum cum fratribus, ut Dominus pium pectus et se dignum suggerat. Bene vale. *Peregrinus*[14] te salutat in Christo, qui sit tua salus. Blesis, xvij Junii 1526. *Toussanus* ad te scribit[15] quid rei sibi contigerit. Saluta mihi *Jacobum græcum lectorem*[16] et alios fratres. Vale.

Tuus JOHANNES TOLNINUS.

(Inscriptio:) Charissimo fratri et amico magistro Guillelmo, apud Cephaleum[17]. Arg.[entorati].

---

vingt-deux personnes signèrent les propositions de son adversaire. Zwingli et tous ses adhérents furent condamnés comme hérétiques. (Voyez Jean de Muller, op. cit. X, 321. — J.-J. Herzog, op. cit. 207.)

[11] Voyez le N° 168, note 14.

[12] Roussel veut parler des concordances de la Bible, dont il s'était servi à Strasbourg pour commencer la traduction de l'A. T. (V. la page 415.)

[13] *Conrad Resch,* libraire de Bâle, qui avait une maison à Paris (N° 173, note 18).

[14] *Le Fèvre,* qui résidait alors à Angoulême. L'auteur de la lettre que nous avons citée plus haut (note 8) disait en la terminant: « *Noster Faber Stapulensis* hodie hinc discedens *Blesios petit,* ubi deputatum est ei domicilium. »

[15] Cette lettre de *Pierre Toussain* est perdue. Son épître du 26 juillet suivant mentionne l'entrevue qu'il avait eue avec Le Fèvre et Roussel.

[16] Farel a écrit au-dessous de ce mot: « *Bedrotum* » (V. le N° 176, n. 11 et 12). Capiton s'exprimait ainsi au sujet de *Bédrot* dans une lettre adressée à Ambroise Blaarer, le 26 novembre 1525: « *Jacobus Bedrotus* in nostro modò ordine est. Nostræ servit Reip. conditione licet infirma, propediem meliori admovendus... Gratiam habeo quod ejus viri memineris. Dignus est certe conditione amplissima, cui candore ingenii, eruditione, fide, ac industria facilè satisfaceret. » (Bibl. de la ville de St.-Gall. Epistolæ manuscriptæ, II, 246.)

[17] Farel a écrit au-dessous de ce mot: « *Capiton. Argentorati.* » Le millésime est de la même main.

179

MARGUERITE D'ANGOULÊME au comte Sigismond de Hohenlohe, à Strasbourg.
(De . . . . .) 5 juillet 1526.

Johann Christian Wibel. Op. cit. p. 65.

(TRADUIT DE L'ALLEMAND.)

Sommaire. Les négociations relatives à la libération des enfants du Roi retarderont encore « le moment propice » pour l'arrivée de S. de Hohenlohe en France.

Le 5 juillet 1526.

Que le seul dispensateur de tout bien vous remplisse de son Saint Esprit! Mon ami, je ne puis vous exprimer tout le chagrin que je ressens; car *les circonstances me paraissent encore telles, que votre venue ici ne pourrait vous procurer la consolation que vous désirez* [1]. Ce n'est pas que *le Roi* ne vous vît volontiers; mais l'on ne s'entend pas encore complètement au sujet de *la libération de ses enfants* [2], à laquelle il tient autant qu'à celle de sa propre personne, comme je l'ai expliqué au présent porteur, duquel vous pourrez apprendre toute la vérité; aussi m'en suis-je volontiers entretenue avec lui. Mais dès que je croirai *le temps propice* [3], j'espère en Dieu que je ne vous ferai pas languir.

Priez Dieu, mon cousin, de m'enseigner à croire fermement que je ne suis rien et qu'il est tout. Si vous pensez qu'il y ait quelque affaire où je puisse vous être utile, soyez convaincu que Dieu m'a départi la volonté de m'y employer sans négligence ni retard. J'ai pour vous tous les sentiments d'affection qu'il est possible d'éprou-

---

[1] Voyez les Nos 171 et 175.

[2] Pour assurer l'exécution du traité de Madrid (14 janvier 1526), François Ier avait dû livrer comme otages ses deux fils aînés: François, le Dauphin, et Henri. L'échange s'était opéré sur la rivière de la Bidassoa, à l'instant où le roi fut remis en liberté. Il ne revit ses enfants qu'en juillet 1530.

[3] « Le temps propice » ne vint jamais. On n'a du moins aucune raison de croire que le comte de Hohenlohe ait pu réaliser son projet de voyage.

ver pour un parent, moins encore en raison des liens périssables que forment la chair et le sang, qu'à cause de l'amour fraternel; car celui-ci résulte de la nouvelle naissance qui forme une union véritable, dans laquelle désire aussi s'unir à vous

>votre bonne cousine, entièrement inutile.
>en Celui qui est toutes choses.
>MARGUERITE.

(Suscription :) A mon cousin.

180

LAURENT COCT à [Guillaume Farel].
De Lyon, 25 juillet 1526.

Inédite. Autographe. Bibl. des pasteurs de Neuchâtel.

SOMMAIRE. Expose des circonstances qui s'opposent, pour le moment, à ce que *Laurent Coct*, frère cadet *d'Anémond* et son héritier, puisse acquitter la dette de cinquante écus que feu *le chevalier Coct* avait contractée envers son ami *Farel*.

Monsieur, Dieu vous doint sa paix et sa grâce! Amen.

Monsieur, il est vray que mon frère *Annémond Coct*, chevallier, que Dieu perdoint, avant son partement de ce pays, il me feist son hérétier, ainsy que par le testement qu'il feist appert et lequel j'ay rière moy. La mort duquel jammays n'a esté certiffié par personne vivante que par vous [1]. Or, Monsieur, pource que par voz lettres que avez escript à mon frère, Monsieur *du Chastellart* [2], appert que mon dict feu frère, chevallier, vous estoit tenu en la somme de cinquante escuz, laquelle luy aviez prestée, et, comme je sçay, n'avez esté nullement satisfait, — à ceste cause, Monsieur, désirant vous satisfaire comme hérétier sien que je suys, vous ay bien volu escripre,

---

[1] Laurent Coct omet le témoignage du jeune homme qui avait soigné le chevalier pendant sa dernière maladie et qui fut le porteur de la nouvelle de sa mort (Voyez les Additions).

[2] *Guigo Coct*, frère aîné d'Anémond.

à celle fin que par vous feusse et soye certiflié à plain de la vérité par main de notaire ou aultrement, en la meillieur forme et sorte que possible cera [l. sera], affin que je, qui ne tiens riens des biens, puysse plus asseurément demander à mon dict frère *du Chastellart*, lequel tient tout, ce que peult et doibt venir pour la part et porcion que mon dict feu frère *le chevallier* avoyt ès biens. Ce que je ne puys nullement ne bonnement faire sans premier avoir ample certifficacion de la mort de mon dict frère le chevallier.

Par quoy, Monsieur, si vostre bon plaisir est, prandrés, si vous plait, la poyne de m'envoier ample certifficacion de la dicte mort[3], et je feray mon debvoir vous payer et rendre vos dicts cinquante escuz, comme la rayson le veult. Car de moy je suys tout seur que mon dict feu frère vous estoit grandement tenu et obligé pour la multitude des plaisirs et services que luy avez faitz jusques à la mort, lesquelz vous est impossible randre : sed qui potens est ipse retribuet.

Vous me randrez responce le plustost que possible vous sera, affin que vous et moy puyssions avoir ce qui nous est deu, mais à grant poyne sans figure de plait [l. plaid][4]. Toutesfoys je feray mon debvoir de retirer le mien le plus gracieusement que faire me sera possible et le plus amiablement. Je me suys addressé au *libraire demeurant à l'escu de Balle*[5], en ceste ville de *Lyon*, lequel m'a promis vous faire tenir ces lettres et me randre responce de vous. Parquoy, Monsieur, prandrés, si vous plait, ung peu de poyne me randre en bref responce et ample certifficacion de la mort *de fratre*, et si vous y despendés du vostre, le tout vous sera satisfait[6]. Et apprès me estre recommandé du bon du c[o]eur à vostre bonne grâce, le doulx Jhésus sera par moy prié vous donner bonne et longue vie. De Lyon, ce jour Sainct Jacques, xxv° Juilliet 1526.

Vostre bon frère et amy à jammays
LAURENS COCT.

---

[3] Farel se conforma strictement au vœu exprimé ici par Laurent Coct (Voyez la lettre du 11 février 1527).

[4] C'est-à-dire, nous aurons bien de la peine à nous faire rendre justice sans entamer un procès.

[5] *Jean Wattenschnee* (N° 109, note 10).

[6] Une apostille de Farel reproduite plus haut (p. 284) nous apprend ce qui advint de cette promesse.

181

PIERRE TOUSSAIN à Jean Œcolampade, à Bâle.
De Malesherbes, 26 juillet (1526).

Autographe. Archives d'État de Zurich. J. J. Herzog. Das Leben Joannes Œkolampads und die Reformation der Kirche zu Basel. Basel, 1843, in-8°, II, 286.

SOMMAIRE. Livre par trahison à *l'abbé de St.-Antoine* et torturé dans un cachot infect [à Pont-à-Mousson], j'ai souvent désespéré de la vie. Gloire à Dieu qui m'a délivré de la main des tyrans ! Que d'événements heureux ou tristes j'aurais à vous raconter, si le départ du messager ne me contraignait pas d'écrire en toute hâte !
J'ai enfin trouvé un asile dans le château de *Madame d'Entraigues*, la protectrice des exilés de Christ, et j'attends l'arrivée du roi, de qui j'espere obtenir la permission de vivre en France, malgré la sentence que *la Sorbonne* a prononcée contre moi. Je crois, en effet, au *prochain triomphe de l'Évangile*. Les frères m'ayant chargé de m'informer des sentiments de la cour, j'ai été accueilli avec une extrême bonté par *la Duchesse d'Alençon*, qui m'a souvent entretenu de *son vif désir de favoriser les progrès de l'Évangile*, désir que partagent *le roi et sa mère*. C'est pour travailler à cette œuvre que le roi vient à Paris. Si ma requête est rejetée, je retournerai en *Allemagne*, sans regretter les avantages que pourrait m'offrir une cour pleine de faux prophètes, tels que *l'évêque de Meaux*, et de soi-disant Chrétiens recherchant surtout les bénéfices et les évêchés. J'ai conversé avec *Le Fèvre et Roussel*. « L'heure n'est pas encore venue, » disent-ils, dans leur aveuglement. Que ne feriez-vous pas en *Allemagne*, si *l'Empereur* et *Ferdinand* favorisaient la prédication de l'Évangile comme *le Roi* et *la Duchesse !* Demandez à Dieu que *la France* devienne enfin digne de la Parole !
Je sais tout ce que vous avez enduré à la *dispute de Baden*, et j'ai démenti, à la cour, un faux bruit d'après lequel vous auriez changé d'opinion sur l'Eucharistie. Je remercie *Marc* de ce qu'il a refusé de m'envoyer mes livres pendant que j'étais en prison. Saluez *Bentin* et les frères. Quand vous m'écrirez, n'adressez plus vos lettres à S. S., mais à *Pierre Toussain* ouvertement.

Gratia et pax à Deo !

Œcolampadi, pater et præceptor charissime, quòd jam diu nihil literarum ad te dederim, non est ut me excusem, quando non ignoras, *quibus et quantis calamitatibus fuerim oppressus, a meo ist-*

hinc discessu[1], non solùm per valetudinem parum prosperam, verum etiam *per carceres et tormenta quibus me* (gratia Christo) *adfecerunt Lotharingi*, adeó ut sæpe desperarim de vita.. *Theodoro de Sancto Chamondo*, sancti Ant[onii] Abbati, crudelissimo Evangelii hosti[2], prodiderant me olim *confratres mei*[3], existimantes me perditum, si in tam crudelissimi latronis manus incidissem. Sed Deus et pater noster cœlestis, qui constituit terminos hominis, admirabili quodam modo liberavit me de manibus Tyrannorum, cui soli honor et gloria, quantumvis insaniat mundus, et insultet adversus renascens Christi Evangelium!

Multa tibi scriberem, si suppeditaret otium, et læta et tristia; sed quoniam incertis sedibus vagor, ob tyrannidem adversariorum, qui non alio pharmaco sedari posse videntur quàm meo sanguine, boni consules, si pauca tibi scripsero tumultuanter. Nam sum hic, in hac arce generosissimæ mulieris *Dominæ d'Entraigues*[4], *exulum Christi susceptricis*, et est hic hodie qui proficiscatur *Luteciam*, cui has literas daturus sum ad *Conradum*[5], ut tibi reddantur, ne non intelligas, *Tossanum tuum* adhuc in humanis agere. Et certe *Germaniam repeterem, nisi sperarem brevi regnaturum Christi Evangelium per Galliam*.

Missus fui a fratribus in aulam[6], ut explorarem, quid illic cape-

---

[1] *Toussain* avait quitté *Bâle* au commencement d'octobre 1525 (N° 121, n. 7).

[2] Voyez le N° 144, note 3. Ce « cruel abbé de St.-Antoine » savait parfois montrer de la bienveillance aux savants. Nous lisons dans une lettre adressée de Neufchasteau, le 2 novembre 1526, au philosophe Agrippa: « Tui observantissimus, *Abbas S. Antonii*.... omnes studiosos, *ut mihi dictum est*, summa humanitate complectitur. Scio... quemcunque illi commendaveris, fore illi commendatissimum. » Agrippa répondit au solliciteur: « Apud Abbatem S. Antonii non est mihi tanta familiaritas. » (Agrippæ Opp. Pars II, p. 884 et 887.)

[3] Les chanoines de Metz. Voyez la signature de la présente lettre.

[4] C'était *Anne Malet de Graville*, femme de Pierre de Balzac, baron d'Entragues, seigneur de Dunes et gouverneur de la Marche; elle avait vécu dans l'entourage de la reine Claude, première femme de François I*er*, morte en juillet 1524. (Voyez Anselme de Ste.-Marie. Hist. généalog. de la maison royale de France, etc. Paris, 1726-1753, 9 vol. in-fol., t. II, 438, t. VII, 871. — Moréri. Dict. hist. article Balzac, et ci-dessous la n. 18.)

[5] *Conrad Resch*, qui avait une librairie à Paris.

[6] Après avoir séjourné quelque temps à Bordeaux, puis à Cognac, François I*er* s'était rendu à Angoulême, où il passa le mois de juin avec la reine-mère et la duchesse d'Alençon (Agrippæ Opp. Pars II, 848). Ce fut sans doute à Angoulême que Toussain vit la sœur du roi (N° 178, n. 14 et 15).

retur consilii, et quoniam adhuc persequor *(sic)*⁷ ab adversariis, et *adversus me pronunciarunt sententiam Magistri nostri*⁸, cupiebam ut autoritate regia tutus viverem in Francia. *Clarissimam Alenconiæ Ducem*⁹ sum sæpe alloquutus, et me tanta humanitate excepit, quanta potuisset vel principem aliquem vel hominem sibi charissimum. Obtulit conditiones multas non aspernendas [l. aspernandas]. Multum sumus confabulati *de promovendo Christi Evangelio, quod solum est illi in votis, nec illi solùm, verum etiam Regi ipsi, nec horum conatibus refragatur mater*¹⁰. Et eam ob caussam Rex contendit *Luteciam*¹¹, si negotia belli non remorabuntur hominem. *Hic latito, hujus adventum exspectans*, quandoquidem *Dux* recepit, se tum facturam in gratiam mei quicquid cuperem. Si hic manere potero tutus, bene quidem; sin minus, redibo ad vos. Expeditior sum ad iter quàm tum cùm multis sacerdotiis onerabar¹², et sane majora mihi offeruntur, quàm perdiderim pro Christi gloria: sed nemo me facile in aulam protrudat, quòd illic nihil videam synceritatis, et omnes quærunt quæ sua sunt, non quæ Jesu Christi. *Episcopus Melden*[*sis*] dicitur illic parum syncere tractasse Verbum diebus superioribus, plus studens hominibus placere quam Deo¹³. Et habet Aula multos tales pseudoprophetas. Sed si Deus pro nobis, quis contra nos? Certe *Dux Alenconiæ* sic est edocta a Domino, sic exercitata in literis sacris, ut a Christo avelli non poterit. *Sunt in Aula qui existimantur Christiani, et male etiam audiunt ab adversariis;* cum bene loquentibus bene loquuntur de Christo, cum blasphemantibus blasphemant. *Sed quid agunt tandem?* Certe, sub specie religionis, cum suis longis tunicis et capitibus rasis *venantur sacerdotia et episcopatus apud Regem et Ducem:* quos quum sunt assequuti, ipsi vel primi stant in acie adversus eos quos mundus vocat *Lutheranos*, et nihil tam fugiunt, quàm consue-

---

⁷ Erreur de plume, au lieu de *persecutionem patior.*

⁸ D'Argentré ne fait pas mention d'une censure prononcée contre Toussain par la Sorbonne.

⁹ Voyez la note 6.

¹⁰ Voyez le N° 125, vers la fin.

¹¹ On croyait en effet que François I"' se rendait à Paris. L'évêque de Bazas écrivait à Agrippa le 5 juillet: « Ex itinere, ex oppido de Maule... *Rex* enim continuat iter versus *Parisios.* » (Opp. p. 848.) Mais le roi ne fit sa rentrée à Paris qu'au mois d'avril 1527.

¹² Comparez ce passage avec le commencement du N° 161.

¹³ Les documents contemporains ne fournissent aucun détail sur ces prédications de *Briçonnet.*

tudinem eorum qui labe aliqua aspersi sunt pro Christi nomine. Sed quid aliud expectares ab aula, meretrice periculosissima? Rogate Dominum, ut hic nobis suscitet prophetas, qui spiritum habeant fortitudinis, non timoris.

Fabrum sum alloquutus, et Ruffum [14]*, sed certe Faber nihil habet animi.* Deus confirmet eum et corroboret! Sint sapientes quantum velint, expectent, differant et dissimulent : non poterit prædicari Evangelium absque cruce. Hæc cum video, mi OEcolampadi, *cùm video animum Regis, animum Ducis sic propensum ad promovendum Christi Evangelium,* ut nihil magis, *et eos qui soli negocium hoc promovere deberent,* secundùm gratiam illis datam, *illorum institutum remorari, certe continere me non possum a lachrymis.* Dicunt certe : « Nondum est tempus, nondum venit hora! » Et hic tamen non habemus diem neque horam. Si vos *Cæsarem* et *Ferdinandum* conatibus vestris faventes haberetis, quid non faceretis? Rogate igitur Dominum pro *Gallia,* ut ipsa tandem sit digna Verbo!

Scio multum tibi fuisse negotii exhibitum ab *adversariis Baden-[sibus]* [15]; ceterùm regnabit veritas. Cum eram in Aula, *Helvetius* quidam rumorem sparserat, revocasse te sententiam tuam de Eucharistia : quod spiritus meus judicat esse mendacium, quare fortiter illi restiti in faciem. Cum eram in carcere, pleno aqua et sordibus [16], *Abbas Sancti Antonii* coëgerat me, ut *Marco* [17] scriberem, ut libri mei ad me mitterentur : sed sapienter egit. Huic habeto gratias, et dicito salutem *Bentino* et fratribus omnibus. Relegerem has literas, sed certe non vacat. Boni consule, et bene vale, carissime OEcolampadi. Ex arce quod vocat [l. quam vocant] nemus malarum herbarum [18], die Annæ (1526).

Si scribere volueris ad me, mitte literas tuas *Christiano* [19], biblio-

---

[14] Voyez le N° 178, à la fin.
[15] Voyez le N° 176, note 15.
[16] A Pont-à-Mousson (V. le N° 170)
[17] Voyez le N° 140, note 9.
[18] Le château appelé par Toussain « *le Bois de Malesherbes* » est situé sur une colline, près de la petite ville de *Malesherbes* (département du Loiret), à 17 kilomètres de Pithiviers. Cette seigneurie, qui a donné son nom à une branche de la famille des Lamoignon, était entrée dans celle des Balzac par Anne Malet de Graville, « dame du Bois de Malesherbes. » (Voyez Anselme, VII, 871 et 890, et la note 4.)
[19] *Christian Wechel,* imprimeur à Paris depuis 1522. Ses armes furent d'abord *l'Écu de Bâle,* ce qui pourrait faire supposer qu'il avait formé une association avec *Conrad Resch* (N° 20, n. 7 et N° 173, n. 18). Il prit ensuite la

polœ Parisiensi, vel committe eas *Jo[anni] Vaugris*, quem salutabis nomine meo, et *Imelium*. Vobis omnibus commendo *Stephanum Storum* [20], quantum possum. Aliàs cum ad te scribebam, hæc erat nota mea : S. S. [21] Sed nunc non timeo vocari, gratia Christo,

    PETRUS TOSSANUS, olim canonicus Metensis,
      nunc servus Christi humillimus.

(Inscriptio:) Joanni Œcolampadio, patri suo in Christo.

182

GÉRARD ROUSSEL à Guillaume Farel, à Strasbourg.
D'Amboise, 27 août (1526).

Autographe. Bibliothèque Publique de Genève. Vol. n° 111 a.
C. Schmidt, op. cit. p. 197.

SOMMAIRE. J'ai écrit plusieurs fois à Maître *Pierre*, qui a promis de s'employer en votre faveur. On nous traite avec un peu plus de ménagements qu'autrefois, et nous pouvons espérer plus de liberté pour l'époque où nos protecteurs réussiront à régler les affaires qu'ils ont encore sur les bras. J'ai présenté à *la Duchesse [d'Alençon]* une partie de mon travail, que je me propose de publier. Continuez celui que vous avez commencé avec *Simon [Robert]* : vous ferez là une œuvre utile, et je m'efforcerai de vous imiter. Pendant le séjour que fera ici *Cornelius [Michel d'Arande]* nous demanderons à la Duchesse de faire livrer un peu d'argent à vous et à *Simon*. Les frères en feront aussi parvenir à *L[ambert]*. Dieu veuille lui donner d'autres sentiments ! *Aumônier de la Duchesse*, je suis en butte à l'envie, entouré de périls, contraint à dissimuler beaucoup de choses, et affligé de vos discordes qu'on exploite ici contre nous. Si j'avais voulu écouter mes amis, je serais reparti tout de suite pour *l'Allemagne*. Ayez ces circonstances présentes à l'esprit quand vous m'écrivez. J'espère me rendre sous peu de jours à *Paris*. Veuillez donc me renvoyer au plus tôt *le livre*

la devise « *sub Pegaso.* » Voyez dans le t. XXVI de l'Encyclopédie moderne l'Essai sur la Typographie par A. F. Didot.

[20] *Etienne Stœr*, ancien pasteur de Liestal (N° 91, n. 1). S'étant fait l'organe des paysans bâlois qui s'insurgèrent au printemps de 1525, il fut exilé et se réfugia à Strasbourg. Les magistrats de cette ville le retinrent même quelque temps en prison, à la demande du Sénat de Bâle (Voyez J. J. Herzog, op. cit. 165. — Zuinglii Opp. VII, 465 et 480).

[21] Ce sont les initiales de l'anagramme *Sunassot Surtep* (V. p. 386).

de la Genèse, qui est entre les mains de *Bentin,* et me donner vos instructions à ce sujet. *Peregrinus* [Le Fèvre] est tout occupé de sa réponse à *Beda.* Saluez *nos sœurs et la famille de Capiton.*

Gratia et pax à Deo patre et Domino Jesu Christo!

Egi pluribus literis cum magistro Petro de tuis rebus[1]; pollicitus est omnem operam. Vellem a pollicitis absolutum in tuum commodum, quod promotum tam cupio, ut nemo magis. *Mitius aliquantum nobiscum agitur quàm prius,* et nonnihil spei accrescit futurum ut adversariorum furor frenetur et aliquantum libertatis nobis restituatur[2]. Sed hactenus obstiterunt negocia a quibus vixdum explicari queant qui nobis præ ceteris favere videntur. *Brevi fiet conventus de quo scripsi ad te literas aliquot*[3]; fructum inde quempiam capiemus, opinor.

Obtuli Duci partem nostri laboris, quam hilari vultu accepit[4]: hoc ago ut exscribatur, et demum prelo mandetur, si quo modo possim hoc ipsum consequi[5]. *Optarim quam primum ad nos dimitti Genesim quam habet noster Bentinius.* Si tu cum fratre nostro

---

[1] Voyez le N° 178, note 3. Nous supposons qu'il veut parler de *Pierre Vitier* (en latin *Viterius*), professeur au collége de Navarre à Paris, ami intime de *Thomas Grey* (N° 6), qui lui-même avait eu des relations avec *Farel* à Bâle (Voyez Erasmi Epp.).

[2] Tous les amis de l'Évangile ne partageaient pas les espérances de Roussel. *Agrippa,* répondant à une lettre que *Chapelain* lui avait adressée de Blois le 29 août 1526, en le saluant de la part de *Le Fèvre* et de *Guillaume Cop,* écrivait le 18 septembre les réflexions suivantes : « Quod admones, *transferendum aliquid de Christianismo ad Christianissimum Regem,* res hæc non modicam considerationem requirit.... Utrum conveniat magis, vel aliena traducere, vel propria meditata proferre, adhuc hæreo: honestum est propriis armis decertare, aut tutius fortè sub alieno clypeo delitescere, *tutissimum* autem *tacere.* Nam *hodie,* ut vides, *Christiana veritas nullo securiori modo colitur quàm stupore et silentio,* ne fortè corripiamur à prædicatorum hæreticorum inquisitoribus, ac Sorbonicis illis in Lege, non quidem Mosaica, nec itidem Christiana, sed Aristotelica, doctissimis Scribis ac Pharisæis, qui nos *fasciculorum metu* cogant ad palinodias. » (Agrippæ Opp. P. II, 862.) — Le bûcher qui s'était de nouveau allumé à Paris, le 28 août (N° 124, n. 11), explique trop bien les paroles d'Agrippa.

[3] En l'absence de ces lettres, nous n'avons pu découvrir quelle est « la conférence » dont parle Roussel.

[4] Voyez le N° 178, notes 5 et 6.

[5] Voyez la page 278, et le N° 102, note 5.

*Simone*⁶ pergeres *in cepto opere*⁷, hac parte publicæ utilitati consultum arbitrarer; nec meo defuturus sum ea in re officio, sed apud meos *similem subibo laborem*. Rediturus est ad paucos dies noster *Cornelius*⁸, cum quo apud *Ducem* de te et fratre nostro *Simone* agam amicè, et in hoc incumbam, ut vobis aliquantum pecuniæ assignetur, quousque Dominus ingressum aperuerit⁹. Bono estote animo, et nostri sitis memores in vestris orationibus!

In aula Ducis concionatoris fungor munere, non sine invidia et magno vitæ periculo, sed Dominus est qui roborat. Dissimulanda nobis sunt plurima, et tot decoquenda ut, nisi adsit Dominus multum fervoris subministrans, fieri nequeat quin sim multo inferior. *Discordia inter vos nos turbat plurimum*¹⁰, et inde adversarii ansam sumpsere debacchandi in nos et commovendi universos, ut, nisi Dominus de aliquot viris nobis providisset, non liceret nobis tutis esse. Probe feceris, si pro tuo officio sarciendæ concordiæ studueris. Non scribo ad fratrem nostrum *Simonem*, quòd sperem propediem oportunius scribere: nam quod scribam nihildum habeo, nisi quod bono sum animo bene cessurum, modò *Cornelii* non desit præsentia. Audio fratres aliquantam pecuniam missuros *L.*¹¹, id quod gratulor, sed immutatum illius animum per Dei gratiam cupiam [l. cupio].

Ne mireris si hactenus nihil egerim, sed potius mirare cur ad vos protinus non remearim. Nam si amicis credidissem, mihi crede, vix integram septimanam apud nostros vixissem. *Scis tempora: hisce, si quid scripseris, attempera tuum stilum*. Nondum petii *Parisium*, sed petam, opinor, propediem, ni Deus alia invexerit negocia. *Fac ut liber Geneseos ad nos citò redeat*, et quod [à] me factum volueritis scribite, et me obtemperaturum pro virili polliceor. Salutat vos *Peregrinus*, qui totus in tractando *Bedā* occupatur, sed

---

⁶ *Simon Robert* de Tournay, réfugié à Strasbourg pour la religion. Il était l'hôte de Capiton, comme Farel.

⁷ Il doit être question de l'œuvre commencée par les réfugiés français à Strasbourg, c'est-à-dire d'une traduction française de la Bible (N° 168, notes 19 et 20).

⁸ *Michel d'Arande* (N° 178, n. 7), dont Farel a écrit le nom au-dessus de celui de *Cornelius*.

⁹ Voyez le N° 178, n. 2.

¹⁰ Allusion aux dissentiments sur l'eucharistie (V. le N° 163).

¹¹ C'est-à-dire à *Lambert*, qui avait déjà reçu un envoi pareil, à la fin de l'année 1524 (V. le N° 133).

modestius quàm plerique vellent [12]. Saluta mihi *sorores* [13] et totam *hospitis* familiam [14]. Ambosiæ, 27 Augusti (1526) [15].

Tuus Jo.·ŅNES TOLNINUS [16].

(*Inscriptio :*) Guilelmo Wappicensi [17], fratri et amico.

183

GUILLAUME FAREL à Capiton et à Bucer, à Strasbourg.
De Bâle, 25 octobre 1526.

Inédite. Autographe. Bibliothèque des pasteurs de Neuchâtel.

SOMMAIRE. Les mésaventures du voyage m'ont fourni l'occasion de reconnaître la mesure des forces du libre arbitre. Je me croyais assez intelligent pour savoir discerner ma route, assez alerte pour suivre un guide vigoureux. Dieu m'a fait voir, par ma faiblesse dans les petites choses, à quoi se réduit le pouvoir de l'homme dans les circonstances difficiles. J'ai erré jadis au milieu des forêts et des eaux, mais sans être exposé jamais à un danger aussi pressant. Le jour de mon départ [*de Strasbourg*], après une longue marche de nuit, sous des torrents de pluie, j'atteignis à grand'peine *Benfeld*. Le lendemain, à trois heures, pendant que *Thomas* payait notre dépense, je pris les devants, mais pour m'égarer jusqu'au jour dans des marais où l'eau était si profonde que je désespérais d'en sortir ; le soir je fus de nouveau séparé de mon guide. Le matin suivant, j'errai encore pendant trois heures à travers champs, en m'éloignant du but, et ce fut seulement après une nouvelle marche de quatre heures que j'arrivai à *Colmar*, où j'attendis *Thomas*. De là, chevauchant tour à tour, nous atteignîmes *Mulhouse*. J'y eus un entretien avec le secrétaire de la ville [*Jean Oswald de Gamshars..*] et le prédicateur *Jacques* [*Augsburger*], que j'exhortai tous deux à

---

[12] Voyez le N° 165, note 2, et le N° 177, n. 6. L'ouvrage de *Beda* contre Érasme et Le Fèvre avait paru avec une approbation de la Sorbonne, mais sans le privilége du Parlement qui était alors nécessaire pour autoriser l'impression et la publication des livres. (Voyez De Sainjore, op. cit. II, 379 et suiv.)

[13] Les femmes des pasteurs de Strasbourg.

[14] La famille de *Capiton*.

[15] Le millésime est de la main de Farel.

[16] Au-dessous de la signature, on lit ces mots de la main de Farel: « *Gera. Rufus.* »

[17] *Farel* était originaire de *Gap*.

donner l'exemple du support fraternel. *Jacques* m'ayant dit que son collègue [*Nicolas Bruckner*] avait dû quitter la ville, j'en ai averti *Œcolampade*, et je vous propose d'envoyer *Boniface* [*Wolfhard*] pour occuper cette place vacante. J'essaierai également à *Berne* de faire donner un collègue à *Berthold Haller*.

J'ai exhorté aujourd'hui, de votre part, *Wolfgang* [*Wissenburger*] à édifier l'église en enseignant *le vrai but de la Sainte Cène*; il a très-bien accueilli mes représentations. Écrivez-lui souvent, ainsi qu'à *Marcus* [*Bersius*]. Saluez pour moi *Symphorien, Latomus, Hédion, Théobald, Egentinus, Jacques* [*Bédrot*], *Kronberg* et *Simon*. La crainte du Sénat et de la peste m'a empêché de remettre moi-même la lettre de *Bentin* à sa femme.

Gratia et pax à Deo patre nostro et Do. Jesu!

Nostis Servatorem lachrymantibus dixisse mulierculis : « Si in viridi hoc faciunt, quid in sicco ? » [Luc. XXIII, 31.] Quod apud me ipsum recogitans, *ingentes* scilicet *agnovi arbitrii vires*, quantum possint in iis quæ Dei sunt, quàmque Deum ipsum sequi et suas inimitabiles, nisi Ipse dederit, [possint] sequi vias! Cum enim compertum habeam, me collatum homini cuicunque, utcunque ille valeat, longe magis illi adsimilari modis omnibus, quàm quivis Deo collatus, attamen *non fuit tanta vis prudentiæ nec tanta pedum pernicitas, ut rectam tenere potuerim viam*, aut, si quando in ea paulum hæsissem, ductorem assequerer. Ipsi nostis me non prorsus stupidum, ut de viarum discrimine utcunque discernere possim, nec prorsus ignavum et lentum, ut etiam non ignavum comitari possim; *sed voluit Dominus per infirma hæc docere quid possit homo in majoribus.*

Res est levis, fateor, à via aberrare, sed ut mihi contigit non adeò. *Olim errabundus in sylvis, in nemoribus, in aquis vagatus sum, sed nunquam tanto in discrimine;* nihil aliorum (*sic*) tetigit me. Hac profectione ac ipso die quo egressus sum[1], ita à Domino fui visitatus, ut prorsus desperarem in diversorium posse concedere. Gravabat nox, opprimebat pluvia; figi pes non poterat, destitutus ductore oculo. Etsi supra vires pergendum erat, coëgit tamen viæ difficultas in media sedere via sub pluvia. Tandem post lapsus et nutationes diversorium attigi, ubi *hospes* damnum quod *Galli* olim illi intulerunt, in me resarcire contendit. Hujus gratiâ cras ad tertiam horam egredior, dum *Thomas*[2] cum *hospite* agit; pergo recte sed non diu, abductus à via iter sequor ad paludes. Ibi nato longum tempus, ita interdum profundam offendens aquam, ut nulla

---

[1] Il faut sous-entendre *Argentorato*.

[2] Ce personnage nous est inconnu.

esset spes egrediendi. Elabor tandem et longius à via erro, donec, illucente die, non multum abesse a *Benvelt*[3] intelligo, qui proximus *Selestadi*[o][4] esse debebam

Hæc si mihi tristissima essent, ita ut orarem Dominum, si sua voluntas esset me aliò non migrare, non pateretur pr[ogredi?], non fuere læta *Thomæ*, ut ex *Tribuno plebis*[5] non dubito vos intellexisse, quem [salutatum] cum *Scriba*[6] [optarim] in Domino. Sed non satis erat eo die erratum, nisi sub noctem disjungeremur : *Thoma* secedente ad ictum lapidis in pagum à via remotum, ego verò in alterum in via situm diverti. At volens diligentior esse, ante tertiam surgo, *Colmariam* petiturus ac *Thomam* illic expectaturus ; et, cum via planior esset et iter brevissimum, tamen per montes, sylvas ac valles. vineas ac agros erravi usque ad sextam horam. Inter sextam et septimam longe remot[ior] fui à *Colmaria* quàm quum diversorium egressus sum ; vix tandem ad decimam perveni in locum præfixum[7]. Ita erratum fuit, ut si deditâ operâ aberrare voluissem, non ita potuissem. Secunda die paulo [melius] actum est : non discessi ab illo[8], nec ipse à me ; æquitantes alternatim devenimus *Mellusam*.

Illic *Scribam* offendi .... unacum concionatore *Jacobo*[9], quem illuc promovit *Œcolampadius*, et .... [10] quem *Lutheri* partibus additum verebar ; sed longe aliter rem habere comperi. Narravit [ille .... non fuisse] aliàs Evangelio faventem, qui totus repugnaret super hac re. Rogavi[11], ut partes [pastoris] agere[t], et loqueretur ne illum[12] offenderet, purissime tractans Christum, ut *esum spiritalem* [doceret, atque, his] diligenter

---

[3] — [4] *Benfeld* et *Sc...lestadt*, petites villes du département du Bas-Rhin, éloignées l'une de l'autre de 17 kilomètres.

[5] Le grand-maître des tribus de Strasbourg.

[6] Le secrétaire du sénat de Strasbourg.

[7] C'est-à-dire à Colmar, où il avait donné rendez-vous à son compagnon de voyage.

[8] Thomas.

[9] *Jacob Augsburger*, pasteur à Mulhouse. (V. Œcolampadii Epp. éd. cit. fol. 205 a et 207 a. — Rœhrich, op. cit. II, 236.)

[10] Ici commence, dans le manuscrit original, une mouillure profonde, qui s'étend sur la plupart des mots voisins de la marge droite. Une main indiscrèt a essayé anciennement d'en restaurer quelques-uns, ce qui rend fort difficile la vérification du texte de plusieurs passages.

[11] Il faut sous-entendre *Jacobum*.

[12] C'est le personnage dont le nom a disparu plus haut après *narravit*.

inculcatis, *impanatio* rueret. *Scribam* dixit non sentire hostem imò amicum, ... offendi; nam primo colloquio agebam de iis qui toti erant in contentionibus et pugnis [verborum], neglecta charitate, nihil deferentes infirmitati fratrum, sed mox omnes tradentes Satanæ, [et optabam ut] illos Christi apostolos imitarentur, qui ita infirmos ferre norant, non mox tradentes Satanæ . . . . . . Ille assentiebatur, dum commendarem *vestrum pacis studium*.

Petii a *Jacobo*, aliquemne haberet adjutorem? [Respondit,] paulo ante migrasse quem habebat optimum. Conveni de re hac *Œcolampadium*, subindicans *Bonifacium*[13] aptum ad id muneris, ac recepit se tentaturum an illic esse possit. Non male ageretis si illuc *Bonifacium* mitteretis, ut tentaret; hæc non negligenda est occasio. Bucere mi, alium tibi facile poteris parare ministrum; nam vestrum est tales vos eligere quos alio facile mittere possitis, probatos in omnibus. Si Dominus dederit, apud *Bernam* tentabo[14], si qua possit fieri ut *Otto* qui apud *Wolphangum* agit[15], adjungatur *Bertholdo*[16]. *Bonifacius*, si illuc[17] concedat, ut non tantum urbis curam gerat, sed et viciniæ nonnunquam, vicina invisens loca et passim prædicans Verbum, cui det Dominus vos constantissime hærere, ut opinioni quam omnes passim habent et expectationi de vobis factæ respondeant vestra[18]!

Conveni hodie nomine vestro *Wolphangum* ac salutavi officiosius, addens, vos orare ut sanctam Christi cum fratribus servaret pacem, ædificationi ecclesiæ totus incumbens, et *si de cœna Domini non-*

---

[13] *Boniface Wolfhard*, qui résidait alors à Strasbourg (N° 170, n. 8).

[14] D'après l'opinion généralement accréditée et qui semble confirmée par ce passage, ce serait seulement à cette époque que *Farel* aurait formé le dessein d'évangéliser les pays sujets de *Berne* où l'on parlait la langue française. Mais nous avons vu que, déjà l'année précédente, il était préoccupé de faire annoncer l'Évangile à *Neuchâtel* (V. le N° 159 et le N° 184, note 15).

[15] Est-il question de *Wolfgang Wissenburger* (N° 140, n. 8) ou de *Wolfgang Capiton?* Le personnage que Farel appelle *Otto* était peut-être *Othon Binder*, qui vint occuper à Mulhouse la place de pasteur laissée vacante en février 1526 par le départ de *Nicolas Bruckner*. (V. Rœhrich, op. cit. I, 384. — Zuinglii Opp. VII, 475.)

[16] *Berthold Haller* (N° 53, n. 1), dont la position à Berne était devenue très-difficile depuis la dispute de Baden. Le 25 juin il avait reçu l'ordre de dire de nouveau la messe et n'avait obtenu qu'avec beaucoup de peine d'en être dispensé. (Voyez Ruchat, I, 293. — Jean de Muller, X, 325. — Bernerisches Mausoleum, I, 403, en note.)

[17] C'est-à-dire *à Mulhouse*. Le vœu de Farel ne fut pas réalisé.

[18] Voyez le N° 189, qui renferme un éloge des pasteurs strasbourgeois.

dum constaret[19], habita ecclesiæ ratione ac adversariorum potentiæ, *totus esset in usu cœnæ docendo; nam oves plene Christum haberent ac eo fide pascerentur, si in memoriam mortis pane vescerentur*[20]. Respondit olim se id egisse ac magis acturum commonefactis suis, ut toti sint in recogitanda Christi morte, *signo utentes pane, sive illic Christus lateat, sive non*. Addebat, sententiam non adeó videri a vero alienam, de qua expectaret pleniorem à Deo eruditionem; cumque referrem fructus unionis et charitatis vestræ, subintulit, se pridem exoptasse, ut communibus votis idem omnes susciperent tractandum quod promotum vel amotum vellent; et ex alloquio non potui aliud agnosse nisi eum bene velle negocio Christi, ac *perricaciam Martini*[21] illi displicere. Scripsit ad te, mi Capito, binas literas pro quadam *Margarita*, quibus nihil responsum fuisse dixit: ego te non accepisse literas causatus sum. Multi estis: si unus vestrum modò ad *Marcum*[22], alter ad *Volphangum* scriberet, et sic aliis alii, speraremus non carituras fructu vestras literas. Sed consilium *Œcolampadii* vobis sequendum erit, non meum: magis enim novit quid expediat quàm ego.

Salutate mihi, quæso, fratres. *Simphorianum*[23] cum *Latomo*[24], qui meâ causâ multum sudavit, *Hedionem*[25], oratorem nostrum, cui Dominus det ita in omnibus quæ Christi sunt persuadere et obtinere ut in causa mea[26]. *Matthiam*[27] etiam salvere opto, Se-

[19] Voyez le N° 140, note 8.
[20] Voyez le N° 163, où Farel expose ses idées sur la sainte Cène.
[21] Luther.
[22] *Marcus Bersius* (N° 140, n. 9).
[23] *Symphorien Pollion* (en allemand *Althiesser*), auteur de plusieurs chants d'église et pasteur à Strasbourg, sa ville natale (Rœhrich, op. cit. I, 148 et 211).
[24] C'est probablement *Johannes Latomus* (en allemand *Steinlin*), prédicateur à Strasbourg (Ibid. I, 194).
[25] *Gaspard Hédion*, natif de Ettlingen, dans le margraviat de Bade, collègue de Capiton et de Bucer (V. le N° 176, n. 11).
[26] Nous ne savons pas dans quelles circonstances *Hédion* fut «*l'avocat de Farel.*» Ce fut peut-être à cette occasion que les amis de Farel à Bâle obtinrent du recteur la lettre mentionnée p. 418.
[27] C'est probablement *Matthias Zell*, né à Kaisersberg en Alsace (1477). Après avoir enseigné pendant plusieurs années dans l'université de Fribourg, il devint pasteur à Strasbourg en 1518. Il y épousa (1523) *Catherine Schütz*, femme d'un esprit très-cultivé et qui mérita par son dévouement envers les réfugiés le surnom de «*mère des Réformateurs.*» (V. Rœhrich, op. cit., passim, et, dans les «Mittheilungen» du même auteur, l'article consacré à Catherine Zell.)

bastianum²⁸ ac *Theobaldum*²⁹ cum *Egentino*³⁰, quem Dominus veris adornet episcopi dotibus, *Jacobum*³¹, quem non convenisse me male habet, etsi id destinaram animo. *Cronobergium*³² nolite negligere. *Bentini* literas uxori reddi curavi³³, quas ipse reddidissem, nisi metus cùm *Senatus*³⁴ tum *pestis*³⁵ domi me detinuisset. Ipsum

---

²⁸ *Sébastien Meyer* (N° 128, n. 15), diacre de l'église de St.-Thomas à Strasbourg. Pendant son récent séjour à Bâle il avait été menacé du même sort que *Farel*. Voyez les lettres d'Œcolampade du 4 et du 11 novembre 1525 : « *Seb. Meyer* hodie sistitur Senatui… Præsagit animus meus nescio quid sinistri. Omnem enim lapidem movent ἐχθραὶ, et quacunque possunt nocent. » — « *Sebastiano Maier*… nihil accidit in judicio, tametsi Satanas tentarit quippiam, ut hinc ejiceretur, quemadmodum *Farellus*; adeò hospitum habemus rationem, veri Sodomitæ ! » (Zuinglii Opp. VII, 433 et 434.)

²⁹ *Théobald Schwarz* ou *Nigri*, ancien moine natif de Haguenau, diacre de Matthias Zell depuis 1524 (Rœhrich, op. cit. I, 192).

³⁰ Est-ce le personnage mentionné en ces termes dans la Bibl. Univ. de C. Gessner: « *Philippus Engentinus*, poeta Germanus, fertur scripsisse de vita Lamberti, et carmen in laudem Friburgi Brisgoiæ, cujus universitatis magna cum laude professor poeticæ fuit annis aliquot ? » Nous sommes peu disposé à le croire. Bien que Philippus Engentinus eût embrassé la doctrine réformée, comme le prouvent ses lettres du 17 décembre 1522, du 18 juin 1523 et du 10 mars 1526, qui sont datées de Fribourg (Col. Simler), il ne paraît pas avoir exercé le ministère évangélique, et nous savons d'ailleurs que deux ans plus tard il habitait encore la ville très-catholique de Fribourg. Un professeur de cette université écrivait le 12 septembre 1528 à Boniface Amerbach: « *Philippus* poeta… *novissime* Argentinam lectica et navigio vectus, se exscindi vel secari passus est. Qua sectura in fata concessit…. Miseriarum silva obrutus fuit vir optimus. *Lutheranus* tamen erat, sed de eo genere qui Christum sapiunt. » (Udalrici Zasii Epistolæ. Ulmæ, 1774, in-8°, p. 199.)

³¹ C'est vraisemblablement le professeur de grec *Jacques Bédrot*, qui était en relation avec *Farel*.

³² *Hartmund de Cronberg*, gentilhomme qui, trois ans auparavant, avait été chassé de son château, situé près de Francfort. Il se réfugia d'abord à Bâle, où il prit part à la dispute d'Œcolampade (30 août 1523). En 1526 il habitait Strasbourg, comme nous l'apprend Capiton dans une lettre adressée à Zwingli, le 15 janvier de la même année : « *Hartmundius de Kronberg* hic est, exul ob Christum, amplissimis exclusus possessionibus, cui Dominus constantiam ac longanimitatem donet, qua ei inprimis opus esse videtur. » (Voyez J. J. Herzog, op. cit. 142. — Rœhrich, Gesch. der Ref. im Elsass, I, 139. — Zuinglii Op. VII, 464.)

³³ Ce détail montre que *Michel Bentin* vivait alors à Strasbourg.

³⁴ Le *Sénat de Bâle* n'avait pas encore abrogé la sentence d'exil prononcée contre *Farel* en 1524 (V. le N° 151).

³⁵ La peste régnait à Bâle depuis le milieu de l'été.

esse salvum jubete ac *Simonem*³⁶. Gratia Do. Jesu cum omnibus vobis! Basileæ, 25 Octobris 1526.

V.[ester] GUIL. FARELLUS.

(Inscriptio:) Volphango Capitoni et Martino Bucero, Christi ministris fidiss., præcept.[oribus], hospitibus, fratribus in Domino chariss.

Argentinæ.

184

GÉRARD ROUSSEL à Guillaume Farel, à Strasbourg.
(De St.-Germain en Laye) 7 décembre (1526).

Autographe. Bibl. Publ. de Genève. Vol. n° 111 a. C. Schmidt, op. cit. p. 199.

SOMMAIRE. Malgré le désir que vous exprimez dans votre dernière lettre, si consolante pour moi et pour les frères [de Paris?], je ne peux pas vous donner de longs détails sur *notre position* et sur *vos affaires*. Nous sommes toujours dans la même incertitude ; de grands dangers menacent nos vies, et le nombre de mes ennemis s'accroît journellement; mais le Seigneur se tient près de moi. J'ai demandé à *la Duchesse* de vous faire délivrer la somme dont vous êtes légataire; c'est dans ce but qu'elle enverra prochainement à Paris *le bailli d'Orléans*.

Vous avez longtemps souhaité une occasion de travailler à l'avancement du règne de Christ. Dieu vous l'offre aujourd'hui. Ayant rencontré à *Paris* les seigneurs *de Saulcy* et de *Jametz*, fils du prince *Robert de la Marck*, je leur ai persuadé de faire connaître à leurs sujets *la doctrine de Christ*, qu'ils ont eux-mêmes embrassée. Je vous ai proposé pour prédicateur et ils vous ont accepté avec le plus vif empressement; ils consentent même à établir chez eux une imprimerie qui sera à votre disposition. Vous logerez dans la maison de leur père [à *Sédan*]. Presque tous les membres de la famille favorisent la doctrine de Christ. D'autres encore ont les mêmes sentiments et seront heureux de vivre avec vous; ce sont : *Henri*, médecin du prince, le fils du feu comte *François* qui voulait déjà vous envoyer là-bas, enfin M. *de Chateauroux*, qui accompagne MM. de Saulcy et de Jametz. J'ai promis que vous arriveriez avant le carême prochain. *La Duchesse*, qui désire par-dessus toutes choses

---

³⁶ *Simon Robert*, mentionné sous le nom de « *Simon Tornacensis* » dans le post-scriptum d'une lettre de Capiton à Zwingli, du 15 janvier 1526 (Collection Simler).

l'avancement de l'Évangile, pense comme moi que cet appel vient de Dieu. Mais vous n'ignorez pas ce que nous attendons de vous: c'est que, vous abstenant de toute parole qui ferait naître des dissentiments [sur le dogme de l'Eucharistie], vous vous contentiez de prêcher Christ et le vrai usage des sacrements. *Le Fèvre* réside à *Blois*. Si vous voyez *Œcolampade* en passant [à *Bâle*], saluez-le ainsi que *Bentinus*.

Gratia et pax Christi tecum!

Pluribus tecum non agam, frater in Christo carissime, quamquam hoc tuæ requirunt literæ, quæ me, fratresque cum quibus tum degebam cum eas recepi [1], magnopere recrearunt, quibus nihil sit perinde gratum ac audire, regnum Christi promoveri et sensim conteri serpentis caput. Et alia me urgent, et *res nostræ* in eo statu ut nihil certi habeam quod proferam; nihil adhuc gestum est quod te nosse referat. *In magno ritæ discrimine versamur*; quotidie audio inimicos accrescere mihi, sed mihi adest Dominus, qui me consolatur, cui sint gratiæ. Tuas et fratrum requiro preces, ut Dominus nos captivitate eximat qua premimur.

Tui non dememini, sed *egi cum Duce*[2], *ut pecunia dono tibi relicta subministretur*[3]. Brevi aditurus est *Parisios* Balivus *Aurelianensis*[4], cui hoc negocii demandavit *Dux*, ac spero intra paucos dies exitum, ni Dominus secùs ordinarit. Omnes vias tentabimus, ne dubites, quo tibi *tua* suggeratur *pecunia*, nam *tuæ res* perinde mihi cordi sunt atque fratris; experientia disces, opinor, brevi. Interim est quod te rogem, ut Christo non desis, adhuc autem et tibi. *Dudum optasti ostium tibi aperiri*, quo creditum tibi talentum exerceres in Christi gloriam et proximi ædificationem [5]. *En tibi offero paratissimum* magna Dei in nos benignitate.

[1] C'était sans doute la réponse à la lettre de Roussel du 27 août. *Farel* dut l'écrire vers la fin de septembre, dans un moment où il ne songeait pas encore à quitter Strasbourg. La présente lettre, qui lui fut adressée dans cette ville, implique en effet chez l'écrivain l'ignorance du voyage de Farel en Suisse.

[2] La duchesse d'Alençon.

[3] Il n'est pas question de la somme qu'on voulait demander à la Duchesse pour *Farel* et *Simon* (N° 182, note 9). Les expressions employées ici par l'écrivain permettent de croire qu'il s'agissait d'un *legs* dont *Farel* n'avait pu être mis en possession jusqu'alors.

[4] *Jacques Groslot*, seigneur de Chambaudouin, bailli d'Orléans. (Voyez Génin. Nouv. Lettres de la reine de Navarre, 1842, p. 212, en note. — Journal d'un bourgeois, p. 253.)

[5] C'est une allusion au désir ardent que *Farel* éprouvait de rentrer en France (N° 178, n. 2).

Cum iissem in curiam[6] (nam adfui, et jussu Ducis et consilio amicorum, sesquimensem), *incidi in generosos principes, filios Roberti à Marcia principis*[7]. Hoc interpretor a Domino factum, idemque *Dux*, quæ nihil tam habet cordi atque Evangelii promotionem, etiamsi suis votis exclusa sit aliquoties, nec cesserit quod volebat. Videbar mihi occasionem nactus de Christi negocio agendi. *Cum hos reperirem ex animo favere*, cœpi libere animum explicare meum, et quid in illis desyderem non taceo : sibi non natos esse, sed Christi membris; *moneo pro officio, non satis quòd Christum amplexantur, sed hoc impartiantur beneficium in suos subditos, opus esse*, si velint Christi discipuli haberi. Audiunt, assentiuntur; tum subjicio, *te unum ei negocio fore non parum idoneum*, cœpi talenta tibi credita in Christi gloriam prædicare, *et demum ita direxit sermonem Christus, ut plus quàm ego te cupiant*, te perinde ac filium et fratrem, imò si vis patrem, habituri.

Non est quod tibi quicquam metuas, cum in tota domo nullus prope sit qui Christo non faveat; commune cum *principe* et *filiis* habiturus es domicilium, et, ne arbitreris me in auras loqui, duo

---

[6] *Le Parlement.* Voyez la lettre du 27 août, dans laquelle Roussel annonçait son prochain voyage à *Paris.*

[7] *La Marche*, située au centre de la France, ne formait pas une principauté, mais un comté. Le connétable de Bourbon, qui avait possédé cette province jusqu'au moment où elle fut revendiquée par Louise de Savoie (1522), s'appelait *Charles* et il n'avait pas d'enfants (Journal d'un bourgeois de Paris, 150-151. — Gaillard, op. cit. II, 14-22). Il ne s'agit donc nullement ici d'un « Robert, prince *de la Marche*, » comme l'ont avancé récemment quelques historiens de la Réforme, mais de *Robert II, comte de la Marck, prince de Sédan*, duc de Bouillon, seigneur de Fleurange (dép. de la Moselle), de Jametz (dép. de la Meuse) et de Saulcy (dép. de l'Aube). *Robert* vivait alors à *Sédan*. Il avait épousé (1491) Catherine de Croy, comtesse de Chimay, et il en eut six fils. Les trois cadets Antoine, Philippe et Jacques furent ecclésiastiques. Les autres embrassèrent la carrière des armes et se distinguèrent au service de la France. (V. le P. Anselme, op. cit. VII, 164, 167 et 193, et la note suivante.) L'aîné, *Robert III, seigneur de Fleurange*, créé maréchal en 1526, s'est rendu célèbre par ses Mémoires, et son petit-fils *Henri-Robert* (1539-1573) montra qu'il avait hérité des sentiments que la présente lettre attribue à la famille de Robert II de la Marck. « Il s'estoit mis Huguenot, comme plusieurs autres de France; mais il fut si bon François, que jamais il ne s'arma contre ses Roys. Bien est-il vray qu'il retiroit en ses terres force Huguenots exilez de France, et ce pour charité bonne qui estoit en luy, mais non pour faire offense à son Roy. » (Œuvres de Brantôme. Londres, 1779, t. VII, p. 386.)

filii cum quibus egi sunt *Monsieur de Sausy, Monsieur Gemmetz* [8], quorum consuetudine delectaberis indubie. Est præterea medicus patris, *Henricus*, vir vere Christianus, qui a nobis jam recessit et ad patrem, *Marciæ principem*, profectus est, te suscepturus obviis manibus. Aderunt, ut spero, filii sub tuum adventum, quem spero ante quadragesimam proximam fore, et hoc illis sum pollicitus; fac ne mentiar. *Filius comitis Francisci* piæ memoriæ, *qui olim, cum tecum ageremus* [9], *volebat illò te dimittere*, nunc agit, ut audivi ex filiis illis, cum patre eorum, mansurus inibi ad adventum tuum, qui *tibi magnopere congratulabitur*. Hoc plurimum quoque optat alius dominus qui cum filiis illis est apud nos, qui vocatur *dominus à Castro rubeo* [10], qui tuo fervori probe respondet: delectaberis viri consuetudine.

Sed quid optemus probe nosti, ne scilicet spargatur per quod demum suboriatur dissidium. Quantum mihi displiceat *dissentio nuper orta*, vix effari possum [11]. Abstine, oro, ab ea, sed contentus esto docere Christum et verum usum operum illius. Et quò affectantius properes, *obtinui ab eisdem ut apud se habeant impressorem*, et hoc curabo peractum, si Dominus voluerit, ut possis non illis solum, sed nobis prodesse. Alia sunt quæ tempore oportuno signi-

---

[8] *Guillaume* de La Marck, *seigneur de Jametz*, assista avec *Robert III*, son frère aîné (n. 7) à la bataille de Novare (1513), où ils durent la vie à la bravoure de leur père (Brantôme, VII, 384). En juin 1521, Guillaume défendait la ville de Fleurange, lorsqu'il fut livré par ses propres soldats au comte de Nassau, général de l'Empereur, et emmené prisonnier à Namur. Il ne recouvra la liberté qu'après le retour de François Ier (1526). Il mourut en 1529 sans laisser de postérité. (V. les Mémoires de Fleurange. Collection Petitot, t. XVI, p. 374. — Agrippæ Opp. P. II, 785-786. — Journal d'un bourgeois de Paris, 102 et 283.)

Le personnage que Roussel nomme « *Monsieur de Sausy* » (plus correctement *de Saulcy*) prit part, selon Petitot, aux guerres d'Italie. Ce doit être *Jean*, troisième fils de Robert II de La Marck. Le P. Anselme le fait seigneur de Jametz; mais il est probable que ce titre ne lui appartint qu'après la mort de son frère Guillaume.

[9] Roussel veut parler de l'époque antérieure à 1523, année dans laquelle *Farel* se retira de Meaux. Nous n'avons pu découvrir quel était ce « comte François, » qui voulait jadis envoyer *Farel* dans la principauté de Sédan.

[10] C'était peut-être un membre de la famille *de Chauvigny*, qui possédait la seigneurie de Chateauroux au commencement du seizième siècle (Anselme, III, 632).

[11] Il veut parler des dissentiments sur la sainte Cène (N° 182, n. 10).

ficabo. *Peregrinus*[12] agit *Blesis*. Saluta mihi fratres qui apud vos sunt. Si transiens videris *Œcolampadium*, saluta meis verbis, necnon *Bentinum*, ad quos scribam brevi. 7 Decembris (1526)[13]. Raptim, ut vides.

Tuus JOHANNES TOLNINUS [14].

(Inscriptio :) Guillielmo Farello, fratri et amico [15].

[12] Farel a écrit au-dessous de ce mot : « *Jacobus Faber.* » (V. N° 178, n. 14, et N° 182, n. 12.)

[13] Le millésime est de la main de Farel.

[14] Farel a écrit au-dessus de la signature : « *Gerardus Ruffus.* »

[15] Au-dessous de l'adresse, Farel a placé la note suivante : « Agebam *Aquileiæ* ac illic incipiebam concionari dum hæ [scil. literæ] scriberentur, siquidem *die divi Andreæ* [30 Novembris], ut dicunt, *primam habui concionem*, et sub initium anni 1528 abrogata fuere omnia pontificia, post disputationem Bernensem. » Après avoir passé à Berne (V. la lettre du 11 février 1527), *Farel* était arrivé à *Aigle* vers le milieu de novembre, et il y avait ouvert une école sous le nom d'*Ursinus*. En réalité, il venait pour y prêcher l'Évangile. Quelques semaines plus tard le réformateur de Zurich lui adressait à Aigle un exemplaire de son « Epistola ad Petrum Gynoræum... missa in Augusto M.D.XXVI anno, » avec cet envoi autographe : « *Ursino Ælæ Episcopo.* » *

Entre la lettre du 25 octobre 1526 (N° 183) et l'arrivée de *Farel* à Aigle il faut peut-être placer son *essai d'évangélisation à Neuchâtel*. L'auteur de la chronique citée plus haut (p. 180, en note) rapporte que *Farel* partit de Strasbourg en 1527 (ce qui est une erreur évidente) et qu'il entreprit alors, pour la première fois, de prêcher à Montbéliard. Puis il ajoute : « Finalement *Farel* fut contrainct de s'en aller de *Montbéliard*, et s'en vint incogneu au Comté de Neufchastel, et de premier abord luy fut donné licence de prescher dans la ville de *Neufchostel*. Il fut contrainct se revestir d'un surplis de prestre, d'autant que sans cela n'eust esté ouy ; aussy il se transfiguroit au commencement sans idolatrie, en plusieurs manières, pour avoir entrée de prescher en la langue francoèise. Mais, voulant entrer en chaire dans leur Temple, [il] fût cogneu d'aucuns et fust empesché de prescher pour lors, parce qu'ils disoyent aux autres qu'il avait troublé *Basle* par ses disputes, et *Mont éliard* par ses prédications. Et finallement firent tant qu'il fust contrainct de s'en aller. Partant de *Neufchastel*, il alla à deux journées de là en une bourgade auprès des Valeysans appellée *Aigle* (ou comme on prononce *Aille*), qui est sous la seigneurie de *Berne*, en laquelle on parle Savoisin. Estant là arrivé il luy fust besoin d'user de subtils moyens pour avoir entrée à prescher, et entre autres il se fist maistre d'écolle et apprenoit les petits enfans à ses propres despens. »

* Nous devons à l'un de nos camarades d'études M. Louis Vernes, maintenant pasteur à Paris, la possession de cet exemplaire, auquel est joint le traité de Zwingli « De vera et falsa religione (m. Martio 1525), » qui porte aussi l'envoi autographe suivant : « *Farello Zuinglius.* »

185

PIERRE TOUSSAIN à Guillaume Farel, à Bâle.
De Paris, 9 décembre (1526).

Autographe. Bibliothèque des pasteurs de Neuchâtel.
Crottet. op. cit. Appendice. n° 4.

SOMMAIRE. Ayant appris que vous êtes à *Bâle*, je vous écris, afin de vous féliciter de l'appel qui vient de vous être adressé pour prêcher l'Évangile. J'ai eu beaucoup de traverses depuis ma sortie de prison, mais à présent tout va bien. *Le Duc* [de Lorraine] et *l'abbé* [de St.-Antoine] ont promis de me laisser tranquille. Je dois aussi à *la duchesse d'Alençon* d'avoir pu me remettre à l'étude. Enfin *le cardinal de Lorraine* s'est montré plein de bienveillance pour moi.

Didier [Abria] est ici, mais il me fuit. *Le Fèvre* est au-dessous de sa tâche, mais *Roussel* donne de grandes espérances pour l'avenir. Arrivez donc en toute hâte. Saluez *Œcolampade, Marc, Bentin* et *Vaugris*, en les remerciant de l'affection et de la sollicitude qu'ils m'ont témoignées. La pauvreté m'empêche de leur payer ma dette. N'oubliez pas non plus de saluer les frères de *Zurich*. Ceux qui sont ici avec moi au collège *Le Moine* vous saluent. On désirerait beaucoup en France posséder des *Bibles latines* traduites exactement de l'hébreu.

Soli Deo honor et gloria !

Charissime Farelle, scripseram *Capitoni nostro* literas satis prolixas, nihil minus suspicans quam alias ad te scribere. Cæterùm, quoniam nunciatum est mihi *te nunc esse Basileæ*, facere non potui quin ad te scriberem, rogaremque etiam atque etiam, ut amicos qui isthic sunt et fratres in Christo nomine meo salutares, sed inprimis charissimum patrem nostrum et præceptorem *Œcolampadium, cujus nos opus sumus in Domino*.

Audio *te vocari ad propagandum Christi regnum*[1] : quæ res sic animum meum exhilaravit ut nulla magis, nec dubito, quæ tua est synceritas, quin provinciam hanc sis suscepturus, quod ut facias te etiam atque etiam hortor. Nunc, gratia Christo, bene habent omnia, et bene valeo, tametsi *hic sum multa passus post liberationem*

---

[1] Allusion à l'appel que les fils de *Robert de la Marck* venaient d'adresser à Farel. Voyez le N° précédent.

meam, et propemodum majora quam in ipsis vinculis ², quòd vix haberem ubi tuto reclinarem caput, ob metum adversariorum, nisi fortasse in Aula, à quâ sic abhorreo ut nemo magis ³. Cæterùm *Dux* ⁴ et *Abbas* ⁵ polliciti sunt, se non exhibituros mil' posthac negotium, quod tamen vix impetrare potuit illustrissima *Princeps Alanconiæ*, et magnis profectò argumentis declararunt illi, cujus erant in me animi, si non posuisset nobis terminum Dominus qui præteriri non poterit. Regnante hic tyrannide Commissariorum et Theologorum ⁶, qui me declararant hæreticum ⁷, tutus esse non potuissem; sed quoniam horum malignitas innotescit orbi, beneficio Illustrissimæ *Ducis Alanconiæ* restitutus sum literis simul et Sacrarum Literarum meditationi.

De *Desyderio* ⁸ nihil habeo quod scribam. Fuit in patria diu, nec quemquam ex fratribus est alloquutus. Huc reversus nunquam me invisit. In summa, hunc pudet mearum afflictionum, et sic pudet ut mecum ire in via non auderet. Nec est operæpretium ut quicquam de his ad eum scribas : satis est hic admonitus à multis. Rogemus Dominum, ne spiritum suum a nobis auferat: alioqui nihil aliud sumus quam caro et sentina pe[c]cati. *Faber impar est oneri Evangelico ferendo. Per Ruffum magna operabitur Dominus* ⁹, *quem spero etiam non defuturum tuis conatibus. Proinde adrola.* Scriberem ad vos multa, sed scio *Ruffum* nihil omisisse quod ad hoc pertineat* ¹⁰.

Salutabis iterum charissimum fratrem nostrum in Christo *Œcolampadium*, D. *Marcum* ¹¹, hospitem meum, et *Bentinum* ¹², mihi charissimos, quos ego scio sæpe multumque solicitos fuisse mea causa. Et audio *Joannem Vaugris* fidelissimi fratris officio functum, postquam intellexisset me periclitari de vita, cui ego sane multis nominibus plurimum debeo; huic gratias habeto meis verbis et

---

² — ³ Voyez le N° 181.

⁴ *Antoine*, duc de Lorraine.

⁵ *Théodore de St.-Chamond* (V. le N° 181, n. 2).

⁶ Voyez les pages 390 et 391.

⁷ Voyez le N° 181, note 8.

⁸ *Didier Abria* (N° 157, note 4).

⁹ Comparez ce passage avec celui du N° 181 qui est relatif à *Le Fèvre* et à *Roussel*.

¹⁰ Voyez la lettre de Roussel du 7 décembre (N° 184).

¹¹ Voyez le N° 140, note 9.

¹² Voyez le N° 183, note 33.

salutem dicito simul et *Conrado Rech* [13]. Et roga *Marcum* et *Bentinum*, creditores meos, ne ægrè ferant quòd pecunias non miserim hactenus [14]. Satis sciunt quid in causa fuerit. Si indigent, vendant quæ isthic habeo [15]. Ego minus abundo in præsentia, gratia Christo, quàm qui æs creditum exolvere possim. Offerebantur hic mihi conditiones amplissimæ [16], quas ego sprevi, certe sciens quòd me tentabat Dominus. Sed malo esurire et abjectus esse in domo Domini quam cum divitiis multis habitare in tabernaculis impiorum. *Cardinalem Lotharingiæ sum sæpe in Aula alloquutus, et certe non est iniquus Evangelio* [17]. Hic videns quò redactus essem, *ultro pollicebatur se studiis meis sumptum suppeditaturum*. Cæterùm scio, quorum causà factum est ut nihil sit hactenus præstitum. Scio me non minus amari a *Cardinale* quam me persequuntur odio illius domestici et familiares.

Putabam me solùm duo verba in præsentia ad te scribere, quòd sit hic qui meas litteras ad te expectat, sed non sum mei juris. Et libenter scriberem *OEcolampadio nostro* et aliis omnibus. Cæterùm, quum tibi scribo, fratribus omnibus qui isthic sunt scribo, quorum ego sanè facies videre cupio. Si scripseris *Tygurinis*, vel *OEcolampadius*, salutate fratres meos verbis. *Biblia latina, ad veritatem hæbraicam versa, à multis desyderantur in Francia.* Namque quæ superioribus diebus, *Cratandri* formulis, excusa sunt, minus satisfaciunt, quòd nimium illic græcetur interpres [18]. Commendo me vestris precibus, ne succumbam in hac militia. Vale. Gratia et pax Domini nostri Jesu Christi sit cum omnibus vobis! *Fratres qui in hoc Collegio sunt, hoc est Cardinalis Monachi, in quo ago in præsentia, te salutant* [19]. Parisiis IX[a] Decembris (1526).

---

[13] *Conrad Resch*, le libraire, qui résidait ordinairement à Bâle.

[14] Toussain avait d'abord écrit: « quòd ad diem præstitum pecunias non miscrim. »

[15] En quittant *Bâle*, au mois d'octobre 1525, *Toussain* y avait laissé ses livres (N° 181, vers la fin).

[16] Ces propositions brillantes lui avaient été faites par la duchesse d'Alençon (N° 181).

[17] Voyez le N° 152, notes 5 et 7.

[18] « Biblia Latina ad LXX Interpretum fidem diligentissimè tralata, et ex versione Complutensi edita cum Præfatione Andreæ Cratandri. Apud Andream Cratandrum. Basileæ, 1526. » In-4°. (V. Maittaire, op. cit. II, 671, et Le Long. Bibliotheca Sacra.)

[19] Nous avons vu par les lettres d'*Angelus* et de *Canaye* (N°ˢ 83 et 105), qu'il régnait une certaine fraternité entre les anciens élèves du collége Le

Salutem dicito *Conrado, Œcolampadii famulo*, meis verbis, quem velim esse mei memorem in suis precibus. Et iterum vale. Cum scribis ad me, scribis « *Symoni Panagio* », et vix sunt mihi redditæ literæ tuæ. Scribite « *Petro Tossano* » audacissime, quandoquidem me non pudet vestrarum litterarum, et qui nihil habet nihil potest perdere. *Hæc, hæc gloria mea, quòd habeor hæreticus ab his quorum vitam et doctrinam video pugnare cum Christo*, et cætera.

P. Tossanus, indignus qui vocetur Christianus.

(P. S.) *Œcolampadi*, pater et præceptor charissime, te saluto in Domino, simul ac te, *Marce*, et *Bentine*, meque vestris precibus commendo. Valete.

(Inscriptio :) Charissimo fratri Guilielmo Farello. Basileæ.

186

M.[artin] B.[ucer] à Guillaume Farel (à Aigle).
(De Strasbourg), 13 décembre (1526).

Inédite. Autographe. Bibl. des pasteurs de Neuchâtel.

Sommaire. Rien de changé dans notre situation. *Luther* vient de publier contre moi une *Épître* très-acerbe, dans laquelle il dit que nous nous jouons de Christ. *Ma réponse* n'imitera point la violence habituelle de mon adversaire. *M.[artin] Cellarius*, que j'ai vu hier, me paraît un homme fort pieux et bien différent de l'anabaptiste *Denckius*, qui cherche à troubler notre église. Le départ subit du porteur m'a empêché d'avertir *Capiton* ou *Simon [Robert]*, qui voulait vous écrire. J'ai assisté aux noces de *Marguerite*. Faites-nous savoir au plus tôt *quel est le succès de votre entreprise*.

Gratia et pax! Nostra eodem fere statu perseverant. *Lutherus* durissimam epistolam contra me edidit, mire mea calumnians.

Moine, qui conservaient une grande affection pour *Le Fèvre* et *Farel*, dont ils avaient entendu les leçons. Il est assez probable que *Toussain* lui-même avait étudié dans cette institution.

Persancte *affirmat, nos hereticos sacramentarios* Christum pro ludo habere, neque unquam serio a nobis cognitum aut doctum [1]. Hoc ex eo colligit, *quod putemus non tam periculosam hanc distinctionem* [2], *si cætera fidei et charitatis constent*, — quia illi Christus blasphematur, quoties non datur sensus proprius verbis Ipsius. Totus miser est. Respondebo homini, sed non suo more [3] : alioqui recte Christiani dicerent me furere.

Fuit heri mecum *M. Cellarius* [4]. Bone Deus, quantum et quàm

[1] Cette *Épitre*, dont *Bucer* avait eu connaissance par la copie que *Luther* avait destinée à être imprimée à Strasbourg, ne fut effectivement publiée qu'en mars 1527 (V. la note 3). Ce qui concerne l'origine et la publication de cet écrit est raconté dans le passage suivant de la lettre adressée par Œcolampade à Zwingli le 1er décembre 1526 : « A Wittenberga *Argentinensibus* nihil aliud allatum est, præter *inhumanissimam illam epistolam* qua *Bucerum*, sincerissime et optime meritum, ingratissimus [scil. *Lutherus*] flagellat. Præmiserat hic noster [scil. *Bucerus*] in tomum quartum Lucubrationum *Lutheri*, quas latinitate donarat, *præfationem*, christiana mansuetudine et pietate renitentem, eruditionisque plenam, et in ea submonuit et *de Eucharistia*, cum honesta tui ac mei memoria. Id tam indigne fert homo ille miser, ut furoris sui nullum esse sinat finem. Misit eam epistolam *Secerio*, typographo Hagenoiensi, ut, si illam *Hervagius* nolit imprimere, ipse imprimat. Visum autem Bucero, ut *Hervagius* excudat, sed antidoto *Buceri* adjecto, nempe apologia, qua et *Pomerani* criminationi respondebit. » — Œcolampade fait encore allusion à *l'Épitre de Luther* dans sa lettre du 23 décembre 1526, adressée au même correspondant : « Fratres *Argentinenses* sæpe scribunt, ut moneam amicè, ne *Lutherum*, ut meretur, tractes... Moderaberis ipse stylum. *Quid gravius dicere poterit Lutherus, quàm quod nunquam serio Christum vel cognoverimus, vel docuerimus?* Non licet igitur tacere, sed minus expedit injuriam retaliare. » (Voyez Zuinglii Opp. VII, 566 et 578.)

[2] C'est-à-dire les dissentimens sur le dogme de l'Eucharistie.

[3] La *Réponse de Bucer* fut imprimée en même temps que *l'Épitre* du réformateur saxon (V. la note 1), dans un volume qui portait le titre suivant : « Præfatio *M. Buceri* in quartum Tomum Postillæ Lutheranæ, continens summam Christianæ doctrinæ. — Ejusdem Epistola explicans locum I. Cor. 10 [1. 9]. Anne scitis qui in stadio currunt.... Cum annotationibus in quædam pauculis *Lutheri*. — *Epistola M. Lutheri ad Johannem Hervagium superiora criminans*. — *Responsio* ad hanc *M. Buceri*, Item ad Pomeranum satisfactio de versione Psalterii. — Probate omnia, quod bonum est tenete. I. Thessalon. 5. Anno M.D.XXVII. » (A la fin : « Argent. 25 Martii. ») In-8°. (Voyez Zuinglii Opp. VIII, 35, et la Biographie de Capiton et de Bucer par J. W. Baum. Elberfeld, 1860, p. 591.)

[4] *Martin Cellarius* (No 130, n. 16), au sujet duquel Capiton écrivait à Zwingli, le 14 novembre 1526 : — « Tuum nomen, ob Christi gloriam, acerrime asserit [*Cellarius*]. Habet tamen sua dogmata... Interim ad caritatem

pium ingenium, ut mihi quidem videtur, longe aliud ingenium quàm *Denckii! Denckius*⁵ vere ecclesiam nostram libenter turbaret. Vale. Festinantissimè. Nuncii festina abitio effecit ut non potuerim indicare vel *Cap.[itoni]* vel *Symoni*⁶, qui petiit tamen sibi indicari, ut tibi scriberet. *Margarita*⁷ nupsit monacho qui *Wittenberga* advenit. Duximus chorum in nuptiis ejus. Vale. Redde quàm primum nos *de tuo successu*⁸ certiores. 13 Decemb. (**1526**)⁹.

M. B.

(Inscriptio:) Chariss. Guillelmo suo ¹⁰.

appositissimus est. *Totus huc spectat, ut, summâ Christi salvâ, mutuo nos feramus; daturum Dominum in posterum majorem lucem.* » — et le 26 décembre suivant : — « *Martinus Cellarius hic fuit*, quem hactenus tibi amicum semper putavi ; verùm sic se gessit, ut hominem vehementer amplectar. » (Voyez Zuinglii Opp. VII, 563 et 580, et une lettre de Cellarius publiée par M. Herzog. Vie d'Œcolampade, éd. all. II, 303.)

⁵ *Jean Denck*, né en Bavière, l'un des plus célèbres entre les docteurs des Anabaptistes. Après avoir étudié à Bâle, où il remplit les fonctions de correcteur chez Cratander et Curion, il obtint une place de maitre d'école à Nuremberg (1524). Il fut expulsé de cette ville à cause de ses croyances religieuses et se retira à Mulhausen en Thuringe, puis à Augsbourg (1526). *Capiton* parle en ces termes de la conduite de *Denckius* à Strasbourg : «Cum *Johanne Denckio*, die 22 hujus mensis, nobis colloquium fuit... Fatebatur in præcipuis rebus nihil a nobis dissentire se, cum tamen revera longissime dissentiat. Nostram certe ecclesiam conturbavit vehementer. Vita in speciem castigata, dexteritas ingenii, habitudo in agendo decens mirifice vulgum perstringunt.... Jussus est hinc discedere. Discessit heri. » (Lettre du 26 décembre 1526. Zuinglii Opp. VII, 579.) *Vadian*, qui parait l'avoir connu personnellement, disait de lui plus tard : « In *Denggio illo*, ornatissimo juvene, omnia profecto ita erant eximia, ut ætatem etiam vinceret et ipso etiam major videretur. Verùm... abusus est ingenio. » Voyez aussi Œcolampadii et Zuinglii Epp. fol. 197. — Zuinglii Opp. t. VII, 531 et 572, t. VIII, 59 et 75. — J. J. Herzog, op. cit., II, 272 et 273. — J. C. Füsslin. Beyträge, V, 371 et 397.

⁶ *Simon Robert* de Tournay (N° 168, n. 8).

⁷ Il est déjà question de cette personne dans la lettre de Farel du 25 octobre.

⁸ Ce détail montre que *Farel* était entré récemment dans un nouveau champ d'activité, et qu'il n'avait pas encore donné de ses nouvelles à Bucer depuis son départ de Bâle.

⁹ L'année est fixée par les détails mentionnés dans les notes 1, 3 et 8.

¹⁰ Bucer avait d'abord écrit *Chariss. Farello*. Ce dernier mot a été biffé par prudence.

187

ŒCOLAMPADE à Guillaume Farel (à Aigle).
De Bâle, 27 décembre 1526.

Œcolampadii et Zuinglii Epistolæ. Éd. cit. fol. 207 a.

SOMMAIRE. J'ai éprouvé une grande joie à la nouvelle que vous avez trouvé pour la seconde fois l'occasion de prêcher la Parole. En attendant que la porte vous soit ouverte, agissez avec beaucoup de prudence, et prenez toujours conseil de Christ, selon votre habitude. *Damien*, le porteur de ma lettre, vous dira l'état de nos affaires.

Joann. Œcolampadius Gulielmo Farello in Aelin [1], Christiano fratri.

Salutem in Christo. Gaudio magno percepi, te iterum [2] annunciandi Verbi locum invenisse. Gratia sit Christo! Tu autem, mi Farelle, *fortiter*, obsecro, *et prudenter agito*; serpens enim antiquus sua calliditate mirum in modum insidiatur. Piis artibus, et apostolicis versutiis ad circumveniendum illum opus est. *Ubi ostium patuerit, tunc adversariis liberius obsistetur. At Christus fortior, docebit qua via eundum: illum,* ut soles, *habe magistrum.* Ut se res nostræ hic habeant *Damianus noster* [3] narrabit, qui heri insignitus est colapho propter Christum, quem tibi non opus fuerit commendare. Nosti enim, nihil eo esse sincerius. Datæ Basileæ, in die Joannis Evangelistæ. Anno 1527 (1526) [4].

---

[1] En décembre 1526, Zwingli écrivait aux pasteurs de Strasbourg : «*Farellus* agit in *Aelin*, annunciat verbum Domini.» (Zuinglii Opp. VII, 579.)

[2] Dans la pensée d'Œcolampade, la première église desservie par Farel avait été celle de Montbéliard.

[3] Nous supposons qu'il veut parler de *Damianus Irmen*, libraire à Bâle.

[4] La fête de St. Jean l'Évangéliste ayant lieu le 27 décembre, la lettre est datée de l'an 1527, d'après le style allemand, qui faisait commencer l'année à Noël.

188

MICHEL D'ARANDE à Guillaume Farel, (à Strasbourg).
(De France, pendant l'été de l'année 1526)[1].

Inédite. Autographe. Bibl. Publ. de Genève. Vol. n° 113.

SOMMAIRE. Vous m'avez jadis exhorté à me conduire comme un Chrétien. Maintenant c'est à vous que le devoir est imposé non-seulement d'agir en Chrétien, mais encore de vous consacrer entièrement à Christ. Ses dispensations à notre egard vous seront annoncées par les hommes pieux qui sont porteurs de ma lettre. Au nom de tous ceux qui, dans ce pays, ont goûté Christ et sa sainte Parole, *redoublez vos prières pour votre chère France;* demandez à Dieu que son Nom soit connu de tous, et sa Parole répandue en tous lieux. Saluez tous les saints qui sont parmi vous et particulierement votre hôte, ce vrai Chrétien [*Capiton*]. Vous lui direz que j'ai été le fidèle interprète de *sa lettre [à la Duchesse];* elle en a été reconnaissante, et elle le prie de la consoler parfois en lui envoyant des epîtres aussi édifiantes que celle-là. *Jean Chapelain,* le médecin, vous salue en Christ.

Jesuschristus.

Tu me aliàs monuisti per litteras quasdam ad *Bletum*[2], fratrem nostrum carissimum, ut me christianum prestarem. *Nunc vero tue partis erit, ut te non solùm prestes christianum, sed ut te totum in Cristum conficias et transformes, quando maxime sic nobiscum factum est a Domino*[3], ut audies ex his christianissimis hominibus, quos nosti. *Rogamus* igitur te, quotquot hîc de Christo et sancto ejus verbo aliquid degustavimus, *ut tandem pro Gallia tua sollicitus ac vigilantissimus* modis omnibus *apud Deum efficias* et ipsum

---

[1] La présente lettre a dû être écrite pendant le séjour de *Farel* à *Strasbourg* et postérieurement à la rentrée en France de *Le Fèvre* et de ses compagnons (V. le N° 168, n. 1).

[2] *Antoine Du Blet* de Lyon, mort au mois d'avril ou de mai 1526 (N° 176).

[3] Michel d'Arande veut-il parler de sa nomination à l'évêché de Saint-Paul-Trois-Châteaux, ou des dispositions religieuses du Roi et de sa famille (p. 446)?

interpellas [l. interpelles], *quò sanctum ejus nomen cognoscatur ub omnibus et verbum ejus ubique currat,* id quod non dubito te in votis ardentissimis habere.

Propterea, litteris parcentes, *solutamus sanctos omnes qui apud vos sunt, imprimis tuum illum patrem et verè christianum hospitem* [4]. cui negocium omne coram Deo et hominibus committitur. Dices eidem, me fuisse fidelem interpretem litterarum suarum [5], pro quibus gratias omnis [l. omnes] quas potest reddit [6]. Rogatque, ut, cum potest, scriptis tam christianis visitet eam et consoletur. Gratia Jesu Christi Domini nostri cum spiritu tuo!

Johannes Capellanus [7], medicus vere Christianus, te in Christo salutat plurimum, cupiens ut gratia et pax omnis a Domino tecum sit semper.

      Tuus ex animo quem nosti [8].

(Inscriptio:) A mon frère et amy G. F.

189

[UN LORRAIN?] [1] à Martin Bucer, à Strasbourg.
(De Metz? vers la fin de l'année 1526, ou vers le milieu de l'année suivante.)

Inédite. Manuscrit original. Archives de Zurich.

SOMMAIRE. La lecture de *vos livres* et le bruit public nous ayant fait connaître *la foi et les œuvres de votre église,* nous desirions depuis longtemps vous écrire; mais cela n'était pas facile, entourés comme nous le sommes d'embûches et d'espions. Aussi

 [4] *Wolfgang Capiton,* comme Farel l'a noté plus bas sur le manuscrit original.

 [5] Farel a écrit à la marge: « Literæ sunt *Capitonis* ad *Reginam Navarræ.* »

 [6] Il faut sous-entendre *Regina.*

 [7] *Jean Chapelain,* médecin de la reine-mère.

 [8] A côté de ces mots on lit les suivants de la main de Farel: « *Michaël Arandius.* »

 [1] Notre hypothèse peut se défendre par les considérations suivantes:

vous estimons-nous heureux, à cause de la liberté de prédication que *vos magistrats* vous ont accordée. Dieu veuille éclairer *nos Juges*, plongés dans les superstitions et si cruels pour ceux qui s'écartent de la doctrine de leurs ancêtres ! Malheureusement ils ne sont pas seuls à manifester de l'aversion pour *le dogme de l'Eucharistie*, tel qu'il est enseigné par les anciens docteurs : on rencontre parmi *nos Évangéliques* des gens obstinément attachés aux idées de *Luther* sur ce point. Nous reconnaissons volontiers que Luther a été un admirable instrument entre les mains de Dieu, mais nous savons aussi qu'il est homme et par conséquent faillible, ce qui est d'ailleurs démontré par *la violence de son langage*. Aussi, après avoir pesé toutes choses dans la balance de la raison, nous avons goûté *votre douceur*, et, recherchant attentivement la vérité, nous avons été conduits à admettre la doctrine sur laquelle vous provoquiez le libre jugement de chacun, bien qu'elle nous parût d'abord fort étrange. Nous rendons grâces à Dieu de tous les bienfaits qu'Il nous a départis par votre moyen. Répandez au loin la gloire de Christ, sans vous inquiéter de *vos puissants adversaires*. Ce qui s'est passé récemment, à la suite de la *Dispute de Baden*, nous a prouvé que Christ n'abandonne point ses serviteurs.

Eruditissimo juxta ac humanissimo Doctori *Martino Bucero* Jesu Christi apud *Argentoratenses* in verbo ministro, gratiam et pacem per eundem Jesum Christum Dominum nostrum !

Quum *superioribus annis*, tum libris per te, *Ulrichum Zuinglium, Joan. Œcolampadium, Fabricium Capitonem* ac alios nonnullos æditis, tum *aliorum relatu*, vestram in Christum fidem ac *decentissimum ordinem* [2] conversationemque didicissemus, multis modis gavisi sumus, D. Bucere in Christo Jesu observandissime. Sed et *antehac* ad te scribere sæpenumero in votis fuit, si cui tutò literas commisissemus, facilè licuisset invenire. Nam *corycœis et explora-*

La physionomie de l'écriture est essentiellement française ; c'est une belle gothique mi-cursive, qui n'a pas de rapport avec les caractères usités à cette époque dans les lettres latines écrites par des Allemands. Plusieurs détails de cette épître adressée à Bucer autorisent à croire que la communauté religieuse à laquelle appartenait l'écrivain avait été fréquemment l'objet de la sollicitude des pasteurs strasbourgeois. En outre, la situation politique et religieuse indiquée dans la présente lettre révèle une absence de liberté qui n'existait pas au même degré en Allemagne. Le pays où se passent ces choses n'est pas la France, car il serait question d'un *Parlement* persécuteur. L'écrivain dit « nos Juges, » ce qui semble se rapporter à la Lorraine et aux *XIII Juges de Metz*. Il est même possible que nous ayons ici une lettre écrite au nom de l'église évangélique de Metz, qui comptait environ cinq cents membres en 1525 (Voyez Olry, op. cit. Préface de M. Cuvier).

[2] Voyez les lettres de Roussel à Briçonnet et à Nicolas Le Sueur (Nos 167 et 168).

toribus, qui omnia omnium consilia tam curiose observant. *plena sunt apud nos omnia*, sic ut ab illorum insidiis vix quicquam tutum sit ³. Sanè felices vos judicavimus, quos Dominus tanta gratiæ suæ exhuberantia dignatus sit, ut jam quicquid Christi gloriam fratrumque salutem promovere visum fuerit, libere etiam per magistratum concessum sit *in publicum adferre* ⁴. Faxit Deus ut vel tandem *nostros judices* ⁵ sua claritate ac veritate dignetur illustrare, à qua (nisi vehementer fallor) plerosque est cernere tam longe abesse, ut non immerito quis atheos atque à veri Israëlis repub.[licâ] alienos dixerit! *Quæ enim designant* supra modum *indigna, ne dicam, impia, si quisquam ad ea vel hiscere audeat, jam actum est de illius salute*, neque ulla gehenna satis digna judicabitur in quam damnetur ⁶. *Missarum superstitionem, ceremonias immodicas, divorum idololatriam*, et, quod gravissimum est, *indignum eucharistiæ usum sic tuentur, tanquam pro aris focisque*, ut nullo pacto adduci queant, uti *majores suos* credant tot seculis hac in re potuisse errare: ac proinde illos sese nolle deserere. Verùm si vel leviter quis videatur ex veterum autorum mente de eucharistia secus atque ipsi adsueverunt et a majoribus acceperunt, velle disserere, sic abhorrent indignanturque, tanquam a scorpio icti, quum tamen nulla alia in re fœdius sit plurimis jam annis aberratum, id quod negare non possent, si se doceri, et quæ a priscis doctoribus dicuntur in hanc rem, in considerationem admittere paterentur.

Sunt præterea *nonnulli*, qui, quum velint videri *evangelici, sic uni Luthero sunt addicti*, ut ne latum quidem se unguem ab illius placitis moveri sinant ⁷, quanquàm nihil habent, quod iis quæ vos haud dubie à Deo docti adfertis, possint opponere, *hunc* nihilominus *in modum semper vociferantes*: « Verba sunt clara, plana,

---

³ Ce trait nous fait souvenir des plaintes de Toussain (p. 376), et il s'accorde assez bien avec ce que nous savons des embûches dont *Jean Chastellain* et *Toussain* lui-même furent les victimes (N° 144, note 5, et N° 181, note 3).

⁴ Nous avons vu que diverses tentatives d'évangélisation avaient complétement échoué à Metz en 1524 et 1525 (Nᵒˢ 112, 127, note 4, N° 140, note 5, N° 144 et 155).

⁵ Comparez ce passage avec le N° 140, note 5, et le N° 152, note 8.

⁶ Voyez le récit du procès de *Chastellain* et de *Jean le Clerc* (Nᵒˢ 144 et 155), et les détails relatifs aux persécutions subséquentes (N° 157, notes 3, 5, 6 et 7).

⁷ C'étaient les écrits de *Luther* et les entretiens d'*Agrippa* qui avaient jeté à Metz les premières semences de la Réforme (N° 40).

manifesta, hoc est corpus meum, et, hic est calix sanguinis mei, his simpliciter fidem habemus, » cæteraque omnia ad planiorem horum Christi verborum intelligentiam facientia, tam per evangelistas quàm reliquos orthodoxos passim scripta fortiter contemnentes. Ita planè à *suo illo antesignano* edocti sunt nulli cedere, nullum audire, omnes satanæ tradere qui diversam sententiam audeant profiteri⁵! Quis non molestissime ferat *uni homini tantum tribui quantum nulli mortalium antehac tributum sit*³, et, quod amplius est, quantum nemo unquam ausus fuerit arrogare? Et hoc quidem eò faciunt confidentius, quòd falsam quandam *de viro hoc* persuasionem induerint, nunquam videlicet talem ab Apostolorum temporibus extitisse, tanquam syncere Scripturas neminem atque ipsum tractavisse. *Magnum profecto virum libenter fatemur*, per quem Dominus mirabilia operatus sit, *verùm hominem esse*, atque ita posse labi negare non possumus, id quod abunde satis *illius clamores, convicia, rixæ, sannæ*, et id genus plurima *labilis hominis indicia testantur*.....

Nobis autem, omnibus in rationis æquilibrio examinatis, vestra semper et placuit et placebit (ut confidimus) mansuetudo, qua impetrastis, ut etiamsi *initio* dura admodum videretur opinio, tamen veri indagandi studio attentius inspiceremus, qui fieri posset, quod non dico adserebatis, sed cum judicio *fratribus* expendendum proposueratis. Sicque *paulatim* magis ac magis in dies *negocium hoc adrisit, ut hodie nihil sit nobis magis persuasum*, ac de quo magis juvet audire.

⁵ On connaît la réponse que fit *Luther* aux avances des pasteurs de Strasbourg (N° 163, n. 2), par l'intermédiaire de leur député *Grégoire Caselius*: « Summa alterutros oportet esse Satanæ ministros, vel ipsos vel nos: ideo hic nulli consilio aut medio locus, confiteri oportet alterutram partem quod credit. Atque hic oramus, quando ita certi sunt, ne dissimulent apud vulgum sese nobis dissentire... Quòd si ipsi pergant dissimulare, nobis incumbit, ut confiteamur esse nos alienos ab invicem... Quæ enim conventio Christi et Belial? » (Voyez Lutheri Epp. éd. de Wette, III, 44.)

⁶ En regard de ces mots on lit dans l'original la note suivante, qui est de la main de Bucer: « *Luthero* tribuuntur omnia. » Capiton écrivait à Zwingli le 14 novembre 1526: « Cum *Luthero*.... *de Eucharistia contulit* [*Martinus Cellarius*], *sed rejectus est repente*, tanquam cum fastidio, sed citra contumeliam tamen. *Libri tui* et *Œcolampadii* prostant *Wittenbergæ*, et sunt qui lectis subscribunt... Plerique certum habent, *organum Dei* esse [*Lutherum*], et hac in caussa desipere, ut sic *uni Deo gestorum gloria omnis tribuatur*, qui cum talibus affectibus tantum spiritus sui donum commiscuerit. » (Zuinglii Opp. VII, 564.)

Proinde *maximas Christo gratias agimus, qui nos tanta per vos benignitate* veluti *adobruit.* Macti igitur virtute, pergite per Christum, quo cœpistis tramite, de omnibus optime mereri, et Christi gloriam juxta concreditum vobis talentum propagare, magnam olim ab ipso gratiam relaturi. Neque vero hoc vos frangat, quòd undique robusti vos gigantes impetant, vestram imò Christi causam, supra quàm credi possit, promoturi. Non deerit sanè Christus suam gloriam Scripturarumque integritatem à depravatorum injuria gnaviter vindicantibus, ut rumpantur interim pontificii. *Vidimus* enim *non ita dudum Badensem disputationem* [10] per *Joan. Eckium* [11], *Joan. Fabrum* [12] et *Thomam Murner* [13] . . . .

. . . .

[10] L'interruption du manuscrit ne permet pas de savoir, si l'écrivain veut parler de la *Dispute de Baden,* qui eut lieu du 21 mai au 7 juin 1526 (N° 176, n. 15), ou des *Actes de cette Dispute* imprimés à Lucerne par les soins de *Thomas Murner* et publiés le 28 mai 1527 (Voyez Zuinglii Opp. VII, 561).

[11] *Johann Meyer von Eck* (en latin *Eccius*), bien connu par la dispute qu'il soutint contre Luther et Carlstadt à Leipsic en 1519 (N° 32, n. 1 et 2). Il fut le principal champion des catholiques à la dispute de Baden, où *Faber* et *Murner* signalèrent aussi leur zèle pour la défense de l'ancienne foi.

[12] *Jean Heigerlin* (en latin *Faber*), vicaire général de l'évêque de Constance (Voyez Hottinger. Zwingli et son époque, p. 119).

[13] *Thomas Murner,* docteur en théologie et prédicateur des Capucins à Lucerne (V. le N° 137, n. 2, à la fin).

APPENDICE

Depuis l'impression des lettres de *Briçonnet* et de *Marguerite d'Angoulême* que renferme ce volume, nous avons pu consulter le manuscrit qui contient leur correspondance, et nous en avons tiré les lettres reproduites dans cet Appendice; elles achèveront de faire connaitre les sentiments de l'évêque de Meaux.

L'examen de ce manuscrit nous a également permis de constater que la lettre du 22 novembre 1521 (N° 44), sur l'auteur de laquelle nous avons exprimé des doutes, ne devait pas être attribuée à *Gérard Roussel*, comme nous l'avions supposé, mais qu'elle appartient incontestablement à *Guillaume Briçonnet*.

35 a

MARGUERITE D'ANGOULÊME a Guillaume Briçonnet.
(De Bourgogne? au commencement de juillet 1521.)

Bibliothèque Impériale. Suppl. franç. n° 337, fol. 3 b-4 a.

Celuy qui m'a faicte participante de sa Parolle par voz escriptures me face la grâce de sy bien les entendre et m'y conformer, que ce soit à sa louenge et à la consolacion que desirez du fruict de mon amendement, et vous vueille rendre charité pour charité, selon sa libéralité !... Or puis que vous avez commencé à me donner desir d'entendre à desirer, je vous prie ne vous ennuyer. Car *j'ay receu tous les traictz* [l. traités] *que m'avez envoiez, desquelz ma tante de Nemours a eu sa part*, et encoires lui envoie les derniers, car *elle est en Savoie, aux nopces de son frère*, qui ne m'est petite perte. Parquoy vous prie avoir pitié de me veoir sy seulle; et, *puis que le temps, le pays et les propos ne sont propres pour la venue de maistre Michel,* à quoy je m'accorde, pensant que voz oppinions procèdent du Sainct Esperit, au moings je vous prie que par escript vueillez visiter et exciter à l'amour de Dieu mon cueur, pour luy faire à la fin chanter : « Benedictus Dominus ! » Le commencement duquel [je] trouve sy bon que par aulmosne j'en requiers la fin, vous priant *monstrer ceste lettre au bon père,* et qu'elle a *(sic)* la responce de voz deux lettres, comme aux deux précédentes d'ung seul Bien neccessaire, auquel vous soit donnée sa paix éternelle, après *les longues guerres que portez pour la foy* et l'amour de Dieu. En laquelle bataille desire mourir en vostre bande

la toute vostre fille MARGUERITE.

40 a

MARGUERITE D'ANGOULÊME à Guillaume Briçonnet.
(Vers le milieu d'octobre 1521.)

Suppl. franç. n° 337, fol. 8b-9a.

Ainsy que la brebis en païs estrange errant, ignorant sa pasture par mescognoissance des nouveaulx pasteurs, liève naturellement la teste pour prandre l'air qui vient du lieu où le grand berger, par ses bons ministres, luy a acoustumé donner doulce nourriture, — en ceste sorte, comme trop indigente par faulte d'avoir bien mis à prouffict *la reffection spirituelle que j'avois prinse en vostre dévote compaignie*[1], suis contraincte de prier vostre charité.... exercer par lettres *son effect commencé par parolles,* espérant avec l'aide de *l'expositeur que m'avez laissé*[2], dont tant mon âme vous est tenue, d'estudier vostre lesson, en sorte que le chemin de la grant bergerie me sera monstré avec *l'ayde de voz prières et de ceulx et celles que cognoissez bien avant en la voye* où de bien foèble desir [je]

---

[1] Voyez le N° 42, note 3.
[2] Allusion à *Michel d'Arande* (Voyez le commencement du N° 42).

desire entrer ; et, sy par ce moyen puis estre conduicte et colloc-
quée au lieu de sy gracieuse pasture, pensez la consolation que
vous aurez, par la grâce du tout-bon et puissant, d'avoir esté ministre de ramener à sa tant seure et éternelle demeure la pauvre
ouaille qui estoit périe.... Parquoy, mon père, je vous requiers
que, par lettres, descendez de la haulte montaigne, et en pitié
regardez, entre ce peuple esloingné de clarté, la plus aveuglée
de toutz, et vueillez ayder, par escripture, prière et souvenance,
à tirer hors de ses tristes ténèbres

la toute vostre MARGUERITE.

40 b

GUILLAUME BRIÇONNET à Marguerite d'Angoulême.
De Meaux, 24 octobre 1521.

Suppl. franç. n° 337, fol. 10a-10b.

Le doulx et débonnaire Jésus tant s'est anéanty et apovry, qu'il
luy a pleu se fère... la vraie brebis innocente et sans macule, et ce
pour les brebis errantes réduire à la voye, et, en icelle cheminant,
par ardant désir et amour viscéralle c'est [l. s'est] voluntairement et
en vérité faict victime pour les purger, nectoier et laver, ou, pour
mieulx parler, *innover en soy la musse de nature humaine, qui
estoit tout péché*,... et, pour ce faire, [Il] a, par patience indicible,
couru en la voye et beu le torrent de la doloreuse passion, sans
se plaindre et ouvrir sa sacrée et digne bouche, fors que pour
nous inviter à suivre le trac de son précieulx et très-digne sang...
Les pauvres brebis errantes sont en Luy, par Luy et pour Luy,
innovées et entièrement dellivrées de corruption, mort et ténèbres,
renouvellées au vray chemin de vérité, en incorruption, immortalité, vie et lumière. *O singulière, très-digne et peu par mes semblables savourée innovation!* L'odeur du sacrifice tire les bons et
leur est odeur de vie, en vie, et aux mauvais odeur de mort, à
mort....

40 c

GUILLAUME BRIÇONNET à Marguerite d'Angoulême.
De Meaux, 11 novembre (1521).

Inédite. Suppl. franç. n° 337, fol. 31 b-33 b.

.... Par foy bientost serez vraie perle, et marguerite par charité et amour, vraiement une avec la seulle supercéleste, superexcellente, incompréhensible, vraie marguerite. *le doulx Jésus, que vous supplie de rechef aimer..... de toute vostre puissance quant au monde.* Ce ne seroit assez à la grâce qu'Il vous a donnée, en considérant le lieu où vous estes, vous acquicter seullement de l'aimer de vous et en vous, et ne luy présenter que des raisins de vostre vigne. *sy ne pourchassez vertueusement qu'Il soit aymé, serry et honnoré partout où il vous donne pouoir* et occasion de ce fère. Vous n'estes que ung raisin de sa grant vigne, de *l'Eglise, qui est en tel désordre que chacun voit.* Il n'est nouvelles d'y cueillir que des la[m]brusques....

Je sçay que aymez, aprés Dieu, *le Roy* et *Madame,* comme estes tenue par tout debvoir, et n'est peine que ne voulsissiez prandre pour la conservation et accroissement de leur honneur.... *Soiez la bonne saincte Cécile, qui gaigna mary, fréres, et plusieurs aultres.* Vous aurez à faire au Roy et à Madame, que Dieu par sa bonté a touchéz de grandes et excellentes grâces, et já sont navréz au cœur *pour l'honneur de Dieu. Il sera facile d'allumer ung grand feu, quant les trois cœurs seront à ce uniz.* Les occupations qu'ilz ont les distraictent, et [je les] croy mises en avant par l'ennemy, pour empescher ce qu'il peult prévoir qui se feroit *à l'honneur de Dieu.* D'autant que en avez moings, combien que les leur[s] sont les vostres, debvez plus songneusement prier Dieu pour eulx, comme sçay que faictes. Et quant verrez l'opportunité, *procurez l'affaire de Dieu, a ce qu'il soit aultrement servy et honnoré qu'il n'est en se* [l. ce] *Royaulme,* auquel le Roy est son lieutenant-général, et à ceste fin a le glaive en sa main, qui est la puissance de Dieu, pour le faire honnorer et aymer. Les grâces que Dieu vous a donnéez à tous trois sont trop grandes pour estre oisives. *Il fault régner ailleurs que icy*, et, comme vous estes en ce monde une trinité de personnes en unité d'amours, que aussy soiez en l'aultre uniz avec la supercelleste trinité en unité, ce que Luy supplie très-humblement et de tout mon cœur.

.... Madame, je ne sçaurois responder à vostre bonté et bénignité. Le doulx Jésus y satisface pour moy et parcroisse en vous sa grâce, paix et amour ! A Meaulx, le xj° Novembre (1521).

Madame, sachant que avez *Maistre Michel*, ay passé légèrement en quelque endroit. Il est vostre et le surplus, qui est pour à vostre plaisir en disposer. *vous suppliant me le prester pour l'advenir*, car je mys [l. m'y] suis actendu, et après le vous renvoiray, s'il vous plaist. *Commandez-luy qu'il vous mecte par escript les mistères du baptesme, tant de la primitive église, que ce [que] de présent on faict.* Vous le trouverez bon et fructueulx. Monsieur *l'abry* se recommande très-humblement à vostre bonne grâce.

Vostre très-humble et très-obéissant G. B.
indigne ministre de M[eaulx].

Jesus Maria.

47a

GUILLAUME BRIÇONNET à Marguerite d'Angoulême.
De Meaux, 22 décembre 1521.

Inédite. Suppl. franç. n° 337, fol. 47 b-64 a.

..... Madame, vous escripvez, et par amoureulx et cordial souhait desiriez, que le seul Feu bon et nécessaire, qui tout brusle jusques à la consumation des plus petites rachines, par importable amour et ravissement vous unisse à Luy..... Et après, demandez trouver la fontaine du grand Moïse, qui ne se tarist, pour en avoir de l'eaue...... Hélas ! Madame, moult en y a qui ont délaissé la fontaine et la vaine de eaue vive, et par contempnement ont faict des citernes qui ne peuvent retenir les eaues..... *Les aultres sont* qui tiennent les clefz de l'abissalle source de fontaine de vie, lesquelz, par cécité et ygnorance n'y peuvent ou ne veullent, et sy [l. et cependant] *ne permectent aultres y entrer.* Dont procède la sécheresse des pauvres brebis, qui demandent de l'eaue de pasture et doctrine spirituelle ; leur langue est sèche par ardant desir, et n'y a pasteur qui la communicque ou qui leur ouvre la porte pour en prandre : *et sy peu que l'on leur en départ, ce n'est sans deslier la bourse,* tellement qu'il est aujourd'huy vérifié ce qui est dict par ung des prophètes : « Aquam nostram pecuniâ bibimus. »

Hélas, Madame, quant viendra le temps que l'eaue vive sortira de Jérusalem et courra par charité et amour de Jésus, arrousant les arbres plantéz à la ligne et rectitude divine, ad ce qu'ilz puissent apporter fruit plaisant et agréable au bon Seigneur ? Certes, nous pouvons dire avec le prophète: « Facti sumus sicut torrens in austro. » *L'Église est de présent aride et sèche* comme le torrent en la grande challeur australe. *La challeur d'avarice, ambicion et voluptueuse vie a déséché son eau de vie, doctrine et exemplarité.* Tel vent est dissipatif et désiccatif de toute grâce. Ung chacun serche son prouffict et honneur. Il n'est plus question de celuy de Dieu..... *Nous sommes tous terrestres,* qui debvrions estre tout esperit, *et ce procède par faulte d'eaue de sapience et de doctrine évangélicque, qui ne court et n'est distribuée comme elle deveroit.* Chacun le congnoit. Peu s'en souvient, qui est signe de faulte d'amour divine.

... Il n'est que une doctrine évangélicque, qui se communicque aux ungs comme viande solide et aux aultres en sublimité de doctrine, selon qu'ilz sont capables ou de eaue de purgacion, ou de illuminacion, ou de perfection. Toutesfois il n'est que ung Seigneur qui envoie en embassade, par la voix duquel elle se distribue ; et qui l'anonce aultrement que par la voix divine et pour son honneur, il est adultérant *la parolle évangélicque.* Car il n'y a que la voix du Seigneur... qui parle en la distribucion de l'eaue évangélicque, et par ce [nous] la debvons prandre de celuy qui l'anonce en vérité, non comme parolle d'homme, mais comme vifve parolle de Dieu.... *Toutes aultres doctrines et sciences pérégrines sont ameures* [l. amères], *et ne sont dignes de nom chrestien* [ceux] *qui en font leur pasteur*[e]....

(La fin de cette lettre forme notre N° 48.)

ADDITIONS ET CORRECTIONS.

Page 4, note 2, second paragraphe. Voici le texte latin plus complet du passage tiré du commentaire de Le Fèvre sur les Psaumes, que nous avons cité partiellement en français:

« .... *Longo* equidem *temporis intervallo humana sum secutus* [scil. studia], *et divinis vix prima* (ut aiunt) *admovi labra*; augusta enim sunt et non temere adeunda. At ex illa quamvis remota delibatione tanta lux affulgere visa est, ut, ejus comparatione, *disciplinæ humanæ michi visæ sint tenebræ,* — tanta spirare fragrantia, ut illi suavioleutiæ nichil inveniatur in terris simile, neque aliam crediderim terrenam paradisum, cujus odore in vitæ immortalitatem foveantur animæ.

Frequens cœnobia subii; at qui hanc ignorarent dulcedinem, veros animorum cibos nescire prorsus existimavi. *Vivunt enim spiritus ex omni verbo quod procedit de ore Dei; et quænam verba illa, nisi sacra eloquia?* Mortuos igitur, qui ejusmodi sunt, spiritus habent. Et ab eo tempore quo ea pietatis desiere studia, cœnobia periere, devotio interiit, et extincta est religio, et spiritualia pro terrenis sunt commutata, cœlum dimissum et accepta terra: infœlicissimum sane commercii genus!.... Anno Christi M.D.VIII. »

P. 5, même note. C'est dans une lettre adressée par *Farel* à *Pellican* en 1556 que se trouvent les paroles prononcées par *Le Fèvre*. Ce passage est ainsi conçu:

« ... Pius senex, *Jacobus Faber*, quem tu novisti, ante annos plus minus quadraginta me manu apprehensum ita alloquebatur: « *Guilelme, oportet orbem immutari, et tu videbis,* » dicebat. Ego tunc charus eram seni, et perrexit mihi ut pater esse. Sed nihil erat nisi ipsa superstitio, in qua seni adnitebar accedere aliquantum. Nam æquare vix poterat quisquam, tantùm abest ut vinceret. Sanè stupesco, quando cogito insanam tanti viri superstitionem, qui vel floribus jubebat *Marianum idolum*, dum unà soli murmuraremus preces Marianas ad idolum, ornari. In Missa omnes vincebat. Tandem aliquid lucis cœpit intueri; sed quanta caligo adhuc restabat. Demum coactus *Galliam* deserere, *Argentoratum* descendit, ubi virum commonefeci eorum quæ olim prædixerat, et *jam tempus instare dicebam, quod et pius senex fatebatur*, meque hortabatur, pergerem in annuntiatione sacri Evangelii. » (Joh. Henric. Hottingerus. Historia ecclesiastica Novi Testamenti. Tiguri, 1665, in-8°. Pars VI, p. 18.)

Page 5, à la fin de la note 2, ajoutez: M. Graf a repris ce travail et l'a entièrement refondu dans une étude biographique approfondie, qu'a publiée le recueil intitulé: « Zeitschrift für die historische Theologie. » Année 1852.

P. 31, note 2, lisez: Voyez le N° 2, note 2.

P. 51, dernière ligne, ajoutez: Beda dans un ouvrage dirigé tout entier contre Érasme et Le Fèvre expliquait de la manière suivante l'orgueil dont il les accusait: « quum quis (disait-il) quavis in arte *magistrum agere præsumat*, sub cujus magistris nunquam fuerit discipulus. » En 1519, Clichtow avait défendu Le Fèvre du même reproche: «Mirandum est quod nullum putent Theologum esse posse, nisi in theologici ludi pulvere desudarit, atque in eo *magisterii munere* donatus sit.» (Graf. Zeitschrift, 1852, p. 8, n. 7).

P. 60, ajoutez à la note 8: Il résulte toutefois de la préface placée par Badius en tête des Œuvres de Basile le Grand et datée du 17 novembre 1520, que Le Fèvre venait de quitter Paris, après y avoir fait un séjour dont la durée est inconnue: « *Nuper*... D. Basilii monumenta.... *hinc ad negotia sua profecturus* prelo nostro commisit [*Faber*] » (Graf. Zeitschrift, 1852, p. 62).

P. 61, N° 31. Selon Louis Lavater, cité par Freytag (Adparatus litterarius. Lipsiæ, 1755, III, 189), l'auteur de cette Préface des Œuvres de Luther serait *Conrad Pellican*, et dans ce cas elle aurait été écrite, non à Wittemberg, mais à Bâle.

P. 66, ligne 7, lisez: le *secours* spirituel.

P. 67, ligne 5, lisez: après le 10 juillet 1521.

P. 75, N° 41, au commencement, lisez *parlement*. — Les quatre premières lignes de ce N° sont le post-scriptum d'une lettre de *Briçonnet* du 17 novembre, qui a été placée par erreur, dans le manuscrit de la Bibliothèque impériale, immédiatement avant le billet de Marguerite auquel elle répond et qui se trouve à la suite de ce post-scriptum dans notre N° 41.

P. 76, ligne 12, en remontant, lisez: estranges *ou* domestiques.

P. 78, première ligne du post-scriptum, lisez: d'estre estimé[e] du nombre de ceulx à qui [je] desire de ressembler.

P. 80, ligne 3. Les mots *de telle* doivent être placés entre crochets.

P. 80, ligne 8, en remontant, nous avons remplacé par *n'est* les mots *qu'il est* du manuscrit.

P. 83. En tête du N° 47, au lieu de fol. 46 a, lisez: fol. 45 b.

P. 84, ligne 4, lisez: dont le prouffict *de vostre escript* ne restiendray.

P. 84, ligne 9, lisez: recepvoir son *escript*, et entendre vérité, comme il vous dira.

P. 85, première ligne, lisez: *long temps a* eu vostre cœur.

P. 93, note 3, lisez: Voyez dans le N° 25, note 8, etc.

P. 103, note 6, lisez: un prêtre *badois*.

P. 105, note 2, deuxième ligne, après *l'Évangile*, lisez: ces mots d'Érasme écrivant à Goclenius en 1523: « Subodoror regiam aulam ὑπολουθερίζειν, » et le fragment etc. — Ce passage d'Érasme est tiré de l'ouvrage de Chevillier sur l'origine de l'imprimerie de Paris, où il est cité p. 174, d'après la *Vita Erasmi*. Leyden, 1642, in-16, p. 174.

P. 108, ligne 11, en remontant, au lieu de « mendiante, » lisez: mendicité.

P. 110, ligne 9, lisez: dont *ce* peuvent esclarcir.

P. 111, note 10, lisez: voz *inutilles* enfans.

P. 179, note, ligne 4, en remontant, lisez: Au reste, le seul renseignement certain qu'on possède sur le *séjour de Farel à Meaux*, c'est l'assurance que lui donne G. Roussel, etc.!

Quant à *l'entretien de Farel avec le Jacobin de Roma*, dont il est question dans cette note, on ignore l'endroit où il eut lieu, mais la date en est précisée par la mention du N. T. français de Le Fèvre, qui venait de paraître (juin — novembre 1523). C'est ce qui résulte du passage même où Farel raconte cet incident:

« Le Pape quicte et remet le serment aux subjectz, pour n'obeyr plus, et n'estre plus obligez à leur seigneur.... Et non seulement le Pape ose ainsi parler et faire.... mais *je l'ay ouy d'un Jacobin nommé de Roma*. Auquel quand propos estoit tenu de l'Évangile, et ce, *quand premièrement le nouveau Testament fut imprimé en françoys*, où monsieur *Fabry* avoit besongné, et [où il] estoit dict, que l'Évangile auroit lieu au Royaume de *France*, et qu'on ne prescheroit plus les songes des hommes, — *de Roma* respondit: «Moy et autres comme moy, lèverons une cruciade de gens, et ferons chasser le Roy de son Royaume par ses subjectz propres, s'il permet que l'Évangile soit presché.» Mais ce Moyne ne s'en alla sans responce, telle que doit donner un qui craint Dieu, et qui est bon et loyal, et qui ayme son Prince. » (Epistre envoyée au Duc de Lorraine par Guillaume Farel, Prescheur du S. Evangile. Genève, 1543, petit in-8°, p. 43-44.)

P. 181, note 7. Selon A. F. Didot (Essai sur la Typographie), cet ouvrage de Budé fut publié en 1529, à Paris, chez Josse Bade.

P. 182, ligne 20, lisez: *ny* abismez.

P. 187, ligne 10, lisez: soit réduicte à sa vérité, *comme* [je] sçay, etc.

P. 187, ligne 11, lisez: sçavoir *en* pouvoir, pourvoiez, etc.

P. 190, ligne 7, en remontant, lisez: Il se veult sercher.

P. 206, à la fin de la note 4, lisez: 8 octobre 1525.

P. 223, note 24. Supprimez ce qui suit le —.

P. 224, à la fin de la note 30, lisez: Jean *Schott*.

P. 225, à la fin de la note 37, lisez: la lettre de Bentin à Œcolampade du 8 octobre (1525) et celle de Coct à Farel du 2 septembre 1524.

P. 225, note 45, lisez: *Papilion*.

P. 246, ligne 3, supprimez le mot *inédite*.

P. 247, note 3, première ligne, lisez: le 12 mars 1525 (1526, nouveau style).

P. 251, note 5. Supprimez, à la première ligne, les mots *et à Meaux*, et à la troisième, les mots *écrite à Meaux*. Le chevalier *Coct* n'était pas encore arrivé dans cette ville à la date du 6 juillet; mais ses relations familières avec *Farel* l'autorisaient à ouvrir la lettre de *Le Fèvre*, qui put lui être communiquée *à Paris* par *Conrad Resch*.

P. 252, note 11. Après (1525) ajoutez: et le N° 140, note 7.

P. 288, au commencement de la note 1, supprimez le renvoi.

P. 303, ajoutez à la fin de la note 4: Ces passages des Chroniques de Metz et ceux que nous citerons plus loin, sont extraits de la Biographie de François Lambert d'Avignon, publiée en allemand par M. le professeur Baum de Strasbourg.

P. 307, avant le sommaire, ajoutez: TRADUIT DE L'ALLEMAND. A la fin de la note 2, ajoutez: à Berne. (Communiqué par M. l'archiviste Krütli.)

P. 310, ajoutez à la fin de la note 10: *Luther* écrivait de son côté le 13 janvier 1525: « *Annemundus* minatur mihi, nisi cedam mea opinione, sese adversus me scripturum. » (Voyez Luthers Briefe. Éd. de Wette, II, 613.)

P. 338, note 7, ligne 2, lisez: *de St.-Gorgonne*.

P. 352, note 3, après 42 ajoutez: et 46, et, à l'avant-dernière ligne, lisez: le 12 mars 1525 (1526, nouveau style).

P. 395, ligne 7, en remontant, lisez d'après Choupard: *ductu gratiæ Christi.*

P. 400, dernière ligne, lisez: Nonii.

P. 409, Sommaire, ligne 6, au lieu de: lui éviter, lisez: lui *épargner.*

P. 417, première ligne du Sommaire, lisez: vous m'avez rendu quatre couronnes pour une que je vous devais. Je suis bien près de vous les renvoyer, etc.

P. 419, ajoutez à la fin de la note 5: Les Français réfugiés à Strasbourg ne quittèrent cette ville qu'après le 20 mars, puisque le 19 Bédrot écrivait à Ambroise Blaarer: « *Stapulensis* adhuc *hæret hic* in ædibus Capitonis, *alii item Galli* eruditissimi. » (Coll. Simler.) On devrait même reporter leur départ après le 16 avril, si le passage suivant, relatif à Roussel, peut s'appliquer également aux autres exilés: « Bucerus et religionis fratres te salutant, cumprimis Farellus et *Gerardus Rufus*, quem nos *Tolninum* nominamus: latere enim voluit. » (Capiton à Zwingli, 16 avril 1526. Zuinglii Opp. VII, 492.)

P. 436, ajoutez à la fin de la note 4, relative à Beda: Dans une lettre adressée à Jean Faber, Érasme se plaignait déjà (le 16 avril 1526) du zèle persécuteur de Beda et de la Sorbonne: « In Gallia (disait-il) gnaviter insaniunt *Beddaici quidam* censuris, articulis, *carceribus,* incendiis, libellis. Optarim vel sic posse cohiberi *pestem;* sed exitus rei docebit, his modis nihil aliud quàm exasperari malum. » (Erasmi Epp.)

P. 442, ajoutez à la fin de la note 1: On lit dans une lettre de Laurent Coct à Farel, datée du 4 juillet (1525):

« Mon frère aisné, Seigneur du Chastelard... nevolant me faire ma rayson [l. régler son compte avec moi],.... m'a totalement respondu, que à jammays de luy ne auray riens, que premier ne l'aye bien et deuement informé de la mort de mon dict frère le chevalier, — combien que, par *voz lettres,* le ayez informé de la vraye vérité... Car moy-mesmes veiz les dictes lettres ès mains d'ung nommé *George* (le surnom ne me recorde) que par vous fut envoyé à mon dict frère *du Chastellart,* bien tost apprès sa mort [l. après la mort du chevalier]. Car, comme escripviez, le dict *George* l'avoit servy durant sa malladie, et, pour récompence, par le commandement de mon dict frère du Chastellart, balliay au dict *George* viij escus. Mays tout cecy ne me sert en riens, car mon dict frère du Chastellart, n'a nulle voulunté me fère ma rayson, fors qu'il dit, comme Sainct Thomas: « Nisi videro, non credam. » (Inédite. Autographe. Bibliothèque des pasteurs de Neuchâtel.)

P. 455, note 27, ligne 4, lisez: et qui *a mérité.*

P. 460, dernière ligne, ajoutez à la note 11: Capiton écrivait à Zwingli, le 3 février 1526, au sujet de la doctrine réformée sur l'Eucharistie: « Sentio *Galliam* omnium maxime *illum unicum articulum detestari.* » (Zuinglii Opp. VII, 468.)

TABLETTES CHRONOLOGIQUES.

1508. Luther est appelé à Wittemberg comme professeur.
1509. Publication du *Psalterium quincuplex* de Le Fèvre.
1512, 15 décembre. Le Fèvre publie son *Commentaire sur St. Paul*.
1515, 1ᵉʳ janvier. François I succède à Louis XII.
1516. Mars. Première édition du *Nouveau Testament* d'Érasme.
1516. Ulrich Zwingli prêche l'Évangile à Einsiedeln.
1516, 16 août. Signature du Concordat entre Léon X et François I.
1517. Farel est appelé à enseigner à Paris au collège Le Moine.
1517, 31 octobre. Luther affiche ses Thèses à Wittemberg.
1518. Mars. Protestation de l'Université de Paris contre le Concordat.
1518, fin d'avril. Troubles à Paris, à la suite du Concordat.
1518, 28 novembre. Luther en appelle du Pape à un concile général.
1519. Les ouvrages de Luther se répandent en France et en Suisse.
1519, 28 juin. Charles-Quint est élu empereur d'Allemagne.
1520, 15 juin. Bulle du pape Léon X, excommuniant Luther.
1520, 6 octobre. Luther publie « la Captivité de Babylone. »
1521. Guillaume Briçonnet, évêque de Meaux, réunit autour de lui Le Fèvre, Gérard Roussel, Michel d'Arande, François Vatable et Farel.
1521, 15 avril. La Sorbonne condamne la doctrine de Luther.
1521. Juin. Commencement de la correspondance entre Briçonnet et Marguerite d'Angoulême.
1521. Octobre. Marguerite d'Angoulême et sa mère, Louise de Savoie, font un séjour à Meaux.
1521. Vers la fin de l'année Érasme se fixe à Bâle.
1521. Décembre. Introduction définitive de la Réforme à Wittemberg.
1522. Juin. Le Fèvre publie son *Commentaire sur les IV Évangiles*.
1522. Septembre. Luther publie sa *traduction allemande du N. T.*
1522, 16 novembre. Œcolampade vient se fixer à Bâle.
1523. Pierre de Sébiville prêche l'Évangile à Grenoble.
1523, 29 janvier. Première dispute de religion à Zurich.
1523, 8 juin. Le Fèvre publie sa *traduction française des IV Évangiles*.
1523, 15 juin. Le Conseil de Berne enjoint à tous les prêtres de n'enseigner que le pur Évangile.
1523. Août. Découverte de la conspiration du connétable de Bourbon.
1523, 30 août. Première dispute de religion à Bâle.

1523, 7 octobre. La Sorbonne adresse à la reine-mère, sur sa demande, un mémoire contre l'hérésie.
1523. Octobre. Mandements de Briçonnet contre les Luthériens.
1523, 26-28 octobre. Seconde dispute de religion à Zurich.
1523, 6 novembre. Le Fèvre achève de publier sa *traduction du N. T.*
1523. Décembre. Farel arrive à Bâle.
1523. Décembre. Michel d'Arande prêche l'Évangile à Bourges, et Jean Chastellain, à Metz.
1524. La Réforme s'établit définitivement à Strasbourg.
1524. Février. Maigret prêche l'Évangile à Lyon, et ensuite à Grenoble.
1524. Premiers jours de mars. Farel dispute sur la religion à Bâle.
1524, 21 mars. Une partie des cantons suisses se plaignent des innovations religieuses introduites à Zurich.
1524, fin de mars. Pierre Caroli prêche l'Évangile à Paris.
1524. Juin. Persécution à Meaux.
1524. Juillet. Farel exilé de Bâle prêche à Montbéliard.
1524. Septembre. François I part pour l'Italie.
1524. Décembre. Michel d'Arande prêche à Mâcon.
1524. Décembre. Commencement des divisions sur l'Eucharistie.
1525. Soulèvement des paysans en Allemagne.
1525, 24 février. François I est défait à Pavie. Il est emmené plus tard en Espagne comme prisonnier de Charles-Quint.
1525. Farel séjourne à Strasbourg.
1525, 8 août. Départ de Marguerite d'Angoulême pour Madrid.
1525. Septembre. Nouvelle persécution à Meaux.
1525. Octobre. Le Fèvre, Gérard Roussel et Michel d'Arande se réfugient à Strasbourg.
1525, 12 novembre. François I écrit au Parlement en faveur de Le Fèvre, Caroli et Roussel.
1525, 9 décembre. Condamnation de Jacques Pauvan et de Matthieu Saunier par la Sorbonne.
1526. Janvier. Emprisonnement de Louis de Berquin à Paris.
1526, 14 janvier. Traité de Madrid entre Charles-Quint et François I.
1526, 17 mars. François I rentre en France.
1526, 1er avril. Lettre de François I au Parlement, en faveur de Berquin.
1526, fin d'avril. Les Français réfugiés à Strasbourg rentrent en France.
1526, 27 mai. Ouverture de la dispute de Baden en Argovie.
1526. Novembre. Farel vient prêcher l'Évangile à Aigle.

LISTE CHRONOLOGIQUE

DES PIÈCES CONTENUES DANS LE PREMIER VOLUME.

Les lettres *inédites* sont distinguées par un astérisque placé avant le Numéro.

NUMÉROS	ANNÉE	PAGES

1512

1. Jacques Le Fèvre d'Étaples à Guillaume Briçonnet, 15 décembre. 3

1513

2. Jean Reuchlin à Le Fèvre, 31 août 9

1514

3. Le Fèvre à Reuchlin, 30 août 15
4. Le Fèvre à Érasme de Rotterdam, 23 octobre 18

1515

5. Josse Clichtow à l'évêque Gozthon 20

1516

6. Thomas Grey à Érasme, 5 août 23
7. Érasme à Henri Boville, 31 août 24
8[1]. Luther à Spalatin, 19 octobre 26

1517

9. Guillaume Budé à Érasme, 5 février 27
10. Érasme à Wolfgang Fabritius Capiton, 26 février . . . 29
8[2]. Luther à Jean Lang, 1er mars 26
11. Guillaume Budé à Tonstall, 19 mai 30
12. Glareanus à Érasme, 5 août 31
13. Jean Cæsarius à Érasme, 22 septembre 32

1518

14. Nicolas Bérauld à Érasme, 16 mars. 33
15. Requête de l'Église de Paris au Parlement, 20 mars . . 34

NUMÉROS		PAGES
16.	L'Université de Paris au Parlement, 28 mars	36
17.	Valentin Tschudi à Ulrich Zwingli, 22 juin	38
18.	Érasme à Guillaume Huë, 9 août	40

1519

19.	Glareanus à Zwingli, 13 janvier	41
*20.	Le Fèvre à Beatus Rhenanus, 9 avril	42
21.	Henri-Cornelius Agrippa de Nettesheim à Le Fèvre, à la fin d'avril	46
*22.	Pierre Tschudi à Beatus Rhenanus, 17 mai	47
23.	Le Fèvre à H.-C. Agrippa, 20 mai	48
24.	H.-C. Agrippa à Le Fèvre, 22 mai	50
25.	Le Fèvre à H.-C. Agrippa, 20 juin	52
26.	Nicolas Bérauld à Érasme, 1er juillet	54
27.	Érasme à Nicolas Bérauld, 9 août	55
28.	Érasme à Léon X, 13 août	55
29.	H.-C. Agrippa à Le Fèvre (octobre)	57
30.	Le Fèvre à H.-C. Agrippa, 14 novembre	59

1520

31.	N. N. [Pellican?] aux Théologiens de bonne foi. En mars	61
32.	Glareanus à Zwingli, 1er novembre	62

1521

33.	Érasme au secrétaire du comte de Nassau, 13 mai	63
34.	Érasme à Nicolas Éverard (en mai)	64
35.	Marguerite d'Angoulême à Guillaume Briçonnet (avant le 19 juin)	65
35a	Marguerite à Briçonnet (au commencement de juillet)	475
*36.	Marguerite à Briçonnet (après le 10 juillet)	67
37.	Un Moine à H.-C. Agrippa, 26 juin	68
38.	Glareanus à Zwingli, 4 juillet	69
39.	Un Moine à H.-C. Agrippa, 10 septembre	72
40.	Un Moine à H.-C. Agrippa, 2 octobre	73
40a	Marguerite à Briçonnet (vers le milieu d'octobre)	476
40b	Briçonnet à Marguerite, 24 octobre	477
*40c	Briçonnet à Marguerite, 11 novembre	478
*41.	Marguerite à Briçonnet (avant le 17 novembre)	75
*42.	Marguerite à Briçonnet (avant le 17 novembre)	76
*43.	Marguerite à Briçonnet (avant le 22 novembre)	77

LISTE CHRONOLOGIQUE DES PIÈCES DU VOLUME.

NUMÉROS		PAGES
*44.	[Guillaume Briçonnet] à Marguerite, 22 novembre	79
45.	Agrippa à un moine d'Annecy, 25 novembre	82
46.	Agrippa à un moine d'Annecy	82
47.	Marguerite à Briçonnet (en décembre)	83
*47a	Briçonnet à Marguerite, 22 décembre	479
48.	Briçonnet à Marguerite, 22 décembre	84

1522

49.	Le Fèvre aux Lecteurs Chrétiens, avant le 20 avril	89
50.	Capiton à H.-C. Agrippa, 23 avril	98
51.	N. N. à H.-C. Agrippa, 5 juin	100
52.	Agrippa à Capiton, 17 juin	101
53.	Berthold Haller à Zwingli, 8 juillet	102
54.	[Briçonnet] à Marguerite (fin de septembre ou commencement d'octobre)	104
55.	Marguerite à Briçonnet (fin de septembre ou commencement d'octobre)	105
56.	Luther à Spalatin, environ le 15 décembre	106
57.	Luther à Spalatin, 26 décembre	107

1523

58.	Marguerite à Briçonnet (avant le 16 janvier)	108
*59.	Briçonnet à Marguerite, 16 janvier	109
60.	François Lambert d'Avignon à l'Électeur de Saxe, 20 janv.	112
61.	François Lambert à George Spalatin, 20 janvier	114
62.	Luther à Spalatin, 25 janvier	116
63.	Luther à Spalatin, 25 février	117
64.	François Lambert au pieux Lecteur (en février)	118
65.	François Lambert à tous les Frères Mineurs, en mars	123
66.	Luther à George Spalatin, environ le 20 mai	128
67.	Jean Rhellican à son cousin Jacob, 22 mai	129
68.	François Lambert à Spalatin, 28 mai	131
69.	[Le Fèvre] à tous Chrétiens et Chrétiennes (8 juin)	132
70.	François Lambert à Spalatin, 14 juin	138
71.	François Lambert à Spalatin, 24 juin	142
72.	François Lambert à Spalatin, 4 juillet	144
73.	Luther à Spalatin, 14 août	145
74.	François Lambert à Spalatin, 16 août	146
75.	Anémond de Coct au Lecteur (au mois d'août)	148
76.	Luther au Duc de Savoie, 7 septembre	151
77.	Briçonnet aux Fidèles de son Diocèse, 15 octobre	153

NUMÉROS		PAGES
78.	Briçonnet au Clergé de son Diocèse, 15 octobre	156
79.	[Le Fèvre] à tous Chrétiens et Chrétiennes (6 novembre) .	159
80.	Luther à Nicolas Gerbel, 4 décembre	170
81.	Briçonnet au Clergé de son Diocèse, 13 décembre . . .	171
82.	Ulrich Zwingli à Pierre de Sebville, 13 décembre . . .	173

1524

*83.	Lange à Guillaume Farel, 1er janvier	178
*84.	Briçonnet à Marguerite, 10 janvier	181
85.	Le Fèvre à Farel, 13 janvier	183
86.	Anémond de Coct au pieux Lecteur, 24 janvier	184
*87.	[Briçonnet] à Marguerite, 31 janvier	186
88.	Marguerite à Briçonnet, 9 février	189
*89.	Briçonnet à Marguerite, 12 février	190
*90.	Marguerite à Briçonnet (entre le 12 et le 24 février) . .	191
91.	Farel aux Lecteurs chrétiens, environ le 20 février. . .	193
92.	Le Conseil de Bâle à tous ecclésiastiques et laïques, 27 février.	195
*93.	Briçonnet à Marguerite, 24 février	198
*94.	[Briçonnet] à Marguerite, 25 février.	200
95.	Œcolampade et Wolfhard à Zwingli (1ers jours de mars).	202
96.	Œcolampade [à Pierre de Sebville?], 9 mars	203
97.	Farel à Corneille Scheffer, 2 avril	205
*98.	Le Fèvre à Farel, 20 avril	206
*99.	Hilaire [Bertolph] à Farel (vers la fin d'avril)	210
100.	Œcolampade à Capiton, 14 mai	214
101.	Œcolampade à Luther, 15 mai	215
102.	Nicolas Le Sueur à Farel, 15 mai	216
*103.	Le Fèvre à Farel, 6 juillet	219
104.	Gérard Roussel à Farel, 6 juillet	231
*105.	Jean Canaye à Farel, 13 juillet	240
*106.	Gaspard Mæssger à Farel (environ le 20 juillet)	243
107.	Farel aux Lecteurs (vers la fin de juillet)	246
108.	Œcolampade à Morelet du Museau, 31 juillet	248
*109.	Pierre Toussain à Farel, 2 août	250
110.	Œcolampade à Farel, 2 août.	253
111.	Œcolampade à Farel, 3 août	255
112.	François Lambert au Roi de France (vers le milieu d')août	257
*113.	Henri Heitzmann à Farel, 17 août	262
*114.	Claude-Pius Peutinger à Farel, 17 août	264
115.	Œcolampade à [Farel], 19 août	265

NUMÉROS	PAGES

116. Ulric de Wurtemberg aux gouverneurs de Besançon, 20 août 267
*117. Gérard Roussel à Farel, 24 août 270
118. Gérard Roussel à Œcolampade, 24 août 274
*119. Jean Vaugris à Farel, 29 août 279
*120. Anémond de Coct à Farel, 2 septembre 280
*121. Pierre Toussain à Farel, 2 septembre 284
122. Érasme à Théodoric Hesius, 2 septembre 288
— Érasme à l'évêque de Rochester, 4 septembre 288
123. Érasme à Mélanchthon, 6 septembre 289
*124. Jacques [Pauvan] à Farel, 5 octobre 291
125. Antoine Papilion à Zwingli, 7 octobre 294
126. Érasme à Antoine Brugnare, 27 octobre 298
127. Farel et Gayling au Duc de Wurtemberg, 11 novembre . 302
*128. Anémond du Chastelard à Farel, 18 novembre 304
129. La Diète des cantons catholiques au duc de Wurtemberg, 16 décembre 307
130. Anémond de Coct à Farel, 17 décembre 308
131. Pierre Toussain à Farel, 17 décembre 312
132. Pierre de Sébiville au chevalier Coct, 28 décembre . . . 313
133. [François Lambert à H.-C. Agrippa], 31 décembre . . . 316

1525

134. Martin Bucer aux frères dispersés en France, 13 janvier . 318
135. Briçonnet au Clergé de son Diocèse, 21 janvier 320
136. Le Conseil de l'archevêque de Lyon à Noël Beda, 23 janv. 323
*137. Anémond de Coct à Farel, 25 janvier 326
138. François Lambert au Prince-Évêque de Lausanne (fin de janvier) 328
139. Œcolampade à Farel, 6 février 335
*140. Pierre Toussain à Farel, 11 février 337
*141. Oswald Myconius à Anémond de Coct (avant le 20 février) 339
*142. Sébastien Hofmeister à Farel (milieu de mars) 341
*143. Oswald Myconius à Farel, 25 mars 343
144. François Lambert à l'Électeur de Saxe, en mars 344
*145. François Lambert à l'Électeur de Saxe, 25 mars 347
146. Ulric Zwingli au Roi de France (en mars) 350
147. Noël Beda à Érasme, 21 mai 352
148. Les États du Pays de Vaud à leurs ressortissants, 23 mai. 354
149. Pierre Toussain à Farel, 3 juin 356
150. Œcolampade à Farel, 1er juillet 357

NUMÉROS		PAGES
*151.	Farel au Sénat et aux Citoyens de la ville de Bâle, 6 juillet	358
*152.	Pierre Toussain à Farel (vers le 9) juillet	364
*153.	Pierre Toussain à Farel, 14 juillet	366
154.	Œcolampade à Farel, 25 juillet	369
155.	François Lambert au Sénat de Besançon, 15 août	371
156.	Érasme à Louis de Berquin, 25 août	373
*157.	Pierre Toussain à Farel, 4 septembre	375
158.	La Sorbonne au Parlement de Paris, 7 septembre	378
159.	Farel à Zwingli, 12 septembre	380
*160.	Pierre Toussain à Farel, 18 septembre	383
*161.	Pierre Toussain à Farel, 21 septembre	386
162.	Gérard Roussel à Farel, 25 septembre	389
*163.	Farel à Jean Pomeranus (environ le 8 octobre)	393
*164.	Michel Bentin à Œcolampade, 8 octobre	398
165.	François I au Parlement de Paris, 12 novembre	401
*166.	Jean Vaugris à Farel, 15 décembre	403
167.	[Gérard Roussel à l'Évêque de Meaux, en décembre]	404
*168.	[Gérard Roussel à Nicolas Le Sueur, en décembre]	408

1526

169.	François Lambert au Conseil de Strasbourg, 13 janvier	416
170.	Œcolampade à Farel, 9 mars	417
171.	Marguerite au comte Sigismond de Hohenlohe, 9 mars	419
172.	Marguerite à François I (vers le commencement d'avril)	421
173.	Louis de Berquin à Érasme, 17 avril	422
174.	Agrippa à Michel d'Arande, 7 mai	427
175.	Marguerite à S. de Hohenlohe, 11 mai	430
*176.	Farel à Oswald Myconius, 4 juin	431
177.	Érasme à François I, 16 juin	435
178.	Gérard Roussel à Farel, 17 juin	438
179.	Marguerite à S. de Hohenlohe, 5 juillet	441
*180.	Laurent Coct à Farel, 25 juillet	442
181.	Pierre Toussain à Œcolampade, 26 juillet	444
182.	Gérard Roussel à Farel, 27 août	448
*183.	Farel à Capiton et à Bucer, 25 octobre	451
184.	Gérard Roussel à Farel, 7 décembre	457
185.	Pierre Toussain à Farel, 9 décembre	462
*186.	M.[artin] B.[ucer] à Farel, 13 décembre	465
187.	Œcolampade à Farel, 27 décembre	468
*188.	Michel d'Arande à Farel (pendant l'été de 1526)	469
*189.	[Un Lorrain?] à Martin Bucer (1526 ou 1527)	470

LISTE ALPHABÉTIQUE

DES CORRESPONDANTS.

(Les chiffres *arabes ordinaires* indiquent les Nos des lettres écrites par les correspondants, et les chiffres *en italique*, celles qui leur ont été adressées.)

Agrippa (Henri-Cornelius). Nos 21, 24, 29, 45, 46, 52, 174. — *Nos 23, 25, 30, 37, 39, 40, 50, 51, 133.*
Alexandre, secrétaire du comte de Nassau. *33.*
Angelus. Voyez Lange.
Angoulême (Marguerite d'). 3' 35a, 36, 40a, 41, 42, 43, 47, 55, 58, 88, 90, 171, 172, 175, 179. — *40b, 40c, 44, 47a, 48, 54, 59, 87, 84, 89, 93, 94.*
Arande (Michel d'). 188. — *174.*
Bâle (Le Conseil de). 92. — *151.*
Beda (Noël). 147. — *136.*
Bentin (Michel). 164.
Bérauld (Nicolas). 14, 26. — *27.*
Berquin (Louis de). 173. — *156.*
Bertolph (Hilaire). 99.
Besançon (Le Sénat de). *116, 155.*
Boville (Henri). 7.
Briçonnet (Guillaume). 40b, 40c, 44, 47a, 48, 54, 59, 77, 78, 81, 84, 87, 89, 93, 94, 135. — *35, 35a, 36, 40a, 41, 42, 43, 47, 55, 58, 88, 90, 167.*
Brugnare (Antoine). *126.*
Bucer (Martin). 134, 186. — *183, 189.*
Budé (Guillaume). 9, 11.
Canaye (Jean). 105.
Cantons catholiques (La Diète des). 129.
Cæsarius (Jean). 13.
Capiton (Wolfgang Fabricius). 50. — *10, 52, 100, 183.*
Charles III, duc de Savoie. *76.*
Clichtow (Josse). 5.
Coct ou de Chastelard (Anémond de). 75, 86, 120, 128, 130, 137. — *132, 141.*
Coct (Laurent). 180.
Érasme de Rotterdam. 7, 10, 18, 27, 28, 33, 34, 122, 123, 126, 156, 177. — *4, 6, 9, 12, 13, 14, 26, 147, 173.*

Éverard (Nicolas). *34.*

Farel (Guillaume). 91, 97, 107, 127, 151, 159, 163, 176, 183. — *83, 85, 98, 99, 102. 103, 104, 105, 106, 109, 110, 111, 113, 114, 115. 117, 119, 120, 121. 124, 130, 131, 137, 139, 140, 142, 143, 149, 150, 152, 153, 154, 157, 160, 161, 162. 166, 170, 178, 180, 182, 184. 185. 186. 187. 188.*

Fèvre (Jacques Le). 1, 3, 4, 20, 23, 25, 30, 49, 69, 79, 85, 98, 103. — *21, 24. 29.*

Fisher (Jean), évêque de Rochester. *122.*

François I. 163. — *112. 146. 172. 177.*

Frédéric, Électeur de Saxe. *60. 144. 145.*

Gayling (Jean). 127.

Gerbel (Nicolas). *80.*

Glareanus (Henri). 12, 19, 32, 33.

Gozthon. *5.*

Grey (Thomas). 6.

Haller (Berthold). 53.

Heitzmann (Henri). 113.

Hesius (Théodoric). *122.*

Hofmeister (Sébastien). 142.

Hohenlohe (Sigismond de). *171, 175, 179.*

Huë (Guillaume). *18.*

Lambert d'Avignon (François). 60, 61, 64, 65, 68, 70, 71, 72, 74, 112, 133, 138, 144, 145, 155, 169.

Lang (Jean). *8².*

Lange (Jean). 83.

Lausanne (L'Évêque de). *138.*

Léon X. 28.

[Lorrain] ? (Un). 189.

Luther (Martin). 8, 56, 57, 62, 63, 66, 73, 76, 80. — *101.*

Lyon (Le Conseil de l'archevêque de). 136.

Mæssger (Gaspard). 106.

Mélanchthon. *123.*

Moine d'Annecy (Un). 37, 39, 40. — *45, 46.*

Morelet du Museau. *108.*

Myconius (Oswald). 141, 143. — *176.*

Œcolampade (Jean). 95, 96, 100, 101, 108, 110, 111, 115, 139, 150, 154, 170, 187. — *118, 164, 181.*

Papilion (Antoine). 125.

Paris (Le Chapitre de l'église de). 15.

Paris (L'Université de). 16.

Parlement de Paris (Le). *15, 16, 158, 165.*

Pauvan (Jacques). 124.

[Pellican ?]. 31.
Peutinger (Claude-Pius). 114.
Pomeranus (Jean). *163*.
Reuchlin (Jean). 2. — *3*.
Rhellican (Jean). 67.
Rhenanus (Beatus). *20, 22*.
Roussel (Gérard). 104, 117, 118, 162, 167, 168, 178, 182, 184.
Scheffer (Corneille). 97.
Sébiville (Pierre de). 132. — *82, 96*.
Sorbonne (La). 158.
Spalatin (Georges). 8[1], *56, 57, 61, 62, 63, 66, 68, 70, 71, 72, 73. 74.*
Strasbourg (Le Conseil de). *169*.
Sueur (Nicolas Le). 102. — *168*.
Toussain (Pierre). 109, 121, 131, 140, 149, 152, 153, 157, 160, 161, 181, 185.
Tonstall (Cuthbert). *11*.
Tschudi (Pierre). 22.
Tschudi (Valentin). 17.
Vaud (Les États du Pays de). 148.
Vaugris (Jean). 119, 166.
Wolfhard (Boniface). 95.
Wurtemberg (Ulric de). 116. — *127, 129.*
Zwingli (Ulric). 82, 146. — *17, 19, 32, 38, 53, 95, 125, 159.*

FIN DU TOME PREMIER.

Original en couleur

NF Z 43-120-8

BIBLIOTHÈQUE NATIONALE

CHÂTEAU de SABLÉ

1990

www.ingramcontent.com/pod-product-compliance
Lightning Source LLC
Chambersburg PA
CBHW051134230426

43670CB00007B/797